ANNETTE FREIIN VON DROSTE-HÜLSHOFF

GESAMMELTE WERKE

ANNETTE FREIIN VON DROSTE-HÜLSHOFF

GESAMMELTE WERKE

Das Geistliche Jahr · Geistliche Lieder

Religiöse Gedichte

Gedichte · Letzte Gaben

Epen · Balladen

Erzählungen · Briefe

Sonderausgabe

EMIL VOLLMER VERLAG · MÜNCHEN

ZUM HUNDERTSTEN TODESTAG
DER DICHTERIN
BESORGTE DIESE AUSGABE

REINHOLD SCHNEIDER

Printed by LEGO - VICENZA - ITALY
ISBN 3-87876-308-5

DAS GEISTLICHE JAHR

1818—1820 / 1839—1840

Am Neujahrstage

Das Auge sinkt, die Sinne wollen scheiden:
»Fahr wohl, du altes Jahr, mit Freud und Leiden!
Der Himmel schenkt ein neues, wenn er will.«
So neigt der Mensch sein Haupt an Gottes Güte,
Die alte fällt, es keimt die neue Blüte
Aus Eis und Schnee, die Pflanze Gottes, still. —

Die Nacht entflieht, der Schlaf den Augenlidern:
»Willkommen junger Tag mit deinen Brüdern!
Wo bist du denn, du liebes neues Jahr?« —
Da steht es in des Morgenlichtes Prangen,
Es hat die ganze Erde rings umfangen
Und schaut ihm in die Augen ernst und klar.

»Gegrüßt du Menschenherz mit deinen Schwächen,
Du Herz voll Kraft und Reue und Gebrechen,
Ich bringe neue Prüfungszeit vom Herrn!« —
‚Gegrüßt du neues Jahr mit deinen Freuden,
Das Leben ist so süß, und wären's Leiden,
Ach, alles nimmt man mit dem Leben gern.'

»O Menschenherz, wie ist dein Haus zerfallen!
Wie magst du doch, du Erbe jener Hallen,
Wie magst du wohnen in so wüstem Graus?«
‚O neues Jahr, ich bin ja nie daheime,
Ein Wandersmann durchzieh' ich ferne Räume,
Es heißt wohl so, es ist doch nicht mein Haus.'

»O Menschenherz, was hast du denn zu treiben,
Daß du nicht kannst in deiner Heimat bleiben
Und halten sie bereit für deinen Herrn?«
‚O neues Jahr, du mußt noch viel erfahren;
Kennst du nicht Krieg und Seuchen und Gefahren?
Und meine liebsten Sorgen wohnen fern.‘

»O Menschenherz, kannst du denn Alles zwingen?
Muß dir der Himmel Tau und Regen bringen?
Und öffnet sich die Erde deinem Wort?«
‚Ach nein, ich kann nur seh'n und mich betrüben,
Es ist noch leider nach wie vor geblieben,
Und geht die angewies'nen Wege fort.‘

»O tückisch Herz, du willst es nur nicht sagen,
Die Welt hat ihre Zelte aufgeschlagen,
Drin labt sie dich mit ihrem Taumelwein.«
‚D e r bittre Becher mag mich nicht erfreuen,
Sein Schaum heißt Sünde, und sein Trank Gereuen,
Zudem läßt mich die Sorge nie allein.‘

»Hör' an, o Herz, ich will es dir verkünden,
Willst du den Pfeil in seinem Fluge binden?
Du siehst sein Ziel nicht, hat er darum keins?«
‚Ich weiß es wohl, uns ist ein Tag bereitet,
Da wird es klar, wie Alles wohl geleitet,
Und all' die tausend Ziele dennoch Eins.‘

»O Herz, du bist von Torheit ganz befangen!
Dies Alles weißt du, und dir kann noch bangen!
O böser Diener, treulos aller Pflicht!
Ein jeglich Ding füllt seinen Platz mit Ehren,
Geht seinen Weg und läßt sich nimmer stören,
Dein Gleichnis gibt es auf der Erde nicht.«

»Du hast den Frieden freventlich vertrieben!
Doch Gottes Gnad' ist grundlos wie sein Lieben:
O kehre heim in dein verödet Haus!
Kehr' heim in deine dunkle wüste Zelle,
Und wasche sie mit deinen Tränen helle,
Und lüfte sie mit deinen Seufzern aus!«

»Und willst du treu die Blicke aufwärts wenden,
So wird der Herr sein heilig Bild dir senden,
Daß du es hegst in Glauben und Vertraun.
Dann darf ich einst an deinem Kranze winden,
Und sollte dich das neue Jahr noch finden,
So mög' es in ein Gotteshäuslein schaun!«

Am Feste der Heiligen Drei Könige

Durch die Nacht drei Wandrer ziehn,
Um die Stirnen Purpurbinden,
Tiefgebräunt von heißen Winden
Und der langen Reise Mühn.
Durch der Palmen säuselnd Grün
Folgt der Diener Schaar von weiten;
Von der Dromedare Seiten
Goldene Kleinode glühn,
Wie sie klirrend vorwärts schreiten,
Süße Wohlgerüche fliehn.

Finsternis hüllt schwarz und dicht
Was die Gegend mag enthalten;
Riesig drohen die Gestalten:
Wandrer, fürchtet ihr euch nicht?
Doch ob tausend Schleier flicht
Los' und leicht die Wolkenaue:
Siegreich durch das zarte Graue
Sich ein funkelnd Sternlein bricht.
Langsam wallt es durch das Blaue,
Und der Zug folgt seinem Licht.

Horch, die Diener flüstern leis:
»Will noch nicht die Stadt erscheinen
Mit den Tempeln und den Hainen,
Sie, der schweren Mühe Preis?
Ob die Wüste brannte heiß,
Ob die Nattern uns umschlangen,

Uns die Tiger nachgegangen,
Ob der Glutwind dörrt' den Schweiß:
Augen an den Gaben hangen
Für den König stark und weiß.«

Sonder Sorge, sonder Acht,
Wie drei stille Monde ziehen
Um des Sonnensternes Glühen,
Ziehn die Dreie durch die Nacht.
Wenn die Staublawine kracht,
Wenn mit grausig schönen Flecken
Sich der Wüste Blumen strecken,
Schaun sie still auf jene Macht,
Die sie sicher wird bedecken,
Die den Stern hat angefacht.

O ihr hohen heil'gen Drei!
In der Finsternis geboren
Hat euch kaum ein Strahl erkoren,
Und ihr folgt so fromm und treu!
Und du meine Seele, frei
Schwelgend in der Gnade Wogen,
Mit Gewalt ans Licht gezogen,
Suchst die Finsternis auf's Neu!
O wie hast du dich betrogen;
Tränen blieben dir und Reu!

Dennoch, Seele, fasse Mut!
Magst du nimmer gleich ergründen,
Wie du kannst Vergebung finden:
Gott ist über Alles gut!
Hast du in der Reue Flut
Dich gerettet aus der Menge,

Ob sie dir das Mark versenge
Siedend in geheimer Glut,
Läßt dich nimmer dem Gedränge,
Der dich warb mit seinem Blut.

Einen Strahl bin ich nicht werth,
Nicht den kleinsten Schein von oben.
Herr, ich will dich freudig loben,
Was dein Wille mir beschert!
Sei es Gram, der mich verzehrt,
Soll mein Liebstes ich verlieren,
Soll ich keine Tröstung spüren,
Sei mir kein Gebet erhört:
Kann es nur zu dir mich führen,
Dann willkommen Flamm' und Schwert!

Am ersten Sonntage nach Heilige Drei Könige

Evang.: Jesus lehrt im Tempel

Und sieh, ich habe dich gesucht mit Schmerzen,
Mein Herr und Gott, wo werde ich dich finden?
Ach, nicht im eignen ausgestorbnen Herzen,
Wo längst dein Ebenbild erlosch in Sünden:
Da tönt aus allen Winkeln, ruf' ich dich,
Mein eignes Echo wie ein Spott um mich.

Wer einmal hat dein göttlich Bild verloren,
Was ihm doch eigen war, wie seine Seele,
Mit dem hat sich die ganze Welt verschworen,
Daß sie dein heilig Antlitz ihm verhehle;
Und wo der Fromme dich auf Tabor schaut,
Da hat er sich im Tal sein Haus gebaut.

So muß ich denn zu meinem Graun erfahren
Das Rätsel, das ich nimmer konnte lösen,
Als mir in meinen hellen Unschuldsjahren
Ganz unbegreiflich schien, was da vom Bösen,
Daß eine Seele, wo dein Bild geglüht,
Dich gar nicht mehr erkennt, wenn sie dich sieht.

Rings um mich tönt der klare Vogelreigen:
»Horch auf, die Vöglein singen seinem Ruhme!«
Und will ich mich zu einer Blume neigen:
»Sein mildes Auge schaut aus jeder Blume.«
Ich habe dich in der Natur gesucht,
Und weltlich Wissen war die eitle Frucht.

Und muß ich schauen in des Schicksals Gange,
Wie oft ein gutes Herz in diesem Leben
Vergebens zu dir schreit aus seinem Drange,
Bis es verzweifelnd sich der Sünd' ergeben:
Dann scheint mir alle Liebe wie ein Spott,
Und keine Gnade fühl' ich, keinen Gott.

Und schlingen sich so wunderbar die Knoten,
Daß du in Licht erscheinst dem treuen Blicke:
Da hat der Böse seine Hand geboten
Und baut dem Zweifel eine Nebelbrücke,
Und mein Verstand, der nur sich selber traut,
Der meint gewiß, sie sei von Gold gebaut.

Ich weiß es, daß du bist, ich muß es fühlen
Wie eine schwere kalte Hand mich drücken,
Daß einst ein dunkles Ende diesen Spielen,
Daß jede Tat sich ihre Frucht muß pflücken;
Ich fühle der Vergeltung mich geweiht,
Ich fühle dich, doch nicht mit Freudigkeit.

Wo find ich dich in Hoffnung und in Lieben!
Denn jene ernste Macht, die ich erkoren,
Das ist der Schatten nur, der mir geblieben
Von deinem Bilde, da ich es verloren.
O Gott, du bist so mild und bist so licht!
Ich suche dich in Schmerzen, birg dich nicht!

Am Feste vom süßen Namen Jesus

Was ist süß wie Honigseim,
Wenn er sich der Wab' entgießt?
Süßer ist des Lebens Keim,
Der durch unsre Adern fließt.
Doch dein Name, lieber Jesu mein,
Der ist über Alles mild und süß!
Daß der Tod vergißt die herbe Pein,
Wo ein frommer Mund ihn tönen ließ.

Was ist gleich des Löwen Kraft
Wenn er durch die Wälder kreis't?
Stärker ist die Leidenschaft,
Ist der widerspenst'ge Geist.
Doch dein Name, lieber Jesu mein,
Der ist über Alles voll der Macht!
Daß er zwängt zu milden Lichtes Schein,
Was die Welt bedräut in Flammenpracht.

Was ist reich wie Meeresfahrt,
Gleich des Schachtes goldner Hut?
Reicher ist, wer sich bewahrt
Seiner Ehre köstlich Gut.
Doch dein Name, lieber Jesu mein,
Der ist mehr und reicher als das all'!
Ach um ihn erträgt man ganz allein
Schmach, Verkennung, aller Ehre Fall.

Was ist schön wie Morgenlicht,
Gleich dem Sternendom der Nacht?
Ach, ein lieblich Angesicht,
Und im Aug' des Geistes Pracht!
Doch dein Name, lieber Jesu mein,
Der ist über Alles mild und schön!
Wer ihn trägt im stillen Antlitz sein,
Der ist hold, was auch Natur versehn.

Was ist freudig, wie zu ziehn
In die reiche Welt hinaus?
Ach, viel freud'ger, was wir fliehn,
Das verkannte Elternhaus!
Doch dein Name, lieber Jesu mein,
Der ist über alles voll der Lust!
O, wer gäb' nicht um die Freuden sein
Heimat, Freiheit, was ihm nur bewußt!

Ja, dein Name, Jesus Christ,
Der ist stark und reich und mild!
Wer den Namen nie vergißt,
Der kennt aller Leiden Schild.
Und ich soll, o liebster Jesu mein,
Ich, die Arme, treulos aller Pflicht,
Dennoch deines Namens Erbin sein:
Gott, du willst den Tod des Sünders nicht!

Am dritten Sonntage nach Heilige Drei Könige

Evang.: Vom Aussätzigen und Hauptmann

»Geh hin, und dir gescheh, wie du geglaubt!«
Ja, wer da glaubt, dem wird sein Heil geschehen;
Was aber ihm, dem in verborgnen Wehen
Das Leben hat sein Heiliges geraubt?

Herr, sprich ein Wort, so wird dein Knecht gesund!
Herr, sprich das Wort, ich kann ja nichts als wollen;
Die Liebe kann das Herz dir freudig zollen,
Der Glaube wird ja nur als Gnade kund!

Wie kömmt es, da ich dich am Abend rief,
Da ich am Morgen ausging dich zu finden,
Daß du in Lauheit und des Zweifels Sünden
Mich sinken ließest, tiefer stets und tief?

Ist nicht mein Ruf in meiner höchsten Not
Zu dir empor geschollen aus der Tiefe?
Und war es nicht, als ob ich Felsen riefe?
Indes mein Auge stets von Tränen rot.

Verzeih, o Herr, was die Bedrängnis spricht!
Ich habe dich doch oft und süß empfunden,
Ich war ja Eins mit dir zu ganzen Stunden,
Und in der Not gedacht' ich dessen nicht!

Und ist mir nun, als sei ich ganz allein
Von deinem weiten Gnadenmahl verloren,
Der ausgesperrte Bettler vor den Toren:
O Gott, die Schuld ist doch gewißlich mein!

Fühlt' ich in Demut, wie ich nimmer wert,
Daß ich dein Wort in meinem Geist empfangen,
Daß meine Seufzer an dein Ohr gelangen,
Daß meine Seele dich erkennt und ehrt?

Mein Herr, gedenke meiner Sünden nicht!
Wie oft hab' ich auf selbstgewähltem Pfade
Geschrien im Dunkel, Gott, um deine Gnade
Wie um ein Recht und wie um eine Pflicht!

O hätt' ich ihre Gaben nicht versäumt,
Hätt' ich sie nicht zertreten und verachtet!
Ich stände nicht so grauenvoll umnachtet,
Daß das entfloh'ne Licht mir wie geträumt.

Wie oft ist nicht, noch eh' die Tat geschah,
Die als Gedanke lüstern mich umflogen,
In milder Warnung still vorbeigezogen
Dein Name mir, dein Bild auf Golgatha!

Und wenn ich nun mich frevelnd abgewandt,
Die Sünde, die ich klar erkannt begangen,
Wie hast du dann in reuigem Verlangen
Nicht oft in meiner Seele nachgebrannt!

Ach, viel und schwere Sünden übt' ich schon,
Noch mehr der Fehle, klein in ihren Namen,
Doch groß in der Verderbnis tiefstem Samen,
Taub für des jammernden Gewissens Ton!

Nun ist mir endlich alles Licht dahin
Und öfters deine Stimme ganz verschollen;
Doch wirf mich, o du siehst, ich kann noch wollen,
Nicht zu den Toten, weil ich lebend bin!

Mein Jesu, sieh, ich bin zu Tode wund
Und kann in der Zerrüttung nicht gesunden!
Mein Jesu, denk' an deine bittern Wunden
Und sprich ein Wort, so wird dein Knecht gesund!

Am vierten Sonntage nach Heilige Drei Könige

Evang.: Von den Arbeitern im Weinberge

Ich kann nicht sagen:
»Keiner hat mich gedingt.«
Wem soll ich klagen,
Wenn es mich niederzwingt
In meine schmählich selbstgeflochtnen Bande!
Vor Millionen hast du mich erwählt,
Mir unermeßnes Handgeld zugezählt
In deiner Taufe heil'gem Unterpfande.

Ich kann nicht sagen:
»Siehe, des Tages Last
Hab' ich getragen!«
Wenn nun, zu Duft erblaßt,
Mich meine matte Sonne will verlassen;
Mein Garten liegt ein übergrüntes Moor,
Und blendend steigt das Irrlicht draus empor,
Den Wandrer leitend in den Tod, den nassen.

Ich kann nicht sagen:
»Siehe, wer stand mir bei?
Ich mußte zagen;
Um mich die Wüstenei
Und das Getier, so nimmer dich erkennet.«
O Gott, du hast zur Arbeit mir gesellt
Viel liebe Seelen, rings um mich gestellt,
Worin dein Name unauslöschlich brennet!

Ich kann nicht sagen:
»Sieh' deine Stimme sprach,
Ich mußte wagen,
Und meine Kraft zerbrach;
Was hast du meine Nahrung mir entzogen?«
Mein Gott, und liegt wohl tief es in der Brust,
Doch bin ich großer Kräfte mir bewußt,
Und in der Angst hab' ich mir selbst gelogen!

Ich muß verschwinden
Bis in die tiefste Kluft,
Zergehn in Winden
Wie einer Wolke Duft,
Wenn dein Gericht vor meinem Geist wird stehen;
Du hast mich über Vieles eingesetzt,
Und ganz verarmt erschein ich und zerfetzt,
Die Güter dein ließ ich zu Kot vergehen.

Nichts kann ich sagen,
Denn meine Hand ist leer.
Soll ich es wagen
Gegen die Waagschal' schwer
Zu legen meiner Reue späte Triebe?
Und ist es nur wie des Ersatzes Spott,
Nichts hab' ich sonst, doch du, o milder Gott,
Du hast ein großes, großes Wort der Liebe!

Am Feste Mariä Lichtmeß

Durch die Gassen geht Maria,
In dem Arm den Sohn, den lieben,
Hält ihn fest und hält ihn linde,
Und ihr Auge schaut auf ihn.
Wie die Englein ihn gesungen,
Ihn die Hirten angebetet,
Huldigten die grauen Weisen,
Läßt sie still vorüber ziehn.

Aber Joseph ihr zur Seiten
Ist in Sorgfalt ganz befangen;
Prüfend frägt er alle Steine,
Ob ihr Fuß zu kühn sich wagt;
Weiß nicht, was er wird erleben,
Aber wundersame Dinge
Haben aus des Kindleins Augen
Sich ihm heimlich angesagt.

O Maria, Mutter Christi!
Soll ich denn zu dir mich wagen
Mit dem schuldgepreßten Herzen,
Mit dem trüben Sünderblick! —
Die du hast gleich mir gewandelt,
Hast gesiegt, wo ich gesunken,
Weh, vor deiner lichten Krone
Bebt mein scheues Fleh'n zurück.

Doch du neigst dein liebes Kindlein
Und es reicht die linden Hände.
O mein lieber Herr und Richter
Bist du mein Erlöser nur?
Ach, wie hab' ich mich gefürchtet,
Und nun bist du lauter Liebe!
Alle harten Worte schweigen
Und dahin ist ihre Spur.

Liebster Herr, du hast geschaffen
Meine arme kranke Seele,
Wie den Reiz, den vielgestalten,
Der auf breite Straßen führt;
Und du weißt, daß wie vor Andern
Frischer Hauch in meiner Seele,
So mich auch vor Andern glühend
Jede Erdenlust berührt.

Hast du mir in Macht und Güte
Meine Seele rein gegeben,
Herrlich, groß und wohlgerüstet
Wie ein königliches Schloß:
Und nun liegt es in Zerstörung,
Graunvoll in der öden Größe,
Wie ein knöchern Ungeheuer,
Wie ein todter Meerkoloß.

Und da ich nach vielen Tagen,
Sonder Glauben, voll der Liebe,
Angstvoll prüfte seine Mauern,
Siehe da! sie standen fest.
O mein Herr, willst du mich hören,
Auftun deine Gnadenschätze:
Sieh', ich will getreulich bauen
Meines Lebens trüben Rest!

Muß mein Haus gleich stehen eine
Öde warnende Ruine:
Ach, nur dort kann sich gestalten,
Was so rettungslos zerstört.
Kann ich nur ein Stüblein bauen,
Ausgeschmückt mit stillen Werken,
Wo ich, Herr, dich mag bewirten,
Wenn ich bei dir eingekehrt!

Aus den Hallen tritt Maria,
In dem Arm den Sohn, den lieben,
Hält ihn fest und hält ihn linde,
Und auf ihm ihr Auge ruht.
O, sie hat das Glück getragen
Durch neun wonnevolle Monde;
Was verkündet jene Frommen,
Trug sie längst im glühnden Mut.

Aber Joseph stillen Schrittes
Tritt nicht mehr an ihre Seite,
Da das liebe, liebe Kindlein
Nun der Herr der ganzen Welt.
Doch wie höher steigt die Sonne,
Schleicht er leis' an ihre Schulter,
Und er zupft an ihrem Mantel,
Daß der Schleier niederfällt.

Am fünften Sonntage nach Heilige Drei Könige

Evang.: Vom Samen, so unter die Dornen fiel

In die Dornen ist dein Wort gefallen,
In die Dornen, die mein Herz zerrissen;
Du, mein Gott, nur du allein kannst wissen,
Wie sie schmerzlich sind vor andern allen;
In die Dornen meiner bittern Reue,
Die noch keine Tröstung will empfangen;
So verbarg ich es in finstrer Scheue,
Und so ist es trübe aufgegangen.

Und so wächst es auf in bittrer Wonne,
Und die Dornen lassen es gedeihen;
Ach! mein Boden ist zu hart, im Freien
Leckt den Tau vom Felsen ihm die Sonne.
Kann es gleich nur langsam sich entfalten,
Schirmen sie es treulich doch vor Stürmen
Und dem Hauch der Luft, dem todeskalten,
Und wenn sich des Zweifels Wolken türmen.

In die Dornen ist dein Wort gefallen,
Und sie werden blut'ge Rosen tragen;
Soll ich einst dir zu vertrauen wagen,
Darf ich nur in ihrem Kranze wallen.
Wenn er recht erstrahlt im Feuerglanze
Und das Haupt mir sengt mit tiefen Wunden,
Dann gedeiht die zarte Gottespflanze,
Muß an seinem Schmerzensstrahl gesunden.

In Entsagung schwinden muß mein Leben,
In Betrachtung meine Zeit ersterben,
So nur kann ich um das Höchste werben;
Meine Augen darf ich nicht erheben.
Ach! ich habe sie mißbraucht zu Sünden
Und verscherzt des Aufblicks reine Freude;
Dann nur kann ich noch den Himmel finden,
So ich ihn in Scham zu schauen meide.

Wenn ich blicke in die milden Mienen
O, wie schmerzlich muß es mich betrüben,
Denen noch das teure Recht geblieben
Ihrem Gott in Freudigkeit zu dienen!
Muß an seinem Schmerzenstrahl gesunden.
Muß erglühend sie zur Erde schlagen;
In ein reines Auge sie zu senken
Kann ich nimmer sonder Frevel wagen.

Und wie tief neig' ich die Stirn, die trübe,
Wenn die Sünde rauscht an mir vorüber,
Meinen Manche, daß mich Abscheu triebe,
Und gewinnen lieber mich und lieber,
Ist es oft nur mein vergangnes Leben,
Grauenhaft zum zweitenmal geboren;
Ach! und oft empfind' ich gar mit Beben,
Wie der Finstre noch kein Spiel verloren!

Aber, was er auch für Tücke hege,
Kämpfen will ich um des Himmels Grenzen;
Meine Augen sollen freudig glänzen,
Wenn ich mich in meine Dornen lege,
Daß die Welt nicht meinen Kampf darf rügen,
Oder gar mit eitelm Lob geleiten:
Wohl, ich kann durch Gottes Wunder siegen,
Aber nimmer mit zwei Feinden streiten.

Ob ein Tag mir steigen wird auf Erden,
Wo ich frei mich zu den Deinen zähle?
Wo kein Schwert mehr fährt durch meine Seele,
Wenn mir deine Hände sichtbar werden?
Herr, und soll der Tag mir nimmer scheinen,
Dürft' ich ihn in Ewigkeit nicht hoffen,
Dennoch muß ich meine Schulden weinen,
O, der Sünder hat sich selbst getroffen!

Fastnacht

Evang.: Vom Blinden am Wege

Herr, gib mir, daß ich sehe!
Ich weiß es, daß der Tag ist aufgegangen,
Im klaren Osten stehn fünf blut'ge Sonnen,
Und daß das Morgenrot mit stillem Prangen
Sich spiegelt in der Herzen hellen Bronnen.
Ich sehe nicht, ich fühle seine Nähe,
Herr, gib mir, daß ich sehe!

Und wie ich einsam stehe,
Sich um mich regt ein mannigfaches Klingen;
Ein Jeder will ein lichtes Plätzchen finden,
Und Alle von der Lust der Sonne singen.
Ich nimmer kann die Herrlichkeit ergründen,
Und wird mir nur ein unergründlich Wehe.
Herr, gib mir, daß ich sehe!

Wie ich die Augen drehe
Verlangend durch der Lüfte weite Reiche,
Und meine doch, ein Schimmer müsse fallen
In ihrer armen Kreise öde Bleiche,
Weil deine Strahlen mächtig doch vor allen;
Doch fester schließt die Rinde sich, die zähe:
Herr, gib mir, daß ich sehe!

Gleich dem getroffnen Rehe
Möcht' ich um Hilfe rennen durch die Erde;
Doch kann ich nimmer deine Wege finden.

Ich weiß, daß ich im Moor versinken werde,
Wenn nicht der Wolf zuvor verschlang den Blinden;
Auch droht des Stolzes Klippe mir, die jähe.
Herr, gib mir, daß ich sehe!

So bleib' ich auf der Höhe,
Wo du zum Schutz gezogen um die Deinen
Des frommen Glaubens zarte Ätherhalle,
Worin so klar die roten Sonnen scheinen,
Und harre, daß dein Tau vom Himmel falle,
Worin ich meine kranken Augen bähe.
Herr, gib mir, daß ich sehe!

Wie sich die Nacht auch blähe,
Als sei ich ihrer schwarzen Macht verbündet,
Weil mir verschlossen deine Strahlenfluten:
Hat sich doch ihre Nähe mir verkündet,
Empfind' ich doch, wie lieblich ihre Gluten.
So weiß ich, daß ich nicht vergeblich flehe:
Herr, gib mir, daß ich sehe!

Und wie mich Mancher schmähe,
Als soll' ich nie zu deinem Strahl gelangen,
Dieweil ich meine Blindheit selbst verschuldet,
Da ich in meiner Kräfte üpp'gem Prangen
Ein furchtbar blendend Feuerlicht geduldet,
Mir sei schon recht, und wer gesä't der mähe:
Herr, gib mir, daß ich sehe!

Herr, wie du willst, geschehe!
Doch nicht von deinem Antlitz will ich gehen;
In diesen Tagen, wo die Nacht regieret,
Will ich allein in deinem Tempel stehen,
Von ihrem kalten Zepter unberühret,
Ob ich den Funken deiner Huld erspähe.
Herr, gib mir, daß ich sehe!

Daß mich dein Glanz umwehe,
Das fühl' ich wohl durch alle meine Glieder,
Die sich in schauderndem Verlangen regen.
O milder Herr, sieh mit Erbarmen nieder!
Kann ein unendlich Flehn dich nicht bewegen?
Ob auch der Hahn zum dritten Male krähe,
Herr, gib mir, daß ich sehe!

Am Aschermittwochen

Auf meiner Stirn dies Kreuz
Von Asche grau:
O schnöder Lebensreiz,
Wie bist du schlau
Uns zu betrügen!
Mit Farben hell und bunt,
Mit Weiß und Rot
Deckst du des Moders Grund;
Dann kömmt der Tod
Und straft dich Lügen.

Und wer es nicht bedacht
Und wohl gewußt,
Sein Leben hingelacht
In eitler Lust,
Der muß dann weinen;
Er achtet nicht was lieb;
Und was ihm wert,
Das flieht ihn wie ein Dieb,
Fällt ab zur Erd'
Und zu Gebeinen.

Was schmückt sich denn so hold
In bunter Seid'?
Was tritt einher in Gold
Und Perlgeschmeid'?
O Herr! ich hasche

Nach Allem was nicht gut,
Nach Wahn und Traum,
Und hänge Erd' und Blut
Und Meeresschaum
Um bunte Asche.

Was wird so heiß geliebt?
Was legt in Band,
Ob's gleich nur Schmerzen gibt,
Sinn und Verstand?
O Herr, verzeihe!
Die Seele minnt man nicht,
Die edle Braut,
Und wagt um ein Gesicht,
Aus Staub gebaut,
Die ew'ge Reue!

Stellt ein Geripp' sich dar
Vor meinem Blick,
So sträubt sich mir das Haar;
Ich fahr' zurück
Vor dem, was ich einst bleibe,
Und werd' es selber noch,
Und weiß es schon,
Und trag' es selber doch
Zu bitterm Hohn
Im eignen Leibe!

Fühl' ich des Pulses Schlag
In meiner Hand,
Worüber sinn ich nach?
O leerer Tand:
Ob ich gesunde!

Und denke nicht betört,
Daß für und für
Ein jeder Pulsschlag zehrt
Am Leben mir,
Schlägt Todeswunde!

Du schnöder Körper, der
Mich oft verführt,
Mit Welt und Sünde schwer
Mein Herz gerührt,
Noch hast du Leben!
Bald liegst du starr wie Eis,
Der Würmer Spott,
Den Elementen preis;
O möge Gott
Die Seele heben!

Am ersten Sonntag in der Fasten

Evang.: Von der Versuchung Christi

»Sprich, daß diese Steine Brode werden!
Laß dich deine Engel niedertragen!
Sieh die Reiche dieser ganzen Erden!
Willst du deinem Schöpfer nicht entsagen?«
Dunkler Geist, und warst du gleich befangen,
Da du deinen Gott und Herrn versucht:
Ach, in deinen Netzen zahllos hangen
Sie, verloren an die tück'sche Frucht.

Ehrgeiz, Hoffahrt, dieser Erde Freuden,
Götzen, denen teure Seelen sterben.
O mein Gott, laß mich nicht ewig scheiden!
Laß mich selber nicht den Tod erwerben!
Ganz verwirrt weiß ich mich nicht zu fassen,
Drohend schwankt um mich der falsche Grund;
Ach, der eignen schwachen Kraft gelassen,
Tret' ich sinnlos in den losen Schlund.

Jesu mein, zu dir steigt auf mein Flehen,
Auf der Kreuzesleiter meine Stimme!
Du berührst die Meere, sie vergehen,
Und die Berge rauchen deinem Grimme;
Doch mit tausend Himmelszweigen blühet
Dein unendlich Gnadenwort empor;
Du verlöschest nicht den Docht, der glühet,
Und zerbrichst nicht das geknickte Rohr.

Herr, ich bin ein arm und kaum noch glühend
Döchtlein am Altare deiner Gnade;
Sieh, mich löscht ein mattes Lüftchen fliehend,
Mich ein Tropfen von der Welt Gestade!
Ach, wenn nicht in meinem Herzen bliebe
Nur ein einzig leuchtend Pünktlein noch,
Jener heiße Funken deiner Liebe,
Wie so ganz erstorben wär' ich doch!

Herr, du hast vielleicht noch viel beschlossen
Für dies kurze ruhelose Leben,
Ob ich soll in Qualen hingegossen,
Ob ich soll in allen Freuden weben;
Darf ich wählen, und will Lust mich trennen,
Brenne mich in Leidensflammen rein!
O, die Not lehrt deinen Namen nennen!
Doch die Ehre steht so gern allein.

Lauscht vielleicht verborgen eine Spitze
In dem Lob, das mir die Menschen bringen,
Daß ich noch die letzte Kraft besitze
Dich zu rühmen, deinen Preis zu singen?
Sind auch hier die Netze aufgeschlagen,
Wo der Mund zu deiner Ehre schafft,
Und ich wär' zu schwach das Lob zu tragen,
Und es bräche meine letzte Kraft?

Herr! Du weißt, wie trüb in meiner Seele,
Wie verloren die Gebete stehen,
Daß ich möchte wie um große Fehle
Büßen, daß ich es gewagt zu flehen.
Mein Gebet ist wie von einem Toten,
Ist ein kalter Dunst von deinem Thron;
Herr, du hast es selber mir geboten,
Und du hörtest den verlornen Sohn!

Laß mich, Herr, es immerdar empfinden,
Wie ich tief gesunken unter Allen,
Laß mich nicht zu allen meinen Sünden
Noch in frevelhafte Torheit fallen!
Meine Pflichten stehen über Vielen,
Unter Allen meiner Tugend Kraft.
Ach, ich mußte wohl die Kraft verspielen
In dem Spiel mit Sünd' und Leidenschaft!

Willst du mehr der Erdengüter schenken,
Soll ich die besessenen verlieren —
Laß in Lust und Jammer mich bedenken,
Was der fremden Armut mag gebühren!
Trag ich alles Erdenglück zu Grabe,
Es ersteht vielleicht unsterblich mir,
Wenn ich treulich meine arme Habe
In Entbehrung teile für und für.

Selber kann ich diesen Kampf nicht wagen.
Deine Gnade hab' ich all' verloren;
Wenn du mich verläßt, ich darf nicht klagen,
Hab' ich doch die Finsternis erkoren,
Hoffahrt, Ehrgeiz, dieser Erde Freuden.
O mein Jesu, ziehe mich zurück!
Ach, was hab' ich denn, um sie zu meiden,
Als zu dir den angsterfüllten Blick?

Am zweiten Sonntag in der Fasten

Evang.: Vom Cananäischen Weibe

Liebster Jesu, nur Geduld!
Wie ein Hündlein will ich spüren
Nach den Brocken deiner Huld,
Will mich lagern an die Türen,
Ob von deinen Kindern keines
Mir ein Krüstlein reichen will,
Hungerglühend, doch in meines
Tiefen Jammers Kunde still.

Um Geduld fleh ich zu dir:
Denn ich muß in großen Peinen
Einsam liegen vor der Tür,
Wenn von deinen klaren Weinen,
Deinen lebensfrischen Gaben
Mir der Duft herüberzieht.
Ach, ein Tropfen kann mich laben,
Meine Zunge ist verglüht!

Weil ich fast in meiner Pein
Schaue wie aus Kindesaugen,
Meinen oft die Diener dein,
Daß ich mag zum Gaste taugen.
In Erbarmen ganz vermessen
Reichen sie die Schüsseln hin;
Doch ich will es nicht vergessen,
Daß ich wie ein Hündlein bin.

O, zum allergrößten Heil
Muß es mir bei dir gereichen,
Daß dir, o mein einzig Teil,
Nichts an Langmut zu vergleichen!
Denn es will mir öfters fahren
Durch die Glieder wie ein Blitz,
Deinen Kindern mich zu paaren,
Rasch erringend einen Sitz.

Kann ich dir, du Rächer groß,
Doch in Ewigkeit nicht lügen!
Und mir würd', ein schmählich Los,
So die Diener dein zu trügen:
Weil mir weich die Augen brennen
In der ungestillten Lust,
Ich mich will ein Kindlein nennen
Mit der schuldgebrochnen Brust.

Wie ein Hündlein bin ich nur,
Und so will ich nimmer weichen,
Fest auf deiner Kinder Spur,
Ob sie mir den Bissen reichen,
Wenn die Sonne aufgegangen,
Wenn sie blutet in den Tod,
Will an ihrem Munde hangen,
So du reichst das Abendbrot.

Ist es deinen Kindern recht,
Nur ein Krüstlein mir zu spenden:
Wohl! es ist mir nichts zu schlecht,
Kömmt von übermilden Händen,
Birgt sich reiche Nahrung drinnen,
Nur in ernster Glut erstarrt.
Ach, und meinen stumpfen Sinnen
Wär' ein Kiesel nicht zu hart!

O, es ist ein bittres Los,
Wer ein lieber Gast gewesen,
Um die eignen Sünden groß
Nun die Brocken aufzulesen!
Nicht um des Gerichtes Strenge,
Das mir noch dereinstens dräut,
Nein, im eigenen Gedränge
Innige Versunkenheit

Daß um meiner Sehnsucht Brand
Neu die Sinne mir gegeben,
Aber nicht, so lang ein Band
Leib und Seele hält umgeben,
Darauf ruht mein einzig Hoffen.
Und so leb' ich langsam hin;
Meine Sinne stehen offen,
Aber ihnen fehlt der Sinn.

Muß in Qual das Morgenrot,
Muß das Abendlicht mich sehen,
O, wie lieblich ist der Tod,
Und um seinen Trost zu flehen!
Darf mich dennoch nicht erkühnen,
Wie er winkt, so lockend mild;
Denn ich muß unendlich sühnen,
Und das Leben ist mein Schild.

Am dritten Sonntag in der Fasten

Evang.: Jesus treibt den Teufel aus

»Mein Nam' ist Legion, denn unserer sind Viele!«
So spricht der finstre Geist.
Sein Nam' ist Legion, weh mir, daß ich es fühle!
Daß es mich zittern heißt!

Wo kindlich dem Gemüt in Einfalt und Vertrauen
Nichts als sein Jesu kund,
Da kann der Finstre nicht die wirren Höhlen bauen
Im einfach lichten Grund.

Doch du, mein schuldvoll Herz, in deinem eitlen
In deinem irren Tun: [Wissen,
Wie sind dir tausend brand'ge Stellen aufgerissen,
Worin die Nacht kann ruhn!

Und raff' ich mich empor, und will ich mich erkühnen
Zu heil'gen Namens Schall,
O, könnte nicht vielleicht mein guter Wille dienen
Zu neuem schweren Fall!

Denn daß die Welt mich nicht, die Menschen mich
Die gleißend wie das Meer, [nicht kennen,
Daß sie mich oft sogar noch hell und freudig nennen,
Das senkt unendlich schwer!

Mich kennen muß die Welt, ich muß Verachtung
Wie ich sie stets verdient; [tragen,

Ich Wurm, der den, den Engel kaum zu nennen wagen
Zu preisen mich erkühnt!

Laß in Zerknirschung mich, laß mich in Furcht
Mein Heiland und mein Gott! [dich singen,
Daß nicht mein Lied entrauscht, ein kunstvoll
Ein Frevel und ein Spott [sündlich Klingen,

Ach, wer so leer wie ich in Worten und in Werken,
An Sinnen so verwirrt,
Dess Lied kann nur des Herrn barmherzig Wunder
Daß es zum Segen wird. [stärken,

Ist nicht mein ganzer Tag nur eine Reihe Sünden?
Muß oft in Traumeswahn,
Oft wachend die Begier nicht zahllos Wege finden,
Nur nie die Himmelsbahn?

Tönt nicht der Kampfgesang der Lust von allen Seiten?
Und bringt er nicht den Sieg?
Ist nicht mein Leben nur ein flüchtig kraftlos Streiten,
Ein schmachbedeckter Krieg?

Und mein' ich eine Zeit, daß ich den Sieg errungen,
Weil die Begierde schwand:
Da bin ich ausgeschlürft wie von Empusenzungen,
Wie eine tote Hand!

Und ist mir's eine Zeit, als will das Leben ziehen
Ins Herze, gar erstarrt:
Da muß mit ihm zugleich der Übermut entglühen,
Der eines Hauchs geharrt.

Und wird mir's endlich klar, umsprüht von
Wie klein, wie Nichts ich bin: [Leidensfunken,
Da bin ich ausgebrannt, zu Asche eingesunken,
Verglüht an Geist und Sinn.

Das hast du selber dir, du schuldvoll Herz, zu danken;
Mein Jesu lieb und traut,
Wärst du nur irgend treu, er würde nimmer wanken
Von der geliebten Braut.

Doch daß du schlummernd läßt durch alle Tore
Den grausen Höllenbund, [ziehen
Daß überall für ihn die Siegeskränze blühen
Aus deinem eignen Grund;

Daß du dich töricht wähnst in vollem hellem Laube,
Du armer dürrer Zweig!
Daß du, indes der Feind frohlockt in deinem Raube,
Dich herrlich wähnst und reich:

Das ist warum du stirbst, daß du in Wahnes Gluten
Nicht kennst den eignen Schmerz,
O, fühltest du dich selbst aus allen Adern bluten,
Du töricht frevelnd Herz!

So schaue deine Not! Noch fielen nicht die Schranken
Der dunklen Ewigkeit.
»Sein Nam' ist Legion«, o fasse den Gedanken!
Es ist die letzte Zeit!

Am vierten Sonntag in der Fasten

Josephsfest

Gegrüßt in deinem Scheine,
Du Abendsonne reine,
Du alter Lilienzweig,
Der du noch hast getragen
In deinen grauen Tagen
So mildes Blütenreich!

Je mehr es sich entfaltet,
Zum Ehrenkranz gestaltet,
Der deine Stirn umlaubt:
Je mehr hast du geneiget,
In Ehrfurcht ganz gebeuget
Dein gnadenschweres Haupt.

Wie ist zu meinem Frommen
Dein freundlich Fest gekommen
In diese ernste Zeit!
Ich war fast wie begraben;
Da kömmst du mich zu laben
Mit seltner Freudigkeit.

Zu dir will ich mich flüchten,
Mein scheues Leben richten,
O Joseph, milder Hauch!
Du hast gekannt die Fehle
In deiner starken Seele,
Und die Vergebung auch!

Was hast du nicht geduldet,
Da im Geheim verschuldet
Maria dir erschien?
Und konntest ihr nicht trauen,
Worauf die Himmel bauen,
Und hast ihr doch verziehn!

Und da du mußtest scheiden
Mit deinen lieben Beiden,
Wie groß war deine Not!
Die Wüste schien dir lange;
Doch war vom Untergange
Dein liebes Kind bedroht.

Und da Er glanzumkrönet,
Wie bist du nicht gehöhnet
Um seine Gotteskraft!
Wie mag, den Groll zu laben,
Dich nicht gelästert haben
Die arge Priesterschaft!

Und gar, wenn gottdurchdrungen
Dich grüßten fromme Zungen
Und priesen laut und weit:
Wie hast du nicht in Zagen
An deine Brust geschlagen
In deiner Sündlichkeit!

So hast du viel getragen,
Unendlich viele Plagen,
Mit freundlicher Geduld,
Und ist in all den Jahren
Manch Seufzer dir entfahren
Und manche kleine Schuld.

Du frommer Held im Glauben,
Den schrecklich dir zu rauben
Sich alle Welt verband,
Hast können nicht erhalten
Ein unbefledktes Walten
An deines Jesu Hand.

Was soll ich denn nicht hoffen,
Da noch der Himmel offen,
Und meine Seele still?
Will sich die Gnade nahen:
Ich kann sie wohl empfahen,
So Gott mir helfen will.

Zerrissen in den Gründen
Bin ich um meine Sünden,
Und meine Reu' ist groß!
O hätt' ich nur Vertrauen,
Die Hütte mein zu bauen
In meines Jesu Schoß!

Am fünften Sonntag in der Fasten

Evang.: Die Juden wollen Jesum steinigen

Die Propheten sind begraben,
Abraham ist tot!
Millionen Greis' und Knaben
Und der Mägdlein rot,
Viele, die mir Liebe gaben,
Denen ich sie bot:
Alle, alle sind begraben,
Alle sind sie tot!

Herr, du hast es mir verkündet,
Und dein Wort steht fest,
Daß nur der das Leben findet,
Der das Leben läßt.
Ach, in meiner Seele windet
Es sich dumpf gepreßt;
Doch du hast es mir verkündet,
Und dein Wort steht fest.

Aber von mir selbst bereitet
Leb' ich oft der Pein;
Alles scheint mir wohl geleitet,
Und der Mensch allein,
Der dein Ebenbild bedeutet,
Jammervoll zu sein;
Sieh, so hab' ich mir bereitet
Namenlose Pein.

Hab' ich grausend es empfunden,
Wie in der Natur
An ein Fäserchen gebunden,
Eine Nerve nur,
Oft dein Ebenbild verschwunden
Auf die letzte Spur:
Hab' ich keinen Geist gefunden,
Einen Körper nur!

Seh' ich dann zu Staub zerfallen,
Was so warm gelebt,
Ohne daß die Muskeln wallen,
Eine Nerve bebt,
Da die Seele doch an allen
Innig fest geklebt:
Möcht' ich selbst zu Staub zerfallen,
Daß ich nie gelebt!

Schrecklich über alles Denken
Ist die dumpfe Nacht,
Drin sich kann ein Geist versenken,
Der allein gedacht,
Der sich nicht von dir ließ lenken,
Helle Glaubensmacht!
Ach, was mag der Finstre denken,
Als die finstre Nacht?

Meine Lieder werden leben,
Wenn ich längst entschwand:
Mancher wird vor ihnen beben,
Der gleich mir empfand.
Ob ein Andrer sie gegeben,
Oder meine Hand:
Sieh, die Lieder durften leben,
Aber ich entschwand!

Bruder mein, so laß uns sehen
Fest auf Gottes Wort!
Die Verwirrung wird vergehen,
Dies lebt ewig fort.
Weißt du, wie sie mag entstehen
Im Gehirne dort?
Ob wir einst nicht lächelnd sehen
Der Verstörung Wort?

Wie es hing an einem Faden,
Der zu hart gespannt,
Mit entflammtem Blut beladen,
Sich der Stirn entwand?
Flehen wir zu Gottes Gnaden,
Flehn zu seiner Hand,
Die die Fädchen und die Faden
Liebreich ausgespannt!

Am Feste Mariä Verkündigung

Ja, seine Macht hat keine Grenzen,
Bei Gott unmöglich ist kein Ding!
Das soll mir wie mein Nordlicht glänzen,
Da meine Sonne unterging.
Und wie auf blauen Eiseskücsten
Steh' ich zu starrer Winterzeit:
Wie soll ich noch das Leben fristen!
Ach, keine Flamme weit und breit!
Und sieh, er winkt' dem milden Lenzen,
Daß er die tote Erd' umfing?
Ja, seine Macht ist ohne Grenzen,
Bei Gott unmöglich ist kein Ding!

O sehet, wie von warmen Zähren
Der Erde hartes Herz zerquillt,
Wie sie, die Blumen sein zu nähren,
Mit Tau die grauen Wimpern füllt!
Auch in die längst erstorbnen Äste
Gießt sich ein Leben wunderbar,
Und alle harren seiner Gäste,
Der Blätter lebensfroher Schar.
Was soll ich denn der Hoffnung wehren,
Daß meiner Zähren Flehn gestillt,
Da ja sogar von warmen Zähren
Der Erde hartes Herz zerquillt?

Kannst du die Millionen Blätter
Aus diesen todten Ästen ziehn
Und aus dem ausgebrannten Wetter
Der Lavafelsen frisches Grün:
Was soll mein Herz zu hart dir scheinen,
Wo doch der gute Wille brennt,
Das sich dir glühend möchte einen,
Wenn es sich starrend von dir trennt?
Und soll nicht, mein allmächt'ger Retter,
Auch mir ein farblos Kraut entblühn,
Da du die Millionen Blätter
Kannst aus den toten Ästen ziehn!

O, möchte nur die Demut keimen!
Vertrocknet ist die Herrlichkeit.
Wohl durft' ich sonst mir Andres träumen;
Doch wie ein Blitz ist jene Zeit.
Zwar kann ich mich in Reue sehnen,
Ich kann verwerfen meine Tat,
Doch nicht erfrischen meine Tränen,
Sie fallen sengend auf die Saat;
Und Frost und Hitze muß sich reimen,
Daß keine Blume mir gedeiht.
O, möchte nur die Demut keimen!
Vertrocknet ist die Herrlichkeit.

So ist doch von den Blumen allen
Marienblümlein milder Art;
Die Blätter erst, die Flocken fallen,
Doch freudig blüht es fort und zart.
Wenn sich des Winters Stürme brechen,
Gleich blickt es freundlich durch den Schnee,
Und naht der Lenz in Regenbächen,
Da steht es in dem kalten See.

O könnt' ich gläubig niederfallen,
Bis mir das Blümlein offenbart!
Es ist ja von den Blumen allen
Marienblümlein milder Art.

Doch wie das Volk einst vor den Schranken
Um Horebs gottgeweihte Höhn,
So fliehen bebend die Gedanken,
Da sie dies reine Bild erspähn.
Was seh' ich nur die Feuersäule,
Und nicht die Gnade Gottes drin,
Daß unermeßlich scheint die Steile
Und wie ein Abgrund, wo ich bin?
O Jesu, laß aus diesem Schwanken
Nur nicht das goldne Kalb entstehn,
Wie jenem Volke vor den Schranken
Um Horebs gottgeweihte Höhn!

Und kann ich denn kein Leben bluten,
So blut' ich Funken wie ein Stein!
Ich weiß es, wo sie stille ruhten,
Ich scheuchte sie in Schlummer ein,
Da ich gesucht, was Leben kündet.
Doch hast du, Herr, mich ausersehn,
Daß ich soll starr, doch festgegründet
Wie deine Felsenmauern stehn:
So brenne mich in Tatengluten
Wie den Asbest des Felsen rein!
Und kann ich dann kein Leben bluten,
So blut' ich Funken wie ein Stein.

Am Palmsonntage

Der Morgentau will steigen;
Sind denn die Palmen grün?
Auf, laßt mit hellen Zweigen
Uns ihm entgegen ziehn!
Er will in unser Haus,
In unsre Kammern kommen;
Schon ziehen rings die Frommen
Mit Lobgesang heraus.

Ich kann nicht mit euch gehen,
Mir ist der Odem schwer;
Die Kreuzesfahnen wehen,
Ich folge nimmermehr.
Wie wird so klar die Luft?
O Jesu, süße Helle,
Du kömmst in meine Zelle,
In meine Modergruft!

Was soll ich dir bereiten,
Du wunderlieber Gast?
Ich möchte dich verleiten
Zu langer Liebesrast.
Wohlan, ich schmücke dich,
Will dich mit Blumen binden;
Du sollst dich nicht entwinden,
Das weiß ich sicherlich.

Aus deiner Mutter Rechten
Will ich um deinen Fuß
Die reine Lilie flechten
Mit demutsvollem Gruß.
Daß ich dich feßle ganz
Mit Liebesblumenringen,
Will um dein Haupt ich schlingen
Den heil'gen Rosenkranz.

Den Boden will ich streuen
Mit Palmen ganz und gar,
Mein Leiden dir zu weihen,
Was ich in diesem Jahr
Oft still, oft schwerer trug.
Es liegt zu deinen Füßen,
Es soll mich nicht verdrießen,
Dein Will' ist mir genug!

Wie soll ich mich doch finden
In deine Liebesmacht,
Daß du an meine Sünden
So gar nicht hast gedacht!
Ich lasse nicht von dir,
Mußt du gleich wieder scheiden,
Ich fühl' es wohl in Freuden,
Du kömmst noch oft zu mir.

Am Montag in der Charwoche

Evang.: Vom verdorrten Feigenbaume

»Wie stehst du doch so dürr und kahl,
Die trocknen Adern leer,
O Feigenbaum!
Ein Totenkranz von Blättern fahl
Hängt rasselnd um dich her
Wie Wellenschaum« —
‚O Mensch, ich muß hier stehn, ich muß
Dich grüßen mit dem Todesgruß,
Daß du das Leben fassest,
Es nicht entlassest!‘

»Wie halt ich denn das Leben fest,
Daß es mir nicht entrinnt,
O Feigenbaum?« —
‚O Mensch, der Wille ist das Best',
Die wahre Treu gewinnt!
Hältst du im Zaum
Die Hoffahrt und die Zweifelsucht,
Die Lauheit auch in guter Zucht:
Muß dir in diesem Treiben
Das Leben bleiben.‘

»Wie bist du denn so völlig tot,
So ganz und gar dahin,
O Feigenbaum?« —
‚O Mensch, wie üpp'ges Morgenrot

Ließ ich mein Leben ziehn
Am Erdensaum,
Und weh, und dachte nicht der Frucht!
Da hat mich Gott der Herr verflucht,
Daß ich muß allem Leben
Ein Zeugnis geben.‘

»Wer hat dir Solches zubereit’
Durch heimlichen Verrat,
O Feigenbaum?« —
‚O Mensch, des Herrn Aug’ sieht weit,
Es sieht des Würmleins Pfad
In Blattes Flaum!
Ihm kannst du nichts entdecken, noch
Entziehn, er sieht und weiß es doch;
Es lag schon auf der Wage
Am ersten Tage.‘

»Du starbest wohl vor langer Zeit,
Weil du so dürr und leer,
O Feigenbaum?« —
‚O Mensch, des Herren Hand reicht weit,
Und ist so schnell und schwer,
Du siehst es kaum!
Er nimmt dir seines Lebens Hauch,
Du mußt vergehn wie Dunst und Rauch,
Er braucht nicht Wort noch Stunden,
Du bist verschwunden.‘

»Wo bleibt denn seine große Huld,
Was fruchtet denn die Reu’,
O Feigenbaum?« —
‚O Mensch, gedenk an deine Schuld,
Gedenk an seine Treu!

Schau, in den Raum
Hat er mich gnadenvoll gestellt,
Daß ich durch seine weite Welt
Aus meines Elends Tiefe
Dir warnend riefe.‘

»Steht denn kein Hoffen mehr bei dir,
Kein Hoffen in der Not,
O Feigenbaum?« —
‚O Mensch kein Hoffen steht bei mir;
Denn ich bin tot, bin tot!

O Lebenstraum,
Hätt' ich dein schweres Sein gefühlt,
Hätt' ich nicht frech mit dir gespielt:
Ich stände nicht gerichtet,
Weh' mir, vernichtet!‘

Am Dienstag in der Charwoche

Evang.: Von der Nächstenliebe

»Gleich deiner eignen Seelen
Sollst du den Nächsten lieben!«
O Herr, was wird noch fehlen,
Bevor dein Wort erfüllt!
So muß denn all mein Denken
Mich rettungslos betrüben;
Wie sich die Augen lenken,
Steht nur der Torheit Bild.

Mein Herr, ich muß bekennen,
Daß, wenn in tiefsten Gründen
Oft meine Sünden brennen,
Mich diese nie gequält;
So ist denn all den Flecken,
Die meine Brust entzünden,
Des Übermutes Schrecken
Noch tötend beigezählt!

Und hast du mich verlassen,
Mein rügendes Gewissen,
Weil ich dich wie zu hassen
In meinen Ängsten schien?
O schärfe deine Qualen,
Und laß mich ganz zerrissen,
Bedeckt mit blut'gen Malen
Vor Gottes Augen glühn!

Sprich! wolltest du mich trügen?
Und kann der Heller Klingen
Dein feiles Wort besiegen,
Die ich der Armut bot?
O Gold, o schnöde Gabe,
Die Alles soll erringen,
So trägst du mir zu Grabe
Mein Letztes in der Not!

Wie oft drang die Versteckte,
Die Sinnlichkeit, zu spenden,
Wenn mich ein Antlitz schreckte,
Vom Elend ganz verzerrt;
Und mußt es bald entrinnen
Den arbeitlosen Händen,
Den ratlos irren Sinnen,
In Jammer ausgedörrt.

O Gold, o schnöde Gabe,
Wie wenig magst du frommen!
Magst läuten nur zu Grabe
Das letzte Gnadenwehn.
So hast du sonder Gleichen
Die Liebe mir genommen,
Daß ich kann lächelnd reichen,
Wo Gottes Kinder sehn.

Ihr Sinne sprecht, ihr scheuen,
Was habt ihr euch entzogen?
Muß euch nur Alles freuen,
Was euch noch freuen mag?
In flatterndem Verlangen
Habt ihr die Lust gesogen,
Indes die Not vergangen
An eurem Jubeltag!

So hab' ich deine Pfunde
In Frevelmut vergeudet,
Und für der Armut Wunde
War mir ein Heller gut!
Das wird an mir noch zehren,
Wenn Leib und Seele scheidet,
Wird kämpfen mir zu wehren
Den letzten Todesmut.

Ich müßte wohl verzagen,
Ich habe viel verbrochen.
Doch da du mich getragen,
Mein Gott, bis diesen Tag,
Wo meiner Seele Grauen
In fremder Kraft gebrochen:
Wie soll sie dem nicht trauen,
Der ihre Bande brach!

Am Mittwochen in der Charwoche

Evang.: Von der Auferstehung der Toten

Wohl, so will ich vorwärts gehen
Mit der schwergepreßten Brust;
Wird doch alles mir bewußt,
Wenn die Toten auferstehen.
Und so lange muß ich tragen,
Dies ist meine größte Not,
All' die übermüt'gen Fragen,
Die mich drücken in den Tod.

Wie ein Leib, der längst entfaltet
Durch der Pflanze milden Saft
In erneuter Lebenskraft
In den zweiten Leib gestaltet,
Wie er wieder mag erscheinen,
Von dem Andern unverwehrt,
Der ihn trug in den Gebeinen,
Und vom Dritten längst verzehrt;

Was vom Guten, was vom Bösen
In der Seele mannigfalt;
Wie die heiligste Gewalt
Sich in Erdenlust will lösen,
Daß in jenen zarten Stunden,
Wo wir wie mit Gott vereint,
Uns am schwächsten oft gefunden
Jener ewig rege Feind;

Und noch viele andre Dinge,
Die mir nicht zu wissen Not
Und mich drücken in den Tod,
Ach, dem Frommen gar geringe!
Doch in meinem leeren Herzen,
Sonder Wahrheit, sonder Rast,
Lagern sie zu dumpfen Schmerzen,
Eine spitze Felsenlast.

Herr, ich kann sie nicht verbannen,
Nur verschließen fest und treu;
Und das Leben rauscht vorbei,
Und dein Tag treibt sie von dannen!
Sieh, so kann ich gläubig sagen;
Aber meine Seele steht,
Wenn der Tag von allen Tagen
Furchtbar mir vorüber geht.

Wie wenn in beklemmter Schwüle
Eine schwarze Wolkenmacht
Schwärzer dunkelt durch die Nacht,
Daß wir um des Wetters Kühle
Flehn mit allen seinen Schrecken:
Liegt in deiner Ewigkeit,
Wie ein heißer dunkler Flecken,
Jene namenlose Zeit.

Aber wie mit Eisenketten
Schließ ich meine Augen fest,
An die Felsenwand gepreßt,
Vor dem Schwindel mich zu retten.
Und so will ich vorwärts gehen
Mit der schwerbeladnen Brust;
Wenn die Toten auferstehen,
Wird doch Alles mir bewußt.

Am Gründonnerstage

Evang.: Von der Fußwaschung

O Wundernacht, ich grüße!
Herr Jesus wäscht die Füße.
Die Luft ganz stille stand;
Man hört den Atem hallen
Und wie die Tropfen fallen
Von seiner heil'gen Hand.

Da Jesus sich tut beugen,
Ins tiefe Meer sich neigen
Wohl Inseln diesem Gruß.
Ist er so tief gestiegen,
So muß ich ewig liegen
Vor meines Nächsten Fuß.

Herr, ob sich gleich betöret
Die Seele mein empöret
Vor aller Niedrigkeit,
Daß ich vielmehr mein Leben
In Qualen aufzugeben
Für deinen Ruhm bereit:

So gib, daß ich nicht klage,
Wenn du in meine Tage
Hast alle Schmach gebannt;
Laß brennen meine Wunden,
So du mich stark befunden
Zu solchem harten Stand!

O Gott, ich kann nicht bergen,
Wie angst mir vor den Schergen,
Die du vielleicht gesandt
In Krankheit oder Grämen
Die Sinne mir zu nehmen,
Zu töten den Verstand!

Es ist mir oft zu Sinnen,
Als wolle schon beginnen
Dein schweres Strafgericht;
Als dämmre eine Wolke,
Doch unbewußt dem Volke,
Um meines Geistes Licht.

Doch wie die Schmerzen schwinden,
Die mein Gehirn entzünden,
So flieht der Nebelduft,
Und mit geheimem Glühen
Fühl' ich mich neu umziehen
Die frische starke Luft.

Mein Jesu, darf ich wählen,
Ich will mich lieber quälen
In aller Schmach und Leid,
Als daß mir so benommen,
Ob auch zu meinem Frommen,
Die Menschenherrlichkeit.

Doch ist er so vergiftet,
Daß es Vernichtung stiftet,
Wenn er mein Herz umfleußt:
So laß mich ihn verlieren,
Die Seele heimzuführen,
Den reichbegabten Geist.

Hast du es denn beschlossen,
Daß ich soll ausgegossen
Ein tot Gewässer stehn
Für dieses ganze Leben:
So will ich denn mit Beben
An deine Prüfung gehn.

Am Charfreitage

Weinet, weinet, meine Augen,
Rinnt nur lieber gar zu Tränen;
Ach, der Tag will euch nicht taugen,
Und die Sonne will euch höhnen!
Seine Augen sind geschlossen,
Seiner Augen süßes Scheinen;
Weinet, weinet unverdrossen,
Könnt doch nie genugsam weinen!

Als die Sonne das vernommen,
Hat sie eine Trauerhülle
Um ihr klares Aug' genommen,
Ihre Thränen fallen stille.
Und ich will noch Freude saugen
Aus der Welt, der hellen, schönen?
Weinet, weinet, meine Augen,
Rinnt nur lieber gar zu Tränen!

Still, Gesang und alle Klänge,
Die das Herze fröhlich machen!
Kreuz'ge, kreuz'ge, brüllt die Menge,
Und die Pharisäer lachen.
Jesu mein, in deinen Schmerzen
Kränkt dich ihre Schuld vor Allen;
Ach, wie ging es dir zu Herzen,
Daß so Viele mußten fallen!

Und die Vöglein arm, die kleinen,
Sind so ganz und gar erschrocken,
Daß sie lieber möchten weinen,
Wären nicht die Äuglein trocken,
Sitzen traurig in den Zweigen,
Und kein Laut will rings erklingen.
Herz, die armen Vöglein schweigen,
Und du mußt den Schmerz erzwingen!

Weg mit goldenen Pokalen,
Süßem Wein vom edlen Stamme!
Ach, Ihn sengt in seinen Qualen
Noch des Durstes heiße Flamme,
Daß er laut vor Schmerz muß klagen,
Erd' und Himmel muß erbleichen,
Da die Henkersknecht' es wagen
Gall' und Essig ihm zu reichen.

Weiche Polster, seidne Kissen,
Kann mir noch nach euch verlangen,
Da mein Herr so gar zerrissen
Muß am harten Kreuze hangen?
O wie habt ihr ihn getroffen,
Dorn und Nagel, Rut' und Spieße!
Doch das Schuldbuch liegt ja offen,
Daß sein heilig Blut es schließe.

In der Erde alle Toten
Fahren auf wie mit Entsetzen,
Da sie mit dem heil'gen roten
Blute sich beginnt zu netzen;
Können nicht mehr ruhn, die Toten,
Wo sein köstlich Blut geflossen;
Viel zu heilig ist der Boden,
Der so teuren Trank genossen.

Er, der Herr in allen Dingen,
Muß die eigne Macht besiegen,
Daß er mit dem Tod kann ringen
Und dem Tode unterliegen.
Gänzlich muß den Kelch er trinken;
Menschenkind, kannst du's ertragen?
Seine süßen Augen sinken,
Und sein Herz hört auf zu schlagen.

Als nun Jesu Herz tut brechen,
Bricht die Erd' in ihren Gründen,
Bricht das Meer in seinen Flächen,
Bricht die Höll' in ihren Schlünden;
Und der Felsen harte Herzen
Brechen all' mit lautem Knalle;
Ob in Wonne, ob in Schmerzen?
Bricht's der Rettung, bricht's dem Falle?

Und für wen ist denn gerungen
In den qualenvollen Stunden,
Und der heil'ge Leib durchdrungen
Mit den gnadenvollen Wunden?
Herz, mein Herz, kannst du nicht springen
Mit den Felsen und der Erde?
Nur, daß ich mit blut'gen Ringen
Neu an ihn gefesselt werde!

Hast du denn so viel gegeben,
Herr, für meine arme Seele,
Ist ihr ewig, ewig Leben
Dir so wert trotz Schuld und Fehle:
Ach, so laß sie nicht gefunden
Sein, um tiefer zu vergehen!
Laß sie deine heil'gen Wunden
Nicht dereinst mit Schrecken sehen!

Am Charsamstage

Tiefes, ödes Schweigen,
Die ganze Erd' wie tot!
Die Lerchen ohne Lieder steigen,
Die Sonne ohne Morgenrot;
Auf die Welt sich legt
Der Himmel matt und schwer,
Starr und unbewegt
Wie ein gefrornes Meer.
O Herr, erhalt' uns!

Meereswogen brechen,
Sie toben sonder Schall;
Nur die Menschenkinder sprechen,
Doch schaurig schweigt der Widerhall.
Wie versteinet steht
Der Äther um uns her,
Dringt wohl kein Gebet
Durch ihn zum Himmel mehr?
O Herr, erhalt' uns!

Sünden sind geschehen
Für jedes Wort zu groß,
Daß die Erde müßt' vergehen,
Trüg' sie nicht Jesu Leib im Schoß.
Noch im Tod voll Huld
Erhält sein Leib die Welt,
Daß in ihrer Schuld
Sie nicht zu Staub zerfällt.
O Herr, verschon' uns!

Jesus liegt im Grabe,
Im Grabe liegt mein Gott!
Was ich von Gedanken habe,
Ist doch dagegen nur ein Spott.
Kennt in Ewigkeit
Kein Jesus mehr die Welt?
Keiner der verzeiht,
Und keiner der erhält?
O Herr, errett' uns!

Ach, auf jene Frommen,
Die seines Heils geharrt,
Ist die Glorie gekommen
Mit seiner süßen Gegenwart.
Harrten seiner Huld:
Vergangenheit die Zeit,
Gegenwart Geduld,
Zukunft die Ewigkeit.
O Herr, erlös' uns!

Lange, lange Zeiten
In Glauben und Vertraun
Durch die unbekannten Weiten
Nach unbekanntem Heil sie schaun;
Dachten sich so viel,
Viel Seligkeit und Pracht;
Ach, es war wie Spiel,
Von Kindern ausgedacht.
O Herr, befrei' uns!

Herr, ich kann nicht sprechen
Vor deinem Angesicht!
Laß die ganze Schöpfung brechen,
Diesen Tag erträgt sie nicht!

Ach, was naht so schwer?
Ist es die ew'ge Nacht?
Ist's ein Sonnenmeer
In tausend Strahlenpracht?
O Herr, erhalt' uns!

Am Ostersonntage

O jauchze, Welt, du hast ihn wieder,
Sein Himmel hielt ihn nicht zurück!
O jauchzet, jauchzet, singet Lieder!
Was dunkelst du, mein sel'ger Blick?

Es ist zu viel, man kann nur weinen,
Die Freude steht wie Kummer da;
Wer kann so großer Lust sich einen,
Der all so große Trauer sah?

Unendlich Heil hab' ich erfahren
Durch ein Geheimnis voller Schmerz,
Wie es kein Menschensinn bewahren,
Empfinden kann kein Menschenherz.

Vom Grabe ist mein Herr erstanden
Und grüßet Alle, die da sein;
Und wir sind frei von Tod und Banden
Und von der Sünde Moder rein.

Den eignen Leib hat er zerrissen,
Zu waschen uns mit seinem Blut;
Wer kann um dies Geheimnis wissen
Und schmelzen nicht in Liebesglut?

Ich soll mich freun an diesem Tage
Mit deiner ganzen Christenheit,
Und ist mir doch, als ob ich wage,
Da Unnennbares mich erfreut.

Mit Todesqualen hat gerungen
Die Seligkeit von Ewigkeit;
Gleich Sündern hat das Graun bezwungen
Die ewige Vollkommenheit.

Mein Gott, was konnte dich bewegen
Zu dieser grenzenlosen Huld!
Ich darf nicht die Gedanken regen
Auf unsre unermeßne Schuld.

Ach, sind denn aller Menschen Seelen,
Wohl sonst ein überköstlich Gut,
Sind sie es wert, daß Gott sich quälen,
Ersterben muß in Angst und Glut?

Und sind nicht aller Menschen Seelen
Vor ihm nur eines Mundes Hauch?
Und ganz befleckt von Schmach und Fehlen,
Wie ein getrübter dunkler Rauch?

Mein Geist, o wolle nicht ergründen,
Was einmal unergründlich ist;
Der Stein des Falles harrt des Blinden,
Wenn er die Wege Gottes mißt.

Mein Jesus hat sie wert befunden
In Liebe und Gerechtigkeit;
Was will ich ferner noch erkunden?
Sein Wille bleibt in Ewigkeit!

So darf ich glauben und vertrauen
Auf meiner Seele Herrlichkeit!
So darf ich auf zum Himmel schauen
In meines Gottes Ähnlichkeit!

Ich soll mich freun an diesem Tage:
Ich freue mich, mein Jesu Christ!
Und wenn im Aug' ich Tränen trage,
Du weißt doch, daß es Freude ist.

Am Ostermontage

Evang.: Von den Jüngern, die nach Emmaus gingen

Herr, eröffne mir die Schrift,
Deiner Worte Liebesmorgen,
Daß er leis' im Herzen trifft,
Was gewißlich drin verborgen.
Weiß es selber nicht zu finden,
Bin doch aller Hoffnung voll:
O, die Wolken werden schwinden,
Wenn die Sonne scheinen soll!

Soll der Glaube ferne sein,
Da die Liebe nicht verloren,
Da in Nächten stiller Pein
Mir die Hoffnung neu geboren?
Du mein Gott der Huld und Treue,
Den des Würmleins Krümmen rührt,
Hättest du umsonst die Reue
In dies starre Herz geführt?

Nein, mein Herr, das hast du nicht,
Deine Seelen sind dir teuer;
Wo nur noch ein Fünklein spricht,
Nahst du gern mit deinem Feuer.
O, ich fühl' es wohl, wie leise
Sich das neue Leben regt,
An der Gnade zarte Speise
Seine schwachen Lippen legt.

Manches ist mir wunderbar,
Manches muß mir dunkel scheinen;
Doch in deiner Liebe klar
Wird sich Alles freudig einen.
War der Nebel nur des Bösen,
Was als Nacht mich zagen ließ:
Wie sich meine Sünden lösen,
Tret' ich aus der Finsternis.

Herr, mit Tränen dank ich dir
Für dein übergnädig Walten,
Daß du deinen Glauben mir
In der Sünde vorenthalten;
Ach, ich hätte wie im Grimme
Neue Frevel nur erspäht,
Bis mir des Gewissens Stimme
Von dem Sturme überweht.

Deine Gnad' ist weich und warm,
Mag der Sorgfalt nicht entbehren,
Und mein Herz war kalt und arm
Solchen zarten Gast zu nähren.
Aber wie die Quellen springen,
Losgerissen von dem Weh,
Taucht sie sich mit milden Schwingen
In den heißen roten See.

Herr, ich habe viel geweint,
Daß ich oft wie zu zergehen
In der Seelennot gemeint,
Und wie ist mir heut' geschehen!
Daß ich gar so voll der Freuden
Und mich keine Angst bezwingt,
Ob mir gleich das alte Leiden
Riesig an die Seele dringt.

Und bei deinem heil'gen Buch,
Was mir heute fast wie offen,
Denk ich keinen einz'gen Fluch,
Kann nur lieben, kann nur hoffen,
Seh dich nur als Kindlein neigen,
Alles lieblich, Alles lind;
Deine harten Worte schweigen,
Und ich weiß nicht, wo sie sind.

Das ist nur für diesen Tag,
O, viel anders wird es kommen;
Denn zu groß ist meine Schmach,
Solche Lust kann ihr nicht frommen;
Hast nur deinen Blitz gesendet,
Daß nicht irr' in meiner Pein
Ich mich wieder zugewendet
Dem verlaßnen Götzenhain.

Du unendlich süßes Glück,
Muß ich wieder dich verlieren,
Laß mir nur dein Bild zurück,
In dem Grolle mich zu rühren!
Oder, Herr, soll dieser Stunde
Überschwenglich Heil erstehn,
O, so laß des Grolles Wunde
Mir als Trauer offen gehn!

Am ersten Sonntage nach Ostern

Evang.: Jesus geht durch verschlossene Türen und spricht: »Der Friede sei mit Euch!«

Und hast du deinen Frieden denn gegeben
An Alle, die sich sehnen um dein Heil,
So will ich meine Stimme auch erheben:
Hier bin ich, Vater, gib mir auch mein Teil!
Warum sollt' ich, ein ausgeschloßnes Kind,
Allein verschmachtend um mein Erbe weinen?
Warum nicht sollte deine Sonne scheinen,
Wo doch im Boden gute Keime sind?

Oft mein' ich zwar, zum Beten sei genommen
Mir alles Recht, da es so trüb und lau;
Mir könne nur geduldig Harren frommen
Und starrer Aufblick zu des Himmels Blau:
Doch Herr, der du dem Zöllner dich gesellt,
O laß nicht zu, daß ich in Nacht verschwimme;
Dem irren Lamme ruft ja deine Stimme,
Und um den Sünder kamst du in die Welt.

Wohl weiß ich, wie es steht in meiner Seelen,
Wie glaubensarm, wie trotzig und verwirrt.
Wohl weiß ich, daß sich manches mochte hehlen;
Ich fühle, wie es durch die Nerven schwirrt,
Und kraftlos folg' ich seiner trüben Spur.
Mein Helfer, was ich nimmer mag ergründen,
Du kennst es wohl, du weißt es wohl zu finden,
Du bist der Arzt, ich bin der Kranke nur.

Und hast du tief geschaut in meine Sünden,
Wie nicht ein Menschenauge schauen kann;
Hast du gesehn, wie in den tiefsten Gründen
Noch schlummert mancher wüste, dunkle Wahn:
Doch weiß ich auch, daß keine Trän' entschleicht,
Die Deine treue Hand nicht hat gewogen,
Und daß kein Seufzer dieser Brust entflogen,
Der dein barmherzig Ohr nicht hat erreicht.

Du, der verschloßne Türen kann durchdringen,
Sieh, meine Brust ist ein verschloßnes Tor.
Zu matt bin ich, den Riegel zu bezwingen;
Doch siehst du, wie ich angstvoll steh' davor.
Brich ein, brich ein! O komm mit deiner Macht,
Laß Liebe gelten, da gering der Glaube,
O laß mich schauen deine Friedenstaube,
Laß fallen deinen Strahl in meine Nacht!

Nicht weich' ich, eh' ich einen Schein gesehen,
Und wär' er schwach wie Wurmes Flimmer auch;
Und nicht von dieser Schwelle will ich gehen,
Bis ich vernommen deiner Stimme Hauch.
So sprich, mein Vater, sprich denn auch zu mir
Mit jener Stimme, die Maria nannte,
Als sie verkennend, weinend ab sich wandte,
O sprich: »Mein Kind, der Friede sei mit dir!«

Am zweiten Sonntage nach Ostern

Evang.: Vom guten Hirten

Ein guter Hirt läßt seine Schafe nimmer!
O wehe, Hirt! den ein verkümmert Lamm
Einst klagend nennen wird mit Angstgewimmer,
Ein blutend wundes, eins voll Wust und Schlamm.
Was willst du sagen? Schweig!
Dein Wort ist tot, der Stirne Zeichen Kains gleich.

Weh' Fürsten euch! die ihr des Volkes Seelen
Gen Vorteil wägt und irdisches Gedeihn.
Weh', Eltern! denen Kindes glänzend Fehlen
Weit lieber ist, als Einfalt sonder Schein.
Ihr warbt euch das Gericht;
Sprecht nicht von Ehre! Eure kennt man drüben nicht.

Hausväter, wehe! die ein dienend Wesen
Nur an sich nahmen wie gedingten Leib;
Unwürdig seid zu Hirten ihr erlesen
Freundlosem Manne, unberatnem Weib.
Habt ihr gewußt und schwiegt?
Seht, jeder Flecken brandig an der Hand euch liegt!

Und wehe, wehe Allen! deren Händen
Ward anvertraut ein überschwenglich Gut.
Weh' Lehrer euch! die Herzen, leicht zu wenden,
Vergiftet habt mit Hohn und Übermut.
Die Pfund', euch vorgestreckt,
Nicht wohl vergrubt ihr sie, habt sie mit Rost befleckt.

Doch bist du frei? darfst du so kühn denn sprechen
Das Bannwort über tausend Menschen aus?
Wem Kron' und Macht, wem Haus und Hof gebrechen,
Schließt ihn die Pflicht von ihren Schranken aus?
Denk' nach, schwer ist die Frag';
Um dein und fremde Seele gilt's: denk' nach!

Wenn Kinderohr an deinen Lippen hänget,
Wenn Kinderblick in deinen Augen liest,
Wenn jedes kecke Wort, das vor sich dränget,
Wie glühend Blei in zarte Ohren fließt:
Bist du dann nicht der Hirt?
Ist dein die Schuld nicht, wenn das arme Lamm verirrt?

Und wenn ein schwach Gemüt, ein stumpfes Sinnen
Neugierig horcht auf jedes Wort von dir,
Um alles möchte Gleichheit sich gewinnen,
Aufzeichnet jede Miene mit Begier:
O, spricht nicht dies Gesicht:
»Ich acht' auf dich, bei Gott! verdirb mich nicht?«

Hast du mir, Herr, an diesem Tag erschlossen,
Wenn nie so ernst zuvor ich nachgedacht,
So ruf' ich denn, in Flehen hingegossen:
Hier ist der Wille, gib mir nun die Macht;
Der Sinn so rasch und leicht —
Leg' deine schwere Hand auf ihn, bis er entweicht!

Gewitter kannst mit deinem Hauch du hemmen,
Aus dürrem Sande Palmeninseln ziehn;
O hilf auch mir den wilden Strom zu dämmen,
Laß nicht an meiner Stirn das Kainszeichen glühn!
Und steht vielleicht es dort,
Nimm meine Tränen, Herr, und lösch es fort!

Am dritten Sonntage nach Ostern

»Über ein Kleines werdet ihr mich sehn«

Ich seh' dich nicht!
Wo bist du, denn, o Hort, o Lebenshauch?
Kannst du nicht wehen, daß mein Ohr es hört?
Was nebelst, was verflatterst du wie Rauch,
Wenn sich das Aug' nach deinen Zeichen kehrt?
Mein Wüstenlicht,
Mein Aaronsstab, der lieblich könnte grünen,
Du tust es nicht;
So muß ich eigne Schuld und Torheit sühnen.

Heiß ist der Tag;
Die Sonne prallt von meiner Zelle Wand.
Ein traulich Vöglein flattert ein und aus,
Sein glänzend Auge fragt mich unverwandt:
Schaut nicht der Herr zu diesen Fenstern aus?
Was fragst du nach?
Die Stirne muß ich senken und erröten.
O bittre Schmach!
Mein Wissen mußte meinen Glauben töten.

Die Wolke steigt,
Und langsam über den azurnen Bau
Hat eine Schwefelhülle sich gelegt.
Die Lüfte wehn so seufzervoll und lau,
Und Angstgestöhn sich in den Zweigen regt;

Die Herde keucht.
Was fühlt das stumpfe Tier? Ist's deine Schwüle?
Ich steh' gebeugt;
Mein Herr, berühre mich, daß ich dich fühle!

Ein Donnerschlag!
Entsetzen hat den kranken Wald gepackt.
Ich sehe, wie im Nest mein Vogel duckt,
Wie Ast an Ast sich ächzend reibt und knackt,
Wie Blitz an Blitz durch Schwefelgassen zuckt.
Ich schau' ihm nach;
Ist's deine Leuchte nicht, gewaltig Wesen?
Warum denn, ach,
Warum nur fällt mir ein, was ich gelesen?

Das Dunkel weicht,
Und wie ein leises Weinen fällt herab
Der Wolkentau; Geflüster fern und nah,
Die Sonne senkt den goldnen Gnadenstab,
Und plötzlich steht der Friedensbogen da.
Wie? Wird denn feucht
Mein Auge? Ist nicht Dunstgeblid der Regen?
Mir wird so leicht!
Wie? Kann denn Halmes Reibung mich bewegen?

Auf Bergeshöhn
Stand ein Prophet und suchte dich wie ich:
Da brach ein Sturm der Riesenfichte Ast,
Da fraß ein Feuer durch die Wipfel sich;
Doch unerschüttert stand der Wüste Gast.
Da kam ein Wehn
Wie Gnadenhauch, und zitternd überwunden
Sank der Prophet
Und weinte laut und hatte dich gefunden.

Hat denn dein Hauch
Verkündet mir, was sich im Sturme barg,
Was nicht im Blitze sich enträtselt hat:
So will ich harren auch. Schon wächst mein Sarg,
Der Regen fällt auf meine Schlummerstatt!
Dann wird wie Rauch
Entschwinden eitler Weisheit Nebelschemen,
Dann schau ich auch,
Und meine Freude wird mir niemand nehmen.

Am vierten Sonntage nach Ostern

»Ich gehe zu Dem, der mich gesandt hat«

Nicht eine Gnadenflamme hehr
Vor deinem Volke soll ich gehn;
Nein, ein versteinert Leben schwer
Wie Sodoms Säule muß ich stehn
Und um mich her
Die Irren träumend schwanken sehn.

Und ob auch Öde mich umgibt,
Ob mich erstickt der Nebel fast,
Mir Wirbelsand die Augen trübt,
Doch weiß ich, daß mein Sinn dich faßt,
Daß er dich liebt,
Und daß du mich gesendet hast.

Den Lebenshauch halt ich von dir,
Unsterblich hast du mich gemacht;
Nicht Glut, nicht Dürre schadet mir.
Ich weiß, ich bin in deiner Wacht,
Und muß ich hier
Auch stehn wie ein Prophet der Nacht.

Ich hebe meine Stimme laut
Ein Wüstenherold für die Not:
»Wacht auf, ihr Träumer, aufgeschaut!
Am Himmel steigt das Morgenrot.
Nur aufgeschaut!
Nur nicht zurück, dort steht der Tod!

Nur aufgeschaut, nur nicht zurück!
Laßt Menschenweisheit hinter euch!
Sie ist der Tod; ihr schnödes Glück
Ist übertünchtem Grabe gleich.
O hebt den Blick!
Der Himmel so mild und reich.«

Könnt ich mein Auge heben nur,
Mein steinern Auge zu dem Blau:
Wie sög' ich aus der Himmelsflur
So liebekrank den milden Tau!
Doch hat Natur
Und Schuld verschlossen mir die Brau.

Ob nimmer sich die Rinde hebt?
Ach einmal, einmal muß es sein!
Wenn Sodoms Säule sich belebt,
Dann bricht auch meine Stunde ein,
Wenn es durchbebt
Den armen blutberaubten Stein.

Dann soll ich wissen, was ich bin,
Warum so todesstarr und matt;
Dann weiß ich, was den klaren Sinn
Getrieben zu der öden Statt;
Dann knie ich hin
Vor dem, der mich gesendet hat.

Am fünften Sonntage nach Ostern

»Aber Solches habe ich zu Euch geredet, damit, wenn die Stunde kömmt, Ihr daran gedenket, daß ich es Euch gesagt habe«

Erwacht! der Zeitenzeiger hat
Auf die Minute sich gestellt;
Dem rostigen Getriebe matt
Ein neues Rad ist zugesellt;
Die Glocke bebt, der Hammer fällt.

Wie den Soldaten auf der Wacht
Die Ronde schreckt aus dumpfer Ruh',
So durch gewitterschwüle Nacht
Ruft uns die Glockenstimme zu:
Wie nennst du dich? Wer bist denn du?

Und Mancher, der im langen Traum
Den eignen Namen fast verschlief,
Stieß nun von sich den schnöden Flaum
Und hastig die Parole rief,
So ernst die Glocke sprach und tief.

Wer möchte sich in solcher Zeit
Von deinem Heere schließen aus?
Was Lenz und Sonne hat zerstreut,
Das sucht im Sturme wohl sein Haus,
Nur Vagabunden bleiben draus.

Dem Kleinsten ward sein richtig Teil,
Umsonst hält Keiner seinen Stand.
Mag, was da hoch, zu Kraft und Heil
Uns leuchten von der Zinne Rand,
Doch nur die Masse schützt das Land.

Ist es ein schwacher Posten auch,
Auf den mich deine Hand gestellt:
So ward mir doch des Wortes Hauch,
Das furchtlos wandelt durch die Welt,
Ob draus es dunkelt oder hellt.

Tu' nur ein Jeder, was er kann,
Daß hülfreich stehe Schaft an Schaft;
Der Niedre schließe treulich an,
Der Hohe zeige seine Kraft:
Dann weiß ich wohl, wer Rettung schafft!

Christi Himmelfahrt

Er war ihr eigen drei und dreißig Jahr.
Die Zeit ist hin, ist hin!
Wie ist sie doch nun alles Glanzes bar,
Die öde Erd', auf der ich atm' und bin!
Warum durft' ich nicht leben, als sein Hauch
Die Luft versüßte, als sein reines Aug'
Gesegnet jedes Kraut und jeden Stein?
Warum nicht mich? Warum nicht mich allein?
O Herr, du hättest mich gesegnet auch!

Dir nachgeschlichen wär' ich überall
Und hätte ganz von fern,
Verborgen von gebüschesgrünem Wall,
Geheim betrachtet meinen liebsten Herrn.
Zu Martha hätt' ich bittend mich gewandt
Um einen kleinen Dienst für meine Hand:
Vielleicht den Herd zu schüren dir zum Mahl,
Zum Quell zu gehn, zu lüften dir den Saal —
Du hättest meine Liebe wohl erkannt.

Und draußen in des Volkes dichtem Schwarm
Hätt' ich versteckt gelauscht,
Und deine Worte, lebensreich und warm,
So gern um jede andre Lust getauscht;
Mit Magdalena hätt' ich wollen knien,
Auch meine Träne hätte sollen glühn
Auf deinem Fuß; vielleicht dann, ach, vielleicht
Wohl hätte mich dein selig Wort erreicht:
Geh hin, auch deine Sünden sind verziehn!

Umsonst! Und zwei Jahrtausende nun fast
Sind ihrem Schlusse nah',
Seitdem die Erde ihren süßen Gast
Zuletzt getragen in Bethania.
Schon längst sind deine Märtyrer erhöht,
Und lange Unkraut hat der Feind gesät;
Gespalten längst ist deiner Kirche Reich,
Und trauernd hängt der mühbeladne Zweig
An deinem Baume; doch die Wurzel steht.

Geboren bin ich in bedrängter Zeit;
Nach langer Glaubensrast
Hat nun verschollner Frevel sich erneut;
Wir tragen wieder fast vergeßne Last,
Und wieder deine Opfer stehn geweiht.
Ach, ist nicht Lieben seliger im Leid?
Bist du nicht näher, wenn die Trauer weint,
Wo Drei in deinem Namen sind vereint,
Als Tausenden in Schmuck und Feierkleid?

'S ist sichtbar, wie die Glaubensflamme reich
Empor im Sturme schlägt,
Wie Mancher, der zuvor Nachtwandlern gleich,
Jetzt frisch und kräftig seine Glieder regt.
Gesundet sind die Kranken; wer da lag
Und träumte, ward vom Stundenschlage wach;
Was sonst zerstreut, verflattert in der Welt,
Das hat um deine Fahne sich gestellt,
Und jeder alte, zähe Firnis brach.

Was will ich mehr? Ist es vergönnt dem Knecht,
Die Gabe seines Herrn
Zu meistern? Was du tust, das sei ihm recht!
Und ist dein Lieben auch ein Flammenstern,

Willst läutern du durch Glut, wie den Asbest,
Dein Eigentum von fauler Flecken Pest:
Wir sehen deine Hand und sind getrost,
Ob über uns die Wetterwolke tost,
Wir sehen deine Hand und stehen fest.

Am sechsten Sonntage nach Ostern

»Ihr sollt in meinem Namen bitten —
Jetzt wissen wir, daß Du Alles weißt«

In seinem Namen darf ich beten,
Er hat es selber mir gesagt;
Mit seinem Gnadenstempel treten
Vor ihren Schöpfer darf die Magd.
O süßes Anrecht mir gegeben!
O Zuversicht, die ihm entsprießt!
Wie weiß ich heut' von keinem Beben,
Wo mich sein Sonnenschein umfließt!

So tret' ich denn in Jesu Namen,
Mein Schöpfer, vor dein Angesicht;
Wo stehn die Blinden und die Lahmen,
Dort ist mein Platz und mein Gericht.
Und bin ich der Geringsten Eine,
Die knieen unter seinem Schild:
Für Alle, Alle ist ja deine
So überreiche Hand gefüllt.

Vertrauend will ich zu dir nahen,
Und spräch' auch Törichtes mein Mund,
Nur Gnädiges werd' ich empfahen,
Du wirst mir geben was gesund.
Ob schwach und irrend die Gedanken,
Vertrauend bring' ich sie dir dar,
Und ziehen wirst du selbst die Schranken
Und treu mein Bestes nehmen wahr.

Ich bitte nicht um Glück der Erden,
Nur um ein Leuchten nun und dann,
Daß sichtbar deine Hände werden,
Ich deine Liebe ahnen kann;
Nur in des Lebens Kümmernissen
Um der Ergebung Gnadengruß:
Dann wirst du schon am besten wissen,
Wie viel ich tragen kann und muß.

Auch nicht um Ruhm will ich dich bitten,
Dem meine Schultern viel zu schwach;
Nur in der Menschenstimmen Mitten
Mir bleibe das Bewußtsein wach,
Daß, wie die Meinung kreist und rennet,
Doch Einer ist, der nimmer irrt,
Und jedes Wort, das ihn nicht kennet,
Mich tausendfach gereuen wird.

Gesundheit, teures Erdenleben,
Ach, schmerzlich hab' ich dich entbehrt!
Doch nur um dieses mag ich flehen:
Die Seele bleibe ungestört,
Daß nicht die wirbelnden Gedanken
Der kranke Dunst bezwingen mag,
Daß durch der bängsten Nebel Schranken
Ich immer ahne deinen Tag.

Nicht arm bin ich an Freundesliebe;
Denn Leidenden ist Jeder gut.
Ob stärken, mindern sich die Triebe,
Das stell' ich all' in deine Hut.
Nur schütze mich vor jener Milde,
Die meinen Mängeln viel zu still;
Halt du den Spiegel mir zum Bilde,
Wenn Freundes Rechte zögern will!

Ich möchte noch um Vieles bitten,
Doch besser schweigend knie ich hier;
Er, der für mich am Kreuz gelitten,
Mein milder Anwalt steht bei mir.
Ich wandle stets in Finsternissen,
Er war es stets, der Strahlen warf:
Der Alles weiß, sollt' er nicht wissen,
Was seine arme Magd bedarf?

Pfingstsonntag

Still war der Tag, die Sonne stand
So klar an unbefleckten Domeshallen;
Die Luft, wie Orientes Brand
Wie ausgedörrt, ließ matt die Flügel fallen.
Ein Häuflein sieh, so Mann als Greis,
Auch Frauen knieend; keine Worte hallen,
Sie beten leis!

Wo bleibt der Tröster, treuer Hort,
Den scheidend doch verheißen du den Deinen?
Nicht zagen sie, fest steht dein Wort,
Doch bang und trübe muß die Zeit uns scheinen.
Die Stunde schleicht; schon vierzig Tag
Und Nächte harrten wir in stillem Weinen
Und sahn dir nach.

Wo bleibt er nur, wo? Stund' an Stund',
Minute will sich reihen an Minuten.
Wo bleibt er denn? Und schweigt der Mund,
Die Seele spricht es unter leisem Bluten.
Der Wirbel stäubt, der Tiger ächzt
Und wälzt sich keuchend durch die sand'gen Fluten,
Die Schlange lechzt.

Da, horch, ein Säuseln hebt sich leicht!
Es schwillt und schwillt und steigt zu Sturmes
Die Gräser stehen ungebeugt; [Rauschen.
Die Palme starr und staunend scheint zu lauschen.

Was zittert durch die fromme Schar,
Was läßt sie bang' und glühe Blicke tauschen?
Schaut auf! Nehmt wahr!

Er ist's, er ist's; die Flamme zuckt
Ob jedem Haupt; welch wunderbares Kreisen,
Was durch die Adern quillt und ruckt!
Die Zukunft bricht; es öffnen sich die Schleusen,
Und unaufhaltsam strömt das Wort
Bald Heroldsruf und bald im flehend leisen
Geflüster fort.

O Licht, o Tröster, bist du, ach,
Nur jener Zeit, nur jener Schar verkündet?
Nicht uns, nicht überall, wo wach
Und Trostes bar sich eine Seele findet?
Ich schmachte in der schwülen Nacht;
O leuchte, eh' das Auge ganz erblindet!
Es weint und wacht.

Pfingstmontag

»Also hat Gott die Welt geliebt, daß er ihr seinen eingeborenen Sohn gesandt hat, damit Keiner, der an ihn glaubt, verloren gehe. — Wer aber nicht glaubt, der ist schon gerichtet«

Ist es der Glaube nur, dem du verheißen,
Dann bin ich tot.
O, Glaube, wie lebend'gen Blutes Kreisen,
Er tut mir not;
Ich hab' ihn nicht.
Ach, nimmst du statt des Glaubens nicht die Liebe
Und des Verlangens tränenschweren Zoll,
So weiß ich nicht, wie mir noch Hoffnung bliebe.
Gebrochen ist der Stab, das Maß ist voll
Mir zum Gericht.

Mein Heiland, der du liebst, wie Niemand liebt,
Fühlst du denn kein
Erbarmen, wenn so krank und tiefbetrübt
Auf hartem Stein
Dein Ebenbild
In seiner Angst vergehend kniet und flehet?
Ist denn der Glaube nur dein Gotteshauch?
Hast du nicht tief in unsre Brust gesäet
Mit deinem eignen Blut die Liebe auch?
O sei doch mild!

Ein hartes, schweres Wort hast du gesagt:
Daß, wer nicht glaubt,
Gerichtet ist. Ich seh' nicht, wo es tagt;
Doch so beraubt
Läßt er mich nicht,
Der hingab seinen Sohn, den eingebornen,
Für Sünder wie für Fromme allzugleich.
Zu ihm ich schau, die Ärmste der Verlornen,
Nur um ein Hoffnungswort; er ist so reich,
Mein Gnadenlicht.

Du Milder, der die Taufe der Begierde
So gnädiglich
Besiegelt selbst Sakramentes Würde:
Nicht zweifle ich,
Du hast gewiß
Den Glauben des Verlangens, Sehnens Weihe
Gesegnet auch, sonst wärst du wahrlich nicht
So groß an Milde und so stark an Treue,
Brächst du ein Zweiglein, draus die Knospe bricht
Und Frucht verhieß.

Was durch Verstandes Irren ich verbrochen,
Ich hab' es ja
Gebüßt so manchen Tag und manche Wochen;
So sei mir nah
Nach meiner Kraft,
Die freilich ich geknickt durch eigne Schulden,
Doch einmal aufzurichten nicht vermag,
Will hoffen ich, will sehnen ich, will dulden;
Dann gibst du Treuer wohl den Glauben nach,
Der Hilfe schafft.

Am ersten Sonntage nach Pfingsten

[Dreifaltigkeit]

»Darum gehet hin und lehret alle Völker und taufet sie im Namen des Vaters und des Sohnes und des Heiligen Geistes; und lehret sie Alles halten, was ich Euch gesagt habe; und sehet, ich bin bei Euch bis ans Ende der Welt«

Bin ich getauft in deinem Zeichen,
Du heilige Dreifaltigkeit,
Nun bleibt es mir und kann nicht weichen,
In dieser nicht und jener Zeit.
Ich fühle durch Verstandes Frost,
Durch Menschenwortes Nebelrennen
Es wie ein klares Funkeln brennen
Und zehren an dem alten Rost.

In deinem Tempel will sich's regen,
Wo ich als deine Magd erschien,
Und unter deines Priesters Segen
Fühl' ich es leise Nahrung ziehn.
Wenn eine teure Mutterhand
Das Kreuz mir zeichnet auf die Stirne,
Dann zuckt's lebendig im Gehirne,
Und meine Sinne stehn in Brand.

Ja selbst zu Nacht, wenn Alle schlafen
Und über mich die Angst sich legt,
In der Gedanken öden Hafen
Der Zweifel seine Flagge trägt:

Wie eine Phosphorpflanze noch
Fühl' ich es warm und leuchtend schwellen,
Und über die verstörten Wellen
Legt sich ein leiser Schimmer doch.

Und muß mir zum Gericht gereichen
Die Lebenspflanze mir gesellt,
Die ich versäumte sonder Gleichen
Und dürrem Holze gleichgestellt:
So ist sie in der Sünden Bann,
Des Geistes schwindelnden Getrieben
Mein heimlich Kleinod doch geblieben,
Und angstvoll hängt mein Herz daran.

Ob ich vor deiner Geißel zage:
Nichts kömmt doch dem Bewußtsein gleich,
Daß dennoch ich dein Zeichen trage
Und blute unter deinem Streich.
Fluch Allem, was von dir mich stößt!
Dein will ich sein, von dir nur stammen:
Viel lieber sollst du mich verdammen,
Als daß ein Andrer mich erlöst.

Am Fronleichnamstage

»Mein Fleisch ist wahrhaftig eine Speise, und mein Blut ist wahrhaftig ein Trank«

O fasse Mut; er ist dir nah!
Du hast sein Fleisch, sein heilig Blut
Genossen ja.
O meine arme Seele, fasse Mut;
Er ist ja dein, er ward dein Fleisch und Blut.

Nicht, wie ich sollte, reich und warm
Kam freilich ich zu deinem Mahl:
Ich war ein arm
Zerlumpter Gast; doch zitterte die Qual
In mir des Sehnens; Tränen sonder Zahl

Hab' ich vergossen in der Angst,
Die dennoch Freudeschauer war.
Sprich, warum bangst
Du vor der Arzenei so süß und klar,
Die Leben dir und Frieden bietet dar?

Wohl ist es furchtbar, seinen Gott
Zu einen mit dem sünd'gen Leib;
Es klingt wie Spott.
O Herr, ich bin ein schwach und wirres Weib,
Und stärker als die Seele ist der Leib!

So hab' ich schuldbeladen dir
In meiner Sünde mich vereint;
Doch riefst du mir
So laut wie Einem, der um Leben weint:
So ist es Gnade, was von oben scheint.

Und hast du des Verstandes Fluch
Zu meiner Prüfung mir gestellt:
Er ist ein Trug.
Doch hast du selber ja, du Herr der Welt,
Hast selber den Verführer mir gesellt.

Drum trau ich, daß du dessen nicht
Vergessen wirst an jenem Tag,
Daß dein Gericht
Mir sprechen wird: Den Irren seh' ich nach;
Das Herz war willig, nur der Kopf war schwach.

Am zweiten Sonntage nach Pfingsten

»Der Eine sprach: ich habe ein Landhaus gekauft; der Andere sprach: ich habe ein Weib genommen, deshalb kann ich nicht kommen«

Ein Haus hab' ich gekauft, ein Weib hab' ich genommen,
Drum, Herr, kann ich nicht kommen.
Das Haus: mein Erdenleib,
Dess ich in Ruh' muß pflegen,
Die Poesie: das Weib,
Dem ich zu Füßen legen
Will meiner Liebe Frommen
Zu süßem Zeitvertreib.

Gebrechlich ist mein Haus, bedarf gar sehr der Stützen,
Soll es mir ferner nützen.
So lieblich ist die Frau,
Sie zieht mich ohne Maßen
Zu ihrer Schönheit Schau.
Ach, ihr mag ich wohl lassen
Der lichten Stunden Blitzen,
Der Träume Dämmertau.

Was fühl' ich denn so heiß in meinem Busen quellen,
Als wollt' es ihn zerschellen?
Was flüstert an mein Ohr?
Mich dünkt es, eine Stimme
Dring' aus dem Bau hervor
Wie in verhaltnem Grimme,
Wie fernen Meeres Wellen,
Und spricht: O Tor, du Tor!

Kein Haus hast du gekauft, es ward dir nur verpfändet,
Bis jener Faden endet,
Dess Dauer Keiner kennt
Und Keiner mag verlängen;
Die Spindel rollt und rennt.
Ach, jener Stunde Drängen
Hat Keiner noch gewendet,
So tief die Angst ihn brennt!

Nicht lieblich ist die Frau, 's ist eine strenge Norne;
Erzittre ihrem Zorne,
Sie schlürft dein Leben auf.
Und muß es dann entrinnen,
So tu' den besten Kauf:
Wohl magst du dir gewinnen,
Was aller Freuden Borne
Wiegt überschwenglich auf.

Drum sorge ferner nicht um deines Hauses Wände:
Des Eigentümers Hände
Sind schützend drauf gelegt;
Und wie ein Wuchrer handle,
Um was dein Herz bewegt;
Mit jener Frau verwandle
In Himmelshauch die Spende,
Der über'n Abgrund trägt!

Am dritten Sonntage nach Pfingsten

Evang.: Vom reichen Manne

Doch zu dem Reichen
Sprach Abraham: „Und hörten nie
Sie Mosen noch Prophetenschar,
Dann wahrlich nimmer glauben sie,
Stellt sich ein Toter ihnen dar.“
So ward die Scheidewand gelegt,
Und auf den Grabstein hat geprägt
Die Ewigkeit ihr stummes Zeichen.

Wie brünstig flehend
Hab' ich so oft in mancher Nacht
An meine Toten mich gewandt,
Wie manchen Stundenschlag bewacht,
Wenn grau und wirbelnd lag das Land!
Und nicht ein Zeichen ward mir je,
Kein Knistern in des Lagers Näh',
Kein Schimmer längst den Wänden gehend.

Hab' ich's gefunden
Doch hart und lieblos manchesmal,
Daß das, dem ich so heiß geneigt,
Nicht einen Laut für meine Qual,
Kein Zeichen hatte los und leicht.
An ihrer Statt, so dünkte mich,
Würd' Alles, Alles wagen ich,
Zu lindern des Geliebten Wunden.

Ihr konntet's nimmer!
Ausfechten sollen wir den Kampf,
Und bleiben dem Geschick die Macht.
Ich fühl' es wohl, der Seele Krampf
Zerrinnen müßte mit der Nacht,
Ja mit dem letzten Nebeltraum
Zerfließen muß des Bösen Schaum:
Drum bleibt die Wahrheit nur ein Schimmer.

O mög' uns bleiben
In diesem grau und trüben Stand,
Wo Schatten lagern überm Licht,
Nur reiner Liebesfackel Brand;
Dann sind wir auch verlassen nicht!
Und wie das Schiff in wüster See
Vertrauend auf des Pharus Näh'
Mag unser Kahn zum Hafen treiben.

Dem reichen Manne
Sprach nicht ein Wort von Zweifels Not
Die schreckliche Verdammnis aus,
Nein, nur das ungebrochne Brot,
Als ächzend lag vor seinem Haus
Der Arm' und Sieche. Dies allein
Hat lastend wie ein Mühlenstein
Ihn fortgewälzt zu Pein und Banne.

Hier steht die Stelle:
»Und als er in die Qualen kam,
Da hob die Augen er empor,
Sah in der Ferne Abraham,
Umgeben von der Heiligen Chor,
Und Lazarum in seinem Schoß,
Der Schwären frei, der Plagen los;
Er aber — er war in der Hölle.«

Am vierten Sonntage nach Pfingsten

»Wahrlich, sage ich Euch, im Himmel wird mehr Freude sein über einen Sünder, der Buße tut, als über neunundneunzig Gerechte«

So ist aus deines heil'gen Buches Schein
Gefallen denn ein Strahl in meine Nacht,
In meines Herzens modergrauen Schacht.
Du gabst ihn, Herr, du hast mir selbst gebracht,
Was ewig meiner Hoffnung Edelstein.

Es ist zu viel, zu viel, ich faß es kaum:
Um meine ganz versunkne Seele, weh',
So öd' und aschig wie Gomorrhas See,
Um sie soll Freude sein in deiner Höh'!
Es ist zu viel, weh' mir, es ist ein Traum!

Kann wachsen denn wie des Polypen Arm
Aus Tränen die verlorne Eigenschaft?
Zieht mit der Reue wieder ein die Kraft?
Ist es genug, wenn tot die Leidenschaft
Zerfressen liegt wie von Insektenschwarm?

Ist es genug vor deiner Gnad' und Lieb',
Wenn über das Gebäude ausgebrannt
Sich sehnsuchtsvoll und betend streckt die Hand,
Die Hand, so alle Übel ausgesandt,
Die Hand, der, ach, das brand'ge Zeichen blieb?

Und doch hast du ein heilig Wort gesandt
Uns bindend mit gewalt'ger Gnadenpflicht,
Zu glauben gegen eigenes Gericht,
Was stöhnend aus des Herzens Kammer bricht
Und selber die Verwesung sich erkannt.

Zu glauben, ach, wie süß und ach, wie schwer!
Weh', nicht auf meine Sünden darf ich schaun,
Soll nicht in ihrem Schlamme das Vertraun
Ersticken wie ein Wild in Sumpfesgraun,
Wie ein Gevögel ob dem toten Meer.

Was du gesprochen, Herr, wer meistert's kühn?
Bist gnäd'ger du, als Menschensinn ermißt,
So bist du, Herr, der Heiland und der Christ;
Und ich, die nur ein düstrer Schatten ist,
Was darf ich anders tun als glaubend knien?

Am fünften Sonntage nach Pfingsten

Evang.: Vom Splitter und Balken

Ein Abgrund hat sich aufgetan
Dem Auge meiner Seele;
Verdorrt steht meines Lebens Bahn,
Wie ich es mir verhehle;
Die Wahrheit alle Schleier bricht:
Weh' mir, die Liebe hab ich nicht!

Hat sich mein Herz so manchesmal
Verzweifelnd dran gehangen,
Wenn meine Sünden ohne Zahl
Gespenstig auf mich drangen:
Es ist doch wahr und ist kein Traum,
Mein Lieben war nur Dunst und Schaum.

Wem bist du reich? Ist es nicht nur
Der Arme, so sich beuget?
Hast jemals freudiger Natur
Du milde dich geneiget?
Demütig nur und kummervoll
Erpreßt man dir den schnöden Zoll.

Kalt wie der Tod kannst, wehe dir,
Die Hülfe du versagen,
Wo nur ein üppig Zweiglein dir
Scheint freudig aufzuragen;
Du, den des Nächsten Splitter sticht,
Und siehst den eignen Balken nicht!

Freiwillig hast du nicht gefühlt,
Wie dich die Fibern zwangen,
Wenn, wie elektrisch Feuer spielt,
Die fremden Schauer drangen
In deines Körpers schwachen Bau
Zu schnöder ird'scher Tränen Tau.

Freiwillig kam es dir nicht ein,
Daß, ob die Lippe schweiget,
Ob unter zarter Demut Schein
Sich mild die Rechte zeiget,
Es gibt kein süßer Nervenspiel
Als eigner Güte Selbstgefühl.

Ja soll noch Rettung dir geschehn,
Du mein unsterblich Wesen,
Mußt fest du in den Spiegel sehn,
Mußt ohne Zucken lesen
In deiner Brust die dunkle Schrift;
Viel besser Dolch als schleichend' Gift!

Greif an, es ist die höchste Zeit,
Greif an mit mut'gen Händen;
Des Richters Waage liegt bereit,
Dein Lauf wird schleunig enden!
Zeigt jeder Atemzug nicht an,
Wie kurz gemessen deine Bahn?

Wie elend ich nur bin und schwach?
Nie hab' ich es empfunden,
Als da die letzte Stütze brach
In düstern, schweren Stunden.
Doch Einen gibt es, Einen doch,
Der Eine kann mich retten noch.

So laß, du aller Sünden Damm,
Du treuster Freund von Allen,
Mich nicht als modermorschen Stamm
So unversehens fallen!
O flöße einen Tropfen Saft
In meine Adern, höchste Kraft!

Daß nur zu den Lebend'gen ich
Darf ganz zuletzt mich stellen,
Nur eben zu den Toten mich
Verzweifelnd nicht gesellen,
Ein Tropfen für die Adern leer,
Du bist ja aller Gnaden Meer!

Am sechsten Sonntage nach Pfingsten

Evang.: Vom Fischfang Petri

Die ganze Nacht hab' ich gefischt
Nach einer Perl' in meines Herzens Grund
Und nichts gefangen.
Wer hat mein Wesen so gemischt,
Daß Will'gen Wille steht zu aller Stund'
In meiner Brust wie Tauben gegen Schlangen?

Daß ich dir folgen möchte, ach,
Es ist doch wahr, ich darf es sonder Trug
Mir selber sagen.
Was schleicht mir denn gespenstig nach
Und hält wie an den Fittigen den Flug,
Der, ach, zu dir, zu dir mich sollte tragen?

Herr, geh' von mir, ich bin ein arm
Und gar zu sündig Wesen; laß mich los,
Ach laß mich liegen!
Weiß ich, wovon mein Busen warm?
Ob Sehnens Glut, ob nicht die Drangsal bloß
So heiß und zitternd läßt die Pulse fliegen?

Wenn sich die Sünde selber schlägt,
Wenn aus der Not nach Rettung Sehnen keimt,
Ist das die Reue?
Hast du den Richter doch gelegt
In unser Blut, das gen die Sünde schäumt,
Daß es vom wüsten Schlamme sich befreie.

Dies Winden, Jedem zuerkannt,
Wo irgend noch ein Lebensodem steigt,
Wird es mir frommen?
Ja als verlöscht der Sonne Brand,
Da hat Ägypten sich vor dir gebeugt,
Und seine Sünde ward ihm nicht genommen.

Und hast Gewissens Stachel du
Mir auch vielleicht geschärft als Andern mehr:
Ich werd' es büßen,
Dringt nicht der rechte Stich hinzu,
Der Freiheit gibt dem warmen, reinen Meer,
Daraus die echten Reuetränen fließen.

O eine echte Perle nur
Aus meiner Augen übersteintem Quell,
Sie wär' ein Segen!
Du Meister jeglicher Natur,
Brich ein; du Retter lös die Ströme hell!
Ach, kann ja ohne dich mich nimmer regen.

Du, der gesprochen: „Fürcht' dich nicht!"
So laß mich denn vertraun auf deine Hand
Und nicht ermüden.
Ja, auf dein Wort, mein Hoffnungslicht,
Will werfen ich das Netz; ach, steigt ans Land
Die Perle endlich dann und bringt mir Frieden?

Am siebenten Sonntage nach Pfingsten

Evang.: Von der Gerechtigkeit der Pharisäer

Wo bist du, der noch unversöhnt mit mir?
Gern will ich freudig meine Hand dir reichen.
Nicht weiß ich es, was ich verbrach an dir;
Verschwunden alte Zeiten, alte Zeichen.
Zerronnen sind mir Jahre wie ein Traum,
Und rückwärts wend' ich die Gedanken kaum
Zu Bildern, die wie Wolkenschatten bleichen.

Aus harter Not und manchem bittern Kampf
Ist mir ein neues Leben aufgegangen.
Kein freudiges: den heißen innern Krampf
Fühl' ich, von außen minder nun befangen;
Der Blick, nach innen bohrend mit Gewalt,
Kann tiefer, tiefer in den dunklen Spalt
Der lang verharschten Wunde nun gelangen.

Was mich bewegt, es ist dahin, verweht,
Geschieden längst, die einst zusammen trafen,
Und wie ein Schiff, das überm Meere steht,
Vergessend ganz den einst verlaßnen Hafen,
Laß ich das Senkblei zitternd auf den Grund,
Zu forschen, wo die Seele krank und wund,
Wo wehe! die verborgnen Klippen schlafen.

Ach, kann ich denn vollbrachte Dinge so
Gleich dem verbrauchten Mantel von mir streifen?
Wird einer selbst nur seiner Trauer froh,
Wo tausend kleine Fasern nach ihm greifen
Der Wucherpflanzen, so er ausgesät,
Wenn überall des Fluches Ernte steht,
All überall die irren Seufzer schweifen?

O rüttle dich, schlag deine Augen auf!
Noch einmal mußt du sie nach außen wenden,
Mußt sehn den Quell als wilden Stromes Lauf,
Den aufgegraben du mit deinen Händen.
Und wo er ward gedämmt durch Gottes Huld,
Da schlag an deine Brust in deiner Schuld
Und wähne nicht, du könntest was vollenden.

Ja, wend' ich meine Blicke nur zurück,
Dann weiß ich, wo ich muß um Gnade flehen,
Wo schuldig ich, das eigne Lebensglück
Zu tauschen gegen fremder Seele Wehen;
Dann weiß ich wohl, wer mir noch unversöhnt
Vielleicht die dargebotne Rechte höhnt,
Mich nach Verdienst läßt ungetröstet gehen.

Wo ich getäuscht in Leichtsinn, Übermut,
Dort mag man mir vielleicht zuerst vergeben,
Doch wo vergiftet ward ein reines Blut,
Ein fremdem Beispiel hingegebnes Leben:
Da liegt der Stein, den meine sünd'ge Hand
In Schwung zu setzen, ach, nur zu gewandt,
Doch viel zu schwach vom Grunde jetzt zu heben.

Barmherziger, o laß der Sünde Lauf
Nicht so gewaltig mehr zum Strudel treiben!
Sieh, meine Hände heb' ich angstvoll auf:
Nicht ein so schrecklich Denkmal laß mir bleiben!
Nicht später Reue schäm' ich mich fürwahr:
So send' auch diesen deine Leuchte klar,
Daß schaudernd gen den Abgrund sie sich sträuben!

Mein Gott, nicht um Verzeihung fleh' ich ja,
Daß unverdiente Liebe ich mir stehle:
Zu ihnen tritt, nur ihnen, Herr, sei nah!
Welch andre Pein auch hier und dort mich quäle,
Du Gnädiger, nur dieses Eine nicht,
Daß ich vor deinem ewigen Gericht
Durch mich verloren sehn muß eine Seele!

Am achten Sonntage nach Pfingsten

Evang.: Jesus speist viertausend Menschen

Wohl sehr erschöpft die Menge war,
Und wohl der Hunger nagte sehr,
Da nahmst du treulich ihrer wahr.
Ach, für die Seele matt und leer,
Nach jahrelanger Dürr' und Schwüle,

Hast du nicht einen Bissen auch,
Nicht einen Labetrunk für sie,
Nicht einen frischen Gnadenhauch,
Der in der Wüste Brand und Müh'
Das siedende Gehirne kühle?

Denn sieh, von ferne kam ich ja;
Und ob ich selber mich verbannt,
Du stehst mir drum nicht minder nah'.
Wer einmal sich zu dir gewandt
Mit neu erwachendem Gefühle,

Wer einmal aus des Treibers Joch
Sich flüchtete zu deinem Dach,
Und sei er so verkümmert noch,
Du bist so mild, trägst ihm nicht nach
Der Sklavenpeitsche harte Schwiele.

O rette mich, daß nicht der Trug
Des Hungers mich bezwingen kann,
Daß ich nicht unter Wahnsinns Fluch
Die Hände strecke, greife an
Die gift'ge Frucht am welken Stiele,

So aus dem Paradiese trieb
Und die Erkenntnis ward genannt!
Stiehlt sie das Leben wie ein Dieb,
So lockt sie doch des Gaumens Brand
Mit scheinbar frischen Saftes Spiele.

Ach, nicht die Wüste neben mir,
Die Wüste mir im Busen liegt!
Wo find' ich denn, wo find' ich hier,
Was meinen Hunger nicht betrügt,
Was meine dürre Kehle spüle?

So sprachen deine Jünger auch;
Du Gnäd'ger fandest doch ein Brod,
Wo sengenden Samumes Hauch
Dir keine fromme Ähre bot,
Nur Sand und stäubendes Gewühle.

Da aßen sie und wurden satt
Und sammelten, was übrig blieb;
War Keiner krank mehr, Keiner matt,
Und der Genesne ward dir lieb,
So lieb als der Gesunden Viele.

Am neunten Sonntage nach Pfingsten

Evang.: Vom falschen Propheten

O hütet, hütet euch!
Die Luft hat sich umzogen,
Und in den Wolken grell und reich
Hebt sich ein falscher Friedensbogen,
Von dem ein Dämon niederstieg,
Der mit dem Ölzweig bringt den Krieg.

Und allerorten stehn
Posaunende Propheten,
So aus dem Staube Stricke drehn,
So flach die Berge wollen treten.
O hüte dich, ehrwürd'ger Art
Ist ihr Gesicht und grau ihr Bart!

Der Eine zeigt den Riß,
Wo soll auf nackten Höhen
Die göttliche Akropolis
Der christlichen Minerva stehen;
Folgst du ihm nach, du bleibst gebannt,
Wo noch kein Hälmchen Nahrung fand.

Da magst vor ödem Stein
Du betend niedersinken,
Da lange noch wird dein Gebein
Ein warnend Beispiel niederblinken,
Als Eines, der zu eigner Not
Verwandelte in Stein das Brot.

Der Andre deutet tief
Nach einer Höhle Gründen
Und meint in seinem Wahn, es rief
Ihm eine Stimme aus den Schlünden:
Hieher! Was offen, ist auch leer;
Im Dunkel wohnt die Füll'! Hieher!

O Diesem folge nicht
Der Gottes Haus zum Schreine,
Und wehe, Jenem folge nicht,
Der Gottes Nahrung macht zum Steine!
Doch besser dumpf im Schachte stehn,
Als droben frech gen Himmel sehn!

Und auf dem grünen Plan,
Wo frisch die Kräuter schwellen,
Da liegt so hellbetaut die Bahn,
Da sprudeln die lebend'gen Quellen,
Und aus der Demut grauem Stein
Hebt sich ein Tempel schlicht und klein.

Dort findest du ein Mahl
So ganz für dein Bedürfen,
Dort darfst du aus dem heil'gen Gral
Des Glaubens milde Labung schlürfen,
So wie sie einem Wesen recht,
Das noch der ird'schen Liebe Knecht.

O hemme nur dein Ohr,
Vom fremden Klang umzogen!
O blicke lüstern nicht empor
Zum bunten falschen Friedensbogen!
In deinem Tempel sollst du knien,
Das Wetter wird vorüber ziehn.

Am zehnten Sonntage nach Pfingsten

Evang.: Vom ungerechten Haushalter

Warum den eitlen Mammon mir
Hast du gesellt nach deinem Willen?
Nicht daß er, eine blanke Zier,
Soll eingefreßne Schäden hüllen;
Auch nicht die flücht'gen Stunden hier
Mit frischem Erdenreiz zu füllen:
Nein, anders wohl;
O was du gibst, ist nicht so leer und hohl!

Ich soll mit seinem bunten Strahl
In deinem Segen Wucher treiben,
Für meinen Hunger soll ein Mahl
Ich in die ew'ge Rechnung schreiben,
Und meiner Blöße matt und fahl
Soll er ein warmer Mantel bleiben,
Wenn bricht herein
Die Zeit, wo stäubt und rostet, was nicht mein.

Dann bin ich krank und ganz verarmt,
Dann wird der bittre Mangel kommen;
Wo starrt, woran mein Herz erwarmt,
Zerstäubt, woher ich Lust genommen;
Wenn deine Hand sich nicht erbarmt
Und zeichnet noch zu meinem Frommen
In Mildigkeit
Den Heller heimgelegt für jene Zeit.

Laß, Herr, in jener Stunde Macht
Mich nicht so hilfeweinend fallen,
Die vor mir steht wie Chaosnacht,
Wie Dunkel über Dunkel wallen.
Weh' mir, ich hab' es nicht bedacht;
So laß es mir fortan vor allen
Gewärtig sein;
O rege mich durch Milde oder Pein!

Laß mich hinfort der Worte Gold
Ausgeben mit des Wuchrers Sorgen,
Daß, wenn das Heute nun entrollt,
Mir nicht verloren ist das Morgen;
Laß mich bedenken, daß der Sold,
Den eitlem Ruhm ich mußte borgen,
Genommen ward
Dem goldnen Hort für einst und Gegenwart!

Und eine Feder laß mich nur
Betrachten mit geheimem Beben,
Bedenkend, daß der schwarzen Spur
Folgt leise schleichend Tod und Leben.
Den Pfunden, so mir gab Natur,
O Herr, laß Zinsen mich entheben;
Ich bin so arm,
So nur in dem geborgten Pelze warm!

Ach Gott, wie wird mein Herz so schwer
Gepreßt vom dämmernden Verstande,
Ob es gelingt die Gaben hehr
Zu legen mir auf edle Pfande.
O nur aus deiner Weisheit Meer
Ein einzig Tröpflein mir vom Rande,
Durch dess' Genuß
Die Galle selbst zu Honig werden muß!

Am elften Sonntage nach Pfingsten

Evang.: Jesus weint über Jerusalem

Mein Jesus hat geweint um seine Stadt,
Ach, auch gewiß um mich hat er geweinet;
Wußt' er nicht damals schon, wie trüb und matt,
Wie hülflos meine Seele heut' erscheinet?
Von Allem, was die heil'ge Bibel trägt,
Hat nichts so tief, so rührend mich bewegt.

O, könnt' ich seine teuren Tränen nur
In einem Kelche, einem Tuche fassen!
Wie er Veronika'n die heil'ge Spur
Von seinem blut'gen Antlitz wollte lassen.
Sie war die Hochbegnadete vom Herrn,
Doch auch der ärmste Bettler träumt ja gern.

Zu solchem Kelche gäb' ich freudig her,
Was ich an kleinen Schätzen mag besitzen;
Von meinem Golde würd' er reich und schwer,
Und meine Edelsteine sollten blitzen.
O, zürne, Herr, nicht meiner Albernheit,
Zum Kinde macht mich deine Güte heut'!

»Weh', wüßtest du, was dir zur Rettung ist!«
Ja, wüßt' ich es, wohl wär' es mir zum Frommen.
Doch du, du weißt es ja, mein Jesus Christ,
Und nur von dir kann mir die Kunde kommen.
So rede denn, du meines Herzens Hort!
Ich stehe hier und horche auf dein Wort.

Fürwahr, ich muß in deinem heil'gen Buch
Viel mehr nach deiner Liebe Zeichen suchen,
Als wo dein Eifer spricht und weh'! dein Fluch.
Ich knicke wie ein Halm, hör' ich dich fluchen;
Nicht heilsam aufgerüttelt, todesmatt
Lieg' ich am Grunde wie ein dürres Blatt.

Ein saftlos Erdreich bin ich, dem nicht mag
Des Kalkes Brand, der Asche Beize taugen;
Ein dürrer Sand treib' ich dem Winde nach:
So will ich deine Himmelstropfen saugen,
Und in dem Tranke gibst du mir vielleicht,
Was meinem irrenden Bewußtsein reicht.

Gibst mir ins Herz, was ich beginnen soll,
Ob trauernd stehn, ob hoffend fürder schreiten.
Die Gnade ist ja nicht der Stärke Zoll,
Auch zu dem Siechen mag sie niedergleiten.
Du, der des Allerschwächsten Schöpfer bist,
Hast auch für ihn ein Heil, mein Jesu Christ!

Drum, wenn die Wolke wieder mich umgibt
Und fast verzweifelnd meine Arm' ermatten,
Dann will ich denken, daß er hat geliebt,
Und meine Wimper heben durch die Schatten.
O meine Seele, sei nicht so versteint;
Du weißt es ja: er hat um dich geweint!

Am zwölften Sonntage nach Pfingsten

Evang.: Vom Pharisäer und Zöllner

Ja, wenn ich schaue deine Opferflamme
In eines frommen Auges reiner Glut,
Dann schimmert es, als ob sie mich verdamme;
Der scharfe Strahl fährt in mein schuldig Blut.
Wie blendet mich das Licht!
Die Augen darf ich nicht erheben;
Ich darf es nicht,
Und meine Wimpern beben.

Und unter den geschloßnen Lidern fahren
Die Schatten alter Sünden hin und her.
Was dann sich muß dem Hirne offenbaren,
O, meinem Feinde werd' es nicht so schwer!
Aus Grund und Wänden auch
Sie dampfen, schweben durch die Zimmer,
Gebild' aus Rauch;
So war und bleibt es immer.

Wenn eine milde Tat ich seh' vollbringen,
So recht aus übervollen Herzens Grund,
So klar die heißen Liebesquellen springen,
Nur achtend, was dem Bruder sei gesund;
Wenn, ganz ein Gotteskind,
Sich unbewußt am Gnadenkleide scheinet
Die Träne lind,
Nicht fragt, warum sie weinet:

Dann wühlt in meinem Busen das Gewissen,
Schutt und Geröll stellt sich mein Wirken dar,
Das Geben und das Streben mir zerrissen
Von Grübelns Dornen, wie der Einfalt bar;
Und überall mein Fuß
An Gitter stößt, an Kerkerschragen,
Und zitternd muß
An meine Brust ich schlagen.

Vor Allem, ach, wenn eine fromme Stimme
Mir flüstert zu ein einfach heilig Wort,
So sicher, daß mein Herz in Glauben schwimme,
So unbesorgt um meines Lebens Port,
Mir deiner Gnade Laut
Unschuldig beut als Losungszeichen
Und ganz vertraut
An meine Brust will schleichen:

Dann müssen alle Worte sich empören,
Die frevelnd ich gesprochen einst und je,
Und Alles, was noch jetzt mich kann verstören,
Das steigt und wirbelt um mich wie ein See;
Dann fühl' ich in dem Schaum
Noch heut' mich keiner Bande ledig,
Dann stöhn' ich kaum:
Gott sei mir Sünder gnädig!

Am dreizehnten Sonntage nach Pfingsten

Evang.: Vom Tauben und Stummen

Rühr' meine Zunge an,
Du kannst sie lösen;
Brich meines Ohres Bann,
Ich mag genesen!
Nein, nicht verloren bin ich, milder Gott,
Ob eingezwängt, ob meines Feindes Spott;
Dich ruf' ich, Herr, bekämpfe du den Bösen!

Gebrochen hat er mir
Der Nerven Fäden;
Nur durch der Augen Tür
Gehn ein die Reden,
Wenn fassend frommer Mienen Gotteslust
Das Herz sich wenden möchte in der Brust,
Ausbluten möchten die verborgnen Schäden.

So bin ich gänzlich doch
Nicht aufgegeben,
So lang' mir irgend noch
Dringt ein das Leben,
Und wär' es nur, wie in des Irren Stirn
Sich leise regt das schlummernde Gehirn:
Es lebt, und hoffen darf ich, ob mit Beben.

Nur Worte, Worte sind
Mir nicht Verwandte.
Wie abwärts prallt der Wind

Von Berges Kante,
So prallt, was Andre rührt und Andre schreckt,
Von jener Rinde, die mein Hirn bedeckt,
Und die ich einstens Wacht und Mauer nannte.

Nicht immer ist es gleich;
Zuweilen schleichen
Sich aus der Töne Reich
Gewalt'ge Zeichen,
Wie eine Träne sich zum Herzen drängt,
Wie Bergeskluft den fernen Donner fängt:
O, dann vor Freude fühl' ich mich erbleichen!

Nein, meine Lippe kann
Es aus nicht sprechen,
Wie aus der Tiefe dann
Die Tränen brechen.
Nein, was so fremd sich in die Seele flößt,
Das hat noch nicht der Zunge Band gelöst,
Rinnt unverstanden nur in warmen Bächen.

O lege, starker Hort,
Die gnäd'gen Hände
An meines Ohres Port!
O aufwärts wende
Um mich auch deiner Blicke liebreich Flehn
Und sprich dein Ephphata, dann ist's geschehn;
Ich bin erlöst, der Fluch, er hat ein Ende.

Am vierzehnten Sonntage nach Pfingsten

Evang.: Vom Samaritaner

Wer ist es, der mir nahe steht?
Wen muß ich meinen Bruder nennen?
Wem meine liebste Gabe gönnen
Und reichen, eh' es noch gefleht?
O laß auf meine Stirne träufen,
Du Starker, deiner Weisheit Tau!
Laß mich den rechten Stein ergreifen
Zu deines Tempels ew'gem Bau!

Er, den getragen gleicher Schoß,
Und der an gleicher Brust gesogen,
Ihm bin ich willenlos gewogen,
Nichts reißt des Blutes Fäden los.
Auch wer den gleichen Odem zieht,
An gleichen Bodens Quell getrunken,
Für ihn auch hat Natur den Funken
In jedem Busen angeglüht.

So der in selben Glaubens Band
Am selbigen Altare knieet,
Und wo mich gleiche Richtung ziehet,
Sei's an Gemüt, sei's an Verstand:
Sie Alle sind mir wie gegeben
In meines eignen Herdes Hut,
Sind Fasern All' von meinem Leben,
Sind Tropfen All' von meinem Blut.

Doch wenn in heimatferner Luft
Sucht ängstlich ein bekümmert Wesen
Der fremden Züge Schrift zu lesen,
Wo Niemand seinen Namen ruft:
Dann nahe dich und woll' es nennen
Mit jedem Liebesworte nur,
Dann magst die Fackel du entbrennen,
Die nicht entzündete Natur.

Und wenn an deines Tempels Tor
Steht Einer einsam, ausgeschlossen,
Dess Tränen doch vor Gott geflossen,
Dess Seufzer doch erreicht sein Ohr:
Dem magst du deine Rechte reichen
Und deuten aufwärts nach dem Blau,
Wo Allen glühn der Sterne Zeichen,
Für Alle sinkt der milde Tau.

Und dann, wenn sich gen Einen regt
Dir ein gewaltsam Widerstreben,
Weil andre Weise ihm gegeben,
Als dir der Himmel zugelegt;
Wenn Fehl' mit dumpfem Sinn im Bunde
Zertreten will der Liebe Saat:
Reich' ihm die Hand; dies ist die Stunde,
Wo das Gebot sich prüfend naht.

Ja, selbst an des Verruchten Blick,
Der Erd' und Himmel möchte höhnen,
Mußt du in Milde dich gewöhnen,
Darfst schaudern, aber nicht zurück.
O kannst du ihn in Jesu Christ
Umschweben, spähend seine Wunden,
Dann erst hast du den Stein gefunden,
Dann weißt du, wer dein Nächster ist.

Am fünfzehnten Sonntage nach Pfingsten

Evang.: Von den zehn Aussätzigen

Da sprach er: »Gehet hin, den Priestern zeiget euch!«
Und als sie gingen, siehe da, sie wurden rein.
Du meine stolze Seele, nur an Elend reich,
An Fehlen groß, so könnte dir geholfen sein?
Dir, die noch stets verschmähte Menschenhand,
Und wär' sie gottgeweiht und wär' sie gottgesandt.

Wohl sprichst du öfters zu dir selbst in argem Trug:
Er ist der Starke, so allein mich retten kann;
Hilft er mir nicht, dann ist auch Menschenrat ein Lug,
Auf gradem Pfad zu ihm mein Flehen steig hinan!
Und fühlst es nicht, daß warm und reich gehegt
Der Hochmut Aussatz an dein töricht Herz gelegt.

Ist denn so fest dein Mut, in reichem Glauben stark,
Daß eines Freundes Hand er sich entschlagen darf?
So klar dein Hirn, so saftig und gesund dein Mark,
Daß die Erkenntnis dir vor andern Wesen scharf?
O sei demütig, sprich es offen aus:
Du lebst ein Bettler und in eines Bettlers Haus!

Wie arm und schwach du, Seele mein, das meinst du wohl
Zu fühlen, wenn die Tränen netzen dein Gesicht,
Und doch nur Klang und doch nur Rauschen leer und hohl,
Wie umgestaltet aus dem Sprachrohr Flüstern bricht,
Ein Angstschrei nur, der willenlos entfährt,
Indess dein düstrer Blick sich stolz nach innen kehrt.

Was ist da drinnen denn so Herrliches zu schaun?
Ein krankes Blut, was ach! in eignem Druck erliegt,
Was jedes Reizes Sklav' und jeder Stimmung traun
Bald steht wie ein Morast, bald wie ein Strudel fliegt;
Ein Hirn, von dem dir selber unbekannt,
Ob es dem Wahnsinn oder Frevel mehr verwandt.

Dies sind die Schätze, die dich stolz und stark gemacht,
Daß du entschlagen dich hast des Geschaffnen Rat;
Dies sind die Leuchten, die in dumpfen Zweifelns Nacht
Glorreich bestrahlen sollen den verborgnen Pfad;
Darum, darum baust du auf Gott allein,
Daß Menschentadels Dorn dir mag erlassen sein.

Hast anders jemals du des Priesters wohl gedacht,
Der lossprach deine Schuld im heil'gen Sakrament,
Als wie des Blattes, drauf den Schuldner Rechnung macht,
Doch einzig Gläub'gers Schrift als Lösung anerkennt?
Ward sichtbar jemals dir in seiner Hand
Die ernste Wage, drauf dein Tod und Leben stand?

Knie' hin, knie' hin; doch nicht an jener Gnadenstatt,
Nein, vor dem Hirten nur in seiner Würde Kraft,
Und deine Seele sei vor ihm ein offnes Blatt
In aller Eitelkeit und niedern Leidenschaft;
Und wenn du dich vor Menschenhand gebeugt,
Dann schau, ob sich am Aussatz nicht ein heilend
[Fleckchen zeigt.

Am sechzehnten Sonntage nach Pfingsten

»Ihr könnt nicht Gott dienen und dem Mammon«

Wer nur vertraut auf Gottes Macht
In allen seinen Nöten,
Den hat kein Feind zum Fall gebracht,
Den kann kein Gegner töten;
Und wo die Angst ihn überfällt,
Da wird der allerstärkste Held
An seine Seite treten.

Der wird mit seinem scharfen Speer
Die Gegner ihm zerstäuben,
Und von dem allergrößten Heer
Kein Huf wird übrig bleiben;
Sei's äußrer oder innrer Feind,
Wenn nur der rechte Held erscheint,
Der kann ihm Grenzen schreiben.

Er ist der allerbeste Herr,
Den Einer mag erlangen;
Glückselig ist der Fröhner, der
In seinem Dienst gefangen.
So süß ist seine Sklaverei,
Daß Jeder, sei er noch so frei,
Mag tragen drum Verlangen.

Des Hungers Qual, der Blöße Schmach,
Die weiß er zu vergelten;
Es durft' ihn noch bis diesen Tag

Nicht Einer treulos schelten.
Er zahlt mit wucherndem Gewinst
An Alle, die in seinen Dienst
Ihr Gut und Leben stellten.

Und aller Stärke Talisman
Den hält er in der Rechten;
Selbst aus den schärfsten Dornen kann
Er Rosenkränze flechten.
Er zeigt im wilden Kampfrevier
Die echte Aaronsschlange dir,
Mußt du mit Vipern fechten.

Und rüttelt sich der grimmste Feind,
Da lehrt Er dich ein Zeichen,
Vor dem, so schlimm er es auch meint,
Muß schnell der Drache weichen;
Nur sei es von bereiter Hand
Mit rechtem Glauben angewandt,
Sonst mag es nimmer reichen.

Wem schwach der Glaube und Vertraun,
Ob ihn die Sehnsucht treibe,
Der darf doch noch von ferne schaun,
Daß er im Nachtrab bleibe,
Auf den erquickend in der Glut
Des Helden milder Schatten ruht
Wie mächt'gen Schildes Scheibe.

Doch wem der Glaube echt und klar,
Den kann kein Leid bezwingen,
Der mag wohl aller Güter bar
Noch wie ein Vogel singen.
Schaut doch die Lilien in dem Feld,
Wie sind sie frisch und wohlbestellt,
Wie grün und guter Dingen!

Sie haben nicht des Webens Acht
Und sind so reich gezieret,
Daß Salomo in seiner Pracht
Viel minder Lob gebühret.
Schaut doch die jungen Raben an,
Wie sind sie satt und wohlgetan,
Wie blank und glatt geschnüret!

Er, der die jungen Raben nährt,
Er wird auch meiner walten,
Und müßt' er aus der Schlack' am Herd
Die Brode mir gestalten.
O Heil, daß ich den Herrn erwarb,
Bei dem kein Diener noch verdarb!
An ihn will ich mich halten.

Am siebzehnten Sonntage nach Pfingsten

Evang.: Von der Witwe Sohn zu Naim

Wenn deine Hand den Sarg berührt,
Dann muß der Tote sich beleben:
Dein Hauch die Wetterwolke führt,
Dann muß sie milden Manna geben;
Du, der getürmt der Meere Damm,
Dem aus des Niles wüstem Schlamm
Ägyptens Ähren sich erheben.

Der Mächtige bist du, um auch
Der Seele dumpfen Schlaf zu enden;
Zu dir darf seinen Sterbehauch
Der todeswunde Schächer senden;
Du nimmst den letzten Atemzug,
Ein Reuelaut ist dir genug,
Den Blitz in seinem Flug zu wenden.

Du hast dich an das Tor gestellt,
Den Sohn der Witwe zu erwarten,
Und hast, ein Herr der ganzen Welt,
Beachtet ihren kleinen Garten;
Du, der gekommen ganz allein,
Zu waschen unsre Flecken rein,
Und auszugleichen unsre Scharten,

Berühre mich; denn ich bin tot,
Und meine Werke sind nur Leichen!
Hauch über mich; denn blutig rot

Die Sünde ließ mir ihre Zeichen!
O wende du den Donnerschlag,
Der über meinem Haupte brach,
Und laß die dumpfen Nebel weichen!

Dann will ich dir aus freier Brust
Ein überselig Loblied singen,
Und wieder soll in Gotteslust
Wie einstens meine Stimme klingen.
Ist sie gebrochen jetzt und matt,
Du bist es, der die Mittel hat,
So in die kränksten Adern dringen.

Fühl' ich doch heut' in mir erweckt
Ein lang entschwundenes Vertrauen,
Daß mich nicht Tod noch Sünde schreckt:
Wie sollt' ich denn auf dich nicht bauen!
Ja, wenn du willst, so kann ich doch
Mit diesen meinen Augen noch
In diesem meinem Leib dich schauen.

Ich fühl es, daß von mir nicht stammt,
Was mich so freudig muß durchzittern;
Ein Strahl ist es, den du entflammt,
Ein Traum, den Starren zu erschüttern.
O fahre fort, o rühr' mich an,
O brich den Todesschlaf, und dann,
Dann werd' ich Morgenlüfte wittern!

Hast du gesprochen: „Weine nicht“,
Du weißt, daß nicht die Toten weinen,
Ob schier im Traum das Herze bricht,
Und wohl Gebet die Seufzer scheinen,
Die flüstern möchten schwach und lind:
Du hast geweckt der Witwe Kind,
Ich liege noch in Totenleinen!

Am achtzehnten Sonntage nach Pfingsten

Evang.: Vom Wassersüchtigen

Sechs Tage sollst du tun
Dein Werk mit aller Treue
Und sollst am siebten ruhn,
Er trägt des Herren Weihe.
So ward es uns gesetzet,
Und also folgen wir,
Recht wie den Schnabel wetzet
Ein stumpf und lüstern Tier.

Ruht Einer bei dem Spiel,
Der Andre bei der Flasche,
Sinnt Jeder lang und viel,
Wie er sich Lust erhasche.
Was nicht den Herrn mag loben,
Und was den Sinn betört,
Wem wird es aufgehoben?
Dem heil'gen Sonntag wert.

Ja, wenn man häufen mag
Der ganzen Woche Sünden,
Gen was an diesem Tag
Muß seine Ernte finden,
So wird, o Schmach! es zollen
Wie ein gehäuftes Maß,
Von dem die Körner rollen,
Zwei Ähren, so man las.

Stehn denn die Kirchen leer?
Flieht seinen Herrn der Sünder?
O, wenn dem also wär',
Der Frevel drückte minder!
Doch aus dem Weihrauchwallen,
Das unsern Gott umfließt,
Zu des Verderbens Hallen
Man wie ein Geier schießt.

In alten Bundes Pflicht,
Als keimend noch die Gnade
Und dämmernd nur das Licht
Fiel auf der Menschen Pfade,
Da trug der Sünde Flecken
Noch nicht der Sabbath doch,
Mußt er den Gläub'gen schrecken
Auch wie ein eisern Joch.

Wohl mag es töricht sein,
Dem höchsten Gott zu Ehren
Zu liegen wie ein Stein
Und jeder Regung wehren;
Doch eitlen Lüsten fügen
Der Sinne kirrend Bund —
O besser zehnfach liegen
Wie eine Scholl' am Grund.

So hat der Heiland nicht
Den alten Bund gehoben;
Durch Taten wie das Licht
Sollst du den Höchsten loben.
Sei mit der milden Spende
Der Arme dir gegrüßt;
Nicht unrein sind die Hände,
Aus denen Segen fließt.

Und wer gering und klein
Im Schmerzenslager rücket,
Wo schlimmer als die Pein
Verlassenheit ihn drücket:
Verbinde dessen Wunden
Und lächle ihm dazu;
Dann hast du sie gefunden,
Die echte Sabbathsruh'.

Am neunzehnten Sonntage nach Pfingsten

Evang.: Vom vornehmsten Gebote

Ob ich dich liebe, Gott, es ist
Mir unbewußt.
Oft' mein' ich, daß nur du es bist,
Was diese Brust
In aller andern Liebe Schein
Und dämmerndem Verlangen
Wie eine Sühnungsfackel rein
Hält gnadenvoll umfangen.

Wenn zu dem Edelsten der Geist
Sich frei erhebt,
Was als Gedanke ihn umkreist
Und dennoch lebt,
Unsichtbar, wesenlos doch nicht,
Fern, dennoch allerwegen,
Des Spur aus Menschenaugen spricht
Und aus der Träne Segen:

Dann bin ich wohl getröstet, und
Gebet entsteigt
So zuversichtlich meinem Mund,
Als sei gereicht
In fremder mir und deiner Lieb',
— Wer hat es je ergründet? —
All was des Sehnens würdig blieb'
Und deinen Odem kündet.

Doch fühl' ich dann zu andrer Zeit
Wie Haar dem Haupt
Der finstren Erde mich geweiht,
Fast machtberaubt;
Wenn in dem Freunde mich entzückt
Selbst wie ein Reiz das Fehlen,
Die Schwächen, an mein Herz gedrückt,
Mir Keiner dürfte stehlen:

Da wär' es Gottes Zeichen nur,
Was ich erkannt?
Und nicht die sündige Natur
Böt' ihre Hand,
Wenn der Geliebten Tugend ich
In Ehrfurcht mag ertragen,
Doch fleckenloser sicherlich
Mein Herz würd' kälter schlagen?

Gleich einer kalten Wolke fährt
Es über mich,
Wie dem Damokles unterm Schwert
Die Wange blich;
Wie Einem, der an Ufers Rand
Sich spiegelt, lächelt, trinket,
Wenn sacht entschlüpft der falsche Sand
Und seine Stätte sinket.

O Retter, Retter, der auch für
Die Toren litt,
Erscheine, eh' die Welle mir
Zum Haupte glitt!
Greif' aus mit deiner starken Hand,
Noch kämpf' ich gen die Wogen;
So Manchen hast du ja ans Land
Aus tiefem Schlamm gezogen!

Hab' ich dem Schlamme mich entwirrt
So ganz und recht,
Dann erst zu deinem Bildnis wird
Die Sehnsucht echt;
Dann darf ich lieben stark, gesund,
Ohn' alle Schmach und Hehle,
Aus meines ganzen Herzens Grund
Und meiner ganzen Seele.

Am zwanzigsten Sonntage nach Pfingsten

Evang.: Vom Gichtbrüchigen

Wenn Tau auf reifen Ähren glänzt,
Die satten Körner schwellen nicht;
Und wenn den Toten man bekränzt,
Die starren Pulse zucken nicht;
Wenn über Trümmer geht das Licht,
Nicht eine Säule wird ergänzt:
Und dennoch, schau!
Dünkt reiche Gabe Licht und Kranz und Tau.

So nimmer Reue mag erbaun,
Was einmal Schuld gebrochen hat,
Und dennoch Gottes Engel schaun
Mitleidig auf die wüste Statt.
So ragt auch wohl ein grünes Blatt
Durch eines Kerkergitters Graun
Zu dem Gefangnen, und
Er lächelt, seine Seele wird gesund.

O könnte alle Sünde nur
Wie überm Ast der Mistel stehn,
Der wurzellos durch die Natur
Sich selber blühn darf und vergehn!
Doch wie am dürren Baume sehn
Man wird des Schlinggewächses Spur,
So ein Vampyr
Dorrt sie die Seele und den Körper dir.

Wer frischt dir deinen Glauben auf,
Versengt an ihrem Odem heiß?
Wer bringt dir der Gedanken Lauf
Zurück ins fromm beschränkte Gleis?
Und deiner Menschenkenntnis Eis,
Den starren Strom, wer löst ihn auf,
Den wahren Fluß,
Der Himmel stets und Hölle scheiden muß?

Und was dein Körper büßte ein
In nagender Gefühle Joch,
Das bleibt nun für dies Leben dein,
Und nach dem Drüben greift es noch;
Und wie an einem Haare doch
Wirst immer du gehalten sein,
Wenn frischer Geist
In frischem Körper wie ein Adler kreist.

Sprach doch der allertreuste Mund:
Vergeben leicht und Heilen schwer.
Das ist der Sünde alter Bund,
Die zehrend wie Gomorrhas Meer
Ertötet alle Frucht umher.
Und dennoch kann das Mark gesund
Und himmelwärts
Kann treiben seinen Zweig des Baumes Herz.

O, nur Ergebung, nur Geduld,
Zu tragen meiner Narben Schmach,
Um was gebrochen meine Schuld,
Zu trauern still und reuig nach!
Auch über mir steht ja das Dach
Des Himmels und der Sonne Huld,
Und ach, der Tau,
Er fällt ja auch auf meine heiße Brau!

Nicht wirst du, Herr, mich wandeln gehn,
Nicht heißen heben mich die Hand;
Doch eine Säule darf ich stehn,
Ein Zeichen an dem öden Strand,
Und hoffen, daß, wenn Sonnenbrand
Die morschen Trümmer ließ vergehn,
An jenem Tag
Dein Strahl die Stäubchen aufwärts ziehen mag.

Am einundzwanzigsten Sonntage nach Pfingsten

Evang.: Vom hochzeitlichen Kleide

An manchem Tag mein Haupt wie wüst und öde,
Wie eingesargt mein Herz zu manchen Zeiten!
Vor übergroßer Schwäche schein' ich blöde,
Bewußtlos starrt mein Auge durch die Weiten.
O, welch ein Bild verschuldeten Verfalles!
O, welch ein kläglich Bild der Niedrigkeit
Wie fühl' ich es! Doch nicht zu jener Zeit,
Wo neblig mir und unverständlich Alles.

Soll ich es Leichtsinn nennen? O, mit Nichten!
Wie Zentner fühl' ich es am Herzen liegen.
Soll ich verstecktem Trotze gleich es richten?
Dann wahrlich müßt' ich mich zum Meister lügen.
Des Trotzes Kraft, des Leichtsinns heiter Prangen,
Die sind gebrochen mit dem gleichen Streich;
Nein, einem morschen Stamme bin ich gleich,
An dem die Blätter halb verhungert hangen.

Wenn Nervenspiel mir einmal möchte hellen
Der dumpfen Stirne fieberisch Umgeben,
Aufsprudeln möchten aller Wunden Quellen
Und stoßen vor der Worte sengend Leben:
Wie zittert meine Hand, wie bricht zusammen
Die Körperkraft in solchem Augenblick!
Und eine harte Faust stößt mich zurück
Ein nutzlos Opfer in die eignen Flammen.

Weh' mir, ist dies ein hochzeitliches Kleid,
Worin ich deinen Gästen mich gesellen
Und meine arme Lampe lehrbereit,
O Herr, an deinen heil'gen Schrein darf stellen?
Ein Halbertrunkner deut' ich nach der Küste,
Und aufwärts deut' ich schwindelnd, wie verwirrt;
So Israel durch vierzig Jahre irrt'
Und sucht' und sucht' und fand ein Grab der Wüste.

Doch weißt du auch, mein Herr und milder Richter,
Es war nicht Eitelkeit, was mich geleitet;
Der zündet nicht dem eignen Moder Lichter;
Ach, wer noch um der Ehre Kränze streitet,
Der läßt des Sarges Deckel gern geschlossen.
Doch eben jetzt, all deiner Pfunde bar,
Jetzt brächt' ich gerne noch ein Scherflein dar
Für alle meines eignen Leids Genossen.

Groß ist die Zahl, das hab' ich erst erfahren,
Seit mich die Wellen unter Menschen trieben.
In meiner Heimat, ach, der frommen, klaren,
Da mußte Einsamkeit mich sehr betrüben;
Doch als ich in die Fremde nun getreten,
Wie schauderte mir vor Genossenschaft!
Wie Pilze hingen sie am dürren Schaft,
Wie Nesseln schossen sie aus allen Beeten.

Da sah ich auch, wohin es konnte führen,
Mutlos zu stehn auf unterhöhltem Grunde;
Noch durfte meine Hand das Kreuz berühren,
Doch Andre hört' ich jubeln tief im Schlunde.
Da sah ich, wem sich meine Augen wandten,
Da hörte ich, was ich vergessen will,
Noch sprach in mir ein Laut: O steh nicht still!
Schau Jene an, sie sind nur still gestanden!

Seitdem auch weiß ich, wem ich bin gesendet:
Dem, der da steht, wo ich nicht durfte weilen.
Kein Licht hab' ich, was leuchtet oder blendet,
Nur eine Stimme, die da treibt zu eilen:
»O eile, eile, nur die Schritte wende!
Und ob kein Schimmer durch die Wolken bricht,
So denk: Er herrscht im Dunkel wie im Licht,
Und falte nur im Finstern deine Hände!«

Am zweiundzwanzigsten Sonntage nach Pfingsten

Evang.: Vom kranken Sohn des Königleins

Der Sonnenstrahl, ein goldner Spieß,
Prallt von des Sees kristallnen Flächen
Und schwirrend um den Marmorflies
Palastes Mauern will durchstechen.
Auf seidnen Polstern windet sich,
Die magern Ärmchen ringt das Kind,
Und eine Träne bitterlich
Noch möchte aus dem Auge lind,
Dem halberstarrten, brechen.

Schon hat der Tod die Hand gelegt
Auf seine Beute ohn' Erbarmen;
Doch ob er Eis zum Herzen trägt,
Noch schmilzt im Blutstrom es, dem warmen.
O Jugend, Jugend, wie so fest
Hast du verstrickt das Leben dir,
Wie sich das Schlinggewächse preßt
Mit Wurzeln dort und Fasern hier
Als mit Polypenarmen!

O Anblick, stärker als ein Weib,
Das Wachen, Angst und Kummer nagen!
Betäubt und schwer, gleich totem Leib,
Hat man die Fürstin fortgetragen.

Noch weilt der Vater; wenn ein Sklav'
Des Bornes frische Labung reicht,
Mit zitternd kalter Hand den Schlaf
Des Kindes netzt er sacht gebeugt
Und flüstert leise Fragen.

Wer regt sich an des Fürsten Ohr?
Menipp, der Jüngling aus Euböa.
»Herr«, keucht er, »hebt den Blick empor!
Herr, der Prophete aus Judäa,
Von dem das ganze Land erfüllt,
Er kömmt, er naht Capharnaum,
Und wie aus hundert Adern quillt
Entgegen ihm und nach und um
Ein Glutstrom Galiläa.«

»Sind denn die alten Götter tot,
So müssen wir die neuen wahren.
Es sei, es sei, und meine Not
Mag sich dem Volke offenbaren!«
Die Rosse stampfen. Einmal schaut
Der Vater auf sein sterbend Kind,
Und nun voran! — »Was rauscht so laut?
Was streicht am Berge wie ein Wind?«
»Herr, des Propheten Scharen!«

O, wie die Angst den Stolz zerbricht!
Demütig, zitternd, als zur Frohne,
Er weiß es nicht, zu wem er spricht,
Doch wie der Sklave vor dem Throne,
Gebrochen steht der reiche Mann.
Die bleiche Lippe zuckt vor Schmerz,
Und heißer, als das Wort es kann,
Viel heißer fleht das bange Herz:
»Hilf, Rabbi, meinem Sohne!«

Ein Murmeln durch die Masse geht,
Erwartend sich die Wangen färben.
»Wenn ihr nicht Wunderzeichen seht,
Dann muß der Zweifel euch verderben!«
So spricht der Heiland abgewandt.
Unwillig rauscht es in dem Kreis;
Doch angstvoll hebt sich eine Hand,
Und wie ein Seufzer quillt es leis:
»Rabbi, mein Sohn will sterben!«

Du hast geglaubt, und wärst du arm
Wie Irus, was dich immer quäle,
Du wahrhaft Reicher, liebewarm
Hast einen Schatz, den Keiner zähle!
O, der in dir, als Alles brach,
Es machen konnte froh und still,
Hat er gehört mich, als ich sprach:
Herr, meine Seele sterben will;
O Herr, hilf meiner Seele!

Am dreiundzwanzigsten Sonntage nach Pfingsten

Evang.: Vom Könige, der rechnen wollte

Wenn oft in kranken Stunden
Sich auf mein Schuldbuch schlägt,
Der Skorpion die Wunden
Hat nagend aufgeregt:
Weiß ich dann noch,
Was zu beginnen?
Der Leib ein modernd Joch,
Und ein Gespenst, was drinnen.

In solchen Augenblicken
Steht meine Seele still,
Darf nicht Gedanken rücken,
Gefesselt liegt der Will',
Und Schlafes Macht
Muß ich beschwören,
Die angsterfüllte Nacht
In Träume zu verkehren.

Doch jetzt, wo klar die Sinnen,
Wo meine Seele frei,
Jetzt darf mein Flehn beginnen:
Allgnäd'ger steh' mir bei!
In solcher Zeit
Ohn' Trost und Beten,
O dann an meine Seit'
Laß deinen Engel treten,

Daß ich im Kampf bestehen
Die dunkle Stunde kann
Und nicht verloren gehen
In meiner Ängste Bann.
Herr, nicht wirst du
Umsonst mich quälen,
Hast wohl ein Ziel der Ruh'
Für mattgehetzte Seelen.

Wüßt' ich es nur zu tragen
Den Balsam in den Gift.
Wohl konnt' ich schon gewahren
Aus deiner heil'gen Schrift:
Barmherzigkeit
Gibt Heil und Leben;
Doch bin ich auch bereit,
Was soll ich denn vergeben?

Vielleicht ein Mißbehagen,
Ein armes Fünkchen Neid, —
Es tat ja meinen Tagen
Noch Keiner rechtes Leid,
Und unverdient
War mir das Lieben;
So ist, was ach! dich sühnt,
Kein Opfer mir geblieben.

Doch weil du so geboten,
Spricht aus des Herzens Grund
So Lebenden als Toten
Vergebung aus mein Mund.
Und was auch mag
Mir sein beschieden
An Kränkung oder Schmach,
Was noch vielleicht hienieden

In meiner Zukunft Buch
Ist gnädig angeschrieben,
Ich kann es nicht genug
Ersehnen, schätzen, lieben,
Den Hoffnungsstern
In meinen Qualen.
Herr, hab' Geduld, denn gern
Will Alles ich bezahlen!

Am Allerheiligentage

»Selig sind die Armen im Geiste«

Selig sind im Geist die Armen,
Die zu ihres Nächsten Füßen
Gern an seinem Licht erwarmen
Und mit Dienerwort ihn grüßen,
Fremden Fehles sich erbarmen,
Fremden Glückes überfließen:
Ja, zu ihres Nächsten Füßen
Selig, selig sind die Armen.

Selig sind der Sanftmut Kinder,
Denen Zürnen wird zum Lächeln
Und der Milde Saat nicht minder
Sprießt aus Dorn und scharfen Hecheln,
Deren letztes Wort ein linder
Liebeshauch durch Todesröcheln,
Wenn das Zucken wird zum Lächeln:
Selig sind der Sanftmut Kinder.

Selig sind, die Trauer tragen
Und ihr Brot mit Tränen tränken,
Über eigne Sünde klagen
Und der fremden nicht gedenken,
An den eignen Busen schlagen,
Fremder Schuld die Blicke senken:
Die ihr Brot mit Tränen tränken,
Selig sind, die Trauer tragen.

Selig, wen der Durst ergriffen,
Nach dem Rechten, nach dem Guten
Mutig, ob auf morschen Schiffen,
Mutig steuernd nach den Fluten,
Sollte unter Strand und Riffen
Auch das Leben sich verbluten:
Nach dem Rechten, nach dem Guten,
Selig, wen der Durst ergriffen.

Die Barmherzigen sind selig,
So nur auf die Wunde sehen,
Nicht erpressend kalt und wählig
Wie der Schaden mocht' entstehen,
Leise schonend und allmählich
Lassen drin den Balsam gehen:
So nur nach der Wunde sehen,
Die Barmherzigen sind selig.

Überselig reine Herzen,
Unbefleckter Jungfraun Sinnen,
Denen Kindeslust das Scherzen
Denen Himmelshauch das Minnen,
Die wie an Altares Kerzen
Zündeten ihr klar Beginnen:
Unbefleckter Jungfraun Sinnen,
Überselig reine Herzen.

Und des Friedens fromme Wächter
Selig, an den Schranken waltend
Und der Einigkeit Verfechter
Hoch die weiße Fahne haltend,
Mild und fest gen den Verächter,
Wie der Daun die Klinge spaltend:
Selig, an den Schranken waltend,
Selig sind des Friedens Wächter.

Die um dich Verfolgung leiden,
Höchster Feldherr, deine Scharen,
Selig, wenn sie Alles meiden,
Um dein Banner sich zu wahren!
Mag es nie von ihnen scheiden,
Nicht in Lust noch in Gefahren!
Selig, selig deine Scharen,
Selig, die Verfolgung leiden!

Und so muß ich selig nennen
Alle, denen fremd mein Treiben,
Muß, indess die Wunden brennen,
Fremden Glückes Herold bleiben.
Wird denn nichts von dir mich trennen,
Wildes, saftlos, morsches Treiben?
Muß ich selber mich zerreiben,
Wird mich Keiner selig nennen?

Am Allerseelentage

»Es kömmt die Stunde, in welcher Alle, die in den Gräbern sind, die Stimme des Sohnes Gottes hören werden«

Die Stunde kömmt, wo Tote gehn,
Wo längst vermorschte Augen sehn.
O Stunde, Stunde, größte aller Stunden,
Du bist bei mir und läßt mich nicht,
Ich bin bei dir in strenger Pflicht,
Dir atm' ich auf, dir bluten meine Wunden!

Entsetzlich bist du, und doch wert;
Ja, meine ganze Seele kehrt
Zu dir sich, in des Lebens Nacht und Irren,
Mein fest Asyl, mein Burggebiet,
Zu dem die zähe Hoffnung flieht,
Wenn Angst und Grübeln wie Gespenster irren.

Wüßt' ich es nicht, daß du gewiß
In jener Räume Finsternis
Liegst schlummernd wie ein Embryo verborgen,
Dann möcht' ich schaudernd mein Gesicht
Verbergen vor der Sonne Licht,
Vergehn wie Regenlache vor dem Morgen.

Verkennung nicht treibt mich zu dir;
Mild ist die strengste Stimme mir,
Nimmt meine Heller und gibt Millionen.
Nein, wo mir Unrecht je geschehn,
Da ward mir wohl, da fühlt' ich wehn
Dein leises Atmen durch der Zeit Äonen.

Doch Liebe, Ehre treibt mich fort
Zu dir als meinem letzten Port,
Wo klar mein Grabesinnre wird erscheinen.
Dann auf der rechten Waage mag
Sich türmen meine Schuld und Schmach
Und zitternd nahn mein Kämpfen und mein Weinen.

Vor dir ich sollte Trostes bar
Zergehen wie ein Schatten gar;
Doch anders ist es ohne mein Verschulden.
Zu dir als zu dem höchsten Glück
Wie unbeweglich starrt der Blick,
Und kaum, kaum mag die Zögerung ich dulden.

Doch da sich einmal Hoffnung regt,
So wird die Hand, die sie gelegt
In dieses Busens fabelgleichen Boden,
Sie wird den Keim, der willenlos
Und keinem Übermut entsproß,
Nicht wie ein Unkraut aus dem Grunde roden.

Wenn kömmt die Zeit, wenn niederfällt
Der Flitter, den gelegt die Welt,
Talent und Glück, ums hagere Gerippe:
Da steht der Bettler, schaut ihn an!
Dann ist die Zeit, um Gnade dann
Darf zitternd flehen des Verarmten Lippe.

Dann macht nicht schamrot mich ein Tand,
Dann hat gestellt die rechte Hand
Mich tief und ärmlich, wie ich es verdienet,
Dann trifft mich wie ein Dolchstoß nicht
Hinfort ein Aug' voll Liebeslicht:
Ich bin erniedriget und bin gesühnet.

Am vierundzwanzigsten Sonntage nach Pfingsten

Evang.: Vom Zinsgroschen

Gebt Gott sein Recht und gebt's dem Kaiser auch!
Sein Odem ist's, der um den Obern schwebet,
Um Hochmut nicht; um Eigenwillen hebet
Nicht eure Rechte gen den heil'gen Brauch.
Doch Gott und Welt im Streit: da, Brüder, gebet
Nicht mehr auf Kaiserwort als Dunst und Rauch.
Er ist der Oberste, dem alle Macht
Zusammen bricht, wie dürres Reisig kracht.

Den Eltern gib und gib auch Gott sein Recht!
O weh des Tiefgesunknen, dem verloren
Der frömmste Trieb, Jedwedem angeboren,
Den Freisten stempelnd zum beglückten Knecht.
Doch stell' den Wächter an der Ehrfurcht Toren
Und halte das Gewissen rein und echt;
Er ist der Vater, dem du Seel' und Leib
Verschuldest, mehr als irgend Mann und Weib.

Den Gatten lieb' und denk' an Gott dabei!
Er gab den Segen dir, als am Altare
Den Eid du sprachst, gewaltig bis zur Bahre
In Fesseln legend deine Lieb' und Treu'.
Doch wird die Liebe Torheit, o dann wahre,
O halte deine tiefsten Gluten frei!
Er ist es, dem du einer Flamme Zoll
Mußt zahlen, die kein Mensch empfangen soll.

An deine Kinder hänge nur dein Herz,
In deren Adern rollt dein eignes Leben;
Das Gottesbild, in deine Hand gegeben,
Es nicht zu lieben, wäre herber Schmerz.
Doch siehst du zwischen Glück und Schuld es schweben,
Wend' deine Augen, stoß es niederwärts;
Er, über tausend Kinder lieb und hehr,
Er sieht dir nach, ist deine Seele schwer.

Und auch dem Freunde halte Treue fest,
Mit der die Ehre innig sich verbunden,
Ein irdisch Gut, was Gnade doch gefunden,
So lang es nicht die Hand der Tugend läßt.
Doch nahen glänzender Versuchung Stunden,
Dann aller Erdenrücksicht gib den Rest
Und klammre an den Einen dich, der dann
Dir mehr als Freund und Ehre geben kann.

So biete Jedem, was sein Recht begehrt,
Und nimm von Jedem, was du darfst empfangen;
Dein Herz, es mag an zarten Banden hangen,
Die Gottes Huld so gnadenvoll gewährt;
Doch drüber wie ein Glutstern das Verlangen
Nach Einem leuchte, irdisch unversehrt,
Nach Einem, ohne den dein Herz so warm
Ewig verlassen bliebe doch und arm.

Am fünfundzwanzigsten Sonntage nach Pfingsten

Evang.: Von des Obristen Töchterlein

Weck' auf, was schläft; streck' aus die Hand,
Du Retter Gott! Betäubung liegt
Auf meinem Geist, ein bleiern Band.
Er ist nicht tot, nur schlafbesiegt,
Nur taumelnd trunken, ein Helot,
Der knirschend schlang in Sklavennot
Den Wein, so der Tyrann ihm bot:
So nieder liegt in mir, was da vom Rechten.

Ja, in den schwersten Stunden doch
Blieb e i n Bewußtsein mir, daß tief
Wie in des Herzens Keller noch
Verborgen mir, ein Erbteil, schlief,
Gleich warmer Quelle, die hinab
Versickert in der Höhle Grab
Und droben läßt den Herrscherstab,
Frost, Sturm und Schnee, um ihr Besitztum fechten.

Und der Tyrann, so niederhält
Mein bestes und mein einz'ges Gut,
Nicht Trägheit ist's noch Lust der Welt;
Es ist der k a l t g e b r o c h n e M u t,
O, wie ich tausendmal gesagt,
Verstandes Fluch, der trotzig ragt
Und scharf an meinem Glauben nagt:
Weh', ein Geschenk, verfallen bösen Mächten!

Zu einer Zeit, schwarz wie die Nacht,
Zu einer Zeit, die ich erlebt,
Da war ich um mein Heil gebracht,
Wie dürres Blatt am Zweige bebt.
Trostlos und ohne Hoffnung war
Unglaube wie die Sonne klar;
Mein Leben hing an einem Haar:
O, solche Stunde gönn' ich nicht den Schlechten!

Soll ich es sagen, daß die Not
Gesteigert ward durch Menschenmüh?
Nicht weiß ich, was dem Staub gebot;
Doch unglückselig sah ich sie,
Auflachend nur in Krampfes Spott,
Frech, doch vernichtet, ohne Gott,
Unsel'ge, aber arme Rott',
Um das verzweifelnd, was sie möchten ächten.

Schwach hieß, wer ohne Zucken nicht
Ins Auge der Vernichtung sah;
Doch in dem Blicke lag Gericht,
Dem Lächeln Todesschauer nah.
Warum man nicht in Ruh mich ließ,
Im Freundschaftsmantel überdies,
Als ob der Arzt das Messer stieß?
Ich weiß es nicht, doch will ich drum nicht rechten.

So höret denn, was mich geschützt
Vor gänzlichem Verlorengehn:
Daß ich Unglauben nicht benützt,
Des Frevels Banner zu erhöhn;
Und der Entschluß gewann den Raum,
Ob mir gefällt des Lebens Baum,
Zu lieben meines Gottes Traum
Und auch dem Toten Kränze noch zu flechten.

Unglaub' ist Sünde; aber mehr:
Sünd' ist Unglaube; sie allein
Mag aller Zweifel frost'gem Heer
Der stärkste Bundsgenosse sein.
O, wär' ich tugendhaft, dann ließ
Nicht einsam mich die Finsternis;
Fällt doch ein Strahl in mein Verlies
Weil ich nicht gänzlich zugesellt den Schlechten!

Ein Kleinod hab' ich mir gehegt,
Da mein Bewußtsein, ob befleckt,
Doch nicht in Schnee und Eis gelegt
Und nicht in Lava sich gestreckt.
Ach, Odem noch die Liebe hat,
Die Hoffnung treibt ein grünes Blatt,
Und auch der Glaube todesmatt
Faltet die Hände, ob sie Segen brächten.

O reiche, Gnäd'ger, deine Hand,
Wie du dem Mägdlein sie gereicht!
Zerreiß der dumpfen Träume Band,
So mächtig mir und dir so leicht!
Ja, mag dein Odem drüber wehn,
Ein Strahl aus deinem Auge gehn:
Dann ist wohl da, was auferstehn
Und was fortan in deiner Schar mag fechten.

Am sechsundzwanzigsten Sonntage nach Pfingsten

Evang.: Vom Greuel der Verwüstung

Steht nicht der Greuel der Verwüstung da
An heil'ger Stätte?
Was träumen wir von Dingen, die uns nah,
Als schliefen sie wie Feuerstoff im Bette
Des Kohlenschachts? Blickt auf und schaut umher!
O, die Verödung, wie sie dumpf und schwer
Traf Herz an Herz wie mit galvan'scher Kette!

Gibt's eine Stätte denn, die heiliger
Als Menschenherzen?
Gibt es Verwüstung, die entsetzlicher,
Als wenn das Höchste stirbt an matten Scherzen?
O Glaube, Glaube, wem du kalt und schwach,
Der schleppt den Grabstein an der Ferse nach;
Und dennoch Heil ihm, schleppt er ihn mit Schmerzen!

Doch wer sein Kleinod als ein Spielgerät
Sieht lächelnd brechen
Und wie aus Gnad' und milder Majestät
Ein Mitleidswort will ob dem Toren sprechen,
Dem Toren, der beweint sein Steckenpferd:
Ja, dem erlosch die Flamm' am heil'gen Herd,
Und seine Nahrung steht in Sumpf und Bächen.

Kannst du ertragen, daß die Augen schaun,
Wem sie sich kehren,
Dorthin dann wende deinen Blick mit Graun,

Wo wie im Moderschlamm die Massen gähren!
Verlaß den kleinen grünen Fleck, der nur
Durch Gottes Huld ward zu des Lebens Flur,
Und sieh, wie sie von deinem Busen zehren!

O hätt' ich nimmer meinen Fuß gewandt
Von deiner Erde!
Wie segn' ich dich, mein reiches kleines Land,
Du frische Weide einer treuen Herde!
In dir sah ich die Schande nicht vergnügt,
Nicht hohen Geist an alle Schmach geschmiegt,
Noch tiefsten Wahnsinns üppige Geberde.

Ich bin enttäuscht, und manche Narbe trug
Ich aus dem Streite;
Als auch an meine Brust Verwüstung schlug
Und forderte die halbverfallne Beute,
Ward ich entrissen ihr durch Gottes Huld:
Sein ist die Gnade, mein allein die Schuld;
Und dennoch — eine Trümmer steh' ich heute!

Ward ich nicht ganz der öden Stätte gleich,
Verfluchtem Grunde,
Wo Salz gestreut auf Stein und Schädel bleich,
Gibt hier und dort noch eine Säule Kunde
Vergangner Herrlichkeit: Dank dir, mein Land;
Du hast zu früh gelegt ein frommes Band
Um meine Seele in der Kindheit Stunde.

So will ich harren denn, und tiefbedrängt
Will ich es tragen,
Daß immer wie zum Sturz die Mauer hängt;
Noch mögen einst erneut die Zinnen ragen.
Es gibt ja eine stark' und milde Hand,
So aus dem Nichts entflammt den Sonnenbrand;
Sie hat auch diesen morschen Bau getragen

Bis heute, wo aus dieser kranken Brust
Die Seufzer drangen.
O du, dem Wurmes Zucken selbst bewußt,
Hilf mir und Jenen auch, die todumfangen!
Sei gnädig, leg an ihr verknorpelt Herz
Des Leidens Moxa, daß es lebt in Schmerz;
Ach, Herr, sie wußten nicht, was sie begangen!

Am siebenundzwanzigsten Sonntage nach Pfingsten

Evang.: Vom Senfkörnlein und Sauerteig

Tief, tief ein Körnlein schläft in mancher Brust;
Doch, Herr, du siehst es und du magst es segnen.
O, schau auf Jene, die, sich unbewußt,
Nicht fühlen deiner Gnadenwolke Regnen,
Die um sich steigen lassen deinen Tau,
Nachtwandler, dumpf gebannt in Traumes Leben,
Umwandeln Turmes Zinne sonder Beben,
Nicht zuckend nur mit der geschloßnen Brau.

Ich bin erwacht, ob auch zu tiefer Schmach;
So will ich heut' nicht an mein Elend denken,
Will, ach, das Einzige, was ich vermag,
Ein zitterndes Gebet den Armen schenken;
Ob nur ein kraftlos halbgebrochner Hauch,
Der dennoch mag die rechten Wege finden,
Und muß er sich zu deinem Throne winden,
Wie sich zum Äther wälzet Nebelrauch.

Du Milder weißt aus allem Erdendunst
Den warmen Lebensodem wohl zu scheiden,
Gerechter du und doch die höchste Gunst,
Dess Sonne raget über Moor und Heiden!
O kräft'ge deinen Strahl, daß er entglüht
Die langverjährte Rinde mag durchdringen;
Mach des erstarrten Blutes Quellen springen,
Auftauen das erfrorne Augenlid.

Wie oft sah ich in schier vereistem Grund
Sich leise noch das Samenkörnlein dehnen!
Wie öfters brach aus längst entweihtem Mund
Ein Schmerzenslaut, der Alles muß versöhnen!
O, nur wer stand in glüher Wüstenei,
Der weiß des grünen Blattes Wert zu schätzen,
Und wessen Ohr kein Luftzug durfte letzen,
Nur der vernimmt den halberstickten Schrei.

Mit meinem Schaden hab' ich es gelernt,
Daß nur der Himmel darf die Sünde wägen;
O Menschenhand, sie halte sich entfernt,
Die nur das Leben zählt nach Pulses Schlägen.
Lebt doch das Samenkorn und atmet nicht,
Und kann es dennoch einen Stamm enthalten,
Der herrlich einst die Zweige mag entfalten,
Wo das Gevögel jubelt unterm Licht.

Sei Menschenurteil in Unwissenheit
Hart wie ein Stein, du, Herr, erkennst das Winden
Der Seele, und wie unter Mördern schreit
Zu dir ein Seufzer, der sich selbst nicht finden
Und nennen kann. Kein Feuer brennt so heiß,
Als was sich wühlen muß durch Grund und Steine;
Von allen Quellen rauschender rinnt keine,
Als die sich hülflos windet unterm Eis.

Im Fluch, dem Alle schaudern, hörst du noch
Den Klageruf an Kraft und Mut gebrochen;
In des Verbrechers Wahnsinn trägt sich doch
Entgegen dir zerfleischten Herzens Pochen.
Das ist das Samenkorn, was wie im Traum
Bohrt ängstlich mit den Würzelchen zum Grunde,
Und immer trägt es noch den Keim im Munde,
Und immer schlummert noch in ihm der Baum.

Brich ein, o Herr! Du weißt den rechten Stoß
Und weißt, wo schwachvernarbt der Sünde Wunden;
Noch liegt in deiner Hand ihr ewig Los,
Noch lauert stumm die schrecklichste der Stunden,
Wo ihnen deine Hand die Wage reicht
Und die Verdammung steht im eignen Herzen.
O Jesu Christ, gedenk' an deine Schmerzen!
O rette, die aus deinem Blut gezeugt!

Am ersten Sonntage im Advent

Evang.: Eintritt Jesu in Jerusalem

Du bist so mild,
So reich an Duldung, liebster Hort,
Und mußt so wilde Streiter haben;
Dein heilig Bild
Ragt überm stolzen Banner fort,
Und deine Zeichen will man graben
In Speer und funkensprüh'nden Schild.

Mit Spott und Hohn
Gewaffnet hat Parteienwut,
Was deinen sanften Namen träget,
Und klirrend schon
Hat in des frömmsten Lammes Blut
Den Fehdehandschuh man geleget,
Den Zepter auf die Dornenkron'.

So bleibt es wahr,
Was wandelt durch des Volkes Mund:
Daß, wo man deinen Tempel schauet
So mild und klar,
Dicht neben den geweihten Grund
Der Teufel seine Zelle bauet,
Sich wärmt die Schlange am Altar.

Wenn Stirn an Stirn
Sich drängen mit verwirrtem Schrei
Die Kämpfer um geweihte Sache,
Wenn in dem Hirn

Mehr schwindelt von der Welt Gebräu,
Von Siegesjubel, Ehr und Rache
Mehr zähe Spinngewebe schwirr'n,

Als stark und rein
Der Treue Nothhemd weben sich
Sollt', von des Herzens Schlag gerötet:
Wer denkt der Pein,
Durchzuckend wie mit Messern dich,
Als für die Kreuz'ger du gebetet! —
O Herr, sind dies die Diener dein?

Wie liegt der Fluch
Doch über Alle, deren Hand
Noch rührt die Sündenmutter Erde!
Ist's nicht genug,
Daß sich der Flüchtling wärmt am Brand
Der Hütte? Muß auf deinem Herde
Die Flamme schür'n unsel'ger Trug?

Wer um ein Gut
Der Welt die Sehnsucht sich verdarb,
Den muß der finstre Geist umfahren;
Doch was dein Blut,
Dein heilig Dulden uns erwarb,
Das sollten kniend wir bewahren
Mit starkem aber reinem Mut,

Allmächt'ger du,
In dieser Zeit, wo dringend Not,
Daß rein dein Heiligtum sich zeige,
O, laß nicht zu,
Daß Lästerung, die lauernd droht,
Verschütten darf des Hefens Neige
Und, ach, den klaren Trank dazu!

Laß alle Treu'
Und allen standhaft echten Mut
Aufflammen immer licht und lichter!
Kein Opfer sei
Zu groß für ein unschätzbar Gut,
Und deine Scharen mögen dichter
Und dichter treten Reih an Reih.

Doch ihr Gewand
Sei weiß, und auf der Stirne wert
Soll keine Falte düster ragen;
In ihrer Hand,
Und faßt die Linke auch das Schwert,
Die Rechte soll den Ölzweig tragen,
Und aufwärts sei der Blick gewandt.

So wirst du früh
Und spät, so wirst du einst und heut'
Als deine Streiter sie erkennen:
Voll Schweiß und Müh',
Demütig, standhaft, friedbereit;
So wirst du deine Scharen nennen
Und Segen strömen über sie.

Am zweiten Sonntage im Advent

Evang.: Von Zeichen an der Sonne

Wo bleibst du, Wolke, die den Menschensohn
Soll tragen?
Seh' ich das Morgenrot im Osten schon
Nicht leise ragen?
Die Dunkel steigen, Zeit rollt matt und gleich;
Ich seh' es flimmern, aber bleich, ach, bleich!

Mein eignes Sinnen ist es, was da quillt
Entzündet,
Wie aus dem Teiche grün und schlammerfüllt
Sich wohl entbindet
Ein Flämmchen und von Schilfgestöhn umwankt
Unsicher in dem grauen Dunste schwankt.

So muß die allerkühnste Phantasie
Ermatten;
So in der Mondesscheibe sah ich nie
Des Berges Schatten,
Gewiß, ob ein Koloß die Formen zog,
Ob eine Träne mich im Auge trog.

So ragt und wälzt sich in der Zukunft Reich —
Ein Schemen!
Mein Sinnen sonder Kraft! — Gedanke bleich.
Wer will mir nehmen
Das Hoffen, was ich in des Herzens Schrein
Gehegt als meiner Armut Edelstein?

Gib dich gefangen, törichter Verstand!
Steig nieder
Und zünde an des Glaubens reinem Brand
Dein Döchtlein wieder,
Die arme Lampe, deren matter Hauch
Verdumpft, erstickt in eignen Qualmes Rauch.

Du seltsam rätselhaft Geschöpf aus Ton,
Mit Kräften,
Die leben, wühlen, zischen wie zum Hohn
In allen Säften,
O bade deinen wüsten Fiebertraum
Im einz'gen Quell, der ohne Schlamm und Schaum!

Wehr ab, stoß fort, was gleich dem frechen Feind
Dir sendet
Die Macht, so wetterleuchtet und verneint,
Und starr gewendet
Wie zum Polarstern halt das Eine fest,
Sein Wort, sein heilig Wort, und — Schach dem Rest!

Dann wirst du auf der Wolke deinen Herrn
Erkennen,
Dann sind Jahrtausende nicht kalt und fern,
Und zitternd nennen
Darfst du der Worte Wort, des Lebens Mark,
Wenn dem Geheimniss deine Seele stark.

Und heute schon, es steht in Gottes Hand,
Erschauen
Magst du den Heiland in der Seele Brand
Glühndem Vertrauen.
Zerfallen mögen Erd' und Himmelshöhn,
Doch seine Worte werden nicht vergehn.

Am dritten Sonntage im Advent

Evang.: Johannes sendet zu Christo

Auf keinen Andern wart' ich mehr:
Wer soll noch Liebres kommen mir?
Wer soll so mild und doch so hehr
Mir treten an des Herzens Tür?
Wer durch des Fiebers Qual und Brennen
So liebreich meinen Namen nennen,
Ein Balsamträufeln für und für?

Du wußtest es von Ewigkeit,
Daß der Gedanken Übermaß,
Dem Sinn entzogner Herrlichkeit,
Zersprengen müßt' mein Hirn wie Glas;
So kommst du niedrig meinesgleichen,
Wie zu der Armut Fromme schleichen,
Dich setzend wo der Bettler saß.

Wenn fast zum Schwindeln mich gebracht
Der wirbelnden Betrachtung Kreis,
Dann trittst du aus der Dünste Nacht,
Und deine Stimme flüstert leis:
»Hier bin ich, bin ich, woll' mich fassen,
Dann magst du alles Andre lassen;
Auf meinem Kreuze liegt der Preis.«

O Stimme, immer mir bekannt,
O Wort, das stets verständlich mir,
Du legst mir auf der Liebe Band,

Und meine Schritte folgen dir!
In Liebe glaub' ich, Liebesglauben
Fürwahr soll keine Macht mir rauben;
Geschlossen ist des Grübelns Tür.

Gehemmt die Jagd, durch scharfen Stein
Und Dornen hetzend meinen Fuß;
Ich ruh' in deinem kühlen Hain
Und lausche deinem sanften Gruß.
Die Blinden sehn, die Kalten glühen,
Und aus des Irren Haupte ziehen
Der dumpfen Schatten Menge muß.

Ich folge dir zu Berges Höhn,
Wo Leben von den Lippen fließt,
Und deine Tränen darf ich sehn,
O tausendmal mit Heil gegrüßt;
Muß in Gethsemane erzittern,
Daß Schrecken Gottes Leib erschüttern,
Blutschweiße Gottes Stirn vergießt.

Er hat gehorsam bis zum Tod,
Ja, zu des Todes eitlem Graus,
Gekostet jede Menschennot
Und trank den vollen Becher aus:
So richte dich aus Dorn und Höhle,
Du meine angstgeknickte Seele;
Auch du nur trägst ein irdisch Haus.

Laß wanken denn die Türme grau
Und mische deine Tränen nur
Mit deines Heilands blut'gem Tau,
Gequälter Sklave der Natur;
Er, dessen Schweiß den Grund gerötet,
Er weiß es, wie ein Seufzer betet,
Mein Jesus, meine Hoffnungsau!

Am vierten Sonntage im Advent

Evang.: Vom Zeugnisse Johannis

Fragst du mich, wer ich bin? Ich berg' es nicht:
Ein Wesen bin ich sonder Farb' und Licht.
Schau mich nicht an; dann wendet sich dein Sinn;
Doch höre, höre, höre! denn ich bin
Des Rufers in der Wüste Stimme.

In Nächten voller Pein kam mir das Wort
Von ihm, der Balsam sät an Sumpfes Bord,
Im Skorpion der Heilung Öl gelegt,
Dem auch der wilde Dorn die Rose trägt,
Der tote Stamm entzündet sein Geglimme.

So senke deine Augen und vernimm
Von seinem Herold deines Herren Grimm,
Und seine Gnade sei dir auch bekannt,
Der Wunde Heil, so wie der schwarze Brand,
Wenn seiner Adern Wunden hemmt der Schlimme.

Merk auf! Ich weiß es, daß in härtster Brust
Doch schlummert das Gewissen unbewußt;
Merk auf, wenn es erwacht; und seinen Schrei
Ersticke nicht, wie Mutter sonder Treu'
Des Bastards Wimmern und sein matt Gekrümme!

Ich weiß es auch, daß in der ganzen Welt
Dem Teufel die Altäre sind gestellt,
Daß Mancher kniet demütig nicht gebeugt;
Und überm Sumpfe engelgleich und leicht
Der weiße Lotos wie ein Kindlein schwimme.

Es tobt des tollen Strudels Ungestüm,
Und zitternd fliehen wir das Ungetüm;
Still liegt der Sumpf und lauert wie ein Dieb:
Wir pflücken Blumen, und es ist uns lieb
Zu schaun des Irrlichts tanzendes Geflimme.

Drum nicht vor dem Verruchten sei gewarnt;
Doch wenn dich süßer Unschuld Schein umgarnt,
Dann lächelt der Vampyr, dann fahr' zurück
Und senke tief, o tief in dich den Blick,
Ob leise quellend die Verwesung klimme!

Ja, wo dein Aug' sich schaudernd wenden mag,
Da bist du sicher mindstens diesen Tag;
Doch gift'ger öfters ist der Druck der Hand,
Die weiche Träne und der stille Brand,
Den Lorbeer treibend aus Vulkanes Grimme.

Ich bin ein Hauch nur; achtet nicht wie Tand
Mein schwaches Wehn, um dess, der mich gesandt.
Erwacht, erwacht! Ihr steht in seinem Reich;
Denn sehet, er ist mitten unter euch,
Den ihr verkennt, und ich bin seine Stimme!

Am Weihnachtstage

Durch alle Straßen wälzt sich das Getümmel,
Maultier, Kamele, Treiber: welch Gebimmel!
Als wolle wieder in die Steppe ziehn
Der Same Jakobs, und Judäas Himmel
Ein Saphirscheinen über dem Gewimmel
Läßt blendend seine Funkenströme sprühn.

Verschleiert' Frauen durch die Gassen schreiten,
Mühselig vom beladnen Tiere gleiten
Bejahrte Mütterchen; allüberall
Geschrei und Treiben, wie vor Jehus Wagen.
Läßt wieder Jezabel ihr Antlitz ragen
Aus jener Säulen luftigem Portal?

's ist Rom, die üpp'ge Priesterin der Götzen,
Die glänzendste und grausamste der Metzen,
Die ihre Sklaven zählt zu dieser Zeit.
Mit einem Griffel, noch von Blute träufend,
Gräbt sie in Tafeln, Zahl auf Zahlen häufend,
Der Buhlen Namen, so ihr Schwert gefreit.

O Israel, wo ist dein Stolz geblieben?
Hast du die Hände blutig nicht gerieben,
Und deine Träne, war sie siedend Blut?
Nein, als zum Marktplatz deine Scharen wallen,
Verkaufend, feilschend unter Tempels Hallen;
Mit ihrem Gott zerronnen ist ihr Mut!

Zum trüben Irrwisch ward die Feuersäule,
Der grüne Aaronsstab zum Henkerbeile,
Und grausig übersteint das tote Wort
Liegt, eine Mumie, im heil'gen Buche,
Drin sucht der Pharisäer nach dem Fluche,
Ihn donnernd über Freund und Fremdling fort.

So, Israel, bist du gereift zum Schnitte,
Wie reift die Distel in der Saaten Mitte;
Und wie du stehst in deinem grimmen Haß
Genüber der geschminkt und hohlen Buhle,
Seid gleich ihr vor gerechtem Richterstuhle,
Von Blute sie und du von Geifer naß.

O tauet, Himmel, tauet den Gerechten!
Ihr Wolken, regnet ihn, den wahr und echten
Messias, den Judäa nicht erharrt!
Den Heiligen und Milden und Gerechten,
Den Friedenskönig unter Hassesknechten,
Gekommen zu erwärmen, was erstarrt!

Still ist die Nacht; in seinem Zelt geborgen
Der Schriftgelehrte späht mit finstren Sorgen,
Wann Juda's mächtiger Tyrann erscheint.
Den Vorhang lüftet er, nachstarrend lange
Dem Stern, der gleitet über Äthers Wange,
Wie Freudenzähre, die der Himmel weint.

Und fern vom Zelte über einem Stalle,
Da ist's, als ob auf's niedre Dach er falle;
In tausend Radien sein Licht er gießt.
Ein Meteor, so dachte der Gelehrte,
Als langsam er zu seinen Büchern kehrte.
O weißt du, wen das niedre Dach umschließt?

In einer Krippe ruht ein neugeboren
Und schlummernd Kindlein; wie im Traum verloren
Die Mutter knieet, Weib und Jungfrau doch.
Ein ernster, schlichter Mann rückt tief erschüttert
Das Lager ihnen; seine Rechte zittert
Dem Schleier nahe um den Mantel noch.

Und an der Türe stehn geringe Leute,
Mühsel'ge Hirten, doch die Ersten heute,
Und in den Lüften klingt es süß und lind,
Verlorne Töne von der Engel Liede:
Dem höchsten Ehr' und allen Menschen Friede,
Die eines guten Willens sind!

Am zweiten Weihnachtstage

[Stephanus]

Jerusalem, Jerusalem!
Wie oft erschollen ist sein Ruf;
Du spieltest sorglos unter dem
Verderben, unter Rosses Huf
Und Rades Wucht. Schau, darum ist
Verödet deine Stätte worden,
Und du ein irres Küchlein bist,
Sich duckend unter Geierhorden.

Vorüber ist die heil'ge Zeit,
Wo deine Sinne ihn erkannt;
Noch seiner Wunder Herrlichkeit
Zieht nur als Sage durch das Land.
Der Weise wiegt sein schweres Haupt,
Der Tor will dessen sich entschlagen,
Und nur die fromme Einfalt glaubt
Und mag die Opfergabe tragen.

O bringt sie nur ein willig Tun,
Ein treues Kämpfen zum Altar,
Dann wird auf ihr die Gnade ruhn,
Ein hohes Wunder immerdar.
Doch bleibt es wahr: der Gegenwart
Gebrochen sind gewalt'ge Stützen,
Seit unsren Sinnen trüb und hart
Verhüllt war seiner Zeichen Blitzen.

War einst erhellt der schwanke Steg,
Und klaffte klar der Abgrund auf,
W i r müssen suchen unsren Weg
Im Heiderauch ein armer Hauf.
Des Glaubens köstlich teurer Preis
Ward wie gestellt auf Gletschers Höhen;
Wir müssen klimmen über Eis
Und schwindelnd uns am Schlunde drehen.

Was, Herr, du ließest fort und fort,
Hat in die Seele uns gebrannt;
Doch bleibt es ein geschriebnes Wort,
Unsichtbar die lebend'ge Hand.
Ach, nur wo Grübeln nicht und Stolz
Am Stamme nagt seit Tag und Jahren,
Blieb frisch genug das mark'ge Holz,
Frei durch Jahrtausende zu fahren.

So ist es, wehe, schrecklich wahr,
Daß Mancher, der zum starken Mast
Geschaffen, in der Zeit Gefahr
Die Glaubenssegel hat gebraßt,
Nun dürre Säule nackt und schwer
Nur krachend kündet durch das Wehen,
Hier sei in Zweifels schwarzem Meer
Ein mächtig Schiff am Untergehen.

O sende, Retter, deinen Blitz,
Der ihm den frommen Hafen hellt,
Da einst der starke Mast als Sitz
Der Pharuslampe sei gestellt.
Es trägt Gebirge ja dein Land,
Wo Cedern sich zu Cedern einen;
Laß nicht ein Sturmlicht den Verstand
Und einen Fluch die Kraft erscheinen!

Als Stephanus mit seinem Blut
Besiegelte den Christussinn,
Da legten Mörder, heiß vor Wut,
Zu eines Jünglings Füßen hin,
Der stumm und finster sich gesellt,
Die Kleider staubig, schweißbefeuchtet:
Und d e r ward Paulus, Christi Held,
Dess Strahl die ganze Welt durchleuchtet.

Am Sonntage nach Weihnachten

»Das Kind aber wuchs heran und ward gestärket, voll der Weisheit, und Gottes Gnade war mit ihm«

An Jahren reif und an Geschicke
Blieb ich ein Kind vor Gottes Augen,
Ein schlimmes Kind voll schwacher Tücke,
Die selber mir zu schaden taugen.
Nicht hat Erfahrung mich bereichert;
Wüst ist mein Kopf, der Busen leer;
Ach keine Frucht hab' ich gespeichert
Und schau auch keine Saaten mehr!

Ging so die teure Zeit verloren,
Die über Hoffen zugegeben
Dem Wesen, was noch kaum geboren
Schon schmerzlich kämpfte um sein Leben:
Ich, die den Tod seit Jahren fühle
Sich langsam nagend bis ans Herz,
Weh' mir, ich treibe Kinderspiele,
Als sei der Sarg ein Mummenscherz!

In siechen Kindes Haupte dämmert
Das unverstandne Mißbehagen;
So, wenn der Grabwurm lauter hämmert,
Fühl' bänger ich die Pulse schlagen.
Dann bricht hervor das matte Stöhnen,
Der kranke, schmerzgedämpfte Schrei;
Ich lange mit des Wurmes Dehnen
Sehnsüchtig nach der Arzenei.

Doch wenn ein frischer Hauch die welke,
Todsieche Nessel hat berühret,
Dann hält sie sich wie Ros' und Nelke
Und meint sich königlich gezieret.
O Leichtsinn, Leichtsinn sonder Gleichen,
Als ob kein Seufzer ihn gestört!
Und doch muß ich vor Gram erbleichen,
Durch meine Seele ging ein Schwert.

Wer mußt' so vieles Leid erfahren
An Körpernot und Seelenleiden
Und dennoch in so langen Jahren
Sich von der Welt nicht mochte scheiden:
Ob er als Frevler sich dem Rade,
Als Tor geselle sich dem Spott,
O sei barmherzig, ew'ge Gnade,
Richt ihn als Toren, milder Gott!

Du hast sein siedend Hirn gebildet,
Der Nerven rastlos flatternd Spielen
Nicht von gesundem Blut geschildet,
Weißt seine dumpfe Angst zu fühlen,
Wenn er sich windet unter Schlingen,
Zu mächtig ihm und doch verhaßt,
Er gern ein Opfer möchte bringen,
Wenn es nur seine Hand erfaßt'.

Was Sünde war, du wirst es richten,
Und meine Strafe muß ich tragen;
Und was Verwirrung, wirst du schlichten,
Weit gnäd'ger, als ich dürfte sagen.
Wenn klar das Haupt, die Fäden löser,
Was dann mein Teil, ich weiß es nicht;
Jetzt kann ich stammeln nur: »Erlöser,
Ich gebe mich in dein Gericht!«

Am letzten Tage des Jahres

[Silvester]

Das Jahr geht um,
Der Faden rollt sich sausend ab.
Ein Stündchen noch, das letzte heut',
Und stäubend rieselt in sein Grab,
Was einstens war lebend'ge Zeit.
Ich harre stumm.

's ist tiefe Nacht!
Ob wohl ein Auge offen noch?
In diesen Mauern rüttelt dein
Verrinnen, Zeit! Mir schaudert; doch
Es will die letzte Stunde sein
Einsam durchwacht,

Gesehen all,
Was ich begangen und gedacht;
Was mir aus Haupt und Herzen stieg,
Das steht nun eine ernste Wacht
Am Himmelstor. O halber Sieg!
O schwerer Fall!

Wie reißt der Wind
Am Fensterkreuze! Ja, es will
Auf Sturmesfittichen das Jahr
Zerstäuben, nicht ein Schatten still
Verhauchen unterm Sternenklar.
Du Sündenkind!

War nicht ein hohl
Und heimlich Sausen jeden Tag
In deiner wüsten Brust Verließ,
Wo langsam Stein an Stein zerbrach,
Wenn es den kalten Odem stieß
Vom starren Pol?

Mein Lämpchen will
Verlöschen, und begierig saugt
Der Docht den letzten Tropfen Öl.
Ist so mein Leben auch verraucht?
Eröffnet sich des Grabes Höhl'
Mir schwarz und still?

Wohl in dem Kreis,
Den dieses Jahres Lauf umzieht,
Mein Leben bricht. Ich wußt' es lang,
Und dennoch hat dies Herz geglüht
In eitler Leidenschaften Drang.
Mir brüht der Schweiß

Der tiefsten Angst
Auf Stirn und Hand. Wie! dämmert feucht
Ein Stern dort durch die Wolken nicht?
Wär' es der Liebe Stern vielleicht,
Dir zürnend mit dem trüben Licht,
Daß du so bangst?

Horch, welch Gesumm?
Und wieder? Sterbemelodie!
Die Glocke regt den ehrnen Mund.
O Herr, ich falle auf das Knie:
Sei gnädig meiner letzten Stund'!
Das Jahr ist um!

GEISTLICHE LIEDER

Am Morgen

Das Morgenrot schwimmt still entlang
Den Wolkenozean;
Den Gliedern zart mit Liebesdrang
Schmiegt sich die Welle an.
Ihm folgt die Sonn' im Sphärenklang,
Ein roter Flammenkahn;
Ein lindes Rauschen grüßt den Tag:
Ist es ihr Ruderschlag?

Und es erwachen mit Gezisch
Die bunten Vögelein;
Sie stecken keck aus dem Gebüsch
Die Köpflein rund und klein
Und tauchen in die Tauluft frisch
Die feinen Glieder ein;
Die Schnäblein üben sie zumal
In Liedern ohne Zahl.

Und auch die Blumen senden früh
Den leisen Duft ins Land;
Um ihre Stirnen winden sie
Ein hell Juwelenband.
Das Spinnlein selbst mit großer Müh'
Braucht die geübte Hand;
Es hat sein Netzlein reich gestrickt,
Mit Perlenreihn geschmückt.

Ich sinne, wem solch heitres Fest
Mag zubereitet sein,
Und wem zu Liebe läßt sein Nest
Das treue Vögelein.
Da spricht zu mir der linde West
Mit seinem Stimmlein fein:
Bist du denn also hart und blind,
Du töricht Menschenkind?

Was gehst du doch so stumm einher,
Wo Alles Jubel singt?
Was wandelst du so arm und leer,
Wo Alles Gabe bringt,
Daß selbst zu Gottes Lob und Ehr'
Vom Aug' der Erde dringt
Gar manche Träne, daß sie ganz
Davon bedeckt mit Glanz?

Er ist es, den so minniglich
Das Lied der Vögel trägt,
Dem mit Gesang so inniglich
Der Baum die Zweige regt,
Für den die Sonne rings um sich
Die Strahlenwimpel schlägt.
All Herz tut sich ihm freudig auf:
Wach auf, wach auf, wach auf!

Morgenlied

Der Morgenstrahl
Steht auf dem Tal,
Die Nebel ziehen drunter her,
Und auf der Au
Liegt still der Tau
Wie Perlen in dem weißen Meer.
Wie ich nun Alles recht beschaut,
Da wird mir's rege im Gemüte,
Daß Alles nur ein Wort, ein Laut,
O Gott, von deiner Lieb und Güte!

Die Erd' in Pracht
Hast du gemacht
Für mich, dein ungetreues Kind,
Und den Azur
Der Wolkenflur,
Für mich den frischen Morgenwind.
Ach, alle Worte sind zu schwach,
Um deine Liebe zu verkünden,
Und dennoch läßt mein Streben nach,
Und jeder Tag sieht mich in Sünden.

Herr, steh mir bei,
Der du aufs Neu
Mir einen jungen Tag verliehn;
Der Geist ist wach,
Das Fleisch ist schwach,
Und ohne Frucht ist mein Bemühn.
Doch deine Hand ist stark und fest,
Will ich nur willig sie umfassen;

Ach, wer nicht selber dich verläßt,
Den hast du nimmermehr verlassen.

O Herr, wenn oft
Und unverhofft
Mich kleine Kränkungen bedrohn,
Sei mein Gesicht
Zu dir gericht',
Und mein Gedanke sei: dein Lohn!
Ach, manches Leiden groß und schwer
Gabst du mir Gnade zu besiegen,
Und vor der kleinen Sorgen Heer
Sollt' meine Stärke unterliegen?

Herr, mich befrei
Von falscher Scheu,
Von Hoffahrt und von Ungeduld,
Und all mein Sinn
Sich wende hin
Zu deinem Kreuz und meiner Schuld.
Wer diesen Tag mich schmäht und kränkt,
Dem laß mich gern und treu verzeihen,
Und ihn laß, eh die Nacht sich senkt,
Vor dir sein Unrecht still bereuen.

Zu deinem Preis,
Auf dein Geheiß
Will ich an meine Pflichten gehn;
Wie auch die Welt
Sie rings umstellt,
Ich will nur deinen Willen sehn.
Mein Wirken über Haus und Kind,
Das ruht in deinen weisen Händen,
Was sich mit deinem Preis beginnt,
Das muß zu deinem Ruhme enden.

Abendlied

Der Tag ist eingenickt
Beim Wiegenlied der Glocken;
Zum Blumenkuß sich bückt
Der Tau auf leisen Socken;
Die Sterne sammeln sich,
Sie winken sich und drehen;
Fern hör' ich Tritte gehen,
Doch ruhig ist's um mich.

Und wie die dunkle Nacht
Deckt Land und Meeresgründe,
Und was der Mensch vollbracht,
Sein Heil und seine Sünde:
Vor dir ist Alles klar,
Wie Flammenschriften glühen;
Wer mag sich dir entziehen,
Den je dein Wort gebar?

In Demut will mein Herz
Vor deinen Thron sich wagen;
Es will dir seinen Schmerz,
Es will dir Alles sagen.
Die Sünd ist seine Not;
Hilfst du sie, Herr, nicht tragen,
Sie müßte ja mich schlagen
Zum ew'gen Seelentod.

Wenn aus mir selbst ich bau',
So muß mein Werk vergehen;
Wenn in mich selbst ich schau',
Kann ich nur Schrecknis sehen.
Als Kläger schauerlich
Stehn meines Herzens Tücke;
Doch wenn zu dir ich blicke,
Dann wird es hell um mich.

Und gläubig hoff' ich noch,
Du werdest mir verzeihen;
Du sahst mich sünd'gen, doch
Du siehst mich auch bereuen.
So oft in Demut ich
Vor deinem Thron mich funden,
So fließt aus Jesu Wunden
Ein Tröpflein Blut auf mich.

Ich halte mich an dich,
Mein Richter und mein Retter,
So nun als ewiglich;
Vergebens ruft der Spötter:
»O spare deine Müh';
Zu groß sind deine Sünden!
Und willst du Ruhe finden,
So denke nicht an sie!«

Wohl unglücksel'ger Pfeil,
Er trifft des Schützen Leben:
Mein Herr ist stark im Heil,
Und mächtig im Vergeben.
Wenn mein Gewissen droht,
Will ich das Kreuz umfangen;
Ach, der daran gehangen,
Er kennt ja meine Not!

Ich weiß, du zürnest nicht,
Schließ ich die Augenlieder,
Und Kraft zu meiner Pflicht
Gibst du im Schlaf mir wieder.
Scheuch böser Träume Nacht
Von denen, die dich ehren;
Sie können sie nicht wehren,
Sie stehn in Schlafes Macht.

Ich trau' auf deine Hand,
Weil alle deine Güte
Und Liebe mir bekannt,
Daß sie mich wohl behüte,
Und daß ein sichrer Hort
Das Übel von mir wende.
»O Herr, in deine Hände!«
Dies sei mein letztes Wort.

Für die armen Seelen

Was Leben hat, das kennt die Zeit der Gnade;
Der Liebe Pforten sind ihm aufgetan.
Zum Himmel führen tausend lichte Pfade;
Ein jeder Stand hat seine eigne Bahn.

Doch wenn mit Trauer Leib und Seel' sich trennen,
Dann, Mensch, ergreif den letzten Augenblick.
Bald kannst du nicht mehr dein die Stunde nennen;
Aus deiner Hand entflohn ist dein Geschick.

Wohl dem, der reiches Gut voraus gesendet;
Was er gewirkt, das trägt er sich nach Haus.
Doch in dem Sturme, der dein Leben endet,
Löscht auch der Prüfung Gnadenfackel aus.

Wie Mancher schied und kennt die Zeit der Reue,
Und die Erlösung ist ihm noch so fern!
Wohlan mein Herz, zeig deine Christentreue:
Ein gläubig Flehn dringt vor den Thron des Herrn!

O du, der sprach aus seines Dieners Munde:
»Es ist ein heiliger und frommer Brauch!«
Das Geisterreich kennt weder Zeit noch Stunde,
Doch e i n e Stunde kennt und hofft es auch.

Mein Vater, sieh auf deine ärmsten Kinder
Und denk an sie in ihrer großen Not;
Sie waren, was wir sind, sie waren Sünder,
Und ihre Gnadenpforte schloß der Tod!

Und haben sie auch deinen Weg verlassen
Und haben nicht auf deine Hand geschaut:
Ach, ihre Sehnsucht kann kein Leben fassen,
Und ihre Reue nennt kein Menschenlaut.

O Jesu, denk an deine bittern Schmerzen
Und an den harten Tod am Kreuzesstamm!
Ach, alle trugst du sie an deinem Herzen,
Für Alle starb das unbefleckte Lamm!

Eröffne deine heiligen fünf Wunden,
Und auf fünf Strömen, glänzend, blutig rot,
Send' her dein Kreuz, des mögen sie gesunden,
Ein sichres Schiff in ihrer großen Not!

Maria, bitt für sie bei deinem Sohne,
Als Himmelsleiter aus dem finstern Reich;
Beut ihnen seine blut'ge Dornenkrone,
Und nimm sie auf in deinen Mantel weich!

Ihr Heil'gen Gottes alle, helft uns flehen;
Sie sind ja eure armen Brüder auch!
Herr, laß sie bald dein göttlich Antlitz sehen,
Kühl ihre Glut mit deiner Milde Hauch!

Und wenn von denen, die mir teuer waren,
Als noch um sie die Erdenhülle lag,
Vielleicht noch mancher nicht dein Heil erfahren
Noch fruchtlos harrt auf der Erlösung Tag:

O Gott, ich ruf' aus meiner tiefsten Seele,
Steh ihnen bei, mein Gott, verlaß sie nicht!
Auf ihren Schmerz sieh, nicht auf ihre Fehle;
Sieh auf mein einsam trauernd Angesicht!

Und ist es möglich, kann man Seelen retten
Durch Erdenleid, dem man sich willig beut,
Kann ich mein Schicksal an das ihre ketten:
Gib deinen Kelch, o Herr, ich bin bereit!

Was will doch alles Erdenleiden sagen,
Bedenk ich Leid und Freud der Ewigkeit!
Was ich vermag, ich will es gerne tragen;
Ich bin bereit, o Herr, ich bin bereit!

Beim Erwachen in der Nacht

Mein Gott, mein erstes Wort, ich bin erwacht!
Fern ist der Tag mit seinem Flammenschilde,
Und wie ein schwarzer Rauch bedeckt die Nacht
Zwar leicht, doch dicht ein jegliches Gebilde.
Fern ist der Mond, der Wächter der Natur,
Und keine Sterne seh' ich freudig glühen;
Vielleicht bedeckt ein Nebelsee die Flur,
Vielleicht auch mögen dunkle Wolken ziehen.

Stumm ist die Nacht, doch ist sie tatenschwer,
Und Gottes Wunder wird von ihr geboren;
Sie sendet uns im Tau die Ernte her,
Sie ist das Füllhorn, das sich Gott erkoren.
Indes der Mensch dem Leibe zahlt die Schuld
Und nicht vermag an seinen Gott zu denken,
Will ihm der Herr, o übergroße Huld,
Mit milder Hand ein neues Leben schenken.

Doch wie als Friedensengel nicht allein,
Auch als der Tod das Heil uns kommt hernieder,
So flammt in ihr des Blitzes roter Schein,
Und Stürme ziehn durch ihre schwarzen Glieder.
Der Hagel schlägt die Saat, die Welle steigt,
Und heimlich frißt ihr Zahn am sichern Damme;
Der Meltau trifft die Frucht, daß sie erbleicht,
Und furchtbar wächst die unbemerkte Flamme.

Wer weiß, was diese Nacht für mich verhüllt,
Wie nötig Stärke mir am frühen Morgen,
Ob mir nicht wird mein Leidenskelch gefüllt,
Ob zehnfach nicht verdoppelt meine Sorgen?
Ich kann noch viel verlieren in der Welt;
Ich hab' Geschwister, Mann und liebe Kinder
Und Ehr' und Gut: wenn dir es, Herr, gefällt,
Nimm Alles hin, ich liebe dich nicht minder!

Was du verhängt, es ist nur dir bekannt,
Ich weiß es nicht und sorg' es nicht zu wissen;
Um eins nur bitt' ich, daß in deiner Hand
Ich demutsvoll die Rute möge küssen.
Gib, daß ich nicht in Unmut sinken mag,
Ob auch des Körpers morsch Gebäude wanke,
Daß ich dich lobe bei dem harten Schlag
Und daß ich dir im tiefsten Elend danke.

Ich wünsche nichts; mein Gott, ich stell' es dir
Anheim in deine väterliche Güte:
Allein die Meinen segne für und für;
Schick deinen Engel, daß er sie behüte.
Zwar such' ich mutig sie nach Menschenkraft,
So Geist als Leib, zu ihrem Heil zu führen;
Wohl nützt dem Körper, was der Körper schafft,
Doch ihre Seele kann nur Gott regieren.

Gib ihnen Licht, wo es noch finster ist,
Gib ihnen Kraft, wo schon ein Strahl entglommen,
Gib ihnen Trübsal, wenn ihr Herz vergißt,
Ihr eitles Herz, woher das Glück gekommen.
Doch wenn das Leiden sie zum Mißmut drückt,
Gib ihnen Freude, daß sie dich erkennen;
Gib ihnen Trost, wenn einst ihr Leben knickt,
Und laß sie sterbend deinen Namen nennen.

In Jesu Schutz, nach Jesu Will' und Wort,
In Jesu Namen schließ' ich meine Augen.
Die Nacht geht ihre stillen Wege fort;
Was kommt, das muß zu Gottes Rathschluß taugen.
Erblick' ich lebend und gesund den Tag,
So will ich deinen heil'gen Namen preisen;
Doch ob der Tod sein Anteil fordern mag,
In Jesu Wunden läßt sich's sicher reisen.

Glaube

O Welt, wie soll ich dich ergründen
In aller deiner argen List?
Wo soll ich Treu und Glauben finden,
Da du so falsch und treulos bist?
Wo ich mich wende, hier und dort,
Da kömmt die Täuschung mir entgegen;
Die Lüge steht an allen Wegen
Und spricht ein trügerisches Wort.

Drum will ich nicht an Menschen glauben,
Und nur an dich, mein Gott, allein;
Daß nichts mir deine Treu kann rauben,
Dess mag mein Herz sich wohl erfreun.
Was auch die Welt dagegen spricht
Mit hunderttausend Menschenzungen:
Wer von des Glaubens Kraft durchdrungen,
Der wanket nicht und weichet nicht.

Wohl weiß ich, daß ein sinnlos Heer
Dich, o mein Gott, will ganz verkennen,
Vielmehr ein nichtig Ungefähr
Als seinen Herrn und Schöpfer nennen;
Allein ich glaube, daß sie blind
Und ganz verwirrt das Heil verfehlen,
Und daß die arm verirrten Seelen
Aus deinem Wink entsprungen sind.

Ich weiß, daß Jesu heil'ge Wunden,
O du mein allbarmherz'ger Gott,
Schon manches Herz zu hart gefunden,
Schon oft geduldet Hohn und Spott;
Allein ich glaub', o Jesu gut,
Daß du getragen ihre Sünden;
Und können sie noch Gnade finden,
So ist es durch dein kostbar Blut.

Ich weiß, daß meinen trüben Augen
Die heiligste Dreifaltigkeit
In ihrem Glanz nicht möge taugen,
Dieweil wir wandeln in der Zeit;
Allein ich glaube, daß alsdann,
Wenn wir des Fleisches sind entbunden
Und uns vor Gottes Thron gefunden,
Mein Blick sie klar erkennen kann.

Ich weiß, daß deine Bahn auf Erden,
Maria, o du reine Magd,
Ein Anstoß mußte Manchem werden,
In dem die Gnade nicht getagt;
Allein ich glaub', o Gottesbraut,
Daß dich ihr Irrtum tief betrübe,
Und daß dein Auge noch mit Liebe
Und mit Erbarmen auf sie schaut.

Ich weiß, daß Gottes heil'ge Scharen
Und ihr gerechter Lebenslauf
Ein Spott schon manchem Frevler waren,
Ein Ärgernis dem schwachen Hauf;
Doch glaube ich, daß sie ihr Teil
Als Gottes Kämpfer treu gestritten,
Und daß sie unaufhörlich bitten
Für ihrer sünd'gen Brüder Heil.

Ich weiß, daß Viel' zur Erde sehen
Und hängen fest an diese Zeit,
Die ihre eigne Seele schmähen
Und leugnen die Unsterblichkeit;
Allein ich glaube, daß sie nicht
Vor deinem Zorne schützt ihr Beben,
Wenn sie nun zitternd Zeugnis geben
Vor deinem ewigen Gericht.

Ich weiß, o Herr, daß hier auf Erden
Mir Manches hart und bitter ist,
Und daß mein Herz in den Beschwerden
Oft deine Güte ganz vermißt;
Allein ich glaube, daß die Nacht
Dereinst vor deinem Strahl wird tagen,
Und meine Lippen preisend sagen:
Der Herr hat Alles wohl gemacht.

Ja, er hat Alles wohl beschlossen,
Und treu und wahrhaft ist sein Wort;
Darum, mein Herz, sei unverdrossen
Und trau auf deinen sichern Hort.
Ja nur an dich, mein Gott, allein,
Nicht an die Menschen will ich glauben;
Daß nichts mir deine Treu kann rauben,
Des mag mein Herz sich wohl erfreun!

Hoffnung

Laß das Leben wanken,
Laß es ganz vergehn,
Über seine stillen Schranken
Will ich ernst und mutig sehn.
Findet gleich Vernunft die Wege
In dem dunklen Lande nicht:
Hoffnung kennt die Stege,
Trägt ein sichres Licht.

Wenn mich alle lassen:
Meine Hoffnung bleibt,
Wird mich rettend dann umfassen,
Wenn mich Not und Sünde treibt.
Ob auch Tod und Trübsal wüte,
Ob Gewalt der Böse hat,
Herr, auf deine Güte
Bau ich meine Stadt!

Ihn muß ich beklagen,
Der die Hoffnung senkt;
Ach, wie konnte er verzagen,
Wo des Herren Wille lenkt!
All sein Trost in Schmerz und Leiden,
All sein Ruhm in Spott und Schmach
Mußte von ihm scheiden,
Da die Hoffnung brach.

Wer sie will umschmiegen
Und nicht läßt in Not,
Spricht: »O Grab, wo ist dein Siegen,
Und wo ist dein Stachel, Tod!«
Keine Macht ob seinem Herzen
Hat der Trug und eitle Schein,
Und aus bittern Schmerzen
Preßt er süßen Wein.

Jesu, mich behüte,
Stärke mein Bemühn;
Ach, es war ja deine Güte,
Die die Hoffnung mir verliehn!
Wolltest du von mir dich wenden,
Alles Gute wendet sich:
Sünden ohne Enden,
Schmach und Schuld um mich!

Hast du Leid beschlossen,
Ist die Prüfung da,
Herr, ich trag es unverdrossen,
Bleibt mir deine Hoffnung nah.
Alles magst du mir entziehen,
Was mein Leben heiter macht,
Hoffnung wird mir glühen,
Wie ein Stern zur Nacht.

Willst du Freuden schicken,
O du Herr so mild,
Willst du mir mein Leben schmücken
Mit des ird'schen Glückes Bild:
Laß mein schwaches Herz nicht offen
Sein für diese eitle Welt;
All mein stilles Hoffen
Sei auf dich gestellt!

Wenn dann meine Stunde
Nun geschlagen hat,
Und von meinem bleichen Munde
Kaum noch tönt dein Name matt:
Ach! dann werd' ich freudig schauen,
Wie mein Hoffen mag bestehn;
Denn ein fromm Vertrauen
Läßt nicht untergehn.

Liebe

Das ist mein Trost in allen Leiden,
Daß nichts mich kann von Jesu scheiden,
Von seiner Liebe keine Macht,
Der größte aller Erdenschmerzen
Hat nicht Gewalt ob einem Herzen,
Worin die Liebe Jesu wacht.

Wenn er mir bleibt, was kann mir fehlen?
Wenn er mich labt, was kann mich quälen?
Wie hat er Alles wohl bestellt!
Wenn ich nur seinen Namen nenne,
Dann ist's, als ob das Herz mir brenne;
Im Lichte steht die ganze Welt.

Sein Kreuz ist wie der Himmelsbogen
Um meinen Horizont gezogen;
Wohin ich schau, da steht es schon.
O süßes Kreuz, laß dich umfangen,
Woran mein liebstes Lieb gehangen
Für unsrer Sünden bittern Lohn!

Wenn meine Pflichten oft mich drücken,
Dann muß ich Liebesrosen pflücken
Aus seinem bittern Kreuzestod.
Wie kommt mir wunderbare Stärke!
Wie sind so leicht die schweren Werke,
Dieweil mein Jesu sie gebot!

Mein Leid muß mir zu Freuden werden,
Denk' ich an Jesu Leid auf Erden
Und seinen blut'gen Kreuzespfad.
Mein Jesu ist vorangegangen;
Wie kann mir noch vor Dornen bangen
Auf Wegen, die mein Gott betrat?

Er hat den bittern Weg erkoren:
Was flieht ihr denn, ihr schwachen Toren
So sehr die Bitterkeit und Pein?
Muß ich durch Dornenweg' mich schlagen,
So soll mein Mund frohlockend sagen:
»Mein Jesu kann nicht ferne sein.«

Er ist nicht fern, auf allen Wegen
Kömmt mir ein Strahl von ihm entgegen,
In himmlisch tröstender Gestalt;
Er ist nicht fern, im Sturmesgrimme
Da hör ich seine liebe Stimme,
Er ist nicht fern, ich find ihn bald.

Sein Bild steht überall geschrieben,
Ich kann nur Ihn, nur Ihn noch lieben,
Ich kann nur Ihn allein noch sehn;
Ich weiß, Er muß mir ewig bleiben,
Ach wollte Er mich von sich treiben,
Ich müßte gleich in Schmerz vergeh'n.

Ach, könnt' ich diese Hülle meiden!
Doch still, mein Herz, verschließ bescheiden
Den heißen Wunsch in deine Brust;
Es ist ja meines Jesu Wille,
Und daß ich den getreu erfülle,
Das ist doch meine ganze Lust.

Geduld! sie wird doch endlich kommen,
Die Stunde, mir zum Heil und Frommen,
Gott hat sie Keinem noch versagt.
Bis dahin denk' in allen Leiden,
Daß nichts dich kann von Jesu scheiden,
Von seiner Liebe keine Macht.

RELIGIÖSE GEDICHTE

Gethsemane

Als Christus lag im Hain Gethsemane
Auf seinem Antlitz mit geschloss'nen Augen, —
Die Lüfte schienen Seufzer nur zu saugen,
Und eine Quelle murmelte ihr Weh,
Des Mondes blasse Scheibe widerscheinend, —
Da war die Stunde, wo ein Engel weinend
Von Gottes Throne ward herabgesandt,
Den bittern Leidenskelch in seiner Hand.

Und vor dem Heiland stieg das Kreuz empor;
Daran sah seinen eignen Leib er hangen,
Zerrissen, ausgespannt; wie Stricke drangen
Die Sehnen an den Gliedern ihm hervor:
Die Nägel sah er ragen und die Krone
Auf seinem Haupte, wo an jedem Dorn
Ein Blutestropfen hing, und wie im Zorn
Murrte der Donner mit verhaltnem Tone.
Ein Tröpfeln hört' er, und am Stamme leis
Herniederglitt ein Wimmern qualverloren.
Da seufzte Christus, und aus allen Poren
Drang ihm der Schweiß.

Und dunkler ward die Nacht, im grauen Meer
Schwamm eine tote Sonne, kaum zu schauen
War noch des qualbewegten Hauptes Grauen,
Im Todeskampfe schwankend hin und her.
Am Kreuzesfuße lagen drei Gestalten;
Er sah sie grau wie Nebelwolken liegen,
Er hörte ihres schweren Odems Fliegen,

Vor Zittern rauschten ihrer Kleider Falten.
O welch ein Lieben war wie seines heiß?
Er kannte sie, er hat sie wohl erkannt;
Das Menschenblut in seinen Adern stand,
Und stärker quoll der Schweiß.

Die Sonnenleiche schwand, nur schwarzer Rauch,
In ihm versunken Kreuz und Seufzerhauch;
Ein Schweigen, grauser als des Donners Toben,
Schwamm durch des Äthers sternenleere Gassen;
Kein Lebenshauch auf weiter Erde mehr,
Ringsum ein Krater, ausgebrannt und leer,
Und eine hohle Stimme rief von oben:
»Mein Gott, mein Gott, wie hast du mich verlassen!«
Da faßten den Erlöser Todeswehn,
Da weinte Christus mit gebrochnem Munde:
»Herr, ist es möglich, so laß diese Stunde
An mir vorübergehn!«

Ein Blitz durchfuhr die Nacht; im Lichte schwamm
Das Kreuz, erst strahlend mit den Marterzeichen,
Und Millionen Hände sah er reichen,
Sich angstvoll klammernd um den blut'gen Stamm,
O Händ' und Händchen aus den fernsten Zonen!
Und um die Krone schwebten Millionen
Noch ungeborner Seelen, Funken gleichend;
Ein leiser Nebelrauch, dem Grund entschleichend,
Stieg aus den Gräbern der Verstorbnen Flehn.
Da hob sich Christus in der Liebe Fülle,
Und: »Vater Vater«, rief er, »nicht mein Wille,
Der deine mag geschehn!«

Still schwamm der Mond im Blau, ein Lilienstengel
Stand vor dem Heiland im betauten Grün;
Und aus dem Lilienkelche trat der Engel
Und stärkte ihn.

Das kananäische Weib

Als der Herr in Südons Land gekommen,
Naht ein kananäisch Weiblein sich.
»Herr!« spricht sie in Demut und in Frommen,
»Herr! erbarme meiner Tochter dich!
Sieh, sie liegt daheim in großen Peinen,
Denn es wohnt in ihr ein böser Geist.«
Und voll Trauer hebt sie an zu weinen,
Als der Herr sie strenge von sich weist!

Doch sie schaut in seiner Augen Prachten,
Und ihr treues Herz bleibt ungeschreckt,
Einem Hündlein gleich will sie sich achten,
Das die Krümlein von der Erde leckt,
Ihre Demut hat sich durchgerungen:
»Weib, dein Glaub' hat dir geholfen«, spricht
Jesu süße Stimme, und bezwungen
Weicht der finstre Geist dem Gnadenlicht.

Kann nur Demut uns den Segen bringen,
Und ich schnöder Wurm der Sterblichkeit
Meine noch, es müsse mir gelingen,
Da ich doch von Demut noch so weit?
Hab' ich nur ein kleines Leid getragen,
Einen Heller meiner großen Schuld,
Fühl' ich gleich ein leises Wohlbehagen
Über meine Stärke und Geduld.

Seele mein, hast du denn ganz vergessen
Deiner Sünden, dunkler wie die Nacht,
Hast den Quell im Sande stolz gemessen
Und der weiten Wüste nicht gedacht?
Ach wie täuschte dich die Eigenliebe
Über dein Beginnen sonder Treu',
Eine Mücke fängst du auf dem Siebe,
Das Kamel verschlingst du sonder Scheu.

Denkst wohl gar Verdienste zu gewinnen,
Wähnst um dich die Siegespalmen grün;
Ach, was du auch immer magst beginnen,
Deiner Kräfte äußerstes Bemühn,
Könntest tausend Jahr' dem Herrn du dienen,
In Zerknirschung büßend fort und fort,
Deinen Frevel kannst du nimmer sühnen,
Gnade bleibt dein einz'ges Hoffnungswort.

Und wie wenig hast du nicht gelitten
In der Reue bittrer Läutrungsglut,
Und wie lau und schwächlich nicht gestritten
Gegen deiner innern Feinde Wut!
Kannst du eine Viertelstunde nennen,
Wo du ganz und gar dem Herrn gehört,
Keine Wünsche dich von Jesu trennen,
Kein Gedanke dein Gebet gestört?

Ach, mit jedem meiner Seufzer treten
Neue Sünden vor dein Angesicht,
Herr! Ich bin nicht wert, zu dir zu beten,
Schone mein, du starker Gott im Licht!
O! mich faßt ein ungeheurer Schrecken,
Daß ich so vermessen mich erkühnt,
Weh, mein ganzes Leben ist e i n Flecken,
Jede Stunde hat den Tod verdient.

Dennoch, dennoch darfst du nicht verzagen,
Nicht in deines tiefsten Elends Drang,
Mußt die Schmerzen grimm, die in dir nagen,
Fesseln mit der Hoffnung süßem Zwang.
Jesus will es, und du mußt vollbringen,
Ob dich seine Milde fast zerdrückt,
Darfst nicht trotzend in Verzweiflung ringen,
Wie der eigne Wille dich berückt.

Wie der Pharus an dem Seegestade
Frieden leuchtet durch der Stürme Wut,
Strahlt so mildiglich das Kreuz der Gnade,
Drum nur Mut, bedrängte Seele, Mut!
Halte fest in Demut und Vertrauen,
Seele mein, mit deiner ganzen Macht;
Siehe wie fünf rote Sonnen schauen
Jesu Wunden durch die wüste Nacht.

Und wie einst die Arche trug das Leben
Durch der Sünde allgemeinen Tod,
Wird das süße Kreuz mich rettend heben,
Wenn entsetzlich das Verderben droht.
Ja, ich will auf Jesu Worte bauen,
Seh ich gleich nicht ihn und nur die Nacht,
Fest nur, fest in Demut und Vertrauen,
Seele mein, mit deiner ganzen Macht!

Die ächzende Kreatur

An einem Tag, wo feucht der Wind,
Wo grau verhängt der Sonnenstrahl,
Saß Gottes hartgeprüftes Kind
Betrübt am kleinen Gartensaal.
Ihr war die Brust so matt und enge,
Ihr war das Haupt so dumpf und schwer,
Selbst um den Geist zog das Gedränge
Des Blutes Nebelflore her.

Gefährte Wind und Vogel nur
In selbstgewählter Einsamkeit,
Ein großer Seufzer die Natur,
Und schier zerflossen Raum und Zeit.
Ihr war, als fühle sie die Flut
Der Ewigkeit vorüberrauschen
Und müsse jeden Tropfen Blut
Und jeden Herzschlag doch belauschen.

Sie sann und saß und saß und sann,
Im Gras die heis're Grille sang,
Vom fernen Felde scholl heran
Ein schwach vornommner Sensenklang.
Die scheue Mauerwespe flog
Ihr ängstlich ums Gesicht, bis fest
Zur Seite das Gewand sie zog,
Und frei nun ward des Tierleins Nest.

Und am Gestein ein Käfer lief,
Angstvoll und rasch wie auf der Flucht,
Barg bald im Moos sein Häuptlein tief,
Bald wieder in der Ritze Bucht.
Ein Hänfling flatterte vorbei,
Nach Futter spähend, das Insekt
Hat zuckend bei des Vogels Schrei
In ihren Ärmel sich versteckt.

Da ward ihr klar, wie nicht allein
Der Gottesfluch im Menschenbild,
Wie er in schwerer, dumpfer Pein
Im bangen Wurm, im scheuen Wild,
Im durst'gen Halme auf der Flur,
Der mit vergilbten Blättern lechzt,
In aller, aller Kreatur
Gen Himmel um Erlösung ächzt.

Wie mit dem Fluche, den erwarb
Der Erde Fürst im Paradies,
Er sein gesegnet Reich verdarb
Und seine Diener büßen ließ;
Wie durch die reinen Adern trieb
Er Tod und Moder, Pein und Zorn,
Und wie die Schuld allein ihm blieb
Und des Gewissens scharfer Dorn.

Der schläft mit ihm und der erwacht
Mit ihm an jedem jungen Tag,
Ritzt seine Träume in der Nacht
Und blutet über Tage nach.
O schwere Pein, nie unterjocht
Von tollster Lust, von keckstem Stolze,
Wenn leise, leis' es nagt und pocht
Und bohrt in ihm wie Mad' im Holze.

Wer ist so rein, daß nicht bewußt
Ein Bild ihm in der Seele Grund,
Drob er muß schlagen an die Brust
Und fühlen sich verzagt und wund?
So frevelnd wer, daß ihm nicht bleibt
Ein Wort, das er nicht kann vernehmen,
Das ihm das Blut zur Stirne treibt
Im heißen, bangen, tiefen Schämen?

Und dennoch gibt es eine Last,
Die keiner fühlt und jeder trägt,
So dunkel wie die Sünde fast
Und auch im gleichen Schoß gehegt;
Er trägt sie wie den Druck der Luft,
Vom kranken Leibe nur empfunden,
Bewußtlos, wie den Fels die Kluft,
Wie schwarze Lad' den Todeswunden.

Das ist die Schuld des Mordes an
Der Erde Lieblichkeit und Huld,
An des Getieres dumpfem Bann
Ist es die tiefe, schwere Schuld,
Und an dem Grimm, der es beseelt,
Und an der List, die es befleckt,
Und an dem Schmerze, der es quält,
Und an dem Moder, der es deckt.

Morgengebet

Der Morgenstrahl bahnt flimmernd sich den Weg
Durch meines Lagers dichtgeschlossne Falten,
Zuckt um die Wimper mir und müht sich reg',
Mein halb noch träumend Augenlid zu spalten.
Wach auf! Wach auf! die Gnadenuhr schlug an,
Wach auf! die teure, teure Zeit entrann,
Die Zeit, mit keinen Tränen festzuhalten!

So ist die Sonne wirklich denn am Dom
Des Himmels wieder prangend aufgezogen!
Und wieder steh' ich an der Liebe Strom!
Und darf auch wieder kosten seine Wogen!
Nicht nahm die Nacht mich hin, noch steh' ich nicht
Vor jenem letzten schaurigen Gericht,
Ach Gott! noch einmal bin ich ihm entzogen!

Und wie mir mählich das Bewußtsein kehrt,
Wie aus dem Flore die Gedanken treten,
Da wird erst klar mir dieser Gnade Wert.
Mein Gott! am Abend meint' ich wohl zu beten,
Doch wie Gesunde tun, ach Herre mein!
Sollt' es mein letztes armes Zeugnis sein,
Wie schwach, wie dürftig würd' es mich vertreten!

So sei denn auch mein erstes Flehen wach
Für jene, die nicht gleiche Huld genossen,
Sie, deren Stundenglas die Nacht zerbrach,
Und deren letztes Sandkorn ausgeflossen.

Vor allen innig jenes sei gedacht,
Der sorglos einschlief zu der letzten Nacht,
In irdische Gedanken ausgegossen.

Wohl weiß ich, Herr, du bist das höchste Recht,
Und, wolltest du die Warnung ihm versagen,
Doch wirst getreu du sein gen deinen Knecht,
Nicht Unverschuldetes ihn lassen tragen;
Ich aber, die ich schwach und sündig bin
Und stumpf, zu fassen deinen heil'gen Sinn,
Ich kann nur denken sein in Furcht und Zagen.

Und dann mein zweites Flehen sei geweiht,
Und zwar von Herzen sei's und unbestritten,
Für sie, durch die in meiner Lebenszeit
Ich irgend bittre Stunden hab' erlitten.
Ach! Menscheneinsicht ist ein trüber Hauch!
Doch wär' es anders, hätt' ich Feinde auch,
So will ich denn für meine Feinde bitten.

Laß ihr Gemüt mit sich in Frieden stehn,
Daß deiner Gnade Samenkorn gedeihe,
Und laß sie deine starke Rechte sehn,
Wenn die Versuchung ihnen naht aufs neue,
Ja, kann es sein, vergönnt's ihr ewig Heil,
So werde ihnen Erdenglück zuteil,
Als ihnen ich aus tiefstem Grund verzeihe!

Und nun, woran mein Herze menschlich hängt,
Die Kinder mein und alle meine Lieben,
Du weißt ja, wie es mich im Innern drängt,
Wie ich um sie von Sorge bin getrieben;
Ist mein Gefühl für sie vor allem stark,
Nicht zürnst du des — es ist des Lebens Mark,
Du hast es selbst in die Natur geschrieben.

So fleh' ich denn aus aller Kraft in mir,
Mach' sie dir eigen, mach sie ganz dir eigen!
Ob Glück, ob Kummer, was sie führt zu dir,
Ich will mich gerne deinem Ratschluß neigen;
Doch da die frische Pflanze leichter bricht,
Nimm allen Mut den jungen Leben nicht;
Mich laß an ihrer Statt das Schwerste beugen!

Doch ist es töricht, was mein Mund begehrt:
So will ich denn auch gar nichts anders wollen,
Als daß sie immer deiner Gnade wert,
Und immer dir die echte Liebe zollen,
Die Liebe, welche reift zu Frucht und Tat,
Und also schweig' ich blutend deinem Rat,
Wenn sie zu dir durch harte Wege sollen.

Nur für mich selber fleh' ich noch zuletzt,
Die ich bedürftig bin vor andern allen.
Du weißt am besten ja, wie leicht verletzt
Mein Mut vor jedem Hauche mußte fallen,
Und wie es mir, von jedem Schein geirrt,
So schwer an deinem Blick zu haften wird,
Auf deinem Weg so mühsam fortzuwallen.

Drum bet' ich, wie du selber uns gelehrt:
Herr! über meine Kraft mich nicht versuche!
Laß stehn mich, wo man deinen Namen ehrt,
In Ehrfurcht schweigt vor deinem heil'gen Buche;
Doch, soll es sein und trifft mich kalter Spott
Um deinen Ruhm, so laß, o starker Gott,
Nicht furchtsam zucken meine Hand am Pfluge.

Gib, daß ich duldend trage, was mir scheint
Vielleicht an andern übel und verdrossen,
Daß ich viel eh' um solche hab' geweint,

Als still gezürnt, wenn dieser Tag verflossen;
Ja, ist mir heute Kränkung zugedacht,
So laß mich fühlen, daß beim Schluß der Nacht
Ich heut' in mein Gebet sie eingeschlossen.

Und auch die Freuden, milder Schöpfer mein,
Laß mich mit stiller Heiterkeit empfangen;
Es ist dir recht, wenn sich die Deinen freun,
Auch lächelnd dürfen wir zu dir gelangen,
Den Sonnenschein, der Blumen klare Pracht,
Du hast es all zu unsrer Lust gemacht,
Von deiner Liebe sind wir ganz umfangen.

Nun einmal noch, wie's mir am Herzen liegt,
Maria Mutter, laß mich dir es sagen,
Du hast ja selber einen Sohn gewiegt,
Und unter deinem Herzen ihn getragen,
Noch einmal, liebe Gnadenmutter lind,
Schau mild herab, denk an dein eignes Kind,
Und segne sie, die an der Brust mir lagen!

NACHWORT

Im »Geistlichen Jahr« ringt eine hartbedrängte Seele um ihr ewiges Heil; es ist das ernste Lebensjahr einer Angefochtenen, fast könnte es scheinen eine einzige Nacht, in der die Schlaflose, unter den Leiden der Krankheit, eines überempfindlichen Körpers eine schreckliche Verlassenheit besteht. Aber es ist auch eine geheimnisvolle Nacht, ähnlich den Nächten, die die großen Mystiker erfahren haben. Und doch meinen wir, die Droste sei zuweilen noch einsamer gewesen als die große Teresa im Kloster zu Avila oder der heilige Johannes vom Kreuz; ihr fehlt die religiöse Gemeinschaft: wir sehen sie nicht betend inmitten der Gemeinde, nicht mit ihresgleichen zum Altar schreiten, wir sehen sie nur selten mit fernen Betern, eher schon mit Toten vereint, und wenn der Jubel die Frommen ergreift am Palmsonntage, so muß sie bekennen:

Ich kann nicht mit euch gehen,
Mir ist der Odem schwer.

Auf ihr lasten nicht allein die Schwere und Gefahr der eigenen Natur; sie ist in ein Jahrhundert der Glaubensbedrohung, Glaubensferne verwiesen: einst war der schwanke Steg erhellt, »klaffte klar der Abgrund auf«:

Wir müssen suchen unsern Weg
Im Heiderauch ein armer Hauf.

Wie von Gletschergipfeln schimmert die Gewißheit; die sie erreichen wollen, müssen über das Eis klimmen und sich über schwindelnden Tiefen bewegen. Es ist, als reichten die inneren Kräfte nicht aus: Bilder des Ver-

sagens, Versiegens häufen sich, die dürre Säule, das Schiff im Untergehn; die Augen sind ein »übersteinter Quell«, noch der Schmerz scheint ihrer unerbittlichen Selbstbeobachtung erzwungen: sie hat eine ganze Nacht gefischt und keine Perle in ihres Herzens Grund gefunden. Immer stehen Wille gegen Wille in ihr; sie hat keine Frucht und keine Saat; nicht heilsam aufgerüttelt, sondern todesmatt liegt sie am Grunde, ein saftloses Erdreich; sie weiß: ihr Erlöser hat um sie geweint, aber ihr wird die Gabe der Tränen nicht, die die großen Beter vergangener Zeiten begnadete. Denn immer ist das Gewissen wach und klagt sie an, immer stellt es sie vor den Schrecken des Gerichtstages, dem diese schwere Nacht, unaufhaltsam, wie verlorengehende Zeit, entgegeneilt; »tiefste Angst« treibt der Einsamen den Schweiß auf die Stirn, während die Öde sie umgibt, der Nebel sie erstickt, der Wirbelsand ihre Augen trübt. Alle Gnaden meint sie verloren zu haben; sie kann der Schuld nicht ausweichen und will es auch nicht in dieser furchtbaren Nacht des Selbstgerichtes: sie muß bekennen, daß sie den Glauben nicht habe [Pfingstmontag]. Des Verstandes Irren hat sie gebrochen, Grübeln und Stolz haben den Lebensstamm zerstört, der Gedanken Übermaß hat ihre Sinnen zersprengt, der wirbelnden Betrachtung Kreis fast alle Gewißheit zerrüttet. Nicht nur ein einziges Mal ist es geschehen, daß sie »um ihr Heil gebracht« wurde, immer wieder zieht sie der Wirbel ihres Denkens in die Tiefe, immer wieder liefern sie »Körpernot und Seelenleiden«, das »siedende Hirn«, der »Nerven rastlos flatternd Spielen« der Angst aus, und das geschieht in einer fast heillosen Zeit, da dem Feinde auf der ganzen Welt die Altäre aufgestellt sind.

Aber in der Angst ist doch schon Glaube. Wie könnte sie den Richter fürchten, wenn sie nicht an ihn glaubte? Wie könnte sie um den verlorenen Glauben klagen, wenn sie nicht eine Sehnsucht danach hätte? In ihrem tiefsten Schmerze, selbst noch im Schmerz über die Schmerzlosigkeit, die Versteinerung ihres Auges, ist ein Trost: ihr Teil ist es, zu hoffen, sich zu sehnen, zu dulden. Solcher Demut und Reue, das weiß sie, wird einmal der Glaube geschenkt werden, der Hilfe schafft. Wie stark ist doch schon der Glaube, der sich dieses Vertrauens durch die ganze lange Nacht der Anfechtung bewahrt!

Diese Nacht ist nicht so dunkel, wie es den Anschein hat; Christus ist immer da, und immer hört die Einsame die Stimme, die leise flüstert:

Hier bin ich, bin ich, woll mioh fassen.

Denn »der Preis liegt auf dem Kreuze«, und wenn sie nur dieses ihr eigenstes Kreuz trägt, das Kreuz des Denkens, der Einsamkeit, der Herzensverödung, des gebrochenen Stolzes, der Körperqual, wenn sie es mit dem letzten Ansturm der Liebe trägt, einer Liebe, die doch wenigstens lieben möchte, werden der »schwere Fall«, der Glockenschlag des Gerichts, nicht ohne Gnade sein. In welche Wüste ihr Grübeln sie auch verführte, die Gestalt des Erlösers ist ihr nie entschwunden, gegen ihn hat sich ihr Denken nicht empört; der Herr blieb immer wahr, wirklich, und immer wieder meldete sich die heilige Sicherheit an, daß er sie zu seiner Verkünderin bestellt hat. Das ist ja ihre Sendung: daß sie getrieben wurde zu einer öden Statt, um hier zu knien, ihn hier zu bezeugen, das Morgenrot anzuzeigen, vor dem Tode zu warnen, der in der Menschenweisheit droht und mit Natur und Schuld zu ringen, die das Auge des Glaubens verdüstern. Wie in ihr das Gewissen erwachte, zu ihrer Pein und zu ihrer Gnade, so söll es erwachen in der starren, glaubensarmen Welt unter der Stimme des Rufers in der Wüste. Ihr Heil: das ist ihr Leid, weil es ein auch in der tiefsten Verlassenheit vor dem Kreuze bestandenes Leid ist. Darum ist ihr die Freude nicht fremd: nur ist es eine Freude, die Tränen im Auge trägt. Es ist die schmerzumwölkte Freude der Streiterin, die im Abgrunde ausgedauert und das letzte Kleinod, das Licht vom Lichte, das Bild Christi in ihrer Seele, fast wider alles Hoffen und Vermögen, behauptet hat. So ist das »Geistliche Jahr« doch eine Siegesbotschaft; es bedeutet die höchste Leistung eines Glaubens, der immer allein stand vor Gott und dem Widersacher, vor den zerstörenden Mächten des Geistes, der Zeit, den Versuchungen und Blendungen der Schwermut und des Stolzes; fast ein jedes Gedicht spricht von der Schwere dieses Sieges; errungen wurde er durch den letzten Entschluß zur Unterwerfung: durch den Willen »zu glauben gegen eignes Gericht« und damit eine schon glaubensmächtige Anbefehlung an die Gnade. Diese Unterwerfung ist nichts andres als das äußerste Wort der Liebe zu Jesus Christus, in dessen Gericht sich die Seele gibt. Diese Liebe zu dem Unbezweifelbaren überwindet endlich

Ein Hirn, von dem dir selber unbekannt,
Ob es dem Wahnsinn oder Frevel mehr verwandt.

Das ist aber gewissermaßen schon eine historische Entscheidung; sie ist in den einsamen Nächten der Droste für viele Lebensnächte gefallen, an der Stelle, wo die Menschen guten Willens in die größte Einsamkeit gelangten und das Heil nur mit Todesnot zu gewinnen war. Freilich wird kein Sieg erfochten ohne Gnade, aber im Bereich der Gnade, eines unter aller Anfechtung doch nicht vergeudeten Erbes konnte kaum auf eine härtere und schmerzlichere Weise Wille gegen Wille stehen. »Zerstört, vernichtet« fand diese ringende Seele noch die Kraft, die »Hände im finstern zu falten«. Sie wußte: sie werde einmal ein Zeichen sein am öden Strand und Zeugnis geben dafür, daß Gottes Barmherzigkeit mächtig war in einem zerbrochenen Leben, auf der »wüsten Statt« des Jahrhunderts.

So steht Annette von Droste gerade mit diesem einsamen Werke nicht allein, sondern in der Zeit, und zwar an der Stelle, wo der Kampf am heftigsten brannte, aber der Zusammenhang ist ein tiefer, zu einem Teil verborgener, der erst in dem Maße sichtbar wird, in dem die wesentlichen, noch unsere Zeit mitbestimmenden inneren Vorgänge des Jahrhunderts sich entschleiern. Als Annette im Oktober 1820 ihrer Mutter den ersten Teil des »Geistlichen Jahres« überreichte, eine Sammlung von 25 Liedern, bekannte sie, daß die Arbeit für ihre Großmutter — der sie ursprünglich zugedacht war — »sowie für alle sehr fromme Menschen ... völlig unbrauchbar sei«, denn sie habe dem Buch »die Spuren eines vielfach gepreßten und geteilten Gemütes mitgeben müssen ... Es ist für die geheime, aber sehr verbreitete Sekte jener, bei denen die Liebe größer ist als der Glaube, für jene unglücklichen aber törichten Menschen, die in einer Stunde mehr fragen, als sieben Weise in sieben Jahren beantworten können. Ach, es ist so leicht, eine Torheit zu rügen, aber Besserung ist überall so schwer, und hier kann es mir oft scheinen, als ob ein immer erneuertes Siegen, ein immer wieder auflebendes Kämpfen, das einzig zu Erringende, und ein starres Hinblicken auf Gott, in Hoffnung der Zeit aller Aufschlüsse das einzig übrige Ratsame sei, d. h. ohne eine besondere wundersame Gnade Gottes, die auch das heißeste Gebet nicht immer herabruft.«

Diese erste Reihe umfaßte die von Neujahr bis Ostern reichenden Gedichte; im Sommer 1839 nahm die Dichterin die Arbeit wieder auf, und zwar mit solcher Leidenschaft, daß sie im Dezember bereits zum vorläufigen Abschluß gelangte. Sie meinte, das Buch dürfe nur zu einer Zeit erscheinen, da ihr ganzes irdisches Streben ihr als töricht vorkommen werde; dann könne das »Geistliche Jahr« die einzige Arbeit sein, derer sie sich freue. Aber zum völligen Abschluß gelangte sie nie, so oft sie auch die schwierigen Formen überarbeitete; im Jahre 1851, drei Jahre nach ihrem Tode, ward das »Geistliche Jahr« aus ihrem Nachlaß nach der sehr schwer leserlichen vielumstrittenen Handschrift herausgegeben. Die religiöse Problematik, bei gleichwohl nicht eigentlich erschüttertem Glauben, die schon die erste Reihe kennzeichnete, durchdringt das ganze Werk, aber im Sinne einer mit höchster Seelenstärke erbrachten Bewährung.

Dem gegenüber sind die »Geistlichen Lieder« dem Persönlichen entrückt und dem Gemeindegesang näher. Aber das bedeutendste, was die Droste als religiöse Dichterin zu sagen hatte, war und blieb persönlicher Art. Das Nachlaßgedicht »Die ächzende Kreatur« hat als Aussage wohl nur wenig seinesgleichen. Hier ist eine der bedrückendsten Erfahrungen des Menschen, das Leiden der Kreatur, bis zur noch mitempfundenen Angst des Käfers vor dem Hänfling, bis zum Verdursten eines Halmes, der mit »vergilbten Blättern lechzt«, als persönliche Schuld ausgesprochen und angenommen. Es ist der Mensch, der durch seinen Fall »sein gesegnet Reich« verdarb und seine Diener büßen ließ. Er trieb »Tod und Moder, Pein und Zorn« durch die reinen Adern der Geschöpfe. Das ist die Schuld, die sich dem Leben in solchem Maße mitgeteilt hat, daß sie fast keiner fühlt und jeder trägt; nur der »Kranke« kann sie empfinden, der überempfindlich für Schmerzen, für Wirklichkeiten verborgener Art geworden ist; es ist der Mord an der Lieblichkeit der Erde, die verantwortliche Mitschuld an allem Bösen unter den Geschöpfen, an Grimm und List, an allem Schmerz und allem Tod. Wir wüßten keine zweite Stimme zu nennen, die mit solcher Entschiedenheit die

Verfehlung des Menschen am Geschaffenen bekannt, kein Gewissen, das sich mit solcher Härte vor dem Leiden der Schöpfung angeklagt hat. Dies ist Schuld im umfassenden Sinne, persönlich zu verantwortende, zu tragende Schuld, aber nicht als ein Vorgang des persönlichen Lebens, nach dem die Augen so gerne suchen, bei dem sie so gerne stehenbleiben. Gerade diese Schuld verweist an den Glauben und fordert ihn. Wer sie erfahren hat, wer sie sich eingesteht, der muß sich mit ganzer Seelenkraft an den Erlöser wenden: denn nur mit dem Menschen und durch ihn wird aus der Gnade des Erlösers auch die Kreatur erlöst werden.

So geht es in der religiösen Dichtung der Droste um alles: in bedrängter Zeit, da »nach langer Glaubensrast schier verschollner Frevel sich erneute«, da fühlte sie, daß der Herr Dreien, die trauerten in seinem Namen, näher war als »Tausenden im Feierkleid« und ein erstarkter gereinigter Glaube sich sammelte um Christi Fahne; da rang sie einem mit Leid und Gefahren fast überlasteten Dasein das unwiderrufliche Bekenntnis ab. »In Nächten voller Pein kam mir das Wort«: wir ermessen diese Festigkeit erst, wenn uns die Nächte beschwert haben, aus denen sie hervorgegangen ist.

Reinhold Schneider

GEDICHTE
1844

Ungastlich oder nicht?

(In Westfalen)

Ungastlich hat man dich genannt,
Will deinen grünsten Kranz dir rauben,
Volk mit der immer offnen Hand,
Mit deinem argwohnlosen Glauben;
O rege dich, daß nicht die Schmach
Auf deinem frommen Haupte laste,
Und redlich, wie das Herz es sprach,
So sprich es nach zu deinem Gaste:

»Fremdling an meiner Marken Stein,
Mann mit der Stirne trüben Falten,
O greif in deines Busens Schrein,
Und laß die eigne Stimme walten.
Nicht soll bestochner Zeugen Schar
Uns am bestochnen Worte rächen,
Nein, Zeug' und Richter sollst du klar
Dir selbst das freie Urteil sprechen.

Fühlst du das Herz in dir, nicht heiß,
Doch ehrlich uns entgegen schlagen,
Dein Wort kein falsch und trügend Gleis,
Befleckend was die Lippen tragen,
Fühlst du ein Gast dich, wie er lieb
Dir an dem eignen Hausaltare,
Dann frisch heran — nicht wie ein Dieb,
Nein, frisch, mit fröhlicher Fanfare!

Wer unsres Landes Sitte ehrt,
Und auch dem seinen hält die Treue —
Hier ist der Sitz an unserm Herd!
Hier unsres Bruderkusses Weihe!
Wer fremden Volkes Herzen stellt
Gleich seinem in gerechter Wage —
Hier unsre Hand, daß er das Zelt
Sich auf bei unsern Zelten schlage!

Doch sagt ein glüh Erröten dir,
Du gönntest lieber einer andern
Als deiner Schwelle gleiche Zier —
Brich auf, und mögest eilends wandern!
Wir sind ein friedlich still Geschlecht
Mit lichtem Blick und blonden Haaren,
Doch unsres Herdes heilig Recht,
Das wissen kräftig wir zu wahren.

Die Luft die unsern Odem regt,
Der Grund wo unsre Gräber blühen,
Die Scholle die uns Nahrung trägt,
Der Tempel wo wir gläubig knieen,
Die soll kein frevler Spott entweihn,
Dem Feigen Schmach und Schamerröten,
Der an des Heiligtumes Schrein
Läßt eine falsche Sohle treten!

Doch einem Gruß aus treuem Mut
Dem nicken ehrlich wir entgegen.
Hat jeder doch sein eignes Blut
Und seiner eignen Heimat Segen.
Wenn deine Ader kälter rinnt,
So müssen billig wir ermessen:
Wer könnte wohl das fremde Kind
Gleich eignem an den Busen pressen?

»Drum jede Treue sei geehrt,
Der Eichenkranz von jedem Stamme;
Heilig die Glut auf jedem Herd,
Ob hier sie oder drüben flamme;
Dreimal gesegnet jedes Band,
Von der Natur zum Lehn getragen,
Und einzig nur verflucht die Hand,
Die nach der Mutter Haupt geschlagen!«

Die Stadt und der Dom

Eine Karikatur des Heiligsten

»Der Dom! der Dom! der deutsche Dom!
Wer hilft den Kölner Dom uns baun?«
So fern und nah der Zeitenstrom
Erdonnert durch die deutschen Gaun.
Es ist ein Zug, es ist ein Schall,
Ein ungemeßner Wogenschwall.
Wer zählt der Hände Legion,
In denen Opferheller glänzt?
Die Liederklänge wer, die schon
Das Echo dieses Rufs ergänzt?

Und wieder schallt's vom Elbestrand:
»Die Stadt! die Stadt! der deutsche Port!«
Und wieder zieht von Land zu Land
Ein gabespendend Klingeln fort:
Die Schiffe ragen Mast an Mast,
Goldregen schüttet der Palast,
Wem nie ein eignes Dach beschert,
Der wölbt es über fremde Not,
Wem nie geraucht der eigne Herd,
Der teilt sein schweißbenetztes Brot.

Wenn eines ganzen Volkes Kraft
Für seines Gottes Heiligtum
Die Lanze hebt so Schaft an Schaft,
Wer glühte nicht dem schönsten Ruhm?
Und wem, wem rollte nicht wie Brand

Das Blut an seiner Adern Wand,
Wenn eines ganzen Volkes Schweiß
Gleich edlem Regen niederträuft,
Bis in der Aschensteppe heiß
Viel Tausenden die Garbe reift?

Man meint, ein Volk von Heil'gen sei
Herabgestiegen über Nacht,
In ihrem Eichensarg aufs neu
Die alte deutsche Treu' erwacht.
O werte Einheit, bist du Eins —
Wer stände dann des Heilgenscheins,
Des Kranzes würdiger als du,
Gesegnete, auf deutschem Grund!
Du trügst den goldnen Schlüssel zu
Des Himmels Hort in deinem Bund.

Wohlan ihr Kämpen denn, wohlan
Du werte Kreuzesmassonei,
So gebt mir eure Zeichen dann
Und euer edles Feldgeschrei!
Da, horch! da stieß vom nächsten Schiff
Die Bootmannspfeife grellen Pfiff,
Da stiegen Flaggen ungezählt,
Kantate summte und Gedicht,
Der Demut Braun nur hat gefehlt,
Jehovas Namen hört' ich nicht.

Wo deine Legion, o Herr,
Die knieend am Altare baut?
Wo, wo dein Samariter, der
In Wunden seine Träne taut?
Ach, was ich fragte und gelauscht,
Der deutsche Strom hat mir gerauscht,
Die deutsche Stadt, der deutsche Dom,

Ein Monument, ein Handelsstift,
Und drüber sah wie ein Phantom
Verlöschen ich Jehovas Schrift.

Und wer den Himmel angebellt,
Vor keiner Hölle je gebebt,
Der hat sich an den Kran gestellt,
Der seines Babels Zinne hebt.
Wer nie ein menschlich Band geehrt,
Mit keinem Leid sich je beschwert,
Der flutet aus des Busens Schrein
Unsäglicher Gefühle Strom;
Am Elbestrand, am grünen Rhein,
Da holt sein Herz sich das Diplom.

Weh euch, die ihr den zorn'gen Gott
Gehöhnt an seiner Schwelle Rand,
Meineid'gen gleich in frevlem Spott
Hobt am Altare eure Hand!
Er ist der Herr, und was er will,
Das schaffen Leu und Krokodil! —
So baut denn, baut den Tempel fort,
Mit ird'schem Sinn den heil'gen Hag,
Daß euer bessrer Enkel dort
Für eure Seele beten mag!

Kennt ihr den Dom, der unsichtbar
Mit tausend Säulen aufwärts strebt?
Er steigt, wo eine gläub'ge Schar
In Demut ihre Arme hebt.
Kennt ihr die unsichtbare Stadt,
Die tausend offne Häfen hat,
Wo euer wertes Silber klingt?
Es ist der Samariter Bund,
Wenn Rechte sich in Rechte schlingt
Und nichts davon der Linken kund.

O, er, der alles weiß, er kennt
Auch eurer Seele ödes Haus;
Baut Magazin und Monument,
Doch seinen Namen laßt daraus!
Er ist kein Sand, der glitzernd stäubt,
Kein Dampfrad, das die Schiffe treibt,
Ist keine falsche Flagge, die
Sich stahl der See verlorner Sohn,
Parol' nicht, die zur Felonie
Ins Lager schmuggelt den Spion!

Baut, baut! — um euer Denkmal ziehn
Doch Seufzer, fromm und ungeschmückt;
Baut! — neben eurem Magazin
Wird doch der Darbende erquickt.
Ob eures Babels Zinnenhag
Zum Weltenvolk euch stempeln mag?
Schaut auf Palmyrens Steppenbrand,
Wo scheu die Antilope schwebt,
Die Stadt schaut an, wo, ein Gigant,
Das Kolosseum sich erhebt.

Den Wurm, der im geheimen schafft,
Den kalten, nackten Grabeswurm,
Ihn tötet nicht des Armes Kraft
Noch euer toller Liedersturm.
Ein frommes, keusches Volk ist stark,
Doch Sünde zehrt des Landes Mark;
Sie hat in deiner Glorie Bahn,
O Roma, langsam dich entleibt;
Noch steht die Säule des Trajan,
Und seine Kronen sind zerstäubt!

Die Verbannten

Ich lag an Bergeshang,
Der Tag war schon gesunken,
In meine Wimper drang
Des Westen letzter Funken.
Ich schlief und träumte auch vielleicht,
Doch hört ich noch der Amsel Pfeifen,
Wie Echos letzte Hauche, feucht
Und halb verlöscht, am Schilfe streifen.

Mein äußres Auge sank,
Mein innres ward erschlossen:
Wie wild die Klippenbank!
Wie grau die Moose sprossen!
Der Öde Odem zog so schwer,
Als ob er siecher Brust entgleite;
Wohin ich blickte, Rohres Speer,
Und Dorngestrüpp und Waldesweite.

Im Grase knistert' es,
Als ob die Grille hüpfte,
Im Strauche flüstert' es,
Als ob das Mäuslein schlüpfte;
Ein morscher, halbverdorrter Stamm
Senkte die bräunliche Gardine,
Zu Füßen mir der feuchte Schwamm
Und überm Haupt die wilde Biene.

Da raschelt' es im Laub,
Und rieselte vom Hange,
Zertretnen Pilzes Staub
Flog über meine Wange.
Und neben mir ein Knabe stand,
Ein blondes Kind mit Taubenblicken,
Das eines blinden Greises Hand
Schien brünstig an den Mund zu drücken.

Von linder Tränen Lauf
Sein Auge glänzte trübe,
»Steh auf«, sprach es, »steh auf!
Ich bin die Kindesliebe,
Verbannt, zum wüsten Wald verbannt,
Ins öde Dickicht ausgesetzet,
Wo an des sumpf'gen Weihers Rand
Der Storch die kranken Eltern ätzet!«

Dann faltete es hoch
Die hagern Händchen beide,
Und sachte abwärts bog
Es des Geröhres Schneide.
Ich sah, wie blut'ge Striemen leis
An seinen Ärmchen niederflossen,
Wie tappend ihm gefolgt der Greis,
Bis sich des Rohres Wand geschlossen.

Ich ballte meine Hand,
Versuchte mich zu schwingen,
Doch fester, fester wand
Der Taumel seine Schlingen.
Und wieder hörte ich den Schlag
Der Amsel und der Grille Hüpfen,
Und wieder durch den wilden Hag
Der Biene sterbend Sumsen schlüpfen.

Da schleift' es, schwer wie Blei,
Da flüstert' es aufs neue:
»O wache! steh mir bei!
Ich bin die Gattentreue.«
Das Auge hob ich, und ein Weib
Sah ich wie halbgebrochen bücken,
Das eines Mannes wunden Leib
Mühselig trug auf seinem Rücken.

Ein feuchter Schleier, hing
Ihr Haar am Antlitz nieder,
Des Schweißes Perle fing
Sich in der Wimper wieder.
»Verbannt! verbannt zum wilden Wald,
Wo Nacht und Öde mich umschauern!
Verbannt, wo in der Felsen Spalt
Die Tauben um den Tauber trauern!«

Sie sah mich lange an,
Im Auge Sterbeklagen,
Und langsam hat sie dann
Den Wunden fortgetragen.
Sie klomm den Klippensteig entlang,
Ihr Ächzen scholl vom Steine nieder,
Wo grade unterm Schieferhang
Sich regte bläuliches Gefieder.

Ich dehnte mich mit Macht
Und langte nach dem Wunden,
Doch als ich halb erwacht,
Da war auch er verschwunden,
Zerronnen wie ein Wellenschaum; —
Ich hörte nur der Wipfel Stöhnen
Und unter mir, an Weihers Saum,
Der Unken zart Geläute tönen.

Die Glöckchen schliefen ein,
Es schwoll der Kronen Rauschen,
Ein Licht wie Mondenschein
Begann am Ast zu lauschen,
Und lauter raschelte der Wald,
Die Zweige schienen sich zu breiten,
Und eine dämmernde Gestalt
Sah ich durch seine Hallen gleiten.

Das Kreuz in ihrer Hand,
Um ihre Stirn die Binde,
Ihr langer Schleier wand
Und rollte sich im Winde.
Sie trat so sacht behutsam vor,
Als ob sie jedes Kräutlein schone;
O Gott, da sah ich unterm Flor —
Sah eine blut'ge Dornenkrone!

Die Fraue weinte nicht
Und hat auch nicht gesprochen,
Allein ihr Angesicht
Hat mir das Herz gebrochen;
Es war wie einer Königin
Pilgernd für ihres Volkes Sünden;
Wo find' ich Worte, wo den Sinn,
Um diesen Dulderblick zu künden!

Als sie vorüber schwand
Mit ihren blut'gen Haaren,
Da riß des Schlummers Band,
Ich bin emporgefahren.
Der Amsel Stimme war verstummt,
Die Mondenscheibe stand am Hügel,
Und über mir im Aste summt'
Und raschelte des Windes Flügel.

Ob es ein Traumgesicht,
Das meinen Geist umflossen?
Vielleicht ein Seherlicht,
Das ihm geheim erschlossen?
O wer, der eine Trän' im Aug',
Den fromme Liebe je getragen,
Wer wird nicht, mit dem letzten Hauch,
Die heiligen Verbannten klagen!

Der Prediger

Langsam und schwer vom Turme stieg die Klage,
Ein dumpf Gewimmer zwischen jedem Schlage,
Wie Memnons Säule weint im Morgenflor.
Am Glockenstuhle zitterte der Balke,
Die Dohlen flatterten vom Nest, ein Falke
Stieg pfeifend an der Fahne Schaft empor.

Wem dröhnt die Glocke? — Einem, der entkettet,
Des müden Leib ein Fackelzug gebettet
In letzter Nacht bei seinem einz'gen Kind.
Wer war der Mann? — Ein Christ im echten Gleise,
Kein Wucherer, kein Ehrendieb, und weise
Wie reiche Leute selten weise sind.

Darum so mancher Greis mit Stock und Brille,
So manches Regentuch und Handpostille,
Sich mühsam schiebend durch der Menge Drang.
Er war ein heitrer Wirt in seinem Schlosse, —
Darum am Tor so manche Staatskarosse,
So mancher Flor das Kirchenschiff entlang.

Die Glocken schwiegen, alle Kniee sanken;
Posaunenstoß! Die Wölbung schien zu wanken.
O »*Dies irae, dies illa!*« — Glut
Auf Sünderschwielen, Tau in Büßermalen!
Mir war, als säh' ich des Gerichtes Schalen,
Als hört' ich tröpfeln meines Heilands Blut.

Das Amen war verhallt. Ein zitternd Schweigen
Lag auf der Menge, nur des Odems Steigen
Durchsäuselte den weiten Hallenbau.
Nur an der Tumba schwarzer Flämmchen Knistern
Schien leise mit dem Grabe noch zu flüstern,
Der Weihrauchwirbel streute Aschengrau.

»Geliebte!« scholl es von der Wölbung nieder,
Die Wolke sank, und mählich stiegen Glieder,
Am Kanzelbord ein junger Priester stand.
Kein Schattenbild, dem alle Lust verronnen,
Ein frischer saft'ger Stamm am Lebensbronnen,
Ein Adler ruhend auf Jehovahs Hand!

»Geliebte«, sprach er, »selig sind die Toten,
So in dem Herrn entschliefen, treue Boten,
Von ihrer Sendung rastend.« Dann entstieg
Das Wort, gewaltig wie des Jordans Wallen,
Mild wie die Luft in Horebs Zederhallen,
Als er bezeugte des Gerechten Sieg.

Die Stimme sank, des Stromes Wellen schwollen,
Mir war, als hört' ich ferne Donner rollen:
»Weh über euch, die weder warm noch kalt!
O, wäret kalt ihr oder warm! die Werke
Von eurer Hand sind tot, und eure Stärke
Ist gleich dem Hornstoß, der am Fels verhallt.«

Und tiefer griff er in der Zeiten Wunde,
Die Heller ließ er klingen, und vom Grunde
Hob er den seidnen Mottenfraß ans Licht.
Erröten ließ er die bescheidne Schande
In ihrem ehrbar schonenden Gewande,
Und zog der Lust den Schleier vom Gesicht.

Enthüllt hat er der Rechnung Moderschimmel,
Mit der wir abgeschlossen für den Himmel,
Die feige Güte, halbe Rechtlichkeit.
Es waren Worte wie der Lava Gluten,
Man hörte seines Herzens Adern bluten,
Wie ein Prophet stand er der alten Zeit.

Die Kerzen sind gelöscht, die Pforte dröhnte,
Ich hörte schluchzen — am Gemäuer lehnte
Ein Weib im abgetragnen Regentuch,
Ich hörte säuseln — neben mir, im Chore,
Ein Fräulein gähnte leise hinterm Flore,
Ein Fahnenjunker blätterte im Buch.

Und alle die bescheidnen Menschenkinder,
Wie sich's geziemt für wohlerzogne Sünder,
Sie nahmen ruhig, was der Text beschert.
Und abends im Theater sprach der Knabe,
Der achtzehnjähr'ge Fähndrich: »Heute habe
Ich einen guten Redner doch gehört!«

An die Schriftstellerinnen in Deutschland und Frankreich

I h r steht so nüchtern da gleich Kräuterbeeten,
Und i h r gleich Fichten, die zerspellt von Wettern, —
Haucht wie des Hauches Hauch in Syrinxflöten,
Laßt wie Dragoner die Trompeten schmettern
D e r kann ein Schattenbild die Wange röten —
D i e wirft den Handschuh Zeus und allen Göttern;
Ward denn der Führer euch nicht angeboren
In eigner Brust, daß ihr den Pfad verloren?

Schaut auf! zur Rechten nicht — durch Tränengründe,
Mondscheinalleen und blasse Nebeldecken,
Wo einsam die veraltete Selinde
Zur Luna mag die Lilienarme strecken;
Glaubt, zur Genüge hauchten Seufzerwinde,
Längst überfloß der Sehnsucht Tränenbecken;
An eurem Hügel mag die Hirtin klagen
Und seufzend drauf ein Gänseblümchen tragen.

Doch auch zur Linken nicht — durch Winkelgassen,
Wo tückisch nur die Diebslaternen blinken,
Mit wildem Druck euch rohe Hände fassen
Und Smollis Wüstling euch und Schwelger trinken —
Der Sinne Bacchanale, wo die blassen
Betäubten Opfer in die Rosen sinken,
Und endlich, eures Sarges letzte Ehre,
Man drüber legt die Kränze der Hetäre.

O dunkles Los! o Preis mit Schmach gewonnen,
Wenn Ruhmes Staffel wird der Ehre Bahre!
Grad', grade geht der Pfad, wie Strahl der Sonnen,
Grad', wie die Flamme lodert vom Altare,
Grad', wie Natur das Berberroß zum Bronnen
Treibt mitten durch die Wirbel der Sahare!
Ihr könnt nicht fehlen: er, so mild umlichtet,
Der Führer ward in euch nicht hingerichtet.

Treu schützte ihn der Lände fromme Sitte,
Die euch umgeben wie mit Heil'genscheine,
Sie hielt euch fern die freche Liebesbitte
Und legte Anathem auf das Gemeine.
Euch nahte die Natur mit reinem Schritte,
Kein trunkner Schwelger über Stock und Steine;
Ihr mögt ihr willig jedes Opfer spenden,
Denn Alles nimmt sie, doch aus reinen Händen.

Die Zeit hat jede Schranke aufgeschlossen,
An allen Wegen hauchen Naphthablüten,
Ein reizend scharfer Duft hat sich ergossen,
Und jeder mag die eignen Sinne hüten.
Das Leben stürmt auf abgehetzten Rossen,
Die noch zusammenbrechend haun und wüten.
Ich will den Griffel eurer Hand nicht rauben:
Singt, aber zitternd, wie vom Weih' die Tauben.

Ja, treibt der Geist euch, laßt Standarten ragen!
Ihr wart die Zeugen wild bewegter Zeiten,
Was ihr erlebt, das läßt sich nicht erschlagen,
Feldbind' und Helmzier mag ein Weib bereiten;
Doch seht euch vor, wie hoch die Schwingen tragen,
Stellt nicht das Ziel in ungemeßne Weiten,
Der kecke Falk ist überall zu finden,
Doch einsam steigt der Aar aus Alpengründen.

Vor allem aber pflegt das anvertraute,
Das heil'ge Gut, gelegt in eure Hände,
Weckt der Natur geheimnisreichste Laute,
Kniet vor des Blutes gnadenvoller Spende;
Des Tempels pflegt, den Menschenhand nicht baute,
Und schmückt mit Sprüchen die entweihten Wände,
Daß dort, aus dieser Wirren Staub und Mühen,
Die Gattin mag, das Kind, die Mutter knieen.

Ihr hörtet sie, die unterdrückten Klagen
Der heiligen Natur, geprägt zur Dirne.
Wer hat sie nicht gehört in diesen Tagen,
Wo nur Ein Gott, der Gott im eignen Hirne?
Frischauf! — und will den Lorbeer man versagen,
O Glückliche mit unbekränzter Stirne!
O arm Gefühl, das sich nicht selbst kann lohnen!
Mehr ist ein Segen als zehntausend Kronen!

Die Gaben

Nie fand, so oft auch scherzend ward gefragt,
Ich einen Mann, vom Grafen bis zum Schneider,
Der so bescheiden oder so betagt,
So hülflos — keinen so Gescheiten leider,

Der nicht gemeint, des Herrschertumes Bürde
Sei seinen Schultern grad das rechte Maß.
War einer zweifelnd je an seiner Würde,
So schätzt er seine Kräfte desto baß:

Der hoffte auf der Rede Zauberbann,
Schlau aus dem Winkel wollte jener zielen;
Kurz, daß er wisse, wie, und auch den Mann,
Ließ jeder deutlich durch die Blume spielen.

Ihr Toren! glaubt ihr denn, daß Gott im Zorne
Die Großen schuf, ungleich der Menschenschar,
Pecus inane, das sein Haupt zum Borne
Hinstreckt wie weiland Nebukadnezar?

Daß, weil zuweilen unter Zotten schlägt
Ein Herz, wo große Elemente schlafen,
Deshalb, wer eine feine Wolle trägt,
Unfehlbar zählt zu den Merinoschafen?

Daß langes Schauen zweifellos erblinde,
Und wer den Fäden rastlos nachgespürt,
Daß dieser, gleich dem überreizten Kinde,
So dümmer wird, je länger er studiert?

Wer zweifelt, daß ein Herz, wie's Throne schmückt,
Gar oft am Acker fröhnt und Forstgehege,
Daß manche Scheitel sich zur Furche bückt,
Hochwert, daß eine Krone drauf man lege?

Doch ihr, des Lebens abgehetzten Alten,
Ihr innerlichen Greise, seid es nicht;
Bewahr' der Himmel uns vor eurem Walten,
Vor dem im Sumpfe angebrannten Licht!

Ihr würdet mahnen an des Fröhners Sohn,
Der, woll' ihm Gott ein Königreich verschreiben,
Für's Leben wüßte keinen bessern Lohn,
Als seine Schweine dann zu Roß zu treiben.

Vor vierzig Jahren

Da gab es doch ein Sehnen,
Ein Hoffen und ein Glühn,
Als noch der Mond »durch Tränen
In Fliederlauben« schien,
Als man dem »milden Sterne«
Gesellte, was da lieb,
Und »Lieder in die Ferne«
Auf sieben Meilen schrieb!

Ob dürftig das Erkennen,
Der Dichtung Flamme schwach,
Nur tief und tiefer brennen
Verdeckte Gluten nach.
Da lachte nicht der leere,
Der übersatte Spott,
Man baute die Altäre
Dem unbekannten Gott.

Und drüber man den Brodem
Des liebsten Weihrauchs trug,
Lebend'gen Herzens Odem,
Das frisch und kräftig schlug,
Das schamhaft, wie im Tode,
In Traumes Wundersarg
Noch der Begeistrung Ode,
Der Lieb' Ekloge barg.

Wir höhnen oft und lachen
Der kaum vergangnen Zeit,
Und in der Wüste machen
Wie Strauße wir uns breit.
Ist Wissen denn Besitzen?
Ist denn Genießen Glück?
Auch Eises Gletscher blitzen
Und Basiliskenblick.

Ihr Greise, die gesunken
Wie Kinder in die Gruft,
Im letzten Hauche trunken
Von Lieb' und Ätherduft,
Ihr habt am Lebensbaume
Die reinste Frucht gepflegt,
In karger Spannen Raume
Ein Eden euch gehegt.

Nun aber sind die Zeiten,
Die überwerten, da,
Wo offen alle Weiten
Und jede Ferne nah.
Wir wühlen in den Schätzen,
Wir schmettern in den Kampf,
Windsbräuten gleich versetzen
Uns Geistesflug und Dampf.

Mit unsres Spottes Gerten
Zerhaun wir, was nicht Stahl,
Und wie Morganas Gärten
Zerrinnt das Ideal;
Was wir daheim gelassen,
Das wird uns arm und klein;
Was Fremdes wir erfassen,
Wird in der Hand zu Stein.

Es wogt von End' zu Ende,
Es grüßt im Fluge her,
Wir reichen unsre Hände,
— Sie bleiben kalt und leer. —
Nichts liebend, achtend Wen'ge,
Wird Herz und Wange bleich,
Und bettelhafte Kön'ge
Stehn wir im Steppenreich.

An die Weltverbesserer

Pochest du an — poch nicht zu laut,
Eh' du geprüft des Nachhalls Dauer!
Drückst du die Hand — drück nicht zu traut!
Eh' du gefragt des Herzens Schauer!
Wirfst du den Stein — bedenke wohl,
Wie weit ihn deine Hand wird treiben!
Oft schreckt ein Echo, dumpf und hohl,
Reicht goldne Hand dir den Obol,
Oft trifft ein Wurf des Nachbars Scheiben.

Höhlen gibt es am Meeresstrand,
Gewalt'ge Stalaktitendome,
Wo bläulich zuckt der Fackeln Brand,
Und Kähne gleiten wie Phantome.
Das Ruder schläft, der Schiffer legt
Die Hand dir angstvoll auf die Lippe,
Ein Räuspern nur — ein Fuß geregt —
Und donnernd überm Haupte schlägt
Zusammen dir die Riesenklippe.

Und Hände gibt's im Orient,
Wie Schwäne weiß, mit blauen Malen,
In denen zwiefach Feuer brennt,
Als gelt' es Liebesglut zu zahlen;
Ein leichter Tau hat sie genäßt,
Ein leises Zittern sie umflogen,
Sie fassen krampfhaft, drücken fest —
Hinweg, hinweg! du hast die Pest
In deine Poren eingesogen!

Auch hat ein Dämon einst gesandt
Den gift'gen Pfeil zum Himmelsbogen;
Dort rührt ihn eines Gottes Hand,
Nun starrt er in den Ätherwogen.
Und läßt der Zauber nach, dann wird
Er niederprallen mit Geschmetter,
Daß das Gebirg' in Scherben klirrt,
Und durch der Erde Adern irrt
Fortan das Gift der Höllengötter.

Drum poche sacht — du weißt es nicht,
Was dir mag überm Haupte schwanken.
Drum drücke sacht — der Augen Licht
Wohl siehst du, doch nicht der Gedanken.
Wirf nicht den Stein zu jener Höh',
Wo dir gestaltlos Form und Wege,
Und schnelltest du ihn einmal je,
So fall' auf deine Knie und fleh',
Daß ihn ein Gott berühren möge.

Alte und neue Kinderzucht

I

In seiner Buchenhalle saß ein Greis auf grüner Bank,
Vor ihm, in grünlichem Pokal, der Rebe Feuertrank;
Zur Seite seiner Jugend Sproß, sich lehnend an den Zweigen,
Ein ernster Vierziger, vernahm des Alten Wort in Schweigen.

»Sohn«, sprach der Patriarch, es klang die Stimme schier bewegt:
»Das Kissen für mein Sterbebett, du hast es weich gelegt;
Ich weiß es, eine Träne wird das Leichentuch mir netzen,
In meinen Sessel wird dereinst ein Ehrenmann sich setzen.

»Zu Gottes Ehr' und deiner Pflicht und nach der Vordern Art
Zog ich in aller Treue dich, als schon dein Kinn behaart.
Nicht will die neue Weise mir zum alten Haupte gehen,
Ein Sohn hat seinen Herrn, so lang zwei Augen offen stehen.

»Mein Vater, — tröst' ihn Gott, er fiel in einem guten Strauß! —
War Diener seinem Fürsten und ein König seinem Haus,
Sein treues Auge wußte wohl der Kinder Heil zu wahren,
Den letzten Schlag von seiner Hand fühlt' ich mit zwanzig Jahren.

»So macht' er mich zum Mann, wie du, mein Sohn, zum frohen Greis,
Zum Mann, der tragen kann und sich im Glück zu fassen weiß.
Wie mag, wer seiner Launen Knecht, ein Herrenamt bezwingen?
Wer seiner Knospe Kraft verpraßt, wie möcht' er Früchte bringen?

»Nur von der Pike dient sich's recht zum braven General.
Gesegnet sei die Hand, die mir erspart der Torheit Wahl!
Mit tausend Tränen hab' ich sie in unsre Gruft getragen;
Denn eines Vaters heil'ge Hand hat nie zu hart geschlagen.

»Mein Haar ist grau, mein blödes Aug' hat deinen Sproß gesehn;
Bald füllst du meinen Sitz, und er wird horchend vor dir stehn.
Gedenk der Rechenschaft, mein Sohn, lehr' deinen Blick ihn lesen,
Gehorsam sei er dir, wie du gehorsam mir gewesen!«

So sprach der Patriarch und schritt entlang die Buchenhall',
Ehrfürchtig folgte ihm der Sohn, wie Fürsten der Vasall,
Und seinen Knaben winkt er sacht herbei vom Blütenhagen,
Ließ küssen ihn des Alten Hand und seinen Stab ihn tragen.

II

An blühender Akazie lehnt ein blonder, bleicher Mann,
Sehr mangelt ihm der Sitz, allein die Kinder spielen dran;
So schreibt er stehend, immer Ball und Peitschenhieb gewärt'gend,
Schnellfingrig für die Druckerei den Lückenbüßer fert'gend:

»In Osten steigt das junge Licht, es rauscht im Eichenhain,
Schon schlang der alte Erebus die alten Schatten ein,
Des Geistes Siegel sind gelöst, der Äther aufgeschlossen,
Und aus vermorschter Dogmen Staub lebend'ge Zedern sprossen.

»O Geistesfessel, härter du als jemals ein Tyrann,
Geschlagen um des Sklaven Leib, du tausendjähr'ger Bann!
Geheim doch sicher hat der Rost genagt an deinem Ringe,
Nun wackelt er und fürchtet sich vor jedes Knaben Klinge!

»Hin ist die Zeit, wo ein Gespenst im Büßermantel schlich,
In seinen Bettelsack des Deutschen Gold und Ehre strich,
Wo Greise, Schulmonarchen gleich, die stumpfe Geißel schwenkten,
Des Sonnenrosses Zaum dem Grab verfallne Hände lenkten.

»Nicht wird im zarten Kinde mehr des Mannes Keim erstickt,
Frei schießt die Eichenlode, unbeengt und ungeknickt;
Was mehr als Wissen, wirkender als Gaben, die zerstückelt —
Des kräft'gen Wollens Einheit wird im jungen Mark entwickelt.

»W i r wuchsen unter Peitschenhieb an der Galeere auf,
Und dennoch riß das Dokument vom schnöden Seelenkauf
Durch deutsche Hand, durch unsre Hand, die, nach Ägyptens Plagen,
Noch immer stark genug, den Brand ans Bagnotor zu tragen!

»Ihr aber, die den ganzen Saft der Muttererde trinkt,
An deren Zweig das erste Blatt schon wie Smaragde blinkt,
Ihr« — unser Dichter stutzt — er hört an den Hollundersträuchen
Sein Erstlingsreis, den Göttinger, wie eine Walze keuchen.

Und auf der Bank — sein Manuskript — o Pest! sein Dichterkranz, —
Dort fliegt er, droben in der Luft, als langer Drachenschwanz!
Und — was? ein Guß? — bei Gott, da hängt der Bub, die wilde Katze,
Am Ast und leert den Wasserkrug auf seines Vaters Glatze!

Die Schulen

Kennst du den Saal! — ich schleiche sacht vorbei:
»Der alte Teufel tot, die Götter neu« —
Und was man Großes sonst darin mag hören.
Wie üppig wogend drängt der Jugend Schwarm!
Wie reich und glänzend! — aber ich bin arm,
Da will ich lieber eure Lust nicht stören.

Dann das Gewölb' — mir wird darin nicht wohl,
Wo man der Gruft den modernden Obol
Entschaufelt und sich drüber legt zum Streite;
Ergraute Häupter nicken rings herum,
Wie weis' und gründlich! — aber ich bin dumm,
Da schleich' ich lieber ungesehn bei Seite.

Doch die Katheder im Gebirge nah
Der Meister unsichtbar, doch laut Hurrah
Ihm Wälder, Strom und Sturmesflügel rauschen,
Matrikel ist des Herzens frischer Schlag,
Da will zeitlebens ich, bei Nacht und Tag,
Demüt'ger Schüler, seinen Worten lauschen.

Die Lerche

Hörst du der Nacht gespornten Wächter nicht?
Sein Schrei verzittert mit dem Dämmerlicht,
Und schlummertrunken hebt aus Purpurdecken
Ihr Haupt die Sonne; in das Ätherbecken
Taucht sie die Stirn; man sieht es nicht genau,
Ob Licht sie zünde, oder trink' im Blau.
Glührote Pfeile zucken auf und nieder
Und wecken Taues Blitze, wenn im Flug
Sie streifen durch der Heide braunen Zug.
Da schüttelt auch die Lerche ihr Gefieder,
Des Tages Herold seine Liverei;
Ihr Köpfchen streckt sie aus dem Ginster scheu,
Blinzt nun mit diesem, nun mit jenem Aug;
Dann leise schwankt, es spaltet sich der Strauch,
Und wirbelnd des Mandates erste Note
Schießt in das feuchte Blau des Tages Bote.

»Auf! auf! die junge Fürstin ist erwacht!
Schlaftrunkne Kämm'rer, habt des Amtes acht;
Du mit dem Saphirbecken Genziane,
Zwergweide du mit deiner Seidenfahne,
Das Amt, das Amt, ihr Blumen allzumal,
Die Fürstin wacht, bald tritt sie in den Saal!«

Da regen tausend Wimpern sich zugleich,
Maßliebchen hält das klare Auge offen,
Die Wasserlilie sieht ein wenig bleich,
Erschrocken, daß im Bade sie betroffen;

Wie steht der Zitterhalm verschämt und zage!
Die kleine Weide pudert sich geschwind
Und reicht dem West ihr Seidentüchlein lind,
Daß zu der Hoheit Händen er es trage.
Ehrfürchtig beut den tauigen Pokal
Das Genzian, und nieder langt der Strahl;
Prinz von Geblüte, hat die erste Stätte
Er, immer dienend an der Fürstin Bette.

Der Purpur lischt gemach im Rosenlicht,
Am Horizont ein zuckend Leuchten bricht
Des Vorhangs Falten, und aufs neue singt
Die Lerche, daß es durch den Äther klingt:

»Die Fürstin kömmt, die Fürstin steht am Tor!
Frischauf, ihr Musikanten in den Hallen,
Laßt euer zartes Saitenspiel erschallen,
Und, florbeflügelt Volk, heb an den Chor.
Die Fürstin kommt, die Fürstin steht am Tor!«

Da krimmelt, wimmelt es im Heidgezweige,
Die Grille dreht geschwind das Beinchen um,
Streicht an des Taues Kolophonium
Und spielt so schäferlich die Liebesgeige.
Ein tüchtiger Hornist, der Käfer, schnurrt,
Die Mücke schleift behend die Silberschwingen,
Daß heller der Triangel möge klingen;
Diskant und auch Tenor die Fliege surrt;
Und, immer mehrend ihren werten Gurt,
Die reiche Katze um des Leibes Mitten,
Ist als Bassist die Biene eingeschritten;
Schwerfällig hockend in der Blüte rummeln
Das Kontraviolon die trägen Hummeln. —

So tausendarmig ward noch nie gebaut
Des Münsters Halle, wie im Heidekraut
Gewölbe an Gewölben sich erschließen,
Gleich Labyrinthen ineinander schießen;
So tausendstimmig stieg noch nie ein Chor,
Wie's musiziert aus grünem Heid hervor.

Jetzt sitzt die Königin auf ihrem Throne,
Die Silberwolke Teppich ihrem Fuß,
Am Haupte flammt und quillt die Strahlenkrone,
Und lauter, lauter schallt des Herolds Gruß:

»Bergleute auf! Heraus aus eurem Schacht
Bringt eure Schätze, und du Fabrikant,
Breit' vor der Fürstin des Gewandes Pracht,
Kaufherrn, enthüllt den Saphir, den Demant!«

Schau, wie es wimmelt aus der Erde Schoß,
Wie sich die schwarzen Knappen drängen, streifen,
Und mühsam stemmend aus den Stollen schleifen
Gewalt'ge Stufen, wie der Träger groß;
Ameisenvolk, du machst es dir zu schwer!
Dein roh Gestein lockt keiner Fürstin Gnaden.
Doch sieh die Spinne, rutschend hin und her,
Schon zieht sie des Gewebes letzten Faden,
Wie Perlen klar, ein duftig Elfenkleid;
Viel edle Funken sind darin entglommen;
Da kommt der Wind und häkelt es vom Heid,
Es steigt, es flattert, und es ist verschwommen. –

Die Wolke dehnte sich, scharf strich der Hauch,
Die Lerche schwieg, und sank zum Ginsterstrauch.

Die Jagd

Die Luft hat schlafen sich gelegt,
Behaglich in das Moos gestreckt;
Kein Rispeln, das die Kräuter regt,
Kein Seufzer, der die Halme weckt.
Nur eine Wolke träumt mitunter
Am blassen Horizont hinunter,
Dort, wo das Tannicht überm Wall
Die dunkeln Kandelaber streckt.

Da horch, ein Ruf, ein ferner Schall:
»Hallo! hoho!« so lang gezogen,
Man meint, die Klänge schlagen Wogen
Im Ginsterfeld, und wieder dort:
»Hallo! hoho!« — am Dickicht fort
Ein zögernd Echo, — alles still!
Man hört der Fliege Angstgeschrill
Im Mettennetz, den Fall der Beere,
Man hört im Kraut des Käfers Gang,
Und dann wie zieh'nder Kranichheere
Kling klang! von ihrer luft'gen Fähre,
Wie ferner Unkenruf: Kling! klang!
Ein Läuten das Gewäld entlang —
Hui schlüpft der Fuchs den Wall hinab —
Er gleitet durch die Binsenspeere,
Und zuckelt fürder seinen Trab:
Und aus dem Dickicht, weiß wie Flocken,
Nach stäuben die lebend'gen Glocken,
Radschlagend an des Dammes Hang;
Wie Aale schnellen sie vom Grund,
Und weiter, weiter, Fuchs und Hund. —

Der schwankende Wacholder flüstert,
Die Binse rauscht, die Heide knistert,
Und stäubt Phalänen um die Meute.
Sie jappen, klaffen nach der Beute,
Schaumflocken sprühn aus Nas' und Mund.
Noch hat der Fuchs die rechte Weite,
Gelassen trabt er, schleppt den Schweif,
Zieht in dem Taue dunklen Streif
Und zeigt verächtlich seine Socken.
Doch bald hebt er die Lunte frisch,
Und, wie im Weiher schnellt der Fisch,
Fort setzt er über Kraut und Schmelen,
Wirft mit den Läufen Kies und Staub;
Die Meute mit geschwollnen Kehlen
Ihm nach, wie rassend Winterlaub.
Man höret ihre Kiefern knacken,
Wenn fletschend in die Luft sie hacken;
In weitem Kreise so zum Tann,
Und wieder aus dem Dickicht dann
Ertönt das Glockenspiel der Bracken.

Was bricht dort im Gestrüppe am Revier?
Im holprichten Galopp stampft es den Grund;
Ha! brüllend Herdenvieh! voran der Stier,
Und ihnen nach klafft ein versprengter Hund.
Schwerfällig poltern sie das Feld entlang,
Das Horn gesenkt, wagrecht des Schweifes Strang,
Und taumeln noch ein paarmal in die Runde,
Eh Posto wird gefaßt im Heidegrunde.
Nun endlich stehn sie, murren noch zurück,
Das Dickicht messend mit verglastem Blick,
Dann sinkt das Haupt, und unter ihrem Zahne
Ein leises Rupfen knirrt im Thymiane;
Unwillig schnauben sie den gelben Rauch,
Das Euter streifend am Wacholderstrauch,

Und peitschen mit dem Schweife in die Wolke
Von summendem Gewürm und Fliegenvolke.
So, langsam schüttelnd den gefüllten Bauch
Fort grasen sie bis zu dem Heidekolke.

Ein Schuß: »Hallo!« — ein zweiter Schuß: »Hoho!«
Die Herde stutzt, des Kolkes Spiegel kraust
Ihr Blasen, dann die Hälse streckend, so
Wie in des Dammes Mönch der Strudel saust,
Ziehn sie das Wasser in den Schlund, sie pusten,
Die kranke Sterke schaukelt träg herbei,
Sie schaudert, schüttelt sich in hohlem Husten,
Und dann — ein Schuß, und dann — ein Jubelschrei!

Das grüne Käppchen auf dem Ohr,
Den halben Mond am Lederband,
Trabt aus der Lichtung rasch hervor
Bis mitten in das Heideland
Ein Weidmann ohne Tasch' und Büchse;
Er schwenkt das Horn, er ballt die Hand,
Dann setzt er an, und tausend Füchse
Sind nicht so kräftig totgeblasen,
Als heut es schmettert übern Rasen.

»Der Schelm ist tot, der Schelm ist tot!
Laßt uns den Schelm begraben!
Kriegen ihn die Hunde nicht,
Dann fressen ihn die Raben.
Hoho hallo!«

Da stürmt von allen Seiten es heran,
Die Bracken brechen aus Genist und Tann;
Durch das Gelände sieht in wüsten Reifen
Man johlend sie um den Hornisten schweifen,
Sie ziehen ihr Geheul so hohl und lang,

Daß es verdunkelt der Fanfare Klang,
Doch lauter, lauter schallt die Gloria,
Braust durch den Ginster die Viktoria:

»Hängt den Schelm! hängt den Schelm!
Hängt ihn an die Weide,
Mir den Balg und dir den Talg,
Dann lachen wir alle beide;
Hängt ihn! Hängt ihn!
Den Schelm, den Schelm! — —«

Die Vogelhütte

Regen, Regen, immer Regen! will nicht das Geplätscher enden,
Daß ich aus dem Sarge brechen kann, aus diesen Bretterwänden?

Sieben Schuhe ins Gevierte, das ist doch ein ärmlich Räumchen
Für ein Menschenkind, und wär' es schlank auch wie ein Rosenbäumchen!

O was ließ ich mich gelüsten, in den Vogelherd zu flüchten,
Als nur schwach die Wolke tropfte, als noch flüsterten die Fichten:

Und muß nun bestehn das Ganze, wie wenn zögernd man dem Schwätzer
Raum gegeben, dem langweilig Seile drehnden Phrasensetzer;

Und am Kopfe nun gehalten oder schlimmer an den Händen,
Zappelnd, wie der Halbgehängte langet nach des Strickes Enden!

Meine Unglücksstrick' sind dieser Wasserstriemen Läng' und Breite,
Die verkörperten Hyperbeln, denn Bindfäden regnet's heute.

Denk' ich an die heitre Stube, an das weiche Kanapee,
Und wie mein Gedicht — das meine! — dort zerlesen wird beim Tee;

Denk' ich an die schwere Zunge, die statt meiner es zerdrischt,
Bohrend wie ein Schwertfisch möcht' ich schießen in den Wassergischt.

Pah! was kümmern mich die Tropfen, ob ich naß, ob säuberlich!
Aber besser stramm und trocken, als durchnäßt und — lächerlich.

Da — ein Fleck, ein Loch am Himmel; bist du endlich doch gebrochen,
Alte Wassertonne, hab' ich endlich dich entzweigesprochen?

Aber wehe! wie's vom Fasse brodelt, wenn gesprengt der Zapfen,
Hör' ich's auf dem Dache rasseln, förmlich wie mit Füßen stapfen.

Regen! unbarmherz'ger Regen! mögst du braten oder sieden!
Wehe, diese alte Kufe ist das Faß der Danaiden!

*

Ich habe mich gesetzt in Gottes Namen;
Es hilft doch alles nicht, und mein Gedicht
Ist längst gelesen, und im Schloß die Damen,
Sie saßen lange zu Gericht.

Statt einen neuen Lorbeerkranz zu drücken
In meine Phöboslocken, hat man sacht.
Den alten losgezupft und hinterm Rücken
Wohl Eselsohren mir gemacht.

Verkannte Seele, fasse dich im Leiden,
Sei stark, sei nobel, denk', der Ruhm ist leer,
Das Leben kurz, es wechseln Schmerz und Freuden,
Und was dergleichen Neugedachtes mehr!

Ich schau mich um in meiner kleinen Zelle:
Für einen Klausner wär's ein hübscher Ort;
Die Bank, der Tisch, das hölzerne Gestelle
Und an der Wand die Tasche dort;

Ein Netz im Winkelchen, ein Rechen, Spaten —
Und Betten? nun, das macht sich einfach hier;
Der Thymian ist heuer gut geraten
Und blüht mir grade vor der Tür.

Die Waldung drüben — und das Quellgewässer —
Hier möcht' ich Heidebilder schreiben, zum Exempel:
»Die Vogelhütte«, nein — »der Herd«, nein, besser:
»Der Knieende in Gottes weitem Tempel.«

'S ist doch romantisch, wenn ein zart Geriesel
Durch Immortellen und Wacholderstrauch
Umzieht und gleitet wie ein schlüpfend Wiesel
Und drüber flirrt der Stöberrauch;

Wenn Schimmer wechseln, weiß und seladonen;
Die weite Ebne schaukelt wie ein Schiff,
Hindurch der Kibitz schrillt, wie Halkyonen
Wehklagend ziehen um das Riff.

Am Horizont die kolossalen Brücken —
Sind's Wolken, oder ist's ein ferner Wald?
Ich will den Schemel an die Luke rücken,
Da liegt mein Hut, mein Hammer, — halt:

Ein Teller am Gestell! — was mag er bieten?
Fundus! bei Gott, ein Fund die Brezel drin!
Für einen armen Hund von Eremiten,
Wie ich es leider heute bin!

Ein seid'ner Beutel noch — am Bort zerrissen;
Ich greife, greife Rundes mit der Hand;
Weh! in die dürre Erbs' hab' ich gebissen —
Ich dacht', es seie Zuckerkand.

Und nun die Tasche! he, wir müssen klopfen —
Vielleicht liegt ein Gefangner hier in Haft;
Da — eine Flasche! schnell herab den Pfropfen —
Ist's Wasser? Wasser? — edler Rebensaft!

Und Edlerer, der ihn dem Sack vertraute,
Splendid barmherziger Wildhüter du,
Für einen armen Schelm, der Erbsen kaute,
Den frommen Bruder Tuck im Ivanhoe!

Mit dem Gekörn will ich den Kibitz letzen,
Es aus der Lucke streun, wenn er im Flug
Herschwirrt, mir auf die Schulter sich zu setzen,
Wie man es lies't in manchem Buch.

Mir ist ganz wohl in meiner armen Zelle;
Wie mir das Klausnerleben so gefällt!
Ich bleibe hier, ich geh' nicht von der Stelle,
Bevor der letzte Tropfen fällt.

Es verrieselt, es verraucht,
Mählich aus der Wolke taucht
Neu hervor der Sonnenadel.
In den feinen Dunst die Fichte
Ihre grünen Dornen streckt,
Wie ein schönes Weib die Nadel
In den Spitzenschleier steckt;
Und die Heide steht im Lichte
Zahllos blanker Tropfen, die
Am Wacholder zittern, wie
Glasgehänge an dem Lüster.
Überm Grund geht ein Geflüster,
Jedes Kräutchen reckt sich auf,
Und in langgestrecktem Lauf,
Durch den Sand des Pfades eilend,
Blitzt das goldne Panzerhemd
Des Kuriers; am Halme weilend
Streicht die Grille sich das Naß
Von der Flügel grünem Glas.
Grashalm glänzt wie eine Klinge,
Und die kleinen Schmetterlinge,
Blau, orange, gelb und weiß,
Jagen tummelnd sich im Kreis.
Alles Schimmer, alles Licht;
Bergwald mag und Welle nicht
Solche Farbentöne hegen,
Wie die Heide nach dem Regen.

*

Ein Schall — und wieder — wieder — was ist das? —
Bei Gott, das Schloß! Da schlägt es Acht im Turme —
Weh, mein Gedicht! o weh mir armem Wurme,
Nun fällt mir alles ein, was ich vergaß!

Mein Hut, mein Hammer, hurtig fortgetrabt —
Vielleicht, vielleicht ist man diskret gewesen
Und harrte meiner, der sein Federlesen
Indes mit Kraut und Würmern hat gehabt. —

Nun kommt der Steg und nun des Teiches Ried,
Nun steigen der Alleen schlanke Streifen;
Ich weiß es nicht, ich kann es nicht begreifen,
Wie ich so gänzlich mich vom Leben schied —
Doch freilich — damals war ich Eremit!

DER WEIHER

Er liegt so still im Morgenlicht,
So friedlich, wie ein fromm Gewissen;
Wenn Weste seinen Spiegel küssen,
Des Ufers Blume fühlt es nicht;
Libellen zittern über ihn,
Blaugoldne Stäbchen und Karmin,
Und auf des Sonnenbildes Glanz
Die Wasserspinne führt den Tanz;
Schwertlilienkranz am Ufer steht
Und horcht des Schilfes Schlummerliede;
Ein lindes Säuseln kommt und geht,
Als flüstre's: Friede! Friede! Friede! —

Das Schilf

»Stille, er schläft! stille, stille!
Libelle, reg' die Schwingen sacht,
Daß nicht das Goldgewebe schrille,
Und, Ufergrün, halt gute Wacht,
Kein Kieselchen laß niederfallen.
Er schläft auf seinem Wolkenflaum
Und über ihn läßt säuselnd wallen
Das Laubgewölb' der alte Baum;
Hoch oben, wo die Sonne glüht,
Wieget der Vogel seine Flügel,
Und wie ein schlüpfend Fischlein zieht
Sein Schatten durch des Teiches Spiegel.
Stille, stille! er hat sich geregt,
Ein fallend Reis hat ihn bewegt,

Das grad zum Nest der Hänfling trug:
Su, Su! breit', Ast, dein grünes Tuch —
Su, Su! nun schläft er fest genug.«

Die Linde

»Ich breite über ihn mein Blätterdach,
So weit ich es vom Ufer strecken mag.
Schau her, wie langaus meine Arme reichen,
Ihm mit den Fächern das Gewürm zu scheuchen,
Das hundertfarbig zittert in der Luft.
Ich hauch' ihm meines Odems besten Duft,
Und auf sein Lager lass' ich niederfallen
Die lieblichste von meinen Blüten allen;
Und eine Bank lehnt sich an meinen Stamm,
Da schaut ein Dichter von dem Uferdamm,
Den hör' ich flüstern wunderliche Weise
Von mir und dir und der Libell' so leise,
Daß er den frommen Schläfer nicht geweckt;
Sonst wahrlich hätt' die Raupe ihn erschreckt,
Die ich geschleudert aus dem Blätterhag.
Wie grell die Sonne blitzt! schwül wird der Tag.
O könnt' ich, könnt' ich meine Wurzeln strecken
Recht mitten in das tief kristall'ne Becken,
Den Fäden gleich, die, grünlicher Asbest,
Schaun so behaglich aus dem Wassernest,
Wie mir zum Hohne, der im Sonnenbrande
Hier einsam niederlechzt vom Uferrande.«

Die Wasserfäden

»Neid' uns! neid' uns! laß die Zweige hangen,
Nicht weil flüssigen Kristall wir trinken,

Neben uns des Himmels Sterne blinken,
Sonne sich in unserm Netz gefangen —
Nein, des Teiches Blutsverwandte, fest
Hält er all uns an die Brust gepreßt,
Und wir bohren unsre feinen Ranken
In das Herz ihm, wie ein liebend Weib,
Dringen Adern gleich durch seinen Leib,
Dämmern auf wie seines Traums Gedanken;
Wer uns kennt, der nennt uns lieb und treu,
Und die Schmerle birgt in unsrer Hut
Und die Karpfenmutter ihre Brut;
Welle mag in unserm Schleier kosen;
Uns nur traut die holde Wasserfei,
Sie, die Schöne, lieblicher als Rosen
Schleuß, Trifolium, die Glocken auf,
Kurz dein Tag, doch königlich sein Lauf!«

Kinder am Ufer

»O sieh doch! siehst du nicht die Blumenwolke
Da drüben in dem tiefsten Weiherkolke?
O, das ist schön! hätt' ich nur einen Stecken,
Schmalzweiße Kelch' mit dunkelroten Flecken,
Und jede Glocke ist frisiert so fein,
Wie unser wächsern Engelchen im Schrein.
Was meinst du, schneid' ich einen Haselstab
Und wat' ein wenig in die Furt hinab?
Pah! Frösch' und Hechte können mich nicht schrecken —
Allein, ob nicht vielleicht der Wassermann
Dort in den langen Kräutern hocken kann?

Ich geh', ich gehe schon — ich gehe nicht —
Mich dünkt', ich sah am Grunde ein Gesicht —
Komm, laß uns lieber heim, die Sonne sticht!«

Der Hünenstein

Zur Zeit der Scheide zwischen Nacht und Tag,
Als wie ein siecher Greis die Heide lag
Und ihr Gestöhn des Mooses Teppich regte,
Krankhafte Funken im verwirrten Haar
Elektrisch blitzten und, ein dunkler Mahr,
Sich über sie die Wolkenschichte legte;

Zu dieser Dämmerstunde war's, als ich
Einsam hinaus mit meinen Sorgen schlich
Und wenig dachte, was es draußen treibe.
Nachdenklich schritt ich, und bemerkte nicht
Des Krautes Wallen und des Wurmes Licht;
Ich sah auch nicht, als stieg die Mondesscheibe.

Grad war der Weg, ganz sonder Steg und Bruch;
So träumt' ich fort und, wie ein schlechtes Buch,
Ein Pfennigs-Magazin uns auf der Reise
Von Station zu Stationen plagt,
Hab' zehnmal Weggeworfnes ich benagt
Und fortgeleiert überdrüss'ge Weise.

Entwürfe wurden aus Entwürfen reif,
Doch, wie die Schlange packt den eignen Schweif,
Fand ich mich immer auf derselben Stelle;
Da plötzlich fuhr ein plumper Schröter jach
Ans Auge mir, ich schreckte auf und lag
Am Grund, um mich des Heidekrautes Welle.

Seltsames Lager, das ich mir erkor!
Zur Rechten, Linken schwoll Gestein empor,
Gewalt'ge Blöcke, rohe Porphyrbrode;
Mir überm Haupte reckte sich der Bau,
Langhaar'ge Flechten rührten meine Brau',
Und mir zu Füßen schwankt' die Ginsterlode.

Ich wußte gleich, es war ein Hünengrab,
Und fester drückt' ich meine Stirn hinab,
Wollüstig saugend an des Grauens Süße,
Bis es mit eis'gen Krallen mich gepackt,
Bis wie ein Gletscher-Bronn des Blutes Takt
Aufquoll und hämmert' unterm Mantelvließe.

Die Decke über mir, gesunken, schief,
An der so blaß gehärmt das Mondlicht schlief,
Wie eine Witwe an des Gatten Grabe;
Vom Hirtenfeuer Kohlenscheite sahn
So leichenbrandig durch den Thymian,
Daß ich sie abwärts schnellte mit dem Stabe.

Husch fuhr ein Kibitz schreiend aus dem Moos;
Ich lachte auf; doch trug wie bügellos
Mich Phantasie weit über Spalt und Barren.
Dem Wind hab' ich gelauscht so scharf gespannt,
Als bring' er Kunde aus dem Geisterland,
Und immer mußt' ich an die Decke starren.

Ha! welche Sehnen wälzten diesen Stein?
Wer senkte diese wüsten Blöcke ein,
Als durch das Heid die Totenklage schallte?
Wer war die Drude, die im Abendstrahl
Mit Run' und Spruch umwandelte das Tal,
Indes ihr goldnes Haar im Winde wallte?

Dort ist der Osten; dort, drei Schuh im Grund,
Dort steht die Urne, und in ihrem Rund
Ein wildes Herz, zerstäubt zu Aschenflocken,
Hier lagert sich der Traum vom Opferhain,
Und finster schütteln über diesen Stein
Die grimmen Götter ihre Wolkenlocken.

Wie, sprach ich Zauberformel? Dort am Damm —
Es steigt, es breitet sich wie Wellenkamm,
Ein Riesenleib, gewalt'ger, höher immer;
Nun greift es aus mit langgedehntem Schritt —
Schau, wie es durch der Eiche Wipfel glitt,
Durch seine Glieder zittern Mondenschimmer.

Komm her, komm nieder — um ist deine Zeit!
Ich harre dein, im heil'gen Bad geweiht;
Noch ist der Kirchenduft in meinem Kleide! —
Da fährt es auf, da ballt es sich ergrimmt,
Und langsam, eine dunkle Wolke, schwimmt
Es über meinem Haupt entlang die Heide.

Ein Ruf, ein hüpfend Licht — es schwankt herbei —
Und — »Herr, es regnet« — sagte mein Lakai,
Der ruhig übers Haupt den Schirm mir streckte.
Noch einmal sah ich zum Gestein hinab:
Ach Gott, es war doch nur ein rohes Grab,
Das armen, ausgedorrten Staub bedeckte! —

Die Steppe

Standest du je am Strande,
Wenn Tag und Nacht sich gleichen,
Und sahst aus Lehm und Sande
Die Regenrinnen schleichen —
Zahllose Schmugglerquellen,
Und dann, so weit das Auge
Nur reicht, des Meeres Wellen
Gefärbt mit gelber Lauge? —

Hier ist die Dün' und drunten
Das Meer; Kanonen gleichend
Stehn Schäferkarrn, die Lunten
Verlöscht am Boden streichend.
Gilt's etwa dem Korsaren
Im flatternden Kaftane,
Den dort ich kann gewahren
Im gelben Ozeane?

Er scheint das Tau zu schlagen,
Sein Schiff verdeckt die Düne,
Doch sieht den Mast man ragen, —
Ein dürrer Fichtenhühne;
Von seines Toppes Kunkel
Die Seile stramm wie Äste,
Der Mastkorb rauh und dunkel,
Gleicht einem Weihenneste! —

Die Mergelgrube

Stoß deinen Scheit drei Spannen in den Sand,
Gesteine siehst du aus dem Schnitte ragen,
Blau, gelb, zinnoberrot, als ob zur Gant
Natur die Trödelbude aufgeschlagen.
Kein Pardelfell war je so bunt gefleckt,
Kein Rebhuhn, keine Wachtel so gescheckt,
Als das Gerölle, gleißend wie vom Schliff,
Sich aus der Scholle bröckelt bei dem Griff
Der Hand, dem Scharren mit des Fußes Spitze.

Wie zürnend sturt dich an der schwarze Gneis,
Spatkugeln kollern nieder, milchig weiß,
Und um den Glimmer fahren Silberblitze;
Gesprenkelte Porphyre, groß und klein,
Die Ockerdruse und der Feuerstein —
Nur wenige hat dieser Grund gezeugt,
Der sah den Strand, und der des Berges Kuppe;
Die zorn'ge Welle hat sie hergescheucht,
Leviathan mit seiner Riesenschuppe,
Als schäumend übern Sinai er fuhr,
Des Himmels Schleusen dreißig Tage offen,
Gebirge schmolzen ein wie Zuckerkand,
Als dann am Ararat die Arche stand,
Und eine fremde, üppige Natur,
Ein neues Leben quoll aus neuen Stoffen. —

Findlinge nennt man sie, weil von der Brust,
Der mütterlichen, sie gerissen sind,

In fremde Wiege, schlummernd unbewußt,
Die fremde Hand sie legt' wie's Findelkind.
O welch' ein Waisenhaus ist diese Heide,
Die Mohren, Blaßgesicht und rote Haut
Gleichförmig hüllet mit dem braunen Kleide!
Wie endlos ihre Zellenreihn gebaut!

Tief ins Gebröckel, in die Mergelgrube
War ich gestiegen, denn der Wind zog scharf;
Dort saß ich seitwärts in der Höhlenstube
Und horchte träumend auf der Luft Geharf.
Es waren Klänge, wie wenn Geisterhall
Melodisch schwinde im zerstörten All;
Und dann ein Zischen, wie von Moores Klaffen,
Wenn brodelnd es in sich zusamm'gesunken;
Mir überm Haupt ein Rispeln und ein Schaffen,
Als scharre in der Asche man den Funken.
Findlinge zog ich Stück auf Stück hervor
Und lauschte, lauschte mit berauschtem Ohr.

Vor mir, um mich der graue Mergel nur;
Was drüber, sah ich nicht; doch die Natur
Schien mir verödet, und ein Bild erstand
Von einer Erde, mürbe, ausgebrannt;
Ich selber schien ein Funken mir, der doch
Erzittert in der toten Asche noch,
Ein Findling im zerfallnen Weltenbau.
Die Wolke teilte sich, der Wind ward lau;
Mein Haupt nicht wagt' ich aus dem Hohl zu strecken,
Um nicht zu schauen der Verödung Schrecken,
Wie Neues quoll und Altes sich zersetzte —
War ich der erste Mensch oder der letzte?

Ha, auf der Schieferplatte hier Medusen —
Noch schienen ihre Strahlen sie zu zücken,

Als sie geschleudert von des Meeres Busen
Und das Gebirge sank, sie zu zerdrücken.
Es ist gewiß, die alte Welt ist hin,
Ich Petrefakt, ein Mammutsknochen drin!
Und müde, müde sank ich an den Rand
Der staub'gen Gruft; da rieselte der Grand
Auf Haar und Kleider mir, ich ward so grau
Wie eine Leich' im Katakomben-Bau,
Und mir zu Füßen hört' ich leises Knirren,
Ein Rütteln, ein Gebröckel und ein Schwirren.
Es war der Totenkäfer, der im Sarg
Soeben eine frische Leiche barg;
Ihr Fuß, ihr Flügelchen empor gestellt
Zeigt eine Wespe mir von dieser Welt.

Und anders ward mein Träumen nun gewandet,
Zu einer Mumie ward ich versandet,
Mein Linnen Staub, fahlgrau mein Angesicht,
Und auch der Skarabäus fehlte nicht.

Wie, Leichen über mir? — so eben gar
Rollt mir ein Byssusknäuel in den Schoß;
Nein, das ist Wolle, ehrlich Lämmerhaar —
Und plötzlich ließen mich die Träume los.
Ich gähnte, dehnte mich, fuhr aus dem Hohl,
Am Himmel stand der rote Sonnenball,
Getrübt von Dunst, ein glüher Karneol,
Und Schafe weideten am Heidewall.
Dicht über mir sah ich den Hirten sitzen,
Er schlingt den Faden, und die Nadeln blitzen,
Wie er bedächtig seinen Socken strickt.
Zu mir hinunter hat er nicht geblickt.
»Ave Maria« hebt er an zu pfeifen,
So sacht und schläfrig, wie die Lüfte streifen.
Er schaut so seelengleich die Herde an,

Daß man nicht weiß, ob Schaf er oder Mann.
Ein Räuspern dann, und langsam aus der Kehle
Schiebt den Gesang er in das Garngesträhle:

»Es stehet ein Fischlein in einem tiefen See,
Danach tu ich wohl schauen, ob es kommt in die Höh';
Wandl' ich über Grunheide bis an den kühlen Rhein,
Alle meine Gedanken bei meinem Feinsliebchen sein.

Gleich wie der Mond ins Wasser schaut hinein,
Und gleich wie die Sonne im Wald gibt güldenen Schein,
Also sich verborgen bei mir die Liebe findt,
Alle meine Gedanken, sie sind bei dir, mein Kind.

Wer da hat gesagt, ich wollte wandern fort,
Der hat sein Feinsliebchen an einem andern Ort;
Trau nicht den falschen Zungen, was sie dir blasen ein,
Alle meine Gedanken, sie sind bei dir allein.«

Ich war hinaufgeklommen, stand am Bord,
Dicht vor dem Schäfer, reichte ihm den Knäuel;
Er steckt' ihn an den Hut und strickte fort,
Sein weißer Kittel zuckte wie ein Weihel.
Im Moose lag ein Buch; ich hob es auf —
»Bertuchs Naturgeschichte; lest Ihr das?«
Da zog ein Lächeln seine Lippen auf:
»Der lügt mal, Herr! Doch das ist just der Spaß!
Von Schlangen, Bären, die in Stein verwandelt,
Als, wie Genesis sagt, die Schleusen offen;
Wär's nicht zur Kurzweil, wär es schlecht gehandelt:
Man weiß ja doch, daß alles Vieh versoffen.«
Ich reichte ihm die Schieferplatte: »Schau,
Das war ein Tier.« Da zwinkert' er die Brau
Und hat mir lange pfiffig nachgelacht —
Daß ich verrückt sei, hätt' er nicht gedacht! —

Die Krähen

Heiß, heiß der Sonnenbrand
Drückt vom Zenit herunter,
Weit, weit der gelbe Sand
Zieht sein Gestäube drunter;
Nur wie ein grüner Strich
Am Horizont die Föhren;
Mich dünkt', man müßt' es hören,
Wenn nur ein Kanker schlich.

Der blasse Äther siecht,
Ein Ruhen rings, ein Schweigen,
Dem matt das Ohr erliegt;
Nur an der Düne steigen
Zwei Fichten dürr, ergraut,
Wie Trauernde am Grabe,
Wo einsam sich ein Rabe
Die rupp'gen Federn kraut.

Da zieht's im Westen schwer
Wie eine Wetterwolke,
Kreist um die Föhren her
Und fällt am Heidekolke;
Und wieder steigt es dann,
Es flattert und es ächzet,
Und immer näher krächzet
Das Galgenvolk heran.

Recht, wo der Sand sich dämmt,
Da lagert es am Hügel;
Es badet sich und schwemmt,
Stäubt Asche durch die Flügel,
Bis jede Feder grau;
Dann rasten sie im Bade
Und horchen der Suade
Der alten Krähenfrau,

Die sich im Sande reckt,
Das Bein lang ausgeschossen,
Ihr eines Aug' gefleckt,
Das andre ist geschlossen;
Zweihundert Jahr und mehr
Gehetzt mit allen Hunden,
Schnarrt sie nun ihre Kunden
Dem jungen Volke her:

»Ja, ritterlich und kühn all sein Gebar!
Wenn er so herstolzierte vor der Schar
Und ließ sein bäumend Roß so drehn und schwenken,
Da mußt' ich immer an Sankt Görgen denken,
Den Wettermann, der — als am Schlot ich saß,
Ließ mir die Sonne auf den Rücken brennen —
Vom Wind getrillt mich schlug so hart, daß baß
Ich es dem alten Raben möchte gönnen,
Der dort von seiner Hopfenstange schaut,
Als sei ein Baum er und wir andern Kraut! —

»Kühn war der Halberstadt, das ist gewiß!
Wenn er die Braue zog, die Lippe biß,
Dann standen seine Landsknecht' auf den Füßen
Wie Speere, solche Blicke konnt' er schießen.
Einst brach sein Schwert: er riß die Kuppel los,

Stieß mit der Scheide einen Mann vom Pferde.
Ich war nur immer froh, daß flügellos,
Ganz sonder Witz der Mensch geboren werde:
Denn nie hab' ich gesehn, daß aus der Schlacht
Er eine Leber nur bei Seit' gebracht.

»An einem Sommertag — heut sind es grad
Zweihundertfünfzehn Jahr, es lief die Schnat
Am Damme drüben damals bei den Föhren —
Da konnte man ein frisch Drommeten hören,
Ein Schwerterklirren und ein Feldgeschrei,
Radschlagen sah man Reuter von den Rossen,
Und die Kanone fuhr ihr Hirn zu Brei!
Entlang die Gleise ist das Blut geflossen,
Granat und Wachtel liefen kunterbunt
Wie junge Kiebitze am sand'gen Grund.

»Ich saß auf einem Galgen, wo das Bruch
Man überschauen konnte recht mit Fug;
Dort an der Schnat hat Halberstadt gestanden,
Mit seinem Sehrohr streifend durch die Banden,
Hat seinen Stab geschwungen so und so;
Und wie er schwenkte, zogen die Soldaten —
Da plötzlich aus den Mörsern fuhr die Loh',
Es knallte, daß ich bin zu Fall geraten.
Und als kopfüber ich vom Galgen schoß,
Da pfiff der Halberstadt davon zu Roß.

*

»Mir stieg der Rauch in Ohr und Kehl', ich schwang
Mich auf, und nach der Qualm in Strömen drang;
Entlang die Heide fuhr ich mit Gekrächze.
Am Grunde, welch Geschrei, Geschnaub', Geächze,
Die Rosse wälzten sich und zappelten,
Todwunde zuckten auf, Landsknecht' und Reuter

Knirschten den Sand, da näher trappelten
Schwadronen, manche krochen winselnd weiter,
Und mancher hat noch einen Stich versucht,
Als über ihn der Bayer weggeflucht.

»Noch lange haben sie getobt, geknallt,
Ich hatte mich geflüchtet in den Wald;
Doch als die Sonne färbt' der Föhren Spalten,
Ha, welch ein köstlich Mahl ward da gehalten!
Kein Geier schmaust', kein Weihe je so reich!
In achtzehn Schwärmen fuhren wir herunter,
Das gab ein Hacken, Picken, Leich' auf Leich' —
Allein der Halberstadt war nicht darunter:
Nicht kam er heut, noch sonst mir zu Gesicht,
Wer ihn gefressen hat, ich weiß es nicht.«

Sie zuckt die Klaue, kraut den Schopf
Und streckt behaglich sich im Bade;
Da streckt ein grauer Herr den Kopf,
Weit älter, als die Scheh'razade.
»Ha«, krächzt er, »das war wüste Zeit —
Da gab's nicht Frauen, wie vor Jahren,
Als Ritter mit dem Kreuz gefahren
Und man die Münster hat geweiht!«

Er hustet, speit ein wenig Sand und Ton,
Dann hebt er an, ein grauer Seladon:

»Und wenn er kühn, so war sie schön,
Die heil'ge Frau im Ordenskleide!
Ihr mocht' der Weihel süßer stehn,
Als andern Güldenstück und Seide.
Kaum war sie holder an dem Tag,
Da ihr jungfräulich Haar man fällte,
Als ich ans Kirchenfenster schnellte
Und schier Tobias' Hündlein brach.

»Da stand die alte Gräfin, stand
Der alte Graf, geduldig harrend;
Er aufs Barettlein in der Hand,
Sie fest aufs Paternoster starrend;
Ehrbar, wie bronzen sein Gesicht —
Und aus der Mutter Wimpern glitten
Zwei Tränen auf der Schaube Mitten,
Doch ihre Lippe zuckte nicht.

»Und sie in ihrem Sammetkleid,
Von Perlen und Juwel' umfunkelt,
Bleich war sie, aber nicht von Leid,
Ihr Blick, doch nicht von Gram, umdunkelt.
So mild hat sie das Haupt gebeugt,
Als woll' auf den Altar sie legen
Des Haares königlichen Segen,
Vom Antlitz ging ein süß Geleucht.

»Doch als nun, wie am Blutgerüst,
Ein Mann die Seidenstränge packte,
Da faßte mich ein wild Gelüst,
Ich schlug die Scheiben, daß es knackte,
Und flattert' fort, als ob der Stahl
Nach meinem Nacken wolle zücken —
Ja wahrlich, über Kopf und Rücken
Fühlt' ich den ganzen Tag mich kahl!

»Und später sah ich manche Stund
Sie betend durch den Kreuzgang schreiten,
Ihr süßes Auge übern Grund
Entlang die Totenlager gleiten;
Ins Quadrum flog ich dann herab,
Spazierte auf dem Leichensteine,
Sang, oder suchte auch zum Scheine
Nach einem Regenwurm am Grab.

»Wie sie gestorben, weiß ich nicht;
Die Fenster hatte man verhangen,
Ich sah am Vorhang nur das Licht
Und hörte, wie die Schwestern sangen;
Auch hat man keinen Stein geschafft
Ins Quadrum, doch ich hörte sagen,
Daß manchem Kranken Heil getragen
Der sel'gen Frauen Wunderkraft.

»Ein Loch gibt es am Kirchenend',
Da kann man ins Gewölbe schauen,
Wo matt die ew'ge Lampe brennt,
Steinsärge ragen, fein gehauen;
Da streck' ich oft im Dämmergrau
Den Kopf durchs Gitter, klage, klage
Die Schlafende im Sarkophage,
So hold, wie keine Krähenfrau!«

Er schließt die Augen, stößt ein lang »Krahah!«
Gestreckt die Zunge und den Schnabel offen;
Matt, flügelhängend, ein zertrümmert Hoffen,
Ein Bild gebrochnen Herzens sitzt er da. —

Da schnarrt es über ihm: »Ihr Narren all!«
Und nieder von der Fichte plumpt der Rabe:
»Ist einer hier, der hörte von Walhall,
Von Teut und Thor und von dem Hünengrabe?
Saht ihr den Opferstein« — da mit Gekrächz
Hebt sich die Schar und klatscht entlang den Hügel.
Der Rabe blinzt, er stößt ein kurz Geächz,
Die Federn sträubend wie ein zorn'ger Igel;
Dann duckt er nieder, kraut das kahle Ohr,
Noch immer schnarrend fort von Teut und Thor.

Das Hirtenfeuer

Dunkel, Dunkel im Moor,
Über der Heide Nacht,
Nur das rieselnde Rohr
Neben der Mühle wacht,
Und an des Rades Speichen
Schwellende Tropfen schleichen.

Unke kauert im Sumpf,
Igel im Grase duckt,
In dem modernden Stumpf
Schlafend die Kröte zuckt,
Und am sandigen Hange
Rollt sich fester die Schlange.

Was glimmt dort hinterm Ginster
Und bildet lichte Scheiben?
Nun wirft es Funkenflinster,
Die löschend niederstäuben;
Nun wieder alles dunkel —
Ich hör' des Stahles Picken,
Ein Knistern, ein Gefunkel,
Und auf die Flammen zücken.

Und Hirtenbuben hocken
Im Kreis' umher, sie strecken
Die Hände, Torfes Brocken
Seh' ich die Lohe lecken;
Da bricht ein starker Knabe
Aus des Gestrüppes Windel
Und schleifet nach im Trabe
Ein wüst Wacholderbündel.

Er läßt's am Feuer kippen —
Hei, wie die Buben johlen,
Und mit den Fingern schnippen
Die Funken-Girandolen!
Wie ihre Zipfelmützen
Am Ohre lustig flattern,
Und wie die Nadeln spritzen,
Und wie die Äste knattern!

Die Flamme sinkt, sie hocken
Aufs neu' umher im Kreise,
Und wieder fliegen Brocken,
Und wieder schwelt es leise:
Glührote Lichter streichen
An Haarbusch und Gesichte,
Und schier Dämonen gleichen
Die kleinen Heidewichte.

Der da, der Unbeschuhte,
Was streckt er in das Dunkel
Den Arm wie eine Rute?
Im Kreise welch Gemunkel?
Sie spähn wie junge Geier
Von ihrer Ginsterschütte:
Ha, noch ein Hirtenfeuer,
Recht an des Dammes Mitte!

Man sieht es eben steigen
Und seine Schimmer breiten,
Den wirren Funkenreigen
Übern Wacholder gleiten;
Die Buben flüstern leise,
Sie räuspern ihre Kehlen,
Und alte Heideweise
Verzittert durch die Schmehlen.

»Helo, heloe!
Heloe, loe!
Komm du auf unsre Heide,
Wo ich meine Schäflein weide,
Komm, o komm in unser Bruch,
Da gibt's der Blümelein genug! —
Helo, heloe!«

Die Knaben schweigen, lauschen nach dem Tann,
Und leise durch den Ginster zieht's heran:

Gegenstrophe

»Helo, heloe!
Ich sitze auf dem Walle,
Meine Schäflein schlafen alle,
Komm, o komm in unsern Kamp,
Da wächst das Gras wie Brahm so lang! —
Helo, heloe!
Heloe, loe!«

Der Heidemann

»Geht Kinder, nicht zu weit ins Bruch,
Die Sonne sinkt, schon surrt den Flug
Die Biene matter, schlafgehemmt,
Am Grunde schwimmt ein blasses Tuch,
Der Heidemann kömmt!« —

Die Knaben spielen fort am Raine,
Sie rupfen Gräser, schnellen Steine,
Sie plätschern in des Teiches Rinne,
Erhaschen die Phalän' am Ried
Und freun sich, wenn die Wasserspinne
Langbeinig in die Binsen flieht.

»Ihr Kinder, legt euch nicht ins Gras! —
Seht, wo noch grad' die Biene saß,
Wie weißer Rauch die Glocken füllt.
Scheu aus dem Busche glotzt der Has,
Der Heidemann schwillt!« —

Kaum hebt ihr schweres Haupt die Schmehle
Noch aus dem Dunst, in seine Höhle
Schiebt sich der Käfer, und am Halme
Die träge Motte höher kreucht,
Sich flüchtend vor dem feuchten Qualme,
Der unter ihre Flügel steigt.

»Ihr Kinder, haltet euch bei Haus!
Lauft ja nicht in das Bruch hinaus;
Seht, wie bereits der Dorn ergraut,
Die Drossel ächzt zum Nest hinaus,
Der Heidemann braut!« —

Man sieht des Hirten Pfeife glimmen
Und vor ihm her die Herde schwimmen,
Wie Proteus seine Robbenscharen
Heimschwemmt im grauen Ozean.
Am Dach die Schwalben zwitschernd fahren,
Und melancholisch kräht der Hahn.

»Ihr Kinder, bleibt am Hofe dicht!
Seht, wie die feuchte Nebelschicht
Schon an des Pförtchens Klinke reicht;
Am Grunde schwimmt ein falsches Licht,
Der Heidemann steigt!« —

Nun strecken nur der Föhren Wipfel
Noch aus dem Dunste grüne Gipfel,
Wie übern Schnee Wacholderbüsche;
Ein leises Brodeln quillt im Moor,
Ein schwaches Schrillen, ein Gezische
Dringt aus der Niederung hervor.

»Ihr Kinder kommt, kommt schnell herein!
Das Irrlicht zündet seinen Schein,
Die Kröte schwillt, die Schlang' im Ried;
Jetzt ist's unheimlich draußen sein,
Der Heidemann zieht!« —

Nun sinkt die letzte Nadel, rauchend
Zergeht die Fichte, langsam tauchend
Steigt Nebelschemen aus dem Moore,
Mit Hünenschritten gleitet's fort;
Ein irres Leuchten zuckt im Rohre,
Der Krötenchor beginnt am Bord.

Und plötzlich scheint ein schwaches Glühen
Des Hünen Glieder zu durchziehen;
Es siedet auf, es färbt die Wellen,
Der Nord, der Nord entzündet sich —
Glutpfeile, Feuerspeere schnellen,
Der Horizont ein Lavastrich!

»Gott gnad' uns! wie es zuckt und dräut,
Wie's schwelet an der Dünenscheid'!
Ihr Kinder, faltet eure Händ',
Das bringt uns Pest und teure Zeit —
Der Heidemann brennt!« —

Das Haus in der Heide

Wie lauscht, vom Abendschein umzuckt,
Die strohgedeckte Hütte,
Recht wie im Nest der Vogel duckt,
Aus dunkler Föhren Mitte.

Am Fensterloche streckt das Haupt
Die weißgestirnte Sterke,
Bläst in den Abendduft und schnaubt
Und stößt ans Holzgewerke.

Seitab ein Gärtchen, dornumhegt,
Mit reinlichem Gelände,
Wo matt ihr Haupt die Glocke trägt,
Aufrecht die Sonnenwende.

Und drinnen kniet ein stilles Kind,
Das scheint den Grund zu jäten,
Nun pflückt sie eine Lilie lind
Und wandelt längs den Beeten.

Am Horizonte Hirten, die
Im Heidekraut sich strecken
Und mit des Aves Melodie
Träumende Lüfte wecken.

Und von der Tenne ab und an
Schallt es wie Hammerschläge,
Der Hobel rauscht, es fällt der Span,
Und langsam knarrt die Säge.

Da hebt der Abendstern gemach
Sich aus den Föhrenzweigen,
Und grade ob der Hütte Dach
Scheint er sich mild zu neigen.

Es ist ein Bild, wie still und heiß
Es alte Meister hegten,
Kunstvolle Mönche, und mit Fleiß
Es auf den Goldgrund legten.

Der Zimmermann — die Hirten gleich
Mit ihrem frommen Liede —
Die Jungfrau mit dem Lilienzweig —
Und rings der Gottesfriede. —

Des Sternes wunderlich Geleucht
Aus zarten Wolkenfloren —
Ist etwa hier im Stall vielleicht
Christkindlein heut geboren?

Der Knabe im Moor

O schaurig ist's übers Moor zu gehn,
Wenn es wimmelt vom Heiderauche,
Sich wie Phantome die Dünste drehn
Und die Ranke häkelt am Strauche,
Unter jedem Tritte ein Quellchen springt,
Wenn aus der Spalte es zischt und singt,
O schaurig ist's, übers Moor zu gehn,
Wenn das Röhricht knistert im Hauche!

Fest hält die Fibel das zitternde Kind
Und rennt, als ob man es jage;
Hohl über die Fläche sauset der Wind —
Was raschelt drüben am Hage?
Das ist der gespenstische Gräberknecht,
Der dem Meister die besten Torfe verzecht;
Hu, hu, es bricht wie ein irres Rind!
Hinducket das Knäblein zage.

Vom Ufer starret Gestumpf hervor,
Unheimlich nicket die Föhre,
Der Knabe rennt, gespannt das Ohr,
Durch Riesenhalme wie Speere;
Und wie es rieselt und knittert darin!
Das ist die unselige Spinnerin,
Das ist die gebannte Spinnlenor',
Die den Haspel dreht im Geröhre!

Voran, voran! nur immer im Lauf,
Voran, als woll' es ihn holen!
Vor seinem Fuße brodelt es auf,
Es pfeift ihm unter den Sohlen
Wie eine gespenstige Melodei;
Das ist der Geigemann ungetreu,
Das ist der diebische Fiedler Knauf,
Der den Hochzeitheller gestohlen!

Da birst das Moor, ein Seufzer geht
Hervor aus der klaffenden Höhle;
Weh, weh, da ruft die verdammte Margret:
»Ho, ho, meine arme Seele!«
Der Knabe springt wie ein wundes Reh;
Wär' nicht Schutzengel in seiner Näh',
Seine bleichenden Knöchelchen fände spät
Ein Gräber im Moorgeschwele.

Da mählich gründet der Boden sich,
Und drüben, neben der Weide,
Die Lampe flimmert so heimatlich,
Der Knabe steht an der Scheide.
Tief atmet er auf, zum Moor zurück
Noch immer wirft er den scheuen Blick:
Ja, im Geröhre war's fürchterlich,
O schaurig war's in der Heide!

FELS, WALD UND SEE

DIE ELEMENTE

Luft

Der Morgen, der Jäger

Wo die Felsenlager stehen,
Sich des Schnees Daunen blähen,
Auf des Chimborasso Höhen
Ist der junge Strahl erwacht;
Regt und dehnt die ros'gen Glieder,
Schüttelt dann sein Goldgefieder,
Mit dem Flimmerauge nieder
Blinzt er in des Tales Schacht.
Hörst du, wie es fällt und steigt?
Fühlst du, wie es um dich streicht?
Dringt zu dir im weichen Duft
Nicht der Himmelsodem — Luft?

Ins frische Land der Jäger tritt:
»Gegrüßt du fröhlicher Morgen!
»Gegrüßt du Sonn', mit dem leichten Schritt
Wir Beiden ziehn ohne Sorgen.
Und dreimal gegrüßt mein Geselle Wind,
Der stets mir wandelt zur Seite,
Im Walde flüstert durch Blätter lind,
Zur Höh' gibt springend Geleite.
Und hat die Gems, das listige Tier,
Mich verlockt in ihr zackiges Felsrevier,
Wie sind wir Drei dann so ganz allein,
Du, Luft, und ich und der uralte Stein!«

Wasser

Der Mittag, der Fischer

Alles still ringsum —
Die Zweige ruhen, die Vögel sind stumm.
Wie ein Schiff, das im vollen Gewässer brennt,
Und das die Windsbraut jagt,
So durch den Azur die Sonne rennt
Und immer flammender tagt.

Natur schläft — ihr Odem steht,
Ihre grünen Locken hangen schwer,
Nur auf und nieder ihr Pulsschlag geht
Ungehemmt im heiligen Meer.
Jedes Räupchen sucht des Blattes Hülle,
Jeden Käfer nimmt sein Grübchen auf;
Nur das Meer liegt frei in seiner Fülle
Und blickt zum Firmament hinauf.

In der Bucht wiegt ein Kahn,
Ausgestreckt der Fischer drin,
Und die lange Wasserbahn
Schaut er träumend überhin.
Neben ihm die Zweige hängen,
Unter ihm die Wellchen drängen,
Plätschernd in der blauen Flut
Schaukelt seine heiße Hand:

»Wasser«, spricht er, »Welle gut,
Hauchst so kühlig an den Strand.
Du, der Erde köstlich Blut,
Meinem Blute nah verwandt,
Sendest deine blanken Wellen,
Die jetzt kosend um mich schwellen,

Durch der Mutter weites Reich,
Börnlein, Strom und glatter Teich,
Und an meiner Hütte gleich
Schlürf' ich dein geläutert Gut,
Und du wirst mein eignes Blut,
Liebe Welle, heil'ge Flut!« —
Leiser plätschernd schläft er ein
Und das Meer wirft seinen Schein
Um Gebirg und Feld und Hain;
Und das Meer zieht seine Bahn
Um die Welt und um den Kahn.

Erde

Der Abend, der Gärtner

Rötliche Flöckchen ziehen
Über die Berge fort,
Und wie Purpurgewänder
Und wie farbige Bänder
Flattert es hier und dort
In der steigenden Dämmrung Hort.

Gleich einem Königsgarten,
Den verlassen die Fürstin hoch —
Nur in der Kühle ergehen
Und um die Beete sich drehen
Flüstern ein paar Hoffräulein noch.

Da des Himmels Vorhang sinkt,
Öffnet sich der Erde Brust;
Leise, leise Kräutlein trinkt
Und entschlummert unbewußt;

Und sein furchtsam Wächterlein,
Würmchen mit dem grünen Schein,
Zündet an dem Glühholz sein
Leuchtchen klein.

Der Gärtner, über die Blumen gebeugt,
Spürt an der Sohle den Tau,
Gleich vom nächsten Halme er streicht
Lächelnd die Tropfen lau;
Geht noch einmal entlang den Wall,
Prüft jede Knospe genau und gut:
»Schlaft denn«, spricht er, »ihr Kindlein all,
Schlafet! ich lass' euch der Mutter Hut;

Liebe Erde, mir sind die Wimpern schwer,
Hab' die letzte Nacht durchwacht,
Breit' wohl deinen Taumantel um sie her,
Nimm wohl mir die Kleinen in acht.«

Feuer

Die Nacht, der Hammerschmied

Dunkel! All Dunkel schwer!
Wie Riesen schreiten Wolken her —
Über Gras und Laub
Wirbelt's wie schwarzer Staub;
Hier und dort ein grauer Stamm,
Am Horizont des Berges Kamm
Hält die gespenstige Wacht,
Sonst alles Nacht — Nacht — nur Nacht.

Was blitzt dort auf? — ein roter Stern —
Nun scheint es nah, nun wieder fern;
Schau! wie es zuckt und zuckt und schweift,
Wie's ringelnd gleich der Schlange pfeift.

Nun am Gemäuer klimmt es auf,
Unwillig wirft's die Asch' hinauf,
Und wirbelnd überm Dach hervor
Die Funkensäule steigt empor.

Und dort der Mann im ruß'gen Kleid,
— Sein Angesicht ist bleich und kalt,
Ein Bild der listigen Gewalt —
Wie er die Flamme dämpft und facht
Und hält den Eisenblock bereit!
Den soll ihm die gefangne Macht,
Die wilde hartbezähmte Glut
Zermalmen gleich in ihrer Wut.

Schau, wie das Feuer sich zersplittert!
Wie's tückisch an der Kohle knittert!
Lang aus die rote Kralle streckt
Und nach dem Kerkermeister reckt!
Wie's vor verhaltnem Grimme zittert:

»O hätt' ich dich, o könnte ich
Mit meinen Klauen fassen dich!
Ich lehrte dich den Unterschied
Von dir zu Elementes Zier,
An deinem morschen, staub'gen Glied,
Du ruchlos Menschentier!«

Die Schenke am See

An Levin Schücking

Ist's nicht ein heit'rer Ort, mein junger Freund,
Das kleine Haus, das schier vom Hange gleitet,
Wo so possierlich uns der Wirt erscheint,
So übermächtig sich die Landschaft breitet;
Wo uns ergötzt im neckischen Kontrast
Das Wurzelmännchen mit verschmitzter Miene,
Das wie ein Aal sich schlingt und kugelt fast,
Im Angesicht der stolzen Alpenbühne?

Sitz nieder! — Trauben! — und behend erscheint
Zopfwedelnd der geschäftige Pygmäe;
O sieh, wie die verletzte Beere weint
Blutige Tränen um des Reifes Nähe;
Frisch, greif in die kristallne Schale, frisch!
Die saftigen Rubine glühn und locken;
Schon fühl' ich an des Herbstes reichem Tisch
Den kargen Winter nahn auf leisen Socken.

Das sind dir Hieroglyphen, junges Blut,
Und ich, ich will an deiner lieben Seite
Froh schlürfen meiner Neige letztes Gut,
Schau her, schau drüben in der Näh' und Weite;
Wie uns zur Seite sich der Felsen bäumt,
Als könnten wir mit Händen ihn ergreifen,
Wie uns zu Füßen das Gewässer schäumt,
Als könnten wir im Schwunge drüber streifen!

Hörst du das Alphorn überm blauen See?
So klar die Luft, mich dünkt, ich seh' den Hirten
Heimzügeln von der duftbesäumten Höh' —
War's nicht, als ob die Rinderglocken schwirrten?
Dort, wo die Schlucht in das Gestein sich drängt —
Mich dünkt, ich seh den kecken Jäger schleichen;
Wenn eine Gemse an der Klippe hängt,
Gewiß, mein Auge müßte sie erreichen.

Trink aus! — die Alpen liegen stundenweit,
Nur nah die Burg, uns heimisches Gemäuer,
Wo Träume lagern lang verschollner Zeit,
Seltsame Mär' und zorn'ge Abenteuer.
Wohl ziemt es mir, in Räumen schwer und grau,
Zu grübeln über dunkler Taten Reste;
Doch du, Levin, schaust aus dem grimmen Bau
Wie eine Schwalbe aus dem Mauerneste.

Sieh drunten auf dem See im Abendrot
Die Taucherente hin und wieder schlüpfend;
Nun sinkt sie nieder wie des Netzes Lot,
Nun wieder aufwärts mit den Wellen hüpfend;
Seltsames Spiel, recht wie ein Lebenslauf!
Wir beide schaun gespannten Blickes nieder;
Du flüsterst lächelnd: immer kömmt sie auf! —
Und ich, ich denke: immer sinkt sie wieder!

Noch einen Blick dem segensreichen Land,
Den Hügeln, Auen, üpp'gem Wellenrauschen.
Und heimwärts dann, wo von der Zinne Rand
Freundliche Augen unserm Pfade lauschen;
Brich auf! — da haspelt in behendem Lauf
Das Wirtlein Abschied wedelnd uns entgegen:
»Geruh'ge Nacht — stehn's nit zeitig auf!«
Das ist der lust'gen Schwaben Abendsegen.

Am Turme

Ich steh' auf hohem Balkone am Turm,
Umstrichen vom schreienden Stare,
Und lass' gleich einer Mänade den Sturm
Mir wühlen im flatternden Haare;
O wilder Geselle, o toller Fant,
Ich möchte dich kräftig umschlingen,
Und, Sehne an Sehne, zwei Schritte vom Rand
Auf Tod und Leben dann ringen!

Und drunten seh' ich am Strand, so frisch
Wie spielende Doggen, die Wellen
Sich tummeln rings mit Geklaff und Gezisch
Und glänzende Flocken schnellen.
O, springen möcht' ich hinein alsbald,
Recht in die tobende Meute,
Und jagen durch den korallenen Wald
Das Walroß, die lustige Beute!

Und drüben seh' ich ein Wimpel wehn
So keck wie eine Standarte,
Seh' auf und nieder den Kiel sich drehn
Von meiner luftigen Warte;
O, sitzen möcht' ich im kämpfenden Schiff,
Das Steuerruder ergreifen
Und zischend über das brandende Riff
Wie eine Seemöve streifen.

Wär' ich ein Jäger auf freier Flur,
Ein Stück nur von einem Soldaten,
Wär' ich ein Mann doch mindestens nur,
So würde der Himmel mir raten;
Nun muß ich sitzen so fein und klar,
Gleich einem artigen Kinde,
Und darf nur heimlich lösen mein Haar
Und lassen es flattern im Winde!

Das öde Haus

Tiefab im Tobel liegt ein Haus,
Zerfallen nach des Försters Tode,
Dort ruh' ich manche Stunde aus,
Vergraben unter Rank' und Lode;
's ist eine Wildnis, wo der Tag
Nur halb die schweren Wimpern lichtet;
Der Felsen tiefe Kluft verdichtet
Ergrauter Äste Schattenhag.

Ich horche träumend, wie im Spalt
Die schwarzen Fliegen taumelnd summen,
Wie Seufzer streichen durch den Wald,
Am Strauche irre Käfer brummen;
Wenn sich die Abendröte drängt
An sickernden Geschiefers Lauge,
Dann ist's, als ob ein trübes Auge,
Ein rotgeweintes, drüber hängt.

Das Dach, von Moose überschwellt,
Läßt wirre Schober niederragen,
Und eine Spinne hat ihr Zelt
Im Fensterloche aufgeschlagen;
Da hängt, ein Blatt von zartem Flor,
Der schillernden Libelle Flügel,
Und ihres Panzers goldner Spiegel
Ragt kopflos am Gesims hervor.

Wo an zerrißner Laube Joch
Die langen magern Schossen streichen,
An wildverwachsner Hecke noch
Im Moose Nelkensprossen schleichen,
Dort hat vom tröpfelnden Gestein
Das dunkle Naß sich durchgesogen,
Kreucht um den Buchs in trägen Bogen
Und sinkt am Fenchelstrauche ein.

Zuweilen hat ein Schmetterling
Sich gaukelnd in der Schlucht gefangen
Und bleibt sekundenlang am Ring
Der kränkelnden Narzisse hangen;
Streicht eine Taube durch den Hain,
So schweigt am Tobelrand ihr Girren,
Man höret nur die Flügel schwirren
Und sieht den Schatten am Gestein.

Und auf dem Herde, wo der Schnee
Seit Jahren durch den Schlot geflogen,
Liegt Aschenmoder feucht und zäh,
Von Pilzes Glocken überzogen;
Noch hängt am Mauerpflock ein Rest
Verwirrten Wergs, das Seil zu spinnen,
Wie halbvermorschtes Haar, und drinnen
Der Schwalbe überjährig Nest.

Und von des Balkens Haken nickt
Ein Schellenband an Schnall' und Riemen,
Mit grober Wolle ist gestickt
»Diana« auf dem Lederstriemen;
Ein Pfeifchen auch vergaß man hier,
Als man den Tannensarg geschlossen;
Den Mann begrub man, tot geschossen
Hat man das alte treue Tier.

Sitz' ich so einsam am Gesträuch
Und hör' die Maus im Laube schrillen,
Das Eichhorn blafft von Zweig zu Zweig,
Am Sumpfe läuten Unk' und Grillen, —
Wie Schauer überläuft's mich dann,
Als hör' ich klingeln noch die Schellen,
Im Walde die Diana bellen
Und pfeifen noch den toten Mann.

Im Moose

Als jüngst die Nacht dem sonnenmüden Land
Der Dämmrung leise Boten hat gesandt,
Da lag ich einsam noch in Waldes Moose.
Die dunklen Zweige nickten so vertraut,
An meiner Wange flüsterte das Kraut,
Unsichtbar duftete die Heiderose.

Und flimmern sah ich durch der Linde Raum
Ein mattes Licht, das im Gezweig der Baum
Gleich einem mächt'gen Glühwurm schien zu tragen,
Es sah so dämmernd wie ein Traumgesicht,
Doch wußte ich, es war der Heimat Licht,
In meiner eignen Kammer angeschlagen.

Ringsum so still, daß ich vernahm im Laub
Der Raupe Nagen, und wie grüner Staub
Mich leise wirbelnd Blätterflöckchen trafen.
Ich lag und dachte, ach, so Manchem nach,
Ich hörte meines eignen Herzens Schlag,
Fast war es mir, als sei ich schon entschlafen.

Gedanken tauchten aus Gedanken auf,
Das Kinderspiel, der frischen Jahre Lauf,
Gesichter, die mir lange fremd geworden;
Vergeßne Töne summten um mein Ohr,
Und endlich trat die Gegenwart hervor,
Da stand die Welle, wie an Ufers Borden.

Dann, gleich dem Bronnen, der verrinnt im Schlund
Und drüben wieder sprudelt aus dem Grund,
So stand ich plötzlich in der Zukunft Lande;
Ich sah mich selber, gar gebückt und klein,
Geschwächten Auges, am ererbten Schrein
Sorgfältig ordnen staub'ge Liebespfande.

Die Bilder meiner Lieben sah ich klar,
In einer Tracht, die jetzt veraltet war,
Mich sorgsam lösen aus verblichnen Hüllen,
Löckchen, vermorscht, zu Staub zerfallen schier,
Sah über die gefurchte Wange mir
Langsam herab die karge Träne quillen.

Und wieder an des Friedhofs Monument,
Dran Namen standen, die mein Lieben kennt,
Da lag ich betend, mit gebrochnen Knieen,
Und — horch, die Wachtel schlug! Kühl strich der Hauch —
Und noch zuletzt sah ich, gleich einem Rauch,
Mich leise in der Erde Poren ziehen.

Ich fuhr empor und schüttelte mich dann,
Wie einer, der dem Scheintod erst entrann,
Und taumelte entlang die dunklen Hage,
Noch immer zweifelnd, ob der Stern am Rain
Sei wirklich meiner Schlummerlampe Schein
Oder das ew'ge Licht am Sarkophage.

Am Bodensee

Über Gelände, matt gedehnt,
Hat Nebelrauch sich wimmelnd gelegt,
Müde, müde die Luft am Strande stöhnt,
Wie ein Roß, das den schlafenden Reiter trägt;
Im Fischerhause kein Lämpchen brennt,
Im öden Turme kein Heimchen schrillt
Nur langsam rollend der Pulsschlag schwillt
In dem zitternden Element.

Ich hör' es wühlen am feuchten Strand,
Mir unterm Fuße es wühlen fort,
Die Kiesel knistern, es rauscht der Sand,
Und Stein an Stein entbröckelt dem Bord.
An meiner Sohle zerfährt der Schaum,
Eine Stimme klaget im hohlen Grund,
Gedämpft, mit halbgeschlossenem Mund,
Wie des grollenden Wetters Traum.

Ich beuge mich lauschend am Turme her,
Sprühregenflitter fährt in die Höh'.
Ha, meine Locke ist feucht und schwer!
Was treibst du denn, unruhiger See?
Kann dir der heilige Schlaf nicht nahn?
Doch nein, du schläfst, ich seh' es genau,
Dein Auge decket die Wimper grau,
Am Ufer streckt sich der Kahn.

Hast du so Vieles, so Vieles erlebt,
Daß dir im Traume es kehren muß,
Daß deine gleißende Nerv erbebt,
Naht ihr am Strand eines Menschen Fuß?
Dahin, dahin! die einst so gesund,
So reich und mächtig, so arm und klein,
Und nur ihr flüchtiger Spiegelschein
Liegt zerflossen auf deinem Grund.

Der Ritter, so aus der Burg hervor
Vom Hange trabte in aller Früh;
— Jetzt nickt die Esche vom grauen Tor,
Am Zwinger zeichnet die Mylady —
Das arme Mütterlein, das gebleicht
Sein Leichenhemde den Strand entlang;
Der Kranke, der seinen letzten Gang
An deinem Borde gekeucht;

Das spielende Kind, das neckend hier
Sein Schneckenhäuschen geschleudert hat;
Die glühende Braut, die lächelnd dir
Von der Ringelblume gab Blatt um Blatt;
Der Sänger, der mit trunkenem Aug'
Das Metrum geplätschert in deiner Flut;
Der Pilger, so am Gesteine geruht:
Sie alle dahin wie Rauch!

Bist du so fromm, alte Wasserfey,
Hältst nur umschlungen, läßt nimmer los?
Hat sich aus dem Gebirge die Treu'
Geflüchtet in deinen heiligen Schoß?
O, schau mich an! ich zergeh' wie Schaum,
Wenn aus dem Grabe die Distel quillt,
Dann zuckt mein längst zerfallenes Bild
Wohl einmal durch deinen Traum!

Das alte Schloß

Auf der Burg haus' ich am Berge,
Unter mir der blaue See,
Höre nächtlich Koboldzwerge,
Täglich Adler aus der Höh',
Und die grauen Ahnenbilder
Sind mir Stubenkameraden,
Wappentruh' und Eisenschilder
Sofa mir und Kleiderladen.

Schreit' ich über die Terrasse
Wie ein Geist am Runenstein,
Sehe unter mir die blasse
Alte Stadt im Mondenschein,
Und am Walle pfeift es weidlich,
— Sind es Käuze oder Knaben? —
Ist mir selber oft nicht deutlich,
Ob ich lebend, ob begraben!

Mir genüber gähnt die Halle,
Grauen Tores, hohl und lang,
Drin mit wunderlichem Schalle
Langsam dröhnt ein schwerer Gang.
Mir zur Seite Riegelzüge,
Ha, ich öffne, laß die Lampe
Scheinen auf der Wendelstiege
Lose modergrüne Rampe,

Die mich lockt wie ein Verhängnis
Zu dem unbekannten Grund;
Ob ein Brunnen? ob Gefängnis?
Keinem Lebenden ist's kund;
Denn zerfallen sind die Stufen,
Und der Steinwurf hat nicht Bahn,
Doch als ich hinab gerufen,
Donnert's fort wie ein Orkan.

Ja, wird mir nicht baldigst fade
Dieses Schlosses Romantik,
In den Trümmern ohne Gnade
Brech' ich Glieder und Genick;
Denn, wie trotzig sich die Düne
Mag am flachen Strande heben,
Fühl' ich stark mich wie ein Hüne,
Von Zerfallendem umgeben.

DER SÄNTIS

Frühling

Die Rebe blüht, ihr linder Hauch
Durchzieht das tauige Revier,
Und nah und ferne wiegt die Luft
Vielfarb'ger Blumen bunter Zier.

Wie's um mich gaukelt, wie es summt
Von Vogel, Bien' und Schmetterling,
Wie seine seidnen Wimpel regt
Der Zweig, so jüngst voll Reifen hing.

Doch sucht man gern den Sonnenschein
Und nimmt die trocknen Plätzchen ein;
Denn nachts schleicht an die Grenze doch
Der landesflücht'ge Winter noch.

O du mein ernst gewalt'ger Greis,
Mein Säntis mit der Locke weiß!
In Felsenblöcke eingemauert,
Von Schneegestöber überschauert,
In Eisespanzer eingeschnürt:
Hu, wie dich schaudert, wie dich friert!

Sommer

Du gute Linde, schüttle dich!
Ein wenig Luft, ein schwacher West!
Wo nicht, dann schließe dein Gezweig
So recht, daß Blatt an Blatt sich preßt.

Kein Vogel zirpt, es bellt kein Hund;
Allein die bunte Fliegenbrut
Summt auf und nieder übern Rain
Und läßt sich rösten in der Glut.

Sogar der Bäume dunkles Laub
Erscheint verdickt und atmet Staub.
Ich liege hier wie ausgedorrt
Und scheuche kaum die Mücken fort.

O Säntis, Säntis! läg' ich doch
Dort — grad' an deinem Felsenjoch,
Wo sich die kalten, weißen Decken
So frisch und saftig drüben strecken,
Viel tausend blanker Tropfen Spiel:
Glücksel'ger Säntis, dir ist kühl!

Herbst

Wenn ich an einem schönen Tag
Der Mittagsstunde habe acht
Und lehne unter meinem Baum
So mitten in der Trauben Pracht;

Wenn die Zeitlose übers Tal
Den amethystnen Teppich webt,
Auf dem der letzte Schmetterling
So schillernd wie der frühste bebt:

Dann denk' ich wenig drüber nach,
Wie's nun verkümmert Tag für Tag,
Und kann mit halbverschlossnem Blick
Vom Lenze träumen und von Glück.

Du mit dem frischgefallnen Schnee,
Du tust mir in den Augen weh!
Willst uns den Winter schon bereiten?
Von Schlucht zu Schlucht sieht man ihn gleiten,
Und bald, bald wälzt er sich herab
Von dir, o Säntis! ödes Grab!

Winter

Aus Schneegestäub' und Nebelqualm
Bricht endlich doch ein klarer Tag;
Da fliegen alle Fenster auf,
Ein jeder späht, was er vermag.

Ob jene Blöcke Häuser sind?
Ein Weiher jener ebne Raum?
Fürwahr, in dieser Uniform
Den Glockenturm erkennt man kaum.

Und alles Leben liegt zerdrückt,
Wie unterm Leichentuch erstickt.
Doch schau! an Horizontes Rand
Begegnet mir lebend'ges Land!

Du starrer Wächter, laß ihn los,
Den Föhn aus deiner Kerker Schoß!
Wo schwärzlich jene Riffe spalten,
Da muß er Quarantäne halten,
Der Fremdling aus der Lombardei:
O Säntis, gib den Tauwind frei!

AM WEIHER

Ein milder Wintertag

An jenes Waldes Enden,
Wo still der Weiher liegt
Und längs den Fichtenwänden
Sich lind Gemurmel wiegt;

Wo in der Sonnenhelle,
So matt und kalt sie ist,
Doch immerfort die Welle
Das Ufer flimmernd küßt:

Da weiß ich, schön zum Malen,
Noch eine schmale Schlucht,
Wo all die kleinen Strahlen
Sich fangen in der Bucht;

Ein trocken, windstill Eckchen
Und so an Grüne reich,
Daß auf dem ganzen Fleckchen
Mich kränkt kein dürrer Zweig.

Will ich den Mantel dichte
Nun legen übers Moos,
Mich lehnen an die Fichte
Und dann auf meinen Schoß

Gezweig' und Kräuter breiten,
So gut ich's finden mag:
Wer will mir's übel deuten,
Spiel ich den Sommertag?

Will nicht die Grille hallen,
So säuselt doch das Ried;
Sind stumm die Nachtigallen,
So sing' ich selbst ein Lied.

Und hat Natur zum Feste
Nur wenig dargebracht:
Die Lust ist stets die beste,
Die man sich selber macht.

Ein harter Wintertag

Daß ich dich so verkümmert seh',
Man lieb lebend'ges Wasserreich,
Daß ganz versteckt in Eis und Schnee
Du siehst der plumpen Erde gleich;

Auch daß voll Reif und Schollen hängt
Dein überglaster Fichtengang:
Das ist es nicht, was mich beengt,
Geh' ich an deinem Bord entlang.

Zwar in der immer grünen Zier
Erschienst, o freundlich Element,
Du ähnlich den Oasen mir,
Die des Arabers Sehnsucht kennt;

Wenn neben der verdorrten Flur
Erblühten deine Moose noch,
Wenn durch die schweigende Natur
Erklangen deine Wellen doch.

Allein auch heute wollt' ich gern
Mich des kristallnen Flimmers freun,

Belauschen jeden Farbenstern
Und keinen Sommertag bereun:

Wär' nicht dem Ufer längs, so breit,
Die glatte Schlittenbahn gefegt,
Worauf sich wohl zur Mittagszeit
Gar manche rüst'ge Ferse regt.

Bedenk' ich nun, wie manches Jahr
Ich nimmer eine Eisbahn sah:
Wohl wird mir's trüb und wunderbar,
Und tausend Bilder treten nah.

Was blieb an Wünschen unerfüllt,
Das nähm' ich noch gelassen mit:
Doch ach, der Frost so manchen hüllt,
Der einst so fröhlich drüber glitt!

GEDICHTE VERMISCHTEN INHALTS

Mein Beruf

»Was meinem Kreise mich enttrieb,
Der Kammer friedlichem Gelasse?«
Das fragt ihr mich, als sei, ein Dieb,
Ich eingebrochen am Parnasse.
So hört denn, hört, weil ihr gefragt:
Bei der Geburt bin ich geladen,
Mein Recht, so weit der Himmel tagt,
Und meine Macht von Gottes Gnaden.

Jetzt, wo hervor der tote Schein
Sich drängt am modervollen Sumpfe,
Wo sich der schönste Blumenrain
Wiegt über dem erstorbnen Sumpfe,
Der Geist, ein blutlos Meteor,
Entflammt und lischt im Moorgeschwele,
Jetzt ruft die Stunde: »Tritt hervor,
Mann oder Weib, lebend'ge Seele!

»Tritt zu dem Träumer, den am Rand
Entschläfert der Datura Odem,
Der, langsam gleitend von der Wand,
Noch zucket gen den Zauberbrodem.
Und wo ein Mund zu lächeln weiß
Im Traum, ein Auge noch zu weinen,
Da schmettre laut, da flüstre leis,
Trompetenstoß und West in Hainen!

»Tritt näher, wo die Sinnenlust
Als Liebe gibt ihr wüstes Ringen,
Und durch der eignen Mutter Brust
Den Pfeil zum Ziele möchte bringen,
Wo selbst die Schande flattert auf,
Ein lustiges Panier zum Siege,
Da rüttle hart: ‚Wach auf, wach auf,
Unsel'ger, denk an deine Wiege!

»‚Denk an das Aug', das überwacht
Noch eine Freude dir bereitet,
Denk an die Hand, die manche Nacht
Dein Schmerzenslager dir gebreitet,
Des Herzens denk, das einzig wund
Und einzig selig deinetwegen,
Und dann knie nieder auf den Grund
Und fleh um deiner Mutter Segen!'

»Und wo sich träumen wie in Haft
Zwei einst so glüh ersehnte Wesen,
Als hab' ein Priesterwort die Kraft,
Der Banne seligsten zu lösen,
Da flüstre leise: ‚Wacht, o wacht!
Schaut in das Auge euch, das trübe,
Wo dämmernd sich Erinnrung facht,
Und dann: wach auf, o heil'ge Liebe!'

»Und wo im Schlafe zitternd noch
Vom Opiat die Pulse klopfen,
Das Auge dürr, und gäbe doch
Sein Sonnenlicht um einen Tropfen —
O rüttle sanft: ‚Verarmter, senk
Die Blicke in des Äthers Schöne,
Kos' einem blonden Kind und denk
An der Begeistrung erste Träne.'«

So rief die Zeit, so ward mein Amt
Von Gottes Gnaden mir gegeben,
So mein Beruf mir angestammt,
Im frischen Mut, im warmen Leben;
Ich frage nicht, ob ihr mich nennt,
Nicht fröhnen mag ich kurzem Ruhme,
Doch wißt: wo die Sahara brennt,
Im Wüstensand, steht eine Blume,

Farblos und Duftes bar, nichts weiß
Sie, als den frommen Tau zu hüten
Und dem Verschmachtenden ihn leis
In ihrem Kelche anzubieten.
Vorüber schlüpft die Schlange scheu,
Und Pfeile ihre Blicke regnen,
Vorüber rauscht der stolze Leu,
Allein der Pilger wird sie segnen.

Meine Toten

Wer eine ernste Fahrt beginnt,
Der Segen Not und frischer Wind,
Er schaut verlangend in die Weite
Nach eines treuen Auges Brand,
Nach einem warmen Druck der Hand,
Nach einem Wort, das ihn geleite.

Ein ernstes Wagen heb' ich an,
So tret ich denn zu euch hinan,
Ihr meine stillen strengen Toten;
Ich bin erwacht an eurer Gruft,
Aus Wasser, Feuer, Erde, Luft
Hat eure Stimme mir geboten.

Wenn die Natur in Hader lag
Und durch die Wolkenwirbel brach
Ein Funke jener tausend Sonnen, —
Spracht aus der Elemente Streit
Ihr nicht von einer Ewigkeit
Und unerschöpften Lichtes Bronnen?

Am Hange schlich ich, krank und matt,
Da habt ihr mir das welke Blatt
Mit Warnungsflüstern zugetragen,
Gelächelt aus der Welle Kreis,
Habt aus des Angers starrem Eis
Die Blumenaugen aufgeschlagen.

Was meine Adern muß durchziehn,
Sah ich's nicht flammen und verglühn,
An eurem Schreine nicht erkalten?
Vom Auge hauchtet ihr den Schein,
Ihr meine Richter, die allein
In treuer Hand die Wage halten.

Kalt ist der Druck von eurer Hand,
Erloschen eures Blickes Brand,
Und euer Laut der Öde Odem,
Doch keine andre Rechte drückt
So traut, so hat kein Aug' geblickt,
So spricht kein Wort, wie Grabesbrodem!

Ich fasse eures Kreuzes Stab
Und beuge meine Stirn hinab
Zu eurem Gräberhauch, dem stillen;
Zumeist geliebt, zuerst gegrüßt,
Laßt, lauter wie der Äther fließt,
Mir Wahrheit in die Seele quillen.

Katharine Schücking

Du hast es nie geahndet, nie gewußt,
Wie groß mein Lieben ist zu dir gewesen,
Nie hat dein klares Aug' in meiner Brust
Die scheu verhüllte Runenschrift gelesen,
Wenn du mir freundlich reichtest deine Hand,
Und wir zusammen durch die Grüne wallten,
Nicht wußtest du, daß wie ein Götterpfand
Ich, wie ein köstlich Kleinod sie gehalten.

Du sahst mich nicht, als ich, ein heftig Kind,
Vom ersten Kuß der jungen Muse trunken
Im Garten kniete, wo die Quelle rinnt
Und weinend in die Gräser bin gesunken;
Als zitternd ich gedreht der Türe Schloß,
Da ich zum ersten Mal dich sollte schauen,
Westfalens Dichterin, und wie da floß
Durch mein bewegtes Herz ein selig Grauen.

Sehr jung war ich und sehr an Liebe reich,
Begeisterung der Hauch, von dem ich lebte;
Ach! Manches ist zerstäubt, der Asche gleich,
Was einst als Flamme durch die Adern bebte!
Mein Blick ward klar und mein Erkennen stark,
Von seinem Throne mußte Manches steigen,
Und was ich einst genannt des Lebens Mark,
Das fühlt' ich jetzt mit frischem Stolz mein eigen.

So scheut' ich es, als fromme Schülerin,
Dir wieder in das dunkle Aug' zu sehen,
Ich wollte nicht vor meiner Meisterin
Hochmütig, mit bedecktem Haupte, stehen.
Auch war ich krank, mein Sinnen sehr verwirrt,
Und keinen Namen mocht' ich sehnend nennen;
Doch hat dies deine Liebe nicht geirrt,
Du drangst zu mir nach langer Jahre Trennen.

Und als du vor mich tratest, fest und klar,
Und blicktest tief mir in der Seele Gründe,
Da ward ich meiner Schwäche wohl gewahr,
Was ich gedacht, das schien mir schwere Sünde.
Dein Bild, du Starke in der Läutrung Brand,
Stieg wie ein Phönix aus der Asche wieder,
Und tief im Herzen hab' ich es erkannt,
Wie zehnfach größer du als deine Lieder.

Du sahst, Bescheidne, nicht, daß damals hier
Aus deinem Blick Genesung ich getrunken,
Daß deines Mundes Laute damals mir
Wie Naphtha in die Seele sind gesunken.
Ein jedes Wort, durchsichtig wie Kristall
Und kräftig gleich dem edelsten der Weine,
Schien mir zu rufen: »Auf! der Launen Ball,
Steh auf! erhebe dich, du Schwach' und Kleine!«

Nun bist du hin! von Gottes reinstem Bild
Ist nur ein grüner Hügel uns geblieben,
Den heut' umziehn die Winterstürme wild
Und die Gedanken derer, die dich lieben.
Auch hör' ich, daß man einen Kranz gelegt
Von Lorbeer in des Grabes dunkle Moose,
Doch ich, Kathinka, widme dir bewegt
Den Efeu und die dornenvollste Rose.

Nach dem Angelus Silesius

Des Menschen Seele du, vor allem wunderbar,
Du Alles und auch Nichts, Gott, Priester und Altar,
Kein Pünktchen durch dich selbst, doch über alles Maß
Reich in geschenktem Gut, und als die Engel baß;
Denn höher steht dein Ziel, Gott ähnlich sollst du werden;
So, Seele, bist du's schon; denn was zu Glück und Ruhm
In dir verborgen liegt, es ist dein Eigentum,
Ob unentwickelt auch, wie's Keimlein in der Erden
Nicht minder als der Baum, und wie als Million
Nichts andres ist die Eins, bist du ihm gleich, sein Sohn,
So wie dem Tropfen Blut, der aus der Wunde quillt
Ganz ähnlich ist das Rot, das noch die Adern füllt;
Nicht Kletten trägt die Ros', der Dornstrauch keine Reben,
Drum, Seele, stürbest du, Gott müßt' den Geist aufgeben.

Ja, Alles ist in dir, was nur das Weltall beut,
Der Himmel und die Höll', Gericht und Ewigkeit,
Gott ist dein Richter nicht, du mußt dir selbst verzeihn,
Sonst an des Höchsten Thron stehst du in ew'ger Pein;
Er, der dem Suchenden noch nie verlöscht die Spur,
Er hat selbst Satan nicht verdammt nach Zeit und Ort;
Des unergründlich Grab ist seine Ichheit nur:
Wär' er des Himmels Herr, er brennte ewig fort,
Wie Gott im Höllenpfuhl wär' selig für und für,
Und, Seele, bist du treu, so steht dies auch bei dir.

Also ist seine Macht auch heute schon dein eigen,
Du kannst, so oft du willst, die Himmelsleiter steigen;
Ort, Raum, sind Worte nur, von Trägheit ausgedacht,
Die nicht Bedürfnis in dein Wörterbuch gebracht,

Dein Aug' ist Blitz und Nu, dein Flug bedarf nicht Zeit,
Und im Moment ergreifst du Gott und Ewigkeit;
Allein der Sinne Schrift, die mußt du dunkel nennen,
Da dir das Werkzeug fehlt, die Lettern zu erkennen;
Nur Geist'ges faßt der Geist; ihm ist der Leib zu schwer,
Du schmeckst, du fühlst, du riechst und weißt um gar nichts mehr;
Hat nicht vom Tröpfchen Tau die Eigenschaft zu messen
Jahrtausende der Mensch vergebens sich vermessen?
Drum, plagt dich Irdisches, du hast es selbst bestellt,
Viel näher als dein Kleid ist dir die Geisteswelt!

Faßt's nicht zuweilen dich, als müßtest in der Tat
Du über dich hinaus, das Ganze zu durchdringen,
Wie jener Philosoph um einen Punkt nur bat,
Um dann der Erde Ball aus seiner Bahn zu schwingen?
Fühlst du in Demut so, in Liebesflammen rein,
Dann ist's der Schöpfung Mark, laß dir nicht leide sein!
Dann fühlst du dich von Gott als Wesenheit begründet,
Wie Quelle an dem Strand, wo Ozean sich ründet.
So sei denn freudig, Geist, da Nichts mag größer sein,
So wirf dich in den Staub, da Nichts wie du so klein!
Du Würmchen in dir selbst, doch reich durch Gottes Hort,
So schlummre, schlummre nur, mein Seelchen, schlummre fort!
Was rennst, was mühst du dich zu mehren deine Tat?
Halt nur den Acker rein, dann sprießt von selbst die Saat;
In Ruhe wohnt die Kraft, du mußt nur ruhig sein,
Durch offne Tür und Tor die Gnade lassen ein;
Dann wird aus lockerm Grund dir Myrt' und Balsam steigen,
Er kommt, er kommt, dein Lieb, gibt sich der Braut zu eigen,
Mit sich der Krone Glanz, mit sich der Schlösser Pracht,
Um die sie nicht gefreit, an die sie nicht gedacht!

Gruß an Wilhelm Junkmann

Mein Lämpchen zuckt, sein Docht verglimmt,
Die Funken knistern im Kamine,
Wie eine Nebeldecke schwimmt
Es an des Saales hoher Bühne;
Im Schneegestöber schläft die Luft,
Am Scheite ist das Harz entglommen,
Mich dünkt, als spür' ich einen Duft
Wie Weihrauch an der Gruft des Frommen.

Dies ist die Stunde, das Gemach,
Wo sich Gedanken mögen wiegen,
Verklungne Laute hallen nach,
Es dämmert in verloschnen Zügen;
Im Hirne summt es, wie ein Lied,
Das mit den Flocken möchte steigen,
Und, flüsternd wie der Hauch im Ried,
An eines Freundes Locke neigen.

Schon seh' ich ihn, im gelben Licht,
Das seines Ofens Flamme spielet,
Er selbst ein wunderlich Gedicht,
Begriffen schwer, doch leicht gefühlet.
Ich seh' ihn, wie, die Stirn gestützt,
Er leise lächelt in Gedanken;
Wo weilen sie? — wo blühen itzt
Und treiben diese zarten Ranken?

Baun sie im schlichten Heidekraut
Ihr Nestchen sich aus Immortellen?
Sind mit der Flocke sie getaut
Als Träne, wo die Gräber schwellen?
Vielleicht in fernes, fernes Land
Wie Nachtigallen fortgezogen?
Oder am heil'gen Meeresstrand,
Gleich der Morgana auf den Wogen?

Ihm hat Begeistrung, ein Orkan,
Des Lebens Zedern nicht gebeuget,
Nicht sah er sie als Flamme nahn,
Die lodernd durch den Urwald steiget;
Nein, als entschlief der Morgenwind,
Am Strauche summten fromme Bienen,
Da ist der Herr im Säuseln lind
Gleich dem Elias ihm erschienen.

Und wie er sitzt, so vorgebeugt,
Die hohe Stirn vom Schein umflossen,
Das Ohr wie fremden Tönen neigt
Und lächelt geistigen Genossen,
Ein lichter Blitz in seinem Aug',
Wie ein verirrter Strahl aus Eden, —
Da möcht' ich leise, leise auch
Als Aeolsharfe zu ihm reden.

Junge Liebe

Über dem Brünnlein nicket der Zweig,
Waldvögel zwitschern und flöten,
Wild Anemon' und Schlehdorn bleich
Im Abendstrahle sich röten,
Und ein Mädchen mit blondem Haar
Beugt über der glitzernden Welle,
Schlankes Mädchen, kaum fünfzehn Jahr
Mit dem Auge der scheuen Gazelle.

Ringelblumen blättert sie ab:
»Liebt er?« — »Liebt er mich nimmer?«
Und wenn »liebt« das Orakel gab,
Um ihr Antlitz gleitet ein Schimmer:
»Liebt er nicht« — o Grimm und Graus!
Daß der Himmel den Blüten gnade!
Gras und Blumen, den ganzen Strauß
Wirft sie zürnend in die Kaskade.

Gleitet dann in die Kräuter lind,
Ihr Auge wird ernst und sinnend;
Frommer Eltern heftiges Kind,
Nur Minne nehmend und minnend,
Kannte sie nie ein anderes Band
Als des Blutes, die schüchterne Hinde;
Und nun Einer, der nicht verwandt —
Ist das nicht eine schwere Sünde?

Mutlos seufzet sie niederwärts,
In argem Schämen und Grämen,
Will zuletzt ihr verstocktes Herz
Recht ernstlich in Frage nehmen.
Abenteuer sinnet sie aus:
Wenn das Haus nun stände in Flammen,
Und um Hilfe riefen heraus
Der Karl und die Mutter zusammen?

Plötzlich ein Perlenregen dicht
Stürzt ihr glänzend aus beiden Augen,
In die Kräuter gedrückt ihr Gesicht,
Wie das Blut der Erde zu saugen,
Ruft sie schluchzend: »Ja, ja, ja!«
Ihre kleinen Hände sich ringen,
»Retten, retten würd' ich Mama,
Und zum Karl in die Flamme springen!«

Das vierzehnjährige Herz

Er ist so schön! — sein lichtes Haar
Das möcht' ich mit keinem vertauschen,
Wie seidene Fäden so weich und klar,
Wenn zarte Löckchen sich bauschen;
Oft streichl' ich es, dann lacht er traun,
Nennt mich »seine alberne Barbe«;
Es ist nicht schwarz, nicht blond, nicht braun,
Nun ratet, wie nennt sich die Farbe?

Und seine Gebärde ist königlich,
Geht majestätisch zu Herzen,
Zuckt er die Braue, dann fürcht' ich mich
Und möchte auch weinen vor Schmerzen;
Und wieder, seh' ich sein Lächeln blühn,
So klar wie das reine Gewissen,
Da möchte ich gleich auf den Schemel knien
Und die guten Hände ihm küssen.

Heut' bin ich in aller Frühe erwacht,
Beim ersten Glitzern der Sonnen,
Und habe mich gleich auf die Sohlen gemacht
Zum Hügel drüben am Bronnen;
Erdbeeren fand ich, glüh wie Rubin,
Schau, wie im Korbe sie lachen!
Die stell' ich ihm nun an das Lager hin,
Da sieht er sie gleich beim Erwachen.

Ich weiß, er denkt mit dem ersten Blick:
»Das tat meine alberne Barbe!«
Und freundlich streicht er das Haar zurück
Von seiner rühmlichen Narbe,
Ruft mich beim Namen, und zieht mich nah,
Daß Tränen die Augen mir trüben;
Ach, er ist mein herrlicher Vater ja,
Soll ich ihn denn nicht lieben, nicht lieben?

Blumentod

Wie sind meine Finger so grün,
Blumen hab' ich zerrissen;
Sie wollten für mich blühn
Und haben sterben müssen.
Wie neigten sie um mein Angesicht
Wie fromme schüchterne Lider,
Ich war in Gedanken, ich achtet's nicht
Und bog sie zu mir nieder,
Zerriß die lieben Glieder
In sorglosem Mut.
Da floß ihr grünes Blut
Um meine Finger nieder;
Sie weinten nicht, sie klagten nicht,
Sie starben sonder Laut,
Nur dunkel ward ihr Angesicht,
Wie wenn der Himmel graut.
Sie konnten mir's nicht ersparen,
Sonst hätten sie's wohl getan;
Wohin bin ich gefahren
In trüben Sinnens Wahn?

O töricht Kinderspiel,
O schuldlos Blutvergießen!
Und gleicht's dem Leben viel,
Laßt mich die Augen schließen,
Denn was geschehn ist, ist geschehn,
Und wer kann für die Zukunft stehn?

Brennende Liebe

Und willst du wissen, warum
So sinnend ich manche Zeit,
Mitunter so töricht und dumm,
So unverzeihlich zerstreut,
Willst wissen auch ohne Gnade,
Was denn so Liebes enthält
Die heimlich verschlossene Lade,
An die ich mich öfters gestellt?

Zwei Augen hab' ich gesehn,
Wie der Strahl im Gewässer sich bricht,
Und wo zwei Augen nur stehn,
Da denke ich an ihr Licht.
Ja, als du neulich entwandtest
Die Blume vom blühenden Rain
Und »*Oculus Christi*« sie nanntest,
Da fielen die Augen mir ein.

Auch gibt's einer Stimme Ton,
Tief, zitternd, wie Hornes Hall,
Die tut's mir völlig zum Hohn,
Sie folget mir überall.
Als jüngst im flimmernden Saale
Mich quälte der Geigen Gegell,
Da hört' ich mit einem Male
Die Stimme im Violoncell.

Auch weiß ich eine Gestalt,
So leicht und kräftig zugleich,
Die schreitet vor mir im Wald
Und gleitet über den Teich;
Ja, als ich eben in Sinnen
Sah über des Mondes Aug'
Einen Wolkenstreifen zerrinnen,
Das war ihre Form, wie ein Rauch.

Und höre, höre zuletzt,
Dort liegt, da drinnen im Schrein,
Ein Tuch mit Blute genetzt,
Das legte ich heimlich hinein.
Er ritzte sich nur an der Schneide,
Als Beeren vom Strauch er mir hieb,
Nun hab' ich sie alle beide,
Sein Blut und meine brennende Lieb'.

Der Brief aus der Heimat

Sie saß am Fensterrand im Morgenlicht
Und starrte in das aufgeschlagne Buch,
Die Zeilen zählte sie und wußt' es nicht,
Ach weithin, weithin der Gedanken Flug!
Was sind so ängstlich ihre nächt'gen Träume?
Was scheint die Sonne durch so öde Räume?
— Auch heute kam kein Brief, auch heute nicht.

Seit Wochen weckte sie der Lampe Schein,
Hat bebend an der Stiege sie gelauscht;
Wenn plötzlich am Gemäuer knackt der Schrein,
Ein Fensterladen auf im Winde rauscht —
Es kömmt, es naht, die Sorgen sind geendet!
Sie hat gefragt, sie hat sich abgewendet
Und schloß sich dann in ihre Kammer ein.

Kein Lebenszeichen von der liebsten Hand,
Von jener, die sie sorglich hat gelenkt,
Als sie zum ersten Mal zu festem Stand
Die zarten Kinderfüßchen hat gesenkt;
Versprengter Tropfen von der Quelle Rande,
Harrt sie vergebens in dem fremden Lande;
Die Tage schleichen hin, die Woche schwand.

Was ihre rege Phantasie geweckt?
Ach, eine Leiche sah die Heimat schon,
Seit sie den unbedachten Fuß gestreckt

Auf fremden Grund und hörte fremden Ton:
Sie küßte scheidend jung' und frische Wangen,
Die jetzt von tiefer Grabesnacht umfangen;
Ist's Wunder, daß sie tödlich aufgeschreckt?

In Träumen steigt das Krankenbett empor,
Und Züge dämmern, wie in halber Nacht;
Wer ist's? — sie weiß es nicht und spannt das Ohr.
Sie horcht mit ihrer ganzen Seele Macht;
Dann fährt sie plötzlich auf beim Windesrauschen
Und glaubt dem matten Stöhnen noch zu lauschen
Und kann erst spät begreifen, daß sie wacht.

Doch sieh, dort fliegt sie übern glatten Flur,
Ihr aufgelöstes Haar umfließt sie rund,
Und zitternd ruft sie, mit des Weinens Spur:
»Ein Brief, ein Brief, die Mutter ist gesund!«
Und ihre Tränen stürzen wie zwei Quellen,
Die übervoll aus ihren Ufern schwellen;
Ach, eine Mutter hat man einmal nur!

Ein braver Mann

Noch lag, ein Wetterbrodem, schwer
Die Tyrannei auf Deutschlands Gauen,
Die Wachen schlichen scheu umher,
Die Menge schlief in dumpfem Grauen;
Ein Seufzer schien der Morgenwind
Aus angstgepreßter Brust zu brechen,
Nur die Kanone durfte sprechen,
Und lächeln durfte nur das Kind.

Da lebt' im Frankenland ein Mann,
Der bittre Stunden schon getragen,
In drängenden Geschickes Bann
Gar manche Täuschung sonder Klagen;
Ihm war von seiner Ahnen Flur
Der edle Name nur geblieben,
Von allen, allen Jugendtrieben
Des Herzens warm Gedenken nur.

Durch frühes Siechtum schwer gebeugt
Und jeglichem Beruf verdorben,
Hätt' oft er gern das Haupt geneigt
Und wär' in Frieden nur gestorben;
An seinen Schläfen lagen schon
Mit vierzig Jahren weiße Garben,
Und seiner Züge tiefe Narben
Verrieten steter Sorge Fron.

Doch freundlich trug er jeden Dorn,
Der auf dem Pfade ihm begegnet,
Geschlagen von des Schicksals Zorn,
Doch von der Götter Hand gesegnet.
Und eine Kunst war ihm beschert,
So mild wie seiner Seele Hauchen,
Sein Pinsel ließ die Wiesen rauchen
Und flammen des Vulkanes Herd.

Es waren Bilder, die mit Lust
Ein unverdorbnes Herz erfüllen,
Wie sie entsteigen warmer Brust
Und reiner Phantasie entquillen;
Doch Mäklern schienen sie zu zart,
Den Stempel hoher Kunst zu tragen;
So hat er schwer sich durchgeschlagen
Und täglich am Bedarf gespart.

Da ward in Winterabends Lauf
Ein Brief ihm von der Post gesendet;
Er riß bestürzt das Siegel auf:
O Gott, die Sorgen sind beendet!
Des fernen Vetters Totenschein
Hat als Agnaten ihn berufen:
Er darf nur treten an die Stufen,
Die reichen Lehne harren sein.

Wer denkt es nicht, daß ihm gepreßt
Aus heißer Wimper Tränen flossen!
Dann plötzlich steht sein Auge fest,
Der Zähren Quelle ist geschlossen.
Er liest, er tunkt die Feder ein,
Hat nur Sekunden sich beraten,
Und an den nächsten Lehnsagnaten
Schreibt mutig er beim Lampenschein:

»Wohl sagt man, daß Tyrannenmacht
Nicht Eides Band vermag zu schlingen,
Doch wo in uns ein Zweifel wacht,
Da müssen wir zum Besten ringen.
Nimm hin der Väter liebes Schloß,
— O würd' ich einstens dort begraben! —
Ich bin gewöhnt, nicht viel zu haben,
Und mein Bedürfnis ist nicht groß.«

Wer unter euch von Opfern spricht,
Von edleren, und Märtrerzeichen,
Der sah gewiß noch Jahre nicht,
Nicht vierzig Jahr' in Sorg' entschleichen!
Ihr, die mit Stärke prunkt sogleich
Euch drängt zu stolzer Taten Weihe:
— Er war ein Mann wie Wachs so weich,
Nur stark in Gott und seiner Treue.

Und wie es ferner ihm erging?
Er hat gemalt, bis er gestorben,
Zuletzt, in langer Jahre Ring,
Ein schmal Vermögen sich erworben;
Nie hat auf der Begeistrung Höh'
Sein schamhaft Schweigen er gebrochen,
Und keine Seele hat gesprochen
Von seinem schweren Opfer je.

Zweimal im Leben gab das Glück
Vor seinem Antlitz mir zu stehen,
In seinem mild bescheidnen Blick
Des Geistes reinen Blitz zu sehen.
Und im Dezember hat man dann
Des Sarges Deckel zugeschlagen
Und still ihn in die Gruft getragen.
— Das ist das Lied vom braven Mann.

STAMMBUCHBLÄTTER

I.

Mit Lauras Bilde

Im Namen eines Freundes

Um einen Myrtenzweig sich zu ersingen
Schickt seinen Schwan Petrarka Lauren nach,
Mit Lorbeerreisern füllt er das Gemach,
Doch kann er in den Myrtenhain nicht dringen.

Da zieht er durch die Welt mit hellem Klingen,
Schlägt mit den Flügeln an das teure Haus,
Man reicht ihm den Zypressenkranz hinaus,
Allein die Myrte kann er nicht erringen.

Mein Freund, wohl ist der Lorbeer uns versagt,
Doch laß uns um den schnöden Preis nicht klagen,
Von Dornen und Zypressen rings umragt.

Will es in einer Laura Blick mir tagen,
Dann hab' ich gern dem schweren Kranz entsagt,
Die kleine Myrte läßt sich leichter tragen.

II.

An Henriette von Hohenhausen

Wie lieb, o Nähe; Ferne, ach wie leid;
Wie bald wird Gegenwart Vergangenheit!
Warum hat Trauer denn so matten Schritt,
Da doch so leicht die frohe Stunde glitt?

Ach, wer mir liebe Stunden könnte bannen,
Viel werter sollt' er sein, als der vermöchte
Der trüben schlaffe Sehnen anzuspannen,
Denn Leid im Herzen wirbt sich teure Rechte,
Und wer es nimmt, der nimmt ein Kleinod mit.

Reich mir die Hand! du hast mich froh gemacht.
In öder Fremde hab' ich dein gedacht,
Werd' oft noch sinnen deinem Blicke nach,
So mildes Auge hellt den trübsten Tag.
Laß Ferne denn zur Nähe sich gestalten
Durch Wechselwort und inniges Gedenken.
Reich mir die Hand! — ich will sie treulich halten,
Und drüber her mag immergrün sich senken
Der Tannenzweig, ein schirmend Wetterdach.

Nachruf an Henriette von Hohenhausen

An deinem Sarge standen wir,
Du fromme milde Leidenspalme,
Wir legten in die Hände dir
Des Lenzes linde Blütenhalme;
An deiner Brust, wie eingenickt,
Die blauen Seidenschleifen lagen;
So, mit der Treue Bild geschmückt,
Hat man dich in die Gruft getragen.

Die Sonne sticht, der Regen rauscht —
Wir sitzen schweigend und beklommen;
Es knirrt im Flur, und jeder lauscht,
Als dächten wir, du könntest kommen;
In jedem Winkel suchen wir
Nach deinem Lächeln, deinem Blicke:
Wer lehnte je am Busen dir,
Und fühlt im Herzen keine Lücke?

Daß dein Erkennen stark und klar,
Auch andre mögen's mit dir teilen;
Doch daß du so gerecht und wahr,
Daß Segen jede deiner Zeilen,
Der Odem, den dein Leben sog,
Der letzte noch, ein Liebeszeichen —
Das, Henriette, stellt dich hoch
Ob andre, die an Geist dir gleichen!

Du warst die Seltne, die gehorcht
Des Ruhmes lockender Sirene
Und keine Tünche je geborgt
Und keine süßen Taumeltöne;
Die jede Perl' aus ihrem Hort
Vor Gottes Auge erst getragen,
Um ernstes wie um heitres Wort,
Um keines durft' im Tode zagen.

Am Sarge fällt die Blüte ab,
Zerrinnt der Glorie Zauberschemen,
Dein Lorbeerreis, es bleibt am Grab,
Du kannst es nicht hinüber nehmen;
Doch vor dem Richter kannst du knien,
Die reinen Hände hoch gefaltet:
»Sieh, Herr, die Pfunde, mir verliehn,
Ich habe redlich sie verwaltet.«

Nicht möcht' ich einen kalten Stein
Ob deinem warmen Herzen sehen,
Auch keiner glühen Rosen Schein,
Die üppig unter Dornen wehen;
Des Sinnlaubs immergrünen Stern
Möcht' ich um deinen Hügel ranken,
Und überm Grüne säh' ich gern
Die segensreiche Ähre schwanken.

Vanitas Vanitatum!

R. i. p.

Ihr saht ihn nicht im Glücke,
Als Scharen ihm gefolgt,
Mit einem seiner Blicke
Er jeden Haß erdolcht,
Das Blut an seinen Händen
Wie Königspurpur fast,
Und flammenden Geländen
Entstieg des Nimbus Glast;

Saht nicht, wie stolz getragen
Schulfreund und Kamerad
Die Stirn, mit welchem Zagen
Der Fremdling ihm genaht,
Wenn mit Kolosses Schreiten
Das Klippentor er stieß,
Die kleinen Segel gleiten
An seiner Sohle ließ.

Ihr habt ihn nicht gesehen,
Ihr Augen jugendklar,
Du Haupt, wo Ringel wehen
Von süßem Lockenhaar;
Jünglinge, blüh'nde Frauen,
Ihr saht ihn nicht im Glanz,
Ihn, seines Landes Grauen
Und allergrünsten Kranz.

Vielleicht doch saht ihr streifen
Den alten kranken Leun,
Saht seine Mähne schleifen
Und zittern sein Gebein,
Saht wie die breiten Pranken
Er matt und stöhnend hob,
Wie taumelnd seine Flanken
Er längs der Mauer schob.

Und Scheitel saht ihr, weiße,
Am Fensterglase spähn,
Die dann mit scheuem Fleiße
Sich hintern Vorhang drehn;
Vernahmt der Knaben Lachen,
Der Greise schmerzlich Ach,
Wenn er im freien flachen
Geländ' zusammen brach.

Allein ihr horcht, als rede
Ich von dem Tartarchan,
Mit Augen weit und öde
Starrt ihr mich lange an,
Und einer ruft: »O schauet,
Wie man ein Ehrenmal
Obskurem Burschen bauet!
Wer war der General?«

Instinkt

Bin ich allein, verhallt des Tages Rauschen,
Im frischen Wald, im braunen Heideland,
Um mein Gesicht die Gräser nickend bauschen,
Ein Vogel flattert an des Nestes Rand,
Und mir zu Füßen liegt mein treuer Hund,
Gleich Feuerwürmern seine Augen glimmen,
Dann kommen mir Gedanken, ob gesund,
Ob krank, das mag ich selber nicht bestimmen.

Ergründen möcht' ich, ob das Blut, das grüne,
Kein Lebenspuls durch jene Kräuter trägt,
Ob *Dionaea* um die kühne Biene
Bewußtlos ihre rauhen Netze schlägt,
Was in dem weißen Sterne zuckt und greift,
Wenn er, die Fäden streckend, leise schauert,
Und ob, vom Duft der Menschenhand gestreift,
Gefühllos ganz die Sensitive trauert?

Und wieder muß ich auf den Vogel sehen,
Der dort so zürnend seine Federn sträubt,
Mit kriegerischem Schrei mich aus den Nähen
Der nackten Brut nach allen Kräften treibt.
Was ist Instinkt? — tiefsten Gefühles Herd;
Instinkt trieb auch die Mutter zu dem Kinde
Als jene Fürstin, von der Glut verzehrt,
Als Heil'ge ward posaunt in alle Winde.

Und du, mein zott'ger Tremm, der schlafestrunken
Noch ob der Herrin wacht und durch das Grün
Läßt blinzelnd streifen seiner Blicke Funken,
Sag' an, was deine klugen Augen glühn?
Ich bin es nicht, die deine Schale füllt,
Nicht gab der Nahrung Trieb dich mir zu eigen,
Und mit der Sklavenpeitsche kann mein Bild
Noch minder dir im dumpfen Hirne steigen.

Wer kann mir sagen, ob des Hundes Seele
Hinaufwärts, oder ob nach unten steigt?
Und müde, müde drück ich in die Schmehle
Mein Haupt, wo siedend der Gedanke steigt.
Was ist es, das ein hungermattes Tier,
Mit dem gestohlnen Brote für das bleiche
Blutrünst'ge Antlitz, in das Waldrevier
Läßt flüchten und verschmachten bei der Leiche?

Das sind Gedanken, die uns könnten töten,
Den Geist betäuben, rauben jedes Glück,
Mit tausendfachem Mord die Hände röten,
Und leise schaudernd wend' ich meinen Blick.
O schlimme Zeit, die solche Gäste rief
In meines Sinnens harmlos lichte Bläue!
O schlechte Welt, die mich so lang' und tief
Ließ grübeln über eines Pudels Treue!

Die rechte Stunde

Im heitern Saal beim Kerzenlicht,
Wenn alle Lippen sprühen Funken; —
Und gar, vom Sonnenscheine trunken,
Wenn jeder Finger Blumen bricht; —
Und vollends an geliebtem Munde,
Wenn die Natur in Flammen schwimmt, —
Das ist sie nicht, die rechte Stunde,
Die dir der Genius bestimmt.

Doch wenn so Tag als Lust versank,
Dann wirst du schon ein Plätzchen wissen,
Vielleicht in deines Sofas Kissen,
Vielleicht auf einer Gartenbank:
Dann klingt's wie halb verstandne Weise,
Wie halb verwischter Farben Guß
Verrinnt's um dich, und leise, leise
Berührt dich dann dein Genius.

Der zu früh geborene Dichter

Acht Tage zählt' er schon, eh ihn
Die Amme konnte stillen,
Ein Würmchen, saugend kümmerlich
An Zucker und Kamillen,
Statt Nägel nur ein Häutchen lind,
Däumlein wie Vogelsporen,
Und jeder sagte: »Armes Kind!
Es ist zu früh geboren!«

Doch wuchs er auf, und mit der Zeit
Hat Leben sich entwickelt,
Mehr als der Doktor prophezeit,
Und hätt' er ihn zerstückelt;
Im zähen Körper zeigte sich
Zäh wilder Seele Streben:
Einmal erfaßt — dann sicherlich
Hielt er, auf Tod und Leben.

In Büchern hat er sich studiert
Hohläugig und zuschanden
Und durch sein glühes Hirn geführt
Zahllose Liederbanden.
Ein steter Drang — hinauf! hinauf!
Und ringsum keine Palme;
So klomm er an der Weide auf
Und jauchzte in die Alme.

Zwar dünkt ihn oft, bei trübem Mut,
Sein Baldachin von Laube
So köstlich wie ein alter Hut,
Wie 'ne zerrißne Haube;
Allein dies schalt man »eitlen Drang,
Mit Würde abzutrumpfen!«
Und alles, was er sah, das sang
Herab vom Weidenstumpfen.

So ward denn eine werte Zeit
Vertrödelt und verstammelt,
Lichtblonde Liederlein juchheit
Und Weidenduft gesammelt;
Wohl fielen Tränen in den Flaum
Und schimmerten am Raine,
Erfaßte ihn der glühe Traum
Von einem Palmenhaine.

Und als das Leben ausgebrannt
Und fühlte sich vergehen,
Da sollt' wie Moses er das Land
Der Gottverheißung sehen:
Er sah, er sah sie Schaft an Schaft
Die heil'gen Kronen ragen,
Und drunter all die frische Kraft
Der edlen Sprossen tragen.

Und Lieder hört' er, Melodien,
Wie ihm im Traum geklungen,
Wenn ein Kristall der Gletscher schien
Und Adler sich geschwungen;
Durch das smaragdne Riesenlaub
Sah er die Lyra blinken
Und über sie gleich goldnem Staub
Levantes Äther sinken.

O, wie zusammen da im Fall
Die alten Töne schwirrten,
Im Busen die Gefangnen all
Mit ihren Ketten klirrten!
»Ha, Leben, Jahre! und mein Sitz
Ist in den Säulenwänden,
Auch meine Lyra soll den Blitz
Durch die Smaragden senden!«

Ach, arme Frist, an solchem Schaft
Mit mattem Fuß zu klimmen;
Die Sehne seiner Jugendkraft,
Vermag er sie zu stimmen?
Und bald erseufzt er: »Hin ist hin!
Vertrödelt ist verloren!
Die Scholle winkt, weh mir, ich bin
Zu früh, zu früh geboren!«

Not

Was redet ihr soviel von Angst und Not
In eurem tadellosen Treiben?
Ihr frommen Leute, schlagt die Sorge tot,
Sie will ja doch nicht bei euch bleiben!

Doch wo die Not, um die das Mitleid weint,
Nur wie der Tropfen an des Trinkers Hand,
Indes die dunkle Flut, die keiner meint,
Verborgen steht bis an der Seele Rand —

Ihr frommen Leute wollt die Sorge kennen,
Und habt doch nie die Schuld gesehn!
Doch sie, sie dürfen schon das Leben nennen
Und seine grauenvollen Höhn.

Hinauf schallt's wie Gesang und Loben,
Und um die Blumen spielt der Strahl,
Die Menschen wohnen still im Tal,
Die dunklen Geier horsten droben.

Die Bank

Im Parke weiß ich eine Bank,
Die schattenreichste nicht von allen,
Nur Erlen lassen, dünn und schlank,
Darüber karge Streifen wallen;
Da sitz' ich manchen Sommertag
Und lass' mich rösten von der Sonnen,
Rings keiner Quelle Plätschern wach,
Doch mir im Herzen springt der Bronnen.

Dies ist der Fleck, wo man den Weg
Nach allen Seiten kann bestreichen,
Das staub'ge Gleis, den grünen Steg
Und dort die Lichtung in den Eichen:
Ach manche, manche liebe Spur
Ist unterm Rade aufgeflogen!
Was mich erfreut, bekümmert, nur
Von drüben kam es hergezogen.

Du frommer Greis im schlichten Kleid,
Getreuer Freund seit zwanzig Jahren,
Dem keine Wege schlimm und weit,
Galt es den heil'gen Dienst zu wahren;
Wie oft sah ich den schweren Schlag
Dich drehn mit ungeschickten Händen,
Und langsam steigend nach und nach
Dein Käppchen an des Dammes Wänden.

Und du in meines Herzens Grund,
Mein lieber schlanker blonder Junge,
Mit deiner Büchs' und braunem Hund,
Du klares Aug' und muntre Zunge,
Wie oft hört' ich dein Pfeifen nah',
Wenn zu der Dogge du gesprochen;
Mein lieber Bruder warst du ja,
Wie sollte mir das Herz nicht pochen?

Und Manches, was die Zeit verweht,
Und Manches, was sie ließ erkalten,
Wie Bankos Königsreihe geht
Und trabt es aus des Waldes Spalten.
Auch was mir noch geblieben und
Was neu erblüht im Lebensgarten,
Der werten Freunde heitren Bund
Von drüben muß ich ihn erwarten.

So sitz' ich Stunden wie gebannt,
Im Gestern halb und halb im Heute,
Mein gutes Fernrohr in der Hand
Und lass' es streifen durch die Weite.
Am Damme steht ein wilder Strauch,
O, schmählich hat mich der betrogen!
Rührt ihn der Wind, so mein' ich auch,
Was Liebes komme hergezogen!

Mit jedem Schritt weiß er zu gehn,
Sich anzuformen alle Züge;
So mag er denn am Hange stehn,
Ein wert Phantom, geliebte Lüge;
Ich aber hoffe für und für,
So fern ich mich des Lebens freue,
Zu rösten an der Sonne hier,
Geduld'ger Märtyrer der Treue.

Clemens von Droste

An seinem Denkmal saß ich, das Getreibe
Des Lebens schwoll und wogt' in den Alleen,
Ich aber mochte nur zum Himmel sehn,
Von dem ihr Silber goß die Mondenscheibe.
Und alle Schmerzenskeime fühlt' ich sprießen,
Im Herzen sich entfalten, Blatt um Blatt,
Und allen Segen fühlt' ich niederfließen
Um eines Christen heil'ge Schlummerstatt.

Da nahte durch die Gräser sich ein Rauschen,
Geflüster hallte an der Marmorwand,
Der mir so teure Name ward genannt,
Und leise Wechselrede hört' ich tauschen.
Es waren tiefe achtungsvolle Worte,
Und dennoch war es mir, als dürfe hier
Kein anderer an dem geweihten Orte,
Kein Wesen ihn betrauern neben mir.

Wer könnte unter diesen Gräbern wandeln,
Der ihn gekannt wie ich, so manches Jahr,
Der seine Kindheit sah, so frisch und klar,
Des Jünglings Glut, des Mannes kräftig Handeln?
Welch fremdes Aug' hat in den ernsten Lettern,
Dem strengen Wort des Herzens Schlag erkannt?
Die Blitze saht ihr, aber aus den Wettern
Saht ihr auch segnen eines Engels Hand?

Sie standen da wie vor Pantheons Hallen,
Wie unter Bannern, unter Lorbeerlaub;
Ich saß an einem Hügel, wo zu Staub
Der Menschenherzen freundlichstes zerfallen.
Sie redeten von den zersprengten Kreisen,
Die all er wie ein mächt'ger Reif geeint;
Ich dachte an die Witwen und die Waisen,
Die seinem dunklen Sarge nachgeweint.

Sie redeten von seines Geistes Walten,
Von seinem starken ungebeugten Sinn,
Und wie er nun der Wissenschaft dahin,
Der Mann, an dem sich mancher Arm gehalten;
Ich hörte ihres Lobes Wogen schießen
Es waren Worte wohlgemeint und wahr,
Doch meine Tränen fühlt' ich heißer fließen,
Als ob man ihn verkenne ganz und gar.

Und endlich hört' ich ihre Stimmen schwinden,
Ihr letztes Wort war eine Klage noch:
Daß nicht so leicht ein gleiches Wissen doch,
Daß selten nur ein gleicher Geist zu finden.
Ich aber, beugend in des Denkmals Schatten,
Hab' seines Grabes feuchten Halm geküßt:
»Wo gibt es einen Vater, einen Gatten
Und einen Freund, wie du gewesen bist!«

Guten Willens Ungeschick

Du scheuchst den frommen Freund von mir,
Weil krank ich sei und sehr bewegt,
Mein hell und blühend Lustrevier
Hast du mit Dornen mir umhegt;
Wohl weiß ich, daß der Wille rein,
Daß eure Sorge immer wach,
Doch, was ihn labt, was hindert, ach,
Ein jeder weiß es nur allein.

Ich denke, wie ich einstens saß
An eines Hügels schroffem Rain,
Und sah ein schönes Kind, das las
Sich Schneckenhäuschen im Gestein;
Dann glitt es aus, ich sprang hinzu,
Es hatte sich am Strauch gedrückt;
Ich griff es an gar ungeschickt,
Und abwärts rollte es im Nu;

Auf hob ich es, das weinend lag
Und grimmig weinend um sich fuhr,
Und freilich, was es stieß vom Hag,
Mein schlimmes Helfen war es nur. —
Und an der Klippe stand ich auch,
Bei Vogelbrut und Flaumenhaar,
Und drüber pfiff wie ein Korsar
Ein Weihe hoch im Nebelrauch.

Nun blitzte wie ein Strahl heran
Und immer näher schoß der Weih,
Ich schwang das Tuch, den Mantel dann,
Die jungen Vögel duckten scheu;
Und aufwärts funkelnd, angstgepreßt,
Wie Marder pfiffen sie so klar;
Da ward mir endlich offenbar,
Dies sei des Weihen eignes Nest.

So hab' ich hundertmal gefühlt,
Und tausendmal hab' ich gesehn,
Daß Nichts so hart am Herzen wühlt,
Wo seine tiefsten Adern gehn,
Als — zürne nicht, die Lippen drück'
Ich sühnend auf der Lippen Rand —
Als eine liebe rasche Hand
In guten Willens Ungeschick.

Der Traum

An Amalie Hassenpflug

Jüngst hab' ich dich gesehn im Traum,
So lieblich saßest du behütet
In einer Laube grünem Raum,
Von duftendem Jasmin umblütet,
Durch Zweige fiel das goldne Licht,
Aus Vogelkehlen ward gesungen,
Du saßest da, wie ein Gedicht,
Von einem Blumenkranz umschlungen.

Und deine liebe Rechte trug
Das Antlitz mit so edlen Sitten,
Im Sand das aufgeschlagne Buch
Schien von dem Schoße dir geglitten;
Dich lehnend an den frischen Hag
Hauchtest du flüsternd leise Küsse,
Im Auge eine Träne lag,
Wie Tau im Kelche der Narzisse.

Dich anzuschaun war meine Lust,
Zu lauschen deiner Züge Regen,
Und dennoch hätt' ich gern gewußt,
Was dich so innig mocht' bewegen?
Da bogst du sacht hinab den Zweig,
Strichst lächelnd an der Spitzenhaube,
An deine Schulter huscht' ich gleich,
Sah einen Baum in schlichtem Laube,

Und auf dem Baume saß ein Fink,
Der schleppte dürres Moos und Reisig,
»Schau her, schau wieder!« zirpt' er flink
Und förderte am Nestchen fleißig;
Er sah so keck und fröhlich aus,
Als trüg' er des Flamingo Kleider,
So sorglich hüpft' er um sein Haus,
Als fürcht' er bösen Blick und Neider.

Und wenn ein Reischen er gelegt,
Dann rief er alle Welt zu Zeugen,
Als müsse, was der Garten hegt,
Blum' und Gesträuch sich vor ihm neigen;
Um deine Lippe flog ein Zug,
Wie ich ihn oft an ihr gesehen,
Und meinen Namen ließ im Flug
Sie über ihre Spalte gehen.

Schon hob ich meine Hand hinauf,
Mit leisem Schlage dich zu strafen,
Allein da wacht' ich plötzlich auf
Und bin nicht wieder eingeschlafen;
Nur deiner hab' ich fortgedacht,
Säh' dich so gern am grünen Hage,
Mich dünkt, so lieb wie in der Nacht,
Sah ich dich noch an keinem Tage.

Im Eise schlummern Blum' und Zweig,
Dezemberwinde schneidend wehen,
Der Garten steht im Wolkenreich,
Wo tausend schönre Gärten stehen;
So golden ist kein Sonnenschein,
Daß er wie der erträumte blinke;
Doch du, bist du nicht wirklich mein?
Und bin ich nicht dein dummer Finke?

Locke und Lied

Meine Lieder sandte ich dir,
Meines Herzens strömende Quellen,
Deine Locke sandtest du mir,
Deines Hauptes ringelnde Wellen;
Hauptes Welle und Herzens Flut,
Sie zogen einander vorüber;
Haben sie nicht im Kusse geruht?
Schoß nicht ein Leuchten darüber?

Und du klagest: verblichen sei
Die Farbe der wandernden Zeichen;
Scheiden tut weh, mein Liebchen, ei,
Die Scheidenden dürfen erbleichen;
Warst du blaß nicht, zitternd und kalt,
Als ich von dir mich gerissen?
Blicke sie an, du Milde, und bald,
Bald werden den Herrn sie nicht missen.

Auch deine Locke hat sich gestreckt,
Verdrossen, gleich schlafendem Kinde,
Doch ich hab' sie mit Küssen geweckt,
Hab' sie gestreichelt so linde,
Ihr geflüstert von unserer Treu',
Sie geschlungen um deine Kränze,
Und nun ringelt sie sich aufs neu'
Wie eine Rebe im Lenze.

Wenig Wochen, dann grünet der Stamm,
Hat Sonnenschein sich ergossen,
Und wir sitzen am rieselnden Damm,
Die Händ' ineinander geschlossen,
Schaun in die Welle und schaun in das Aug'
Uns wieder und wieder und lachen,
Und Bekanntschaft mögen dann auch
Die Lock' und der Liederstrom machen.

An Levin Schücking

Kein Wort, und wär' es scharf wie Stahles Klinge,
Soll trennen, was in tausend Fäden Eins,
So mächtig kein Gedanke, daß er dringe
Vergällend in den Becher reinen Weins;
Das Leben ist so kurz, das Glück so selten,
So großes Kleinod, einmal sein statt gelten!

Hat das Geschick uns, wie in frevlem Witze,
Auf feindlich starre Pole gleich erhöht,
So wisse, dort, dort auf der Scheidung Spitze
Herrscht, König über alle, der Magnet,
Nicht fragt er, ob ihn Fels und Strom gefährde,
Ein Strahl fährt mitten er durchs Herz der Erde.

Blick' in mein Auge, — ist es nicht das deine,
Ist nicht mein Zürnen selber deinem gleich?
Du lächelst — und dein Lächeln ist das meine,
An gleicher Lust und gleichem Sinnen reich;
Worüber alle Lippen freundlich scherzen,
Wir fühlen heil'ger es im eignen Herzen.

Pollux und Kastor, — wechselnd Glühn und Bleichen,
Des einen Licht geraubt dem andern nur,
Und doch der allerfrömmsten Treue Zeichen. —
So reiche mir die Hand, mein Dioskur!
Und mag erneuern sich die holde Mythe,
Wo überm Helm die Zwillingsflamme glühte.

An denselben

Zum zweiten Male will ein Wort
Sich zwischen unsre Herzen drängen,
Den felsbewachten Erzeshort
Will eines Knaben Mine sprengen.
Sieh mir ins Auge, hefte nicht
Das deine an des Fensters Borden,
Ist denn so fremd dir mein Gesicht,
Denn meine Sprache dir geworden?

Sieh freundlich mir ins Auge, schuf
Natur es gleich im Eigensinne
Nach harter Form, muß ihrem Ruf
Antworten ich mit scharfer Stimme;
Der Vogel singt, wie sie gebeut,
Libelle zieht die farb'gen Ringe,
Und keine Seele hat bis heut'
Sie noch gezürnt zum Schmetterlinge.

Still ließ an meiner Jahre Rand
Die Parze ihre Spindel schlüpfen,
Zu strecken meint' ich nur die Hand,
Um alte Fäden anzuknüpfen,
Allein den deinen fand ich reich,
Ich fand ihn vielbewegt verschlungen,
Darf es dich wundern, wenn nicht gleich
So Ungewohntes mir gelungen?

Daß manches schroff in mir und steil,
Wer könnte, ach, wie ich es wissen!
Es ward, zu meiner Seele Heil,
Mein zweites zarteres Gewissen,
Es hat den Übermut gedämpft,
Der mich Giganten gleich bezwungen,
Hat glühend, wie die Reue kämpft,
Mit dem Dämone oft gerungen.

Doch du, das tief versenkte Blut
In meinem Herzen, durftest denken,
So wolle ich mein eignes Gut,
So meine eigne Krone kränken?
O, sorglos floß mein Wort und bunt,
Im Glauben, daß es dich ergötze,
Daß nicht geschaffen dieser Mund
Zu einem Hauch, der dich verletze.

Du zweifelst an der Sympathie
Zu einem Wesen dir zu eigen?
So sag' ich nur, du konntest nie
Zum Gletscher ernster Treue steigen,
Sonst wüßtest du, daß auf den Höhn
Das schnöde Unkraut schrumpft zusammen
Und daß wir dort den Phönix sehn,
Wo unsre liebsten Zedern flammen.

Sieh her, nicht eine Hand dir nur,
Ich reiche beide dir entgegen,
Zum Leiten auf verlorne Spur,
Zum Liebespenden und zum Segen,
Nur ehre ihn, der angefacht
Das Lebenslicht an meiner Wiege,
Nimm' mich, wie Gott mich hat gemacht,
Und leih' mir keine fremden Züge!

Poesie

Frägst du mich im Rätselspiele,
Wer die zarte lichte Fei,
Die sich drei Kleinoden gleiche
Und ein Strahl doch selber sei?
Ob ich's rate? ob ich fehle?
Liebchen, pfiffig war ich nie,
Doch in meiner tiefsten Seele
Hallt es: das ist Poesie!

Jener Strahl, der, Licht und Flamme,
Keiner Farbe zugetan,
Und doch, über alles gleitend,
Tausend Farben zündet an,
Jedes Recht und keines Eigen. —
Die Kleinode nenn' ich dir:
Den Türkis, den Amethysten
Und der Perle edle Zier.

Poesie gleicht dem Türkise,
Dessen frommes Auge bricht,
Wenn verborgner Säure Brodem
Nahte seinem reinen Licht;
Dessen Ursprung keiner kündet,
Der wie Himmelsgabe kam
Und des Himmels milde Bläue
Sich zum milden Zeichen nahm.

Und sie gleicht dem Amethysten,
Der sein veilchenblau Gewand
Läßt zu schnödem Grau erblassen
An des Ungetreuen Hand;
Der, gemeinen Götzen fröhnend,
Sinkt zu niedren Steines Art,
Und nur Einer Flamme dienend
Seinen edlen Glanz bewahrt;

Gleicht der Perle auch, der zarten,
Am Gesunden tauig klar,
Aber saugend, was da Krankes
In geheimsten Adern war;
Sahst du niemals ihre Schimmer
Grünlich wie ein modernd Tuch?
Eine Perle bleibt es immer,
Aber die ein Siecher trug.

Und du lächelst meiner Lösung,
Flüsterst wie ein Widerhall:
Poesie gleicht dem Pokale
Aus venedischem Kristall!
Gift hinein — und schwirrend singt er
Schwanenliedes Melodie,
Dann in tausend Trümmer klirrend,
Und hin ist die Poesie!

An Levin Schücking

O frage nicht, was mich so tief bewegt,
Seh' ich dein junges Blut so freudig wallen,
Warum, an deine klare Stirn gelegt,
Mir schwere Tropfen aus den Wimpern fallen.

Mir träumte einst, ich sei ein albern Kind,
Sich emsig mühend an des Tisches Borden;
Wie übermächtig die Vokabeln sind,
Die wieder Hieroglyphen mir geworden!

Und als ich dann erwacht, da weint' ich heiß,
Daß mir so klar und nüchtern jetzt zu Mute,
Daß ich so schrankenlos und überweis',
So ohne Furcht vor Schelten und vor Rute.

So, wenn ich schaue in dein Antlitz mild,
Wo tausend frische Lebenskeime walten,
Da ist es mir, als ob Natur mein Bild
Mir aus dem Zauberspiegel vorgehalten;

Und all mein Hoffen, meiner Seele Brand
Und meiner Liebessonne dämmernd Scheinen,
Was noch entschwinden wird und was entschwand,
Das muß ich Alles dann in dir beweinen.

An Elise

Am 19. September 1843

Du weißt es lange wohl, wie wert du mir,
Was sollt' ich es nicht froh und offen tragen,
Ein Lieben, das so frischer Ranken Zier
Um meinen kranken Lebensbaum geschlagen?
Und manchen Abend hab' ich nachgedacht,
In leiser Stunde träumerischem Sinnen,
Wie deinen Morgen, meine nah'nde Nacht
Das Schicksal ließ aus Einer Urne rinnen.

Zu alt zur Zwillingsschwester möchte ich
Mein Töchterchen dich nennen, meinen Sprossen,
Mir ist, als ob mein fliehend Leben sich,
Mein rinnend Blut in deine Brust ergossen.
Wo flammt im Herzen mir ein Opferherd,
Daß nicht der deine loderte daneben,
Von gleichen Landes lieber Luft genährt,
Von gleicher Freunde frommem Kreis umgeben?

Und heut, am Sankt Elisabethentag,
Vereinend uns mit gleichen Namens Banden,
Schlug ich bedächtig im Kalender nach,
Welch' Heilige am Taufborn uns gestanden;
Da fand ich eine königliche Frau,
Die ihre milde Segenshand gebreitet,
Und eine Patriarchin, ernst und grau,
Nur wert um den, des Wege sie bereitet.

Fast war es mir, als ob dies Doppelbild
Mit strengem Mahnen strebe uns zu trennen,
Als wollt' es dir die Fürstin zart und mild,
Mir nur die ernste Hüterin vergönnen;
Doch — lächle nicht — ich hab' mich abgekehrt,
Bin fast verschämt zur Seite dir getreten;
Nun wähle, Lieb, und die du dir beschert,
Zu der will ich, als meiner Heil'gen beten.

Ein Sommertagstraum

Im tiefen West der Schwaden grollte,
Es stand die Luft, ein siedend Meer,
An meines Fensters Vorhang rollte
Die Sonnenkugel, glüh und schwer;
Und wie ein Kranker, lang gestreckt,
Lag ich auf grünen Sophakissen,
Das Haupt von wüstem Schmerz zerrissen,
Die Stirne fieberhaft gefleckt.

Um mich Geschenke, die man heute
Zu meinem Wiegenfest gesandt,
Denare, Schriften, Meeres Beute,
Ich hab' mich schnöde abgewandt;
Zum Tode matt und schlafberaubt
Studiert' ich der Gardine Bauschen
Und horchte auf des Blutes Rauschen
Und Klingeln im betäubten Haupt.

Zuweilen dehnte sich ein Murren
Den Horizont entlang, es schlich
Am Hag' ein Rieseln und ein Surren,
Wie flatternder Libelle Strich;
Betäubend zog Resedaduft
Durch des Balkones offne Türen,
In jeder Nerve war zu spüren
Die schwefelnde Gewitterluft.

Da plötzlich schien sich aufzurichten
Am Fensterrahm ein Schattenwall,
Und mählich schob die dunklen Schichten
Er näher an den glühen Ball.
Durch der Gardine Spalten zog
Ein frischer Hauch, ich schloß die Augen,
Um tiefer, tiefer einzusaugen,
Was leise spielend mich umflog.

Genau vernahm ich noch das Rucken
Des flatternden Papiers, das Licht
Der Stufe sah ich schmerzend zucken;
Ob ich entschlief? mich dünkt es nicht.
Doch schneller schien am Autograph
Das dürre Züngelchen zu wehen,
Ein glitzernd Aug' der Stein zu drehen,
Die Muschel dehnte sich im Schlaf.

Und nächt'ger Mücke zu vergleichen
Umsäuselte mich halber Klang,
Am Teppich schien es sacht zu streichen
Und lief des Polsters Saum entlang,
Wie wenn im zitternden Papier
Der Fliege zarte Füßchen irren;
Und heller, feiner aus dem Schwirren
Drang es wie Wortes Hauch zu mir.

Das Autograph

Pst! — St! — ja, ja,
Das mocht' eine Pracht noch heißen,
Als ich am Ärmel sah
Die goldenen Tressen gleißen!

Wie waren die Hände weiß und weich,
Wie funkelten die Demanten!
Wie schwammen drüber, so duftig, reich,
Die breiten Brüsseler Kanten!

Das waren Bilder und Lockenpracht,
Wie mähnige Leun in Rahmen!
Das Vasen! wo in der Galatracht
Spazierten schäfernde Damen!
Und, o, das war eine Blumensee,
Ein farbiges Blütengewimmel!
Das eine berauschende Äthernäh'
Von heißem südlichem Himmel!

Pst! — St! — ich duckt' in meinem Fach,
Pst! — still — wie Vögel im Nest,
Und ward am Gitter die Brise wach,
Dann ruschelt' ich mit dem West.
O, o! der war auch ein Vagabund:
Von Bogen flog er zu Bogen,
Hat aus der Siegel Granatenmund
Säuselnde Küsse gesogen.

Pst! — drunten, hart an meiner Klaus'
Ein Tisch auf güldenen Krallen;
Und wispelte ich zu weit hinaus,
Ich wär' auf den Amor gefallen;
Der stand, einen Köcher in jeder Hand,
Wie sinnend auf lustige Finte,
Das Haupt gewendet vom stäubenden Sand,
Und spiegelte sich in der Tinte.

Sieh! drüben der Türen Paneele, breit
Geschmückt mit schimmernden Leisten!

Wie hab' ich gefiattert und mich gefreut,
Wenn leise knarrend sie gleißten!
Dann kam das Ding — ein Mann? — ein Greis? –
Nie konnte ich satt mich schauen,
Daß seine Lockenkaskaden so weiß,
So glänzend schwarz seine Brauen!

Schrieb, schrieb, daß die Feder knirrt' und bog
Lang lange schlängelnde Kette,
Und sachte über den Marmor zog
Und schleifte sich die Manschette.
Das summt' und säuselte mir wie Traum,
Wie surrender Bienen Lesen,
Als sei ich einst ein seidener Schaum,
Eine Spitzenmanschette gewesen.

Pst! — stille, — sieh, ein Andrer! — sieh!
Wie schütteln des Schreibers Locken!
Er beugt und schlenkert sich bis ans Knie,
Schlürft und schleicht wie auf Socken.
Ha! es zupft mich, — ich falle, ich falle! —
Da liege ich hülflos gebreitet,
Und über mich die tintige Galle
Wie Würmer krimmelt und gleitet.

Licht! Leben! durch die Fasern gießt
Gleich Ichor sich der Menschengeist;
Wie's droben tönt, die Spalte fließt,
Gedankenwelle schwillt und kreißt.
»*Viva!*« — ein König wird gegrüßt —
Es fault im Mark, die Rinde gleißt.
Und Schiffe, schwer von Proviant,
Ziehn übers Meer vom Nordenstrand.

Ich zittre, zittre; jenes Fremden Auge,
Lichtblau und klar, ist über mich gebeugt;
Ob es den Geist mir aus den Fasern sauge?
Ich weiß es nicht, sein Blinzen sinkt und steigt,
Ein Auge scharf wie Scheidewassers Lauge! —
Er streicht die Brauen, faßt die Feder leicht —
Nun schlängelt er — nun drunten steht es da:
»*Theodor' il primo, re di Corsica.*«

Pst! still! — der König spricht, Denar, halt Ruh!
Was schaukelst dich, was klimperst du?

Der Denar

O! über deinen König! ganz dir gleich,
Du glattgeschlagner Lumpen, o, sein Reich
Das Inselchen, des kärglichen Tribut
Lukull in e i n e Silberschüssel lud,
Gebannt in e i n e Perle Cäsars Hand
In der Ägypterfürstin Locken wand.
Du, zitternd vor Satrapenblicke, fahl
Wärst du zerstäubt vor seiner Augen Strahl,
Wenn langsam übers Forum im Triumph
Das Viergespann ihn rollte; hörst du dumpf,
Wie halberwachter Donner oder Spülen
Der Brandung, Pöbelwoge ziehn und wühlen,
Um die Quadriga summend, wie im Nahn
Prüft seine Stimme murrend der Orkan?
»Heil, Cäsar, Heil!« um seine kahle Stirn
Ragt Lorbeer, wie die Ficht' um Klippenfirn;
Er lächelt, und aus seinem Lächeln fließet
Ein leise schläfernd Gift, o Roma, dir,
Sein halbgeschloßnes Auge Fäden schießet,
Ein unzerreißbar Netz. — Gebückt und stier,

Zerzausten Haares, vor den Rossen klirrt
Endloser Gallierzug, die Fesseln schleifen,
Und aus der Pöbelwelle gellt und schwirrt
Gezisch, Gejubel, Cymbelklang und Pfeifen.
Denare fliegen aus des Siegers Hand,
Ha, wie es krabbelt im Arenasand! —
Der Imperator nickt und klingelt fort.
Noch lieg' ich unberührt im Byssusbeutel, —
Was steigt so schwarz am Kapitole dort?
Es dunkelt, dunkelt; — über Cäsars Scheitel
Ein Riesenaar mit Flügelrauschen steigt,
Die Sonne schwindet — doch ein Leuchten streicht
Um der Liktoren Beile — wieder itzt —
Sie zucken, schwenken sich — es blitzt! — es blitzt!

Die Erzstufe

Ja Blitze, Blitze! der Schwaden drängt
Giftiges Gas am Risse hinaus,
Auf einem Blitze bin ich gesprengt
Aus meinem funkelnden Kellerhaus.
O, wie war ich zerbrochen und krank,
Wie rieselt's mir über die blanke Haut,
Wenn langsam schwellend der Tropfen sank,
Des Zuges Schneide mich angegraut!

Kennst du den Bergmönch, den braunen Schelm,
Dem auf der Schulter das Antlitz kreist?
Schwarz und rauh wie ein rostiger Helm,
Wie die Grubenlampe sein Auge gleißt.
O, er ist böse, tückisch und schlimm!
Mit dem Gezähe hackt er am Spalt,
Bis das schwefelnde Wetter im Grimm
Gegen die weichende Rinde schwallt.

Steiger, bete! du armer Knapp',
Dem in der Hütte das Kindlein zart,
Betet! betet! eh ihr hinab,
Eh zum letzten Male vor Ort ihr fahrt.
Sieben Nächte hab' ich gesehn
Wie eine Walze rollen den Nacken
Und die Augen funkeln und drehn
Und das Gezähe schürfen und hacken.

Dort, dort hinter dem reichen Gang
Lauert der giftige Brodem; da,
Wo der Kobold den Hammer schwang,
Wo ich am Bruche ihn schnuppern sah.
Gleich dem Molche von Dunste trunken
Schwoll und wackelt' der Gnom am Grund,
Und des Gases knisternde Funken
Zogen in seinen saugenden Schlund.

Bete, Steiger, den Morgenpsalm
Einmal noch und dein »walt's Gott«,
Deinen Segen gen Wetters Qualm,
Gäh Verscheiden und Teufelsrott'.
Schau noch einmal ins Angesicht
Deinem Töchterchen, deinem Weib,
Und dann zünde das Grubenlicht.
»Gott die Seele, dem Schacht der Leib!«

Sie sind vor Ort, die Lämpchen rund
Wie Irrwischflämmchen aufgestellt.
Die Winde keucht, es rollt der Hund,
Der Hammer pickt, die Stufe fällt,
An Bleigewürfel, Glimmerspat
Zerrinnend, malt der kleine Strahl
In seiner Glorie schwimmend Rad
Sich Regenbogen und Opal.

Die Winde keucht, es rollt der Hund. —
Hörst du des Schwadens Sausen nicht?
Wie Hagel bröckelt es zum Grund —
Der Hammer pickt, die Stufe bricht; —
Weh, weh! es zündet, flammt hinein!
Hinweg! es schmettert aus der Höh'!
Felsblöcke, zuckendes Gebein!
Wo bin ich? — bin ich? — auf der See?
Und welch' Geriesel — immer immerzu,
Wie Regentropfen, — regnet's?

Die Muschel

Su, susu,
O, schlaf im schimmernden Bade,
Hörst du sie plätschern und rauschen,
Meine hüpfende blanke Najade?
Ihres Haares seidenen Tang
Über der Schultern Perlenschaum;
Horch! sie singt den Wellengesang,
Süß wie ein Vögelein, zart wie Traum:

»Webe, woge, Welle, wie
Westes Säuselmelodie,
Wie die Schwalbe übers Meer
Zwitschernd streicht von Süden her,
Wie des Himmels Wolken tauen
Segen auf des Eilands Auen,
Wie die Muschel knirrt am Strand,
Von der Düne rieselt Sand.«

»Woge, Welle, sachte, sacht,
Daß der Triton nicht erwacht.
In der Hand das plumpe Horn,
Schlummert er am Strudelborn.

In der Muschelhalle liegt er,
Seine grünen Zöpfe wiegt er;
Ries'le, Woge, Sand und Kies,
In des Bartes zottig Vließ.«

»Leise, leise, Wellenkreis,
Wie des Liebsten Ruder leis
Streift dein leuchtend Glas entlang
Zu dem nächtlich süßen Gang;
Wenn das Boot, im Strauch geborgen,
Tändelt, schaukelt bis zum Morgen.
In der Kammer flimmert Licht;
Ruhig, Kiesel, knistert nicht!«

Das Lied verhaucht, wie Echo am Gestade,
Und leiser, leiser wiegt sich die Najade,
Beginnt ihr strömend Flockenhaar zu breiten,
Läßt vom Korallenkamm die Tropfen gleiten,
Und sachte strählend schwimmt sie, wie ein Hauch,
Im Strahl, der dämmert durch den Nebelrauch;
Wie glänzt ihr Regenbogenschleier! — o,
Die Sonne steigt, das Meer beginnt zu zittern —
Ein Silbernetz von Myriaden Flittern!
Mein Auge zündet sich — wo bin ich? — wo?

Tief atmend saß ich auf, aus Westen
Bohrte der schräge Sonnenstrahl;
Es tropft' und rieselt' von den Ästen,
Die Lerche stieg im Äthersaal;
Vom blanken Erzgewürfel traf
Mein Aug' ein Leuchten, schmerzlich flirrend,
Und in des Zuges Hauche schwirrend
Am Boden lag das Autograph.

So hab' ich Donner, Blitz und Regenschauer
Verträumt, in einer Sommerstunde Dauer.

Die junge Mutter

Im grün verhangnen duftigen Gemach,
Auf weißen Kissen liegt die junge Mutter;
Wie brennt die Stirn! Sie hebt das Auge schwach
Zum Bauer, wo die Nachtigall das Futter
Den nackten Jungen reicht: »Mein armes Tier«,
So flüstert sie, »und bist du auch gefangen
Gleich mir, wenn draußen Lenz und Sonne prangen,
So hast du deine Kleinen doch bei dir.«

Den Vorhang hebt die graue Wärterin
Und legt den Finger mahnend auf die Lippen;
Die Kranke dreht das schwere Auge hin,
Gefällig will sie von dem Tranke nippen;
Er mundet schon, und ihre bleiche Hand
Faßt fester den Kristall — o milde Labe! —
»Elisabeth, was macht mein kleiner Knabe?«
»Er schläft«, versetzt die Alte abgewandt.

»Wie mag er zierlich liegen! — Kleines Ding!« —
Und selig lächelnd sinkt sie in die Kissen;
Ob man den Schleier um die Wiege hing,
Den Schleier, der am Erntefest zerrissen?
Man sieht es kaum, sie flickte ihn so nett,
Daß alle Frauen höchlich es gepriesen,
Und eine Ranke ließ sie drüber sprießen.
»Was leutet man im Dom, Elisabeth?« —

»Madame, wir haben heut' Mariatag.«
So hoch im Mond? sie kann sich nicht besinnen. —
Wie war es nur? — doch ihr Gehirn ist schwach,
Und leise suchend zieht sie aus den Linnen
Ein Häubchen, in dem Strahle kümmerlich
Läßt sie den Faden in die Nadel gleiten;
So ganz verborgen will sie es bereiten,
Und leise, leise zieht sie Stich um Stich.

Da öffnet knarrend sich die Kammertür,
Vorsicht'ge Schritte übern Teppich schleichen.
»Ich schlafe nicht, Rainer, komm her, komm hier!
Wann wird man endlich mir den Knaben reichen?«
Der Gatte blickt verstohlen himmelwärts,
Küßt wie ein Hauch die kleinen heißen Hände:
»Geduld, Geduld, mein Liebchen, bis zum Ende!
Du bist noch gar zu leidend, gutes Herz.«

»Du duftest Weihrauch, Mann.« — »Ich war im Dom:
Schlaf, Kind!« und wieder gleitet er von dannen.
Sie aber näht, und liebliches Phantom
Spielt um ihr Aug' von Auen, Blumen, Tannen. —
Ach, wenn du wieder siehst die grüne Au,
Siehst über einem kleinen Hügel schwanken
Den Tannenzweig und Blumen drüber ranken,
Dann tröste Gott dich, arme junge Frau!

Meine Sträuße

So oft mir ward eine liebe Stund'
Unterm blauen Himmel im Freien,
Da habe ich, zu des Gedenkens Bund,
Mir Zeichen geflochten mit Treuen:
Einen schlichten Kranz, einen wilden Strauß,
Ließ drüber die Seele wallen;
Nun stehe ich einsam im stillen Haus
Und sehe die Blätter zerfallen.

Vergißmeinnicht mit dem Rosaband —
Das waren dämmrige Tage,
Als euch entwandte der Freundin Hand
Dem Weiher drüben am Hage;
Wir schwärmten in wirrer Gefühle Flut,
In sechzehnjährigen Schmerzen;
Nun schläft sie lange. — Sie war doch gut,
Ich liebte sie recht von Herzen!

Gar weite Wege hast du gemacht,
Kamelia, staubige Schöne,
In deinem Kelche die Flöte wacht,
Trompeten und Cymbelgetöne;
Wie zitterten durch das grüne Revier
Buntfarbige Lampen und Schleier!
Da brach der zierliche Gärtner mir
Den Strauß beim bengalischen Feuer.

Dies Alpenröschen nährte mit Schnee
Ein eisgrau starrender Riese;
Und diese Tange entfischt' ich der See
Aus Muschelgescherbe und Kiese;
Es war ein volles, gesegnetes Jahr,
Die Trauben hingen gleich Pfunden,
Als aus der Rebe flatterndem Haar
Ich diesen Kranz mir gewunden.

Und ihr, meine Sträuße von wildem Heid,
Mit lockerm Halme geschlungen,
O süße Sonne, o Einsamkeit,
Die uns redet mit heimischen Zungen!
Ich hab' sie gepflückt an Tagen so lind,
Wenn die goldenen Käferchen spielen,
Dann fühlte ich mich meines Landes Kind,
Und die fremden Schlacken zerfielen.

Und wenn ich grüble an meinem Teich,
Im duftigen Moose gestrecket,
Wenn aus dem Spiegel mein Antlitz bleich
Mit rieselndem Schauer mich necket,
Dann lang' ich sachte, sachte hinab
Und fische die träufelnden Schmehlen;
Dort hängen sie, drüben am Fensterstab,
Wie arme vertrocknete Seelen.

So mochte ich still und heimlich mir
Eine Zauberhalle bereiten,
Wenn es dämmert, dort, und drüben, und hier
Von den Wänden seh' ich es gleiten;
Eine Fei entschleicht der Kamelia sich,
Liebesseufzer stöhnet die Rose,
Und wie Blutes Adern umschlingen mich
Meine Wasserfäden und Moose.

Das Liebhabertheater

Meinst du, wir hätten jetzt Dezemberschnee?
Noch eben stand ich vor dem schönsten Hain,
So grün und kräftig sah ich keinen je.
Die Windsbraut fuhr, der Donner knallte drein,
Und seine Zweige trotzten wie gegossen,
Gleich an des Parkes Tor ein Häuschen stand,
Mit Kränzen war geschmückt die schlichte Wand,
Die haben nicht gezittert vor den Schloßen,
Das nenn' ich Kränze doch und einen Hain!

Und denkst du wohl, wir hätten finstre Nacht?
Des Morgens Fluten wallten eben noch,
Rotglühend, wie des Lavastromes Macht
Hernieder knistert von Vesuves Joch;
Nie sah so prächtig man Auroren ziehen!
An unsre Augen schlugen wir die Hand
Und dachten schier, der Felsen steh' in Brand,
Die Hirten sahn wir wie Dämone glühen;
Das nenn' ich einen Sonnenaufgang doch!

Und sprichst du unsres Landes Nymphen Hohn?
Noch eben schlüpfte durch des Forstes Hau
Ein Mädchen, voll und sinnig wie der Mohn,
Gewiß, sie war die allerschönste Frau!
Ihr weißes Händchen hielt den blanken Spaten,
Der kleine Fuß, in Zwickelstrumpf und Schuh,
Hob sich so schwebend, trat so zierlich zu,
Und hör', ich will es dir nur gleich verraten,
Der schönen Clara glich sie ganz genau.

Und sagst du, diese habe mein gelacht?
O, hättest du sie heute nur gesehn,
Wie schlau sie meine Blicke hat bewacht,
Wie zärtlich konnte ihre Augen drehn,
Und welche süße Worte ihr entquollen!
Recht wo ich stand, dorthin hat sie geweint:
»Mein teures Herz, mein Leben, einz'ger Freund!«
Das schien ihr von den Lippen nur zu rollen.
War das nicht richtig angebracht und schön?

Doch Eins nur, Eines noch verhehlt' ich dir,
Und fürchte sehr, es trage wenig ein:
Der Wald war brettern und der Kranz Papier,
Das Morgenrot Bengalens Feuerschein,
Und als sie ließ so süße Worte wandern,
Ach, ob sie gleich dabei mich angeblickt,
Der dicht an das Orchester war gerückt,
Doch fürcht' ich fast, sie galten einem Andern!
Was meinst du, sollte das wohl möglich sein?

Die Taxuswand

Ich stehe gern vor dir,
Du Fläche schwarz und rauh,
Du schartiges Visier
Vor meines Liebsten Brau',
Gern mag ich vor dir stehen,
Wie vor grundiertem Tuch,
Und drüber gleiten sehen
Den bleichen Krönungszug;

Als mein die Krone hier,
Von Händen, die nun kalt;
Als man gesungen mir
In Weisen, die nun alt;
Vorhang am Heiligtume,
Mein Paradiesestor,
Dahinter alles Blume,
Und alles Dorn davor.

Denn jenseits weiß ich sie,
Die grüne Gartenbank,
Wo ich das Leben früh
Mit glühen Lippen trank,
Als mich mein Haar umwallte
Noch golden wie ein Strahl,
Als noch mein Ruf erschallte,
Ein Hornstoß, durch das Tal

Das zarte Efeureis,
So Liebe pflegte dort,
Sechs Schritte — und ich weiß,
Ich weiß dann, daß es fort.
So will ich immer schleichen
Nur an dein dunkles Tuch
Und achtzehn Jahre streichen
Aus meinem Lebensbuch.

Du starrtest damals schon
So düster treu wie heut,
Du, unsrer Liebe Thron
Und Wächter manche Zeit;
Man sagt, daß Schlaf, ein schlimmer,
Dir aus den Nadeln raucht —
Ach, wacher war ich nimmer,
Als rings von dir umhaucht!

Nun aber bin ich matt
Und möcht' an deinem Saum
Vergleiten, wie ein Blatt,
Geweht vom nächsten Baum;
Du lockst mich wie ein Hafen,
Wo alle Stürme stumm:
O, schlafen möcht' ich, schlafen,
Bis meine Zeit herum!

Nach fünfzehn Jahren

Wie hab' ich doch so manche Sommernacht,
Du düstrer Saal, in deinem Raum verwacht!
Und du, Balkon, auf dich bin ich getreten,
Um leise für ein teures Haupt zu beten,
Wenn hinter mir aus des Gemaches Tiefen
Wie Hilfewimmern bange Seufzer riefen,
Die Odemzüge aus geliebtem Mund;
Ja, bitter weint' ich — o Erinnerung! —
Doch trug ich mutig es, denn ich war jung,
War jung noch und gesund.

Du Bett mit seidnem Franzenhang geziert,
Wie oft hab' deine Falten ich berührt,
Mit leiser, leiser Hand gehemmt ihr Rauschen,
Wenn ich mich beugte durch den Spalt zu lauschen,
Mein Haupt so müde, daß es schwamm wie trunken,
So matt mein Knie, daß es zum Grund gesunken!
Mechanisch löste ich der Zöpfe Bund
Und sucht' im frischen Trunk Erleichterung;
Ach, Alles trägt man leicht, ist man nur jung,
Nur jung noch und gesund!

Und als die Rose, die am Stock erblich,
Sich wieder auf die kranke Wange schlich,
Wie hab' ich an dem Pfeilertische drüben
Dem Töchterchen geringelt seine lieben
Goldbraunen Löckchen! Wie ich mich beflissen,
Eh ich es führte an der Mutter Kissen!
Und gute Sitte flüstert' ich ihm ein,
Gelobte ihm die Fabel von dem Schaf

Und sieben Zicklein, wenn es wolle brav,
Recht brav und sittig sein.

Und dort die Hütte in der Tannenschlucht,
Da naschten sie und ich der Rebe Frucht,
Da fühlten wir das Blut so keimend treiben.
Als müss' es immer frisch und schäumend bleiben;
Des Überstandnen lachten wir im Hafen:
Wie ich geschwankt, wie stehend ich geschlafen;
Und wandelten am Rasenstreifen fort,
Und musterten der Stämmchen schlanke Reihn,
Und schwärmten, wie es müsse reizend sein
Nach fünfzehn Jahren dort!

O fünfzehn Jahre, lange öde Zeit!
Wie sind die Bäume jetzt so starr und breit!
Der Hütte Tür vermocht' ich kaum zu regen,
Da schoß mir Staub und wüst Gerüll entgegen,
Und an dem blanken Gartensaale drüben,
Da steht 'ne schlanke Maid mit ihrem Lieben,
Die schaun sich lächelnd in der Seele Grund,
In ihren braunen Locken rollt der Wind:
Gott segne dich, du bist geliebt, mein Kind,
Bist fröhlich und gesund!

Sie aber, die vor Lustern dich gebar,
Wie du so schön, so frisch und jugendklar,
Sie steht mit Einer an des Parkes Ende
Und drückt zum Scheiden ihr die bleichen Hände,
Mit Einer, wie du nimmer möchtest denken,
So könne deiner Jugend Flut sich senken;
Sie schaun sich an, du nennst vielleicht es kalt,
Zwei starre Stämme, aber sonder Wank
Und sonder Tränenquell, denn sie sind krank,
Ach, Beide krank und alt!

Der kranke Aar

Am dürren Baum, im fetten Wiesengras
Ein Stier behaglich wiederkäut' den Fraß;
Auf niederm Ast ein wunder Adler saß,
Ein kranker Aar mit gebrochnen Schwingen.

»Steig auf, mein Vogel, in die blaue Luft,
Ich schau dir nach aus meinem Kräuterduft.« —
»Weh, weh, umsonst die Sonne ruft
Den kranken Aar mit gebrochnen Schwingen!«

»O Vogel, warst so stolz und freventlich
Und wolltest keine Fessel ewiglich!« —
»Weh, weh, zu viele über mich,
Und Adler all, — brachen mir die Schwingen!«

»So flattre in dein Nest, vom Aste fort,
Dein Ächzen schier die Kräuter mir verdorrt.« —
»Weh, weh, kein Nest hab' ich hinfort,
Verbannter Aar mit gebrochnen Schwingen!«

»O Vogel, wärst du eine Henne doch,
Dein Nestchen hättest du im Ofenloch.« —
»Weh, weh, viel lieber ein Adler noch,
Viel lieber ein Aar mit gebrochnen Schwingen!«

Sit illi terra levis!

So sonder Arg hast du in diesem Leben
Mich deinen allerbesten Freund genannt,
Hast mir so oft gereicht die hagre Hand, —
Hab' ich gelächelt, mag mir Gott vergeben.
Die Schlange wacht in jedes Menschen Brust,
Was ich dir bot, es war doch treue Gabe,
Und hier bekenn' ich es, an deinem Grabe,
Du warst mir lieber als ich es gewußt.

Ob ich auch nie zu jenen mich gesellte,
Die lachend deine Einfalt angeschaut;
Des Hauptes, das in Ehren war ergraut,
Verhöhnung immer mir die Adern schwellte,
Doch erst, wo aller Menschen Witz versiegt,
Ein armer Tropfen in Ägyptens Sande,
Hier erst erkenn' ich, an der Seelen Brande,
Wie schwer des Auges warme Träne wiegt.

Sah ich sie nicht an deine Wimper steigen,
Wenn du dem fremden Leide dich geeint?
Hast du nicht meinen Toten nachgeweint
So heiß, wie deines eignen Blutes Zweigen?
O! wenn ich in der Freude des vergaß,
Mit bitterm Herzen muß ich es beklagen;
Denn, von des Schicksals harter Hand geschlagen,
Wie gern ich dann in deinem Auge las!

Noch seh' ich dich im Hauch des Winterbrodems
Herstapfen, wie den irren Heidegeist,
Wenn Tropf' an Tropfen deiner Stirn entfleußt,
Hör' noch das Keuchen deines armen Odems.
Es waren schlimme Wege, rauh und weit,
Die du gewandelt manche Winterwende,
Um des Altares heil'ge Gnadenspende
Zu tragen mir in meine Einsamkeit.

O, manchem Spötter gabst du ernst Gedenken,
Wenn höhnend deine kleine Hab' er pries,
Für schlechtes Ding dir Tausende verhieß,
Und du nur glücklich warst, ihn zu beschenken!
So wert war dir kein Gut, so ehrenreich,
Daß du es nicht mit Freuden hingegeben!
Dann sah man deine Lippen freundlich beben
Und zucken wie das Dämmerlicht im Teich.

An deinem Kleide, schwarz und fadenscheinend,
War jeder Fleck ein heimlich Ehrenmal,
Du frommer Dieb am Eignen! ohne Wahl
Das Schlechteste dir noch genugsam meinend.
Mann ohne Falsch und mit der offnen Hand,
Drin wie Demant der Witwe Heller blinken,
Sanft soll der Tau auf deinen Hügel sinken,
Und leicht, leicht sei dir das geweihte Land!

Schlaf sanft, schlaf still in deinem grünen Bette,
Dir überm Haupt des Glaubens fromm Symbol,
Die Welt vergißt, der Himmel kennt dich wohl,
Ein Engel wacht an dieser schlichten Stätte.
Auch eine Träne wird dir nachgeweint,
Und wahrlich keine falsche: »Ach sie haben,
Sie haben einen guten Mann begraben,
Und mir, mir war er mehr« — mein wärmster Freund!

Die Unbesungenen

'S gibt Gräber, wo die Klage schweigt
Und nur das Herz von innen blutet,
Kein Tropfen in die Wimper steigt
Und doch die Lava drinnen flutet;
'S gibt Gräber, die wie Wetternacht
An unserm Horizonte stehn
Und alles Leben niederhalten,
Und doch, wenn Abendrot erwacht,
Mit ihren goldnen Flügeln wehn
Wie milde Seraphimgestalten.

Zu heilig sind sie für das Lied,
Und mächt'ge Redner doch vor allen,
Sie nennen dir, was nimmer schied,
Was nie und nimmer kann zerfallen;
O, wenn dich Zweifel drückt herab,
Und möchtest atmen Ätherluft,
Und möchtest schauen Seraphsflügel,
Dann tritt an deines Vaters Grab!
Dann tritt an deines Bruders Gruft!
Dann tritt an deines Kindes Hügel!

Das Spiegelbild

Schaust du mich an aus dem Kristall
Mit deiner Augen Nebelball,
Kometen gleich, die im Verbleichen;
Mit Zügen, worin wunderlich
Zwei Seelen wie Spione sich
Umschleichen, ja, dann flüstre ich:
Phantom, du bist nicht meinesgleichen!

Bist nur entschlüpft der Träume Hut,
Zu eisen mir das warme Blut,
Die dunkle Locke mir zu blassen;
Und dennoch, dämmerndes Gesicht,
Drin seltsam spielt ein Doppellicht,
Trätest du vor, ich weiß es nicht,
Würd' ich dich lieben oder hassen?

Zu deiner Stirne Herrscherthron,
Wo die Gedanken leisten Fron
Wie Knechte, würd' ich schüchtern blicken;
Doch von des Auges kaltem Glast,
Voll toten Lichts, gebrochen fast,
Gespenstig, würd', ein scheuer Gast,
Weit, weit ich meinen Schemel rücken.

Und was den Mund umspielt so lind,
So weich und hülflos wie ein Kind,
Das möcht' in treue Hut ich bergen;
Und wieder, wenn er höhnend spielt,

Wie von gespanntem Bogen zielt,
Wenn leis' es durch die Züge wühlt,
Dann möcht' ich fliehen wie vor Schergen.

Es ist gewiß, du bist nicht Ich,
Ein fremdes Dasein, dem ich mich
Wie Moses nahe, unbeschuhet,
Voll Kräfte, die mir nicht bewußt,
Voll fremden Leides, fremder Lust;
Gnade mir Gott, wenn in der Brust
Mir schlummernd deine Seele ruhet!

Und dennoch fühl' ich, wie verwandt,
Zu deinen Schauern mich gebannt,
Und Liebe muß der Furcht sich einen.
Ja, trätest aus Kristalles Rund,
Phantom, du lebend auf den Grund,
Nur leise zittern würd' ich, und
Mich dünkt — ich würde um dich weinen!

Neujahrsnacht

Im grauen Schneegestöber blassen
Die Formen, es zerfließt der Raum,
Laternen schwimmen durch die Gassen,
Und leise knistert es im Flaum;
Schon naht des Jahres letzte Stunde,
Und drüben, wo der matte Schein
Haucht aus den Fenstern der Rotunde,
Dort ziehn die frommen Beter ein.

Wie zu dem Richter der Bedrängte,
Ob dessen Haupt die Wage neigt,
Noch einmal schleicht, eh der verhängte,
Der schwere Tag im Osten steigt,
Noch einmal faltet seine Hände
Um milden Spruch, so knien sie dort,
Still gläubig, daß ihr Flehen wende
Des Jahres ernstes Losungswort.

Ich sehe unter meinem Fenster
Sie gleiten durch den Nebelrauch,
Verhüllt und lautlos wie Gespenster,
Von ihrer Lippe flirrt der Hauch;
Ein blasser Kreis zu ihren Füßen
Zieht über den verschneiten Grund,
Lichtfunken blitzen auf und schießen
Um der Laterne dunstig Rund.

Was mögen sie im Herzen tragen,
Wie manche Hoffnung, still bewacht!
Wie mag es unterm Vließe schlagen
So heiß in dieser kalten Nacht!
Fort keuchen sie, als möge fallen
Der Hammer, eh sie sich gebeugt,
Bevor sie an des Thrones Hallen
Die letzte Bittschrift eingereicht.

Dort hör' ich eine Angel rauschen,
Vernehmlich wird des Kindes Schrein,
Und die Gestalt — sie scheint zu lauschen,
Dann fürder schwimmt der Lampe Schein;
Noch einmal steigt sie, läßt die Schimmer
Verzittern an des Fensters Rand,
Gewiß, sie trägt ein Frauenzimmer
Und einer Mutter fromme Hand!

Nun stampft es rüstig durch die Gasse,
Die Decke kracht vom schweren Tritt,
Der Krämer schleppt die Sündenmasse
Der bösen Zahler keuchend mit;
Und hinter ihm wie eine Docke
Ein armes Kind im Flitterstaat,
Mit seidnem Fähnchen, seidner Locke,
Huscht frierend durch den engen Pfad.

Ha, Schellenklingeln längs der Stiege!
Glutaugen richtend in die Höh',
'Ne kolossale Feuerfliege,
Rauscht die Karosse durch den Schnee;
Und Dämpfe qualmen auf und schlagen
Zurück vom Wirbel des Gespanns;
Ja, schwere Bürde trägt der Wagen,
Die Wünsche eines reichen Manns!

Und hinter ihm ein Licht so schwankend,
Der Träger tritt so sachte auf,
Nun lehnt er an der Mauer, wankend,
Sein hohler Husten schallt hinauf;
Er öffnet der Laterne Reifen,
Es zupfen Finger lang und fahl
Am Dochte, Odemzüge pfeifen, —
Du, Armer, kniest zum letztenmal.

Dann Licht an Lichtern längs der Mauer,
Wie Meteore irr geschart,
Ein krankes Weib in tiefer Trauer,
Husaren mit bereiftem Bart,
In Filz und Kittel stämm'ge Bauern,
Den Rosenkranz in starrer Faust,
Und Mädchen, die wie Falken lauern,
Von Mantels Fittichen umsaust.

Wie oft hab' ich als Kind im Spiele
Gelauscht den Funken im Papier,
Der Sternchen zitterndem Gewühle,
Und: »Kirchengänger!« sagten wir;
So seh' ich's wimmeln um die Wette
Und löschen, wo der Pfad sich eint,
Nachzügler noch, dann grau die Stätte,
Nur einsam die Rotunde scheint.

Und mählich schwellen Orgelklänge
Wie Heroldsrufe an mein Ohr:
Knie nieder, Lässiger, und dränge
Auch deines Herzens Wunsch hervor!
»Du, dem Jahrtausende verrollen
Sekundengleich, erhalte mir
Ein mutig Herz, ein redlich Wollen
Und Fassung an des Grabes Tür.«

Da, horch! — es summt durch Wind und Schloßen,
Gott gnade uns, hin ist das Jahr!
Im Schneegestäub' wie Schnee zerflossen,
Zukünftiges wird offenbar;
Von allen Türmen um die Wette
Der Hämmer Schläge, daß es schallt,
Und mit dem letzten ist die Stätte
Gelichtet für den neuen Wald.

Der Todesengel

'S gibt eine Sage, daß wenn plötzlich matt'
Unheimlich Schaudern Einen übergleite,
Daß dann ob seiner künft'gen Grabesstatt
Der Todesengel schreite.

Ich hörte sie und malte mir ein Bild
Mit Trauerlocken, mondbeglänzter Stirne,
So schaurig schön, wie's wohl zuweilen quillt
Im schwimmenden Gehirne.

In seiner Hand sah ich den Ebenstab
Mit leisem Strich des Bettes Lage messen,
— So weit das Haupt — so weit der Fuß — hinab!
Verschüttet und vergessen!

Mich graute, doch ich sprach dem Grauen Hohn,
Ich hielt das Bild in Reimes Netz gefangen,
Und frevelnd wagt' ich aus der Totenkron'
Ein Lorbeerblatt zu langen.

O, manche Stunde denk' ich jetzt daran,
Fühl' ich mein Blut so matt und stockend schleichen,
Schaut aus dem Spiegel mich ein Antlitz an —
Ich mag es nicht vergleichen; —

Als ich zuerst dich auf dem Friehdof fand,
Tiefsinnig um die Monumente streifend,
Den schwarzen Ebenstab in deiner Hand
Entlang die Hügel schleifend;

Als du das Auge hobst, so scharf und nah,
Ein leises Schaudern plötzlich mich befangen,
O wohl, wohl ist der Todesengel da
Über mein Grab gegangen!

Abschied von der Jugend

Wie der zitternde Verbannte
Steht an seiner Heimat Grenzen,
Rückwärts er das Antlitz wendet,
Rückwärts seine Augen glänzen,
Winde, die hinüber streichen,
Vögel in der Luft beneidet,
Schaudernd vor der kleinen Scholle,
Die das Land vom Lande scheidet;

Wie die Gräber seiner Toten,
Seine Lebenden, die süßen,
Alle stehn am Horizonte,
Und er muß sie weinend grüßen;
Alle kleinen Liebesschätze,
Unerkannt und unempfunden,
Alle ihn wie Sünden brennen
Und wie ewig offne Wunden:

So an seiner Jugend Scheide
Steht ein Herz voll stolzer Träume,
Blickt in ihre Paradiese
Und der Zukunft öde Räume,
Seine Neigungen, verkümmert,
Seine Hoffnungen, begraben,
Alle stehn am Horizonte,
Wollen ihre Träne haben.

Und die Jahre, die sich langsam,
Tückisch reihten aus Minuten,
Alle brechen auf im Herzen,
Alle nun wie Wunden bluten;
Mit der armen kargen Habe,
Aus dem reichen Schacht erbeutet,
Mutlos, ein gebrochner Wandrer,
In das fremde Land er schreitet.

Und doch ist des Sommers Garbe
Nicht geringer als die Blüten,
Und nur in der feuchten Scholle
Kann der frische Keim sich hüten:
Über Fels und öde Flächen
Muß der Strom, daß er sich breite,
Und es segnet Gottes Rechte
Übermorgen so wie heute.

Was bleibt

Seh' ich ein Kind zur Weihnachtsfrist,
Ein rosig Kind mit Taubenaugen,
Die Kunde von dem kleinen Christ
Begierig aus den Lippen saugen,
Aufhorchen, wenn es rauscht im Tann,
Ob draußen schon sein Pferdchen schnaube:
»O Unschuld, Unschuld«, denk' ich dann,
»Du zarte, scheue, flücht'ge Taube!«

Und als die Wolke kaum verzog,
Studenten klirrten durch die Straßen,
Und: »*Vivat Bonna!*« donnert's hoch,
So keck und fröhlich sonder Maßen;
Sie scharten sich wie eine Macht,
Die gegen den Koloß sich bäume:
»O Hoffnung«, hab' ich da gedacht,
»Wie bald zerrinnen Träum' und Schäume!«

Und ihnen nach ein Reiter stampft,
Geschmückt mit Kreuz und Epaulette,
Den Tschako lüftet er, es dampft
Wie Öfen seines Scheitels Glätte;
Kühn war der Blick, der Arm noch stramm,
Doch droben schwebt' der Zeitenrabe:
Da schien mir Kraft ein Meeresdamm,
Den jeder Pulsschlag untergrabe.

Und wieder durch die Gasse zog
Studentenhauf, und vor dem Hause
Des Rektors dreimal »Hurra hoch!«
Und wieder »Hoch!« — aus seiner Klause,
In Zipfelmütze und Flanell,
Ein Schemen nickt am Fensterbogen.
»Ha«, dacht' ich, »Ruhm, du Mordgesell,
Kömmst nur als Leichenhuhn geflogen!«

An meine Wange haucht' es dicht,
Und wie das Haupt ich seitwärts regte,
Da sah ich in das Angesicht
Der Frau, die meine Kindheit pflegte,
Dies Antlitz, wo Erinnerung
Und werte Gegenwart sich paaren:
»O Liebe«, dacht' ich, »ewig jung
Und ewig frisch bei grauen Haaren!«

SCHERZ UND ERNST

Dichters Naturgefühl

Es war an einem jener Tage,
Wo Lenz und Winter sich im Streit,
Wo naß das Veilchen klebt am Hage,
Kurz, um die erste Maienzeit;
Ich suchte keuchend mir den Weg
Durch sumpf'ge Wiesen, dürre Raine,
Wo matt die Kröte hockt' am Steine,
Die Eidechs schlüpfte übern Steg.

Durch hundert kleine Wassertruhen,
Die wie verkühlter Spülicht stehn,
Zu stelzen mit den Gummischuhen,
Bei Gott, heißt das Spazierengehn?
Natur, wer auf dem Haberrohr
In Jamben, Stanzen, süßen Phrasen
So manches Loblied dir geblasen,
Dem stell dich auch manierlich vor!

Da ließ zurück den Schleier wehen
Die eitle vielbesungne Frau,
Als fürchte sie des Dichters Schmähen;
Im Sonnenlichte stand die Au,
Und bei dem ersten linden Strahl
Stieg eine Lerche aus den Schollen
Und ließ ihr Tirilirum rollen
Recht wacker durch den Äthersaal.

Die Quellchen, glitzernd wie kristallen, —
Die Zweige, glänzend emailliert —
Das kann dem Kenner schon gefallen,
Ich nickte lächelnd: „Es passiert!"
Und stapfte fort in eine Schluft,
Es war ein still und sonnig Fleckchen,
Wo tausend Anemonenglöckchen
Umgaukelten des Veilchens Duft.

Das üpp'ge Moos — der Lerchen Lieder —
Der Blumen Flor — des Krautes Keim —
Auf meinen Mantel saß ich nieder
Und sann auf einen Frühlingsreim.
Da — alle Musen, welch ein Ton! —
Da kam den Rain entlang gesungen
So eine Art von dummem Jungen,
Der Friedrich, meines Schreibers Sohn.

Den Efeukranz im flächsnen Haare,
In seiner Hand den Veilchenstrauß,
So trug er seine achtzehn Jahre
Romantisch in den Lenz hinaus.
Nun schlüpft er durch des Hagens Loch,
Nun hing er an den Dornenzwecken
Wie Abrams Widder in den Hecken,
Und in den Dornen pfiff er noch.

Bald hatt' er beugend, gleitend, springend,
Den Blumenanger abgegrast
Und rief nun, seine Mähnen schwingend:
»Viktoria, Trompeten, blast!«
Dann flüstert er mit süßem Hall:
»O, wären es die schwed'schen Hörner!«
Und dann begann ein Lied von Körner;
Fürwahr, du bist 'ne Nachtigall!

Ich sah ihn, wie er an dem Walle
Im feuchten Moose niedersaß
Und nun die Veilchen, Glöckchen alle
Mit sel'gem Blick zu Sträußen las,
Auf seiner Stirn den Sonnenstrahl;
Mich faßt' ein heimlich Unbehagen,
Warum? ich weiß es nicht zu sagen,
Der fade Bursch war mir fatal.

Noch war ich von dem blinden Hessen
Auf meinem Mantel nicht gesehn,
Und so begann ich zu ermessen,
Wie übel ihm von Gott geschehn;
O Himmel, welch ein traurig Los,
Das Schicksal eines dummen Jungen,
Der zum Kopisten sich geschwungen
Und auf den Schreiber steuert los!

Der in den kargen Feierstunden
Romane von der Zofe borgt,
Beklagt des Löwenritters Wunden
Und seufzend um den Posa sorgt,
Der seine Zelle, kalt und klein,
Schmückt mit Aladdins Zaubergabe
Und an dem Quell, wie Schillers Knabe,
Violen schlingt in Kränzelein!

In dessen wirbelndem Gehirne
Das Leben spukt gleich einer Fei,
Der — hastig fuhr ich an die Stirne:
»Wie, eine Mücke schon im Mai?«
Und trabte zu der Schlucht hinaus,
Hohl hustend, mit beklemmter Lunge,
Und drinnen blieb der dumme Junge
Und pfiff zu seinem Veilchenstrauß!

Der Teetisch

Leugnen willst du Zaubertränke,
Lachst mir höhnisch in die Zähne,
Wenn Isoldens ich gedenke,
Wenn Gudrunens ich erwähne?

Und was deine kluge Amme
In der Dämmrung dir vertraute,
Von Schneewittchen und der Flamme,
Die den Hexenschwaden braute;

Alles will dir nicht genügen,
Überweiser Mückensieber?
Nun, so laß die Feder liegen,
Schieb dich in den Zirkel, Lieber,

Wo des zopfigen Chinesen
Trank im Silberkessel zischet,
Sein Aroma auserlesen
Mit des Patschuls Düften mischet;

Wo ein schöner Geist, den Bogen
Feingefältelt in der Tasche,
Lauscht, wie in den Redewogen
Er das Steuer sich erhasche;

Wo in zarten Händen hörbar
Blanke Nadelstäbe knittern,
Und die Herren stramm und ehrbar
Breiten ihrer Weisheit Flittern.

Alles scheint dir noch gewöhnlich,
Von der Sohle bis zum Scheitel,

Und du rufst, dem Weisen ähnlich:
»Alles unterm Mond ist eitel!«

Dir genüber und zur Seite
Hier Christinos, dort Carlisten,
Lauter ordinäre Leute,
Deutsche Michel, gute Christen!

Aber sieh die weißen schmalen
Finger sich zum Griff bereiten
Und die dampfumhüllten Schalen
Zierlich an die Lippen gleiten:

Noch Minuten — und die Stube
Ist zum Kiosk umgestaltet,
Wo der tränenreiche Bube,
Der Chinese, zaubernd waltet;

Von der rosenfarbnen Rolle
Liest er seine Zauberreime,
Verse, zart wie Seidenwolle,
Süß wie Jungfernhonigseime;

»Ting, tang, tong« — das steigt und sinket,
Welch Gesäusel, welches Zischen!
Wie ein irres Hündlein hinket
Noch ein deutsches Wort dazwischen.

Und die süßen Damen lächeln,
Leise schaukelnde Pagoden;
Wie sie nicken, wie sie fächeln,
Wie der Knäuel hüpft am Boden!

Aber weh, nun wird's gefährlich,
»Tschi, tsi, tsung« — die Töne schneiden,
Schnell hinweg die Messer! schwerlich
Übersteht er solche Leiden;

Denn er schaukelt und er dehnet
Ob der Zauberschale Rauche;
Weh', ich fürcht', am Boden stöhnet
Bald er mit geschlitztem Bauche!

Und die eingeschreckten Frauen
Sitzen stumm und abgetakelt,
Nur das schwanke Haupt vor Grauen
Noch im Pendelschwunge wackelt;

Tiefe Stille im Gemache —
Trän' im Auge — Kummermiene —
Und wie Glöckchen an dem Dache
Spielt die siedende Maschine;

Alle die gesenkten Köpfe
Blinzelnd nach des Tisches Mitten,
Wo die Brezel stehn, wie Zöpfe,
In Verzweiflung abgeschnitten;

Suche sacht nach deinem Hute,
Freund, entschleiche unserm Lesen,
Sonst, ich schwör's bei meinem Blute,
Zaubern sie dich zum Chinesen,

Löst sich deines Frackes Wedel,
Unwillkürlich mußt du zischen,
Und von deinem weißen Schädel
Fühlst du Haar um Haar entwischen,

Bis dir blieb nur Eine Locke
Von des dunklen Wulstes Drängen,
Dich damit, lebend'ge Glocke,
An dem Kiosk aufzuhängen.

Die Nadel im Baume

Vor Zeiten, ich war schon groß genug,
Hatt' die Kinderschuhe vertreten,
Nicht alt war ich, doch eben im Zug'
Zu Sankt Andreas zu beten,
Da bin ich gewandelt, Tag für Tag
Das Feld entlang mit der Kathi;
Ob etwas Liebes im Wege lag?
Tempi passati — passati!

Und in dem Heideland stand ein Baum,
Eine schlanke schmächtige Erle,
Da saßen wir oft in wachendem Traum
Und horchten dem Schlage der Merle;
Die hatte ihr struppiges Nest gebaut
Grad in der schwankenden Krone,
Und hat so keck herniedergeschaut
Wie ein Gräflein vom winzigen Throne.

Wir kosten so viel und gingen so lang',
Daß drüber der Sommer verflossen;
Dann hieß es: »Scheiden, o weh, wie bang!«
Viel Tränen wurden vergossen;
Die Hände hielten wir stumm gepreßt,
Da zog ich aus flatternder Binde
Eine blanke Nadel und drückte fest
Sie, fest in die saftige Rinde;

Und drunter merkte ich Tag und Stund',
Dann sind wir fürder gezogen,
So kläglich schluchzend aus Herzensgrund,
Daß schreiend die Merle entflogen;
O, junge Seelen sind Königen gleich,
Sie können ein Peru vergeuden,
Im braunen Heid, unterm grünen Zweig,
Ein Peru an Lieben und Leiden.

Die Jahre verglitten mit schleichendem Gang,
Verrannen gleich duftiger Wolke,
Und wieder zog ich das Feld entlang
Mit jungem lustigem Volke;
Die schleuderten Stäbe und schrieen »Hallo!«
Die sprudelten Witze wie Schloßen,
Mir ward's im Herzen gar keck und froh,
Mutwillig wie unter Genossen.

Da plötzlich rauscht' es im dichten Gezweig,
»Eine Merle«, rief's, »eine Merle!«
Ich fuhr empor — ward ich etwa bleich?
Ich stand an der alternden Erle;
Und rückwärts zog mir's den Schleier vom Haar,
Ach Gott, ich erglühte wie Flamme,
Als ich sah, daß die alte Nadel es war,
Meine rostige Nadel im Stamme!

Drauf hab' ich genommen ganz still in Schau
Die Inschrift, zu eigenem Frommen,
Und fühlte dann plötzlich, es steige der Tau
Und werde mir schwerlich bekommen.
Ich will nicht klagen, mir blieb ein Hort,
Den rosten nicht Wetter und Wogen,
Allein für immer, für immer ist fort
Der Schleier vom Auge gezogen!

Die beschränkte Frau

Ein Krämer hatte eine Frau,
Die war ihm schier zu sanft und milde,
Ihr Haar zu licht, ihr Aug' zu blau,
Zu gleich ihr Blick dem Mondenschilde;
Wenn er sie sah so still und sacht
Im Hause gleiten wie ein Schemen,
Dann faßt' es ihn wie böse Macht,
Er mußte sich zusammen nehmen.

Vor allem macht ihm Überdruß
Ein Wort, das sie an alles knüpfte,
Das freilich in der Rede Fluß
Gedankenlos dem Mund entschlüpfte:
»In Gottes Namen«, sprach sie dann,
Wenn schwere Prüfungsstunden kamen,
Und wenn zu Weine ging ihr Mann,
Dann sprach sie auch: »In Gottes Namen.«

Das schien ihm lächerlich und dumm,
Mitunter frevelhaft vermessen;
Oft schalt er, und sie weinte drum
Und hat es immer doch vergessen.
Gewöhnung war es früher Zeit
Und klösterlich verlebter Jugend;
So war es keine Sündlichkeit
Und war auch eben keine Tugend.

Ein Sprichwort sagt: Wem gar nichts fehlt,
Den ärgert an der Wand die Fliege;
So hat dies Wort ihn mehr gequält,
Als Andre Hinterlist und Lüge.
Und sprach sie sanft: »Es paßte schlecht!«
Durch Demut seinen Groll zu zähmen,
So schwur er, übel oder recht,
Werd' es ihn ärgern und beschämen.

Ein Blütenhag war seine Lust.
Einst sah die Frau ihn sinnend stehen
Und ganz versunken, unbewußt,
So Zweig an Zweig vom Strauche drehen;
»In Gottes Namen!« rief sie, »Mann,
Du ruinierst den ganzen Hagen!«
Der Gatte sah sie grimmig an,
Fürwahr, fast hätt' er sie geschlagen.

Doch wer da Unglück sucht und Reu',
Dem werden sie entgegeneilen;
Der Handel ist ein zart Gebäu,
Und ruht gar sehr auf fremden Säulen.
Ein Freund falliert, ein Schuldner flieht,
Ein Gläub'ger will sich nicht gedulden,
Und eh ein halbes Jahr verzieht,
Weiß unser Krämer sich in Schulden.

Die Gattin hat ihn oft gesehn
Gedankenvoll im Sande waten,
Am Kontobuche seufzend stehn,
Und hat ihn endlich auch erraten;
Sie öffnet heimlich ihren Schrein,
Langt aus verborgner Fächer Grube,
Dann, leise wie der Mondenschein,
Schlüpft sie in ihres Mannes Stube.

Der saß, die schwere Stirn gestützt,
Und rauchte fort am kalten Rohre:
»Karl!« drang ein scheues Flüstern itzt,
Und wieder »Karl!« zu seinem Ohre;
Sie stand vor ihm, wie Blut so rot,
Als gält' es eine Schuld gestehen.
»Karl«, sprach sie, »wenn uns Unheil droht,
Ist's denn unmöglich, ihm entgehen?«

Drauf reicht sie aus der Schürze dar
Ein Säckchen, stramm und schwer zu tragen,
Drin alles, was sie achtzehn Jahr
Erspart am eigenen Behagen.
Er sah sie an mit raschem Blick
Und zählte, zählte nun aufs Neue,
Dann sprach er seufzend: »Mein Geschick
Ist zu verwirrt — dies langt wie Spreue!«

Sie bot ein Blatt und wandt' sich um,
Erzitternd, glüh gleich der Granate;
Es war ihr kleines Eigentum,
Das Erbteil einer frommen Pate.
»Nein«, sprach der Mann, »das soll nicht sein!«
Und klopfte freundlich ihre Wangen.
Dann warf er einen Blick hinein
Und sagte dumpf: »Schier möcht' es langen.«

Nun nahm sie aus der Schürze Grund
All ihre armen Herrlichkeiten,
Teelöffelchen, Dukaten rund,
Was ihr geschenkt von Kindeszeiten.
Sie gab es mit so freud'gem Zug!
Doch war's, als ob ihr Mund sich regte,
Als sie zuletzt aufs Kontobuch
Der sel'gen Mutter Trauring legte.

»Fast langt es«, sprach gerührt der Mann,
»Und dennoch kann es schmählich enden;
Willst du dein Leben dann fortan,
Geplündert, fristen mit den Händen?«
Sie sah ihn an, — nur Liebe weiß
An liebem Blicke so zu hangen —
»In Gottes Namen!« sprach sie leis,
Und weinend hielt er sie umfangen.

Die Stubenburschen

Sie waren beide froh und gut
Und mochten ungern scheiden;
Die Jahre fliehn, es lischt der Mut,
Der Tag bringt Freud' und Leiden,
Geschäft will Zeit, und Zeit ist schnell,
So unterblieb das Schreiben,
Doch öfters sprach Emanuel:
»Was mag der Franzel treiben?«

Da trat einst Wintermorgens früh
Ein Mann in seine Stube,
Seltsam verschabt wie ein Genie
Und hager wie Coeur Bube,
Sah ihn so glau und pfiffig an
Und blinzelt' vor Behagen:
»Emanuel, du Hampelmann!
Willst du mir denn nichts sagen?«

»Er ist es!« rief der Doktor aus
Und reicht ihm beide Hände.
»Willkomm, Willkomm! wie siehst du aus?«
Ei, munter und behende.« —
»Ha«, rief der andre, »Sapperment,
Man sieht, du darfst nicht sorgen!
Wie rot du bist, wie korpulent!
Du hast dich wohl geborgen.«

Drauf saß man zu Kamin und Wein,
Ließ von der Glut sich rösten
Und ätzte sich mit Schmeichelein,
Den Alternden zu trösten.
Ein jeder warf den Hamen hin
Als wohlgeübter Fischer,
Und jeder dachte still: »Ich bin
Gewiß um zehn Jahr frischer.«

Man schüttelte die Hände derb,
Dann ging es an ein Fragen.
Reich war des Medikus Erwerb,
Und dennoch mocht' er klagen.
Er sah den Franz bedenklich an
Und dacht', er steck' in Schulden,
Doch dieser prahlt': er sei ein Mann
Von »täglich seinem Gulden«.

Zwei Jahre hat er nur gespart
Und dann, ein kecker Kämpfer,
Gerasselt mit der Eisenfahrt,
Gestrudelt mit dem Dämpfer!
O wie er die »Stadt Leyden« pries
Und der Kajüte Gleißen!
Nach seiner Meinung dürfte sie
»Viktoria« nur heißen.

Das hat den Medikus gerührt,
Ihm den bescheidnen Schlucker
Lebendig vor das Aug' geführt,
Der Klöße aß wie Zucker.
Und gar als jener sprach: »Denkst du
Noch an die halbe Flasche?«
Der Doktor kniff die Augen zu
Und klimpert' in der Tasche.

Dann ging es weiter: »Denkst du dort?
Und denkst du dies? und jenes?«
Die Bilder wogten lustig fort,
Viel Herzliches und Schönes.
Wie Abendrot zog ins Gemach
Ein frischer Jugendodem
Und überhauchte nach und nach
Der Pillenschachteln Brodem.

Am nächsten Morgen hat man kaum
Den Doktor mögen kennen,
Man sah ihn lächeln wie im Traum
Und seine Wangen brennen;
Im heiligen Studierklosett
Hört' man die Gläser klingen
Und ein mißtöniges Duett
Aus Uhukehlen dringen.

Nicht litt am Blute mehr der Mann,
Am Podagra und Griese;
Sah er den dürren Franzel an,
So schien er sich ein Riese;
Hat er den Franzel angesehn
Mit seinem Gulden täglich,
So mußt' er selber sich gestehn,
Es geh' ihm ganz erträglich.

Doch als der dritte Tag entschwand,
Da sah man auch die beiden
Betrübten Auges stehn am Strand,
Und wieder hieß es: Scheiden.
»Leb' wohl, Emanuel, leb' wohl!« —
— »Leb' wohl, du alte Seele!«
Und die »Stadt Leyden« rauschte hohl
Durch Dunst und Wogenschwele.

Drei Monde hat das Jahr gebracht,
Seit Franzel ist geschieden,
Mit ihm des Hypochonders Macht;
Der Doktor lebt in Frieden.
Und will der Dämon hier und dort
Sich schleichend offenbaren,
So geht er an des Rheines Bord
Und sieht »Stadt Leyden« fahren.

Die Schmiede

Wie kann der alte Äpfelbaum
So lockre Früchte tragen,
Wo Mistelbüsch' und Mooses Flaum
Aus jeder Ritze ragen?

Halb tot, halb lebend, wie ein Prinz
In einem Ammenmärchen,
Die eine Seite voll Gespinns,
Wurmfraß und Flockenhärchen,

Langt mit der andern, üppig rot,
Er in die Funkenreigen,
Die knatternd aus der Schmiede Schlot
Wie Sternraketen steigen;

Ein zweiter Scävola hält Jahr
Auf Jahr er seine Rechte
Der Glut entgegen, die kein Haar
Zu sengen sich erfrechte.

Und drunten geht es Pink und Pank,
Man hört die Flamme pfeifen,
Es keucht der Balg aus hohler Flank'
Und bildet Aschenstreifen;

Die Kohle knallt, und drüber dicht,
Mit Augen wie Pyropen,
Beugt sich das grimmige Gesicht
Des rußigen Cyklopen.

Er hält das Eisen in die Glut
Wie eine arme Seele,
Es knackt und spritzet Funkenblut
Und dunstet blaue Schwele.

Dann auf dem Amboß, Schlag an Schlag,
Läßt es sein Weh erklingen,
Bis nun gekrümmt in Zorn und Schmach
Es kreucht zu Hufes Ringen.

Am Pförtchen scharrt der Rappe, schnaubt,
Dem Schlackenstaub entgegen
Wo hinterm Wagen dichtbelaubt
Sich Liederklänge regen.

's ist eine Stimme fest und klar
Wie Morgenfrische heiter,
Nun durch die Spalten fliegen gar
Maßlieben, Dold und Kräuter.

Da wilder scharrt der Rappe, schwallt
Am Dach der Funkenreigen,
Und eine dunkle Nachtgestalt
Scheint aus dem Schlot zu steigen.

Und lockend sucht der Äpfel Schein
Den Wagen zu berühren,
Will Pluto hier am Blütenrain
Der Ceres Kind entführen?

Des alten Pfarrers Woche

Sonntag

Das ist nun so ein schlimmer Tag,
Wie der April ihn bringen mag
Mit Schlacken, Schnee und Regen.
Zum dritten Mal in das Gebraus
Streckt Jungfer Anne vor dem Haus
Ihr kupfern Blendlaternchen aus
Und späht längs allen Wegen.

»Wo nur der Pfarrer bleiben kann?
Ach, sicher ist dem guten Mann
Was übern Weg gefahren!
Ein Pfleger wohl, der Rechnung macht —
Aus war der Gottesdienst um acht:
Soll man so streifen in der Nacht
Bei Gicht und grauen Haaren!«

Sie schließt die Türe, schüttelt baß
Ihr Haupt und wischt am Brillenglas;
So gut dünkt ihr die Stube;
Im Ofen kracht's, der Lampenschein
Hellt überm Tisch den Sonntagswein,
Und lockend lädt der Sessel ein
Mit seiner Kissengrube.

Pantoffeln — Schlafrock — alles recht!
Sie horcht aufs neu; doch hört sie schlecht,
Es schwirrt ihr vor den Ohren.

»Wie? hat's geklingelt? ei der Daus,
Zum zweiten Male! schnell hinaus!«
Da tritt der Pfarrer schon ins Haus,
Ganz blau und steif gefroren.

Die Jungfrau blickt ein wenig quer,
Begütigend der Pfarrer her,
Wie's recht in diesem Orden.
Dann hustet er: »Nicht Mond noch Stern!
Der lahme Friedrich hört doch gern
Ein christlich Wort am Tag des Herrn,
Es ist mir spät geworden!«

Nun sinkt er in die Kissen fest,
Wirft ab die Kleider ganz durchnäßt
Und schlürft der Traube Segen.
Ach Gott! nur wer jahraus, jahrein
In Andrer Dienste lebt allein,
Weiß, was es heißt, beim Sonntagswein
Sich auch ein wenig pflegen.

Montag

»Wenn ich Montags früh erwache,
Wird mir's ganz behaglich gleich;
Montag hat so eigne Sache
In dem kleinen Wochenreich.
Denn die Predigt liegt noch ferne,
Alle Sorgen scheinen leicht;
Keiner kommt am Montag gerne,
Sei's zur Trauung, sei's zur Beicht'.

»Und man darf mir's nicht verdenken,
Will ich in des Amtes Frist

Dem ein freies Stündchen schenken,
Was doch auch zu loben ist.
So erwacht denn, ihr Gesellen
Meiner fleiß'gen Jugendzeit!
Wollt in Reih' und Glied euch stellen,
Alte Bilder, eingeschneit!

»Ilion will ich bekriegen,
Mit Horaz auf Reisen gehn,
Will mit Alexander siegen
Und an Memnons Säule stehn.
Oder auch vergnügt ergründen,
Was das Vaterland gebracht,
Mich mit Kant und Wolf verbünden,
Ziehn mit Laudon in die Schlacht.«

Auf der Bücherleiter traben
Sieh den Pfarrer, lustentbrannt,
Sich verschanzen, sich vergraben
Unter Heft und Foliant.
Blättern sieh ihn — nicken — spüren —
Ganz versunken sitzen dann,
Daß mit einer Linie rühren
Du das Buch magst und den Mann.

Doch was kann ihn so bewegen?
Aufgeregt scheint sein Gehirn!
Und das Käppchen ganz verwegen
Drückt er hastig in die Stirn.
Nun beginnt er gar zu pfeifen,
Horch! das Lied vom Prinz Eugen;
Seinen weißen Busenstreifen
Seh' ich auf und niedergehn.

Ha, nun ist der Türk' geschlagen!
Und der Pfarrer springt empor,
Höher seine Brauen ragen,
Senkrecht steht sein Pfeifenrohr.
Im Triumph muß er sich denken
Mit dem Kaiser und dem Staat,
Sieht sich selbst den Säbel schwenken,
Fühlt sich selber als Soldat.

Aber draußen klappern Tritte,
Nach dem Pfarrer fragt es hell,
Der, aus des Gefechtes Mitte,
Huscht in seinen Sessel schnell.
»Ei! das wären saubre Kunden!
Beichtkind und Kommunikant!
Hättet ihr den Pfarr' gefunden
Mit dem Säbel in der Hand!«

Dienstag

Auf der breiten Tenne drehn
Paar an Paar so nett,
Wo die Musikanten stehn,
Geig' und Klarinett —
Auch der Brummbaß rumpelt drein —
Sieht man noch den Bräut'gamsschrein
Und das Hochzeitbett.

Etwas eigen, etwas schlau
Und ein wenig bleich,
Sittsam sieht die junge Frau,
Würdevoll zugleich;
Denn sie ist des Hauses Sproß,
Denn sie führt den Ehgenoss'
In ihr Erb' und Reich.

Sippschaft ist ein weites Band,
Geht gar viel hinein;
Hundert Kappen goldentbrannt,
Kreuze funkeln drein;
Wie das drängt und wie das schiebt!
Was sich kennt und was sich liebt,
Will beisammen sein.

Nun ein schallend Vivat bricht
In dem Schwarme aus,
Wo sogar die Tiere nicht
Weigern den Applaus.
Ja, wie an der Krippe fein
Brüllen Ochs und Eselein
Übern Trog hinaus.

Ganz verdutzt der junge Mann
Kaum die Flasche hält,
Späße hageln drauf und dran,
Keiner neben fällt;
Doch er lacht und reicht die Hand.
Nun, er ist für seinen Stand
Schon ein Mann von Welt.

Alte Frauen, schweißbedeckt,
Junge Mägd' im Lauf
Spenden, was der Korb verdeckt,
Reihen ab und auf.
Sieben Tische kann man sehn,
Sieben Kaffeekessel stehn
Breit und glänzend drauf.

Aber freundlich, wie er kam,
Sucht der Pfarrer gut
Drüben unter tausend Kram
Seinen Stab und Hut;

Dankt noch schön der Frau vom Haus;
In die Dämmerung hinaus
Trabt er wohlgemut;

Wandelt durch die Abendruh',
Sinnend allerlei:
»Ei, dort ging es löblich zu,
Munter, und nicht frei.
Aber — aber — aber doch —«
Und ein langes Aber noch
Fügt er seufzend bei.

»Wie das flimmert! wie das lacht!
Kanten, Händebreit!«
Ach, die schnöde Kleiderpracht
Macht ihm tausend Leid.
Und nun gar — er war nicht blind —
Eines armen Mannes Kind;
Nein, das ging zu weit.

Kurz, er nimmt sich's ernstlich vor,
Heut und hier am Steg,
Ja, an der Gemeinde Ohr,
Wächter treu und reg,
Will er's tragen ungescheut;
O, er findet schon die Zeit
Und den rechten Weg.

Mittwoch

Begleitest du sie gern.
Des Pfarrers Lust und Plagen:
Sich gleich an allen Tagen
Triffst du den frommen Herrn.

Der gute Seelenhirt!
Tritt über seine Schwelle;
Da ist er schon zur Stelle
Als des Kollegen Wirt.

In wohlgemeinten Sorgen,
Wie er geschäftig tut!
Doch dämmert kaum der Morgen,
Dies eben dünkt ihm gut.
Am Abend kam der Freund,
Erschöpft nach Art der Gäste;
Nun säubre man aufs beste,
Daß alles nett erscheint.

Schon strahlt die große Kanne,
Die Teller blitzen auf;
Noch scheuert Jungfer Anne
Und horcht mitunter auf.
Ach, sollte sie der Gast
Im alten Jäckchen finden,
Sie müßte ganz verschwinden
Vor dieser Schande Last.

Und was zur Hand tut stehen,
Das reizt den Pfarrer sehr,
Die Jungfer wird's nicht sehen,
Er macht sich drüber her;
Die Schlaguhr greift er an
Mit ungeschickten Händen
Und sucht sie sacht zu wenden:
Der übermütge Mann!

Schleppt Foliantenbürde,
Putzt Fensterglas und Tisch;
Fürwahr, mit vieler Würde
Führt er den Flederwisch.

Am Paradiesesbaum
Die Blätter, zart aus Knochen,
Eins hat er schon zerbrochen,
Jedoch man sieht es kaum.

Und als er just in Schatten
Die alte Klingel stellt —
Es kömmt ihm wohl zustatten —
Da rauscht es draußen, gelt!
Fidel schlägt an in Hast,
Die Jungfer ist geflüchtet,
Und stattlich aufgerichtet,
Begrüßt der Pfarr' den Gast.

Wie dem so wohl gefallen
Die Aussicht und das Haus,
Wie der entzückt von allen,
Nicht Worte drücken's aus!
Ich sag' es ungeniert,
Sie kamen aus den Gleisen,
Sich Ehre zu erweisen,
Der Gast und auch der Wirt.

Und bei dem Mittagessen,
Das man vortrefflich fand,
Da ward auch nicht vergessen
Der Lehr- und Ehrenstand.
Ich habe viel gehört,
Doch nichts davon getragen,
Nur dieses mag ich sagen:
Sie sprachen sehr gelehrt.

Und sieh nur! drüben schreitet
Der gute Pfarrer just,
Er hat den Gast geleitet
Und spricht aus voller Brust:

»Es ist doch wahr! mein Haus,
So nett und blank da droben,
Ich muß es selber loben,
Es nimmt sich einzig aus.«

Donnerstag

Winde rauschen, Flocken tanzen,
Jede Schwalbe sucht das Haus,
Nur der Pfarrer unerschrocken
Segelt in den Sturm hinaus.
Nicht zum besten sind die Pfade,
Aber leidlich würd' es sein,
Trüg' er unter seinem Mantel
Nicht die Äpfel und den Wein.

Ach, ihm ist so wohl zu Mute,
Daß dem kranken Zimmermann
Er die längst gegönnte Gabe
Endlich einmal bieten kann.
Immer muß er heimlich lachen,
Wie die Anne Äpfel las,
Und wie er den Wein stibitzte,
Während sie im Keller saß.

Längs des Teiches sieh ihn flattern,
Wie er rudert, wie er streicht,
Kann den Mantel nimmer zwingen
Mit den Fingern starr und feucht.
Öfters aus dem trüben Auge
Eine kalte Zähre bricht,
Wehn ihm seine grauen Haare
Spinnenwebig ums Gesicht.

Doch, Gottlob! da ist die Hütte,
Und nun öffnet sich das Haus,
Und nun keuchend auf der Tenne
Schüttet er die Federn aus.
Ach, wie freut der gute Pfarrer
Sich am blanken Feuerschein!
Wie geschäftig schenkt dem Kranken
Er das erste Gläschen ein.

Setzt sich an des Lagers Ende,
Stärkt ihm bestens die Geduld,
Und von seinen frommen Lippen
Einfach fließt das Wort der Huld.
Wenn die abgezehrten Hände
Er so fest in seine schließt,
Anders fühlt sich dann der Kranke,
Meint, daß gar nichts ihn verdrießt.

Mit der Einfalt, mit der Liebe
Schmeichelt er die Seele wach,
Kann an jedes Herz sich legen,
Sei es kraftvoll oder schwach.
Aber draußen will es dunkeln,
Draußen tröpfelt es vom Dach; —
Lange sehn ihm nach die Kinder,
Und der Kranke seufzt ihm nach.

Freitag

Zu denken in gestandnen Tagen
Der Sorge, die so treulich sann,
Der Liebe, die ihn einst getragen,
Wohl ziemt es jedem Ehrenmann.

Am Lehrer alt, am Schüler mild,
Magst du nicht selten es gewahren;
Und sind sie beide grau von Haaren,
Um desto werter ist das Bild.

Zumeist dem Priester wird beschieden
Für frühe Treue dieser Lohn;
Nicht einsam ist des Alters Frieden,
Der Zögling bleibt sein lieber Sohn.
Ja, was erstarrt im Lauf der Zeit
Und wehrt dem Neuen einzudringen,
Des Herzens steife Flechsen schlingen
Sich fester um Vergangenheit.

So läßt ein wenig Putz gefallen
Sich heut der gute Pfarrer gern,
Das span'sche Rohr, die Silberschnallen,
Denn heute geht's zum j u n g e n H e r r n.
Der mag in reifen Jahren stehn,
Da ihn erwachsne Kinder ehren,
Allein das kann den Pfarr' nicht stören,
Der ihn vor Zeiten klein gesehn.

Still wandelnd durch des Parkes Linden,
In deren Schutz das Veilchen blüht,
Der Alte muß es freundlich finden,
Daß man so gern ihn Freitags sieht;
Er weiß, dem Junker sind noch frisch
Die lieben längst entschwundnen Zeiten
Und seines Lehrers schwache Seiten:
Ein Gläschen Wein, ein guter Fisch.

Schon tritt er in des Tores Halle;
Da, wie aus reifem Erbsenbeet
Der Spatzen Schar, so hinterm Walle
Hervor es flattert, lacht und kräht,

Der kleinen Junker wilde Schar,
Die still gelauscht im Mauerbogen
Und nun den Pfarrer so betrogen,
So überrumpelt ganz und gar.

Das stürmt auf ihn von allen Seiten,
Das klammert überall sich an;
Fürwahr, mühselig muß er schreiten,
Der müde und geduld'ge Mann.
Jedoch er hat sie allzugern,
Die ihn so unbarmherzig plagen.
Und fast zu viel läßt er sie wagen,
Die junge Brut des jungen Herrn.

Wie dann des Hauses Wirt sich freute,
Der Mann mit früh ergrautem Haar,
Nicht wich von seines Lehrers Seite
Und rückwärts ging um dreißig Jahr;
Wie er in alter Zeiten Bann
Nur flüsternd sprach, nach Schüler Weise,
Man sieht es an und lächelt leise,
Doch mit Vergnügen sieht man's an.

Und später beim Spazierengehen
Die beiden hemmen oft den Schritt,
Nach jeder Blume muß man sehen,
Und manche Pflanze wandert mit.
Der eine ist des Amtes bar,
Nichts hat der andre zu regieren;
Sie gehn aufs neu' botanisieren,
Der Theolog und sein Scholar.

Doch mit dem Abend naht das Scheiden,
Man schiebt es auf, doch kommt's heran,
Die Kinder wollen's gar nicht leiden.
Am Fenster steht der Edelmann

Und spinnt noch lange, lange aus
Vielfarb'ger Bilder bunt Gezwirne;
Dann fährt er über seine Stirne
Und atmet auf und ist zu Haus.

Samstag

Wie funkeln hell die Sterne,
Wie dunkel scheint der Grund,
Und aus des Teiches Spiegel
Steigt dort der Mond am Hügel
Grad um die elfte Stund'.

Da hebt vom Predigthefte
Der müde Pfarrer sich;
Wohl war er unverdrossen,
Und endlich ist's geschlossen
Mit langem Federstrich.

Nun öffnet er das Fenster,
Er trinkt den milden Duft,
Und spricht: »Wer sollt' es sagen,
Noch Schnee vor wenig Tagen,
Und dies ist Maienluft.«

Die strahlende Rotunde
Sein ernster Blick durchspäht,
Schon will der Himmelswagen
Die Deichsel abwärts tragen:
»Ja, ja, es ist schon spät!«

Und als dies Wort gesprochen,
Es fällt dem Pfarrer auf,
Als müss' er eben deuten
Auf sich der ganz zerstreuten,
Arglosen Rede Lauf.

Nie schien er sich so hager,
Nie fühlt' er sich so alt,
Als seit er heute begraben
Den langen Moritz Raben,
Den Förster dort vom Wald.

Am gleichen Tag geboren,
Getauft am gleichen Tag!
Das ist ein seltsam Wesen
Und läßt uns deutlich lesen,
Was wohl die Zeit vermag!

Der Nacht geheimes Funkeln,
Und daß sich eben muß,
Wie Mondesstrahlen steigen,
Der frische Hügel zeigen,
Das Kreuz an seinem Fuß:

Das macht ihn ganz beklommen,
Den sehr betagten Mann,
Er sieht den Flieder schwanken,
Und längs des Hügels wanken
Die Schatten ab und an.

Wie oft sprach nicht der Tote
Nach seiner Weise kühn:
»Herr Pfarr', wir alten Knaben,
Wir müssen sachte traben,
Die Kirchhofsblumen blühn.«

»So mögen sie denn blühen!«
Spricht sanft der fromme Mann,
Er hat sich aufgerichtet,
Sein Auge, mild umlichtet,
Schaut fest den Äther an.

»Hast du gesandt ein Zeichen
Durch meinen eignen Mund,
Und willst mich gnädig mahnen
An unser Aller Ahnen
Uralten ew'gen Bund;

Nicht lässig sollst du finden
Den, der dein Siegel trägt,
Doch nach dem letzten Sturme« —
Da eben summt's vom Turme,
Und zwölf die Glocke schlägt —

»Ja, wenn ich bin entladen
Der Woche Last und Pein,
Dann führe, Gott der Milde,
Das Werk nach deinem Bilde
In deinen Sonntag ein.«

Der Strandwächter am deutschen Meere und sein Neffe vom Lande

»Sieben Nächte stand ich am Riff
Und hörte die Woge zerschellen,
Taucht kein Segel, kein irres Schiff?
Schon dunkelt's über den Wellen.
Nimm das Nachtrohr, Neffe vom Land'!
Ich will in die Matte mich strecken,
Dröhnt ein Schuß oder flackert ein Brand,
Dann zieh an der Schnur, mich zu wecken.« —

»Schöner Platz, an der Luke hier,
Für einen unschuld'gen Privaten!
Drunten die See, das wüste Getier,
Das Haie speit und Piraten.
Von der Seeschlang' wütigem Kampf
Auch hat man Neues vernommen,
Weiß der Himmel, ob nicht per Dampf
Ins deutsche Meer sie gekommen?«

»Ist's doch jetzt eine Wunderzeit,
Wo Gletscher brennen wie Essen,
Weiber turnieren im Männerkleid
Und Knaben die Rute vergessen.
Jeder Wurm entfaltet sein Licht
Und jeder Narr seine Kappe,
Also, Seele, wundre dich nicht,
Wenn heute du stehst an der Klappe.

»Vetter! ein Segel, ein Segel fürwahr,
Ein Boot mit flatternden Streifen,
Lichterchen dann, eine schwimmende Schar,
Die unter den Flanken ihm schweifen!
Schau, nun schleichen sie alle seitab,
Nun wechseln sie hüben und drüben —«
»'S ist eine Fischerflotte, mein Knab',
Sind nur Leute, die fischen im Trüben.« —

»Wie das Wasser kräuselt und rennt,
Und wie die Kämme ihm flittern!
Vetter, ob wohl die Düne brennt?
Ich höre das Seegras knittern.« —
»Dünste, mein Junge, nur Phosphorlicht,
Vermoderte Quallen und Schnecken,
Laß sie leuchten, sie zünden nicht,
Und morgen sind's grünliche Flecken.« —

»Dort kein Räuber? kein Feuer hier?
Ich hätt' es für beides genommen.
Wetter! ist doch die Welle mir
Schier über den Tubus geschwommen.
Welch ein Leben, so angerannt
Auf nackter Düne zu wohnen!
Und die schnarchenden Robben am Strand, —
Man meint, es seien Kanonen!

»Schläft der Alte in gutem Mut
Und läßt mich allein mit dem Spuke,
Und mir ist, als steige die Flut
Und bäume sich gegen die Luke.
Wahrlich, Vetter, es schäumt und schwemmt,
Es brüllt um der Klippe Zinken!« —
»Ruhig, mein Junge, die Springflut kömmt,
Laß sie steigen, sie wird schon sinken.«

»Gut dann, gut, Ihr wißt es aufs Best',
Ihr müßt die Sache verstehen.
Hab' ich doch nie solch bedenkliches Nest
Wie diese Baracke gesehen
Und die Wolken schleifen so schwer,
Als schleppten sie Stürme in Säcken,
Jene dort mit dem fackelnden Speer,
Scheint gar 'ne Posaune zu strecken.«

»Was! sie dröhnt? welch greulicher Schall!
Die Welle bäumt sich entgegen,
Tosend und schwarz der ringelnde Wall
Will an den Trichter sich legen;
Ha, es knallt — es flattert und streut —
Wo war's? wo ist es gewesen?
Wind und Schaum! — was hab' ich doch heut
Von der Wasserhose gelesen?«

»Aber dort — ein Segel in See,
Ist's aus der Welle gestiegen?
Grad' entgegen der sausenden Bö
Scheint's über die Brandung zu fliegen.
Vetter, schnell von der Matte herab!
Ein Schiff gegen Winde und Wellen!« —
»Gib das Nachtrohr, Knabe — seitab!
Ich will an die Luke mich stellen.«

»Gnad' uns Gott, am Deck zerstreut,
Umhuscht von gespenstigen Lichtern,
Welche Augen, so hohl und weit,
In den fahlen, verlebten Gesichtern!
Hörtest vom Geisterschiffe du nicht,
Von den westlichen Todesladern?
Modernde Larve ihr Angesicht,
Und Schwefel statt Blut in den Adern.«

»Mag die ehrliche deutsche See
Vom Schleim der Molluske sich röten,
Springflut brausen, zischen die Bö
Und die Wasserhose trompeten,
Drunten, drunten ist's klar und licht,
Wie droben die Wellen gebahren.
Mögen wir nur vor dem fremden Gezücht,
Vor dem Geisterjanhagel uns wahren!«

Das Eselein

Auf einem Wiesengrund ging einmal
Ein muntres Rößlein weiden,
Ein Schimmelchen war's, doch etwas fahl,
Sein Äußeres nenn' ich bescheiden,
Das schlechtste und auch das beste nicht,
Wir wollen nicht drüber zanken,
Doch hatt' es ein klares Augenlicht
Und starke geschmeidige Flanken.

In selbem Grunde schritt oft und viel
Ein edler Jüngling spazieren,
Hinter jedem Ohre ein Federkiel,
Das tät ihn wunderbar zieren!
Am Rücken ein Gänseflügelpaar,
Die täten rauschen und wedeln,
Und wißt, seine göttliche Gabe war,
Die schlechte Natur zu veredeln.

Den Tropfen, der seiner Stirne entrann,
Den soll wie Perle man fassen,
Ach, ohne ihn hätte die Sonne man
So simpelhin scheinen lassen,
Und ohne ihn wäre der Wiesengrund
Ein nüchterner Anger geblieben,
Ein Quellchen blank, ein Hügelchen rund
Und eine Handvoll Maßlieben!

Er aber fing im Spiegel den Strahl
Und ließ ihn zucken wie Flammen,
Die ruppigen Gräser strich er zumal
Und flocht sie sauber zusammen,
An Steinen schleppt' er sich krank und matt,
Für ein Ruinchen am Hügel,
Dem Hasen kämmt' er die Wolle glatt
Und frisiert' den Mücken die Flügel.

So hat er mit saurem Schweiß und Müh'
Das ganz Gemeine verbessert,
Und klareres Wasser fand man nie,
Als wo er schaufelt' und wässert',
Und wie's nun aller Edlen Manier,
Sich mild und nobel zu zeigen,
So, sei's Gestein, Mensch oder Tier,
Er gab ihm von seinem Eigen.

Einst saß er mit seinem Werkgerät,
Mit Schere, Pinsel und Flasche,
In der eine schwärzliche Lymphe steht,
Mit Spiegel, Feder und Tasche;
Er saß und lauschte, wie in der Näh'
Mein Schimmelchen galoppieret;
Auf dem Finger pfiff er: »Pst, Pferdchen, he!
Und wacker kam es trottieret.

Dann sprach der Edle: Du wärst schon gut,
'Ne passable Rosinante,
Nähm' ich dich ernstlich in meine Hut,
Daß ich den Koller dir bannte;
Ein leiser Traber — ein schmuckes Tier —
Ein unermüdeter Wandrer!
Kurz, wenig wüßt' ich zu rügen an dir,
Wärst du nur völlig ein andrer.

»Drum sei verständig, trab heran
Und laß mich ruhig gewähren,
Und sollt's dich kneipen, nicht zuck' mir dann,
Du weißt, oft zwicken die Scheren.«
Mein Schimmelchen stutzt, es setzt seitab,
Ein paarmal rennt es in Kreisen,
Dann sachte trabt es den Anger hinab,
Dann stand es still vor dem Weisen.

Der sprach: »Dein Ohr — ein armer Stumpf!
Armselig bist du geboren!
Kommandowort und der Siegstriumph,
Das geht dir alles verloren.«
Drauf rüstig setzt' er die Zangen an
Und zerrt' und dehnte an beiden;
Mein Schimmelchen ächzt und dachte dann:
»O wehe, Hoffart muß leiden!«

»Auch deine Farbe — erbärmlich schlecht!
Nicht blank und dennoch zu lichte,
Nicht für die romantische Dämmrung recht
Und nicht für die klare Geschichte.«
Drauf emsig langt' er den Pinsel her
Und mischte Schwarz zu dem Weißen;
Mein Schimmelchen zuckt, es juckt ihn sehr,
Doch dacht' es: »Wie werd' ich gleißen!«

»Und gar dein Schweif — unseliges Vieh!
Der flattert und schlenkert wie Segel,
Ich wette, du meinst dich ein Kraftgenie,
Und scheinst doch andern ein Flegel.«
Drauf mit der Schere, Gang an Gang,
Beginnt er hurtig zu zwicken,
Hinauf hinunter, die Wurzel entlang,
Von der Kuppe bis an den Rücken.

Dann spricht er freudig: »Mein schmuckes Tier,
Mein Zelter, edel wie keiner!«
Und eilends langt er den Spiegel herfür:
»Nun sieh und freue dich deiner!
Nun bist ein Paraderößlein, baß
Wie eines von Münster bis Wesel.«
Der Schimmel blinzt und schaut ins Glas —
O Himmel, da war er ein Esel!

Die beste Politik

Von allem, was zu Leid und Frommen
Bisher das Leben mir gebracht,
Ist manches unverhofft gekommen,
Und manches hatt' ich überdacht;
Doch seltsam! wo ich schlau und fein
Mich abgesorgt zu grauen Haaren,
Da bin ich meistens abgefahren,
Und Unverhofftes schlug mir ein.

Ein jeder kommt doch gern zu Brode,
Doch blieben mir die Gönner kalt,
Tat ich gleich klein wie eine Lode
Gen einen mächt'gen Eichenwald;
Und nur der ärmliche Student,
Bei dem ich manche Nacht verwachte,
Als Mangel ihn aufs Lager brachte,
Der dachte mein als Präsident.

Den Frauen will man auch gefallen,
— Zumal, sieht man nicht übel aus —
In die Salons sah man mich wallen,
Verschmitzt hinein, verdutzt heraus;
Und nur die täglich recht und schlicht
Mich wandeln sah im eignen Hause,
Die trug in meine kleine Klause
Des Lebens süßestes Gedicht.

Auch Ruhm ist gar ein scharfer Köder,
Ich habe manchen Tag verschwitzt,
Verschnitzelt hab' ich manche Feder,
Und bin doch schmählich abgeblitzt;
Und nur als ich, entmutigt ganz,
Gedanken flattern ließ wie Flocken,
Da plötzlich fiel auf meine Locken
Ein junger frischer Lorbeerkranz.

So hab' aus allem ich gezogen
Das treue Fazit mir zuletzt:
Daß dem das Glück zumeist gewogen,
Der es am mindesten gehetzt;
Und daß, wo Wirken und Geschick
Nach eigner Willkür kann bereiten,
Nur Offenheit zu allen Zeiten
Die allerbeste Politik.

LETZTE GABEN
1862

GEMÜT UND LEBEN

Das Wort

Das Wort gleicht dem beschwingten Pfeil,
Und ist es einmal deinem Bogen
In Tändeln oder Ernst entflogen,
Erschrecken muß dich seine Eil'.

Dem Körnlein gleicht es, deiner Hand
Entschlüpft; wer mag es wiederfinden?
Und dennoch wuchert's in den Gründen
Und treibt die Wurzeln durch das Land.

Gleicht dem verlornen Funken, der
Vielleicht verlischt am feuchten Tage,
Vielleicht am milden glimmt im Hage,
Am dürren schwillt zum Flammenmeer.

Und Worte sind es doch, die einst
So schwer in deine Schale fallen:
Ist keins ein nichtiges von allen,
Um jedes hoffst du oder weinst.

O, einen Strahl der Himmelsau,
Mein Gott, dem Zagenden und Blinden!
Wie soll er Ziel und Acker finden?
Wie Lüfte messen und den Tau?

Allmächt'ger, der das Wort geschenkt,
Doch seine Zukunft uns verhalten,

Woll' selber deiner Gabe walten,
Durch deinen Hauch sei sie gelenkt!

Richte den Pfeil dem Ziele zu,
Nähre das Körnlein schlummertrunken!
Erstick ihn oder fach den Funken!
Denn, was da frommt, das weißt nur du.

Halt fest!

Halt fest den Freund, den einmal du erworben,
Er läßt dir keine Gaben für das Neue;
Läßt, wie das Haus, in dem ein Leib gestorben,
Unrein das Herz, wo modert eine Treue;
Meinst du, dein sei der Hände Druck, der Strahl
Des eignen Auges arglos und voll Liebe?
Drückst du zum zweiten-, blickst zum zweitenmal,
Die Frucht ist fleckig und der Spiegel trübe.

Halt fest dein Wort, o fest wie deine Seele;
So stolz und freudig mag kein Lorbeer ranken,
Daß er das Mal auf einer Stirne hehle,
Die unterm Druck des Wortes konnte wanken;
Der ärmste Bettler, dem ein ehrlich Herz,
Darf wie ein König dir genüber treten,
Und du? du zupfst den Lorbeer niederwärts
Und heimlich mußt du dein *peccavi* beten.

Halt fest den Glauben, laß ihn dir genügen!
Wer möchte Blut um fremden Ichor tauschen!
Verstößest du den Cherub deiner Wiegen,
Aus jedem Blatt wird dir sein Flügel rauschen!
Und ist dein Geist zu stark, vielleicht zu blind,
In seiner Hand das Flammenschwert zu sehen,
So zweifle nicht, er wird, ein weinend Kind,
An deinem öden letzten Lager stehen.

Und dann die Gabe, gnädig dir verliehen,
Den köstlichen Moment, den gottgesandten,
O feßle, feßle seinen Quell im Fliehen,
Halt jeden Tropfen höher als Demanten!
Noch schläft die Zukunft, doch sie wacht dareinst,
Wo deinem Willen sich die Kraft entwunden,
Wo du verlor'ne schwere Tränen weinst
In die Charybdis deiner toten Stunden!

Vor allem aber halt das Kind der Schmerzen,
Dein angefochtnes Selbst, von Gott gegeben!
O sauge nicht das Blut aus deinem Herzen,
Um einen Seelenbastard zu beleben,
Daß, wenn dir einstens vor dem Golem graut,
Es zu dir trete nicht mit leisem Klagen:
»So war ich, und so ward ich dir vertraut,
Unsel'ger, warum hast du mich erschlagen?«

Drum fest, nur fest, nur keinen Schritt zur Seite!
Der Himmel hat die Pfade wohl bezeichnet;
Ein reines Aug' erkennt sie aus der Weite,
Und nur der Wille hat den Pfad verleugnet;
Uns allen ward ein Kompaß eingedrückt,
Noch keiner hat ihn aus der Brust gerissen:
Die Ehre nennt ihn, wer zur Erde blickt,
Und wer zum Himmel, nennt ihn das Gewissen.

Carpe diem!

Pflücke die Stunde, wär' sie noch so blaß,
Ein falbes Moos, vom Dunst des Moores naß,
Ein farblos Blümchen, flatternd auf der Heide;
Ach, einst von allem träumt die Seele süß,
Von allem, was, ihr eigen, sie verließ,
Und mancher Seufzer gilt entflohnem Leide.

In Alles senkt sie Blutes Tropfen ein,
Legt Perlen aus dem heilig tiefsten Schrein
Bewußtlos, selbst in grauverhängte Stunden;
Steigt oft ein unklar Sehnen dir empor,
Du schaust vielleicht, wie durch Gewölkes Flor,
Nach Tagen, längst vergessen, doch empfunden.

Wer, der an seine Kinderzeit gedenkt,
Als die Vokabeln ihn in Not versenkt,
Wer möchte nicht ein Kind sein und sich grauen?
Ja, der Gefangene, der die Wand beschrieb,
Fühlt er nach Jahren Glückes nicht den Trieb,
Die alten Sprüche einmal noch zu schauen?

Wohl gibt es Stunden, die so ganz verhaßt,
Daß, dem Gedächtnis eine Centnerlast,
Wir ihren Schatten abzuwälzen sorgen;
Dann selten schickt sie uns des Himmels Zorn,
Und meistens ist darin ein gift'ger Dorn,
Der Moderwurm geheimer Schuld verborgen.

Drum, wer noch eines Blicks nach oben wert,
Der nehme, was an Liebem ihm beschert,
Die stolze wie die Stund' im schlichten Kleide;
Der schlürfe jeden stillen Tropfen Tau,
Und spiegelt drin sich nicht des Äthers Blau,
So lispelt drüber wohl die fromme Weide.

Freu dich an deines Säuglings Lächeln, freu
Dich an des Jauchzens ungewissem Schrei,
Mit dem er streckt die lustbewegten Glieder.
Wär' zehnmal stolzer auch, was dich durchweht,
Wenn er vor dir dareinst, ein Jüngling, steht,
Dein lächelnd Kindlein gibt er dir nicht wieder.

Freu dich des Freundes, eh zum Greis er reift,
Erfahrung ihm die kühne Stirn gestreift,
Von seiner Scheitel Grabesblumen wehen;
Freu dich des Greises, schau ihm lange nach,
In kurzem gäbst vielleicht du manchen Tag,
Um einmal noch das graue Haupt zu sehen.

O, wer nur ernst und fest die Stunde greift,
Den Kranz ihr auch von bleicher Locke streift,
Dem spendet willig sie die reichste Beute.
Doch wir, wir Toren, drängen sie zurück,
Vor uns die Hoffnung, hinter uns das Glück,
Und unsre Morgen morden unsre Heute.

Durchwachte Nacht

Wie sank die Sonne glüh und schwer,
Und aus versengter Welle dann
Wie wirbelte der Nebel Heer
Die sternenlose Nacht heran! —
Ich höre ferne Schritte gehn —
Die Uhr schlägt Zehn.

Noch ist nicht alles Leben eingenickt,
Der Schlafgemächer letzte Türen knarren;
Vorsichtig in der Rinne Bauch gedrückt,
Schlüpft noch der Iltis an des Giebels Sparren,
Die schlummertrunkne Färse murrend nickt,
Und fern im Stalle dröhnt des Rosses Scharren,
Sein müdes Schnauben, bis, vom Mohn getränkt,
Sich schlaff die regungslose Flanke senkt.

Betäubend gleitet Fliederhauch
Durch meines Fensters offnen Spalt,
Und an der Scheibe grauem Rauch
Der Zweige wimmelnd Neigen wallt.
Matt bin ich, matt wie die Natur! —
Elf schlägt die Uhr.

O wunderliches Schlummerwachen, bist
Der zartren Nerve Fluch du oder Segen? —
's ist eine Nacht, vom Taue wach geküßt,
Das Dunkel fühl' ich kühl wie feinen Regen

An meine Wangen gleiten, das Gerüst
Des Vorhangs scheint sich schaukelnd zu bewegen,
Und dort das Wappen an der Decke Gips
Schwimmt sachte mit dem Schlängeln des Polyps.

Wie mir das Blut im Hirne zuckt!
Am Söller geht Geknister um,
Im Pulte raschelt es und ruckt,
Als drehe sich der Schlüssel um.
Und — horch! der Seiger hat gewacht!
's ist Mitternacht.

War das ein Geisterlaut? So schwach und leicht
Wie kaum berührten Glases schwirrend Klingen,
Und wieder wie verhaltnes Weinen steigt
Ein langer Klageton aus den Syringen,
Gedämpfter, süßer nun, wie tränenfeucht
Und selig kämpft verschämter Liebe Ringen; —
O Nachtigall, das ist kein wacher Sang,
Ist nur im Traum gelöster Seele Drang.

Da kollert's nieder vom Gestein!
Des Turmes morsche Trümmer fällt,
Das Käuzlein knackt und hustet drein;
Ein jäher Windesodem schwellt
Gezweig und Kronenschmuck des Hains; —
Die Uhr schlägt Eins.

Und drunten das Gewölke rollt und klimmt;
Gleich einer Lampe aus dem Hünenmale
Hervor des Mondes Silbergondel schwimmt,
Verzitternd auf der Gasse blauem Stahle;
An jedem Fliederblatt ein Fünkchen glimmt,
Und hell gezeichnet von dem blassen Strahle

Legt auf mein Lager sich des Fensters Bild,
Vom schwanken Laubgewimmel überhüllt.

Jetzt möcht' ich schlafen, schlafen gleich,
Entschlafen unterm Mondeshauch,
Umspielt vom flüsternden Gezweig,
Im Blute Funken, Funk' im Strauch
Und mir im Ohre Melodei; —
Die Uhr schlägt Zwei.

Und immer heller wird der süße Klang,
Das liebe Lachen; es beginnt zu ziehen
Gleich Bildern von Daguerre die Deck' entlang,
Die aufwärts steigen mit des Pfeiles Fliehen;
Mir ist, als seh' ich lichter Locken Hang,
Gleich Feuerwürmchen seh' ich Augen glühen,
Dann werden feucht sie, werden blau und lind,
Und mir zu Füßen sitzt ein schönes Kind.

Es sieht empor, so fromm gespannt,
Die Seele strömend aus dem Blick;
Nun hebt es gaukelnd seine Hand,
Nun zieht es lachend sie zurück;
Und — horch! des Hahnes erster Schrei! —
Die Uhr schlägt Drei.

Wie bin ich aufgeschreckt, — o süßes Bild,
Du bist dahin, zerflossen mit dem Dunkel!
Die unerfreulich graue Dämmrung quillt,
Verloschen ist des Flieders Taugefunkel,
Verrostet steht des Mondes Silberschild,
Im Walde gleitet ängstliches Gemunkel,
Und meine Schwalbe an des Frieses Saum
Zirpt leise, leise auf im schweren Traum.

Der Tauben Schwärme kreisen scheu,
Wie trunken, in des Hofes Rund,
Und wieder gellt des Hahnes Schrei,
Auf seiner Streue rückt der Hund,
Und langsam knarrt des Stalles Tür —
Die Uhr schlägt Vier.

Da flammt's im Osten auf, — o Morgenglut!
Sie steigt, sie steigt, und mit dem ersten Strahle
Strömt Wald und Heide vor Gesangesflut,
Das Leben quillt aus schäumendem Pokale,
Es klirrt die Sense, flattert Falkenbrut,
Im nahen Forste schmettern Jagdsignale,
Und wie ein Gletscher sinkt der Träume Land
Zerrinnend in des Horizontes Brand.

Mondesaufgang

An des Balkones Gitter lehnte ich
Und wartete, du mildes Licht, auf dich.
Hoch über mir, gleich trübem Eiskristalle,
Zerschmolzen schwamm des Firmamentes Halle;
Der See verschimmerte mit leisem Dehnen,
Zerfloßne Perlen oder Wolkentränen? —
Es rieselte, es dämmerte um mich,
Ich wartete, du mildes Licht, auf dich.

Hoch stand ich, neben mir der Linden Kamm,
Tief unter mir Gezweige, Ast und Stamm;
Im Laube summte der Phalänen Reigen,
Die Feuerfliege sah ich glimmend steigen,
Und Blüten taumelten wie halb entschlafen;
Mir war, als treibe hier ein Herz zum Hafen,
Ein Herz, das übervoll von Glück und Leid
Und Bildern seliger Vergangenheit.

Das Dunkel stieg, die Schatten drangen ein —
Wo weilst du, weilst du denn, mein milder Schein? —
Sie drangen ein, wie sündige Gedanken,
Des Firmamentes Woge schien zu schwanken,
Verzittert war der Feuerfliege Funken,
Längst die Phaläne an den Grund gesunken,
Nur Bergeshäupter standen hart und nah,
Ein finstrer Richterkreis, im Düster da.

Und Zweige zischelten an meinem Fuß
Wie Warnungsflüstern oder Todesgruß;
Ein Summen stieg im weiten Wassertale
Wie Volksgemurmel vor dem Tribunale;
Mir war, als müsse etwas Rechnung geben,
Als stehe zagend ein verlornes Leben,
Als stehe ein verkümmert Herz allein,
Einsam mit einer Schuld und seiner Pein.

Da auf die Wellen sank ein Silberflor,
Und langsam steigst du, frommes Licht, empor;
Der Alpen finstre Stirnen strichst du leise,
Und aus den Richtern wurden sanfte Greise,
Der Wellen Zucken ward ein lächelnd Winken,
An jedem Zweige sah ich Tropfen blinken,
Und jeder Tropfen schien ein Kämmerlein,
Drin flimmerte der Heimatlampe Schein.

O, Mond, du bist mir wie ein später Freund,
Der seine Jugend dem Verarmten eint,
Um seine sterbenden Erinnerungen
Des Lebens zarten Widerschein geschlungen,
Bist keine Sonne, die entzückt und blendet,
In Feuerströmen lebt, im Blute endet —
Bist, was dem kranken Sänger sein Gedicht,
Ein fremdes, aber o! ein mildes Licht.

Das Ich der Mittelpunkt der Welt

Jüngst hast die Phrase scherzend du gestellt:
»Wer Reichtum, Liebe will und Glück erlangen,
Der mache sich zum Mittelpunkt der Welt,
Zum Kreise, drin sich alle Strahlen fangen.«
Dein Wort, mein Freund, war wie des Tempels Tür:
Die Inschrift draußen und das Volksgedränge,
Doch durch die Spalten blinkt der Lampen Zier,
Ziehn Opferduft und heilige Gesänge.

Wie könnte jemals wohl des Glückes Born
Aus anderm als dem eignen Herzen fließen?
Aus welcher Schale wohl des Himmels Zorn
Als aus der selbstgebotnen sich ergießen?
O glücklich sein, geliebt und glücklich sein —
Möge ein Engel mir die Pfade deuten!
Da schwillt des Tempels Vorhang, zart und rein
Hör' ich's wie Echo durch die Falten gleiten:

»Standest an einem Krankenbett du je,
Nach wochenlangen selbstvergeßnen Sorgen,
Hobst deine schweren Wimpern in die Höh',
Zu heißem Dankgebete an dem Morgen,
Und sahst um des Genesenden Gesicht
Ein neuerwachtes Seelenschimmern schweben
Und einen Liebesblick auf dich, wie nicht
Ihn Freund und nicht Geliebte können geben?

»Hieltest du je den Griffel in der Hand
Und rechnetest mit frohem Geiz zusammen
Die Groschen, die du selber dir entwandt;
Schien jeder Heller dir wie Gold zu flammen
Des Schatzes für den fremden Sorgenpfühl,
Um den du deine Freuden schlau betrogen,
Und hast in deines Reichtums Vollgefühl
Tief, tief den Odem in die Brust gezogen?

»Und der Moment, wo eine Rechte schwimmt
Ob teurem Haupte mit bewegtem Segen,
Wo sie das Herz vom eignen Herzen nimmt,
Um freudig an das fremde es zu legen,
Hast du ihn je erlebt und standest dann,
Die Arme still und freundlich eingeschlagen,
Selig berechnend, welche Früchte kann,
Wie liebliche, das neue Bündnis tragen?

»Dann bist du glücklich, bist geliebt und reich,
Ein Fels, an dem sich alle Blitze spalten;
Dann mag dein Kranz verwelken, mögen bleich
Krankheit und Alter dir die Stirne falten:
Dann bist der Mittelpunkt du deiner Welt,
Der Kreis, aus dem die Freudenstrahlen quillen,
Und was so frisch der Bäche Ufer schwellt,
Wie sollte seinen Born es nicht erfüllen!«

Grüße

Steigt mir in diesem fremden Lande
Die allbekannte Nacht empor,
Klatscht es wie Hufesschlag vom Strande,
Rollt sich die Dämmerung hervor,
Gleich Staubeswolken mir entgegen
Von meinem lieben starken Nord,
Und fühl' ich meine Locken regen
Der Luft geheimnisvolles Wort —

Dann ist es mir, als hör' ich reiten
Und klirren und entgegenziehn
Mein Vaterland von allen Seiten,
Und seine Küsse fühl' ich glühn;
Dann wird des Windes leises Munkeln
Mir zu verworrnen Stimmen bald,
Und jede schwache Form im Dunkeln
Zur tiefvertrautesten Gestalt.

Und meine Arme muß ich strecken,
Muß Küsse, Küsse hauchen aus,
Wie sie die Leiber könnten wecken,
Die modernden, im grünen Haus;
Muß jeden Waldeswipfel grüßen,
Und jede Heid' und jeden Bach,
Und alle Tropfen, die da fließen,
Und jedes Hälmchen, das noch wach.

Du Vaterhaus, mit deinen Türmen,
Vom stillen Weiher eingewiegt,
Wo ich in meines Lebens Stürmen
So oft erlegen und gesiegt; —
Ihr breiten, laubgewölbten Hallen,
Die jung und fröhlich mich gesehn,
Wo ewig meine Seufzer wallen
Und meines Fußes Spuren stehn.

Du feuchter Wind von meinen Heiden,
Der wie verschämte Klage weint,
Du Sonnenstrahl, der so bescheiden
Auf ihre Kräuter niederscheint; —
Ihr Gleise, die mich fortgetragen,
Ihr Augen, die mir nachgeblinkt,
Ihr Herzen, die mir nachgeschlagen,
Ihr Hände, die mir nachgewinkt.

Und Grüße, Grüße, Dach, wo nimmer
Die treuste Seele mein vergißt
Und jetzt bei ihres Lämpchens Schimmer
Für mich den Abendsegen liest,
Wo bei des Hahnes erstem Krähen
Sie matt die graue Wimper streicht
Und einmal noch vor Schlafengehen
An mein verlaßnes Lager schleicht.

Ich möcht' euch alle an mich schließen,
Ich fühl' euch alle um mich her,
Ich möchte mich in euch ergießen,
Gleich siechem Bache in das Meer.
O, wüßtet ihr, wie krank gerötet,
Wie fieberhaft ein Äther brennt,
Wo keine Seele für uns betet
Und keiner unsre Toten kennt!

Doppeltgänger

Kennst du die Stunden, wo man selig ist
In Schlaf und Wachens wunderlichem Segen?
's war eine Nacht, vom Taue wachgeküßt,
Das Dunkel fühlt' ich kühl wie zarten Regen
An meine Wange gleiten, das Gerüst
Des Vorhangs schien sich schaukelnd zu bewegen —
Rings tiefe Stille, der das Ohr erlag,
Doch mir im Haupt war leises Summen wach.

Mir war so wohl und federleicht zu Mut,
So schwimmend, und die Wimper halb geschlossen;
Verlorne Funken zuckten durch mein Blut,
Von leisen Lauten wähnt' ich mich umflossen;
's war eine Stunde, wo der Zeiger ruht,
Die Geisterstund' verschollner Traumgenossen.
's war eine Nacht, wo man am Morgen fragt:
Hat damals, oder hat es jetzt getagt?

Und immer heller ward der süße Klang,
Das liebe Lachen; es begann zu schwimmen
Wie Bilder von Daguerre die Deck' entlang,
Es wisperte wie jugendliche Stimmen,
Wie halbvergeßner, ungewisser Sang;
Gleich Feuerwürmern sah ich Augen glimmen,
Dann wurden feucht sie, wurden blau und lind,
Und mir zu Füßen saß ein schönes Kind.

Das sah zu mir empor, so ernst gespannt,
Als quelle ihm die Seele aus den Blicken,
Bald schloß es, schmerzlich zuckend, seine Hand,
Bald schüttelt' es sie, funkelnd vor Entzücken,
Und horchend, horchend klomm es sacht heran
Zu meiner Schulter — und wo blieb es dann? —

O, wären's Geisterstimmen aus der Luft,
Die sich wie Vogelzwitschern um mich reihten!
Wär' Grabesbrodem nur der leise Duft,
Der mich umseufzte aus verschollnen Zeiten!
Doch nur mein Herz ist ihre stille Gruft,
Und meine Heil'gen, meine einst Geweihten,
Sie leben alle, wandeln allzumal —
Vielleicht zum Segen sich, doch mir zur Qual.

Im Grase

Süße Ruh', süßer Taumel im Gras,
Von des Krautes Arome umhaucht,
Tiefe Flut, tief tief trunkne Flut,
Wenn die Wolk' am Azure verraucht,
Wenn aufs müde, schwimmende Haupt
Süßes Lachen gaukelt herab,
Liebe Stimme säuselt und träuft
Wie die Lindenblüt' auf ein Grab.

Wenn im Busen die Toten dann,
Jede Leiche sich streckt und regt,
Leise, leise den Odem zieht,
Die geschloßne Wimper bewegt,
Tote Lieb', tote Lust, tote Zeit,
All die Schätze, im Schutt verwühlt,
Sich berühren mit schüchternem Klang
Gleich den Glöckchen, vom Winde umspielt.

Stunden, flücht'ger ihr als der Kuß
Eines Strahls auf den trauernden See,
Als des ziehenden Vogels Lied,
Das mir nieder perlt aus der Höh',
Als des schillernden Käfers Blitz,
Wenn den Sonnenpfad er durcheilt,
Als der heiße Druck einer Hand,
Die zum letzten Male verweilt.

Dennoch, Himmel, immer mir nur
Dieses Eine mir: für das Lied
Jedes freien Vogels im Blau
Eine Seele, die mit ihm zieht,
Nur für jeden kärglichen Strahl
Meinen farbig schillernden Saum,
Jeder warmen Hand meinen Druck,
Und für jedes Glück meinen Traum.

Die Golems

Hätt' ich dich nicht als süßes Kind gekannt,
Mit deinem Seraph in den klaren Blicken,
Dich leitend in der Märchen Zauberland,
Gefühlt der kleinen Hände zitternd Drücken:
Ich möchte wohl dich mit Behagen sehen,
Du wärst mir eine brave, hübsche Frau,
Doch ach, jetzt muß ich unter deiner 'Brau',
Muß stets nach dem entflohnen Engel spähen.

Und du, mit deinem Wort, bedacht und breit,
Dem klugen Lächeln und der Stirne Falten,
Spricht dir kein armer Traum von jener Zeit,
Wo deine Glut die Felsen wollte spalten?
Ein braver Bürger bist du, hoch zu ehren,
Ein wahrer Heros auf der Mittelbahn;
Allein mein Flammenwirbel, mein Vulkan —
Ach, daß die Berge Mäuse nur gebären!

Weh ihm, der lebt in des Vergangnen Schau,
Um bleiche Bilder wirbt, verschwommne Töne!
Nicht was gebrochen, macht das Haar ihm grau,
Was Tod geknickt in seiner süßen Schöne,
Doch sie, die Monumente ohne Toten,
Die wandernden Gebilde ohne Blut,
Die leeren Tempel ohne Opferglut
Die gelben Haine ohne Frühlingsboten!

's gibt eine Sage aus dem Orient
Von Weisen, toter Scholle Formen gebend,
Geliebte Formen, die die Sehnsucht kennt,
Und mit dem Zauberworte sie belebend;
Der Golem wandelt mit bekanntem Schritte,
Er spricht, er lächelt mit bekanntem Hauch,
Allein es ist kein Strahl in seinem Aug',
Es schlägt kein Herz in seines Busens Mitte.

Und wie sich alte Treu ihm unterjocht,
Er haucht sie an mit der Verwesung Schrecken,
Wie angstvoll die Erinnrung ruft und pocht,
Es ist in ihm kein Träumender zu wecken —;
Und tief gebrochen sieht die Treue schwinden,
Was sie so lang und heilig hat bewahrt,
Was jetzt nicht Lebens, nicht des Todes Art,
Nicht hier und nicht im Himmel ist zu finden.

O kniee still an deiner Toten Gruft,
Dort magst du milde, fromme Tränen weinen,
Mit ihrem Odem säuselt dir die Luft,
Mit ihrem Antlitz wird der Mond dir scheinen.
Dein sind sie, dein, wie mit gebrochnen Augen,
Wie dein sie waren mit dem letzten Blick;
Doch fliehe, von den Golems flieh zurück,
Die deine Tränen nur wie Gletscher saugen.

Spätes Erwachen

Wie war mein Dasein abgeschlossen,
Als ich im grün umhegten Haus
Durch Lerchenschlag und Fichtensprossen
Noch träumt' in den Azur hinaus.

Als keinen Blick ich noch erkannte,
Als den des Strahles durchs Gezweig,
Die Felsen meine Brüder nannte,
Schwester mein Spiegelbild im Teich.

Nicht rede ich von jenen Jahren,
Die dämmernd uns die Kindheit beut;
Nein, so verdämmert und zerfahren
War meine ganze Jugendzeit.

Wohl sah ich freundliche Gestalten
Am Horizont vorüberfliehn;
Ich konnte heiße Hände halten
Und heiße Lippen an mich ziehn;

Ich hörte ihres Grußes Pochen,
Ihr leises Wispern um mein Haus
Und sandte schwimmend, halbgebrochen,
Nur einen Seufzer halb hinaus.

Ich fühlte ihres Hauches Fächeln,
Und war doch keine Blume süß;
Ich sah der Liebe Engel lächeln,
Und hatte doch kein Paradies.

Mir war als habe in den Noten
Sich jeder Ton an mich verwirrt,
Sich jede Hand, die mir geboten,
Im Dunkel wunderlich verirrt.

Verschlossen blieb ich, eingeschlossen
In meiner Träume Zauberturm,
Die Blitze waren mir Genossen
Und Liebesstimme mir der Sturm.

Dem Wald ließ ich ein Lied erschallen,
Wie nie vor einem Menschenohr,
Und meine Träne ließ ich fallen,
Die heiße, in den Blumenflor.

Und alle Pfade mußt' ich fragen:
Kennt Vögel ihr und Strahlen auch?
Doch keinen: wohin magst du tragen?
Von welchem Odem schwillt dein Hauch?

Wie ist das anders nun geworden,
Seit ich ins Auge dir geblickt!
Wie ist nun jeder Welle Borden
Ein Menschenbildnis eingedrückt!

Wie fühl' ich allen warmen Händen
Nun ihre leisen Pulse nach,
Und jedem Blick sein scheues Wenden,
Und jeder schweren Brust ihr Ach!

Und alle Pfade möcht' ich fragen:
Wo zieht ihr hin? wo ist das Haus,
In dem lebend'ge Herzen schlagen,
Lebend'ger Odem schwilll hinaus?

Entzünden möcht' ich alle Kerzen
Und rufen jedem müden Sein:
Auf ist mein Paradies im Herzen,
Zieht alle, alle nun hinein!

Einer wie Viele und Viele wie Einer

Ich klage nicht den Mann, der fällt
Ein Markstein dem erkämpften Land,
Der seines Schicksals Becher hält,
Ihn mischend mit entschloßner Hand,
Nicht, der entgegentritt dem Sturm
Und weiß, daß er die Eiche bricht;
Wer war so reich wie Götz im Turm,
Wie Morus vor dem Blutgericht?

Ich klage nicht den Mann, der stirbt,
Von Welt und eigner Glut verzehrt,
Ihn, dem des Halmes Frucht verdirbt
Und den des Himmels Manna nährt;
Correggio nicht, der siech und falb
Die Kupferheller heimgebracht,
Cervantes, der verhungert halb
Ob seines Pansa noch gelacht.

Sie sind des Unglücks Fürsten, sind
Die Mächtigen im weiten Blau,
Sie fühlen, daß ihr Odem rinnt
Entzündend um der Erde Bau;
Daß aus der Grabesscholle gern
Die Ernte freudig schießt und voll,
Und daß zerfallen muß der Kern,
Wenn sich die Ceder strecken soll.

Ihn klag' ich, dessen Liebe groß
Und dessen Gabe arm und klein,
Den, wie die Glut das dürre Moos,
Zehrt jener Strahlen Widerschein;
Ihn, der des Funkens Irren fühlt
Verheerend in der Adern Bau,
Und den die Welle dann verspült,
Ein Aschenhäuflein, dünn und grau.

O, Eure Zahl ist Legion!
Ihr Halbgesegneten, wo scheu
Ins Herz der Genius geflohn,
Und öde ließ die Phantasei;
Ihr, die Euch möchtet flügellos
Erschwingen mit des Sehnens Hauch,
Und wieder an der Erde Schoß
Sinkt wie ein kranker Nebelrauch.

Nicht klag' ich Euch, weil Ihr gering,
Nicht weil ihr ärmlich und versiecht;
Ich weiß es, daß der Zauberring
Euch unbewußt am Finger liegt;
O, reich seid Ihr und wißt es nicht,
Denn reich ist nur der Träume Land;
O, stark seid Ihr und wißt es nicht,
Denn stark ist nur der Liebe Hand.

Wenn Ihr an Eurem Pulte neigt
An Eurer öden Staffelei,
Um Euch des Himmels Odem steigt
Und in Euch der Beklemmung Schrei;
Wenn zitternd nach dem Ideal
Ihr Eure heißen Arme streckt,
Und kaum für Euer täglich Mahl
Den Halm der nächsten Furche weckt:

Dann seid als der Poet Ihr mehr,
Der seines Herzens Blut verkauft,
Mehr als der stolze Künstler, der
Zur Heiligen die Hetäre tauft;
Was Ihr verschweigt, ist lieblicher,
Als je des Dichters Glut genährt,
Was Ihr begrabt, ist heiliger,
Als Farb' und Pinsel je verklärt.

Mir gab Natur ein kühnes Herz,
Ich senke nicht so leicht den Blick;
Mich drückt nicht Größe niederwärts,
Drängt keine fremde Hand zurück;
Nie hat des Ruhmes Strahlenkranz
An fremder Stirne mich gegrämt;
Doch vor so stiller Augen Glanz
Hab' ich mich hundertmal geschämt.

Weinende Quellen, wo sich rollt
Das Sonnenbild im Wellenbann,
Glühende Stufen, wo das Gold
Nicht aus der Schlacke scheiden kann,
Ich klag' um Euch, weil Ihr betrübt,
Weil Euch das Herz von Tränen schwillt,
Unwissend Sel'ge, weil Ihr liebt
Und zweifelt an der Gottheit Bild.

Wacht, wacht ob Eurem stillen Schatz,
Laßt uns das sonnenöde Land,
Laßt uns den freien Bühnenplatz
Und sterbt im Winkel unbekannt;
Einst wißt Ihr, was in Euch gelebt,
Und was in dem, der Euch gehöhnt;
Einst, wenn der Strahlengott sich hebt
Und nur die Memnonssäule tönt.

Gemüt

Grün ist die Flur, der Himmel blau,
Doch tausend Farben spielt der Tau:
Es hofft die Erde bis zum Grabe.
Gewährung fiel dem Himmel zu;
Und sprich, was ist denn deine Gabe,
Gemüt, der Seele Iris du?

Du Tropfen Wolkentau, der sich
In unsrer Scholle Poren schlich,
Daß er dem Himmel sie gewöhne
An seinem lieblichsten Gedicht,
Du, irdisch heilig wie die Träne,
Und himmlisch heilig wie das Licht!

Ein Tropfen nur, ein Widerschein,
Doch alle Wunder saugend ein,
Ob, Perle, dich am Blatte wiegend
Und spielend um der Biene Fuß,
Ob, süßer Traum, im Grase liegend
Und lächelnd bei des Halmes Gruß.

O, Erd' und Himmel lächeln auch,
Wenn du, geweckt vom Morgenhauch,
Gleich einem Kinde hebst den weichen
Verschämten Mondesblick zum Tag,
Erharrend, was die Hand des Reichen
Von Glanz und Duft dir geben mag.

Lächle nur, lächle für und für,
Des Kindes Reichtum wird auch dir;
Dir wird des Zweiges Blatt zur Halle,
Zum Sammet dir des Mooses Vließ,
Opale, funkelnde Metalle
Wäscht Muchelscherbe dir und Kies.

Des kranken Blattes rötlich Grün
Drückt auf die Stirn dir den Rubin,
Mit Chrysolithes goldnen Flittern
Schmückt deinen Spiegel Kraut und Gras,
Und selbst des dürren Laubes Zittern
Schenkt dir den bräunlichen Topas.

Und gar, wenn losch das Sonnenlicht
Und nun dein eigenstes Gedicht
Morgana deines Seees gaukelt,
Ein Traum von Licht, um deinen Ball
Und zarte Schattenbilder schaukelt,
Gefangne Geister im Kristall:

Dann schläfst du, schläfst in eigner Haft,
Läßt walten die verborgene Kraft,
Was nicht dem Himmel, nicht der Erden,
Was deiner Schöpfung nur bewußt,
Was nie gewesen, nie wird werden,
Die Embryone deiner Brust.

O lächle, träume immer zu,
Iris der Seele, Tropfen du!
Den Wald laß rauschen, im Gewimmel
Entfunkeln laß der Sterne Reihn;
Du hast die Erde, hast den Himmel,
Und deine Geister obendrein.

Die tote Lerche

Ich stand an deines Landes Grenzen,
An deinem grünen Saatenwald,
Und auf des ersten Strahles Glänzen
Ist dein Gesang herabgewallt.
Der Sonne schwirrtest du entgegen,
Wie eine Mücke nach dem Licht;
Dein Lied war wie ein Blütenregen,
Dein Flügelschlag wie ein Gedicht.

Da war es mir, als müsse ringen
Ich selber nach dem jungen Tag,
Als horch' ich meinem eignen Singen
Und meinem eignen Flügelschlag;
Die Sonne sprühte glühe Funken
In Flammen brannte mein Gesicht;
Ich selber taumelte wie trunken,
Wie eine Mücke nach dem Licht.

Da plötzlich sank und sank es nieder,
Gleich toter Kohle in die Saat,
Noch zucken sah ich kleine Glieder
Und bin erschrocken dann genaht;
Dein letztes Lied, es war verklungen;
Du lagst, ein armer kalter Rest,
Am Strahl verflattert und versungen
Bei deinem halbgebauten Nest.

Ich möchte Tränen um dich weinen,
Wie sie das Weh vom Herzen drängt,
Denn auch mein Leben wird verscheinen,
Ich fühl's, versungen und versengt;
Denn du, mein Leib, ihr armen Reste,
Dann nur ein Grab auf grüner Flur,
Und nah nur, nah bei meinem Neste,
In meiner stillen Heimat nur!

Unter der Linde

Es war an einem Morgen,
Die Vöglein sangen süß,
Und übern Rasen wallte
Der schönste Blumenvließ.
Das Börnlein mir zur Seite
Sprang leise, leise fort,
Mit halbgeschloßnem Auge
Saß ich und lauschte dort.

Ich sah die Schmetterlinge
Sich jagen durch das Licht,
Und der Libelle Flügel
Mir zittern am Gesicht;
Still saß ich, wie gestorben,
Und ließ mir's wohlig sein,
Und mich mit Blütenflocken
Vom Lindenzweig bestreun.

Mein Sitz war dicht am Wege,
Ich konnte ruhig spähn;
Doch mich, verhüllt vom Strauche,
Mich hat man nicht gesehn;
Wenn knarrend Wagen rollten,
Dann drang zu mir der Staub,
Und wenn die Vöglein hüpften,
Dann zitterte das Laub.

Und nahe mir am Hange
'ne alte Buche stand,
Um die der ernste Eppich
Sich hoch und höher wand.
Sein düstres Grün umrankte
Noch manchen kranken Zweig;
Doch die gesunden spielten
Wie doppelt grün und reich.

Es war im Maienmonde,
Die Blätter atlaszart;
Wie hast du, alter Knabe,
So frisches Herz bewahrt?
Auf einer Seite trauernd
Und auf der andern licht,
Zeigst du auf grauer Säule
Ein Janusangesicht.

Und eines Freundes dacht' ich,
Deß Locken grau und lind,
Ein armes Wrack sein Körper
Und ach, sein Herz ein Kind;
Mich dünkt', ich sah ihn starren
Mit Tränen in ein Grab,
Und seitwärts Blumen streuen
In eine Wieg' hinab.

Da weckten Rinderglocken
Mich aus den Phantasein;
Ein wüster Staubeswirbel
Drang durchs Gebüsch hinein,
Und mit Geschrei und Schelten
Riß Ast und Efeustab
Der Treiberknecht vom Baume
Und trieb sein Vieh bergab.

Ich hörte lang sein Toben
Und seinen wüsten Schrei;
Doch horch, was trabt so neckend,
So drall und knapp herbei?
Das Ränzel auf dem Rücken,
Barett im blonden Haar,
Kam ein Student gepfiffen,
Ein lustiger Scholar.

»*O pescator dell' onde!*«
Es gellt mir dicht am Ohr;
Nun stand er an der Buche,
Er hob den Arm empor,
Verbrämt sein schlichtes Käpplein
Mit Lindenzweiges Zier,
Und pfeifend trug er weiter
Sein flatterndes Zimier.

Glück auf, mein frischer Junge,
Gott gönn' dir Luft und Raum!
Wie gern die schmucke Flagge
Dir gönnt der heitre Baum;
Er ist kein schlimmer Alter,
Dem in verdorrter Brust
Das Herz vor Ärger zittert
Bei blanker Jugend Lust.

Doch still, was naht sich wieder?
Ein Husten, kurz und hohl,
Es schlürft den Anger nieder —
Die Schritte kenn' ich wohl!
Es ist der Buche Zwilling,
Mein greiser, siecher Freund,
Auf dessen Haupt so flammend
Die Maiensonne scheint.

Nun stand er an dem Baume,
Lugt' unterm Zelt hinaus,
Wie roch er so behaglich
An seinem Veilchenstrauß.
Nun sucht' er an der Rinde,
Er spähte um und um
Und lachte ganz verstohlen
Und sah verschüchtert um.

Dort fand ich tiefe Risse
Und dachte Frostes Spalt;
Doch wären's Namenszüge,
Vermorscht und adamsalt?
Nun schlägt er einen Nagel,
Er hängt sein Kränzchen auf,
Mich dünkt, ich sah erröten
Ihn an die Stirn hinauf.

O, konntest du mich ahnen,
Mein grauer Lysias,
In deinem ganzen Leben
Warst du nicht wieder blaß.
Doch wer dein spotten könnte,
Du Herz voll Kindessinn,
Das wär' gewiß kein Mädchen
Und keine Dichterin.

Meine Steckenpferde

O, die Bevölkerung überall!
O, unsre gesegneten Zeiten!
In Roßpalästen und Menschenstall
Wie Flocken sieht man es gleiten;
Von Bettlern wimmelt das ganze Land,
Von Künstlergesindel die Erde,
Doch keine Rasse nahm überhand,
Wie jene der Steckenpferde.

Der eine reitet den Tschernebock,
Der andere, Himmel! den Goethe,
Und jener holpert durch Stein und Stock
Auf einer alten Muskete.
Ein Tonnenbacher rutscht dieser mit
Auf hochgetriebnem Pokale,
Und der macht gar den bedenklichen Ritt
Auf einem elektrischen Aale.

Das war vorzeiten ein anderes Ding:
Kam mal 'ne Möwe geflogen,
Fing einer im Netze den Schmetterling,
Schier hätt' man die Glocken gezogen;
Und wer vom Pegasus nur geträumt,
Des staunten Freund' und Verwandte;
Jetzt steht im Narrenstalle gezäumt
Für jeden die Rosinante.

Meine Steckenpferdchen sind glatt und rund,
Sind blank gefütterte Schimmel,
Ihr Trab wie Flüstern von Frauenmund,
Ihr Wiehern ein zartes Gebimmel.
Dort sprengen sie an der Longe hinaus,
Meine Silbergrauen und Fahlen,
Sechs Kreuzer dem, der sie lobt zu Haus,
Und zwölf, der sie lobt in Journalen!

Der Dichter

Die ihr beim frohen Male lacht,
Euch eure Blumen zieht in Scherben
Und, was an Gold euch zugedacht,
Euch wohlbehaglich laßt vererben,
Ihr starrt dem Dichter ins Gesicht,
Verwundert, daß er Rosen bricht
Von Disteln, aus dem Quell der Augen
Korall' und Perle weiß zu saugen;

Daß er den Blitz herniederlangt,
Um seine Fackel zu entzünden,
Im Wettertoben, wenn euch bangt,
Den rechten Odem weiß zu finden:
Ihr starrt ihn an mit halbem Neid,
Den Geisteskrösus seiner Zeit,
Und wißt es nicht, mit welchen Qualen
Er seine Schätze muß bezahlen.

Wißt nicht, daß ihn, Verdammten gleich,
Nur rinnend Feuer kann ernähren,
Nur der durchstürmten Wolke Reich
Den Lebensodem kann gewähren;
Daß, wo das Haupt ihr sinnend hängt,
Sich blutig ihm die Träne drängt,
Nur in des schärfsten Dornes Spalten
Sich seine Blume kann entfalten.

Meint ihr, das Wetter zünde nicht?
Meint ihr, der Sturm erschüttre nicht?
Meint ihr, die Träne brenne nicht?
Meint ihr, die Dornen stechen nicht?
Ja, eine Lamp' hat er entfacht,
Die nur das Mark ihm sieden macht;
Ja, Perlen fischt er und Juwele,
Die kosten nichts — als seine Seele.

Auch ein Beruf

Die Abendröte war zerflossen,
Wir standen an des Weihers Rand,
Und ich hielt meine Hand geschlossen
Um ihre kleine kalte Hand.
»So müssen wir denn wirklich scheiden?
Das Schicksal würfelt mit uns beiden,
Wir sind wie herrenloses Land.

»Von keines Herdes Pflicht gebunden,
Meint jeder nur, wir seien grad'
Für sein Bedürfnis nur erfunden,
Das hilfbereite fünfte Rad.
Was hilft es uns, daß frei wir stehen,
Auf keines Menschen Hände sehen?
Man zeichnet dennoch uns den Pfad.

»Wo dicht die Bäume sich verzweigen
Und um den schlanken Stamm hinab
Sich tausend Nachbaräste neigen,
Da schreitet schnell der Wanderstab.
Doch drüben sich die einzle Linde,
Ein jeder schreibt in ihre Rinde,
Und jeder bricht ein Zweiglein ab.

»O hätten wir nur Mut, zu walten
Der Gaben, die das Glück beschert!
Wer dürft uns hindern? wer uns halten?
Wer kümmern uns den eignen Herd?
Wir leiden nach dem alten Rechte,
Daß, wer sich selber macht zum Knechte,
Nicht ist der goldnen Freiheit wert.

»Zieh hin, wie du berufen worden,
In der Campagna Glut und Schweiß,
Und ich will ziehn in meinen Norden,
Zu siechen unter Schnee und Eis.
Nicht würdig sind wir beßrer Tage,
Denn wer nicht kämpfen mag, der trage,
Dulde, wer nicht zu handeln weiß.«

So ward an Weihers Rand gesprochen,
In Zorne halb und halb in Pein;
Wir hätten gern den Stab gebrochen
Ob all den kleinen Tyrannein.
Und als die Regenwolken stiegen,
Da bahnten wir erst mit Vergnügen
Uns in den Ärger recht hinein.

Solang die Tropfen einzeln fielen,
War's Naphthaöl in unsern Trutz;
Auch eins von des Geschickes Spielen,
Zum Schaden uns und keinem nutz!
Doch als der Himmel Schloßen streute,
Da machten wir's wie andre Leute
Und suchten auch dêr Linde Schutz.

Dort hockt ein Häuflein dicht beisammen,
Sich schauernd unterm Blätterdach;
Die Wolke zuckte Schwefelflammen
Und jagte Regenstriemen nach.
Wir hörten's auf den Blättern springen,
Jedoch kein Tropfen konnte dringen
In unser laubiges Gemach.

Fürwahr, ein armes Häuflein war es,
Was hier dem Wettersturm entrann:
Ein hagrer Jud' gebleichten Haares,
Mit seinem Hund ein blinder Mann,

Ein Schuladjunkt im magern Fracke
Und dann mit seinem Bettelsacke
Der kleine hinkende Johann.

Und alle sahn bei jedem Stoße
Behaglich an den Stamm hinauf,
Rückten die Bündelchen im Schoße
Und drängten lächelnd sich zuhauf;
Denn wie so hohler schlug der Regen,
So breiter warf dem Sturm entgegen
Der Baum die grünen Schirme auf.

Wie kämpfte er mit allen Gliedern,
Zu schützen, was sich ihm vertraut!
Wie freudig rauscht' er, zu erwidern
Den Glauben, der auf ihn gebaut!
Ich fühlte seltsam mich befangen;
Beschämt, mit hocherglühten Wangen,
Hab' in die Krone ich geschaut

Des Baums, der, keines Menschen Eigen,
Verloren in der Heide stand,
Nicht Früchte trug in seinen Zweigen,
Nicht Nahrung für des Herdes Brand;
Der nur auf Gottes Wink entsprossen
Dem fremden Haupte zum Genossen,
Dem Wandrer in der Steppe Sand.

Zur Freundin sah ich, sie herüber,
Wir dachten Gleiches wohl vielleicht,
Denn ihre Mienen waren trüber
Und ihre lieben Augen feucht.
Doch haben wir kein Wort gesprochen,
Vom Baum ein Zweiglein nur gebrochen
Und still die Hände uns gereicht.

Das Bild

I.

Sie stehn vor deinem Bild und schauen
In dein verschleiert Augenlicht,
Sie prüfen Lippe, Kinn und Brauen
Und sagen dann: »Du sei'st es nicht;
Zu klar die Stirn, zu voll die Wange,
Zu üppig in der Locken Hange,
Ein lieblich fremdes Angesicht.«

O wüßten sie es, wie ein treues
Gemüt die kleinsten Züge hegt,
Ein Zucken nur, ein flüchtig scheues,
Als Kleinod in die Seele legt;
Wie nur ein Wort, mit gleichem Klange
Gehaucht, dem Feinde selbst das bange,
Bewegte Herz entgegen trägt —

Sie würden besser mich begreifen,
Sehn deiner Locken dunkeln Hag
Sie mich mit leisem Finger streifen,
Als lüft' ich sie dem jungen Tag;
Den Flor mich breiten dicht und dichter,
Daß deiner Augen zarte Lichter
Kein Sonnenstaub verletzen mag.

Was fremd, dahin will ich nicht schauen,
Ich will nicht wissen, wo sie brennt,
Ob an der Lipp', ob an den Brauen,
Die Flamme, die dein Herz nicht kennt;

Ich will nur sehn in deine Augen,
Den einen reinen Blick nur saugen,
Der leise meinen Namen nennt.

Ihn, der wie Äther mich umflossen,
Als in der ernsten Abendzeit
Wir saßen Hand in Hand geschlossen
Und dachten Tod und Ewigkeit;
Ihn, der sich von der Sonne Schwinden
Heilig gewendet, mich zu finden,
Und lächelnd sprach: ich bin bereit.

II.

Und wär' es wahr auch, daß der Jahre Pflug
Dir Furchen in die klare Stirn getrieben,
Nicht so elastisch deiner Lippen Zug
Bezeichne mehr dein Zürnen und dein Lieben,
Wenn dichter auch die Hülle dich umschlingt,
Durch die der Strahl, der gottbeseelte, dringt:
Mir bist die immer Gleiche du geblieben.

Wenn minder stolz und edel die Gestalt,
Ich weiß in ihr die ungebeugte Seele;
Wenn es wie Nebel deinen Blick umwallt,
Ich weiß es, daß die Wolke Gluten hehle;
Und deiner weichen Stimme tiefrer Klang,
Verhallend, geisterhaft wie Wellensang,
Ich fühl' es, daß kein Liebeswort ihm fehle.

O Fluch des Alters, wenn das beßre Teil
Mit ihm dem Gottesbilde müßte weichen!
Wenn minder liebewarm ein Lächeln, weil
Der Kummer ihm gelassen seine Zeichen,

Ein Auge gütig nur, solange leicht
Und anmutsvoll die Träne ihm entschleicht,
Und ros'ge Wangen zücht'ger als die bleichen.

Und dennoch hält sie alle uns betört,
Die Form, die staubgeborne, wandelbare,
Scheint willig uns ein Ohr, das leise hört,
Kühn einer frischen Stimme Siegsfanfare;
Wir alle sehen nur des Pharus Licht,
Die Glut im Erdenschoße sehn wir nicht,
Und keiner denkt der Lampe am Altare.

III.

Ich weiß ein beßres Bild zu finden
Als jenes, das dir ferner weicht,
Wie tiefer deine Wurzeln gründen
Und reifer sich die Ähre neigt;
Ein beßres, als zu dessen Rahmen,
Wenn Jahre schwanden, Jahre kamen,
Man wie sein eigner Schatten schleicht.

Lausch' ich am Strande ob der lauen
Entschlafnen Flut mit scheuer Lust,
Wird unterm Flore dann, dem blauen,
Lebendig mir die ernste Rust,
Ich seh' am Grunde die Korallen,
Ich seh' der Fischlein goldig Wallen —
Und schaue tief in deine Brust.

Und wieder an der Grüfte Bogen
Seh' ich der Mauerflechte Stab
Mit tausend Ranken eingesogen
In des Gesteines Herz hinab,

Von Taue schwer die grünen Locken,
Leuchtwürmer in der Wimper Flocken —
Das ist dein Lieben übers Grab.

Und wenn an der Genesung Bronnen
— Im Saale tafeln Stern und Band —
Sich mittags kranke Bettler sonnen,
Begierig schlürfen überm Rand
Und emsig ihre Schalen schwenken —
Dann muß ich an dein Geben denken,
An deine warme, offne Hand.

O, jener Quell, der glüh und leise,
Ein Sprudel, deiner Brust entquillt,
Der nichts von Flocken weiß und Eise,
Mit Segen seine Steppe füllt,
Ihm kann nur gleichen, wessen Walten
Nie siechen kann und nie veralten,
Und die Natur nur ist dein Bild.

Silvesterabend

Am letzten Tage des Jahres,
Da dacht' ich, wie mancher tot,
Den ich bei seinem Beginne
Noch lustig gesehn und rot;
Wie mancher am Sargesbaume
Gelacht unterm laubigen Zelt,
Und wie vielleicht auch der meine
Zur Stunde schon sei gefällt.

Wer wird dann meiner gedenken,
Wenn ich nun gestorben bin?
Wohl wird man Tränen mir weihen,
Doch diese sind bald dahin;
Wird wohl man Lieder mir singen,
Doch diese verweht die Zeit;
Vielleicht einen Stein mir setzen,
Den bald der Winter verschneit.

Und wenn die Flocke zerronnen
Und kehrt der Nachtigall Schlag,
Dann blieb nur die heilige Messe
An meinem Gedächtnistag;
Nur auf zerrissenem Blatte
Ein Lied von flüchtigem Stift,
Und mir zu Häupten die Decke
Mit mooszerfressener Schrift.

Wohl hab' ich viele Bekannte,
Die gern mir öffnen ihr Haus;
Doch wenn die Türe geschlossen,
Dann schaut man nimmer hinaus;
Dann haben sie einen andern
An meiner Stelle erwählt,
Der ihnen singt meine Lieder
Und meine Geschichten erzählt.

Wohl hab' ich ehrliche Freunde,
Die greift es härter schon an;
Doch wenn die Kette zerrissen,
Man flickt sie, so gut man kann;
Zwei Tage blieben sie düster
— Sie meinten es ernst und treu —
Und gingen dann in die Oper
Am dritten Tage aufs neu.

Ich habe liebe Verwandte,
Die trugen im Herzen das Leid;
Allein wie dürfte verkümmern
Ein Leben, so vielen geweiht?
Sie haben sich eben bezwungen,
Für andere Pflichten geschont;
Doch schweben meine Züge
Zuweilen noch über den Mond.

Ich habe Brüder und Schwestern,
Da ging ins Leben der Stich,
Da sind viel Tränen geflossen
Und viele Seufzer um mich.
O, hätten sie einsam gestanden,
Ich lebte in ewigem Licht;
Nun haben sie meines vergessen
Um ihres Kindes Gesicht.

Ich hab', ich hab' eine Mutter,
Der kehr' ich im Traum bei Nacht,
Die kann das Auge nicht schließen,
Bis mein sie betend gedacht;
Die sieht mich in jedem Grabe,
Die hört mich im Rauschen des Hains —
O, vergessen kann eine Mutter
Von zwanzig Kindern nicht eins!

ERZÄHLENDE GEDICHTE

Das erste Gedicht

Auf meiner Heimat Grunde,
Da steht ein Zinnenbau,
Schaut finster in die Runde
Aus Wimpern schwer und grau;
An seiner Fenster Gittern
Wimmert des Kauzes Schrei,
Und drüber siehst du wittern
Den sonnentrunknen Weih.

Ein Wächter fest wie Klippen,
Von keinem Sturm bewegt,
Der in den harten Rippen
Gar manche Kugel trägt;
Ein Mahner auch, ein strenger,
Des Giebel grün und feucht
Mit spitzem Hut und Fänger
Des Hauses Geist besteigt.

Und sieht ihn das Gesinde
Am Fahnenschafte stehn,
Sich, wirbelnd vor dem Winde,
Mit leisem Schreie drehn,
Dann pocht im Schloßgemäuer
Gewiß die Totenuhr,
Oder ein tückisch Feuer
Frißt glimmend unterm Flur.

Wie hab' ich ihn umstrichen
Als Kind oft stundenlang,
Bin heimlich dann geschlichen
Den schwer verpönten Gang
Hinauf die Wendelstiege,
Die unterm Tritte bog,
Bis zu des Sturmes Wiege,
Zum Hahnenbalken hoch.

Und saß ich auf dem Balken
Im Dämmerstrahle falb,
Mich fühlend halb als Falken,
Als Mauereule halb,
Dann hab' ich aus dem Brodem
Den Geist zitiert mit Mut,
Ich, Hauch von seinem Odem
Und Blut von seinem Blut.

Doch als nun immer tiefer
Die Schlangenstiege sank,
Als schiefer stets und schiefer
Dräute die Stufenbank,
Da klomm' ich sonder Harren
Hinan den Zinnenring,
Und in des Daches Sparren
Barg ich ein heimlich Ding.

Das sollten Enkel finden,
Wenn einst der Turm zerbrach:
Es sollte etwas künden,
Das mir am Herzen lag.
Nun sinn' ich oft vergebens,
Was mich so tief bewegt,
Was mit Gefahr des Lebens
Ich in den Spalt gelegt?

Mir sagt ein Ahnden leise,
Er sei, gepflegt und glatt,
Von meinem Lorbeerreise
Das arme erste Blatt.
Auch daß es just gewittert,
Mir wie im Traume scheint,
Und daß ich sehr gezittert
Und bitterlich geweint.

Zerfallen am Gewände
Ist längst der Stiege Rund,
Kaum liegt noch vom Gelände
Ein morsches Brett am Grund;
Und wenn die Balken knarren,
Im Sturm die Fahne kreist,
Dann gleitet an den Sparren
Nicht mehr des Ahnen Geist.

Er mag nicht ferner hausen,
Wo aller Glaube schwand;
Ich aber stehe draußen
Und schau' hinauf die Wand,
Späh' durch der Sonne Lodern,
In welcher Ritze wohl
Es einsam mag vermodern,
Mein schüchtern arm Idol.

Nie sorgt' ein Falke schlechter
Für seine erste Brut!
Doch du, mein grauer Wächter,
Nimm es in deine Hut;
Und ist des Daches Schiene
Hinfürder nicht zu traun,
So laß die fromme Biene
Dran ihre Zelle baun!

Gastrecht

Ich war in einem schönen Haus
Und schien darin ein werter Gast;
Die Damen sahn wie Musen fast,
Sogar die Hunde geistreich aus.
Die Luft, von Ambraduft bewegt,
Schwamm wie zerfloßne Phantasie,
Und wenn ein Vorhang sich geregt,
Dann war sein Säuseln Poesie.

Wohl trat mir oft ein Schwindel nah,
Ich bin an Naphtha nicht gewöhnt,
Doch hat der Zauber mich versöhnt,
Und reiche Stunden lebt' ich da.
All, was man sagte, war so fein,
So aus der Menschenbrust seziert,
Der Schnitt so scharf und spiegelrein
Und so vortrefflich durchgeführt.

Da kam ein Tag, an dem man oft
Und leis von einem Gaste sprach,
Der, längst geladen, hintennach
Kam wie die Reue unverhofft.
Da ward am Fenster ausgeschaut,
Ein seltsam Lächeln im Gesicht:
Ich hätte Häuser drauf gebaut,
Der Fremde sei ein Musenlicht.

Und als er endlich angelangt,
Als alles ihm entgegenflog,
In den Salon ihn jubelnd zog,
Da hat mir ordentlich gebangt.
Doch schien ein schlichter Bursche nur
Mein Bruder in *hospitio;*
Vom Idealen keine Spur,
Nur frank, gesund und lebensfroh.

Drei Tage lebten wir nun flott,
Ganz wie im weiland Paradies,
Wo man die Engel sorgen ließ
Und geistreich sein den lieben Gott.
Des Gastes Auge hat geglüht,
Hat freundlich wie ein Stern geblinkt,
Und als er endlich trauernd schied,
Da ward ihm lange nachgewinkt.

O, unsre Wirte waren fein,
Gar feine Leute allzumal;
Schon sank die Dämmerung ins Tal,
Eh ihre Schonung nickte ein,
Und hier und dort ein Nadelstich,
Und schärfer dann ein Messerschnitt,
Und dann die Sonde säuberlich
In des Geschiednen Schwächen glitt.

O sichre Hand! O fester Arm!
O Sonde, leuchtend wie der Blitz!
Ich lehnte an des Gastes Sitz
Und fühlte sacht, ob er noch warm.
Und an das Fenster trat ich dann,
Nahm mir ein allbekanntes Buch
Und las, die Blicke ab und an
Versenkend in der Wolken Zug:

Einst vor dem Thron Mütassims, des Kalifen,
Beschwert mit Fesseln ein Verbrecher stand,
Dem, als vom Trunk betäubt die Wächter schliefen,
Des Herrschers eigne Hand den Dolch entwand.
Nur dunkel ward die Tat dem Volk bekannt;
Man flüsterte von nahen Blutes Sünden,
Von Freveln, die der Fürst nicht mög' ergründen.
Schwer traf die läss'gen Söldner das Gericht,
Wie es sie traf, die Sage kündet's nicht;
Nur dieses sagt sie: daß an jenem Tag
Ein schaudernd Schweigen über Bagdad lag,
Und daß, als man zum Spruch den Sünder führte,
Im weiten Saal sich keine Wimper rührte,
Und daß Mütassims Blick, zum Grund gewandt,
Die Blumen aus dem Teppich schier gebrannt.

Am Throne stand ein Becher mit Scherbet;
Den Gaum des Fürsten dörrten düstre Gluten,
Er fühlte seine Menschlichkeit verbluten
Am Stahle der bedräuten Majestät.
Wer gibt ihm seiner Nächte Schlaf zurück?
Wer seinen Mut zum Schaffen und zum Lieben?
Wer das Vertrauen auf sein altes Glück?
Dies alles stand in seinem Blick geschrieben.
Weh, weh, wenn er die Wimper heben wird!
Der Frevler zittert, daß die Fessel klirrt.
Als noch der Lohn ihm wässerte den Mund,
Ein kecker Fuchs, — und jetzt, ein feiger Hund,
Würd' er sich doppelten Verrats nicht schämen;
Doch sieht er deutlich, keiner will ihn nehmen,
Schaut zähneknirschend nur zum Fürsten auf,
Die Wimper zuckt! — da drängt ein Schrei sich auf,
Und wie im Strauch die kranke Schlange pfeift,
An innerm Krampfe will der Sklav ersticken.
O Allah, wird er sich dem Pfahl entrücken?

Und stürmisch der Kalif zum Becher greift,
Hält mit den eignen Händen den Scherbet
Ihm an die Lippen, bis der Krampf vergeht.
Die Farbe kehrt, der Sklave atmet tief;
Sein Auge, irr zuerst, dann fest und kühn,
Läßt lang er auf des Thrones Stufen glühn;
Dann spricht er ernst: »Lang lebe der Kalif!
Auf ihn hat sich Suleimans Geist gesenkt;
Ob er auch in gerechten Zornes Flamme
Zum Marterpfahle einen Gast verdamme,
Den aus dem eignen Becher er getränkt.«
Da ward Mütassim bleich vor innerer Qual,
Zittern sieht ihn sein Hof zum erstenmal;
Dann plötzlich ward sein Antlitz sonnenhell,
Und hochgetragnen Hauptes rief er: »Schnell
Die Fesseln ihm gelöst, ihr Sklaven! Frei
Entwandl' er, nur von seiner Schuld gedrückt!«
Doch zu dem Thron tritt der Wesir gebückt,
Spricht: »Fürst der Gläubigen, was soll geschehn,
Wenn er zum zweitenmal den Dolch gezückt?« —
»Allah kerim! Das, was geschrieben ist
Im Buch des Lebens, drin nur Allah liest;
Allein auf keinem Blatte kann es stehn.
Daß der Verbrecher keine Gnade fand,
Den der Kalif getränkt mit eigner Hand.«

Ich schloß das Buch und dachte nach,
An Türken — Christen — mancherlei;
Mir war ein wenig schwül und scheu,
Und sacht entschlüpft' ich dem Gemach
Wie schien der Blumen wilde Zier,
Wie labend mir die schlichte Welt!
Und auf dem Rückweg hab' ich mir
Die Pferde an der Post bestellt.

Der Nachtwandler

Siehst du das Ziegeldach am Hage dort?
Die Dämmerung sinkt, laß uns vorüber eilen.
Bald steigt der Vollmond an des Moores Bord,
Dann ist's nicht gut in dieser Nähe weilen;
Hier schwebt kein Spuk den Fichtengang hinauf,
Kein Räuber paßt in jenem Schuppen auf,
Ein Bürgerhaus, ein bürgerlich Beginnen,
Es wohnt ein Greis, es wohnen Diener drinnen.

Alt ist der Herr; wie alt, man weiß es kaum,
Er liebt es nicht, im Kirchenbuch zu deuten;
Ihm starb ein Weib vor langer Jahre Raum,
Und auch ein Kind, — das sind verschollne Zeiten;
Es heißt, er habe ihr den Arzt versagt,
Mit schlechter Kost sein krankes Kind geplagt;
Was sagt man nicht, um Leute zu verdammen,
Wo sich das Gold in Haufen drängt zusammen!

Einst war er arm, hat kümmerlich gezehrt,
Wohl kümmerlicher noch als andre eben;
Da, heißt es, hab' um eines Talers Wert
Er einen Leib dem Galgen übergeben.
Jung sei der Dieb gewesen, hungerbleich,
Und seine Mutter krank; wer glaubt es gleich?
Neid folgt dem Reichen; — sieh die Hütten drüben!
Dort wohnt die Not, sein ist ihr Gut geblieben.

Man kann ihn fleißig in der Kirche sehn,
Und seine Sitten durfte keiner rügen;
Doch seit des Körpers Kräfte ihm vergehn,
Muß übelem Gebrest der Greis erliegen;
So oft die Mondesscheibe füllt den Schein,
Hüllt er sich schlafend in das Leilach ein
Und klimmt vom Bett, das Kerzenstümpflein fachend,
Ein Diener folgt ihm, seinen Schritt bewachend.

Aus jener Hütte sieht der Fröhner ihn
Dann stundenlang am Fensterglase zählen,
Das Gold befeilen, Federstriche ziehn
Und plötzlich greifen, wie nach Diebeskehlen;
Dann ist auch wohl ein Schrei hinaus geschallt,
Als tue seiner Seele man Gewalt,
Bis ihm die Arme sinken wie verwittert
Und weiter er mit seinem Lämpchen zittert.

Sein nächster Gang ist jene Kammer, wo
Bei einem größern Lager steht ein kleines;
Dort wiegt er sich am Bettchen, so und so,
Als schüttl' er eine Flasche edlen Weines,
Und gießt und gießt, als würd' sie nimmer leer,
Und stopft und stopft wie Bissen mehr und mehr,
Und tastend scheint er einen Puls zu greifen,
Gebückt, als lausch' er schwachen Odems Pfeifen.

Und an dem andern Lager steht er dann,
Scheint tröpfelnd über Arzenei'n zu bücken;
Er breitet schwingend eine Decke an,
Und einen Schirm scheint er hinan zu rücken.
Im Hui hat er dann das Glas erreicht,
Das Fenster, wo sich fern der Galgen zeigt —
Der Diener springt, man hört ein dumpf Gewimmer —
Das Fenster klirrt — und dunkel ist das Zimmer.

Schreit' schneller, schneller! an der Scheibe dort,
Sieh, wie es leise glimmt und Funken zittert;
Nun zuckt ein blaues Flämmchen; fort, nur fort!
Mir ist, wie wenn die ganze Luft gewittert.
Schau nicht zurück! Verwegner, fluch' ihm nicht!
Laß ihn allein mit Gott und dem Gericht!
Meinst du, ein Fluch vergrößre seine Leiden?
O laß den Dieb am Galgen beneiden!

Das verlorene Paradies

Als noch das Paradies erschlossen war
Dem ersten sündelosen Menschenpaar,
Kein Gift die Viper kannte, keinen Dorn
Der Strauch, der Leu und Tiger keinen Zorn,
Noch fröhlich scholl der Nachtigallen Flöte;
Da schlief an jedem Abend Eva ein
An einem Rosenstrauche, und der Schein
Von ihrer unschuldsvollen Wangenröte
Spielt' lieblich um der Blume lichten Ball;
Denn damals waren weiß die Rosen all
Und dornenlos. — Umnickt vom duft'gen Kranz,
Der überm Haupte führte lichten Tanz,
Ruhte das erste Weib, Gedanken sinnend,
Die, Embryone, schon der Gottheit Siegel
Am Haupte trugen, schon im Keime minnend
Bewegten halberschloßne Seraphsflügel,
Sie lag, den Zweig an ihre Brust gedrückt,
Denn keine Blume wurde noch gepflückt,
Bis leise sich die Wimper niederließ
Und in die Träume schlich das Paradies;
O heilig war das Weib; wer sie gesehn,
Nicht denken hätt' er können, ob sie schön,
Nur daß sie rein wie Tau und Gottes Spiegel.
Die Ros' auch lächelt selig, doch wie lange?
Hüte dich vor der Schlange! —

Am grauen Horizonte murrend stand
Der ersten Donnerwolke düstrer Rand,

Am Rosenstrauche fiel die erste Träne,
Und drüben weint' der Nachtigall Gestöhne.
Wär' dies das Bild von gestern, dieser Leib
Verhüllt in Blätterschutz? Ein arges Weib!
Das Auge kündend ein verbotnes Wissen!
Wie scheint so heiß und hart des Mooses Kissen,
Wie dunsterfüllt des Paradieses Prangen,
Und wie so seltsam brennen ihre Wangen!
Fest hielt den vollen Rosenzweig sie, fest,
Wie der Versinkende die Binse preßt,
Oder sein Lieb ein glüh Verlangen.
Ob sie entschlief? — Wohl endlich hat die Nacht
Ihr Ruhe, bleiernschweren Schlaf gebracht;
Der Regenguß, er hat sie nicht erweckt,
Des Donners Rollen sie nicht aufgeschreckt,
Ihr Haar nur flatterte im Windestosen,
Und ihr am Busen zitterten die Rosen;
Wie eine Leiche lag sie schmerzlich mild,
Zum erstenmal im Schlaf des Todes Bild;
Und als am Morgen sie die Wimper hob
Und zuckend von der Brust die Zweige schob,
Da war all ihrer Wangen lichter Schein
Gezogen in der Blumen Rund hinein,
In glüher Sehnsucht alle aufgegangen,
Zum Kusse öffnend all' den üpp'gen Mund;
Und Eva kniete weinend, ihre Wangen
Entfärbt und ihre Brust von Dornen wund.

Der sterbende General

Er lag im dicht verhängten Saal,
Wo grau der Sonnenstrahl sich brach
Auf seinem Schmerzensbette lag
Der alte kranke General.
Genüber ihm am Spiegel hing
Echarpe, Orden, Feldherrnstab.
Still war die Luft, am Fenster ging
Langsam die Schildwach auf und ab.

Wie der verwitterte Soldat
So stumm die letzte Fehde kämpft!
Zwölf Stunden, seit zuletzt gedämpft
Um »Wasser« er, um »Wasser« bat.
An seinem Kissen beugten zwei,
Des einen Auge rotgeweint,
Des andern düster, fest und treu,
Ein Diener und ein alter Freund.

»Tritt seitwärts«, sprach der eine, »laß
Ihn seines Standes Ehren sehn! —
Den Vorhang weg, daß flatternd wehn
Die Bänder an dem Spiegelglas!«
Der Kranke schlug die Augen auf,
Man sah wohl, daß er ihn verstand;
Ein Blick, ein leuchtender, und drauf
Hat er sich düster abgewandt.

»Denkst du, mein alter Kamerad,
Der jubelnden Viktoria?
Wie flogen unsre Banner da
Durch der gemähten Feinde Saat!
Denkst du an unsres Prinzen Wort:
‚Man sieht es gleich, hier stand der Wart!'
Schnell, Konrad, nehmt die Decke fort,
Sein Odem wird so kurz und hart!«

Der Obrist lauscht, er murmelt sacht:
»Verkümmert wie ein welkes Blatt!
Das Dutzend Friedensjahre hat
Zum Kapuziner ihn gemacht. —
Wart! Wart! du hast so frisch und licht
So oft dem Tode dich gestellt,
Die Furcht, ich weiß es, kennst du nicht,
So stirb auch freudig wie ein Held!

»Stirb, wie ein Leue, adelig,
In seiner Brust das Bleigeschoß,
O stirb nicht, wie ein zahnlos Roß,
Das zappelt vor des Henkers Stich! —
— Ha, seinem Auge kehrt der Strahl! —
Stirb, alter Freund, stirb wie ein Mann!«
Der Kranke zuckt, zuckt noch einmal,
Und »Wasser, Wasser« stöhnt er dann.

Leer ist die Flasche. — »Wache dort,
He, Wache, du bist abgelöst!
Schau, wo ans Haus das Gitter stößt,
Lauf, Wache, lauf zum Borne fort! —
's ist auch ein grauer Knasterbart
Und strauchelt wie ein Dromedar —
Nur schnell, die Sohlen nicht gespart!
Was, alter Bursche, Tränen gar?«

»Mein Kommandant«, spricht der Ulan
Grimmig verschämt, »ich dachte nach,
Wie ich blessiert am Strauche lag,
Der General mir nebenan,
Und wie er mir die Flasche bot,
Selbst dürstend in dem Sonnenbrand,
Und sprach: ‚Du hast die schlimmste Not.'
Dran dacht ich nur, mein Kommandant!«

Der Kranke horcht, durch sein Gesicht
Zieht ein verwittert Lächeln, dann
Schaut fest den Veteran er an. —
Die Seele, der Viktoria nicht,
Nicht Fürstenwort gelöst den Fluch,
Auf einem Tropfen Menschlichkeit
Schwimmt mit dem letzten Atemzug
Sie lächelnd in die Ewigkeit.

VOLKSGLAUBEN IN DEN PYRENÄEN

I.

Silvesterfei

Der morsche Tag ist eingesunken;
Sein Auge gläsern, kalt und leer,
Barg keines Taues linden Funken
Für den gebräunten Eppich mehr.
Wie's draußen schauert! — längs der Wand
Ruschelt das Mäuslein unterm Halme,
Und langsam sprießt des Eises Palme
Am Scheibenrand.

In tiefer Nacht wem soll noch frommen
Am Sinne dort der Lampe Strahl?
Da schon des Herdes Scheit verglommen,
Welch späten Gastes harrt das Mahl?
Längst hat im Turme zu Escout
Die Glocke zwölfmal angeschlagen,
Und glitzernd sinkt der Himmelswagen
Dem Pole zu.

Durch jener Kammer dünne Barren
Ziehn Odemzüge, traumbeschwert,
Ein Ruck mitunter auch, ein Knarren,
Wenn sich im Bett der Schläfer kehrt;
Und nur ein leiser Husten wacht,
Kein Traum die Mutter hält befangen,
Sie kann nicht schlafen in der bangen
Silvesternacht.

Jetzt ist die Zeit, wo los' und schleichend
Die Fei sich durch die Ritze schlingt,
Mit langer Schlepp' den Estrich streichend
Das Schicksal in die Häuser bringt,
An ihrer Hand das Glück, Gewind'
Und Ros' im Lockenhaar, ein schlankes, —
Das Mißgeschick ein fieberkrankes,
Ein weinend Kind.

Und trifft sie alles recht zu Danke
Geordnet von der Frauen Hand,
Dann nippt vom Mahle wohl das schlanke
Und läßt auch wohl ein heimlich Pfand;
Doch sollt' ein Frevler lauschen, risch,
Im Hui, zerstoben ist die Szene,
Und scheidend fällt des Unglücks Träne
Auf Herd und Tisch.

O keine Bearnerin wird's wagen
Zu stehn am Astloch; lieber wird
Ein Tuch sie um die Augen schlagen,
Wenn durch den Spalt die Lampe flirrt.
Manon auch drückt die Wimper zu
Und zupft an der Gardinen Linnen;
Doch immer, immer läßt das Sinnen
Ihr keine Ruh'.

Ward glatt das Leilach auch gebreitet?
Hat hell der Becher auch geblinkt?
Ob jetzt das Glück zum Tische gleitet,
Ein Bröcklein nascht, ein Tröpflein trinkt?
Oft glaubt sie zarter Stimmen Hauch,
Verschämtes Trippeln oft zu hören,
Und dann am Brote leises Stören
Und Knuspern auch.

Sie horcht und horcht — das war ein Schlüpfen!
Doch nein — der Wind die Föhren schwellt,
Und das — am Flur ein schwaches Hüpfen,
Wie wenn zum Grund die Krume fällt!
»Eugène, was wirfst du dich umher,
Was soll denn das Gedehn' und Ziehen?
Mein Gott, wie ihm die Händchen glühen!
Er träumt so schwer.«

Sie rückt das Kind an ihrer Seiten,
Den Knaben, dicht zu sich heran,
Läßt durch sein Haar die Finger gleiten,
Es hangen Schweißes Tropfen dran;
Erschrocken öffnet sie das Aug',
Will nach dem Fensterglase schauen,
Da eben steigt das Morgengrauen,
Ein trüber Rauch.

Vom Lager fährt die Mutter, bebend
Hat sie der Lampe Docht gehellt,
Als sachte überm Leilach schwebend
Ein Efeublatt zu Boden fällt.
Das Glück! das ist des Glückes Spur!
Doch nein! — sie pflückt' es ja dem Kinde,
Und dort — nascht' an der Semmelrinde
Die Ratte nur.

Und wieder aus der Kammer stehlen
Sich Seufzer, halbbewußt Gestöhn;
»O Christ, was mag dem Knaben fehlen,
Eugène, wach auf, wach auf, Eugène!
Du lieber Gott, ist so geschwind,
Eh noch der Morgenstrahl entglommen,
Das Unglück mir ins Haus gekommen
Als krankes Kind!«

II.

Münzkraut

Der Frühling naht, es streicht der Star
Am Söller um sein altes Nest;
Schon sind die Täler sonnenklar,
Doch noch die Scholle hart und fest;
Nur wo der Strahl vom Felsen prallt,
Will mählich sich der Grund erweichen
Und schüchtern aus den Windeln schleichen
Der Gräser dichter lichter Wald.

Schau dort am Riff — man sieht es kaum —
So recht vom Sonnenbrand gekocht
Das kleine Beet, vier Schritte Raum,
Vom Schieferhange überjocht,
Nach Ost und Westen eingehegt,
Mit starken Planken abgeschlagen,
Als sollt' es Wunderblumen tragen,
Und sind nur Kräuter, was es trägt.

Und dort die Frau an Riffes Mitten,
Ach Gott, sie hat wohl viel gelitten!
Sie klimmt so schwer den Steig hinan,
Nun steht sie keuchend, löst das Mieder,
Nun sinkt sie an dem Beete nieder
Und faltet ihre Hände dann:

»Liebe Münze, du werter Stab,
Drauf meines Heilands Sohle stand,
Als ihm drüben im Morgenland
Sankt Battista die Taufe gab;

Heiliges Kraut, das aus seinem Leibe
Ward gesegnet mit Wunderkraft,
Hilf einer Witw', einem armen Weibe,
Das so sorglich um dich geschafft!

»Hier ist Brot, und hier ist Salz und Wein,
Sieh, ich leg's in deine Blätter mitten;
Woll' nicht zürnen, daß das Stück so klein,
Hab's von meinem Teile abgeschnitten;
Etwas wahrt' ich, Münze gnadenreich,
Schaffens halber nur, sonst gäb' ich's gleich.

»Mein Knab' ist krank, du weißt es wohl,
Ich kam ja schon zu sieben Malen,
Und gestern mußt' ich in Bregnoles
Den Trank für ihn so teuer zahlen.
Vier hab' ich, vier, daß Gott erbarm'!
Mit diesen Händen zu ernähren,
Und, sieh, so kann's nicht länger währen,
Denn täglich schwächer wird mein Arm.

»O Madonna, Madonna, meine gnädige Frau!
Ich hab' gefrevelt, nimm's nicht genau,
Ich hab' gesündigt wider Willen!
Nimm, o nimm mir nur kein Kind,
Will ihm gern den Hunger stillen,
Wär's mit Bettelbrot; nicht eins
Kann ich missen, von allen keins!

»Zweimal muß ich noch den Steig hinan,
Siebenmal bin ich nun hier gewesen.
Heil'ge Fraue von Embrun, wär' dann
Welk die Münze und mein Knab' genesen,
Gerne will ich dann an deinem Schrein
Meinen Treuring opfern, er ist klein,

»Nur von Silber, aber fleckenrein;
Denn ich hab' mit Ehren ihn getragen,
Darf vor Gott und Menschen mich nicht schämen;
Milde Fraue, laß mich nicht verzagen,
Liebe Dame, woll' ihn gütig nehmen,
Denk, er sei von Golde und Rubin,
Süße, heil'ge, werte Himmelskönigin!«

III.

Der Loup Garou

Brüderchen schläft, ihr Kinder, still!
Setzt euch ordentlich her zum Feuer!
Hört ihr der Eule wüst Geschrill?
Hu! im Walde ist's nicht geheuer;
Frommen Kindern geschieht kein Leid,
Drückt nur immer die Lippen zu!
Denn das böse, das lacht und schreit,
Holt die Eul' und der Loup Garou.

Wißt ihr, dort, wo das Naß vom Schiefer träuft
Und übern Weg 'ne andre Straße läuft,
Das nennt man Kreuzweg, und da geht er um,
Bald so, bald so, doch immer falsch und stumm
Und immer schielend; vor dem Auge steht
Das Weiße ihm, so hat er es verdreht.
Dran ist er kenntlich und am Kettenschleifen,
So trabt er, trabt, darf keinem Frommen nahn,
Die schlimmen Leute nur, die darf er greifen
Mit seinem langen, langen, langen Zahn. —

Schiebt das Reisig der Flamme ein,
Puh, wie die Funken knistern und stäuben!
Pierrot, was soll das Wackeln sein?
Mußt ein Weilchen du ruhig bleiben,
Gleich wird die Zeit dir jahrelang!
Laß doch den armen Hund in Ruh'!
Immer sind deine Händ' im Gang,
Denkst du denn nicht an den Loup Garou?

Vom reichen Kaufmann hab' ich euch erzählt,
Der seine dürft'gen Schuldner so gequält,
Und kam mit sieben Säcken von Bagnères,
Vier von Juwelen, drei von Golde schwer;
Wie er aus Geiz den schlimmen Führer nahm
Und ihm das Untier auf den Nacken kam.
Am Halse sah man noch der Krallen Spuren,
Die sieben Säcke hat es weggezuckt,
Und seine Börse auch, und seine Uhren,
Die hat es all zerbissen und verschluckt. —

Schließt die Tür, es brummt im Wald!
Als die Sonne sich heut verkrochen,
Lag das Wetter am Riff geballt,
Und nun hört man's sieden und kochen.
Ruhig, ruhig, du kleines Ding!
Hörst du? drunten im Stalle — hu!
Hörst du? Hörst du's? kling, klang, kling,
Schüttelt die Kette der Loup Garou.

Doch von dem Trunkenbolde wißt ihr nicht,
Dem in der kalten Weihnacht am Gesicht
Das Tier gefressen, daß am heil'gen Tag
Er wund und scheußlich überm Schneee lag.
Zog von der Schenke aus, in jeder Hand

'ne Flasche, die man auch noch beide fand.
Doch wo die Wangen sonst, da waren Knochen,
Und wo die Augen, blut'ge Höhlen nur;
Und wo der Schädel hier und da zerbrochen,
Da sah man deutlich auch der Zähne Spur.

Wie am Giebel es knarrt und kracht!
Caton, schau auf die Bühne droben —
Aber nimm mir die Lamp' in acht! —
Ob vor die Luke der Riegel geschoben.
Pierrot, Schlingel, das rutscht herab
Von der Bank, ohne Strümpf' und Schuh!
Willst du bleiben! Tapp, tipp, tapp,
Geht auf dem Söller der Loup Garou.

Und meine Mutter hat mir oft gesagt
Von einem tauben Manne, hochbetagt,
Fast hundertjährig, dem es noch geschehn
Als Kind, daß er das Scheuel hat gesehn,
Recht wie 'nen Hund, nur weiß wie Schnee und ganz
Verkehrt die Augen, eingeklemmt den Schwanz,
Und spannenlang die Zunge aus dem Schlunde;
So mit der Kette weg an Waldes Bord,
Dann wieder sah er ihn im Tobelgrunde
Und wieder sah er hin — da war es fort.

Hab' ich es nicht gedacht? Es schneit!
Ho, wie fliegen die Flocken am Fenster!
Heilige Frau von Embrun! wer heut
Draußen wandelt, braucht keine Gespenster;
Irrlicht ist ihm die Nebelsäul',
Führt ihn schwankend dem Abgrund zu,
Sturmes Flügel die Toteneul',
Und der Tobel sein Loup Garou.

IV.

Maisegen

Der Mai ist eingezogen,
Schon pflanzt er sein Panier
Am dunklen Himmelsbogen
Mit blanker Sterne Zier.
Die wilden Wasser brausen
Und rütteln aus den Klausen
Rellmaus und Murmeltier.

»Ob wohl das Gletschereis den Strom gedämmt?
Von mancher Hütte geht's auf schlimmen Wegen,
Der Sturm hat alle Firnen kahl gekämmt,
Und gestern wie aus Röhren schoß der Regen,
Adieu, Jeannette, nicht länger mich gehemmt!
Adieu, ich muß, es gilt den Maiensegen;
Wenn Vier es schlägt im Turme zu Escout,
Muß jeder Senne stehn am Pointe de Droux.«

Wie trunken schaun die Klippen,
Wie taumelnd in die Schlucht!
Als nickten sie, zu nippen
Vom Sturzbach auf der Flucht.
Da ist ein rasselnd Klingen,
Man hört die Schollen springen
Und brechen an der Bucht.

Auf allen Wegen ziehn Laternen um,
Und jedes Passes Echo wecken Schritte.
Habt acht, habt acht, die Nacht ist blind und stumm,
Die Schneeflut fraß an manches Blockes Kitte;

Habt acht, hört ihr des Bären tief Gebrumm?
Dort ist sein Lager an des Riffes Mitte;
Und dort die schiefe Klippenbank, fürwahr!
Sie hing schon los' am ersten Februar.

Nun sprießen blasse Rosen
Am Gletscherbord hervor,
Und mit der Dämmrung kosen
Will schon das Klippentor;
Schon schwimmen lichte Streifen,
Es lockt der Gemse Pfeifen
Den Blick zum Grat empor.

Verlöscht sind die Laternen, und im Kreis
Steht eine Hirtenschar auf breiter Platte,
Voran der Patriarch, wie Silber weiß
Hängt um sein tiefgebräunt Gesicht das glatte,
Gestrählte Haar, und alle beten leis,
Nach Osten schauend, wo das farbensatte
Rubingewölk mit glitzerndem Geroll
Die stolze Sonnenkugel bringen soll.

Da kommt sie aufgefahren,
In strenger Majestät,
Und von den Firnaltaren
Die Opferflamme weht:
Da sinken in der Runde
So Knie an Knie, dem Munde
Entströmt das Maigebet:

»Herr Gott, der an des Maien erstem Tag
Den Strahl begabt mit sonderlichem Segen,
Den sich der sünd'ge Mensch gewinnen mag
In der geweihten Stunde, allerwegen,

Segne die Alm, segne das Vieh im Hag
Mit Luft und Wasser, Sonnenschein und Regen,
Durch Sankt Anton den Siedel, Sankt Renee,
Martin von Tours und unsre Frau vom Schnee.

»Segne das Haus, das Mahl auf unserm Tisch,
Am Berg den Weinstock und die Frucht im Tale,
Segne die Jagd am Gletscher und den Fisch
Im See und das Getiere allzumale,
So uns zur Nahrung dient, und das Gebüsch,
So uns erwärmt, mit Tau und Sonnenstrahle,
Durch Sankt Anton den Siedel, Sankt Remy,
Sankt Paul und unsre Fraue von Clery.

»Wir schwören« — alle Hände stehn zugleich
Empor — »wir schwören, keinen Gast zu lassen
Von unserm Herd, eh sicher Weg und Steig,
Das Vieh zu schonen, keinen Feind zu hassen,
Den Quell zu ehren, Recht an arm und reich
Zu tun und mit der Treue nicht zu spaßen.
Das schwören wir beim Kreuze zu Autun
Und unsrer mächt'gen Fraue von Embrun.«

Da überm Kreise schweben,
Als wollten sie den Schwur
Zum Himmelstore heben,
Zwei Adler; auf die Flur
Senkt sich der Strahl vom Hange,
Und eine Demantschlange
Blitzt drunten der Adour.

Die Weiden sind verteilt, und wieder schallt
In jedem Passe schwerer Tritte Stampfen.
Voran, voran! die Firnenluft ist kalt
Und scheint die Lunge eisig zu umkrampfen.

Nur frisch voran — schon sehn sie überm Wald
Den Vogel ziehn, die Nebelsäule dampfen,
Und wo das Riff durchbricht ein Klippengang,
Summt etwas auf, wie ferner Glockenklang.

Da liegt das schleierlose
Gewäld in Sonnenruh,
Und, wie mit Sturmgetose
Dem Äthermeere zu,
Erfüllt des Tales Breite
Das Angelusgeläute
Vom Turme zu Escout.

V.

Höhlenfei

Siehst du drüben, am hohlen Baum,
Ins Geklüfte die Schatten steigen,
Überm Bord, ein blanker Saum,
Leises Quellengeriesel neigen?
Das ist die Eiche von Bagnères,
Das ist die Höhle Trou de fer,
Wo sie tags in der Spalten Raum,
Nächtlich wohnt in den surrenden Zweigen.

O, sie ist überalt, die Fei!
Laut Annalen, vor grauen Jahren,
Zwei Jahrhunderten oder drei,
Mußte sie seltsam sich gebaren:
Bald als Eule mit Uhuhu,
Bald als Katze und schwarze Kuh;
Auch als Wiesel, mit feinem Schrei,
Ist sie über die Kluft gefahren.

Aber, wenn jetzt im Mondenschein
Zarte Lichter den Grund betüpfen,
Sieht mitunter man am Gestein
Sie im schillernden Mantel hüpfen,
Hört ihr Stimmchen, Gesäusel gleich;
Aber nahst du, dann nickt der Zweig,
Und das Wasser wispert darein,
Und du siehst nur die Quelle schlüpfen.

Reich an Gold ist der Höhle Grund,
O wie Guinea und wie Bengalen!
Und man spricht vom bewachenden Hund,
Doch des melden nichts die Annalen;
Aber mancher, der wundersam,
Unbegreiflich zu Gelde kam,
Ließ, so kündet der Sage Mund,
Es am Baum von Bagnères sich zahlen,

Barg einen Beutel im Hohle breit,
Drin den neuen Liard bedächtig,
Recht in der sengenden Mittagszeit,
Die den Geistern wie mitternächtig,
Fand ihn abends mit Gold geschwellt —
O, kein Christ komme so zu Geld!
Falsch war Feiengold jederzeit,
Kurz das Leben, und Gott ist mächtig.

Einmal nur, daß mich des gedenkt,
Ist ein Mann an den Baum gegangen,
Hat seinen Sack hinein gesenkt,
Groß, eines Königes Schatz zu fangen;
's war ein Wucherer, war ein Filz,
Ein von Tränen geschwellter Pilz,
Nun, er hat sich zuletzt gehenkt —
Besser hätt' er schon da gehangen!

Hielt die Lippen so fest geklemmt,
— Denn Geflüster nur, mußt du wissen,
Das ist eben, was alles hemmt,
Lieber hätt' er die Zunge zerbissen; —
Barfuß kam er, auf schlechten Rat,
Und als da in die Scherb' er trat,
Hat er sich nur an den Baum gestemmt
Und den Schart aus der Wunde gerissen.

Doch als aus dem Gemoder scheu
Schlüpft 'ne Schlange ihm längs den Haaren,
Da ist endlich ein kleiner Schrei,
Nur ein winziger, ihm entfahren;
Und am Abend? — verschwunden war
Großer Sack und neuer Liard.
O verräterisch ist die Fei!
Und es wachen der Hölle Scharen.

VI.

Johannistau

Es ist die Zeit nun, wo den blauen Tag
Schon leiser weckt der Nachtigallen Schlag,
Wo schon die Taube in der Mittagsglut
Sich trunkner, müder breitet ob der Brut,
Wo abends, wenn das Sonnengold zergangen,
Verlorner Funke irrt, des Wurmes Schein,
An allen Ranken Blütenbüschel hangen,
Und Düfte ziehn in alle Kammern ein.

»Weck mich zur rechten Zeit, mein Kamerad,
Versäumen möcht' ich Sankt Johannis Bad

Um alles nicht; ich hab' das ganze Jahr
Darauf gehofft, wenn mir so elend war.
Jérôme, du mochtest immer gut es meinen,
Bist auch, wie ich, nur armer Leute Kind,
Doch hast du klare Augen und die Deinen,
Und ich bin eine Waise und halb blind!

»Hat schon der Hahn gekräht? ich hab's verfehlt;
Oft schlaf' ich fest, wenn mich der Schmerz gequält.
Ob schon die Dämmrung steigt? ich seh' es nicht,
Mir fährt's wie Spinneweben am Gesicht;
Doch dünkt mich, hör' im Stalle ich Gebimmel
Und Peitschenknall; was das für Fäden sind,
Die mir am Auge schwimmen? lieber Himmel,
Ich bin nicht halb, ich bin beinah schon blind!

»Hier ist der Steg am Anger, weiter will
Ich mich nicht wagen, hier ist alles still,
Und Tau genug für Kranke allzumal
Des ganzen Weilers, eh der Sonnenstrahl
Mit seinem scharfen Finger ihn gestrichen
Und aufgesogen ihn der Morgenwind;
Doch ist kein Zweiter wohl hierher geschlichen;
Denn, Gott sei Dank, nur wenige sind blind.

»Das ist ein Büschel — nein — doch das ist Gras,
Ich fühle meine Finger kalt und naß;
Johannes, heiliger Prophet, ich kam
In deinem werten Namen her und nahm
Von jenem Taue, den im Wüstenbrande
Die Wolke dir geträufelt, lau und lind,
Daß nicht dein Auge in dem heißen Sande,
Nicht dein gesegnet Auge werde blind.

»Gepredigt hast du in der Steppenglut —
So weißt du auch, wie harte Arbeit tut;
Doch arm und nicht der Arbeit fähig sein,
Das ist gewiß die allergrößte Pein.
Du hast ja kaum geruht in Mutterarmen,
Warst früh ein elternlos, verwaistes Kind,
Woll' eines armen Knaben dich erbarmen,
Der eine Waise ist, wie du, und blind!«

DENKBLÄTTER

An Philippa

Im Osten quillt das junge Licht,
Sein goldner Duft spielt auf den Wellen,
Und wie ein zartes Traumgesicht
Seh' ich ein fernes Segel schwellen;
O, könnte ich der Möwe gleich
Umkreisen es in lust'gen Ringen,
O, wäre mein der Lüfte Reich,
Mein junge, lebensfrische Schwingen!

Um dich, Philippa, spielt das Licht,
Dich hat der Morgenhauch umgeben,
Du bist ein liebes Traumgesicht
Am Horizont von meinem Leben;
Seh' deine Flagge ich so fern
Und träumerisch von Duft umflossen,
Vergessen möcht' ich dann so gern,
Daß sich mein Horizont geschlossen;

Vergessen, daß mein Abend kam,
Mein Licht verzittert Funk' an Funken,
Daß Zeit mir längst die Flagge nahm
Und meine Segel längst gesunken;
Doch können sie nicht jugendlich
Und frisch sich neben deinen breiten,
Philippa, lieben kann ich dich
Und segnend deine Fahrt geleiten.

An Frau Professor Arndts

Auf hohem Felsen lieg' ich hier,
Der Krankheit Nebel über mir,
Und unter mir der tiefe See
Mit seiner mächt'gen Klage Weh,
Mit seinem Jubel, seiner Lust,
Wenn buntgeschmückte Wimpel fliegen,
Mit seinem Dräu'n aus hohler Brust,
Wenn Sturm und Welle sich bekriegen.

Mir ist er gar ein trauter Freund,
Der mit mir lächelt, mit mir weint,
Ist, wenn er grünlich golden ruht,
Mir eine sanfte Zauberflut,
Aus deren tiefem, klarem Grund
Gestalten meines Lebens steigen,
Geliebte Augen, süßer Mund
Sich lächelnd, tröstend zu mir neigen.

Wie hab' ich schon so manche Nacht
Des Mondes Widerschein bewacht!
Die klare Bahn auf dunklem Grün,
Wo meiner Toten Schatten ziehn;
Wie manchen Tag den lichten Hang,
Bewegt von hüpfend leichten Schritten,
Auf dem mit leisem Geistergang
Meiner Lebend'gen Bilder glitten.

Und als dein Bild vorüberschwand,
Da streckte ich nach dir die Hand,
Und meiner Seele ward es weh,
Daß dir verborgen ihre Näh';
So nimm denn meine Lieder nun
Als liebesrote Flammenzungen,
Laß sie in deinem Busen ruhn
Und denk, ich hab' sie dir gesungen.

Das einzige Kind

»O schau, wie um ihr Wängelein
Ein träumendes Lächeln bebt,
Sieht sie nicht aus wie ein Engelein,
Das über der Krippe schwebt?

»Oft fürcht' ich, sie sei für die Welt zu gut,
Sprich, Liebe, sind wir wohl blind?
Ein wenig blind für das eigne Blut,
Unser liebendes, einziges Kind?«

Der Gatte fühlt den Meister und Herrn,
Gibt allen Mängeln ihr Recht,
Wie spielt er den Philosophen so gern,
Und wie gerät er ihm schlecht!

Nennt es ein Murmelchen anderen gleich,
Dran gar nichts zu loben ist,
Indes er streichelt die Löckchen reich
Und ihm die Fingerchen küßt.

Schloß Berg

Ein Nebelsee quillt rauchend aus der Aue,
Und duft'ge Wolken treiben durch den Raum,
Kaum graut ein Punkt im Osten noch, am Taue
Verlosch des Glühwurms kleine Lampe kaum;
Horch, leises, leises Zirpen unterm Dache
Verkündet, daß bereits die Schwalbe wache,
Und um manch Lager schwebt ein später Traum.

Die Stirn gelehnt an meines Fensters Scheiben,
Schau immer ich zur wolk'gen Flut hinein,
Und an die Wölkchen, die dort lichter treiben,
Mein Blick hängt unverwendet an dem Schein.
Ja! dort! dort wird nun bald die Sonne steigen,
Mir ungekannte Herrlichkeit zu zeigen;
Dort ladet mich der Schweizermorgen ein.

So steh' ich wirklich denn auf deinem Grunde,
Besungnes Land, von dem die Fremde schwärmt?
Du meines Lebens allerfrühste Kunde
Aus jener Zeit, die noch das Herz erwärmt,
Da Eine, nie vergessen, doch entschwunden,
So manche liebe hingeträumte Stunden
An allzu teuren Bildern sich gehärmt.

Wenn sie gemalt, wie malet das Verlangen
Die Felsenkuppen und den ew'gen Schnee,
Wenn um mein Ohr die Alpenglocken klangen,
Vor meinem Auge blitzte auf der See,

Von Schlosses Turm, mit zitterndem Vergnügen
Ich zahllos sah die blanken Dörfer liegen,
Der Königreiche vier von meiner Höh'.

Mich dünkt, noch seh' ich ihre milden Augen,
Die aufwärts schaun mit heiliger Gewalt,
Noch will mein Ohr die weichen Töne saugen,
Wenn echogleich sie am Klavier verhallt,
Und drunten, wo die lichten Pappeln wehen,
Noch glaub' ich ihrer Locken Wald zu sehen
Und ihre zarte, schwankende Gestalt.

Wohl war sie gut, wohl war sie klar und milde,
Wohl war sie allen wert, die sie gekannt!
Kein Schatten haftet an dem reinen Bilde,
Man tritt sich näher, wird sie nur genannt —
Und über Tal und Ströme schlingt aufs neue,
Um alles, was sie einst umfaßt mit Treue,
Aus ihrem Grabe sich ein festes Band.

Ihr, ruhend noch in dieser frühen Stunde,
Verehrter Freund und meine teuren Zween,
Emilie und Emma, unserm Bunde
Wohl mag Euch lächelnd sie zur Seite stehn.
Ich weiß es, denkend an geliebte Toten,
Habt Ihr der Fremden Eure Hand geboten,
Als hättet Ihr seit Jahren sie gesehn.

So bin ich unter Euer Dach getreten,
Wie eines Bruders Schwelle man berührt,
Eu'r gastlich Dach, wo frommer Treu im steten
Gefolge aller Segen wohl gebührt,
Wo Frieden wohnt — was kann man Laut'res sagen?
Mag Mailands Krone denn ein Andrer tragen,
Nebst seinem Zepter, das Ihr einst geführt.

Schlaft wohl, schlaft sanft! — indem ich steh' und lausche
Nach jedem Flöckchen, das dort rötlich weht;
Ist's nicht, als ob der Morgenwind schon rausche?
Wie's drüben wogt und rollt und um sich dreht!
Es breitet sich, es sinkt und überm Schaume,
Was steigt dort auf? — ein Bild aus kühnem Traume!
O Säntis, Säntis, deine Majestät!

Bist du es, dem ringsum die Lüfte zittern?
Du weißes Haupt mit deinem Klippenkranz,
Ich fühle deinen Blick die Brust erschüttern,
Wie überm Duft du riesig stehst im Glanz —
Ja, gleich der Arche über Wogengrimmen,
Seh' ich in weiter Wolkenflut dich schwimmen;
Im weiten, weiten Meere — einsam ganz.

Doch nein! — Dort blickt — dort taucht es aus den Wellen!
Cäsapiana hebt die Stirne bleich,
Dort taucht der Glärnisch auf, — dort seh' ich's schwellen —
Und Zack an Zack entragt der Flut zugleich!
O Säntis! wohl mit Recht trägst du die Krone,
Da sieben Fürsten stehn an deinem Throne,
Und unermeßlich ist dein luftig Reich.

Und sieh! Tirol auch sendet seine Zeichen,
Es blitzt dir seine kalten Grüße zu,
Welch' Hof ist wohl dem deinen zu vergleichen,
Mein grauer stolzer Wolkenkönig du!
Die Sonne steigt, schon Strahl auf Strahl sie sendet,
Wie's droben funkelt! wie's das Auge blendet!
Und drunten alles Dämmrung, alles Ruh'.

So sah ich, unter Märchen eingeschlafen,
Im Traume einst des Winterfürsten Haus,
Den Eispalast, wo seinen goldnen Schafen
Er täglich streut das Silberfutter aus.

Ja, in der Tat, sie sind hinabgezogen
Die goldnen Lämmchen, und am Himmelsbogen
Noch sieht man schimmern ihre Wolle kraus.

Doch schau! ist Ebbe in dies Meer getreten?
Es sinkt — es sinkt — und schwärzlich über'n Duft
Streckt das Gebirge schon, gleich Riesenbeeten,
Die waldbedeckten Kämme in die Luft;
Ha! Menschenwohnungen an allen Enden!
Fast glaub' ich, Gais zu sehn vor Fichtenwänden,
Versteckt nicht Weisbad jene Felsenkluft?

Und immer sinkt es, immer zahllos steigen
Ruinen, Schlösser, Städte an den Strand,
Schon will der Bodensee die Spiegel zeigen
Und wirft gedämpfte Schimmer übers Land,
Und jetzt verrinnt die letzte Nebelwelle, —
Da steht der Äther, perlenrein und helle!
Die Berge möcht' man greifen mit der Hand.

Wüßt' ich die tausend Punkte nur zu nennen,
Die drüben lauschen aus dem Waldrevier,
Mich dünkt, mit freiem Auge müßt' ich kennen
Den Sennen, tretend in die Hüttentür;
Ob meilenweit, nicht seltsam würd' ich's finden,
Säh' in die Schluchten ich den Jäger schwinden
Und auf der Klippe das verfolgte Tier.

So klar, ein stählern Band, die Thur sich windet,
Ja! wie ich lauschend steh' auf meiner Höh',
Ein einz'ger Blick mir zwölf Kantone bindet,
Wo drüben zitternd ruht der Bodensee;
Wo längs dem Strand die Wimpel lässig gleiten,
Vier Königreiche seh' ich dort sich breiten —
Erfüllt ist alles ohne Traum und Fee.

Mein freier stolzer Grund, dich möcht' ich nennen
Mein kaiserlich', mein königliches Land!
Das Höchste muß ich deinen Bergen gönnen,
Doch Liebres ich in deinen Tälern fand.
Was klinkt an meine Tür nach Geisterweise?
Horch! »Guten Morgen, Nette«, flüstert's leise,
Und meine Emma bietet mir die Hand.

An meine Mutter

So gern hätt' ich ein schönes Lied gemacht
Von deiner Liebe, deiner treuen Weise,
Die Gabe, die für andre immer wacht,
Hätt' ich so gern geweckt zu deinem Preise.

Doch wie ich auch gesonnen mehr und mehr,
Und wie ich auch die Reime mochte stellen,
Des Herzens Fluten wallten drüber her,
Zerstörten mir des Liedes zarte Wellen.

So nimm die einfach schlichte Gabe hin,
Von einfach ungeschmücktem Wort getragen,
Und meine ganze Seele nimm darin;
Wo man am meisten fühlt, weiß man nicht viel zu sagen.

An dieselbe

Zum Geburtstag (7. Mai)

Und ob der Maien stürmen will
Mit Regenguß und Hagelschlag,
Wie ein verspäteter April:
Er hat doch einen schönen Tag.

Hat einen Tag, der schlimme Mai,
Viel lieber als das ganze Jahr,
Und wo es schien mir einerlei,
Ob trüb der Himmel oder klar.

Es ist der Tag, an dem der Born
Von deines Lebens Quell entsprang,
Und meine Rose ohne Dorn
Und meiner Leier reinster Klang.

Und ist er trübe auch, ich fand
Mein Sträußlein doch im Wald und Ried
Und kann doch küssen deine Hand
Und sagen dir ein schlichtes Lied.

An Elise

Zum Geburtstage am 7. März 1845

Das war gewiß ein andrer März,
Ein Mond, den Blütenkränz' umhegten,
Als Engel dich, geliebtes Herz,
In deine erste Wiege legten;
Das war gewiß ein Tag so frei,
So frisch vom Sonnenstrahl umglommen!
Doch auch im Wintermantel sei
Er, wie der schönste, mir willkommen.

Mir ward ein schlimmrer Mond zuteil,
Um den kein Vogel je gesungen,
Nur Eiseszapfen blank und steil
Das kalte Diadem geschlungen;
Ach, anders wirken Schnee und Eis,
Und anders wohl der Sonnen Güte!
Ich steh', ein düstres Tannenreis,
Du eine zarte Veilchenblüte.

Doch fest zusammen, fest im Raum,
Gehalten in des Winters Stürmen,
Du schmücke mich zum Weihnachtsbaum,
Und ich will deine Blüte schirmen;
Dann muß uns, willig oder nicht,
Das Leben reiche Gaben zählen,
Und niemals wird das Himmelslicht,
Der Poesie Beleuchtung, fehlen.

An Kardinal Melchior Freiherr v. Diepenbrock

9. Mai 1845

Du, der ein Blatt von dieser schwachen Hand
Gewünscht, — von dieser, die nur guten Willen
Zu opfern hat in des Altares Brand,
Nur zitternd ihre Stelle weiß zu füllen:
Bete für sie, mein Bruder, daß, wenn naht
Die letzte ihr, die dunkelste der Stunden,
Kein Unkraut zeuge gegen ihre Saat —
Daß rein sie werde, wenn auch schwach, befunden.

Lebt wohl

Lebt wohl, es kann nicht anders sein!
Spannt flatternd eure Segel aus,
Laßt mich in meinem Schloß allein,
Im öden geisterhaften Haus.
Lebt wohl und nehmt mein Herz mit euch
Und meinen letzten Sonnenstrahl;
Er scheide, scheide nur sogleich,
Denn scheiden muß er doch einmal.

Laßt mich an meines Seees Bord,
Mich schaukelnd mit der Wellen Strich,
Allein mit meinem Zauberwort,
Dem Alpengeist und meinem Ich.

Verlassen, aber einsam nicht,
Erschüttert, aber nicht zerdrückt,
Solange noch das heil'ge Licht
Auf mich mit Liebesaugen blickt.

Solange mir der frische Wald
Aus jedem Blatt Gesänge rauscht,
Aus jeder Klippe, jedem Spalt
Befreundet mir der Elfe lauscht.

Solange noch der Arm sich frei
Und waltend mir zum Äther streckt
Und jedes wilden Geiers Schrei
In mir die wilde Muse weckt.

An Sophie, Frau v. Laserre

Wie ein Strom will Ferne scheiden
Unsres Lebens ernsten Weg,
Aber stille Jugendfreuden
Bauen einen leichten Steg.

Ach, was uns die Stirn umkränzte
An der Kindheit Weihaltar,
Dort das Leben uns durchglänzte,
Dort geliebt und teuer war:
Unsrer Jugend Liebeszeichen —
Was auf Erden mag ihm gleichen?

An Cornelia

Du ziehst von uns, und manche teure Stunde
Zieht fort mit dir in jenes ferne Land.
Wohl weiß ich es, daß in getreuem Bunde
Auch dort dir alle Herzen zugewandt.
Doch weiß ich auch, dir wird auf fremdem Grunde
Nicht fremd die treue, lang gekannte Hand —
Und liebend, wie wir dir die Arme breiten,
Wirst du zurück an unsre Herzen gleiten.

An meinen verehrten Freund, den Freiherrn v. Madroux, bei Übersendung der »Gedichte«

Als diese Lieder ich vereint
Zum Kranz in ferner Heimat paarte,
Da kannt' ich freilich nicht den Freund,
Den mir die Zukunft aufbewahrte;
Ich wußt' es nicht, daß manches Wort,
Das ich aus tiefer Brust gesungen,
Fand in der seinen den Akkord,
Der es harmonisch nachgeklungen.

Doch nun in ernster Gegenwart,
In freundlicher, doch fremder Zone
Mir seines Beifalls Freude ward
Und seiner Freundschaft Ehrenkrone;
Nun reich' ich gern die Lieder dar,
Was Flücht'ges drin, das sei vernichtet,
Was ritterlich, was gut und wahr,
Das sei, als hab' ich's dir gedichtet.

Die Mutter am Grabe

Du warst so hold und gut, so sanft und stille,
Mein frommes Kind, und sterben mußtest du!
Dein Geist, zu rein für diese Erdenhülle,
Flog wie ein Lichtstrahl seiner Heimat zu.
Wenn weinend wir an deinem Grabe stehen,
Ich und dein Vater, deine Liebsten hier,
Dann sehn wir nur des Grabes dunkle Tür
Und können deine Seligkeit nicht sehen.

O, könnten einmal meiner Mutter Blicke
Nur dringen durch den unbekannten Raum,
Dich sehn in deinem unschuldsvollen Glücke,
Und wär' es nur im Schlummer, nur im Traum,
Dann würd' ich ruhig auf die Stelle schauen,
Wo nun der Staub dem Staube sich gesellt;
Doch abgeschlossen bleibt die Geisterwelt,
Und nur der Glaube dringt in ihre Auen.

Wohl weiß ich es, daß über unsre Tränen
Du weit erhöht im lichten Glanze stehst,
Daß dir verständlich mein geheimstes Sehnen,
Du gern als Engel mir zur Seite gehst;
Wohl fühl' ich oft, wenn schaut mein Blick nach oben,
Mich aufgerichtet wie durch Gottes Hand,
Dann fühl' ich auch, es gibt ein geistig Band,
Und meines Kindes Hand hat mich erhoben.

Aus jenem Sterne, der so milde glühet,
Scheint wohl dein Blick in mein verweintes Aug'?
Und in der Luft, die kosend mich umziehet,
Will trösten mich vielleicht dein frommer Hauch?
Befreit von Fesseln, die uns drunten binden,
Begabt mit Kräften, die uns nicht verliehn,
Wohl mag dein Odem öfters mich umziehn,
Konstanze, kannst du mir es nicht verkünden?

Mich dünkt, in ihrem tiefen Gram zu sehen
Die Eltern, woran hing dein zärtlich Herz,
Zu wissen, sie verstehen nicht dein Wehen,
Mich dünkt, mein Kind, dies sei dir doch ein Schmerz;
Doch nein, vor deinen klaren Geisterblicken
Liegt hell und licht des Dornenpfades Ziel,
So scheint dir Menschenkummer wohl ein Spiel,
Und, was uns läutert, kann dich nur beglücken.

Wohl warst du fromm, dein Jenseits aufgeschlossen,
Dein Blick wie dringend durch des Grabes Tür.
Als ach, so bitter meine Tränen flossen
An deinem Bettchen sprachst du nicht zu mir:
»O Mutter, weine nicht, ich war ja immer
Gehorsam? Schon vom Tode fast umhüllt:
Ich komme in den Himmel, sprachst du mild,
Und Freude mischte sich in dein Gewimmer.«

Von meinen heißen Tränen überregnet,
Um meinen Segen batest du mich da:
»Du hast mich, Mutter, ja noch nie gesegnet,
Segne Konstanzen, segne mich, Mama!«
Dann: »alle sollt ihr in den Himmel kommen,
Ich bin bei euch, wenn ich gestorben bin.«
Und wie ein Hauch schwand deine Seele hin,
Zum Heimatland der Reinen und der Frommen.

Ich habe dich gesegnet unter Schmerzen,
Mit einem Kuß auf deine kalte Stirn,
Ich segnete dich mit gebrochnem Herzen,
Mit Todesangst im siedenden Gehirn;
So segne mich denn auch, du reines Leben,
O klarer Engel in der Himmelsau,
O, segne mich mit deiner Liebe Tau,
O, gib mir wieder, was ich dir gegeben.

Bei allen Bürden, allen Ehrenpflichten
Hauch' an mit deiner Milde und Geduld
Mein irdisch schwaches Herz, und laß sich richten
Mein irrend Auge zu der höchsten Huld;
Hilf pflegen mir in Lust wie Schmerzensbanden
Das große Bild der ernsten Ewigkeit;
Dann starb mein Kind für diese Spanne Zeit,
Allein ein Schutzgeist ist es mir erstanden.

An Luise

Zum 9. April

Mit Sonnenschein und Veilchenblüte
Kommt heut dein Wiegenfest.
Wie sich der Frühling hold bemühte,
Wie er dich grüßen läßt!

Du selbst bist wie die Veilchenblüte;
Voll duft'ger Innigkeit
Ruht dir verborgen im Gemüte
Des Frühlings Seligkeit.

Die Poesie der Veilchenblüte,
Des Frühlings Weh und Lust,
Was uns in Sehnsuchtsschmerz durchglühte,
Es löst sich unbewußt

Bei Wiederkehr der Veilchenblüte,
Die keine Dornen scheut,
Die gleich wie deine Seelengüte
Das wunde Herz erfreut.

Ein Opferduft ist Veilchenblüte,
Wie längst begrabner Schmerz —
Ein Freudennachhall — o, behüte
Ihn wehmutsvoll, mein Herz!

Luise, liebe Veilchenblüte,
Bleib unverwelklich mir
Verarmten eine Veilchenblüte,
Mein Trost, mein Herzblatt hier!

An Ludowine

1820

Was ist mehr denn Schmuck und Kleid?
»Ein g'sunder Leib, so's in Freuden treit.«
Was ist mehr denn Gold so wert?
»Ein frei Gemüt, so des nit entbehrt.«
Was ist mehr denn Kron' und Grund?
»Ein klug Gemüt, so des brauchen kunnt.«
Was ist mehr, denn glückselig sein?
»Ein fein Gemüt, so des wert allein.«

An Joseph v. Laßberg

Zum Geburtstage am 10. April 1848

Grad heute, wo ich gar zu gern
Dir hätt' ein herzlich Wort gesagt,
Grad heute hat mein böser Stern
Mit argem Husten mich geplagt;
Doch wär' ich wohl hinaufgeklommen,
Wär' nicht mein Schwesterlein gekommen
Und hätt' es ernst mir untersagt.

Was send' ich meinem Gruße nach?
Ein buntes Glöckchen, arm und klein;
Wohl ist sein Stimmchen zart und schwach,
Doch ist es silberhell und rein;
Und wo du läßt es klingend rauschen,
Da wird das Ohr der Liebe lauschen,
Und, glaub' es mir, das hört gar fein!

Letzte Worte

Geliebte, wenn mein Geist geschieden,
So weint mir keine Träne nach;
Denn, wo ich weile, dort ist Frieden,
Dort leuchtet mir ein ew'ger Tag!

Wo aller Erdengram verschwunden,
Soll euer Bild mir nicht vergehn,
Und Linderung für eure Wunden,
Für euern Schmerz will ich erflehn.

Weht nächtlich seine Seraphsflügel
Der Friede übers Weltenreich,
So denkt nicht mehr an meinen Hügel,
Denn von den Sternen grüß' ich euch!

KLÄNGE AUS DEM ORIENT

Der Barmekiden Untergang

Reiche mir die Blutorange
Mit dem süßen Zauberdufte,
Sie, die von den schönsten Lippen
Ihre Nahrung hat geraubt.

Sagt' ich es nicht, o Maimuna,
Flehend, händeringend, knieend
Sagt' ich es zu sieben Malen,
Nicht zu tausend Malen dir?

»Laß, o Fürstin, diese Liebe,
Laß von dieser dunklen Liebe,
Dir die ganze Brust versengend,
Unheil bringend und Gefahr!

»Daß nicht merk' es der Kalife,
Er, der zornbereite Bruder,
Nicht den Dschafer dir verderbe
Deinen hohen Barmekiden,
Nicht den Dschafer dir verderbe,
Und dich selber, Fürstin, auch!«

Doch was ist die weise Rede
In dem liebentglühten Herzen?
Wie das Winseln eines Kindleins
In der wutentbrannten Schlacht,

Wie ein linder Nebeltropfen
In dem flammenden Gebäude,
Wie ein Licht, vom Borde taumelnd
In den dunklen Ozean.

In der Tänzerin Gewande
Schmiegen sich der Fürstin Glieder,
Um die Schultern Seide flattert,
In dem Arm die Zither liegt.

O, wie windet sie die Arme,
Hoch das Tamburin erschwingend!
O, wie wogen ihre Schritte,
Ihre reizerblühten Glieder,
Daß der Barmekide glühend
Seine dunklen Augen birgt!

Sieben Jahre sind verschwunden,
Sieben wonnevolle Jahre,
Zu den sieben drei und fünfe,
Und in den Gebirgen irrend
Zieht der Barmekiden Schar.

Mütter auf den Dromedaren,
Blind geweint die schönen Augen,
In den Armen Kindlein, wimmernd
In die lagerlose Nacht.

Über Bagdads Tor ein Geier,
Kreisend über Dschafers Schädel,
Rauscht hinan und rauscht vorüber,
Hat zur Nahrung nichts gefunden,
Als in seiner Augen Höhlen
Nur zwei kleine Spinnlein noch.

Bajazeth

Der Löwe und der Leopard,
Die singen Wettgesänge,
Glutsäulen heben Wettlauf an,
Und der Samum ihr Herold.
  O Sonne, birg die Strahlen!

Was schleicht dort durch den gelben Sand,
Ist es ein wunder Schakal?
Ist es ein großer Vogel wohl,
Ein schwergetroffner Ibis?
  O Sonne, birg die Strahlen!

Ein wunder Schakal ist es nicht,
Kein schwergetroffner Vogel,
Es ist der mächt'ge Bajazeth,
Der Reichste in Kairo,
Er, der die dreizehn Segel hat,
Die reichbeladnen Schiffe,
Auf seiner Achsel liegt der Schlauch,
Der Stab in seiner Rechten.
  O Sonne, birg die Strahlen!

»Weh dir, du unglücksel'ges Gold,
Verräterisches Silber!
Und weh dir, Hassan, falscher Freund,
Du ungetreuer Diener!

Nahmst in der Nacht die Zelte mir
Und nahmst mir die Kamele.«
O Sonne, birg die Strahlen!

»Wie einen Leichnam ließest mich,
Wie Mumien, verdorrte,
Wie ein verschmachtetes Kamel,
Wie ein Getier der Wüste!
Und gab dir doch das reiche Gut,
Die zwanzigtausend Kori!«
O Sonne, birg die Strahlen!

»So fluch' ich denn zu sieben Mal,
Und tausendmal verfluch' ich:
Daß dich verschlingen mag das Meer,
Dein brennend Haus dich töten!
Daß breche dein Gebein der Leu,
Dein Blut der Tiger lecke,
Der Beduine plündre dich,
Preis gebe dich der Wüste,
Daß in dem Sande du versiechst,
Verschmachtend, hülflos, irrend!«
O Sonne, birg die Strahlen!

O Nacht!

O Nacht, du goldgesticktes Zelt!
O Mond, du Silberlampe!
Daß du die ganze Welt umhüllst,
Und die du allen leuchtest.

Wo birgt in deinen Falten sich
Die allerreinste Perle?
Wo widerstrahlt dein träumend Licht
Im allerklarsten Spiegel?

O breite siebenfach um sie
Das schützende Gewinde,
Daß nicht der Jüngling sie erschau,
Auflodere in Flammen —;
Daß kein verblühend Weib sie trifft
Mit unheilvollem Auge,

Und, milde Lampe, schauend tief
In ihres Spiegels Klarheit,
Erblicktest du ein Bild darin?
Und war es, ach, das meine? —

Gesegnet

Wer bist du doch, o Mädchen,
Du mit dem schwarzen Schleier,
Und mit dem schwarzen Sklaven,
Der weißen Sklavin du?

Wie Sterne deine Augen
Durch deines Schleiers Nächte,
Dein Gang wie der Gazelle,
Wie Palme die Gestalt.

Gesegnet sind die Wellen
Des Bades, die dich kühlen,
Gesegnet die Gewänder,
Umschließend deine Huld.

Und siebenfach gesegnet
Der Sklave, dem du winkest,
Der deinen Tritten lauschet,
Der deine Stimme hört.

Und tausendfach gesegnet
Die Sklavin, der du lächelst,
An ihre Schulter lehnend
Dein unverschleiert Haupt.

Der Fischer

Wehe dem kleinen Fischerssohn,
Des Vater fischen gegangen;
An den Strand läuft er täglich hinaus,
Am Morgen, am Abend nicht minder;
»Kehre, Vater, kehre zurück
Und bringe die guten Fische!
Kleider reiche, Sandalen auch
Und rede freundliche Worte!
Denn die Mutter in Grämen ist stumm,
Und der Gläub'ger nahm die Gewande!«

Der Kaufmann

Unglückselig der Kaufmann ist
Und ganz von Sorgen befangen;
An den Wolken hängt sein Blick,
Am Flaume mißt er die Winde.
Aber selig des Räubers Los,
Und herrlich lebt der Pirate,
Der die Meere Gespielen nennt,
Die Windsbraut seine Geliebte;
Lachend sieht er die Schiffe ziehn,
Die aller Güter beraubten:
»Fahret wohl, grüßt den Kaufmann mir,
Der am Flaume gemessen die Winde!«

Das Kind

Wär' ich ein Kind, ein Knäblein klein,
Ein armes, schwaches, geliebtes,
Daß die Mutter mich wiegte ein
Und süße Lieder mir sänge!
Blumen brächten die Sklavinnen auch,
Mit dem Wedel wehrten die Fliegen;
Aber Zillah, mich küssend, spräch':
»Gesegnet, mein süßes Knäbchen!«

Der Greis

Allah! laß des Greises Los
Mich nicht, des Greises, erleben!
Aus dem Haupte das Haar ihm fällt
Und des Bartes köstliche Zierde.
Ach, und Zillahs liebe Gestalt
Und Zillahs schwebende Stimme,
Kalt und fühllos stößt er's zurück,
Wie das Riff der Nachtigall Töne.

Geplagt

Weh dem Knaben, der zwei Herrinnen hat!
Verloren ist er, verloren!
Ruft die Stimme und ruft sie dort:
»Komm, binde mir die Sandalen!
Gib' den Schleier! — Nun eile fort,
Vom Markte Narde zu holen!«
Durch die Menge irrt er umher
Wie ein armer verscheuchter Vogel,
Wie ein armes zerrißnes Gewand,
Geflickt von tausend Händen.
Wehe dem Knaben, der zwei Herrinnen hat!
Verloren ist er, verloren!

Getreu

So du mir tätest auch Schmach und Hohn,
Nicht wollt' ich es klagen den Kindern,
Und schlügst du mir ab die rechte Hand,
Noch wollt' ich die Linke dir bieten;
So aber du nähmst das unselige Haupt,
Noch wollt' ich warnend dir rufen:
»Fernab, fernab stell', o Pascha, dich,
Daß nicht mein Blut dich besprenge;
Denn unschuldiges Blut, wen es trifft,
Der fällt in schnelles Verderben.«

Süß

Auf den Gassen der Gärtner rief:
Kauft Trauben, kaufet die Trauben!
Aber im Herzen die Furcht ihm wohnt,
Es möchte sie keiner begehren;
Sauer waren und trocken sie,
Sie hatte Meltau getötet.
Naht ihm Hassan: »Mein Gärtner, sprich,
Was willst du für deine Trauben?«
»Nimm, o Herr, und koste sie,
Und habe meiner Erbarmen!«
»O wie köstlich, mein Gärtner, nimm
Und möge Allah dich segnen!«
Abend naht und der andre Tag:
»Weh mir, wie bin ich betrogen!
Hat mir gestern Zuleimas Kuß
Denn also versüßet die Lippen?«

Freundlich

Und als ich nun gen Balsora kam,
Da rief die Stimme vom Gitter:
»Bist du es, Hassan, geliebter Freund?
Komm herein, daß ich dich umfange,
Daß ich die Füße dir waschen mag
Und mag die Stirne dir salben.«
Und als ich kam nach Mekka, der heiligen Stadt,
Da grüßten mich viele Stimmen;
»Nicht bin ich Hassan, und Jener nicht,
Doch halt' ich Allahs Gebote;
Drum hat er gesegnet das Antlitz mir,
Daß ich Jegliches Freund ihm erscheine.«

Verliebt

Schilt mich nicht, du strenger Meister,
Daß im Diwan ich geträumet
Und bei des Muezzins Rufen,
Ach, nach Mittag stand gewendet.
Wisse, als ich kam vom Bade,
Als ich heimging aus den Gärten,
Schlüpfte Zillah mir vorüber,
Und den Schleier hob sie schalkhaft.

Verliebt

Mutter, löse die Spangen mir!
Mich hat ein Fieber befallen.
Denn das Fenster ließest du auf,
Das immer sorglich verhängte;
Und im Garten ich Mädchen sah,
Die warfen Ringe im Kreise,
Flatternd selber, ein Blütenschnee,
Vom leichten Winde getragen.
Immer flöten nun Stimmen mir,
Und immer Spiegel mir flirren;
Blind geworden bin ich schon ganz,
Taub werd' ich nächstens werden.
Mutter, löse die Spangen mir!
Mich hat ein Fieber befallen.

Bezaubernd

Und wenn sie vorüber am Fenster geht,
Und fällt ihr Schatten auf die Gasse,
Da stehn die Jünglinge sinnberaubt
Und wissen nicht, was sie beginnen;
Doch in die Moschee die Derwische fliehn,
Rufend: »Allah! errett' uns!
Denn dein Feuer vom Himmel fiel,
Und mögen ihm nimmer entrinnen.«

Verhenkert

Wie du gehst und wie du stehst,
Und was du sprichst und beginnest,
Giftge Pfeile die Worte sind,
Wie Nattern deine Gebärden,
An dem Pfahle, da ist dein Platz
Und auf der luftigen Spindel,
Wo der Rabe dich grüßen mag,
Der ungesättigte Vogel.

Verteufelt

Naht, o naht dem Gewande nicht
Des toten Hundes, des Giauren,
Der erschlagen den Muselmann
An Mekkas heiliger Pforte!
Nehmt auch die kleinen Kinder fort,
Daß sie es nimmer erschauen;
Denn die Dschinnen hauchten's an
Und Iblis, der dreimal Verruchte.

Verflucht

Was schäumt das Meer? Was wälzt es sich
Und bäumt an das Gestade?
Ist's Strömung, was da drunten wühlt?
Ist's unterirdisch Feuer?
Nicht Strömung ist es, was da wühlt,
Nicht unterirdisch Feuer,
Ein Leichnam fiel in seinen Schoß,
Ein siebenmal verfluchter,
Des Kaufmanns, der um schnödes Gold
Erschlug den eignen Bruder.

Herrlich

Und wenn er aus der Pforte tritt
Und weht sein Mantel über die Gasse,
Dann stehn die Männer, das Haupt geneigt,
Sprechend: Wo sind deine Vasallen? —
Und die Witwen und Waisen knieend schrein:
Hilf uns, du mächt'ger Gebieter!

Unaussprechlich

Die Nachtigall in den Kampf sich gab
Mit der Lerche, der schwebenden Stimme,
Daß ihre Reize besängen sie
Und all ihre süße Gebärde;
Doch die Nachtigallen reihten sich
Und die Lerchen, wie Perlenschnüre,
All' lagen sie tot in Gras und Strauch,
Verhaucht im süßen Gesange.

Unbeschreiblich

Dreitausend Schreiber auf Teppichen saßen
Und rührten den Bart mit der Feder;
Sie schrieben, schrieben so manchen Tag,
Daß grau geworden die Bärte,
Daß trüb geworden die Augen längst
Und längst erkrummet die Finger;
Wer aber, was sie geschrieben, liest
Und liest das, was sie geschrieben,
Der spricht: Ist es ein Schatten wohl?
Oder ist es der Schatten des Schattens?

Unerhört

Der Ossa sprach zum Pelion:
»Was ist für ein Klang in den Lüften?
Singt wohl die sterbende Nachtigall?
Oder eine verstoßene Huri?
Zehnmal fielen meine Zedern hin,
Und meine Felsen zerbröckeln;
Sechstausend Jahre machten mich grau
Und sechzigtausend Stunden;
Doch nie drang solch ein Laut zu mir
Vom Tal oder aus der Höhe.« —
Eine Mutter am Hange steht,
Die weint ihr einzig Söhnlein.

Englisch

Auf seinem Throne Allah saß
Unter Asch, dem strahlenden Zelte,
Vor ihm stand Eloakim
Und schwang die mächtigen Flügel,
Fernhin war der Engel Schar
Durch dreißigtausend Himmel.
Sprach er: »Einer von allen fehlt,
Und sonst fehlt keiner von allen;
Doch der auf Erden wandelnd geht
In Medina, der heiligen Stätte,
In einer Jungfrau klarer Gestalt
Vom schwarzen Schleier umflattert.«

Unzählbar

Und all' rings die Weisen rief er herbei,
Die hatten gezählt die Sterne.
Auf roten Teppichen saßen sie
Und hielten die weiße Feder.
Des Honigs auch tranken sie einen Teil,
Daß sauber würde die Kehle;
Ringsum die weißen Gräber stehn,
Drin schlafen die stillen Weisen.
Der Speise ein' Zahl verzehrten sie,
Und eine Unzahl der Getränke,
Doch was sie gezählt in all der Zeit
Von der Zahl, die sie sollen zählen,
Ist wie des ärmsten Bettlers Gemach
In Byzanz, der größten der Städte.

Herzlich

Alle meine Rede und jegliches Wort
Und jeder Druck meiner Hände.
Und meiner Augen kosender Blick,
Und alles, was ich geschrieben:
Das ist kein Hauch und ist keine Luft,
Und ist kein Zucken der Finger,
Das ist meines Herzens flammendes Blut,
Das dringt hervor durch tausend Tore.

NACHWORT

Zum Ruhm dieser Gedichte braucht nichts mehr getan zu werden. Aber es wäre doch ein fragwürdiges Unternehmen, sie wieder vorzulegen, wenn wir nicht die Hoffnung haben dürften, daß wir sie uns in einem besonderen Sinne als lebendiges Eigentum erschließen können. Die Zeitgenossen der Dichterin hatten es nicht leicht, ihre Sprache zu verstehen, zu würdigen; uns ist die Kühnheit und Eigenart ihrer Prägungen wohl nicht mehr fremd, aber die Lebensstimmung und Naturerfahrung, die ganze stille, gehaltene Wucht dieser Aussage fordern vom Aufnehmenden eine Haltung, zu der wir uns kaum mehr entschließen wollen. Diese Gedichte reden aus einer großen Stille: das ist es ja gerade, was sie zu sagen haben: wie vernehmlich die Stille ist und wie überreich an geheimnisvollen Lauten eine durchwachte Nacht, welche Geheimnisse sich entsiegeln in der Gewitterschwüle, eh die Wolken zusammenstoßen, welche Lichter spielen in der Dämmerung, zwischen den Zeiten, wie unheimlich das verborgene Leben ist, das Weben der Mächte und Bilder über der Heide, wie beglückend das Unsichtbare — etwa der Duft der nicht gesehenen Heiderose —, wie dicht wir an der Grenze sind, die Tag und Nacht scheidet, wie die Toten zu uns herandrängen und unter uns sind, wie die Vergangenheit der Menschheit, der Erde schwillt und uns überdeckt, welche Versuchung ist im Hinschwinden, Versinken, Verdämmern, in der stummen Hingabe an das Unsägliche.

Diese ganze große Wirklichkeit verschweigen, vertreiben wir von Tag zu Tag, aber sie ist da, und einmal wird sie uns überraschen. Die Nacht kommt, die wir durchwachen müssen — und wir sind so arm geworden, daß wir ihre Zeichen nicht verstehen; die Erinnerung überfällt uns einmal doch und macht uns untauglich für unser bisheriges Leben und all die Pflichten, in die wir uns geflüchtet haben; wir spüren im Wetterschein, im fahlen Abendlicht eine Mahnung, die uns aus allem Bekannten, Vertrauten herausruft; in unserem Leben ist ein Schmerz begraben — von uns selber vielleicht bewußt begraben worden —, um all das, was wir vergeudet, was wir uns selber verdorben haben, und nun schlägt die Stunde dieses Schmerzes, und wir wären ohne Trost und Hilfe ohne das Gedicht. Wir gingen immer an den Toten vorüber, aber unversehens kommen wir auf unserem Wege an das »öde Haus«, in dem ein Toter lebt, so furchtbar nah, wie uns die Lebenden nicht sind. Dies alles ist wahr; die Wesen und Dinge, unsere eigenen Erfahrungen geben der Dichterin Recht, auch darin, daß eine große Gefahr in dieser zweiten Wirklichkeit und in der Hingabe an sie ist, eine Art von Todesverlockung, vom Glück der Abseitigkeit des Hinaus- und Hinunterwollens, des Nicht-mehr-dazu-Gehörens, welcher Gefahr wir in dem einmal betretenen Zwischenreich nicht leicht widerstehen.

Und doch will dieses Zwischenreich gewußt und bewältigt werden. Alle Brechungen des Lichtes sind ja ein unveräußerlicher Teil unseres Erbes an Welterfahrung, Weltbesitz. Es war die Sendung der Droste, in die Einsamkeit dieses ihres Landes zu gehen, zu schweigen und zu warten, die Stunden vor dem Gewitter zu ertragen, da in fast unerträglicher Spannung das Stumme spricht, das Sichtbare zwei Gesichter trägt; ihr war es auferlegt, Teich und Schilf zu fühlen und das Leben der Wasserfäden, die sich in das Herz des Teiches bohren; zu spüren, daß die Muschel »sich dehnt«, des Dunkels feinen Regen und des Äthers fieberhaftes Brennen und Siechen zu empfinden; sie sah sich selber wie Schaum zergehen und die Distel aus ihrem Grabe quillen: sie durfte und mußte die Toten wirklich »ihre Toten« nennen, weil sie in ihr lebten und atmeten, dem andern, gewaltigen Leben der Räume ähnlich, von dem Hebbel sagte, daß es das seine verdränge. An der äußersten Grenze hielt sie aus, wartete sie Nacht für Nacht und lernte die Zeichen des Hinüberfließens, Herüberkommens verstehen und deuten; diesen Erfahrungen rang sie eine Sprache ab, die ihr für immer gehört. Wie es heißt, daß ihre Pupillen schimmerten durch die geschlossenen Lider, so könnte von der Welt gesagt werden, die sie gestaltet hat, daß diese Welt blickt aus geschlossenen Augen; alles ist doppelt, hintergründig, die Zeiten fließen zusammen, die Toten überwinden die Lebenden, und doch ist die Wirklichkeit gerade deshalb zwiegesichtig, weil sie unheimlich scharf gesehen ist, mit all ihren verborgenen Merkmalen und höchste Bildkraft, eine männlich wählende formende Hand die entscheidenden Züge herausgreift, festhält. Das ganz Wirkliche, das Unerbittliche ist auch das Geheimnis; wer sähe die Krähe nicht im Sande:

»Die hat sich ausgestreckt,
Das Bein lang ausgeschossen,
Ihr eines Aug gefleckt,
Das andre ist geschlossen.«

Aber wie ungeheuer ist das, was die Krähe und der Rabe zu sagen haben vom Vergangenen, seiner Wirklichkeit und Traumhaftigkeit!

Vom Leiden auf das Äußerste gesteigerte Empfänglichkeit und bewältigende Kraft vereinigen sich auf das wunderbarste; der Hingabe an die Gefahr, die am furchtbarsten vielleicht aus der hellsichtigen Begegnung mit dem eignen Ich, dem »Spiegelbild« droht, setzt sich die

Sittlichkeit echten Künstlertums entgegen. Die Droste hat nicht den Untergang besungen, nicht das Versinken, Entschwinden gefeiert; sie hat niemals die Wendung zum Dunkel vollzogen und der Dämonie sich nicht überlassen, wie mächtig diese auch gegen sie anstürmen mochte; sie hat gebändigt, was sie ausgesprochen hat; Form des Lebens, Form der Kunst sind mit einer großartigen Kraft, in der Beständigkeit des Leidens und Ringens bewahrt und überliefert ist, aus allen Gefahren und Gnaden des Zwischenreiches — denn wieviel Gnade, wieviel noch von keinem Dichter empfangenen Gaben waren in der Gefahr! —, das Bild einer geordneten, verklärten Welt, einer in allen Heimsuchungen des Diesseits und Jenseits gefaßten Seele. Die Schöpfung ist unantastbar: so gebietet es geprüfter, bestärkter, bestätigter Glaube. Aber der Preis ist ein großer Verzicht: der Droste ward nicht der strahlende Tag, nicht die Fülle des Lebens, sondern der Schimmer der Nacht, der soviel für sie ist wie dem »kranken Sänger sein Gedicht«, und dieses zweite Licht, diese zweite Welt ist doch einem kühnen Herzen beschieden, das keinen geringen Anspruch stellte. Dieses Leben und Schauen ist gesegnet von der bewußt ergriffenen Gnade eines Künstlertums, das noch Unverklärtes verklärt, Stummes reden macht und den Schöpfer preist durch Herrlichkeiten, für die bisher die Augen der Menschen blind waren. Die stille, bohrende Macht des Leidens — des Herzens wie der Kreaturen und Dinge —, täuscht uns nicht darüber hinweg, daß das Lied ein »Dennoch« ist, ein großer Sieg, aber ein verhaltener, ein Sieg im Zwischenreich und in der Einsamkeit.

Noch einmal: wie bald können wir dahin gelangen, wie nahe kann uns ein Leiden sein, das uns in die schlaflosen Nächte verweist und uns allein läßt mit den uns noch gebliebenen Geschenken des Lebens, mit Erinnerungen, dem Widerschein der Welt, ihrem »farbig schillernden Saum«, mit unseren Toten und einer Ahnung von der Einsamkeit unseres vergessenen Grabes. Und gerade dann sind wir nicht allein: dann sagen uns diese Gedichte das letzte Wort, grüßt uns der Geist dieser kühnen Frau, die sich in das Verborgene und Abgründige versenkte, aber nicht verlor, und aus dieser Tiefe die »verwühlten Schätze« hob; die immer wieder die Kraft suchte und fand, aus »Schuld und Pein« aufzublicken in das überreiche Leben und Weben, das Schimmern und Spielen gebrochener Lichter über einer großartigen, zwischen Diesseits und Jenseits sich breitenden Landschaft.

Reinhold Schneider.

EPEN

DAS HOSPIZ AUF DEM GROSSEN ST. BERNHARD

Die Verse, die von der Dichterin zur Streichung oder Korrektur vorgesehen waren, sind in Klammern gesetzt

Erster Gesang

Die Sonne hat den Lauf vollbracht,
Schon spannt sie aus ihr Wolkenzelt;
So manche Trän' hat sie bewacht,
So manchem Lächeln sich gesellt;
Um Sel'ge hat ihr Strahl gekräuselt,
Wo süß versteckt die Laube säuselt,
Und hat die Totenbahre auch
Gesegnet mit dem frommen Hauch;
Nun einmal ihres Schleiers Saum
Noch gleitet um der Alpen Schaum,
Und in des Schneegestäubes Flaum,
Das an Sankt Bernhards Klippe hängt,
Der matte Hauch sich flimmernd fängt.

Dort, wo es, aus des Passes Schlunde,
Ums *Pain de Sucre* macht die Runde,
Berührt ein menschlich Angesicht
Fürwahr zum letztenmal das Licht.
Wie hat der Greis die dürre Hand
So fest um seinen Stab gespannt!
Und wie er so verkümmert steht,
So ganz verlassen um sich späht,
Da ist's, als ob, erstaunt zumal,
Noch zögern will der letzte Strahl.
Schon zog der Aar dem Horste zu,
Und nur die Gems vom *Tour des foux*
Noch einmal pfeift und schwindet dann.
Am Riffe lehnt der alte Mann,

Wie auf dem Meere, jüngst ergrimmt,
Einsam noch eine Planke schwimmt.
O du bist immer schön, Natur!
Doch dem, der Herthas Bild gegrüßt,
Die Woge bald die Lippe schließt —
Bist Königin vernichtend nur!
Der Blitz, der Seesturm, der Vulkan,
Sie stehn als Zeugen obenan.
Und jener Greis am Felsenrand?
Dem Strahl, der widerprallt im Schnee,
Will schützend die besennte Hand
Sich vorbaun an der Braue Höh'.
Zum Montblanc hat er lang gesehn
Und wendet abendwärts den Fuß,
Da ihm die Augen übergehn,
Daß er vor Kälte weinen muß.
Ihm ist wie taub, ihm ist wie blind,
Er spricht gepreßt, und tut's nicht gern:
»Mein Knabe! Henri! liebes Kind!
Schau mal hervor, sind wir noch fern?«

Dann aus des Mantels Falten dicht
Ein Bübchen windet sein Gesicht;
Die kleinen Züge schwillt der Hauch,
Die roten Händchen birgt es auch
Sogleich und zieht des Vließes Saum
Sorgfältig um der Stirne Raum,
Daß nur der Augen rötlich Licht
Durch des Gewandes Spalten bricht.
Nun mit den Wimpern zuckt er schnell:
»Großvater, schau! wie blitzt es hell!«

Der Alte seufzt: „Es blitzt, mein Sohn,
Am Himmel nicht um diese Zeit,
Es ist die Sonne wohl, die schon

Sich um die letzten Zacken reiht«
Doch wiederum der Knabe spricht:
»Großvater! 's die Alpe nicht,
Es springt und zittert in die Höh',
Wie wenn die Sonne tanzt im See
Und spielt in unserm Fensterglas.«
»Wo, Henri? Kind, wo siehst du das?«
Ein Ärmchen aus der Wolle steigt. —
Der Alte senkt das Haupt und schweigt.
Nein, nein, das ist kein Hospital!
In tausend Funken sprengt den Strahl,
Gleich nachtentbranntem Meeresdrange,
Nur *Roche polie* von jenem Hange.

Und zögernd schiebt des Greises Hand
Den kleinen kalten Arm zurück,
Zieht fester um ihn das Gewand.
Er wirft den kummervollen Blick
Noch einmal durch die dünne Luft,
Auf jeden Fels, in jede Kluft;
Dann folgt ein Seufzer, unbewußt,
So schwer wie je aus Mannes Brust,
Und langsam abwärts, mit Gefahr,
Beginnt er Pfade unwirtbar.
— Schmal ist der Raum — die Klippe jäh; —
Zuweilen bietet das Gestein,
Ein altergrauer Felsenspalt,
Für Augenblicke schwachen Halt.
Die Ferse drückt er in den Schnee
Und stößt des Stabes Stachel ein;
Denn eine Zeit gab's, wo im Gau
Von Saint-Pierre kein Schütz sich fand,
Der auf der Jagd, am Alphorn blau,
Dem Benoit gegenüberstand.

Kein Aug' so scharf, kein Ohr so fein,
So sicher keine Kugel ging,
Von all den Kühnen er allein
So sorglos an der Klippe hing!
Zum letztenmal dem Meister alt
Sich dankbar seine Kunst erzeigt.
Gottlob! nun ist die Schlucht erreicht.
Er blickt empor; durchs graue Haupt,
Fast von der Kälte sinnberaubt,
Noch einmal durch die öde Brust
Zieht sich das Bild vergangner Lust,
An der sein ganzes Herz gehangen,
Und doppelt fühlt er sich gefangen.

In Quarzes Schichten eingezwängt,
Durch die der schmale Pfad sich drängt,
Streckt, überbaut von Felsenwucht,
Sich lang des *Pain de Sucre* Schlucht.
Kein Laut die tote Luft durchirrt,
Kein Lebenshauch ist zu entdecken;
Und wenn es unversehens schwirrt,
Das Schneehuhn kann den Wandrer schrecken.
Wo droben schwimmt das Felsendach,
An dem der Wintersturm sich brach
Jahrtausende — doch die Gedanken
Verlassen ihn — er sieht es wanken —
Er fördert keuchend seinen Schritt —
Und immerfort, in tollem Schwanken,
Ziehn rechts und links die Klippen mit;
Daß jener harrt — sogleich — sogleich —
Wie aus der Lüfte Schwindelreich
Die ungeheure Masse klirrt,
Und er sich schon zerschmettert glaubt,
So sehr ihm Furcht die Sinne raubt.

In diese wüste Bahn hat jetzt
Der müde Mann den Fuß gesetzt;
So schnell es gehn will, fort und fort.
Noch immer glühn die Firsten dort,
Und abwärts gleiten sieht den Strahl
Mit Lust er und mit Graun zumal.
Sobald der Abendsonne Schein
Nicht mehr die letzte Zacke badet,
Ins Hospital ein Glöckchen rein
Den Wandrer aus der Steppe ladet.
Und schon am *Pointe de Drone* das Licht
Kaum merklich noch den Schatten bricht.
»O Sonne«, seufzt der müde Greis,
»Bald bist du hin! der Himmel weiß,
Vielleicht hör' ich die Glocke nicht! —«
Blickt zweifelnd nach den Felsenwällen,
An denen mag der Klang zerschellen.
Das Kind, das Kind ist seine Not!
Schon fühlt er, wie, vom Froste laß,
Der steife Arm zu gleiten droht;
Und ohne Ende scheint der Paß!
Ein Turm ragt an dem andern her,
Es ist, als würden's immer mehr.
Dem Himmel Dank, die letzte Klippe!
Und als mit angestrengtem Fleiß
Sich immer näher treibt der Greis,
Was knistert überm Steingerippe?
Am Rande schiebt sich's, zittert, blinkt,
Langsam ein weißer Klumpen sinkt;
Dann schneller, dann mit jähem Fall
Entlang die Klüfte tost der Schall.
Und zu des Alten Füßen rollen
Schneetrümmer und gesprengte Schollen.

Und dieser einen Augenblick
Steht regungslos, mit Schwindel ringt; —
So scharf vorüber zog der Tod!
Gefaßt er dann zusammenrafft,
Was ihm von Wollen bleibt und Kraft.
Und vorwärts nun, mit harter Not,
Er in den Trümmerhaufen dringt.
Doch neben, vor und um ihn stemmt
Die Masse sich, zum Wall gedämmt.
Mitunter eine Scholle auch
In schwachem Gleichgewichte steht,
Nur wartend auf den nächsten Hauch,
Und aufwärts ihre Kante dreht.
Wenn das Geschiebe sich belebt? —
Ein Sarkophag, der ihn begräbt!
Horch! wie er durch die Zacken irrt,
Zuweilen eine Scheibe klirrt;
Ein feines Schwirren — schwaches Rucken —
Vor seinen Augen Blitze zucken;
Doch immer wieder fügt sich's ein,
Und starr die Mauer steht wie Stein.
So muß er, fast in Todesbanden,
Wie durch ein Labyrinth sich schmiegen.
Es ist vorüber, ist bestanden,
Und hinter ihm die Trümmer liegen.

Indes des Tages matte Zeichen
Allmählich von den Kuppen bleichen,
Und nach und nach am Firmament
Des Mondes Lampe still entbrennt;
Verschwimmend, scheu, ihr zartes Licht
Malt noch der Dinge Formen nicht.
Doch allgemach aus Wolkenschleier
Ersteht die klare Scheibe freier.
Die Felsen scheinen sich zu regen,

Geflimmer zittert übern Schnee.
Und langsam steigend aus der Höh'
Die Schatten auf den Grund sich legen.

Gebeugt, mit angestrengtem Schritt,
Aus seiner Schlucht der Wandrer tritt
In eine öde Fläche vor.
Er steht — er lauscht — er trägt das Ohr
Zur Erde bald und bald empor,
Und alle Sinne lauschen mit.
Er wendet sich; ob nichts vom Schalle
Aus einer andern Richtung falle? —
Nur hohl und zischend sich die Luft
In des Gesteines Spalten fängt
Und mit Geknister durch den Duft
Zu Nacht gefallner Flocken drängt.
Der Kälte, die den Stamm zerschellt,
Kein Schirm sich hier entgegenstellt.
Ach Gott, wohin? ringsum kein Steg,
Sich überall die Ebne gleicht.
Doch vorwärts, vorwärts, immer reg,
Eh' dich im Schlummer Tod beschleicht,
Nur immer in die Nacht hinein!
Da durch die Steppe fällt ein Schein,
Wie wenn sich Kerzenschimmer brechen
In angehauchten Spiegels Flächen.
Und über dieses Meteor
Ragt eine Masse dunkel vor.
Gegrüßt, o Stern im Mißgeschicke!
Es ist die Drance, es ist die Brücke.

Kaum die bekannten Pfade schaut
Der Greis, ihm ist wie aufgetaut;
Halb kehrt der Jugend Mut zurück,
Er wähnt sich einen Augenblick

Für dies und Schlimmres noch genug.
Die Brücke naht sich wie im Flug.
Schon hat er rüstig sie beschritten,
Schon steht er in der Ebne Mitten,
Schon keucht er um des Stromes Bogen;
Und vor ihm her die glas'gen Wogen
Durchrollt des Mondes Silbertuch.
Vergebens! diese Kraft ist Schein;
Mit jedem Hauche sinkt sie ein,
Mit jedem Schritte weicht das Blut,
Ach, keine Wunder wirkt der Mut!
Schon matter wird des Greises Tritt.
Das Licht im Strome fliegt nicht mehr,
Es wandert zögernd vor ihm her.
Aus den gelähmten Fingern glitt
Der Stab, und eine weite Strecke
In Sätzen prallend von der Decke,
Dann lagert er an Stromes Rand.
Hin schleppt der müde Mann den Schritt;
Er bückt sich mühsam, welche Qual!
Ergreift ihn, der zum drittenmal
Ihm immer gleitet aus der Hand.
Und schwindelnd bei dem sauren Beugen
Fühlt er das Blut zum Haupte steigen,
Sein Aug', von kalten Tränen schwer,
Sieht kaum das Allernächste mehr.
Noch tappt er, wo aus dunklem Schaft
Die glatte Eisenspitze blinkt.
Da weicht des Armes letzte Kraft,
Und auf den Schnee das Knäbchen sinkt;
Es rafft sich auf, ergreift den Stab,
Gehorsam, leichtem Dienst gewöhnt.
»Mein Kind! mein Kind!« der Alte stöhnt
Und nimmt die kleine Last ihm ab,
»Was willst du noch zuletzt dich plagen?«

Späht mit der Augen trübem Stern
Beklommen durch den nächt'gen Schein; —
»Du kannst nicht gehn, ich dich nicht tragen,
Und ach! das Hospital ist fern.
So müssen wir das Letzte wagen
Und kehren bei den Toten ein.«
Er lenkt die Schritte von dem Strand,
Sein Knäbchen hält er an der Hand.

Das Mondlicht, das mit kaltem Kusse
Liebkoset dem versteinten Flusse,
Gleich links auf ein Gewölbe klein
Streut alle seine Schimmer rein,
Die, wie sie Wolkenflor umwebt,
Bald auf dem Dache wie belebt
Sich kräuseln, in den Fenstern drehn,
Und bald wie eine Lampe stehn,
Die halb der Grüfte Dunkel bricht.
So leisten sie die fromme Pflicht
Dem, so der Fremde ward zum Raube,
Und bei dem unbeweinten Staube
Entzünden sie das Trauerlicht.
Ja, diese Mauern, wohl erbaut
Mit Christensinn, sie bergen doch,
Wovor des Menschen Seele graut,
Wem Blut rollt in den Adern noch.
Sie alle, die zum Todesschlaf
Sankt Bernhards leiser Odem traf,
Wenn sie nicht Freundes Wort genannt,
Nicht Eidgenossen Blick erkannt,
An diesen Ort sind sie gebannt.
Der Bettler, dem kein Heimatland,
Der Jude, so auf Geld bedacht
Gefahrenvollen Weg betrat,

Der arme wandernde Soldat,
Der Flüchtling vor Gesetzes Macht:
Sie alle liegen hier, wie Tod
Aus dieser Wildnis sie entbot;
Im Pelze der, im Mantel weit,
Und jener im Studentenkleid.
Das tiefe Auge, trüb und offen,
Auf liebe Züge scheint zu hoffen
So Zeit auf Zeiten; keine Träne
Rann auf die bleiche Wange noch;
Und ließen treue Kinder doch,
Und sind geliebter Eltern Söhne.

Die Schwelle kennt der Greis genau,
Hier führt ein Steg nach Wallis' Gau,
Sein alter Pfad, wenn von der Jagd
Er heimwärts manchen Gang gemacht,
Ans Fenster pflegt' er dann zu treten,
Nachdenklich in die Gruft zu sehn
Und sinnend auch im Weitergehn
Ein Vaterunser wohl zu beten.
Doch vor dem Tode auf der Flucht
Erfaßt ihn ungeheures Grauen,
Als tret' er in das eigne Grab
Und soll' die eigne Leiche schauen.
Kaum wehrt er den Gedanken ab:
»Hinweg! hinweg! soweit der Fuß
Dich trägt« — und unwillkürlich muß
Er wenden. Doch da weint das Kind:
»Großvater! weiter sollen wir?
Wir sind ja hier an einer Tür.
Ich kann nicht mehr.« Verschwunden sind
Die Zweifel; mühsam öffnet jetzt
Der Greis das Tor, mit Rost versetzt,
Tritt in die Wölbung, kauert sich

Dann auf den Boden kümmerlich
Und nimmt an seine Brust den Kleinen.

So eine Weile sitzen sie,
Der Knabe auf des Mannes Knie;
In stummen Schauern an ihn biegend,
Der Alte, sich nach innen schmiegend,
Das Haupt am feuchten Mauerstein,
Und übermüdet, überwacht,
Hat minder der Umgebung acht;
Minuten noch, so schläft er ein. —
Schon summt es um ihn wie ein Schwarm,
Der Mantel gleitet mit dem Arm;
Und als das Haupt zur Seite sinkt, —
»Großvater! ist das Glas? es blinkt!«
Der Alte fährt empor, er blickt
Verschüchtert seitwärts, unverrückt
Zu Boden dann: »Sei still, sei still,
Mein Kind, es sei auch, was es will.«
Und seufzend fügt er noch hinzu:
»Es ist so spät! gib dich zur Ruh'.«
Doch wie ein Strahl es ihn durchfliegt,
Daß Schlaf den Willen fast besiegt.
Schon greift der Krampf die Glieder an:
Zu reiben gleich beginnt der Mann.
Und als das Blut nun schneller rinnt,
Er immer heller sich besinnt,
Auch der Gedanke Kraft gewinnt.
Was war es, das, vom Schlaf erwacht,
So in Verwirrung ihn gebracht?
Es war ein Blitz, es war ein Licht!
Und dennoch war es beides nicht.

Indessen hat das Knäbchen leis
Die beiden Ärmchen ausgestreckt

Und aus des Mantels Hut mit Fleiß
Den kleinen Kopf hervorgesteckt.
Das Schlummern will ihm nicht gelingen;
Die Langeweile zu bezwingen
Am Mantel nestelt's immerfort,
Schaut unverrückt nach einem Ort,
Bald gähnend, bald mit halbem Wort.
»Ja!« flüstert's, vor Ermattung rot,
Die Händchen in des Mantels Tasche,
»Dort steht das Glas und dort die Flasche,
Und auf dem Tische liegt das Brot.«
Dann zieht es sacht den Mantel los;
Es gleitet von des Alten Schoß,
Es taucht ins Dunkel. Auf sich rüttelnd
Aus wüster Träumereien Graus,
»Henri! mein Kind!« ruft jener aus,
Das graue Haupt verdrossen schüttelnd,
»Wo bist du nur? komm wieder, Sohn!«
Dort glänzen seine Löckchen schon!
Was reicht und streicht es an der Wand?
Ans Auge hebt der Greis die Hand:
Fürwahr! nach einem Brote sucht
Der kleine Arm hinaufzulangen;
Und nebenan sich Schimmer reihn,
Bald rot, bald grün, wie sie gefangen
Im Glase dort, und dort im Wein.
O unverhoffter Segen! Schon
Vom Boden taumeln sieh den Alten.
»Laß, du vermagst es nicht zu halten,
Laß ab!« Es zittert jeder Ton,
Der aus bewegter Brust sich windet
Und kaum im Odem Nahrung findet.
Die Glieder, so in Frost und Qual
Ihn treulich trugen durch die Steppen,
Kaum vorwärts weiß er sie zu schleppen

Bis hin, wo harrt das karge Mahl.
Er faßt das Brot und kann's nicht teilen
Und stöbert, sucht mit wirrem Eilen
In allen Taschen, allen Falten,
Selbst in der Stiefel engen Spalten.
»Hab' ich mein Messer denn verloren?«
Die Rinde bricht, sie ist noch warm.
»Nun iß, nun trink, mein Würmchen arm!
O kam ich eher um zwei Stunden!
Um eine einz'ge Stunde nur!«
Die Mönche hätt' er noch gefunden;
Dies ist des Hospitales Spur.

Denn was die kühnste Flamme bricht,
So wild sie durch die Adern tobt:
Es löscht die fromme Liebe nicht,
Die Leib und Leben hat verlobt.
Wenn Windsbraut an den Klippen rüttelt,
Wenn sich das Schneegestöber schüttelt,
Wenn durch die öde Winternacht
Nur wie ein fernes Mordgeschütz
Die zitternde Lawine kracht,
Wenn um die Gipfel spielt der Blitz:
Das sind die Boten, die er kennt.
Vom Betstuhl, wo die Lampe brennt,
Der Mönch sich hebt, den Weg beginnt
Zum Tobel, wo der Sturzbach rinnt,
Zum Passe, wo der Schnee am höchsten,
Zum Steg, wo die Gefahr am nächsten,
Hinauf, hinab Sankt Bernhards Rund;
Voran ihm spürt sein kluger Hund.
Dann, kehrend zu des Klosters Pforte,
Die Nahrung, so er bei sich trägt,
Mit milder Sorgfalt wird gelegt
An sichre, sturmgeschützte Orte.

Und oft im letzten Augenblick
Trat die gebrochne Kraft zurück
Durch sie in die versiegten Adern.
Wer mag mit solchen Mönchen hadern!
Welch seelerstorbner Atheist
So frevler Torheit sich vermißt,
Daß er auf sie die Pfeile richte?
Schau! wie gleich neuentflammtem Lichte
Das Kind des Glases volle Last
Mit beiden roten Händchen faßt.
Nun setzt es an und trinkt und trinkt,
Durch alle Adern strömt das Heil,
Und läßt nicht ab, und stöhnt vor Eil',
Fast wird der Atem ihm versetzt.
Des Alten Auge freudig blinkt:
»Mein Junge, sprich, wie ist dir jetzt?«
Doch kaum und unverständlich nur
Des Kindes Antwort ihn erreicht,
Das, auf sein Stückchen Brot gebeugt,
Natur, nach deinem weisen Walten,
Das schwache Leben zu erhalten,
Gefahr zu fliehn, die es nicht sieht,
Aus allen Kräften ist bemüht.

Indes hat draußen durch die Nacht
Ein Murmeln, Rauschen sich verbreitet,
Wie wenn erzürnte Woge schreitet;
Des Sturmes Stimme ist erwacht.
Noch fern und hohl im Klippenschacht,
Von Fels zu Felsen hört man's klagen.
Der Alte sinnt: soll er es wagen,
Sich und sein Liebstes fortzutragen?
Bald ist das Hospital erreicht! —
Ein Stoß um das Gewölbe streicht,

Und heulend singt er überm Dache
Das Totenlied dem Grabgemache.
Am Boden leises Knistern irrt,
Die Tür in ihren Angeln klirrt;
Umsonst! umsonst! es ist zu spät,
Der Wirbel durch die Steppe geht.
Und nun? Des Greises Blicke fragen,
Ob nirgends hier ein Plätzchen sei
Noch unbesetzt, vom Zuge frei.
Durch des Gewölbes Mitte stehn
Drei lange Bahren, sind sie leer?
Das Dunkel wirbelt drüber her.
Doch rechts und links und gegenüber,
Wohin der scheue Blick sich richtet,
Wenn flieht ein Mondenstrahl vorüber,
Der die zerrißnen Wolken lichtet,
Der bleichen Schläfer Reihn er streift,
Die rings in Nischen aufgeschichtet:
Ein Antlitz halb dir zugewandt,
Hier braunes Haar, und dort gebleicht,
Aus jenem Winkel wie versteckt
Sich eines Fußes Spitze streckt,
Und dort sich wächsern eine Hand
Wie abgetrennt vom Körper zeigt.
Wer ist der Mann so unverzagt,
Den solch ein Anblick nicht erschüttert?
Wenn über ihm, wie schmerzdurchzittert,
Die mitternächt'ge Stimme klagt,
Gleich Geistern durch der Nacht Revier!
Ein heimlich Flüstern zischt und kocht,
Und an die schlecht verschloßne Tür
Der Wind mit leisem Finger pocht.
Dem alten Manne wird's zu viel,
Die Phantasie beginnt ihr Spiel;
Auf seinem Haupt in jedes Haar

Scheint Leben und Gefühl zu kommen.
Mehr ist der Atem ihm benommen
Als je vor Zeiten in Gefahr.
Den Steinbock hat er oft gehetzt,
Dem Lämmergeier sich gesellt
Und fröhlich pfeifend in die Welt
Dann übern Klippenspalt gesetzt.
Ein andres, dem Geschick sich stellen
In frischer Luft, auf freien Wellen,
Ein andres ist's, am Grabe stehn
Und ruhig dem verzerrten Ich
Ins eingesunkne Auge sehn.
Sieh! wie schon wieder schauerlich
Der Strahl durch das Gewölbe streicht,
Und dem betäubten Manne sich
Am Winkel dort ein Bänkchen zeigt,
In das Gemäuer eingefugt.
Das ist ja eben, was er sucht!
Und muß nun seufzend sich bereiten,
Die ganze Wölbung zu durchschreiten.
Wie er die Schritte zögernd lenkt,
Die Augen bleiben scharf gesenkt,
Beinah geschlossen, als er quer
Um eine Bahre wendet her,
Zu eilig; — mit dem Fuße schwer
Trifft er an des Gerüstes Stützen,
Durch das Gewölbe dröhnt der Schall.
Die Bahre schwankt, er will sich schützen,
Er gleitet; modriges Gewand,
Verwirrtes Haar streift seine Hand.
Der Alte taumelt und erbleicht;
Wie jener Winkel noch erreicht,
Das weiß er nicht, hält immer fest
An seine Brust das Kind gepreßt,

Und sucht vergebens zu bezwingen
Der Phantasie verstörtes Ringen.
Die Wölbung dreht, die Mauern singen,
Ihm ist, als hätte seine Hand
Des Toten Züge all ergründet;
Er sieht das gelbe Augenband,
Das sinkend die Verwesung kündet,
Und drüber her, zu treu! zu treu! —
So tragend eigner Schwäche Joch,
Doch bleibt ihm das Bewußtsein noch
Und eben noch die Willenskraft,
Zu kämpfen gegen schnöde Haft.
Er sinnt und grübelt allerlei,
Wie wohl zum Hospital der Weg?
Wie zu beschreiten jener Steg?
Wie fern die Morgenstunde sei?
Sucht heitre Bilder aufzuwecken,
Als in der Scheibe Herzen stecken
Ein jeder Benoits Kugel sah. —

Indessen lehnt der Knabe da,
Des späten Wachens ungewöhnt,
Und schaukelt sich und seufzt und gähnt,
Ahmt leis des Sturmes Stimme nach,
Verfolgend mit den schweren Blicken
Die Strahlen, so durch das Gemach
Zuweilen lichte Streifen schicken;
Ergötzlich, im beschränkten Meinen,
Ihm an der Wand die Bilder scheinen;
Der klare Blitz, wenn sich das Licht
In den metallnen Knöpfen bricht,
Die Reih' entlang, so Funk' an Funken
Aufsprühn und sich ins Dunkel tunken. —
Die Szene wechselt, langsam streicht
Ein Wolkenvorhang sich zurück,

Und in die ganze Wölbung steigt
Der Mond mit seinem Geisterblick.
Was noch verborgen war in Nacht,
Wird an ein mattes Licht gebracht;
Aus allen Winkeln sieht man's rücken,
Was niedrig lag, scheint aufzustehn,
Und was erhaben, sich zu bücken.
Vorüber nun — in starrer Rast,
Wie Grabmal sich an Grabmal fast
In königlichen Grüften zeigt,
Am Boden schlummert das Gebein,
Und drüber her der Mann von Stein.
Um manchen Busen spielt der Schein,
Mich dünkt, ich seh' ihn sinken, heben,
Und lange Atemzüge schweben.
Der arme Kleine wie betört
An seines Vaters Busen fährt.
»Großvater, schau! die Bilder leben,
Sie atmen all und wollen gehn!«
Den Greis durchzuckt ein leises Beben:
»Sei still, es wird dir nichts geschehn.«
Wohl denkt er an den nächt'gen Schein
[Es fällt ihm manches Blendwerk ein]
Und zögert dennoch aufzusehn.

Und wieder hebt der Knabe an:
»Dort auf dem Tische sitzt ein Mann;
Er sitzt nicht, nein, — er liegt schon wieder —
Und stand doch erst soeben auf.«
Dann hebt die Ärmchen er hinauf
Und zieht des Greises Stirne nieder,
Ihm flüsternd mit verstecktem Ton:
»Es ist der Pfarr, ich kenn' ihn schon!
Er hat den Mantel umgeschlagen
Und seinen großen weißen Kragen.«

Nun wieder fröstelnd schaut das Kind
Mit offnem Munde, vorgebückt,
Dann an des Vaters Arm gedrückt:
»Wie weiß ihm seine Finger sind!«
Der Alte sucht mit allem Fleiß
Sich der Gedanken zu entschlagen,
Die fast wie Irrwahn ihn bedräun.
»Henri! du solltest ruhig sein,
Allein du weißt mich nur zu plagen.
Schlaf ein, schlaf ein, mein kleiner Sohn!«
Der Knabe bei dem harten Ton
Verschüchtert sich zur Seite schiebt,
Die müden Äuglein reibt betrübt.
Sein Köpfchen ruht so los und schlecht,
Auch ist der Sitz ihm gar nicht recht,
Zu dick der Mantel hängt und schwer,
So lange rutscht er hin und her,
Bis, von dem harten Schoße gleitend,
Er auf den Grund die Sohlen setzt;
Und wie ein Häschen mattgehetzt
Ins dürre Laub sein Häuptlein reckt:
So aus die zarten Arme streckt
Das Kind, um Vaters Leib sie breitend,
Und bricht vor unverstandnem Graus
In ganz geheime Tränen aus.

Doch jener, in sich selbst gekehrt,
Des Kleinen Stimme nicht beachtet,
Mit angestrengter Sorge trachtet
Die innern Feinde abzuwehren,
So pochend durch die Adern gären.
Er birgt die Augen, sinnt und sinnt:
Zu Saint-Remy, im Stübchen klein,
Was seine Tochter wohl beginnt?
Die Wände hell, die Schemel rein

Sucht er den Sinnen vorzuführen.
Vergebens! wunderlich berühren
Auch hier sich Wirklichkeit und Schein:
Die tote Schwester fällt ihm ein.
Gleich Träumen die Gedanken irren,
Im Ohre hallt ein feines Schwirren,
Ein Klingeln, seltsam zu belauschen;
Es ist des eignen Blutes Rauschen,
Das, murrend ob der Adern Band,
Zum Haupt die Klagen hat gesandt.
So geht es nicht, so darf's nicht bleiben!
Der Greis in seiner Seelenqual
Beginnt die Glieder allzumal
Mit angestrengtem Fleiß zu reiben.
Des Mantels Rauschen an der Wand, —
Das Rispeln seiner eignen Hand, —
Des Haares Knistern, wenn er schwer
Streicht mit den Fingern drüber her:
Ein Laut des Lebens scheint dem schwachen
Bedrängten Busen Luft zu machen.
Und dann — ein Schrei! woher und wie?
Des Alten Blut zu Eis gerinnt.
Er tappt umher: »Henri! Henri!
Wo bist du nur? wo bist du, Kind?«
Da wieder das Gestöhn beginnt,
Und »Vater! Vater!« und aufs neu
»Mein Vater!« wimmert's im Geschrei.
Der Alte, nach dem Laut gerichtet,
Hat jenen Winkel bald erreicht,
Wo, schwach vom nächt'gen Strahl umlichtet,
Sich dunkel eine Nische zeigt,
Drin sichtbar halb ein Leichnam ruht,
Auf breiter Stirn den Schweizerhut.
Und um des Toten Hand geklemmt
Der Knabe wimmert und sich stemmt,

Den lieben Vater aufzuwecken.
»Was machst du, Henri? Kind, komm her!
Er ist's ja nicht, er kehrt nicht mehr,
Du arme Waise!« und im Schrecken
Hat er des Knaben Arm geschüttelt,
Bis, von dem Totenhaupt gerüttelt,
Der Hut sich in die Kante stellt
Und dicht an seine Ferse fällt.
Mit einem Ruck des Kindes Hand
Befreiend, stürzt in tollem Graus
Der Alte in die Nacht hinaus.
Die Türe hat er eingerannt,
Und klirrend sprengt sich hinter ihm
Die Feder ein mit Ungestüm.

Nur fern erst an der Drance Rand
Gewinnen die Gedanken Stand.
Der Arm des Sturmes, halb gesenkt,
Nicht mehr so wild die Flagge schwenkt;
Doch auch das Mondlicht, halb erbleicht,
Ihm dämmernd nur die Richtung zeigt.
Getrost! getrost! kurz ist der Weg,
Bekannt, betreten jeder Steg!
Nur immer vorwärts, immer reg,
Eh' dich im Schlummer Tod beschleicht!
Ein Weilchen geht's mit hartem Mut,
Wie Not ihn und Verzweiflung leiht.
Die Schatten dehnen sich so breit,
Die Luft verrauscht — entschlummert — ruht;
Ein grauliches Gewölke steigt
Allmählich an den Mond hinauf,
Der einmal noch die Scheibe zeigt.
Dann dicht und dichter zieht es auf,
Ein Nebelsee in hoher Luft;
So wallt und wogt und rollt der Duft,

Bis, durch den Horizont verbreitet,
Sich formlos eine Decke spreitet.
Nun fällt ein Flöckchen, unbemerkt,
Nun wieder, auf des Greises Hand,
Trifft hier und dort des Hutes Rand.
Nun das Gestöber sich verstärkt,
Bis wimmelnd, in verwirrten Kriegen,
Die Flocken durcheinanderfliegen.
Dann, einer Staublawine gleich,
Entlastet sich der Lüfte Reich.
So ganz entschlafen ist die Luft,
Daß sich vernehmlich reibt der Duft,
Und durch die eingewiegten Flächen
Der Glocke Stimme hörbar wird,
Die mild und lockend scheint zu sprechen:
»Kommt alle her, die ihr verirrt!«
Der Alte stutzt und bei dem Klingen
Gewaltsam sich zusammenrafft.
»O könntest du mir junge Kraft
In meine alten Adern singen!«
Doch enger stets in Frostes Haft,
Wie kleine spitze Dornen wühlen,
Muß er's in allen Muskeln fühlen.
Gleich einer Trümmer, überschneit,
Er schleppt sich durch die Einsamkeit;
Sein Mantel, seine grauen Locken,
Sie starren unter Eis und Flocken.
Oft von dem schlechtgebahnten Pfad
Der Fuß, getäuscht durch falsches Licht,
Auf eine lockre Masse trat
Und stampfend ihre Decke bricht.
»O namenlose Todesqual!
So nah, so nah dem Hospital!
Nur noch ein Steg, nur noch ein Paß,
O spannt euch an, ihr Sehnen laß!

Mein armes Kind! allein um dich,
Nicht um mein Leben kämpfe ich.«
So tappt er fort. Die Bahn sich neigt:
Der Alte hat den Steg erreicht,
Den durch des Wirbels stäubend Rennen
Er eben, eben mag erkennen.

Die Drance in ihrem engen Bette
Sich windet um das Felsenriff,
Und drüber her, ein luftig Schiff,
Der Fichte Stamm vereint die Kette.
Am Tag, bei hellem Sonnenschein,
Wer schaute ohne Schwindel drein!
Zudem der Steg, jüngst überschwemmt
Von aufgelösten Schnees Wogen
Mit Eises Rinde ist umzogen,
Die sich zu glatten Hügeln dämmt.
Hier steht der Greis in seinen Nöten,
Der nichts mehr kann und nichts mehr weiß
Und sachte noch versucht zu beten;
Schiebt dann voran die Sohle leis.
Schau! wie auf dem beglasten Bogen
Um einen Tritt er vorwärts schreitet;
Er steht nicht fest, er schwankt, er gleitet,
Er ist verloren — nein — er steht.
Mit blindem Glück zurückgezogen,
Sein Fuß auf festem Grund sich dreht.
Zuerst der Alte ganz betäubt
Am Rand der Kluft gefesselt bleibt:
Dann, wie aus plötzlichem Entschlusse,
Den Mantel schiebt er von der Brust
Und herzt mit langem, langem Kusse,
Dem letzten irdischen Genusse,
Das Kind in Scheidens bittrer Lust.

Und nun: »Wohlan! es sei gewagt!
Uns hier der Morgen nimmer tagt.«

Doch horch! ein Klang die Luft durchweht.
Der Alte steht und lauscht und steht —
Ein Zittern durch die Züge geht.
Aufs neu der Ton herübertreibt,
Doch schwach nur unterm Winde bleibt.
»Henri! Henri! leih mir dein Ohr!
Mein guter Junge, lausch' hervor!«
Das Kind nur zögernd und betrübt
Sein fröstelnd Häuptlein aufwärts schiebt.
Ein Tränchen flirrt um Wang' und Mund:
»Großvater! 's ist ja nur ein Hund!« —
»Ist's auch gewiß ein Hund, der bellt?
Mein Gott! du sahst die bittre Qual!
Dann sei's in deine Hand gestellt,
Dann wag' ich's nicht zum zweitenmal.«
Er steht und horcht: und horcht und steht,
Aufs neu der Wind den Klang verweht.
Nun wieder heller — ha! sie nahn;
Schon räumt der greise Mann die Bahn.
Ganz nah — sie drehn um jene Bucht; —
Ein Weilchen still — dann, wie zum Spott,
Ganz aus der Ferne — heil'ger Gott!
Sie ziehn vorüber an der Schlucht!
Des Alten morscher Körper nicht
Erträgt die Last des Schreckens mehr.
Es flirrt, es wirbelt um ihn her,
Noch hält er sich — noch sinkt er nicht —
Doch höher schon die Schauer steigen,
Allmählich sich die Knie neigen,
Noch einmal seufzt er auf in Weh
Und fällt dann taumelnd in den Schnee.

Die Luft, so auf und nieder geht,
Jetzt frischen Klang herüberweht,
Nicht klaffend, wie zu Jagd und Lust,
Nein, gleich dem Ruf aus Menschenbrust,
Mit kurzen wiederholten Stößen,
Wie Wächter die Signale lösen;
Verhallend oft in Windes Rauschen,
Der Ton auf Antwort scheint zu lauschen.
Nun wiederum in weiten Reifen
Sie spürend durch die Gegend schweifen
Bald fern, bald näher; wie im Traum
Der Greis vernimmt die Laute kaum.
Nur einmal zuckend seine Hand
Dem Knaben klemmt sich ins Gewand.
Kein Schmerz mehr durch die Nerven wühlt,
Kein Glied er mehr als eignes fühlt.
Nur wie von tausend Ketten spielt
Im Haupt ein wunderliches Klirren;
Die Töne wechseln — sich verwirren —
Nun wird's zum Klingeln — nun zum Schwirren —
Nun wie ein linder Hauch vergeht's —
Und leiser — leiser — leiser stets,
Er schläft — —

Zweiter Gesang

Wo auf Sankt Bernhards Mitte recht
Die Zinnen streckt der Felsenbau,
In seiner Trümmer Irrgeflecht
Ein Tal sich lagert, eng und rauh.
Da harrt es nun in ew'gem Lauschen,
Nicht Vogelsang, nicht Blätterrauschen,
Nein, wie die Stürme Seufzer tauschen.
Inmitten schwärzlich ruht der See,
Der des verlornen Strahles Weh
Gefesselt hält in seinen Flächen,
So dort gleich dem Gefangnen liegt,
Sich angstvoll an die Decke schmiegt,
Den glas'gen Kerker zu durchbrechen.
Und nah dem unwirtbaren Strand
Das Hospital steigt in die Höh'
So schlicht wie eine Klippenwand,
Der Wandrer unterscheidet's nicht.
Nur wenn ein Klang die Stille bricht,
Vom Hochaltar das ew'ge Licht,
Wenn's durch die Nacht den blassen Schein
Wirft in das Schneegefild hinein,
Lenkt er zur Schwelle seinen Schritt,
Der wahrlich sonst vorüberglitt.
Denn in der Dämmrung ungestalt
Erscheint es wie ein Felsengrat,
Rings eingekerbt von weitem Spalt.

Doch jetzt ein Flockennebel kraus
Löscht duftig alle Formen aus.
Die Schneenacht dieser ew'gen Wüste,
Als ob sie nimmer enden müßte,
So dicht die Mauern hält umrungen,
In jede Zelle ist gedrungen.
Auf allen Wimpern liegt der Mohn,
Und nur des Schlafes tiefer Ton,
Wie er bejahrter Brust entsteigt,
Gespenstisch durch die Gänge schleicht.

Ein Augenpaar noch offen steht.
Nachlässig, in verklommten Händen,
Der Mönch des Glockenstranges Enden,
Sich auf und nieder windend, dreht.
Ermüdung kämpft in seinen Zügen,
Die Nacht ist streng, der Dienst ist schwer.
Wie die Gedanken abwärts fliegen,
Er wirft den düstern Blick umher,
Zumeist sein Auge ist gericht't
Doch immer auf den Estrichgrund,
Wo ew'ger Lampe schlummernd Licht
Geträumet hat ein mattes Rund.
In dieser toten Einsamkeit
Der Bruder sich des Schimmers freut.
Er weiß es selbst nicht, wie ihm ist,
So öd, so öd zu dieser Frist.
Das Dunkel, das im Bethaus waltet —
Der leeren Bänke Reihn — ein Bild,
Das scheinbar aus der Nische quillt —
Und von der Decke hochgestaltet
Manch grauer Heil'ger zürnend schaut —
Zudem — das Eis an Wänden hängt,
Vom Glockenstuhl ein Luftzug drängt,

Wie endlos Bommeln überm Haupt
Schier die Geduld dem Bruder raubt.
Ob denn die Stunde nimmer endet?
Doch still! die Klosteruhr sich wendet:
Eins — zwei — und drei — das Echo dröhnt,
Und auch der Mönch die Glieder dehnt.
Er läßt den Strang, im Spähn verloren,
Ihm summt's noch immer vor den Ohren.
Nun knarren Türen, schlurfen Tritte,
Ein Lichtstrahl durch die Ritze gleitet;
Dann, haltend vor des Auges Mitte
Sein Lämpchen in gebräunter Hand,
Hervor Denis der Alte schreitet.
Längst vom Gesetz dem Dienst entbunden,
Hat er sich nimmer dreingefunden,
Ein eifervoller Gottesknecht,
Behauptend seiner Pflichten Recht.
Grau ist sein Haar wie sein Gewand,
Und da er bleibt am Pförtchen stehn,
Den Finger mahnend aufgehoben:
Du meinst den Alpengeist zu sehn.
»O Eleuthère! soll man dich loben?
Mein junger rüstiger Gesell,
Ermattest du im Dienst so schnell?«
Der Bruder lässig faßt den Strang
Und läßt sogleich ihn wieder fallen:
»Dem Vater wird die Zeit wohl lang;
Ihr seid der Rüstigste von allen!«
Dann steht er, streicht mit flacher Hand
Die Falten von der Stirne Rand:
»Nehmt's, Vater, heut nicht so genau,
Die Nacht war gar zu wüst und rauh,
Mir friert das Hirn am Schädel an.« —
»Schlaf wohl!« versetzt der alte Mann.
Sein Lämpchen zündet Eleuthère,

Zupft an dem Dochte mit Bedacht
Und nickt und murmelt drüber her:
»Hab' ich mich je dem Dienst entzogen,
Wenn Schnee die Pässe gleichgemacht
Und jede alte Spur getrogen?
Allein, was in der Jahre Lauf
Uns reibt am allermeisten auf —
Dies Läuten, Läuten durch die Nacht,
Wo nicht das Schneehuhn kommt hervor,
Wo nicht der Uhu selber wacht,
Wo auf dem Bernhard klimmt kein Tor;
Und wir —!« Er hebt die Lamp' empor.
An dem Gemäuer, überall
Steigt glitzernd auf der Eiskristall,
Daß klar, wie in poliertem Stahl,
Steht geisterhaft der kleine Strahl.
»'s ist eben eine hies'ge Nacht«,
Versetzt Denis, »doch kannst du sagen,
Dich habe Trug hieher gebracht
Zu Ruhe und bequemen Tagen?
Und, Eleuthère, wie magst du wissen,
Daß niemand in der Steppe wacht?
Ich selbst hab' in Dezembernacht
Vorzeiten diesen Weg gemacht.
Ich macht' ihn, hab' ihn machen müssen,
Und ratlos am Montmort gebettet,
Hat unser Glöckchen mich gerettet.
So treibt die Not« — der Alte schweigt,
Doch nieder auf den Strang sich beugt,
Und angeschlagen mit Gewalt
Das Glöckchen durch die Steppe schallt.
Dann — »Still! rief's meinen Namen nicht?« —
»Nein, Vater.« — »Hast du nichts vernommen?
Ein Schnauben, Scharren?« Jener spricht:
»Ist's möglich! unsere Hunde kommen.« —

»Still, Bruder, still!« — Man horcht aufs neu;
Ein leises Winseln schleicht herbei
Vom Klostertor, ein Stoßen, Kratzen,
Ein Rütteln wie mit schweren Tatzen.
»Schnell, Eleuthère! schnell aufgemacht!
Schau, was der Barry uns gebracht!«
Denis, gebannt am Glockenstrang,
Doch immer schaut den Weg entlang.
Nun nahen Tritte, ja gewiß —
Die Gänge tappt's hinauf — allein
Ein Hund scheint's und ein Mensch zu sein.
Das Pförtchen öffnet sich. »Denis!«
Ruft Eleuthère, »o seht doch hier
Das gute, kluge, treue Tier!«

Und nach ihm, schwer ermüdet, wankt
Der große Hund in die Kapelle;
Er dreht die Augen rings, er schwankt,
Ihm hängt das Eis vom zott'gen Felle,
Auf seinem Rücken liegt ein Kind,
Ein armes Knäbchen, schier erfroren:
Voll Reifen seine Löckchen sind;
Die Hände hat es eingeklemmt
In seines Trägers rauhe Ohren,
Mit schwachen Beinchen sich gestemmt
Um Barrys Leib: in Angst verloren,
Wagt's nicht zu schrein, nur allgemach
Ein Tränchen rinnt dem andern nach.
»O Barry, brav!« Der Bruder hebt
Das Kind empor, das schaudert, bebt,
Sich immer noch nicht fassen kann,
Die kalten Händchen nun und dann
An sein geblendet Auge hebt
Und von dem wunderlichen Mann,
Der, fort es tragend, kost und schilt,

Sich angstvoll loszuwinden strebt.
Hart nebenher, das Ebenbild
Des Mönches schier, der Dogge trabt,
Mit gleicher Einsicht fast begabt,
Der auch den Knaben will ergötzen,
Glutäugig, mit gehobnem Haupt,
Gar liebreich in die Höhe schnaubt
Und tummelt sich in wüsten Sätzen;
Peitscht mit dem Schweif, steigt gähnend auf,
Streckt seine breite Tatze auf
Bis an das Kind, das vor Entsetzen
Beginnt zu schrein, der Hund zu bellen.
Die Fenster klirren, alle Zellen
Beleben sich, und vergeduckt
Aus jeder Tür ein Mönchlein guckt.

Und wie das Knäblein sie erschaun,
Das Kindchen unter ihrem Dache,
Da ist's, als ob die Sonne, traun!
Auf jedem Angesicht erwache.
Und alle eilen, wie betört,
Ihm irgend Gutes zuzufügen;
Auf die Geschichte keiner hört.
Das ist das heilige Vergnügen,
Das ist die unverstandne Macht,
So über Kindes Leben wacht!
Der Infirmier mit leiser Hand
Die Glieder rührt, ob sie auch schwellen,
Die Schuh ihm von den Füßchen zieht,
Und heimlich an der Zellenwand
Ein alterschwacher Mönch sich müht,
Den kleinen Korb herabzustellen,
Darin nach seiner tör'gen Art
Er gute Bissen aufgespart.
Dem Pater Koch nicht schnell genug

Das Reisig will die Flamme zollen;
Dort einer bringt ein warmes Tuch;
Doch horch! die Gitterpforten rollen;
»Der Prior!« läuft's von Mund zu Mund.
Mit freud'gem Funkeln lauscht der Hund,
Die Mönche mit den Brüdern schelten
Und lassen sie den Lärm entgelten;
Zur Zelle ein Noviz sich schleicht.
Der Prior naht, gesetzt, doch leicht.
Die Schritte, schon vor manchen Jahren,
Der schlanken Gemse tödlich waren,
Als auf dem Montblanc diese Hand
Vergebens nie den Schuß entsandt.
Und der Gewohnheit zähes Band
Verrät sich noch bei grauen Haaren:
Ja, dieser blauen Augen Blitz
Scheint noch zu spähn des Geiers Sitz;
Den Stab er in der Mitte faßt,
Wie einst der Doppelbüchse Last.
Fürwahr, als einst, gedankenschwer,
Beratend in der Brüder Kreis
Er zum Brevier griff ungefähr,
Sah man das heil'ge Buch ihn schütteln,
Wie's Pulverhorn die Jäger rütteln.
So leis und fest die Schritte greifen
Nun, redend, an des Gurtes Strang
Die Sehne scheint er noch zu streifen.
»Was, Brüder, zaudert ihr so lang?
Der Barry hat das Kind gebracht,
Allein — wer nahm das Kind in acht?
Wo ist der Mann, wo ist die Frau,
So auf den Bernhard es getragen?
Seid, Väter, ihr umsonst so grau?
Muß euch des Hundes Witz verklagen?
Seht, wie das arme Tier sich müht,

Euch eure Pflichten anzusagen,
Wie's den Eugène am Kleide zieht!
Ja, Barry, solche Lässigkeit
Erfährst zum erstenmal du heut!«

Hier wirft er einen Blick umher,
Der trifft nur wen'ge, aber schwer;
Zwei Brüder nur, von Schüchternheit
An ihren Plätzen festgehalten.
Schon in den Zellen sind die Alten,
Schon zur gefahrumgebnen Fahrt
An dieses Schneemeers falschen Küsten
In Eile sich die Jungen rüsten.
Bereit nun alles. Aus dem Tor
Sechs Brüder treten hastig vor,
Im Schneelicht wie ein Geisterchor.
Die grauen Mäntel, Kappen rauh,
An ihrem Fuß der Filzschuh grau,
Gewirkte Gürtel um die Lenden,
Der Eisenstachel in den Händen.
Und ihrer zwei an Stangen auch,
Die arme Leiche einzuschlagen,
Ein festgerolltes Leilach tragen.
Voran in der Laterne Schein,
Die Funken sendend übern See,
Tritt festen Schritts der Marronier;
Den Alpstock trägt er in die Höh',
So kühn wie den Kommandostab
Der Feldherr über Schlachtfelds Grab.
Er kennt die Stege, jeden Stein:
Ein Felsgeäder, sichtbar kaum,
Des Schneehuhns überjährig Nest,
Geborgen in der Spalte Raum,
Das Strombett, sich nur wenig dehnend,
Ein Block, sich an den andern lehnend,

Stellt ihm sogleich die Richtung fest.
Denn täglich in des Hunds Geleite
Grüßt er die toddurchhauchte Weite —
Ja, jeden Tag und ganz allein!
Drum man zu diesem Amte schafft
Den Besten stets an Mut und Kraft.

Doch seht, wer mischt sich in den Zug?
Gebeugt, mit angestrengtem Schritte
Denis ist in der Brüder Mitte.
Du Alter, hast du nicht genug
Durch dreißig saure Jahr' getragen?
Nein, heute muß er es schon wagen.
Ihm Eleuthère, des Trägen, Wort
Bohrt wie ein Dorn im Herzen fort.
Da hilft kein Mahnen, kein Versagen:
Sie sollen sehn, die Leute jung,
Der Alte tut auch noch genung.
Schau, wie voran in weiten Sprüngen
Den starken Leib die Hunde schwingen;
Dickmaulig, scheckig, lang von Haar,
Fest in den Gliedern ganz und gar,
Nicht Wachtelhund, nicht Dogge ganz,
Halb Spaniens, halb Englands Rasse,
Ist's eine eigne edle Klasse.
Die Augen drehn in klugem Glanz,
Bei jedem Sprunge Schellchen klingen
An ihrer Nacken Lederringen.
Barry voran, obgleich in Scheiben
Und Schollen sich die Zotten reiben,
Der Barry mag zu Haus nicht bleiben.

Bald geht es abwärts; näher schon
Die ungeheuren Massen drohn.
Den Totenschädel reckt Montmort

Und scheint den Wanderern zu nicken.
Der Weg, beengt von Felsenstücken,
Die längs der Mutterklippe Rand
Entrafft des Wintersturmes Hand,
Muß oft an das Gestein sich drücken;
Dann schlingt er mühsam sich heran,
Springt über eingeschneite Zacken;
Die Brüder wandeln Mann für Mann
Und ziehn die Kappen in den Nacken.
Zuerst manch abgebrochnes Wort
Fliegt durch die Reihe hier und dort,
Vom letzten Zuge, jener Frau,
Die halb erstarrt man heimgetragen;
Was in den jüngsten zwanzig Jahren
Das Hospital an Leid erfahren,
Gezählt an Kranken und an Bahren:
Der Marronier weiß ganz genau
Dir jeden Umstand herzusagen.
Doch steiler sinkt der Pfad; vom Schaft
Gestützt, eindrängend mit Gewalt
Den Stachel in des Eises Spalt,
Die Brüder nur mit ganzer Kraft
Der strammen Sohle Gleiten hemmen,
Und immer, immer näher sich
Die glimmerblanken Riffe klemmen:
Steil, zackenreich, ein Riesenschloß,
Wo aus gespaltner Scharten Hort
Sich niederdrängt des Winters Zeichen,
Als wollten Riesenjungfraun dort
Im Nebeltau die Schleier bleichen;
Und oben drauf an Zinnenwand
Die wunderlichsten Steingestalten,
Um einen Zoll breit nur vom Rand
Im Gleichgewichte scharf gehalten,
Noch aufrecht, zu getreuer Wacht,

Doch weiter — und in Schlummers Macht
Die Häupter immer schwerer neigen,
So schwindelnd aneinanderbeugen,
Daß kaum in seinem höchsten Stand
Läßt einen Strahl der Sonnenbrand
Auf Augenblicke niedersteigen.
Oft einer an des andern Hand,
Die frommen Brüder, keuchend nur,
Ein jeder in des Vormanns Spur,
Verstummt auf ihre Tritte achten:
Als noch des Himmels karger Schein
Verlischt, und nur die Leuchte klein
Flammt heller auf bei tiefrem Nachten.
Sieh an des Glimmers reinen Scheiben
Den Strahl sich mit Geflatter reiben,
Ein Silbernetz auf Felsen webend
Und an der Brüder Kutten bebend,
Die reiferglänzend ganz und gar
Nachziehn wie des Kometen Haar.

Wie lang die Schlucht, die Nacht wie kalt!
Des Nordes schneidende Gewalt
Strömt langsam durch die schmale Gasse,
Sich öffnend nur nach Mitternacht.
Die Brüder mit der Sohle Rand
Und wechselnd dieser, jener Hand
Den Schaft der Eisenstange schlagen,
Daß nicht der Frost die Glieder fasse.
Nur kaum vermögen sie's zu tragen;
Und einen hört man heimlich klagen,
Der noch in keiner solchen Nacht
Den Klosterzug hat mitgemacht.
Frei wird die Bahn, doch milder nicht;
Der Wind sich an den Klippen bricht
Und wirft ihm Flocken ins Gesicht.

»Hätt' er's gewußt, hätt' er's gedacht!
Es ist zu arg!« und — »Horch!« sie lauschen,
Nicht fern seitab Gewässer rauschen,
Doch kollernd, dumpf, wie überdacht
Von einer Röhre hohlen Gängen.
Die Hunde schnaubend näher drängen,
Und Barry plötzlich wie gehetzt
Zur Seite in den Flugschnee setzt;
Steht still dann, winselt, schaut sich um,
Dann fort er watet, mühvoll stöhnend,
Versinkend oft, nun auf sich dehnend,
In kurzen Sprüngen weiter jetzt:
Und immer mit gestoßnem Laut
Er rückwärts nach den Brüdern schaut.
Voran der Marronier, geschürzt,
Sein Mantel unterm Arm sich kürzt;
Die Brüder nach mit weiten Schritten,
Versenkt bis an des Leibes Mitten;
Und rechts und links die Hunde klimmen,
Im aufgerührten Schneemeer schwimmen.
So vorwärts: »Halt!« der Führer ruft:
»Hier stehn wir an der Drance Kluft!
Nicht weiter!« Aber Barry leicht
Mit einem Satz den Stamm erreicht,
Der zweier Felsen Rücken bindet;
Tief drunter sich die Drance windet,
Wo aus gesprengten Eises Spalt
Das Wasser brodelt mit Gewalt.
Nur einmal sich der Barry schüttelt,
Die Flocken aus dem Pelze rüttelt,
Im Hui schwindet: längs der Kluft
Hört man ihn rauschen übern Duft.

Der Marronier die Leuchte jetzt
Dicht an den Rand der Tiefe setzt.

Auf steigt die alte Fichte weiß,
Ein ungeheurer Zapfen Eis,
Wo überall gleich Bergkristallen
Die blanken Stengel abwärts fallen,
Wo sich der Tropfstein bildet leis
In feuchter Grottenwölbung Hallen.
Und drunten das Gewässer schäumt,
Sich sprühend an der Scholle bäumt,
Wirft Perlen auf, in Bogen springt
Und tiefe, heisre Weisen singt,
Wo pfeilgeschwinder Wellen Zug
Des Strudels Macht verrät genug,
Bis, nicht zu fern, des Winters Macht
Aufs neu in Fesseln es gebracht.

Die Brüder stehn und sehn sich an. —
Der Marronier, der feste Mann,
Streicht mit den Fingern bald die Sohlen,
Bald prüfend auf den Steg sie reibt
Und in die Tiefe blickt verstohlen.
Kopfschüttelnd spricht er: »Brüder, bleibt!
Hier ist nur sichrer Tod zu holen;
Der Wildbach hat den Steg beschwemmt,
Seht, wie das blanke Eis sich dämmt:
So sei die Leiche Gott befohlen!
Was für den Lebenden uns Pflicht,
Das bleibt es für den Toten nicht.
He, Barry! Barry!« Aber dicht
Von drüben Wind und Stromes Rauschen
Ein wohlbekannter Ruf durchbricht,
Erst kurz gestoßen — alles still —
Dann folgt ein ungeduldig Heulen,
Man höret hin und wieder eilen;
Nun scheint er an der Kluft zu lauschen,

Wo überm Rande, weiß umhegt,
Ein matter dunkler Fleck sich regt. —
Und plötzlich in des Steges Mitte
Erscheint die zottige Gestalt:
Ein Sprung — sich vor den Brüdern schmiegt
Das fromme Tier; es winselt, keucht,
Am Marronier sich angstvoll streicht,
Zupft an den Kleidern mit Gewalt.
»Ich fürcht' — ich hoffe — ja, ich glaube —«,
Haucht ein Noviz, der Angst zum Raube,
»Was drüben liegt, tot ist es nicht.«
Und »Barry! alter Barry!« spricht
Der Führer, streichelt sanft das Tier,
Vielleicht zum erstenmal verlegen
In seines Amtes schwerem Segen.
Da stöhnend durch den Schnee sich bricht
Denis, die morschen Knie schüttern,
Vor Zorn mehr als Erschöpfung zittern.
»Zurück!« ruft er, »ich will voran!«
Trifft mit dem Arm und grimmen Blicken
Was schnell nicht aus dem Pfad kann rücken,
Und vorwärts bricht der rauhe Mann.
Betäubt, fast willenlos die Brüder
Gestalten einer Kette Glieder;
Nun vorwärts, mit verschränkten Händen;
Der Himmel mag ein Unglück wenden!
Er hat's gewandt: tief atmend setzt
Jenseits den Fuß der letzte jetzt.

Nur einen Blick, der war nicht süß,
Schenkt den Genossen noch Denis,
Brummt etwas noch von »trägen Hunden«;
Dann hat er schon den Ort gefunden,
Wo, an die Felsenwand geschmiegt,
Benoit, der alte Senne, liegt

Und neben ihm der Barry gut,
Der Wanderstab, der breite Hut,
Sein Mantel, oben festgehalten
Durch der erstorbnen Finger Band,
Scheint, unten offen, aus den Falten
Gezerrt von ungeschickter Hand,
Wo in dem Schnee steckt tief genug
Die Flasche, so der Barry trug.
Zu Nacht gefallne Flocken haben
Den Körper mehr als halb begraben:
Wenn nicht ein Knie sich aufwärts streckt',
Man hätt' ihn nicht so bald entdeckt.
Herbei, Elias! fromme Raben!
Stemmt euch, hebt, hebt, das Leilach breitet!
Die steifen Glieder, drein geschlagen,
Ein Bruderpaar sich stumm bereitet,
Auf seinen Schultern heimzutragen.

Derselbe Paß, erhöhte Not!
Bräch' jetzt hervor des Mondes Licht!
Auf allen Zügen steht der Tod,
Doch keine Lippe widerspricht.
Zuerst der Marronier gebeugt
Dicht an den Steg die Leuchte streicht,
Daß jeder sieht zu jeder Seite
Der überglasten Wölbung Breite.
Schwieg' jetzt des Strudels Rauschen auch,
Man hörte keines Atems Hauch,
Und mancher schlöss' die Augen gar,
Doch reißt sie offen die Gefahr.
»Nur langsam — flach den Fuß gesetzt —
Des Vormanns Stange jeder fasse! —
Und seid auf einen Ruck bereitet,
Wenn einer schwankt, wenn einer gleitet;

Nur immer langsam — Schritt vor Schritt!« —
Ha! auf den Grund der erste tritt
Und zieht mit seiner festen Hand
Die ganze Kette an den Strand.
Und jeder, wie er fühlt das Land,
Den Atem stößt mit voller Kraft
Aus der befreiten Kehle Haft.
Dem Himmel Dank! das war ein Wagen!
Hat niemand es zu künden Lust?
Doch war sich keiner in der Brust
Nur e i n e s sichern Schritts bewußt,
Und keinem blieb, so kühn er sei,
Das Auge klar, Bewußtsein frei,
Als sie, wo drunten Wogen spülten,
Der Sohle leises Gleiten fühlten
Und in der Hand, verklommen, zitternd,
Die Stange hin und her sich schütternd.
Ja, Gottes Huld hat sie getragen,
Des Herrn, so sprach: »Ich bin dein Reich«,
Und: »Meinen Engel send' ich euch.«

Erst späterhin und fern vom Stege
Löst mählich sich der Zungen Band,
Und wenn auch auf demselben Wege,
Den früher man so übel fand,
Scheint doch nach dem, was man befuhr,
Ein Kinderspiel die Heimfahrt nur.
Entschlossen wird der Fuß gesetzt,
Was schlüpfrig sonst, scheint sicher jetzt;
Auch klimmt sich's leichter wohl hinan
Als abwärts auf beeister Bahn.
Nah ist der Tag, der Frost gewaltsam;
Allein die Luft, da man gekehrt,
Den Wandernden so unaufhaltsam
Nicht ferner in die Augen fährt.

Und wer sie hört, nicht sollte sagen,
Daß diese einen Leichnam tragen;
So überstandne Fährlichkeit
Die Herzen stimmt zur Heiterkeit.
Man lockt die Hunde, lobt und streichelt,
Geplauder wechselt durch die Reihe,
Zumeist bei der Gefahr es bleibt;
Und wie's der Phantasie nun schmeichelt,
Wenn dieser spricht mit Heldenweihe,
Die Schrecken jener übertreibt;
Der Marronier auch redet drein,
Die Träger selber stimmen ein;
Sogar das Lachen überrascht
Den Jüngsten, als ein Bruder gleitet,
Nach der entfallnen Kappe hascht
Und stolpernd auf dem Alpstock reitet.
Doch wen dort, als von ungefähr
Der Lampe Schimmer sich verbreiten,
Sieht hinterm Zuge man von weiten?
Denis! Wird ihm der Weg so schwer?
Man ruft und harrt, er schreitet an.
»Reicht mir die Hand!« ein Bruder spricht,
»Stützt euch auf mich!« Der alte Mann
Erwidert: »Müde bin ich nicht.«
Dann setzt er an mit festem Schritt
Und rüstig in die Reihe tritt.
Was wohl den Mann betroffen hat?
Nicht kraftlos scheint er, in der Tat!
Und doch ihm in so kurzer Frist
Die Stimme klein geworden ist.
Wie das Gespräch sich wieder rege,
Er wandelt stumm und träumend fort;
Und fällt auch wohl ein schlimmes Wort,
Daß allzuviel in dieser Nacht
Um eine Leiche sei gewagt —

Nur tiefer sich der Alte bückt,
Nur in den Schnee die Ferse drückt,
Und der, so geht zunächst im Wege,
Meint, täusch' ihn nicht des Frostes Knistern,
Er höre schwere Seufzer flüstern.
Was wohl das gute Mönchlein quält?
Dem alten treuen Männchen fehlt?

Indessen nun zum zweitenmal
Hat man die Klippenschlucht betreten;
Hier sind die Sinne all vonnöten.
Hu, wie der Wirbel streicht durchs Tal!
Die Luft gleich Äther scharf und fein!
Sogar die Worte frieren ein.
Und wieder hört man durch die Stille
Der Mäntel Reiben an den Kappen,
Des Tritts Geknarr, des Alpstocks Klappen;
Ein jeder schmiegt sich in die Hülle
Und treibt den Fuß, so sehr er kann,
Voran, und immer nur voran.
Das Lampenlicht, was hier zuvor
Um Vließe duftbestreut geflogen,
Trifft sie mit Eise jetzt umzogen,
Und ganz von Glas erscheint der Chor.
Voran, voran! zieht sacht den Hauch,
Und streicht die Kappe dicht ans Aug'!
Voran! — Schaut nicht die Klippe hier
Fast wie ein formlos wüstes Tier?
Hier ein verstümmelt Riesenhaupt,
Das rechte Aug' ist ihm geraubt.
Voran, voran! — Was flattert dort?
Ein Lämmergeier, aufgeweckt
Aus seinem Lager, flieht erschreckt,
Gefangen in des Passes Enge.
Seht, wie er angstvoll krallt die Fänge!

Zurück! zurück! er naht dem Licht.
Und nun er überm Leilach schwebt,
Mit ausgespanntem Fittich bebt.
Die Lampe bergt! Da steigt er auf,
Ums Riesenhaupt noch einmal kreisend
Und pfeifend, daß die Gasse schallt;
Und nun verschwimmt er in die Nacht.
Noch einmal, sein Gekreisch verhallt.
Gott Lob! jetzt hebt die Leuchte auf!
Leicht wird des Weges Rest vollbracht —
Ein Schimmer, nach dem Ausgang weisend,
Des Tages erster Bote scheint.
Ganz recht! hier öffnet sich das Tal!
Die Brüder schaun empor zumal:
Montmort steht schwarz, die Jungfrau grau:
Doch südlich im versenkten Blau
Die mächt'ge Rosenkuppel schwebt,
Bewegungslos im Äther hängt,
Und unter ihr Gewölke webt.
Es ist die Stirn, so stets empfängt
Den ersten Strahl, der niedersank,
Es ist der Alpenfürst Montblanc.

Allein des Dunkels Überrest
Verdoppelt auf die Fläche preßt;
Formlose Massen noch, die Höh'n
Im Horizont verschwimmend stehn.
Nur links am breiten Felsenturm
Erscheint, ein mächt'ger Feuerwurm,
Die ew'ge Lampe, deren Strahl
So milde winkt ins Hospital.
Noch tausend Schritt — die Wandrer keuchen,
Noch hundert Schritt — sie stehn am Tor.
Und eben bricht, ein glühend Zeichen,
Verschämt der Jungfrau Stirn hervor.

Was zaudert Bruder Pförtner noch?
Vielleicht vom Schlummer aufgestört?
Du alter Benoit, hat dich doch
Dein Wunsch ins Hospital gebracht!
Ach, anders gar, wie du gedacht!
Da klinkt das Schloß, und eben hört,
Als grade sie ins Tor ihn tragen,
Man sechs die Klosterglocke schlagen.

Der Infirmier indes zu Nacht
Durch Schmeicheln und geduld'ges Fragen
Vom Knäbchen hat herausgebracht:
Wie Mutter schon vor vielen Tagen
Geschlafen, Vater auch nachher,
Der wenig Stunden krank gewesen,
Und beide gar nicht wachten mehr.
Wie anders dann Großvaters Wesen,
Wie sein Gesicht geworden schmal;
Und wie er gestern erst vom Tal
Bei argem Frost und harter Müh'
Getragen ihn auf üblen Wegen
Und viel erzählt von Saint-Remy,
Wo Tante Rose ganz genau
Ihn wie die Mutter werde pflegen,
Etienne la Borte, des Sennen Frau.
O wohl, mein armer Henri, dir,
Daß du entschlummert unter Klagen,
Da sie vorbei an deiner Tür
Jetzt deinen guten Ätti tragen!
Sähst du so blau das Antlitz treu,
Zu stillen nicht wär' dein Geschrei.
Im Krankenzimmer schon die Glieder
Man hüllt in Schnee, man bürstet, reibt,
Sucht den entflohnen Atem wieder
Ihm einzuhauchen; alle Brüder

Verstummt und lauschend stehn dabei.
Kein Regen — und der Kerze Licht
Kein Zucken zeigt im Angesicht; —
Am vorgehaltnen Flaume nicht
Ein schwaches Fäserchen sich beugt,
Und mählich schon das Morgenrot
Bis an den Rand des Tales steigt.
»Ihr Brüder!« nun der Prior spricht,
»Es scheint, der arme Greis sei tot.
Doch tut noch ferner eure Pflicht;
Ihr seid zur eignen Seele Frommen
Bis jetzt ihr treulich nachgekommen:
Allein zumeist, das ist gewiß,
Am allermeisten tat Denis.
Wo ist er? nun, er ruht wohl aus!
Und sicher war's ein harter Strauß
Für seine Jahre.«... Ach, Denis
An keinen Schlummer denkt gewiß
Vor dem Altare, wo im Bild
Die Gottesmutter rauchgeschwärzt
Ihr eingeräuchert Kindlein herzt,
Verzeichnet, bunt, doch gut genug,
Da es dem Manne sonder Trug
Mit Andacht so die Seele füllt;
Denn ganz besonders hat er sich
Geweiht der Jungfrau minniglich.
Was mag ihm so zu Herzen gehn?
Die Falte um den Mund, dies Stöhnen —
So hat man sonst ihn nicht gesehn.
Wie, schmolz der Mauerduft? Sind's Tränen,
Die niederfallen auf den Stein?
Dies feste Auge scheint mir nicht
Gewöhnt zu solcher Tropfen Pflicht.
Der Alte ist ja ganz allein!
Stets weiß die Jungfrau, was er denkt:

Wär' zehnfach herber auch sein Grämen,
Vor ihr braucht er sich nicht zu schämen.

Indes das Dämmergrau zergeht;
Nur einzeln in die Mauerlücken
Sich kleine schwarze Schatten drücken.
Schon in der Fenster Mittelscheiben
Die rote Sonnenkugel schwebt;
Viel goldbestreute Wölkchen treiben,
Die ganze Luft ist glanzdurchbebt.
Im Morgenlichte doppelt mild
Dem Beter scheint das Mutterbild;
Selbst Märtyrer aus Gitterschrein
Nicht all so kläglich schauen drein.
Und nun das Diadem, das klare,
Am Haupt der Tagesfürstin ragt:
Da aus dem Winkel am Altare
Den letzten Schatten sie verjagt.
Sich von den Knien hebt Denis,
Ein andrer Mann; die Finger leis
Streicht er durch seine Löckchen weiß,
Er ordnet sorglich sein Gewand,
Dem eingedrückt des Estrichs Sand,
Und zu den Brüdern, die noch immer
Versammelt sind im Krankenzimmer,
Begibt entschlossen sich der Greis.
Doch als er nun die Türe lichtet,
Auf ihn sich jedes Auge richtet;
Da — deut' ich recht der Finger Zucken,
Am Gurt das unbewußte Rucken,
So sinkt ein wenig ihm der Mut,
Auch in die Wange tritt das Blut.
»Wie, alter Vater! schlaft Ihr nicht?«
Ruft ihm der Prior schon entgegen,
»Nein, Maß muß sein in allen Wegen,

Auch ihre Schranken hat die Pflicht.
Ihr scheint's Euch heute vorzunehmen,
Uns alle gründlich zu beschämen,
Und Ihr seid matt, man sieht's Euch an,
Zu Bett, zu Bett!« Der alte Mann
Steht lautlos und in seiner Not
Aufs neu beginnt das Kleid zu reiben,
Als sollte nicht ein Stäubchen bleiben:
Bis an die Stirne steigt das Rot.
Dann holt er tief und tiefer aus,
Und zitternd bricht die Stimm' heraus:
»Nein, lobt mich nicht, ich bin's nicht wert!
Ich will den schlimmsten Vorwurf dulden
Und daß ihr mir den Rücken kehrt!
Allein vergebt mir meine Schulden,
Der alte Feind hat mich betört,
Der alte eingefreßne Zorn,
Im Herzen mir ein steter Dorn,
Seit ich in meinen jungen Tagen
Den Sennen blutig einst geschlagen.«
Hier stockt er, seufzt so tief betrübt,
Daß jede Brust ihm Antwort gibt.
»Als ich nach einem Ausweg sah
Am Drance-Rand die Brüder suchen,
Da fühlt' ich seine Kralle nah
Und innerlich begann zu fluchen.
Und als nun sprach der Marronier:
‚Hier ist nur sichrer Tod zu holen',
Und: ‚Sei die Leiche Gott befohlen!'
Es kribbelt' mir durch alle Glieder:
Den Alpstock hob ich in die Höh',
Dem Himmel Dank, ich senkt' ihn wieder,
Und als nun endlich, als am Strand
Barry, das unerschrockne Tier,

Ich treu auf seinem Posten fand:
Da hab' ich, hab' in Zornes Brand
Den Bruder einen Hund genannt.«
Er atmet auf: »Es ist heraus!
Ihr Brüder, ach, vergebt dem alten
Verstockten Mann, was ich verbrach;
Kein böses Beispiel bleibe nach.
Vergib mir, Bruder!« Ganz gebeugt
Zum Marronier er langsam schleicht
Und küßt voll Demut ihm die Hand.
Dann, eh' noch einer spricht ein Wort
Vor Rührung, Staunen, tiefer Scham,
Schon stapft er durch das Zimmer fort,
Nicht ganz so trübe, als er kam,
Um sich in seine Zelle klein
Drei Tage, frierend und allein,
Bei Brot und Wasser einzuschließen.
Noch immer stehn die Brüder stumm,
Und jeder heimlich schilt sich dumm,
Daß sie den Alten ziehen ließen.
Die Stirn soldatisch in die Höh',
Am steifsten steht der Marronier.

Zuerst das lange Schweigen bricht
Der Prior: »Was wir alle denken,
Ihr Brüder, brauch' ich nicht zu sagen.
Denis will uns in diesen Tagen
Nicht nur von wandelloser Pflicht,
Von Reue auch ein Vorbild schenken.
So demutsvoll ein Christ nur handelt:
Deshalb« — er stockt und wendet sich,
Denn eine Regung wunderlich
In Zittern ihm die Rede wandelt.
Der Prior sich zur Seite kehrt
Und, dem Erstarrten zugewandt,

Die steifen Glieder abwärts fährt,
Den Flaum noch einmal mit der Hand
Bringt langsam an des Mundes Rand,
Erst quer, dann senkrecht aus der Höh'.
Nun hebt er sich, vom Bücken rot:
»Eugène und Louis! nehmt ihn fort!
Jetzt gleich! Und, Bruder Clavendier,
Zum Sennen Etienne la Borte
Schickt nach Remy! Der Mann ist tot.«

Dritter Gesang

Savoyen! Land beschneiter Höh'n,
Wer hat dein kräftig Bild gesehn,
Wer trat in deiner Wälder Nacht,
Sah auf zu deiner Wipfel Pracht,
Wer stand an deinem Wasserfall,
Wer lauschte deiner Ströme Hall:
Und nannte dich nicht schön?
Du Land des Volks, dem Reiche weihen
Ruhmvoll den Namen des Getreuen,
Bist herrlich, wenn der Frühlingssturm
Die Berggewässer schäumend führt,
Und deiner Fichte schlanker Turm
Sich mit der jungen Nadel ziert;
Bist reizend, wenn die Sonnenglut
Erzittert um den Mandelbaum;
Doch in des Herbstes goldner Flut
Du ruhst gleich dunklen Auges Traum.
Dann treibt der Wind kein rasselnd Laub
Durch brauner Heiden Wirbelstaub;
Wie halbbezwungene Seufzer wallen,
Nur leis die zarten Nadeln fallen,
Als wagten sie zu lispeln kaum. —

Der Tag bricht an; noch einsam steigt
Das Sonnenrund am Firmament.
Am Strahl, der auf und nieder streicht,
Gemach der Erdbeerbaum entbrennt.

Noch will das Genzian nicht wagen,
Die dunklen Wimpern aufzuschlagen;
Noch schläft die Luft im Nebeldicht —
Welch greller Schrei die Stille bricht?
Der Auerhahn begrüßt das Licht!
Er schaukelt — wiegt sich — macht sich breit,
Er putzt sein stattlich Federkleid,
Und langsam streckt ihr stumpf Gesicht
Marmotte aus hohlen Baumes Nacht:
Das Leben, Leben ist erwacht!
Die Geier pfeifen, Birkhahn ruft,
Schneehühner flattern aus der Kluft,
Die Fichten selbst, daß keiner säume,
Erzählen flüsternd sich die Träume,
Und durch Remy geht überall
Ein dumpf Gemurr von Stall zu Stall. —

Schau! drunten an des Weilers Ende,
Wie öffnet sich das Glas behende!
Und in dem Rahmen, vorgebeugt,
Ein bräunlich frisches Weib sich zeigt;
So jung noch, unter zwanzig Jahren —
Bezeugt doch in den schwarzen Haaren
Das Mützchen und bescheidne Band
Den ehrenhaften Frauenstand.
Halb schläfrig scheint sie aufgewacht:
Sie blinzelt — hebt die Hand hinauf —
Zur Uhr am Turm — zum Nußbaum auf,
Wo schon der klare Sonnenstrahl
Schattiert die Blätter allzumal;
Dann, halb gewendet, tritt zur Schau
Des Nackens kräftig voller Bau.
Sie wiegt das Haupt — sie nickt — sie grüßt,
Und wieder sich das Fenster schließt.

In Saint-Remy der Tag beginnt.
Die aufgestoßnen Laden winken;
Bald hier, bald drüben Riegel klinken,
Im Bette weint das kranke Kind,
Ein Mütterchen, gebückt genug,
Zum Borne schleppt den Wasserkrug.
[Noch wenig Schritt', dann bleibt sie stehn]
Horch, Glockenklang von Saint-Oyen!
Nur mit dem Winde, ganz von Weiten
Nun in der Schlucht beginnt's zu läuten,
Nun drunten an des Berges Fuß;
Nun stimmt mit seinem Glöckchen klein
Pantaleons Kapellchen ein.
Welch Tongewirr, welch Schwirren, Singen!
Die Klüfte, Felsennadeln klingen,
Sankt Bernhard mit gewicht'gem Ton
Gibt Antwort aus der Wolke schon;
Und drüben an der Raine Sitze
Die Nestchen sind erwacht vom Schall;
An Fenstern fahren schwache Blitze,
Und hier und dort und überall
Aus der zerstreuten Hütten Türen
Hervor die kleinen Gruppen gleiten,
Und wie die Pfade schlängelnd führen,
Verschlungen vom Gestrüppe schnell,
Beschattet halb, dann wieder hell,
Ein Farbenspiel von allen Seiten:
Blau, Grün und brennend Rot genung,
Wem nur das Auge scharf und jung,
Der sieht schon an der Frauen Mieder
Das Goldkreuz, die Granaten flimmern,
Geflitter wehn vom breiten Hut
Und aus des Senners Jacke schimmern
Den feuerfarbnen Brustlatz gut!

Ei! wie zum Brunnentrog gekehrt
Das Mütterchen zusammenfährt:
Ihr überm Haupt beginnt im Turm
Des Glockenrufs gewalt'ger Sturm.
Eins — zwei — drei Schläge, dann im Takt,
Wie der Orkan die Felsen packt:
Herbei, herbei, zur Jahrmarktsfrüh,
Nach Saint-Remy, nach Saint-Remy!
Welch Treiben! welch Gewimmel! auf
Im Weiler alle Türen fahren,
Draus hastig die Bewohner gleiten
Hervor mit Rosenkranz und Buch,
Die Mädchen streichen an den Haaren
Und zupfen noch am Busentuch,
Und in das Dorf von allen Seiten
Geschwister, Freunde und Bekannten,
Aus Tievero, Guignard die Verwandten,
Sich stellen ein zur Jahrmarktsfeier,
Der steife Greis, der flinke Freier,
Matthieu, Savoyens bester Schütze,
Charlot der Ringer, Pierre, im Lauf
Der Gemse gleich, des Berges Blitze,
Der Säumer mit gewirkter Mütze —
[Zum Kirchhof drängt's in buntem Hauf];
Macht Platz dem Pfarrer! Alles rückt —
Und langsam tritt der würd'ge Mann
In das Gewühl, den Nacken drückt
Schier ein Jahrhundert, was entrann
[Im stündlich mehr zerspülten Gleis];
Nicht sparsam ist sein Haar, doch weiß,
Weiß wie der mächt'ge Alpengreis,
Der ihn mit seinem Anblick klar
Gestärkt durch sechsundneunzig Jahr;
[Doch ungebeugten Geistes Gut
Verrät der Rede milde Glut,

Wenn Seufzer, die gen Himmel steigen,
Verehrten Wortes Kraft bezeugen.
Nur wenig ist der Blick getrübt,
Und sein Gedächtnis Rechnung gibt
Von langverschollenem Beginnen.]
Er schreitet fort — was mag er sinnen?
Wie Grab an Grab vorüberrinnen?
»Dich sah ich einst so froh und wach —
So trutzig dich am Jahrmarktstag —
Dein Leid hab' ich mit dir getragen —
Gestillt im Tode dein Verzagen!
Auf eure Gruft der Enkel tritt,
Und ich — noch einmal tret' ich mit!«
Nun Glockenklang verhallt — Gedränge
Verrinnt, zum letzten Male fallen
Der Kirche Türen, in den Hallen
Ersteht die Feier der Gesänge;
Erst schwach — verstärkt — ein voller Chor
[Die ungeschmückte Melodie]
In strenger Einfalt steigt empor.
Sie hebt sich — schwillt — sie ist verstummt.
Nur leise, wie die Biene summt,
Ganz leise scheint die Luft zu beten.
Am eingesunknen Leichenstein
Lehnt feiernd sich der Sonnenschein,
Und mit entblößten Häuptern treten
Die Alpen aus dem Duft hervor;
So fromm sie stehn, so ehrfurchtshehr —
Fürwahr, es wird dem Menschen schwer,
Daß er bewußtlos glauben soll,
Wem so gewalt'ge Stimme eigen;
Wenn flüsternd bald, bald donnernd steigen
Die Laute zu der Alpe Sohn,
Er kennt ihr Antlitz, ihren Ton.
[Was je durchzittert seine Brust,

Der Berg hat Antwort ihm gegeben,
Und manche Blicke, schuldbewußt,
Vor Alpenbrauen Zürnen beben.
Wie mild, wie väterlich, wie traut
Sankt Bernhard auf sein Dörfchen schaut!
Kein Schatten seinen grauen Schimmel
Streut auf den frischen Sonntagshimmel,
Nur an der Jungfrau Stirne rein,
Gleich aufgelöster Tränen Schein,]
Ein flockicht Wölkchen webt und flimmt —
Es schmilzt, es gleitet, es verschwimmt,
Und wieder stützt die hohe Frau
Mit ihrer Stirn des Himmels Bau.

Sieh dort! ein weißer Strich am Rain,
Ist's ein entfallnes Tuch? — doch nein,
Es regt sich — ist's ein irres Lamm?
Ein Vogel? Von des Hügels Kamm
Steigt's abwärts — immer näher — ha!
Du, gutes Mönchlein, kommst gewiß
Zum Gottesdienst, ein Hindernis
Hielt dich so lang! — Der Pater tritt
Gewaltig zu — doch zeigt sein Schritt,
Sein Antlitz minder Eil' als Trauer.
Wie reibt er mit dem Tüchlein weiß
Sich von der Stirn den herben Schweiß!
Naht nun der Kirche — nein, er geht
Vorüber — um die Kirchhofsmauer,
Wo dicht am Born die Hütte steht;
Pocht an die Tür, ans Fensterlein —
Umsonst — ans zweite, dritte Haus —
Da endlich streckt ein Mädchen klein
Sein sonnenbraun Gesichtchen aus.
Es deutet nach des Dorfes Rand,
Der Pater lächelt, legt die Hand

Ihr segnend auf das dunkle Köpfchen,
Bereits geziert mit Band und Zöpfchen,
Und zieht fürbaß — bis schwach belaubt
Der Nußbaum weht, das Bärenhaupt
Geehrten Schützens Wohnung kündet.
»Noch nicht?« — Er zieht den Fuß zurück,
Nun pocht er, tritt nun unters Dach,
Verwundert sieht das Kind ihm nach.

Und horch! im selben Augenblick
Ertönt's vom Turm in dumpfen Schlägen.
Der Priester gibt den heil'gen Segen,
Und dann das aufgerißne Tor
Die ganze Menge läßt hervor.
Wie's strömt, wie's wogt! mit Gruß und Nicken
Die Mütter zu den Kleinen eilen,
Und hastig durchs Gedränge drücken
Sich flinke Krämer, sonder Weilen
Ihr luftig Zelthaus aufzuschlagen;
Zum Anger, wo die Stangen ragen,
Schiebt sich ein Trupp, man will doch sehn,
Welch Ziel dem Schützen? — ob gegeben
Die Laufbahn frei? — der Ringplatz eben?
Des Matthieu Büchse wird besehn,
Charlot reckt seine sehn'gen Glieder,
Pierre Luce blickt lächelnd und verschmitzt
Auf seine schlanken Knie — und wieder
Wie's drüben an der Kirche blitzt
Von Kreuz und Halsband, Strauß und Mieder!
Die Männer hell, die Weiber fein
In kosendem Geplapper schrein,
Viel blaue, grüne Röckchen wehn
[Mit ihren bandbesetzten Falten],
Gleich bunten Rädern sieht man's drehn,
Und, Schleifen an den Hüten, stehn,

Hand in die Hüfte, Strauß im Latz,
Die Burschen keck und stämmig; alten
Gesetzten Leuten wird es schwer,
Zu keuchen durch den Strom umher.
[Allüberall Getändel, Funken
Aus schwarzen Augen jahrmarktstrunken;
Das gellt! das winkt! »*Bon jour, Manon!*« —
»*A moi! Gervais!*« — »*Ici, Caton!*«]
Und wie beweglich gehn die Glieder!
Wie wehn die Bänder! — wahrlich! wieder,
Nach kaum verklungner Hymne Ton,
Pfeift's dort ein Schelmenliedchen schon:
»*Gianetta, vieut tu bieaux habits?*«
O südlich Blut! o Saint-Remy!
Du wunderbare Christenheit,
So fromm, und doch so schnell zerstreut!

»Hör, Rose, Rose — hier!« allein
Geschäftig schlüpft die junge Frau
Durch das Gewühl, sie lächelt schlau
Und zeigt der Zähne weiße Reih'n:
»Nachher, René! Manon, nachher —
Ich muß zu Haus, es ist mir leid!«
Soeben kam ihr der Bescheid,
Ein Bruder aus Sankt Bernhards Zellen
Begehre Botschaft zu bestellen.
Da geht sie hin — so fest und drall,
Fürwahr, nicht schlechten Mannes Weib.
Die Falten drehn in üpp'gem Fall,
Ein seidnes Mieder schmückt den Leib.
[Silbern die Nadel blinkt im Haar,
Das Ohrgehäng' verguldet gar.]
Im Gehen sinnt sie: »Was der Pater
Mir will — Botschaft vielleicht vom Vater?
Nicht zum Termin ist's an der Zeit,

[Jedoch — das Jahr war nicht zu loben —
Knapp wird's den guten Brüdern droben.]
Gottlob, die Spende liegt bereit,
[Zuerst die Butter, dann das Kleid,
Das Geld dann; kam er später her,
Gab's wohl ein paar Paolo mehr —]«
Nachdenklich an den Fingern zählend
Tritt sie ins Haus; sie rechnet fort:
»Noch dies und dieses...«, emsig wählend,
Und dann: »Gelobt sei Jesus Christ!«
»In Ewigkeiten, Frau La Borte!« —
»Bleibt still am Feuer, Herr, es ist
Ein saurer Weg, den Ihr gemacht!«
»Ja, Frau La Borte, ein saurer Weg!«
»Man sagt, verschüttet sei der Steg
Bei Vacherie, in letzter Nacht
Hat die Tormenta arg gewütet!«
»Der Herr hat Vacherie behütet.
Nur in des *Pain de Sucre* Paß
Hat sich ein Eisblock abgelöst,
Doch sonder Schaden.« — »Vater, was —
[Kann ich Euch bieten? Ihr seid blaß];
Doch wartet« — und durch eine Tür
Schlüpft rasch sie in der Stallung Reih'n,
Wo, schüttelnd schlanker Hörner Zier,
Die Rinder schnaubend wiederkäun.
— »Etienne, da drüben vom Hospiz
Hat sich der Bruder eingefunden.
Geh schnell! — die Wolle ist gebunden,
Das Kleid liegt unten tief im Schrein.
[Und schnell! Wir haben viele Gäste,
Das halbe Land stellt sich zum Feste],
Pierre Luce ist hier, auch Manons Sohn;
Matthieu besah die Preise schon,

Und alles ist ihm nachgerannt,
Man meint, der Heiland komm' ins Land!« —
»Hm«, spricht der Senn' und schüttelt sich,
»Der Matthieu denkt, er kann's allein,
Doch gibt's noch andre sicherlich,
André — François — Renard — und dann —]«
Verschlagen lächelnd steigt er fort,
[Sich lässig an den Ständern haltend],
Von Trog zu Trog, ein hübscher Mann,
In scharfen Zügen Witz entfaltend,
Um Lipp' und Wang' ein wenig Hohn —,
Savoyens echtgeborner Sohn.
Er wirft das Haupt und murmelt fort,
Klatscht kosend den gewalt'gen Stier —
[Was gibt's? ein Schrei! so schmerzerfüllt,
Wie's aus gebrochnem Herzen quillt!]
Ein mattes Ächzen! Hin zur Tür —
[Er stößt sie auf — da liegt sein Weib]
Das Haupt auf einen Stuhl gebeugt —
[Angstvoll ihr Busen sinkt und steigt] —
Ficht mit der Luft wie sinnverloren.
— „Was ist dir, Rose? — Rose, sprich!"
Umsonst — sie wimmert, windet sich —
[Dann um des Gatten Knie fest
Sie krampficht ihre Hände preßt:
»Etienne!« ruft sie, in Schmerz verloren],
»Etienne, mein Vater ist erfroren!«
Und mit dem ersten Worte schnell
Entstürzt der bittre, bittre Quell,
Und wie der Wind die Espe rüttelt,
Den ganzen Leib ein Schauder schüttelt.
[Ihr Gatte nimmt sie in den Arm:
»Wein', liebe Rose, weine nur!«
Sie stößt ihn fort in ihrem Harm,
Von früherer Milde keine Spur.]

Vergebens mahnt der Mönch, kein Heil —
Die Rede strömt in wirrer Eil'!
Folgt ihr der Sinn? man weiß es kaum,
[Das Antlitz starrt, ein blutlos Schemen],
Die Worte schwimmen wie im Traum —
[Nur eines, eins kann man entnehmen:
Es ist ein Schmerz, der Felsen sprengt,
Was aufwärts diese Laute drängt.
Doch wer Savoyens wilde Kraft
Gesehn im Sturm der Leidenschaft,
Darf hoffen, daß die Senne nicht
Den überspannten Bogen bricht.]
Doch leiser wird und immer leiser
Der Atem, abgestumpft und heiser
Die Stimme schwindet — sie wird schwach,
Ums Auge läßt die Spannung nach,
In ihres Gatten Armen lind
Sie liegt wie ein ermattet Kind;
[Der trägt sie fort. — „Herr Pater, ich —"
»Geh, lieber Sohn, ich bitte dich.«]
Und wie nach dem verstörten Paar
Die Tür sich schließt, der Mönch steht auf —
[Und durch die Küche nett und klar]
Er wandelt sinnend ab und auf.
»Welch herber Kampf! in dieser Zeit
Wie schwach das Bild der Ewigkeit!
[Die Frau ist fromm, und doch, wie schwer
Erträgt sie, was der Himmel sendet!]
Doch ist sie jung, ihr Blut noch warm;
Bin ich denn mehr? Daß Gott erbarm'!
[Ach, lange Jahre rauschen her,
Eh' sich das Herz zur Ruhe wendet.]
Mein Vater starb — ich war noch klein,
Kaum ahndet's mich — doch muß es sein,

Nicht herbres Weh die Seele leidet,
Als wenn sich Blut vom Blute scheidet;
Deshalb —« aus seines Ärmels Schrein
Zieht er ein Rosenkränzlein klein
Und betet für das arme Weib,
Wie für des Abgeschiednen Ruh',
Nimmt einen Bissen auch dazu;
Denn ganz ermattet ist sein Leib.
[Der Frost war schlimm, noch mehr die Hitze,
Bald wieder geht's nach Bernhards Spitze];
Er hat in Eil' und unbedacht
Sich nüchtern auf den Weg gemacht. —
Und seinen schmerzgewöhnten Sinn
Nahm nicht so ganz die Szene hin,
Daß er nicht denkt in seinem Mut,
Das Brot sei frisch, die Butter gut.
Dann meldet er des Hauses Wirt,
[Der wieder naht und forscht nach Kunden],
Wie sich der alte Mann verirrt,
Und wie der Hund das Kind gefunden.
»Ja«, spricht der Senn' und blickt zurück,
»Bei allem Unglück doch ein Glück!
[Wer wollte noch zu murren wagen,
Wo sichtbar so des Höchsten Hand?«]
Doch kündet alles in dem Mann
Die schwerbezwungne Regung an;
Verstohlen stützt er an die Wand
Den Körper, bleich ist sein Gesicht:
[»Herr Pater! alles sei getragen:]
Jetzt holen wir den Vater, nicht?« —
[»Auch ich muß heim in meine Zelle.«]
Und bald mit Nachbarn, die in Hast
Verlassen Tisch und Jahrmarktsgast,
Ist wieder Etienne zur Stelle.
Nachdenklich schaut der Mönch den Trupp,

Geschmückt mit Bändern, Strauß und Flittern,
Wie die gebräunten Züge zittern,
Wie, rollend ihrer Augen Kohlen,
Sie Leichentuch und Bahre holen,
[Wie dann durch eine Hintertür,
Dem Klang der Freude zu entgehn,
Sie duckend ihre Bürde drehn],
Und nun von Lachen, Spiel und Schmaus
Die Reise geht ins Totenhaus.
O stummer Rede Allgewalt! —
Man schreitet an. »Halt«, ruft es, »halt,
Ich komme schon!« und Rose tritt
Mit ihrem Strohhut in die Tür.
[»Nein, liebes Weib, verweile hier!«
Ihr Gatte spricht mit trüber Hast,]
Verwundert blickt der Mönch empor:
Ein andres Wesen wie zuvor!
[Wohl tiefen, herben Kummers Last
Verrät die Stirn, doch fest der Schritt,
Das Antlitz wunderbar gefaßt —]
Der gute Mann begreift es nicht;
Savoyens Tochter will allein
Von ihrem Volk verstanden sein.
[Von allen auch, das sieht man klar,
Nicht einer ernstlich widersteht;
Etienne nimmt ihres Mantels wahr,
Und nun der Zug bergaufwärts geht.]

Vom Dorfe drunten Jubelschrein
Der Armen schrillt durch Mark und Bein:
Ha »*Nouschron Prince de Savoye!*«
Doch bald verschwindet Saint-Remy. —
Um den bejahrten Fichtenwald,
Der schützend übers Tal sich streckt,
Die Nebel füllen jeden Spalt,

Wie Nadeln in den Schleier steckt
Ein schönes Weib. O Waldesruh',
Bist du nicht schön? — O Wildnis du,
Wenn nickend schaust im Sonnenduft
Der Drance muntern Sprüngen zu?
[Nichts, was so wunde Herzen kühlt,
Als Bergesluft, die einsam spielt.]
Wie dort im kleinen Wasserfall
Sich Zweig' und Gräser plätschernd bücken!
Der fromme Morgen scheint das All
Sehnsüchtig an die Brust zu drücken.
[So mild die Landschaft und so kühn!
Aus Felsenritzen Ranken blühn;
So wild das Wasser stürmt und rauscht,
Und drüber Soldanella lauscht.]
Aus dem Gestrüppe Fingerhut
Bedächtig streckt die roten Glocken;
Der Steinbrech hält sich fest und gut,
Das Geißblatt windet sich erschrocken;
Und dort zur Rechten, überm Rain,
Zeitlosen mit erneuter Kraft
Verhauchten Lilas Schimmer streun,
Und drüben hebt den Purpurschaft
Die Orchis, wie ein schlanker Knabe
Zur Herde schaut von seinem Stabe. — —

Steil wird der Pfad, die Wandrer glühn,
Quarzhelle Blöcke reihn sich dichter,
Mit jedem Schritt das Leben weicht,
Im Walde lichter wird's und lichter,
Bis nur, verkrüppelt und gebeugt,
Am braunen Grund die Fichte kreucht.

Ha, Vacherie! — Hier weilt der Zug.
Auf einen Schemel Rose sinkt,

Des Bechers Labe kreist, sie trinkt
Zwei Tropfen nur, es ist genug,
Verschluckter Tränen Bitterkeit
Hat sie getränkt die ganze Zeit.
[Und hier — der Rinder muntres Brüllen —
Zwei Knechte, die den Eimer füllen
Mit Schrei und Lachen; — dort am Tor
Ein Mädchenpaar, was emsig fest
Das saure Lab in Formen preßt —
Es ist zu viel! Liegt drüben doch
Der Käse für den Vater noch — —
Ach hätt' sie, hätt' sie ihn gesandt,
Als jüngst der Krämer zog durchs Land!
Aufs neu fühlt sie die Wunde bluten. —
Und — weiter! — weiter! Nach Minuten]
Vor ihren Blicken schwimmt der Steg,
[Sind's Tropfen, die im Auge schimmern?
Ist's Sonnenglanz? des Taues Flimmern?]
Wie seltsam blendet sie das Licht!
Nicht weinen will sie vor den Leuten,
Drum meint sie auch, sie weine nicht.
Einsam und traurig wird der Weg,
Nur halbverdorrte Stämme deuten
Mit Spitzen, karg und frostgepreßt,
Des matten Lebens Überrest.
[Nur senkrecht starrt die Schieferwand,
Zerrissen, schwarz, wie ein Tyrann
Aus zeitgeschwärzter Feste Bann
Schaut grollend ins versengte Land.]
Und drüber nichts als Hänge, wüst,
Baumlose Steppe — heidicht Moor —
Kein Vogel, der das Blau begrüßt —
Kein Kraut aus Klippenspalt hervor —
Ein Schweigen, dem erliegt das Ohr.

[Verdorrt Gestrüpp, zerspaltner Gipfel,
Mit dünnem Flaum bestreut die Wipfel]
[Des ew'gen Winters Region:
Man naht sich ihr, man fühlt sie schon.]
Stumm keucht der Zug und mühsam dort,
[Nur mahnend, freundlich, hier und dann]
Etienne zu Rose spricht ein Wort.
Sie nickt betäubt und wandelt fort.
Ein Ton, ein Lebenszeichen — seht,
Um jene Klippe krächzend dreht
Der Rabe sich! — viel besser doch
Als solcher Ruf, die Stille noch!

Ein Felsenriß — doch nein, die Bahn
Erweitert sich, schon ist erreicht
Des Donnergottes kleiner Plan.
Hier rastet man und atmet leicht,
Und an den Pfahl, der buntbekleidet
Sardinien und Wallis scheidet,
Lehnt sich die Frau — tief unten zeigt
Sich Ferrets Tal, und riesig beugt
Montblanc den grauen Nacken vor. —
Ringsum nur totes Chaos starrt,
[Nur Trümmer, bröckelnd, scharf zerschmettert,]
Wie eine Welt, die ausgewettert
Den neuen Schöpfungstag erharrt.
Ja, ward, wie zeugt des Römers Mund,
Die Wildnis dem Karthager kund,
Fürwahr! manch punisches Gebein
Bedeckt so wüster Leichenstein.
Vom Herde fern, welch trostlos Grab!
Wo Tau noch Regen kommt herab.
[Schlaft wohl! — Sie ziehn fürbaß, doch schlingt
Zuvor den Mantel um sein Weib
La Borte, denn sehr verletzend dringt

Der Äther an den jungen Leib.]
Schlaft wohl! — Zum letztenmal für heut
Sehn sie den Grund; die Steppe beut
Nur fürder Schnee, wohin man blickt,
Von schwarzer Trümmer Wust gedrückt;
Und ruckweis durch des Felsen Glieder
[Der Wind, — so schläft in Tages Hut,
Doch nimmer auf der Höhe ruht —]
Pfeift seine unwirtbaren Lieder,
Auch eine Wolke träumt mitunter
Am kalten Horizont hinunter.
[Und leichter wird das Blut bewegt,
Da etwas außer ihm sich regt.]
Nur nicht gesäumt! was jeder kann,
Den Fuß beeilt, voran — voran! —
Schon ragt das letzte Felsenmal,
Schon langsam öffnet sich das Tal
Und drüben liegt — das Hospital.

Wie freudlos! an des Sees Strand,
Dem linde Wellen nicht allein,
Nein, dem erzürnten Gottes Hand
Versagt des Gletschers toten Schein,
Der ein versteinerter Kokyt,
Ein Trauertuch auf Leichengrund;
Und doch, wie milder Frieden blüht
An seinem Strand! wie wird er kund
Dem Mann, der keinen Spiegel kennt,
Als sein verdüstert Element.
Man klinkt ans Tor! »Bleib, Rose, da!«
[Spricht sanft La Borte, ihm fällt es ein,
Ob auch vielleicht dem Eingang nah
Ins Auge fällt der Totenschrein;]
»Bleib, Kind!« Sie lehnt sich an die Wand
Und starrt nur immer über Land.

Man meint, wo unter Felsenhängen
Sich schwärzlich kleine Flächen drängen,
[Und wo, des Sommers einzig Grün,
Die Brüder Alpenkräuter ziehn,]
Verweil' ihr Blick — jetzt sind sie leer;
Doch bräch' aus Schnee und Eis umher
Ein Rosenhag, sie säh' es nicht,
Hebt unbewußt das matte Licht,
Wie wohl das Auge, schmerzgetrübt,
Sich willenlose Richtung gibt. —

Ach, alles, alles ist dahin!
Ihr Mann ist gut, sie denkt nicht sein,
Des armen Lieben nur allein.
Kein Kind hat sie, kann nicht ermessen,
Wie Mutterleid die Herzen bricht;
Doch einen Vater kann man nicht,
Sein graues Haar, sein treu Gesicht,
In Ewigkeit ihn nicht vergessen.
Gedenkt sie an sein graues Haar,
Wie er sie rief: »Rosette, mein Licht! —
Rosette, mein Kind!« — es ist zu viel!
Zu viel! und aller Fassung bar
Sinkt sie ins Knie, reibt an die Mauer
Ihr Antlitz in vermeßner Trauer.
Sie fährt zurück — wer rührt sie an?
Da: »Rose, Rose!« spricht ihr Mann;
Sein Odem fliegt, sein Auge blinkt,
»O Rose! — Frau! ich will — ich kann —
Ich will dir sagen — 's ist kein Leid —
Gewiß nicht — ruhig — große Freud' —
Der Vater l e b t !« — Sie taumelt, sinkt — —
»Sprich, Rose, sprich!« — da hebt sie sich
Wie träumend — glühend Rot bedeckt
Ihr ganz Gesicht — die Arme streckt

Sie aus, und wild am Senn vorbei
Fliegt sie mit ungemeßnem Schrei;
»Ihr nach! ihr nach!« Was frommt die Eil'?
Sie ist ein Blitz, ein Sturm, ein Pfeil,
Dort läuft sie — an den Zellen rüttelnd —
Mit ihrer Hand die Riegel schüttelnd —
[Auf geht die Tür, und gleich dem Geier,
Der sein geraubtes Junge fand,
Stürzt zum Kamin sie, wo vom Feuer
Benoit ihr freundlich reicht die Hand —,
Nicht an sein Herz, nein, an sein Knie.
Sie küßt den lieben, lieben Fuß. — —
Von Zeit zu Zeit ein dumpfer Schrei, —
Nein, solcher Liebe Raserei
Sah man in anderen Zonen nie,
Bis endlich sich im Tränenguß
Die Spannung bricht. — »Rosette, mein Kind!«
Und ach! bei diesem, diesem Ton
Sie wieder milder weinen muß.
»Steh auf, mein Kind! — mein lieber Sohn, —
Setzt euch! sahst du den Henri schon,
Rosette? komm her, Henri! mein Junge!«
Der Kleine, so im Winkel still
Sich vor den Fremden bergen will
Und mit Kristallen spielt und Bildern,
Läßt zögernd nur den werten Tand;
Sein bestes Bildchen in der Hand,
Kommt er hervor. »Großvater, ist
Das wirklich meine Tante Rose?«
»Ja, ja, sie ist's«, und mit Gekose
Zieht sie ihn heftig auf den Schoß.
»Nein, Tante Rose, laß mich los!« —
»Weshalb, mein Jung'? ich hab' dich lieb!« —
»Lieb wie die Mutter?« — »Lieber noch!«
»Du dumme Frau! wie sprichst du doch!« —

»Mich nennst du dumm? du Schelm! du Dieb!
Ja, sprich nur so und hab' mich lieb!
Du Schelm!« Und sie begräbt mit Küssen
Ihm Auge, Wange, Mund und Kinn
Bis auf die kleinen Händchen hin.
Er sträubt sich, stöhnet, will's nicht wissen,
Und doch, wie gleicht die fremde Frau
Der lieben Mutter fast genau!
Wär' Rose nicht aus wüstem Traum
So überselig aufgewacht,
Es hätt' ihr schwer das Herz gemacht,
Jetzt findet nicht der Kummer Raum.
Susette soll in Frieden ruhn,
Sie hat ihr Kind, sie hat es nun
Auf immer. Mit geteilten Sorgen
Hält sie des Kleinen Haupt gepreßt
An ihren Busen und verborgen
Zugleich des Vaters Jacke fest. —]
So unvermerkt der Morgen zieht,
Wie auch die schönste Stunde flieht.
Und mählich zum gewohnten Gang
Zurücke kehrt des Blutes Drang.

Man frägt, man horcht; schon ward erzählt,
Wie Eleuthère halbstündlich treu
Ins Leichenhaus gewandelt sei,
Den heimlich Überzeugung stählt,
[Daß nimmermehr sich Barry trüge, —
Es sei nur Ohnmacht, Todes Schein,]
Was auf dem alten Sennen liege.
Doch — unverändert stets die Züge,
Das Auge starr — fast läßt er nach —
Doch einmal wird die Hoffnung wach.
War's nicht, als säh' ein Fleckchen klein
Er an der linken Braue?! — Ja!

Gewiß! Auch an der Wange heben
Sich schwarze Schatten hier und da —
Der Bruder rennt ins Hospital:
»Geschwind, geschwind! herbei zumal
Mit Bürst' und Tuch, ich spüre Leben!«
Die Mönche drängen in den Saal.
Schon unter ihren Händen beben
Die straffen Fibern, Fleck an Flecken
Allmählich jedes Glied bedecken.
Das Glas sich trübt — die Feder weht —
Es zuckt die Lippe — langsam dreht
Das Auge sich und rollt im Kreis.
Gesegnet sei der fromme Fleiß!
Die Hand gesegnet, so gelegt
Den Stein, der diese Mauern trägt!
Sie mögen stehn durch Zeit der Zeiten,
Mit Kraft ein heil'ges Wort zu deuten,
Im Zweifler zündend fromm Verlangen
Und schamrot färbend Christenwangen.

Noch vieles heute ward gesprochen
Von stillen Sorgen, stillem Harm,
Der weicher macht so reich wie arm.
Wer hat die Blume nicht gebrochen,
Die selbst aus hartem Grunde sprießt
Und um das Blut die Ranken schließt?
Wer kennt nicht das beredte Schweigen,
Wenn Wangen sich an Wangen neigen?
Wer lauschte nicht verehrten Tönen
Und mag mit Einfalt sich versöhnen,
Wenn trocknend seines Kindes Tränen
Der rauhe Alpenjäger spricht:
»Du gutes braunes Angesicht!
Wie oft hab' ich an dich gedacht
In Saint-Pierre, bei Tag und Nacht!« —

Nicht immer Kraft beim Glanze ist,
Oft mehr Geringes sich vermißt:
Aus Felsenschoß die Quelle geht,
Und ewig flach der Weiher steht.
Genug, dem armen Sennen lag
Viel Glück und Leid an diesem Tag.
[Und endlich] — »Aber Vater«, spricht
Rosette, »Ihr verhehlt mir's nicht.
Mein Schwager krank seit Wochen war,
Er lebt nicht mehr, ich seh' es klar.
Gesteht es!« — »Freilich! liebes Kind,
Die frommen Toten selig sind.
Er war ein Christ, ein guter Mann«,
Der Alte schweigt betrübt, und dann:
»Als mich Susette mit sich nahm,
Da riet man mir, wohin ich kam,
[Ich solle mir ein Gärtchen baun;
Das sei ein gutes Mittel, traun,]
Die tausend Grillen zu verjagen,
So alte Schwiegerväter plagen.
Allein — ich segn' ihn in der Gruft,
Den François! — Die fremde Luft
Ward mir nicht eng, doch immer blieb
Dem Pfleger seine Schöpfung lieb.
Ja, schöne Rosen standen drin,
Gestreifte Nelken und Jasmin,
Levkojenstöck' an allen Wegen.
[Die Rosen pflanzt' ich deinetwegen,
Sie führen deinen Namen, Kind;]
Susette half sie oft mir pflegen. —
Vergänglich ist ein Rosenstamm,
Doch wandelbar wir all zusamm.
Der erste Stock, den sie gepflegt,
Ich hab' ihn auf ihr Grab gelegt.
[Da ruht sie, wie ich sie gesehn

Im Sarg, von meinen Nelken schön]
Den Strauß an ihrer Brust und an
Der Hand den Ring von ihrem Mann,
Den Trauring, den in allen Tagen
So ehrenvoll sie hat getragen.
[Vom Haupt schnitt ich ihr eine Locke.
Mir war's, als ob die Sterbeglocke
Ins Hirn mir schlug, als ob der Wagen,
Der fortnahm meine beste Lust,
Die Räder trieb durch diese Brust.]
Fürwahr — doch Rose! weine nicht,
Es ist vorbei — auch François
War tiefbetrübt, und öfters sah
Ich ihn vor ihrem Schranke walten,
Die Lätzchen, Mieder stumm entfalten.
[Dann blickt' er scharf in alle Ecken,
Als hoff' er, dort sie zu entdecken,]
So ging's. — Allein wir lebten still,
Ertrugen's, wie der Himmel will.
François bestieg der Alpen Höh':
Ich sah zum Kind; mir tat's nicht weh,
Daß ich in meinen alten Tagen
Die Küchenschürze sollte tragen.
Ja! meiner ungeschickten Hand
Ist oft die Suppe angebrannt!
Wohl! wär's wie sonst!« — Hier bebt ein Strahl
Durch sein verwittertes Gesicht:
»Ja! wär's wie sonst: im ganzen Tal
Von Saint-Remy ein Schütze nicht
Mir vorging, galt's die First erklettern,
Wo, unter Sturm und Stöberwettern,
Die Gemse durch den Nebel strich,
Und mancher Steinbock sicherlich
Des Abends überm Hange stand, —
Am nächsten Morgen war er fort;

Getäuscht der Jäger maß die Wand;
Wo blieb er? in der Hütte dort
Zu Saint-Remy muß sein Geweih
Noch ragen von der Decke frei.
Ich und Trouvez, mein Hund, wir zwei,
Wir machten keinen Gang vergebens;
Allein was rühm' ich mich des Lebens,
So längst dahin! — die Zeit, die Zeit
Chamounix' Gletscher rücken kann,
Das Ureis löst sie am *Mont noir*,
Sie schont auch nicht den besten Mann.
Wer könnte bleiben, was er war!«
Hier streicht er seinen Scheitel bar.
[»Trouvez war tot, kennt ihr Louis?
Im dritten Haus zu Saint-Remy?
Das war ein Bursch in jungen Jahren,
Bei Jagd und Spielen mein Genoß,
Im Ringen, Lauf, mit dem Geschoß
Der erste sonst; — ein hilflos Schemen
Schwankt er umher, wie ich erfahren;
Das kann dem Tod die Spitze nehmen!
Wer möchte noch vereinzelt stehn,
Wenn die Gesellen schlafen gehn?
Gewiß, gewiß« — in tiefem Sinnen
Der Greis verstummt, vorüber rinnen
Die Bilder längst begrabner Zeit;
Doch schmerzlich zeigt die Wirklichkeit.]
Ein Blick auf seine Hände dürr,
Er richtet sich — streicht das Gewirr
Unwillig vom betörten Haupt: —
»Ja, Kinder, besser, als ihr glaubt,
Fand ich mich in mein seltsam Amt,
Mir von der Mutter angestammt,
Und sah nun, wie ein alter Mann
Zum alten Weibe werden kann! —

Ja, wär's nur immer so geblieben!
Nicht froh wir lebten, finster nicht;
Allein die Staublawine bricht
Gewaltsam fort, hat nur ein Hauch
Die ersten Flocken angetrieben:
So mit dem Schicksal geht es auch,
Ein Unfall selten kommt allein,
Stets holt ihn der Gefährte ein.
So ging's auch hier. — François war früh
In seinem Tagwerk ausgegangen,
Ich kochte, dacht' an Saint-Remy,
Und sah die Nebelwolken hangen,
Zu Mittag blieb er öfters aus,
Der Abend kam — mir wurde bange. —
[Noch nie verweilte er so lange;]
Mich hielt das Kind im öden Haus.
In Saint-Pierre die Glocke schlug
Sechs — sieben — acht — nun war's genug!
Ich dämpft' das Feuer, sperrt' den Schrein,
Schloß Henri in die Kammer ein,
Und vorwärts nun, in Gottes Hut!
[Begleitet mich kein treuer Hund,
Sind wenig mir die Stege kund:]
Mein Ohr ist scharf, mein Auge gut. — —
[Ach! suchen durfte ich nicht lange.]
Sein Hund, der heulend glitt herbei,
Vom Gletschereis der Valsoray,
[Gab gleich die Richtung meinem Gange.]

[Mit einem Gemsbock, den er heut
Erlegt, doch mit Gefahr und Müh',
Kehrt François heimwärts, wund am Knie, —
Begeht die Unvorsichtigkeit,
Sich an der *Gouille de Vassu* Bette
Erschöpft zu lagern, grade da,

Wo der *Mont noir* die Eisblockkette
Ihm übers Haupt hält, schwindelnd nah,
Und weiß doch, daß in jedem Jahr
Herunterklirrt so manches Paar.
Doch wen das Schicksal will verderben,
Den blendet es: ein Brocken fällt,
Im Augenblick, da, vorgebückt,
François die wunde Stelle drückt —
Auf seinen Rücken, und zerschellt;
— Gewißlich nur der kleinsten einer —
Doch war es gleich, ob größer, kleiner,]
Ihm bracht' es Tod. Nicht gleich zu sterben
War sein Geschick; schmerzzitternd rafft
Er auf sich mit der letzten Kraft,
Und hofft, es mög' ihm noch gelingen,
Bis Saint-Pierre sich fortzubringen;
[Doch an der Drance Wasserfall
Entschwinden ihm die Kräfte all.]
Dort fand ich ihn — ich dachte tot.
[Das Wild noch hatt' er mitgeschleppt
Und hielt es immer fest im Arm.]
Ich lag am Grund, in meiner Not,
Griff in die Brust, sie war noch warm;
Dann lud ich auf die Schultern ihn,
Schwer ward er mir bis in sein Haus,
Lief dann beinah' verrückt hinaus
[Nach Saint-Pierre, das Leben schien
Entflohen, endlich kam's zurück,
Doch nur auf einen Augenblick
Der Sinn —, bis deutlich er erzählt,
Wie ihn das Mißgeschick betroffen.]
Und dann — was hilft's, daß man sich quält
Mit solchen Bildern! — alles Hoffen
War hin; so sieben Wochen lag
Er ganz verstandlos, Nacht und Tag.«

Der Alte schweigt, und Rose spricht,
Der's heimlich auf der Seele brennt:
»Doch, Vater, eins erwähnt Ihr nicht,
Nahm er das heil'ge Sakrament?
[Das wär' ein großer Trost uns allen.]«
»Mein Kind, er wußte nichts von sich.
Gott ist gerecht, das tröstet mich,
Laß keine Zweifel quälen dich;
Sein Herz voll Einfalt war und treu.
Wo menschlich hat mein Sohn gefehlt,
— Wer ist von kleinen Mängeln frei? —
Er ließ den Eisblock auf ihn fallen,
Ein Tor, wer sich mit Zweifeln quält —
[Ich glaub' an meines Schöpfers Treu.
Ja, manche Stunde schlich vorbei,
Manch harte Stunde. — Einstens früh,]
— Es war ein milder Tag wie heut, —
Ich hatte fast die ganze Nacht
Bei meinem armen Sohn verwacht,
Der still, wie seit dem Unfall nie,
Zu schlummern schien, die Nachbarn waren
An ihre Arbeit heimgekehrt,
Ich war allein, und unverwehrt
Ließ weit ich die Gedanken fahren,
Da regt es sich, ‚Mich dürstet' spricht
Der Kranke; wie ein blendend Licht
Durchzuckt es mich. — Schier faßte Mut
Ich alter Tor, und sah doch schon
Den Tod und hörte Sterbeton;
‚Mich dürstet' — freudezitternd, schnell
Lauf' ich zum nahen Klippenquell,
— Nein, nicht zu nah; daß er so weit,
Bracht' öfters Unbequemlichkeit,
Schöpfe dann hastig, aus dem Glas
Entschlüpft mir immerfort das Naß,

Jetzt fass' ich's, kehre keuchend wieder,
— Was duckt dort unterm Baume nieder?
Ein weißer Klumpen, — mir wird's Nacht!
Es war mein Sohn, — o Himmelsmacht!
Gekrümmt am alten Fichtenstamm,
Tot! — — Kinder, laßt uns allzusamm'
Für des Verstorbnen Seele beten;
[Weit besser ist's und mehr vonnöten,
Als, liebe Rose, deine Tränen...
Nein, gutes Kind, ich schelte nicht;
Allein so ungestüm zu frönen
Jedwedem Schmerz, verbeut die Pflicht.
Der Wurm die stärkste Eiche bricht;]
Komm her!« Er nimmt sie in den Arm,
Streicht liebreich ihre Wangen warm,
Wägt in der Hand ihr Zöpfepaar,
Fährt dann hinab die Stirne klar —
»Du braunes frommes Angesicht,
[Ihr lieben Augen, süßes Licht!]
Dein kann ich nimmer mich entwöhnen,
Wie oft hab' ich an dich gedacht
In Saint-Pierre bei Tag und Nacht!
Dort war mir alles nun verhaßt,
Was sollt' ich noch im öden Haus?
[Geschwind war der Entschluß gefaßt;]
Nach wenig Tagen zog ich aus.
Robert, dem Nachbar, wie das Grab
Getreu, ich alle Schlüssel gab,
[Das Vieh, Gerät, was in der Hütte
Noch sonst, vertraut ich seiner Sitte;]
Nahm Henri, dem ich erst zuvor
Sein gutes Kleidchen angelegt,
Und trat dann in der Scheune Tor.
[Noch einmal, einmal mußt' ich stehn,
Wo ich zuletzt mein Kind gesehn,]

Und noch es mir das Herz bewegt,
Daß Nebelgrau an jenem Tag
Verbarg die Stelle, wo sie lag.
Nun fort! — Das Wagnis schien mir leicht,
Zwar vorgerückt die Jahrszeit war,
[Allein ein alter Schütze weicht
So leicht nicht jeglicher Gefahr.]
Den Berg bestieg ich oft allein;
Das sind nun freilich zwanzig Jahr,
Doch Jahre sind wie Nebelschein,
Turmhoch, endlos, eh' man's erreicht,
Ist's da, ein Dunst — ein Nichts vielleicht! —
Doch leider sind die Kräfte wert
Vom gift'gen Dunste dann verzehrt.
Ich glaubte mich, was ich nicht war,
Mein frühres Selbst, und offenbar
Mir allzuspät die Täuschung ward —
Den guten Vätern dank' ich's noch,
Daß ich soll in den Totenschrein
Gelegt von Euren Händen sein.
Denn sterben — bitter ist es doch,
Und einsam sterben — doppelt hart.«

Hier endet den Bericht der Greis.
Nachdenklich Schweigen herrscht im Kreis;
Sich Rose auf den Knaben bückt;
Des Vaters Rechte sachte drückt
Etienne, und weil an diesem Tag
Ein jeder kämpft, wie er's vermag,
Des Herzens Schrei zu unterdrücken,
So muß es endlich allen glücken!
[Nicht siegesbar die Liebe ringt,
So fremdes Leid im eignen zwingt.] —
Und Barry, das getreue Tier,
Wie's gähnend aufsteigt vom Kamin,

Das hilfsbereite, muß auch hier
Aus Grübeln alle Sinne ziehn.
Von Rosens Schoße Henri schlüpfend,
An seinen zott'gen Freund sich macht,
So furchtbar ihm in letzter Nacht,
[Doch jetzt seit Stunden sein Geselle;
Er dreht ihn, sucht die rechte Stelle,]
Dann rasch auf seinen Rücken hüpfend,
Er stapft im Saale hin und her:
»Ei, Tante Rose«, schmeichelt er,
»Darf ich an Sonn- und Feiertagen
Zuweilen deine Kappe tragen?«
»Gewiß, mein Bub!« — »So gib den Hut
Mir gleich.« — »Nun wohl! doch wahr' ihn gut,
Laß nicht die schönen Bänder streifen.«
Der Knabe schielt auf Strauß und Schleifen,
Und rasch sein Köpfchen fährt hinein
Bis übers Ohr. »Er ist zu klein!«
Die Tante ruft mit mildem Spott.
Als nun der kleine Don Quixote,
Ein Nachen fein, mit Segeln breit,
Fährt übern Estrich: »Sei gescheit!
Trab' her, ich rück' dir's in die Höh'!« — ...
Zum Mahle lädt der Clavendier. —

Und bei des nächsten Morgens Früh'
Zwei Mönche stehn in Duftes Weben,
Sie schaun herab nach Vacherie,
Von einer Felsenplatte eben,
So zierlich, daß des Meißels Spur
Du suchst im Spiele der Natur;
Ihr Auge folgt der kleinen Gruppe,
Die niedersteigt von jener Kuppe:
Dem Greise an des Zuges Spitze,
Der rüstig seinen Alpstock regt;

Dem Sennen, der das Körbchen trägt;
Dem Weib mit der ital'schen Mütze:
Dem Knäbchen noch, das für und für
Kost sein geliebtes Murmeltier,
Mitunter in sein Pfeifchen stößt,
Das Pater Koch vom Ast gelöst,
Kunstreich der Infirmier gebaut.
Herüber schrillt der dünne Laut,
Wie fliehend zirpt ein Vögelein.
Dort schwimmen sie im Sonnenschein,
Undeutlich schon, — wie Punkte dann
Sich drehn auf einer Linie krumm. —
Die guten Brüder wenden um
Und treten ihren Rückweg an. —
So ziehn auf immer sie geschieden,
Zum Glücke die, und die zum Frieden,
[Was schöner sei, was minder hehr? — —
Dies zu entscheiden würde schwer.
In Wahrheit! Beide sind nur eins!
Glück ohne Frieden gibt es keins,
Und Frieden trägt ein mildes Glück.
Dies sagt dir jeder Augenblick,
Wirst du aus reinem Herzen fragen.
Sind nimmer sich die Formen gleich,
Was diesem karg, dünkt jenem reich:
Nicht über Lüge darfst du klagen.]
Ach Glück ist Frieden — Frieden Glück!
Der Tau die Schimmer wirft zurück,
Und tausend Farben zeigt der Schein:
Doch e i n e n Strahl sie hüllen ein.

DAS VERMÄCHTNIS DES ARZTES

Widmung

An Sybille Mertens

Nicht wie vergangner Tage heitres Singen, —
Der Ton, den ich in frischer Jugend fand,
Nein, anders muß das düstre Lied erklingen,
Das schauernd sich dem kranken Haupt entwand.
Doch wag' ich's dir, du treues Herz, zu bringen;
Gelang es oder mocht' es nicht gelingen —
Vertrauend leg' ich's in der Liebe Hand.

Wohl war er schön, wohl muß ich ihn beklagen,
Der frohe Blick, der ungetrübte Sinn;
Doch naht die Mittagssonne unsern Tagen,
So reift die Frucht und ist die Blume hin.
Was soll ich dir, mein zweites Selbst, noch sagen?
So bin ich, und so muß mich Billchen tragen;
Nicht wahr, mein Kind, du nimmst mich, wie ich bin? —

So mild die Landschaft und so kühn!
Aus Felsenritzen Ranken blühn;
So mild das Wasser stürmt und rauscht,
Und drüber Soldanella lauscht!
Nichts, was ein wundes Herz so kühlt,
Als Bergesluft, die einsam spielt,
Wenn Maienmorgens frische Rosen
Mit Fichtendunkel flüsternd kosen.
Wo überm Wipfelmeer das Riff
Im Äther steht, ein flaggend Schiff,
Um seinen Mast der Geier schweift,
Tief im Gebüsch das Berghuhn läuft;
Es stutzt — es kauert sich — es pfeift
Und flattert auf; — ein Blättchen streift
Die Rolle in des Jünglings Hand,
Der schaut versunken über Land,
Wie einer, so in Stromes Rauschen
Will längst verklungner Stimme lauschen.
Er ruht am feuchten Uferrand. —
In seinem Auge Einklang liegt
Mit dem, was über ihm sich wiegt,
Mit Windgestöhn' und linden Zweigen:
Was ist ihm fremd, und was sein eigen? —
Gedankenvoll dem Boden ein
Gräbt Zeichen er mit spitzem Stein
Und löst gedankenvoll das Band

Am Blatt, wo regelloser Spur
Ach! eine Hand, zu teuer nur,
Vertraut gestörter Seele Leiden,
Die Wahr und Falsch nicht konnte scheiden.
Und will er — soll er — dringen ein
In ein Geheimnis, das nicht sein?
»Es sei! Es sei! die Hand ist Staub,
Und ein Vermächtnis ja kein Raub!«
Dann — Wasser, Felsen, alles schwand.

»Ich war noch jung; o Zeit, entflohne Zeit!
Wohl vierzig Jahre hin, mir ist's wie heut.
Ein frisches Wasserreis war ich, im Traume
Von Blüte, Frucht und tausendjähr'gem Baume.
Ein Flämmchen war ich, lustig angebrannt,
Mein Sohn! nicht Schlacke, wie du mich gekannt.
Ach! damals hatte fremde Sünde nicht
Gelegt auf meinen Nacken ihr Gewicht.
Klar war mein Hirn, die Seufzer durften ruhn:
So war's, so war's, und anders ist es nun.
Der dunkle Mann — das Bild, das mich umkreist —
Ich sage nichts, mein Sohn, was du nicht weißt.
Zu Nacht mein Auge fand das deine offen,
Dein sorglich Ohr mein Ächzen hat getroffen,
Wenn Mißgeschick in Sünde mir zerfleußt,
Zur Gegenwart wird die Erinnerung.
Alt bin ich, krank, umdunkelt oft mein Geist,
Das kennst du nicht, du bist gesund und jung.

Am zwölften Mai, bei einsam tiefer Nacht,
Nach einem Tag, ich hatt' ihn froh verbracht
Auf Waldeshöh'n, die, wimmelnd von Gesindel,
Zum Äther strecken ihrer Fichten Spindel,
An Böhmens Grenze eine starre Wacht:
— Dort nahm, der Wissenschaft und Armut Sohn,

Ein kleines Haus mich auf seit Wochen schon,
Wo Kräuter suchend zwischen Fels und Gründen
Die Einsamkeit ich traulich konnte finden, —
Am zwölften Mai, wo das Geschick mich traf,
Auf meinen Wimpern lag der Jugend Schlaf,
Doch ruhig nicht, mein Traum war wie ein Fieber:
Auf Felsen stand ich, Adler kreisten drüber;
Mir näher, näher aus dem tiefen Grau,
Der Flügel Schlag, ich hört' ihn ganz genau,
Und hört' es immer, als der Traum zerrann.
Vernahm ich's wirklich? Und was war es dann?
Den Atem haltend lausch' ich vorgebeugt,
Und wahrlich — zweimal — dreimal — nah der Wand
Pocht es vernehmlich an des Fensters Rand.
Dann Schatten seh' ich vor der Scheibe schwanken,
Ein langer Arm, ein dunkler Finger steigt;
Ich war noch jung; wie Pulver die Gedanken,
Wenn aufgeregt, erkannten keine Schranken.
Man weckt den Arzt um Mitternacht so leicht:
Gewöhnlich fänd' ich's jetzt, dort wunderbar;
Doch Jugend schäumt entgegen der Gefahr,
Und ohne Sprudel ist kein Trank ihr klar.
So war's nur Neugier und verwegne Glut,
Was durch die Adern trieb das üpp'ge Blut,
Als ich verlassen jener Hütte Frieden
Um einen Wunden, wie man mich beschieden,
In jener Nacht, so schwarz und schauerlich,
Daß nicht ein Glühwurm durch die Kräuter schlich;
Des Grases Knistern nur, der schwache Hauch
Des eignen Atems brach die Stille auch.
V o r ging ein Mann, und einer n a c h mir schritt.
Ich sah nur Grau in Grau und tappte mit,
Als wir dem Bergwald zogen stumm entgegen,
Gleich Kohlenstämmen unter Aschenregen.

Zuerst ein Weiher kam, und dann ein Steg,
Dann ging es aufwärts halb verwachsnen Weg;
Im tiefern Grau verschwammen die Gestalten;
Nur selten zeigten mir des Waldes Spalten
Noch meines Vormanns untersetzten Bau.
An einer Klippe meine Führer halten,
Und ich mich wende zu verstohlner Schau.
Nur dunkle Massen rings — wo mag ich sein?
Da über mir hört' ich die Eule schrein
Und dachte noch, ihr Nest liegt im Gestein.
Doch dort und dort und dorten, überall,
Entlang die Waldung, gellt's im Widerhall,
Ringsum die Zweige knistern wie im Brand,
Vor mir ein Mantel, drüber eine Hand,
Dann über meine Schulter es sich stemmt,
Und eine Binde hat den Blick gehemmt.
Der Boden schwindet; eh' ich mich gefaßt,
Ein Roß trägt schnaubend fürder seine Last.

Mir war doch schwül, als ich zum Zügel griff;
Seekranken war mir's gleich auf leckem Schiff.
Verwirrung hatte mich betäubt, — zum Heil,
Sonst hätt' ich mich gefürchtet, als so steil
Pfadlosen Weg betrat des Tieres Fuß,
Wo ich nur klammernd mich erhalten muß,
An seine Mähne mein Gesicht gelegt,
Daß mir des Tieres Schweiß vom Kinne rann.
Ich hörte, wie, von seinem Huf geregt,
Des Weges Steine langsam rollten, dann
Von Klipp' zu Klippe sprangen, bis zuletzt
Der Schall im Nachhall schwand. Ich hörte jetzt
Ob meinem Haupt die Wasser niederrauschen,
Daß zarter Regen mein Gesicht benetzt.
Oft warnte eine Stimme mich in Hast:
‚Dich vorgebückt!‘ und über meinem Nacken

Strich sich ein breiter Ast mit trägem Knacken.
Entferntem Knalle glaubt' ich oft zu lauschen,
Der Boden einmal klang wie Estrich fast;
Was weiß ich, meine Phantasie war reg, —
Doch immer seltsam blieb und schlimm der Weg.
So öde war mein Hirn, gedankenleer,
Die Zügel ließ ich oft, dem Falle nah,
Dann wieder kehrte das Bewußtsein schwer,
Mit angeklemmten Gliedern saß ich da
Und log, von Sorge überschlau gemacht,
Ein heitres Angesicht der finstern Nacht.
Wie lange so, vermag ich nicht zu sagen.
Mir ist wie dem, der aus dem Schlaf erwacht:
Ihm scheint's vom Abend ein Moment zum Tagen,
Doch blieb ihm das Gefühl entschwundner Zeit,
Und öfters übers Ziel ihn führend weit,
Daß er die Sonne sucht um Mitternacht.
Ja! sinn' ich, was noch all sich zugetragen,
Bevor es tagte, hat die Fahrt wohl kaum
Gefüllt aufs längste einer Stunde Raum.
Dann stand das Tier, und Arme fühlt' ich wieder;
Nun schwebt' ich in der Luft, nun ließ mich's nieder;
Und tiefer in die Brust der Atem glitt,
Als Grund, als festen Grund mein Fuß beschritt.

Voll Schwindel war ich, halb bewußtlos noch,
So griff ich nach der Binde; hastig doch
Mich faßte eine Hand, die war so stark,
Der leichte Druck mir rieselte ins Mark.
Und weiter, weiter durch betautes Kraut;
Man wandte rechts und links und sucht' zu meiden,
Was, weiß ich nicht; doch konnt' ich unterscheiden
Im Gras verstreuten Schutt — hier ward gebaut.
Dann Stufen ging's hinunter, seltsam hallend,
Und immer tiefer, eine lange Reih'.

Ich stützte mich auf Mauern, morsch, zerfallend,
Hier klang der Atemzug ein halber Schrei;
Zur Seite hör' ich's tröpfeln, wie vom Regen —
Ich räuspre — und es schmettert mir entgegen —
Des Kleides Reibung flüstert am Gestein —
Dies mußt' ein lang und tief Gewölbe sein.
Vor allem seltsam war's, als, unterm Grund
Auftauchend, Schritte rechts sich gaben kund.
Wie Schmiedehämmer pocht' es um und neben;
Die eingepreßte Luft, es trog mich nicht,
Ich fühlte um Gesicht und Brust sie beben.
Doch ferner, schwächer schon der Schall sich bricht.
Nur immer weiter, wie die Wege drehn,
Und bald verschwimmt das Klirren, Rufen, Gehn
In ein Geschwirr, dem Hall des Wassers gleich,
Wenn's niederrauscht in einer Grotte Reich.

Oft sinn' ich, wie mir alles noch so klar;
Ich war betäubt, drum scheint mir's sonderbar.
Ja, Angst ist fein, und, schier bewußtlos, doch
Mechanisch sammeln ein die Sinne noch.

Nun stand mein Führer: schwere Riegel klirrten,
Schnell schwand das Tuch, und schneller vors Gesicht
Schlug ich die Hand, mich blendete das Licht,
Man sprach zu mir, ich sah und hörte nicht;
Von allen Seiten bunte Flügel flirrten:
Es tat der Binde Druck, denn da's zerging,
Ein einsam Lämpchen nur im Winkel hing,
Wo einer Scheibe viel durchlöchert Ziel
Das erste war, was mir ins Auge fiel.
Und als ich noch dem Schwindel kaum entrann,
Zu einer Wölbung zieht man mich hinan,
Bis dicht vor meinen Füßen liegt ein Mann,

So ausgespannt, wie sich die Leiche streckt.
‚Und dieser ist's? vom groben Pelz bedeckt?
Und diesem soll ich helfen? — Wenn ich kann.‘
Ich sah den halbentblößten Fuß, die Hand,
Kalt, totenfahl, erschlafft der Muskeln Band;
Ich sah recht um der Lunge Sitz das Tuch,
Wodurch ein Streif sich naß und dunkel wand;
Ich sah das schwarze Blut am Boden hier
Und weiß nicht, wo ich die Gedanken trug,
Gleich einer fremden Stimme sprach's aus mir:
‚Bei Gott, bei Gott! bei Gott! der hat genug.‘
Ob man's vernommen hat? ich glaub' es kaum;
Mich dünkt, gemurmelt hab' ich wie im Traum.
Ein Schimmer jetzt auf den Enthüllten fällt,
Auf Züge, edel, doch gefällig nicht.
Dies Auge kalt und unbezwungen bricht,
Da sich dem Tod zum Kampf die Seele stellt.
Vor Grimm dies Antlitz schien mir zu erbleichen
Um einen Gegner, dem es jetzt muß weichen.
Kraftsammlung, tiefes Brüten, sollt' man glauben,
Bewegung ihm und Sprache müsse rauben;
Und drüber, wahrlich, noch ein Hauch sich rührt
Von dem, was Herzen anlockt und verführt.
Ich sah wohl, wie es mit uns zweien stand,
Mit mir und ihm, wir beid' an Grabes Rand,
Da hab' ich auch gefühlt zu diesem Mal,
Wie Todesangst in vollem Laube tut.
Man meint, am besten sei's so kurz und gut,
Bevor uns Krankheit Zoll um Zoll verzehrt;
Glaub' mir, es ist 'ne wunderliche Wahl,
So um sich, neben sich kein Fußbreit Raum,
Und überm Haupt an einem Haar das Schwert! —
Fürwahr, die Zunge klebte mir am Gaum!
Vielleicht dem Fischer mag ich mich vergleichen,
Der sonder Nahrung im verschlagnen Boot

Die Möve streifen sieht und an dem bleichen
Gewölk aufzucken ferner Blitze Rot, —
Gleich nah dem Abgrund und dem Hungertod.

Doch die Besinnung kehrte mir zum Heil,
Auch etwas Mut und eben List genug;
Ich konnte fragen in geschäft'ger Eil'
Nach jener Waffe, so die Wunde schlug.
Der Führer sprach — fürwahr, ich weiß nicht, was.
Mein Blick hing an des Kranken Muskelspiel:
Die Lippe bebt, das Auge hat kein Ziel.
Auf seinen Busen legt' ich meine Hand
Und fühlte, wie der Herzschlag kam und schwand
In Stößen bald, dann wieder träg und laß;
Da grade war das Eisen mir gereicht,
Ein Messer aus dem Küchenschrank vielleicht,
Mit einer Schling', es an die Wand zu hängen;
Das Ansehn einer Waffe hat's zumal,
Die man ergreift in Angst und Todesqual.
Ich fühlte wohl, wie mein Gesicht erblich.
Und als der Klinge blutgefärbte Längen
Am Ärmel auf und ab der Führer strich,
Und recht als ob ihn wilde Lust beschlich,
Nun spielend zuckt' und ausholt' gegen mich:
Es war mir doch, als dringe ein der Stich.
Verbergen wollt' ich meiner Knie Schwanken
Und suchte nach des nächsten Schemels Halt,
Man sollte wähnen, sorglos, in Gedanken:
Da traf ich eine Hand, so feucht und kalt;
Doch jene nicht der kämpfenden Gestalt,
Nein, neben mir, daß Arm an Arm sich drücken,
Sitzt eine Frau, das Auge wie von Stein
Auf den gewendet, der dem öden Sein,
Es scheint, mit sich zugleich sie wird entrücken.
Im Antlitz lag so tiefer Seelenschlaf,

Wie nie bei Kranken ich noch Irren traf;
Die Stirn — ein Gletscher klar im Alpental,
Durchkältend uns mit dem gefrornen Strahl;
Dies Auge — seltsam regungslos und doch,
Erloschen gleich, voll toten Lichtes noch.
Nicht Wahnsinn war's, doch Schlimmres, was ich sah;
Und mich bezwang's, daß ich vergaß, was nah,
Zudem da dämmernd, dämmernd, halb gefühlt,
Wie Wetterleuchten die Erinnrung spielt.
Dies Antlitz ist — und doch ein andres ganz,
Ich hab's gesehn, es war im höchsten Glanz.
Und wo? Und wo? — ‚Halt an!' — Wie fuhr ich auf!
Mein Führer zupfte an der Binde Knoten.
Ward der gelöst, und frei des Blutes Lauf,
Gewiß nichts Gutes ward mir dann geboten!
Was wär' ich jetzt? Ein Schattenbild, des dann
Gedenkt noch hier und dort ein alter Mann.
Und du, mein Sohn? Was die Atome sind;
Sonst andrer Mann, und andren Mannes Kind. —
Ach, alles Leben ist wie Schaum und Duft!
Und doch hat jede Stunde ihre Pein.
Die Enkel treten meiner Freunde Gruft;
Wo bist du, Eduard? ich bin allein —
Ach Gott! mich quälen meine Träumerein . . .«

Hier folgt ein Blatt, bekritzelt und zerpflückt,
Quer übern Raum die wilden Schnörkel fahren,
Mitunter Striche, durchs Papier gedrückt,
Gepreßter Finger Zucken offenbaren.
Der Jüngling seufzt und wendet rasch das Blatt.

Hier steht's:

»Mir war nicht wohl, nun bin ich matt,
Fürwahr, fürwahr, und auch des Lebens satt.

Doch weiter — da du's wissen mußt, mein Sohn —
Naphtha bekam der Kranke, sagt' ich schon;
Was soll man sonst in solcher Not verschreiben?
Noch einmal wollt' ich künstlich Feuer treiben
Durch seine Adern, ob sich mir vielleicht
Indes, der Himmel weiß, welch Ausweg zeigt:
So jung noch sollt' ich in der Schlinge bleiben?
Ein junges Blut ist hoffnungsreich und leicht.
Ich gab ihm Naphtha; bis die Wirkung kömmt,
Lass' ich verstohlen meine Blicke streifen;
Die Dämmrung ferner nicht das Auge hemmt,
Es möchte jeden Gegenstand ergreifen.
Ich war in einem dunstigen Gemach.
Langsame Tropfen glitten von den Wänden;
Aufrecht gestellt träf' ich der Wölbung Dach;
Ob dies die Werke sind von Menschenhänden?
Zu schlecht zum Keller und zu gut zum Stollen:
Was mögen diese langen Zapfen sollen?.
Ich meinte Stalaktiten; in der Tat,
Die erste Höhle war's, so ich betrat,
Und rings, wie zu gemeiner Maskerade,
Hing's überall in schmutziger Parade:
Ein Bauernkittel und ein Mönchsgewand,
Soldatenkleider, Roßkamms langer Rock,
Beim Judenbart des Älplers Hakenstock.
Und gleich am Lager mir zur rechten Hand
Hier ein Gewehr von Damaszierung falb,
Ein andres dort, beschmutzt, zertrümmert halb.
Auch nicht zu fern auf rohbehaunen Stein
Die Lampe warf den halbentschlafnen Schein
Aus einer Schale, wie mich dünkte, reich
Mit Wappen oder Bildern ausgeziert.
O daß man mich an diesen Ort geführt,
Von übler Vorbedeutung schien mir's gleich!

Denn wie man die Umgebung so vergaß,
Nachlässig war es über alles Maß!
So irrend trifft mein Aug' auf jene Frau;
Sie ist verwandelt; in den schönen Bau
Kam Leben, aber erst wie Dämmerlicht
Sich mählich, mählich durch die Nebel bricht.
Sie sitzt nicht mehr, sie hat sich aufgerichtet,
Hält mit der Hand des Kranken Haupt gelichtet,
Sie blickt wie ein vom Schlaf erwachtes Reh.
Auf ihre Wange zog ein zarter Schein,
Wie Morgenhimmel, wogend übern Schnee,
Ihm seine lichten Spuren drückte ein.
Nun hebt den Arm sie, rückt die Locken, — ja!
Da plötzlich tritt mir die Erinnrung nah,
Wien, Karneval, der Maskenball sind da.
Um diesen Nacken Perlenschnüre spielten,
In diesen dunklen Locken lag ein Kranz,
Es war, als ob auf sie die Fackeln zielten,
Wenn sie vorüberglitt, ein Lichtstrom ganz,
Noch seh' ich, wie der milde Kerzenschein
In Atlasfalten schlüpfte aus und ein,
Wie eine Rose sich, gelöst vom Band,
Ob ihrer Augen Bronnen schien zu bücken.
Sie war das schönste Grafenkind im Land:
Dennoch ein Etwas lag in ihren Blicken,
Als ob sie alle dulde, achte keinen,
Der schöne Mund geformt schien zum Verneinen:
Nicht Härte hab' ich's und nicht Hohn genannt,
Jedoch zu allernächst es beidem stand.
Man sagte mir, dies wunderschöne Bild
— Vertraute Stimmen wurden drüber laut,
Für Herzensschwächen ist die Menge mild —
Man nannt' es eine unglücksel'ge Braut.
Der Mann, dem Elternwille sie versprach,
Er legte selbst den Grundstein seiner Schmach,

Als er mit ungestümer Grille Hang,
Wie Schwache gerne keck und seltsam scheinen,
Dem Fremdling auf sich zum Genossen drang,
Der sich am mindesten ihm mochte einen,
Der zehnfach schöner, tausendfach so kühn,
Mit Sitten, die beleid'gen und verführen,
Genau gemacht, ein starkes Herz zu rühren,
Geheim, man wußt' es, ließ die Braut erglühn;
Der folgt' sein Blick, wie dem Kometen klar
Die Seuche und das segenlose Jahr.
Von beiden Männern dort ich keinen sah,
Gefährlich war der Fremde oder nah,
Von ihm man flüsterte; mit offnem Hohne
Den Grafen macht' zum albernen Patrone.
Parteiisch man des Weibes Fehl vergaß,
Nur Männer wurden laut, dort wo ich saß.
Mir schien sie stolz, weit über Ziel und Maß,
Und minder trauernd auch als still entbrannt,
Dem Himmel zürnend, andern, ihm und sich,
Daß er's gewagt, daß er den Schlüssel fand,
Zum mindesten so wirkte sie auf mich.
Doch all mein Sinnen hielt sie so gebannt,
Um sie das Fest vor meinem Auge schwand;
Und als sie zeitig ging, da ging auch ich.

Drei Jahre waren hin, seit dies geschah,
Und jetzt an sie mich mahnte, was ich sah,
Wie Steingebilde, übers Grab gestellt,
An jenes mahnt, was unter ihm zerfällt,
Wenn Seele fordernd stehn die Formen da.
— Es pickt der Fink am Auge regungslos,
Und ruhig wächst auf ihrem Haupt das Moos —
Nur wenig minder Totes war mir nah,
Im dunklen Blick, so überreich gewesen,
Doch eins noch war aus jener Zeit zu lesen:

Verhärtet Dulden — ob vom Haß getrennt? —
Zu tief versenkt lag's in dem tiefen Blau.
Ich sann, und daß ich's tat in dem Moment,
Bezeugt, wie seltsam fesselnd diese Frau.

Des Kranken Muskeln, totenbleich erschlafft,
Indes hat aufgespannt des Äthers Kraft;
Nicht all so stier das Auge glänzte mehr,
Den Arm sah ich ihn heben minder fahl,
Das Haupt verrücken auch nach eigner Wahl
Und Zeichen geben, wie ihn dürste sehr.
‚Wird's besser?' sprach mein Führer, ‚kömmt er auf?'
Ich nickt'. Er gähnte, dehnte sich, stand auf
Und stapfte fort; die Freude schien nur klein,
Und locker hier der Schlimmen Band zu sein.
Mir war's wie ein Gewitter, das verzog,
Als er so langsam um die Ecke bog
Und träge schob die langen Glieder vor.
Ich hört' ihn rauschen durch Gerüll und Sand,
Dann seitwärts, ferner dann, dann ging ein Tor;
Ich lauschte, lauschte, lauschte — alles schwand.

Und Mut nun, Mut! der Augenblick ist mein:
Ich muß ihn halten oder gehn verloren;
Noch einmal flammt, dann lischt das Meteor!
Ich war allein, mit jener Frau allein.
Sprach ich zu ihr? Sie blickte nicht empor,
Ihr Auge will sich in den Estrich bohren,
Kaum atmet sie; mir alles deuten muß
Auf Schweigens tief verhärteten Entschluß.
Ob sie mich sieht? Sie scheint betäubt zu sein,
Und ‚Hört mich, schöne Frau!' Sie regt sich — nein.
Und wieder ‚Hört mich, schöne Frau!' Sie schweigt.
Ganz sacht erheb' ich mich — was rauscht, was steigt

Im Winkel dort? Ein Fleck, ein Schatten, ha!
Nun rückt er vor — und nun, nun steht es da!

Ungern gedenk' ich des, den du wohl weißt,
Des Dunklen, der allnächtlich mich umkreist,
Auf meine Scheitel legt die heiße Hand, ——
Ungern gedenk' ich des, der vor mir stand.
Ihn zu beschreiben, unnütz wär's und kühn.
Du willst mir's hehlen, Sohn! doch sahst du ihn,
Als lang und bleich zu deinem Bett er trat;
Er rührte dich, du zucktest wie gebrannt,
Du zucktest, ja, du zucktest in der Tat,
Und seufzen hört' ich dich in jener Nacht;
Mich schlafend meintest du? Ich hab' gewacht!
Ob nicht ein Sternbild seine Augen scheinen,
Das über Klippen steht und dürren Hainen?
Die Wimper schattet seiner Züge Bau,
Wie übers Leichenfeld sich senkt der Tau:
Was er verbrach, Gott mög' ihm gnädig sein!
Und e i n e Tat, der mög' er ledig sein;
In dieser Brust wohl keimte gute Saat,
Ob mir's verborgen blieb, was sie zertrat.
Ich sprach zu ihm, nicht nur, was ich beschloß,
Geheimes selbst mir von der Lippe floß:
Ein Pilger, der, in Räuberhand gefallen,
Hört plötzlich nahe Wanderlieder schallen,
Dünkt minder sich des Nahenden Genoß.
Seltsam gewiß; wie ich so ganz vergaß,
Daß er im blut'gen Rat mit jenen saß.
Ich ward gehört, und ob kein Wort er sprach,
Nur tiefer legte seiner Wimper Hag:
Sein Schweigen selber meine Zweifel brach.

Was dann dem Kranken er geflüstert hat,
Erwidert' dieser auch mit Zeichen matt:

Nur wenig Laute kamen an mein Ohr;
Einmal der Wunde zuckte doch empor.
Die wilde Fassung, so sein Antlitz sprach,
Doch unwillkürlich sich in Schauder brach,
Und noch zu bergen sah ich ihn bedacht,
Was selbst den Wurm im Staub sich krümmen macht:
Ich wußte, daß der Tod ihm angesagt!
Den Namen jener Frau dann hört' ich nennen
Und einen Laut sich von der Kehle trennen,
Gewaltsam zwar, so hohl und heiser doch,
Wie ihn die Woge ächzt im Klippenloch.
Mit raschem Flüstern ein der andere fällt,
Was Wildes seiner Stimme war gesellt;
‚Sie folgt dir!' Ein dann eine Pause trat,
Und dann, und dann — hält um den Arzt man Rat.
Alsbald der Jüngre hatte sich gewandt,
Daß beider Antlitz mir im Schatten stand.

Was meinst du, was durch meine Adern bebte,
Als überm Haupt des Richters Stäbchen schwebte?
Nur Lispeln hört' ich, wie die Pappel rauscht,
Doch Angst dem Lispeln selber Deutung gab;
So feinen Ohres hab' ich nie gelauscht.
Es stieg und sank, mit einemmal brach's ab,
Und plötzlich eine Hand sich aufwärts ruckt,
Die winkt und winkt und nach der Pforte zuckt.
Dann fiel sie schlaff hinab — es war vorbei —
Gott lösche ihm die Schuld! er gab mich frei!

Der Jüngling blickte auf den toten Mann,
Wie sehr er ihn geliebt, man sah's ihm an.
Doch etwas lag im Auge offenbar,
Was dämpfen mochte allzu herbe Glut;
Mich dünkt, so blickt man auf verwandtes Blut,

Des Schmach uns bittrer als die eigne war,
Wenn's endlich ruht im Sarge, schandebar.
Nur ein Moment noch, wo er stand und sann;
Und einen Eid ließ er mich schwören dann,
Des Räubers Fluch, daß, sinne ich Verrat,
Geschick mich treiben soll' zu gleicher Tat,
Und diese Höhle sei mein letzter Rat;
Ich soll' den Wald, mich drin zu bergen, suchen,
Den Menschen nahn, damit sie mich verfluchen,
Am schrecklichsten mir sei der Heimat Licht
Und tötend meiner Mutter Angesicht —
Matt war sein Ton, das Ende hört' ich nicht.

Und fort nun, fort! Was ward aus jener Frau?
Sie ruhte jetzt, gleich Schlummernden genau,
Das Haupt im Schoß, mehr ist mir nicht bewußt,
Die Eil' den Atem schnürte in der Brust:
Und fort nun, fort! Geblendet wie zuvor,
Durch manche Krümmung ging's und manch ein Tor;
Voran der Jüngling zog in Hast mich nach,
Einmal nur Bretterwand uns schien zu scheiden
Von Gläserklang und ausgelaßnen Freuden.
War etwas minder tobend das Gelag,
Ich hätte wohl verstanden, was man sprach.
Hier war von einem Quell der Weg durchschnitten,
Geräusch zu meiden wir behutsam schritten;
Und nun hinauf! die Hand dort angeklemmt!
Den Kopf gebückt! und hier den Fuß gestemmt!
Die Mauern bröckeln, rieseln uns entgegen;
Wir rutschen lang, oft an den Grund uns legen,
Mein letzter Griff in Kräuter war und Gras.
Nun noch ein Schwung: ich stand in freier Luft.
Noch wenig Schritt', hier wehte Fliederduft:
Auf meines Führers Ruck' ich niedersaß,
Zwei Worte sprach er, die ich nicht verstand.

Dann plötzlich schwand aus meiner seine Hand,
Mir war nicht wohl zumut, ich war allein!

Vor einer Stunde hätt' ich nicht gedacht,
Als jedes Auge schien 'ne grimme Wacht,
Daß Einsamkeit mir peinlich könnte sein.
Ich saß am Grund wie ein verspätet Kind,
Das rispeln hört den Wolf, die böse Fee
In jedem Strauch. Wenn reger strich der Wind,
Ein Halm mich rührte, wenn in meiner Näh'
Ein Vogel ruckt' im Nest, die Brut zu decken:
Zusammen fuhr ich in geheimen Schrecken.
Doch alles ruhig, nur die Fichten rauschen,
Und eine nahe Quelle murmelt drein.
Die Zeit verrinnt, es wächst, es wächst die Pein.
Was knistert dort? Ein Hirsch vielleicht, ein Reh,
Das nächtlich Nahrung sucht, so mußt' es sein.
Am Zweige hört' ich's nagen, schnauben, lauschen,
Dann sprang es fort; — gekauert saß ich da,
Denn plötzlich waren Männertritte nah.
Und vor mir im Gesträuch es knackt und bricht,
Die Zweige schlagen feucht an mein Gesicht.
‚Ist's hier? Nein dort, es ist die Stelle nicht.'
Kaum hielt ich mich, daß nicht ein Schrei entfuhr,
Ja, mühsam ich des Atems Keuchen zwang.
Sie stöbern, wie der Hund auf Wildes Spur,
Um manchen Baum und das Gebüsch entlang;
Dann endlich gehn sie, schleifen etwas nach,
Das dicht vor mir im Strauch verborgen lag.
Dem Himmel Dank! mir ward die Seele wach;
Es war gewiß, sie wußten nichts von mir.
Was sie gesucht, nie hab' ich dran gedacht;
Vielleicht ein Raub, hier ins Versteck gebracht.
Ich dacht' und wünschte eins, den Jüngling hier,

Der mich geleitet, und er war mir nah;
Kaum sind die andern fort, so steht er da.

‚Zu Pferd! zu Pferd! es ist die höchste Zeit!'
An mir gewiß nicht lag's, ich war bereit,
Saß auf, und über Stock und Stein wir traben
Wie solche, die den Feind im Nacken haben;
Nie macht' ich gleichen Ritt. So Nebel fliehn,
Wenn Stürme über braune Heiden ziehn,
So Schwalben, wenn die Wolke murrt und droht;
Am Sattel mich zu halten tat wohl not,
Da wahrlich schlimmer als zuvor der Weg,
Wenn ich so nennen soll, wo weder Steg
Noch Hag uns Hemmung schien: dies Wege waren,
Die heute wohl und nimmermehr befahren.
Bald rechts, bald links; bald offen schien das Land,
Bald peitschten Zweige mir Gesicht und Hand.
Den Führer nur verriet des Hufes Ton;
Zuweilen doch, wenn stutzt das Roß im Trab,
Macht Sätze gleich dem Hirsch, und wenn's bergab
Sich kunstreich stemmend gleitet auf den Eisen,
Ist ihm ein kurzer Warnungsruf entflohn.
Der Lärm bringt alle Vögel aus den Gleisen:
Das flattert, zirpt, mich Äste blutig färben,
Fürwahr! ich dachte auf dem Tier zu sterben!
Es war ein Hexenritt. Doch lange nicht,
So stand das Roß; mein Führer sprach: ‚Steig ab,
Der Mond ist auf, wir müssen Bahn uns brechen.'
Die Binde fiel, ich sah ein sanftes Licht;
Doch jener trieb: ‚Voran! voran! voran!'
Und drängte ins Gebüsch so schwarz und dicht,
Wo Dorn und Ginster uns die Fersen stechen.
Doch endlich dämmert's, und nun kam heran
Zuerst ein Strahl, und dann durch Waldeslücke
Der ganze Mond auf seiner Wolkenbrücke.

Dann standen wir am Hange, wo ein Tal
Tief unten breitet seinen grünen Saal.
Der Jüngling sprach: ‚Halt dich am Waldessaum
Und spute dich, wir beide haben Eil'.
Leb wohl! An deinen Schwur ich mahne kaum,
Du wirst verschwiegen sein zu eignem Heil.‘
Und auf mein Haupt legt' er die Hände heiß
Und blickte tief mir in die Augen ein;
Noch einmal sah ich in des Mondes Schein
Sein Angesicht, die Züge blaß und rein,
Ich sah noch zucken seine Wimper leis;
Dann schnell gewendet, eh' ich mich verwahrt,
Behend umfaßt er, wirbelt mich im Kreis.
Fort war er, hin. Vollendet war die Fahrt!

Ich streckte mich auf grünem Teppich nieder,
Zum Tod erschöpft, es schütterten die Glieder,
Und kann nicht sagen, wie so wohl mir war.
Der wüste Ritt, entschwundene Gefahr
Ließ doppelt noch den Augenblick empfinden,
Nachdenken konnte keine Stelle finden,
Da sich im Taumel herbe Spannung brach.
Halb schlummernd sah ich in den grünen Hag:
Die Nacht war jetzt so milde, lichtbewegt,
Als sie begonnen schwarz und schauerlich.
Ein jedes Kräutchen Taugeflitter trägt,
Es schläft der Klee, die Blumen bücken sich,
Im Traume lächelnd scheint der Mond zu beben,
Wenn linde Nebelstreifen drüber schweben.
So ruhig wohl am dritten Schöpfungstag
In ihrem ersten Schlaf die Erde lag,
Wo Leben nur in Kräutern noch und Gras.
Ganz heimisch war die Scholle, wo ich saß;
Denn tausend Schritt von dieser Stelle noch
Barg meine Klause jenes Klippenjoch:

Dies Wasser rauscht' an ihren Bretterwänden,
Ihr Gärtchen lag an jenes Waldes Enden,
Dies ist der Baum, wo ich im Schatten lag,
Und dies die Höhe, wo ich Kräuter brach.
Ob wohl die Quelle drunten wacht im Tal?
Ein Glitzern nur verrät das klare Naß. — —
So sinnend wär' entschlummert ich zumal,
Wenn nicht der Tau sich durch den Mantel stahl.
Die Kälte weckte mich, es war im Mai,
Es war wohl schön, doch frisch die Nacht dabei.
Nicht fern mehr schien der Tag: so stand ich auf
Und dämmerte gemach den Wald hinauf,
Durchaus nicht, wie du denken magst, erschüttert,
Nein, gleich dem Kranken, wenn nach Fiebers Wut
Ihm schlafend durch die Adern schleicht das Blut,
Nur vor Ermattung jede Muskel zittert.
So träumte und so schlief ich halb voran.
Folgt' einem Pfade, einem andern dann,
Sah endlich auf und stand in Waldes Bann.

Ob schon so weit ich mich bereits verirrt,
So stumpf mein Sinn in diesem Augenblick?
Genug, ich ging und ging, und immer wirrt
Der Pfad sich tiefer in den Hain zurück.
Wie lang ich so getappt die Kreuz und Quer,
Durch Dornen mich und durch Gestrüppe schlug,
Bald Pfaden folgte, bald dem Ungefähr,
Und jeder Schritt mir üble Früchte trug:
Nicht meld' ich's lang, der Weg war schlimm genug,
Von oben dunkel und am Grunde wüst.
Manch Vogel strich vom Lager mit Geschwirr,
Unsichtbar aus der Luft die Eule grüßt',
Doch ließ mich träg und dämmrig das Gewirr,
Ich ging ja ungefährdet, ob auch irr.
Mich dünkt', in dieser Stunde litt mein Hirn.

Brand und Gekrimmel fühlt' ich in der Stirn,
Gesumme hört' ich wie von fernen Glocken,
Und mir am Auge schossen Feuerflocken;
Einmal gefallen blieb ich liegen gar,
Ließ mich geduldig von den Ranken tragen
Und mein Gesicht Gezweig' und Blätter schlagen
Und nahm von allem dem nur wenig wahr.
Die Ranken lösten sich, ich rutschte nach,
Geblieben wär' ich sonst bis an den Tag.
Als ich zuletzt der Wildnis doch entkam,
Nichts mehr um mich den Sinn in Anspruch nahm;
Daß frei die Luft, daß moosbedeckt der Grund,
Daß süß die Ruh', dies war allein mir kund.
So lag ich nieder unter Kraut und Steinen
Und ließ den Mond mir in den Nacken scheinen;
Noch zuckten Funken, Sterne rot und grün,
Und dann — und dann — das Auge langsam bricht,
Die Glocken läuten — bimmeln — weiterziehn —
Wie hoch es an der Zeit, ich weiß es nicht.

In Tönen kehrte das Bewußtsein mir;
So lieblich aus der Luft die Wirbel dringen,
Gewiß, ich hörte eine Lerche singen
Und dachte noch, sie muß den Morgen bringen;
Ob Traum, ob Wirklichkeit, das fragt sich hier.
War's Traum, dann trag' ich manches graue Haar
Umsonst und manche tiefe Furche gar.
Allein ich wußte, wie das Haupt mir schwer,
Auch daß ich mich gewendet, rückwärts lag,
Auch daß mir dürres Laub den Nacken stach. —
Nein, nein! Nicht schlief ich, da so fest gekettet
War jede Muskel, wie im Tod gebettet;
Der kleinste Ruck versagt, so lag ich fort
Und horchte immer dem Gewirbel dort.

Mit einem Male hör' ich's seitwärts knistern,
Mir immer näher tappen, klirren, flüstern;
Ich konnte zählen, ihrer waren drei:
Sie strichen mir so dicht am Haar vorbei,
Daß jedes Mantel meine Schläfe rührt.
Dann still — wie Wild, das nach dem Winde spürt —
Und dann, aus Weibes Brust ein schwacher Schrei:
‚Ich mag nicht leben; doch von Eurer Hand!
Nein, nicht von Eurer Hand!‘ Man flüstert, steht.
Und dann ein Laut, der mir die Seele bannt;
Du ahnest wohl, mein Sohn, wen ich erkannt.
‚Bet', Theodora, sammle dich und bet'!‘ —
‚Ich kann nicht beten!‘ — ‚Deine Hand ist rein,
Versuch' es nur; Gott mag dir gnädig sein!‘
Angstvoll Gemurmel glaubt' ich jetzt zu hören
Und Seufzer, die das Blut im Herzen stören;
Nie wünsch' ich meinem Feinde solche Pein,
Als mir aus diesen Tönen schien zu klagen.
‚Ich kann nicht sterben, schmachvoll und allein;
O bringt mich fort, nur fort, wohin es sei!‘
Und hastig flüsternd fallen ein die drei.
Was man gedroht, gefleht, ich nicht vernahm,
Doch ruhig ward's und eine Pause kam.
Gott gebe, daß sie sich zu ihm gewandt,
In dessen Huld ihr einzig Hoffen stand.
Mit einmal hör' ich's an die Klippen schlagen
Und einen Schrei noch aus der Tiefe ragen; —
Vorüber war's, so totenstill umher,
Der Nadel Fall mir nicht entgangen wär'.
Wo blieben jene drei? Ich kann's nicht sagen,
Sie waren fort; kein Läubchen rauschte mehr!
Nun kommt in holprigem Galopp ein Hund:
Er will vorüber, nein, er stellt sich, knurrt;
Da kriecht er ins Gebüsch, legt an den Mund
Mir seine Schnauze, schnuppert mir am Gurt;

Doch auf ein fernes Pfeifen trabt er fort,
Läßt mich in kaltem Schweiß gebadet dort
Noch immer an der Erde wie gebannt.
Du magst ermessen, was ich wohl empfand,
Da all mein Trost in Traumes Hoffnung stand.
Denn wenn ich träumte, war ich mir's bewußt,
Und daß ich träumte, dacht' ich halb mit Lust,
Versuchte auch zu regen meine Hand;
Vergebens anfangs: doch ein Finger ruckt,
Und plötzlich bin ich in die Höh' gezuckt.
Da saß ich aufrecht, aber wüst und schwer.
Der Wald war stumm, die Fichten starrten her,
Die Dämmrung um mich wogte wie ein Meer,
Und alles schien dem Traume zu gehören.
Da saß ich, schweißbedeckt, von Kälte zitternd,
Ein scharfer Ost, an Strauch und Halmen knitternd,
Verkündete des Tages Wiederkehr.
Noch kämpfte Dämmrung, doch das Morgenrot
Aus halbgeschloßner Wolkenpforte droht'
Und spülte kleine Feuerwellchen her.
Es streckt sich, dehnt sich, gleitet in den Raum,
Die rote Welle schlägt der Berge Saum,
Allmählich zündet's, geht in Flammen auf:
Der Tag, der Tag beginnt den frischen Lauf!
Zum hohlen Stamme Nachtgevögel kehren,
Hoch oben läßt der Geier Ruf sich hören,
Und tausend Kehlen stimmen jubelnd ein.
So maienhold kein andrer Tag mag sein
Wie dieser, und so mild in Waldes Hag
Noch nie ein Tal am Morgenstrahle lag!
Wie war das neugeschenkte Leben reizend!
Ich schlürfte Licht und Luft, nach allem geizend.
Und als ich sah die Herde drunten grasen,
Am Quellenrande sich die Weiden neigen,
Ein einfach Lied den Hirten hörte blasen,

Und durfte wenig Schritt' nur abwärts steigen:
Da schien mir alles, alles dies mein eigen.
Doch weiß ich auch, daß Schauer mich beschlich,
Da allgemach der Morgenstern erblich,
Als scheide etwas, das mir teuer war;
Nie hab' ich später diesen Stern gesehn,
Daß jene Nacht nicht muß vorüber gehn.

Der Rausch verschwand, und mählich ward mir klar,
Vom Traume sei doch wohl die Hälfte wahr.
Ja, deutlich wird mir's, wie ich nachgedacht;
Den Ruf, das Höhlennest, den Ritt bei Nacht
Muß ich mit Schauder doch dem Leben lassen.
Das Letzte nur, gewiß, das blieb ein Traum!
Wo war die Kluft, der sich der Schrei entrang?
Wo Kampfes Spuren hier am linden Hang,
Da abwärts alle Hälmchen aufrecht standen,
Da frisch wie je sich Zweig' und Ranke wanden?
Des ward ich froh. — Ach Gott! ich ward es kaum,
So fiel mein Blick in einer Kuppe Raum,
Gespalten grade einen Leib zu fassen.
Nicht sieben Schritt von mir die Klippe stand;
Zuvor erschien sie ungeteilte Wand,
Doch eben traf ein Strahl den scharfen Rand.
So unversehens fällt kein Schlag im Spiel,
Als mir's wie Hammerschlag zum Herzen fiel,
Die Angst, die Angst mir schnürte alle Sinnen,
Hinanzutreten konnt' ich kaum gewinnen.
Und — höre Sohn! — das Ufer ging hinein,
Wie wenn man rutscht und nach die Scholle bricht.
Vielleicht doch, möglich, konnt' es Zufall sein:
Der Rand war schroff, und bröcklig das Gestein.
Und — höre mich! — ob Rötel in der Schicht?
Rot war die Wand, unmöglich wär' es nicht.
Und hör! — Am Grunde sah ich etwas ragen,

Das weiß und zuckend an der Scholle hing.
Mir schien's ein Tuch, vom Wellenschlag getragen,
Der Himmel wolle, daß ich falsch gesehn!
Vielleicht im Spalt sich eine Taube fing:
Doch damals meint' ich ins Gericht zu gehn. — —

Es war ein bitter, o ein hart Geschick,
Was mich betraf in Jugendmut und Glück,
Doch Zeit ist kräftig und die Heimat lind.
Um meine Scheitel wehte mancher Wind.
Ich nahm ein Weib, ich sah mein eignes Kind.
Nicht wahr, mein Sohn? du weißt noch, als du klein,
Daß ich gelacht und öfters fröhlich war.
Ich sah mich frisch an deinen Augen klar:
Ja, Kinder müssen unsre Engel sein!
Wenn ich mit dir getändelt, ward mir's helle,
Ich fühlte nicht am Kopf die heiße Stelle.
Das Alter kam, das Alter stellt' sich ein; —
Nun vor den Augen schwebt es mir zumal,
Nun vor dem Ohre hallt es ohne Zahl:
‚O bete! ringe! hilf ihm aus der Qual!'
Ach Gott! du weißt nicht, wie voll Brand mein Hirn,
Wenn mir der Dunkle nächtlich rührt die Stirn,
Genau, wie scheidend er gestreckt die Hände;
Auch jetzt ich fühle, wie das Blut sich dämmt.
Geduld, Geduld! Da kömmt er, kömmt er, kömmt!«

Das Blatt ist leer; hier hat die Schrift ein Ende.

So mild die Landschaft und so kühn!
Aus Felsenritzen Ranken blühn,
Der wilde Dorn die Rose hegt.
In sich versenkt des Arztes Sohn
Schwand in des Waldes Spalten schon,
An seine Stirn die Hand gelegt.

Und wieder einsam tost der Fall,
Und einsam klagt die Nachtigall.
Mich dünkt, es flüstre durch den Raum:
O Leben, Leben! bist du nur ein Traum?

ANHANG:

Des Arztes Tod

Im linden Luftzug schwimmt mit irrem Schein
Des Nachtlichts Fieberflamme; und kein Laut
Verbirgt des Röchelns leises Nahn dem Ohr,
Das angstvoll ob dem bleichen Antlitz lauscht.
Still liegt der alte Berthold, tief gesenkt
Die heiße Wimper, und ein wirrer Schlummer
Hält ihm die halberloschnen Sinne fest.
Doch nun ein tiefer Atemzug; er wälzt
Das trockne Aug' empor: »Bist du's, mein Sohn?«
Und zitternd reicht der Jüngling ihm die Hand.
Ein wenig wendet mühsam noch der Greis
Das matte Haupt, dem schon die ersten Zeichen
Der kalten Perlen die Natur gesandt.
»Ist's denn so schwül?« haucht's durch den Vorhang auf
Und dann: »Das ist die Todesangst, mein Sohn!«
Gebrochnen Herzens hebt der Jüngling sich,
Und bei der Lampe ungewissem Schein
Gießt tröpfelnd er — ach, jeder Tropfen fällt
Versengend Feuer in die eigne Brust! —
Das Letzte, was der kämpfenden Natur
Furchtbar erfinderisch die Kunst erzeugte,
Von Todesangst der Todesangst geweiht,
Ein giftig Leben, ein belebend Gift,
Ein grausig Opfer, schaudernd dargebracht
Der schönsten aller Pflichten, so da heißt:
»Du sollst den Docht beleben, weil er glimmt!«

»O Vater«, spricht er bebend, »was da lebt,
Das mag gesunden! Gottes Macht ist groß!
Wo Odem, da ist Hoffnung!« — Langsam schlürft
Der Greis die Tropfen, und ein Lächeln will
Sich bilden um den krampfbewegten Mund:
»Du reichst mir Naphtha und sprichst Hoffnung aus?
Mein Kind, der Schmerz hat dein Gemüt verwirrt.
Du hast vergessen, was dein Vater war.
Wer fünfzig Jahr' den Pulsschlag hat belauscht,
Wer fünfzig Jahr' hindurch den Tod gesehen,
In tausendfachen Bildern dennoch immer
Sein unverkennbar Siegel führend... Sprich,
Schläft denn dein Bruder? Wo ist Theobald?«
Und stumm aus des Gemaches tiefsten Schatten
Schleicht, heißen Jammer im gesenkten Blick,
Dem langsam rollend sich die Trän' entwindet,
Ein bleicher Knabe, nah dem Jüngling schon,
Und hingesunken an des Lagers Rand,
In glühender Verzweiflung jeden Laut,
Den Todeslaut der Brust tief in sich saugend,
Sucht er vergebens in den teuren Mienen
Den langgewohnten lieben Ausdruck auf.
Doch mählich den erstorbnen Gliedern kehrt
Ein fieberhaftes Sein; gefesselt liegt
Die Todesmacht, der Atmosphäre gleich,
Wenn hoch in ihr sich der Orkan erzeugt;
Der halbentflohne Geist schaut noch einmal,
Ein helles rotes Flämmchen, durch der Augen
Gebrochne Nacht, und durch das Antlitz zieht
Zum langen, langen Abschied einmal noch
Des Lebens zarter Schein. Tief saugt der Greis
Der Luft unschätzbar teures Kleinod ein.
Und also spricht er, immer hellern Lauts,
Wie ihm des Odems süße Wohltat kehrt:

»Ihr Kinder, laßt mich reden, und gedenke
Nicht deiner Kunst, mein Sohn! Du weißt es nicht
Und keiner, dem nicht also ist geschehn,
Wie furchtbar in dem schwirrenden Gehirn
Der schwindenden Besinnung letzte Kraft
Sich abquält um des Worts Erleichterung,
Wie siedend der Gedanken wirrer Schwarm
Bald, nur in dumpfer Ahnung, Namenloses
Der kämpfenden Erinnerung versagend,
Bald sonst Unwicht'ges immer riesenhafter
Und immer schwerer in die Seele senkend
Vergebens die entflohne Stunde sucht.
Was wähnt' ich nicht versäumt! Wo ist es nun?
Mein Karl, dein Weg ist offen. Geh mit Gott!
Ich sorge nicht um dich, mein Sohn; sei treu
Ob deinem Bruder! Theobald! Mein Kind!
Komm näher mir, mein Kind! Du bist noch jung,
Und alle Macht, so Gott in meine Hand
Gelegt ob dich, ich übertrage sie
An deinen Bruder; wie du folgsam bist,
So hast du mich geliebt. Ihr Kinder, seid
Ja zart und treu mit dem Gewissen, hütet
Es vor der Zeit versteinernder Gewalt!
Was leicht verharscht das Leben, reißt der Tod
Als fressend unheilbare Wunde auf,
Ein Engel mag ob euren Schritten walten!
Die letzte Stund' ist schwerer als ihr denkt.
O betet, betet, Kinder: Hin ist hin!
Und meine Kraft ist hin! 's ist schrecklich! Ewig!
's ist schrecklich! Ewig, ewig! Betet, Kinder!
Ich kann nicht... weiß nicht... helft mir sinnen...
Karl,
Schreib das Rezept — — — — — — — — — — — —
— — — — — — — — — — — — — — — — — — —
— — — — — — — — — Die letzten Worte stößt

Der Greis nur mühsam aus der Brust; dann folgt
Ein dumpfes Murmeln, unaufhaltsam schnell,
Doch unverständlich. Seine dürren Arme
Schlingt er in Windungen ums bleiche Haupt.
Sein starrer Blick zeigt kein Bewußtsein des,
Was ihn umgibt. An seinem Lager sitzt
Sein Erstgeborner, auf den Sterbenden
Den trüben Blick geheftet: keine Muskel
Zeigt zuckend seinen Schmerz, die Träne nicht,
Doch weiß ist sein Gesicht wie Schnee, die Hand
Wie die des Toten starr und kalt. Nicht fern
Inmitten des Gemachs am Boden liegt
Der Knabe: unaufhaltsam strömt sein Weh
In glüh'nden Zähren; krampfhaft Schluchzen schüttelt
Die junge Brust; er windet sich, er stöhnt,
Dann springt er auf; ein fromm erzognes Kind,
Kniet er im Winkel, und sein wimmernd Flehn
Steigt Lavaströmen gleich empor, doch halb
Ist's Wahnsinn, halb ein kindlich treu Gebet.
Den Himmel möcht' er stürmen; alles will
Er, alles opfern: jede Jugendlust,
Will Jahre kranken, selbst das junge Dasein
Ist nichts um diesen Preis. O, hätt' er Macht,
Er wagt' es, Gott zu diesem Tausch zu zwingen!
So schwindet Stund' auf Stunde, Stern auf Stern
Schließt matt die Wimper, nur der Hesperus
Schaut nach der Dämmrung mit dem goldnen Auge
Verlangend aus. Da fährt ein scheuer Streif
Am Horizont empor, und höher steigt's
Und wirft die zarten Lichter ins Gemach
Des Jammers. Still ist's um des Kranken Bett:
Kein Röcheln, kein Geächz dringt durch die Spalten
Des weißen Vorhangs; und das dunkle Haupt
Fest eingedrückt den beiden Händen, scheint
Von tiefem Schlaf der Jüngling übermannt.

Aus jenem Winkel nur bricht oft ein Ton
Des Wimmerns, ein hervorgeschluchzter Laut
Die stumme Luft; noch unermüdet kämpft
Der Knabe um sein Liebstes im Gebet.
Doch wie das Morgenlicht die Stirn ihm küßt.
Da wird's ihm leichter; hat er doch gerungen
Mit jenem Glauben, der die Berge hebt.
Nicht sind die Arme ihm ermattet, nicht
Gewankt hat sein Vertrauen. So muß der Himmel
Sich ja erbarmen. Stillen Schrittes schleicht
Er durchs Gemach: „Mein Bruder! Schläfst du, Karl?
Du schläfst?" So flüstert er. Da hebt das Haupt
Der Jüngling, schaut aus den verstörten Zügen
Ihn eisig an. Entsetzen faßt das Kind.
Zum Lager fliegt er, reißt den Vorhang auf,
Des Vaters Hand ergreift er, dann ein Schrei,
Ein mattes Taumeln, und zu Boden, schwer
Wie eine Säule, stürzt er. Weh[e], weh!
Wer seinen Vater hat, der bete still!
Ach, einen Vater kann man einmal nur verlieren!

DIE SCHLACHT IM LOENER BRUCH

Erster Gesang

'S ist Abend, und des Himmels Schein
Spielt um Westfalens Eichenhain,
Gibt jeder Blume Abschiedskuß
Und auch dem Weiher linden Gruß,
Der ihm mit seinen blanken Wellen
Will tausendfach entgegenschwellen.
Am Ufer Wasserlilien stehn,
Und durch das Schilf Gesäusel gehn,
Wie Kinder, wenn sie eingewiegt,
Verfallen halb des Schlafes Macht,
Noch einmal flüstern: »Gute Nacht!«

Es ist so still; die Ebne liegt
So fromm, in Abendduft gehüllt,
Der Witwe gleich in Trauer mild,
Die um sich zieht den Schleier fein,
So doch nicht birgt der Tränen Schein.

Am Horizont das Wolkenbild,
Ganz wie ihr Sinnen, zuckend Licht,
Das bald sich birgt, bald aufwärts bricht,
Phantastisch, fremd, ein Traumgesicht. —

Seh' ich dich so, mein kleines Land,
In deinem Abendfestgewand:
Ich meine, auch der Fremdling muß
Dir traulich bieten Freundesgruß.

Du bist nicht mächtig, bist nicht wild,
Bist deines stillen Kindes Bild,
Das, ach, mit allen seinen Trieben
Gelernt vor allem, dich zu lieben!
So daß auch keines Menschen Hohn,
Der an des Herzens Fäden reißt,
Und keine Pracht, wie sie auch gleißt,
Dir mag entfremden deinen Sohn.
Wenn neben ihm der Gletscher glüht,
Des Berges Aar sein Haupt umzieht,
Was grübelt er? Er schaut nach Norden!
Und wo ein Schiff die Segel bläht
An würzereichen Meeresborden,
Er träumerisch am Ufer steht.
Ich meine, was so heiß geliebt,
Es darf des Stolzes sich erkühnen.
Ich liebe dich, ich sag' es laut,
Mein Kleinod ist dein Name traut!
Und oft mein Auge ward getrübt,
Sah ich in Südens reichen Zonen,
Erdrückt von tausend Blumenkronen,
Ein schüchtern Heidekräutchen grünen.
Es wär' mir eine werte Saat,
Blieb' ich so treu der guten Tat,
Als ich mit allen tiefsten Trieben,
Mein kleines Land, dir treu geblieben!
So sei dir alles zugewandt,
Mein Geist, mein Sinnen, meine Hand,
Zu brechen die Vergessenheit,
Der rechtlos dein Geschick geweiht.
Wacht auf, ihr Geister früher Zeit,
Und mögt an jenen Himmelsstreifen
Ihr Schatten gleich vorüberschweifen!
Wacht auf, wacht auf, der Sänger ruft!

Und sieh, es steigt am Wolkensaum
Noch scheu und neblig wie ein Traum;
Es schwillt und wirbelt in der Luft,
Und nun, wie Bienenschwarm gescheucht,
Es stäubend auseinanderfleucht:
Ich sehe Arme, Speeres Wucht,
Ich sehe Nahen, sehe Flucht,
Und gleich entfernten Donners Grollen
Hör' ich es leise zitternd rollen.
Ihr seid's, ihr bracht den langen Schlaf!
Der tolle Herzog! Anholts Graf!

Es war im Erntemond, ein Tag
Gleich diesem auf der Landschaft lag,
Wo Windes Odem, süß und reg,
Hielt mit den Zweigen Zwiegespräch,
Der letzte einer langen Reihe
Voll Glaubenswut und Todesweihe,
Da, ach! um Lehren, liebereich,
Gefochten ward den Wölfen gleich.
's war eine tränenschwere Zeit
Voll bittrer Lust und stolzem Leid,
Wo schwach es schien, den Toten klagen,
Wo so verwirrt Gesetz und Recht,
So ganz verwechselt Herr und Knecht,
Daß selbst in diesen milden Tagen,
Da klar und friedlich jeder Blick,
Nicht einer ist, so möchte sagen:
Der ward allein um Schuld geschlagen,
Und der allein durch Mißgeschick.
Das Recht, es stand bei jedem Hauf,
Und schweres Unrecht auch vollauf,
Wie sie sich wild entgegenziehn,
Hier für den alten Glauben kühn,
Und dort für Luther und Calvin.

Fast dreißig Jahre sind entschwunden,
Und noch kein Ende ist gefunden:
Es rollt der Rhein die dunklen Wogen
Durch brandgeschwärzter Trümmer Graus;
Da ist kein Schloß, kein niedres Haus,
Das nicht, vom Wetter schwer umzogen,
Von Freund und Feinde gleich geplagt,
Dem Wurf der nächsten Stunde zagt.
O Tilly, deine blut'ge Hand
Hat guter Sache Schmach gespendet!
Wohin dein buschig Aug' sich wendet,
Ein Kirchhof wird das weite Land.
Ständ' nicht so mild in deiner Näh',
Ein Pharus an ergrimmter See,
Der fromme Anholt, dessen Wort
So gern den Irren ruft zum Port
Und mag den Strandenden geleiten,
Du wärst ein Fluch für alle Zeiten!
Doch wo der tolle Braunschweig sengt,
Da ist die Gnade gar verdrängt,
Wenn, des Korsaren Flagge gleich,
Sein Banner weht im Flammenreich,
Sein Banner, roten Blutes helle,
Mit »*Tout pour Dieu et tout pour Elle!*«
Die Kirchen ihres Schmuckes bar,
Die Priester am Altar erschlagen,
Sie können ohne Worte sagen,
Daß hier der tolle Herzog war.

So diese stille Gegend auch
In ihrem Abendfriedenhauch;
Sie ruht, doch wie in Schreck erstarrt,
Und todbereit des Schlages harrt.
Noch hat die Flur kein Feind betreten,

Noch zittert nur die fromme Luft
Vom Klang der Glocke, welche ruft
Die Klosterfrauen zu Gebeten,
Wo dort aus dichter Buchen Kranz
Sich Meteln hebt im Abendglanz.
Ach, mancher Seufzer quillt hinauf!
Und stöhnend manche Stimme bricht
Der schonungslosen Hora Pflicht.
Bei jeder Pause horcht man auf:
Und dann die Melodie sich hebt,
So angstvoll wie die Taube bebt,
Wenn über ihr der Falke schwebt.
Ein Landmann, heimgekehrt vom Pfluge,
Hat alle Sinne aufgestört;
Er glaubte in des Windes Zuge
Zu horchen wüster Stimmen Schall,
Und war es Furcht, was ihn betört,
Doch hatte jedes Ohr gehört
Des donnernden Geschützes Hall.
Es ist gewiß, sie sind bedroht,
Die Hilfe fern und groß die Not.

Und hier an diesem Weiher klar
Saß damals kleiner Mädchen Schar;
Nichts wußten sie von Furcht und Scheu
Und spielten an dem Borde frei.
Sie warfen flacher Steinchen Scheiben,
Die tanzend blanke Tropfen sprühn;
Dann pflückten Blumen sie und Grün,
Und sahn sie mit den Wellen treiben,
Und schauten in den Spiegel ein,
Und ordneten die Mützchen fein;
Denn sei ein Mädchen noch so klein,
Es mag sich immer zierlich wähnen.
Auch haschten sie nach den Phalänen,

Die summend kreisen übern Teich.
Es war ein holdes Friedensreich,
Der grüne Bord, die leisen Wellen
Und diese tändelnden Gesellen.

Doch still! — die Mädchen schauern auf —
Was steigt dort hinterm Dickicht auf?
Es stampft und knackt, es schnaubt und klirrt,
Dazwischen es wie Sensen schwirrt.
Schau, in das Ufer dichtumbuscht
Ist schnell die kleine Schar gehuscht.
Und immer näher trabt es an,
Und immer heller schwirrt's heran.

Nun sind sie da, ein starker Troß,
In Eisen starrend Mann und Roß;
Die Rüstung wohl des Glanzes bar
Und manche Klinge schartig war,
Bevor sie kamen hier zur Stell'.
Sie sprengen an den Weiher schnell,
Dann mühsam beugend übern Rand,
Das Wasser schöpfen mit der Hand.
Und tief die heißen Nüstern tauchen
Die Rosse, Gras und Binsen rauchen,
Man hört des Odems schweren Drang,
Und Worte fallen sonder Klang,
Als wollten sie in heisren Tönen
Hervor die müde Seele stöhnen.
Dort einer klirrt den Rain entlang,
Zur Seite abgewendet schier,
Ein andrer hält sein schnaubend Tier,
An seinem Hut ein Handschuh steckt,
Vom Reiterbusche halb verdeckt;
Die Federn hangen drüber her,
Geknickt, von roten Tropfen schwer.

Nun barhaupt einen Augenblick,
Die Locken schiebt er wild zurück:
Nie sah man in so jungen Zügen
So tiefen Grolles Spuren liegen;
Ja, als er ob der Welle beugt,
Wo ihm sein Bild entgegensteigt,
Man meinte, diese Zweie gleich,
Sie müßten fassen sich am Teich.
Lang schlürft er, gierig, tief geneigt,
Nun faßt den Zaum die Eisenfaust,
Und nun voran! die Heide saust,
Das Laub von dem Gezweige stäubt,
Wie sich der Zug vorübertreibt,
Und aufgejagten Sandes Wellen
Sich lagern erst an fernen Stellen.
Sie sind dahin — des Hufes Spur
Blieb am zerstampften Weiher nur.
Doch in der Heide Nebelweiten
Wie Vögelschwärme sieht man's gleiten;
Es wimmelt längs der Wolkenbahn.
Und wie die Eisenmänner nahn,
Ein summend Jauchzen, hörbar kaum,
Verzittert in der Ebne Raum.
Und nun verschwimmt's im Nebeltau,
Und wieder ist der Himmel blau,
Und wieder friedlich liegt das Land.
Doch schon an Horizontes Rand
Steigt hier und dort ein wallend Rot:
O wehe! das Panier der Not!
O wehe! wehe! Mord und Brand!
Und durch die Ebne, halb wie Zagen
Und halb wie Jauchzen, geht ein Schrei:
»Der tolle Braunschweig ist geschlagen!
Der tolle Herzog flog vorbei!«

Wohl ist er toll, wohl ist er schlimm,
Ein Tigertier in seinem Grimm;
Und doch so mancher edle Keim
War einst in dieser Brust daheim,
Als noch an Vaters Hof den Knaben
Sein heimlich Sinnen durfte laben,
Wenn er, dem Zwange schlau entzogen,
In seinem Mark die junge Glut,
Von der Gefährten Schar umflogen
Die höchsten Zweige klimmend bog,
Des Sturmes Odem gierig sog,
Und dann ertappt, o schnöde Pein!
Die Strafe willig trug allein.
Für einen Freund gäb' er sein Blut!
Es war ein stolzer, frischer Stamm,
Der siechte in des Hofes Schlamm;
Denn damals man wie heute tat
Und zog nicht die Natur zu Rat:
Man heischte von der Zeder Wein.
Fest stand der Schluß, und schon genannt
Das Bistum ward, das zuerkannt
Dem Knaben, wenn der Jahre Lauf
Die reife Stunde trüg' herauf.
So konnt' es wohl nicht anders sein,
Die edlen Säfte mußten gären,
Zum Mark die Träne siedend kehren,
Und Keinem trauend, Keinem hold,
Der junge Prinz des Herzens Gold
Zu schnöden Schlacken ließ verglimmen.
Doch weiß die Sitte es zu stimmen,
Wie es gebeut des Hofes Ton,
Und keiner sah den bittren Hohn;
Die Mutter lobt den klugen Sohn,
Ob von der Wespe Stiche gleich
Galläpfel trägt der bunte Zweig.

Was will man mehr? So wächst er auf,
Und nach dem wohlbeschloßnen Lauf,
Fürwahr! die Inful nimmt er auch.
Und Keiner sah sein blitzend Aug'
Und sah, wie krampfhaft seine Hand
Des Hirtenamts Symbol umspannt'.
Gemacht zum Priester, meinte man,
Hab' ihn nicht eben die Natur,
Doch Tugend setze Alter an
Dem Geist, wie Rost dem blanken Stahl:
Kurz, Jeder war vergnügt der Wahl.
Und Vaters Augen bald nachher
In Frieden auch geschlossen sind,
Sein letzter Seufzer war nicht schwer,
Er klagte kein verlornes Kind —
Sind ewig denn die Fürsten blind?

Indessen dringt das Kriegsgeschrei,
Und immer näher dringt's herbei;
Wie, schlummert noch der junge Leu?
Träumt er die edlen Stunden hin?
O Böhmens schöne Königin!
Aus deinen Augen fällt ein Strahl,
Da zucken seine Brau'n zumal.
Er springt empor, die Mähne schüttelnd,
An seiner Kette grimmig rüttelnd;
Sie bricht, und aus der langen Haft
Verdoppelt stürmt die wilde Kraft.
O Frau! betört von Stolzes Trug,
Der nicht ein Fürstenhut genug,
Du hast geweckt den schlimmsten Leun,
Der Himmel mag es dir verzeihn!
Sie sah so sanft, man sollte wähnen,
Dies Auge, um des Tieres Not
Vergießen müss' es fromme Tränen,

Und ihrer lichten Wangen Rot
Schien so verschämt, als könne sie
Dem Manne sehn ins Auge nie.
Wohl öfters wie ein Blitz es zog
Durch ihr Gesicht, dann war sie hoch
Und aller Frauen Kaiserin:
Doch nichts verriet den harten Sinn,
Der sich durch tausend Leichenhaufen
Ein schnödes Zepter will erkaufen.
Doch war es so; seit den Gemahl
Von Böhmens Ständen traf die Wahl,
Tat sie sich heimlich diesen Schwur,
Als Königin zu sterben nur;
Und keiner in der Zeiten Drang
Gleich ihr des Aufruhrs Fahne schwang.
Sie fand die tief versteckte Spur,
Die Herzens Beben mochte künden,
Das, ach! an ihrem Odem hing.
Sie war gemacht, es zu ergründen,
Und nie umsonst sah sie ein Ding.
Daß sie ihn liebte, sag' ich nicht,
Sie wahrte treu der Gattin Pflicht.
Zwar durft' er ihren Handschuh tragen,
Das war nicht viel in jenen Tagen,
Ein Spiel, nicht von Bedeutung gar.
Doch edel war er, das ist wahr!
Und jung und, da er liebte, auch
Verklärt von süßer Flamme Hauch.
Sein Gang war adelig, gewandt.
Vor allem zierlich Fuß und Hand;
Vom Antlitz wich der bittre Hohn,
Jetzt träumerischer Schwermut Thron;
Und zuckt' unheimlich es zusammen,
Sie wußte ja, es war um sie;
Wird eine Frau ihn drum verdammen?

Ich weiß es nicht und glaub' es nie.
Kurzum, er wirft die Inful fort
Und greift zum Schwert; ein Panzer hüllt
Die Brust, von tiefer Glut erfüllt,
So harrend auf der Herrin Wort;
Denn dienen kann ein Fürstensohn
Nur Frauen, keinem sonst um Lohn. —

Was soll von diesem Zug ich künden?
Das Schiff nur segelt mit den Winden,
Und ohne Nahrung stirbt die Glut,
Nichts ohne Glück vermag der Mut.
Das war für ihn ein schwerer Tag,
Als nieder Böhmens Banner lag!
Er gab es nicht, es ward entwandt
Der noch zum Kampf bereiten Hand,
Durch jener Wort, die ihn gesendet;
Sie schrieb: »Fahrt wohl! Wir müssen fliehn,
Als Heimatlose fürder ziehn.
Legt hin das Schwert! Es war zu kühn,
Das Königsspiel, es ist geendet.«
Ja, Böhmens Banner ist verloren,
Doch nicht sein Schwert! Er hat geschworen,
Nicht rasten will er Nacht und Tag,
Bis es die Schmach der Herrin brach.
Soll reuig an die Brust er schlagen?
Soll wieder seine Inful tragen?
Noch weiß er, weiß noch einen Mann,
Den auch Geschick nicht beugen kann,
Obwohl er tief und grimmig fühlt.
Für einen Abenteurer hielt
Er ihn bis jetzt; doch mag es sein!
Auch ihn verließ der Sonne Schein.
Ein Fürst, ein Feldherr war er schon,
Und jetzt? Fortunens kecker Sohn!

So geh' es denn auf eigne Hand!
Und bald um seinen Führer stand
Ein Heer, vom Reiche ausgestoßen,
Landstreicher, flüchtige Matrosen,
Manch Räuber auch, entflohn dem Rad,
Und wen geächtet sonst der Staat.
»So recht, so recht!« der Braunschweig lacht,
Denn ihn auch traf des Reiches Acht.
Und vor dem Mansfeld tritt er auf,
Die Hand ihm bietend: »Nun wohlauf!
Gesell, wir müssen uns vereinen,
So mag die Sonne wieder scheinen.
Mein Heer, ein wenig bunt und klein,
Allein geächtet: also mein.«
Und schallend schlug der Mansfeld ein.

Seit diesem Tage war es ganz,
Als lösche jener trübe Glanz,
Der zwischen Braunschweigs hohen Brauen
Ließ seiner Brust Geheimnis schauen,
Der Liebe nicht, nein, jene Schrift,
Die Mischung kündend, draus bestand
Sein seltsam Wesen: Frost und Brand,
Heilkräftig Gold, Oxydes Gift.
Das war nun hin, dafür entstand
Ein zuckend Fältchen an der Stelle,
Schwach im Gefechte, tief beim Brand,
Wie eingeätzt, wenn Mönches Zelle
In schwarzen Wolken qualmt empor.
Schlimm war er, dennoch schwer zu sagen,
Wie viel von seiner Taten Last
Muß argen Heeres Willkür tragen;
Er hatte sich so tief gefaßt
In Stolz und Schlauheit, daß es schien,
Kein Hälmchen falle ohne ihn.

So meint gehorsam sich der Knecht,
Wenn, was geschehn, zumeist ist recht;
Und anders nicht zu lenken war
Ein Heer wie dieses, das ist klar.
Nicht soll man zweifeln, daß zuzeiten
Es schlimmer ward, als er gedacht,
Daß öfters die verschwiegne Nacht
Manch schweren Seufzer sah entgleiten,
Wenn zuckend hellt der Lampe Strahl
Auf seiner Stirn das Runenmal,
Obschon es ihm wie Labsal war,
Sah er aus einem Kloster klar
Die Funken wie Raketen ziehen.
Und »Gottes Freund, der Pfaffen Feind!«
Von Herzen war der Spruch gemeint.
Auf seinen Münzen liest man dies.
Ja, seine Brust war ein Verließ,
Drin tief wie ein Gefangner lag
Der Groll um längst vergangnen Tag.
Und ach! das wüste Leben brach
Zuletzt auch jeder Tugend Blühen,
Daß nur die Treue blieb allein
Wie weinenden Gestirnes Schein,
Wie Palmeninsel in der Wüste,
Korallenglanz an öder Küste.
Und nicht die Amnestie er nahm,
So ihm von Kaisers Hulden kam
Zu Regensburg am Fürstentag,
Doch seinem Heere ließ die Schmach;
Laut war das »Nein«, so er da sprach:
Und um die Seinen ist es nur,
Daß sich die fürstliche Natur
Zu neuem Dienste kann bequemen
Und Sachsens Fahne wieder nehmen;

Viel lieber würd' er fallen kühn,
Sein blutig Banner über ihn;
Doch Treue läßt ihm keine Wahl.
Und so, des Bundes General,
Sah ihn der Rhein, sah ihn Westfalen
Mit scharfer Münze klingend zahlen,
Auf seinem Weg die Flamme prahlen.
Der Platow, seine rechte Hand,
Brandmeister ward im Heer genannt,
Er selbst der tolle Herzog nur.
Ihm war es recht, er sagt' es offen,
Der Titel schien ihm wohl getroffen.
Wild war er, wenn Fortuna lacht,
Ihr Zürnen ihn zum Tollen macht!
Der Himmel mag sich des erbarmen,
Den heut er trifft! Wir sahn ihn fliehn,
Und schwarz ihm nach wie Flüche ziehn
Rauchsäulen aus dem Dach des Armen.
In einem Schloß, vom Wald geschützt,
Man scherzt und kost beim heitern Mahl.
Stieg denn das Wetter auf? Es blitzt,
Entlang die Zweige zuckt der Strahl,
Und alle Fenster klirren auf.
Ha! dort und dorten steigt es auf!
Und alle trifft des Wortes Wucht:
»Der tolle Herzog auf der Flucht!«
So stürmt er fort, ein Meteor
Mit Flammenspur am Himmelstor,
Bis nun auf Ahaus Heidegrund
Sein Heer sich lagert wirr und bunt.

Ach, armes kleines Städtchen du,
Wie steht's um deine nächt'ge Ruh'!
All deine Bürger blieben wach
Und zittern vor dem jungen Tag,

Wie jener, dem der Sonne Licht
Nur leuchten soll zum Hochgericht.
Man hat gehemmt der Glocke Schlag,
Kein Lämpchen in der Kammer glimmt:
Der Blendlaterne trüber Schein
Nur wohlverdeckt im Keller schwimmt,
Wo zitternd birgt, so gut er kann,
Sein bißchen Hab' der ärmste Mann,
Auch in den Kammern manche sind,
Die betend an den Fenstern stehn
Und sehen gleich Dämonen gehn
Die Wache längs der Feuer Schein.
Im Bett der Kranke bleibt allein,
Und langsam in des Mondes Glanz
Regt klappernd sich der Rosenkranz:
Daß Gott, der einst in seiner Huld
Für Israel, bedeckt mit Schuld,
Die Sonne ließ am Himmel weilen,
Ach, heute nur, dies eine Mal,
Den Sternen Dauer mög' erteilen!
Umsonst! die Stunde rollt heran.
Im Lager drüben Roß und Mann
— O, ein Geräusch, den Tod zu bringen! —
Vom Lager hört man klirrend springen,
Doch zögert noch der Morgenstrahl.

Dort, wo gelehnt am Lanzenstab,
Ein dunkler Fleck, die Wache steht,
In seinem Zelte auf und ab
Der Christian von Braunschweig geht.
Er ist alleine; was er denkt,
Sein Auge kündet tief gesenkt,
Das nur zum Grund die Blicke führt.
Zuweilen seine Rechte rührt

Des Hutes Rand, wo blutbefleckt
Am Reiherbusch der Handschuh steckt,
Als zweifle er, ob nicht dies Zeichen
Mit seinem Glücke müsse weichen.
Und soll sein Antlitz ich vergleichen:
Des Griechen Feuer müßt' es sein,
Das heimlich frißt mit kaltem Schein.
Ja! wessen Auge jetzt ihn trifft,
Der läse schnell die Runenschrift:
»Ein Held! ein Schwärmer! ein Soldat!
Und seines Glaubens Renegat!«
Schau, ein Papier am Boden dort!
Er schleudert's mit dem Fuße fort.
Der Mansfeld hat ihm aufgesagt;
»Ein Narr, der es mit Schelmen wagt!« —
Im Lager bleibt es immer still,
Noch schlummert rauchend der Vulkan,
Was hemmte seiner Lava Bahn?
Die Vorsicht, so nicht gönnen will,
Der Beute Lust sich zu ergeben,
Wo Schwerter überm Haupte schweben.
Nur Rosses Wiehern, Wächters Gang,
Vom Hammerschlag ein ferner Klang
Durch des Gezeltes Spalten drang.
Sie öffnen sich, und langsam tritt
Vor seinen Feldherrn Obrist Spar.
Ein Mann, so aller Milde bar,
Daß ihn der Herzog oft verglich
Der Roßkastanie, deren Stich
Nur trotzig zu verbergen sucht,
Daß ungenießbar ist die Frucht.
Im Zelt sie wandeln Schritt bei Schritt,
Was sie gesprochen, war nicht lang;
Doch weiß man, in den Herzog drang
Er wiederholt: nach solchem Streite

Zumeist dem Krieger zieme Beute,
Daß eine Lust noch rüttle wach
Den Mut, der im Gefechte brach. —
O stolzer Feldherr, gib nicht nach!

Wie endlos ist der Kirche Bogen,
Wie geisterhaft der Ampel Strahl,
Wenn Furcht und Seelenglut zumal
In Stößen treiben Blutes Wogen.
Die Decke schwimmt, der Leichenstein
Scheint aus den Fugen sich zu heben,
Und ein unheimlich, blutlos Leben
Regt flimmernd sich im Heil'genschrein.
Auf leerer Kanzel knackt ein Tritt,
Wie Nachtwind an den Fenstern wühlt;
Von unsichtbarer Hand gespielt
Die Orgel summend scheint zu beben,
Sein Schwert Sankt Michael zu heben
Und Zugluft, die dem Spalt entglitt,
Regt nun und dann des Greises Haar,
Der dort am Hochaltare liegt,
So regungslos in sich geschmiegt,
Als sei er schon des Lebens bar.
Und wie es flatternd ihn umfliegt,
Er meint, es sei des Vorfahrs Odem,
Ins Ohr ihm flüsternd immer neu:
Halt aus! halt aus! auf schwankem Boden
Bleib deinem Heiligtume treu!
Nicht rühme sich die blut'ge Schar,
Verlassen traf sie den Altar!
Was war das? Stimmen, und ganz dicht!
»Jesus Maria, steh uns bei!«
Nun ist es still. Und nun aufs neu! —
»O heil'ge Jungfrau, laß mich nicht,
Wenn nun mein Stündlein kommt herbei!«

Es klopft und drängt, es dreht am Schloß,
Die Flügel schwanken. Ha! da bricht
Es splitternd mit gewalt'gem Stoß:
Sturmhaube, Federbusch und Hut,
Von Lanzenspitzen eine Flut; —
Mit gelben Kollern angefüllt,
Die Kirche dröhnt von Flüchen wild.
Und, o mein armer Sakristan!
Zum Hochaltar die grade Bahn
Treibt wie ein Strom der Troß hinan.
»Wo blieb der Kelch? wo die Monstranz?
Das beste Paar im ganzen Tanz!
Der graue Schelm hat sie versteckt!«
Und zwanzig Fäuste krallen an
Den Greis, der gen der Waffen Glanz
Die unbewehrten Hände streckt.
»Bekenne, Hund!« und hochgepflanzt
Die Partisane zuckend tanzt:
So hängt der Boa Haupt vom Ast
Und züngelt, eh' den Raub sie faßt.
»Bekenne, Hund!« — Kein Sterbenswort,
Der Greis die Wimper hat geschlossen.
Nun flüstert er. — Da kniet sofort
Ein grauer Leitbock der Genossen;
Er bückt sich, lauscht, dann springt er auf,
Und grimmig seine Lache schallt.
»Ave Maria, Jesu mein!«
Ist zitternd in sein Ohr gehallt.
Rasch steigt die Partisane auf,
Noch einmal kreisend mit Gewalt,
Dann krachend in der Rippen Spalt.
Ein Zucken längs den Gliedern, dann —
Es ist vorbei! das Blut entrann.
»Mein Jesu!« war sein letztes Wort.
Und »Hussa Braunschweig! nun voran!« —

Ach, soll ich künden, wie entehrt
Ward meines Glaubens teurer Herd!
Wie man die Heiligtümer fand,
Und kirchenschänderische Hand
Mit Branntwein füllt' bis obenan
Den Kelch, so faßte Christi Blut!
Wie man Gewänder, gottgeweiht,
Sah wehn um Kriegerschultern breit!
Was schonte jemals Schwärmerwut?
Was mehr noch ein Verbrecher, der
Soldat nur ist von ungefähr?
Die Fenster klirren, vom Gestell
Apostel schmettern, schwankend zischt
Die ew'ge Lampe und erlischt.
Vom Lanzenstich der Märtyrer
Zum zweitenmal wird todeswund.
Reliquien bestreun den Grund,
Von Hammerschlägen, Speeres Stoß
Reißt der Altar sich krachend los,
Und »Hussa Braunschweig!« bricht es ein.
Zierraten splittern auf den Stein,
Und heulend muß die Glocke gellen,
Jetzt ein Signal den Raubgesellen.
Schau, dort ein bärtiger Bandit
Selb einem andern stampft und glüht.
»Ha, dort ein Kruzifixchen noch
Im Winkel! Silber muß es sein!"
Er schiebt sich hin, so schlau und scheu,
Vermeidend des Gefährten Blick.
Nun faßt er es — ein lauter Schrei!
Und wie ein Block er stürzt zurück;
War nicht schon nah sein Kamerad,
Leicht kam es, daß man ihn zertrat.
Doch nun, im Winkel hingestreckt,
Die Stirn er mit den Händen deckt,

Nur leise ächzend nun und dann:
»Der Teufel — Teufel — sah mich an!«
Dann auf sich rafft er, taumelt weg,
Wie Blinde wanken übern Steg.
Sein Kamerad vergaß ihn schon,
Das Kruzifix nimmt er zum Lohn.
»Ha, Spiegelglas!« und klirrend bricht
Es an der Jungfrau Angesicht.

Vom Ulmenschatten halb versteckt,
Ein Häuschen liegt im Stroh gedeckt,
Wohin nur schwach der wilde Klang
Gleich Kranichheeres Schrillen drang,
Da dem Soldaten nicht vergönnt,
Zu streifen längs der Mauer Kreis:
Die Kirche gab der Herzog preis,
Kein Hälmchen sonst; nach einer Stunde
Macht er im Lager selbst die Runde,
Ob alles in der Ordnung sei,
Vollzählig jedes Regiment.
Und diese Hütte liegt allein.
Was kauert dort im Mondenschein,
Undeutlich, wie ein Klumpen grau,
Und ächzt gleich Sterbenden genau?
Gertrude lauscht am Fensterrand:
Sacht, sachte schiebt sie mit der Hand
Den Riegel auf, wohl schaudert ihr;
Sie ist so fromm, das junge Blut.
O nenne nicht gering den Mut
Von diesem schlichten Waisenkind!
Der Koller — Speer — sie ist nicht blind.
Doch, wär' es nur ein armes Tier!
Und, geh, es ist ein Mensch in Not!
Da steht sie zitternd, feuerrot.

Und wenn er, wie ein wirrer Geist,
Die Kräuter aus dem Rasen reißt,
Ein wenig rückwärts tritt sie dann;
Doch wenn er seine Hände ringt,
Aus tiefem Auge Jammer dringt,
Sie näher, näher rückt heran.
Und: »Armer Mann, Ihr armer Mann!«
Ob er es nicht vernahm? Er schweigt.
Da zögernd sie die Hand ihm reicht,
Er hebt sich auf, er folgt, so lind,
So ganz unmündig wie ein Kind.
Und nun ihr jungfräuliches Bett
Bereitet sie geschwind und nett;
Und Labung auch vom Besten reicht,
Und steht so sorgenvoll gebeugt,
Verwundert, daß sich nirgends Blut,
Und nirgends eine Wunde zeigt.
Nun schlummert er, das ist wohl gut;
Er sieht doch ganz entsetzlich grimm,
Man sollte denken, er sei schlimm.
Und fort sie huscht wie Wirbelwind,
Dreht auch den Schlüssel um geschwind.
Kaum ist sie fort: vom Lager hebt
Der Gast sich, seine Wimper bebt,
Er grübelt, an den Fingern dreht
Und murmelt, was man nicht versteht.
Nun heller: »Ja, ich hab's gesehn,
Ich sah den Teufel vor mir stehn,
Ich sah ihn seine Krallen strecken.
Johannes May, verruchter Hund!
Mit Blute mußtest dich beflecken
Von jenen, die der Taufe Bund
Mit dir geweiht am gleichen Becken!
Die Kirche, die dir Tröstung gab,
Die einschließt deiner Eltern Grab,

Die dich gelabt mit Christi Leib,
Dir am Altare gab dein Weib,
Wo deine Kinder alle drei
Stehn im Register nach der Reih';
O wehe, wehe! Mord und Brand!«
Und wieder schlägt er seine Hand
An das Gesicht, man meinet, sprengen
Die Adern muß des Blutes Drängen,
Und nun im Ton der Leidenschaft:
»Genugtun will ich, wie nur kann
Ein einzelner und niedrer Mann;
Doch meine Reu' sei meine Kraft!
Vergoß so oft ich Freundes Blut —
Mein Arm ist fest, die Büchse gut.«
Nach einer kleinen Pause dann:
»Herzog, du bist ein toter Mann!«
Nun steht er rüttelnd an der Schwelle,
Nun durch das Fenster huscht er schnelle,
Nun schreitet er den Rain entlang.
O arme Taube, mild und bang!
Wie ward dir, da du dies gehört?
Das Blut sich ihr im Herzen kehrt,
Und Mord und Brand, und Brand und Mord,
Im Ohre hallt es immerfort;
Wie fühlt sich ihr Gemüt beschwert!
Stellt sie die Sache Gott anheim?
Läßt sprießen des Verbrechens Keim?
Sucht sie zu hindern, wie's vermag
Ein machtlos Weib von ihrem Schlag?
So fallen, reulos, unbewehrt,
Von seines Untergebnen Hand!
Und schaudernd sie am Herde stand,
So jammervoll in ihrer Schöne,
Wie unterm Kreuze Magdalene.
Vielleicht gibt ihr die Kirche ein,

Was mag des Himmels Wille sein.
Schon weicht dem Morgenrot die Nacht,
Laut wird das Vogelnest am Ast;
Sie kann schon gehn, der Bürger wacht;
Und ach! ihr dünkt, mit dieser Last,
Wie Kain gemarkt von Gottes Hand,
Sie könne wandern durch das Land.
Fremd scheint es ihr, daß alles stumm,
Gesperrt die Läden ringsherum.
Gott Lob, die Kirche! Aber wie?
Weit auf die Pforten! schon so früh?
Und — ist sie blind? — der Ampel Licht,
Der Hochaltar — sie sieht ihn nicht!
Es ist zu viel: ihr Auge schattet,
Und auf ein Grab sinkt sie ermattet.
Da über ihr Gezisch, Geknarr,
Die Uhr im Turme mit Geschnarr
Setzt aus, und dröhnend Schlag auf Schlag,
Wie Wetterkrachen donnert's nach;
Sie meint, es sei der Jüngste Tag.
Gespenster schaun aus Fensterluken,
Im Turm beginnt ein wildes Spuken,
Hinab die Stiegen mit Gescharr.
Nein, wehe! das ist Menschenhand,
Die jetzt sie zerrt am Gürtelband.
O, schlimmer als Gespenster weit,
Soldaten sind's in Trunkenheit!
Sie schreit nicht, wehrt sich nicht, nur sacht
Sie wimmert wie ein Vogel klein,
Dem man das schwache Hirn drückt ein;
Vor ihren Augen wird es Nacht.
Da rückwärts taumelt der Geselle,
»Der Herzog!« ruft's, und plötzlich nah
Ein dritter stand, unbärtig noch,
Doch über Manneslänge hoch.

Ja, wie ein Schatten stand er da,
Kalt, tödlich bohrt sein Blick sich ein:
Die beiden Männer sind wie Stein.
Und als den Strahl er tiefer trug,
Blaß ihr Gesicht ward wie ein Tuch.
Er winkt, sie weichen auf der Stelle.
Auch sie noch schaut er seitwärts an,
Sich, seltsam lächelnd, wendet dann
Und geht, ist fort. O Jesus Christ!
Ihr Retter selbst der Herzog ist —
Und dieser liegt im Kirchenbann!

So freundlich war das Himmelblau,
So klar im Grase lag der Tau;
Man dachte, nur zu Lust und Frieden
Ein solcher Morgen sei beschieden.
Im Sonnenlichte stand das Heer,
Glanzwellen brachen sich am Speer,
Und leise waltend an den Stäben
Die Fahnen hob der Lüfte Weben.
Ein leerer Kreis, ein Haufen Sand,
Und seitwärts an der Lanzenwand
Zwei Krieger, ihrer Wehr beraubt,
Tief auf die Brust das bleiche Haupt.
Die sahen nicht nach Sonnenlicht,
Sie hörten Rosses Wiehern nicht;
Vor ihrem Ohre summt es nur,
Ein Spinngewebe schien die Flur.
O anders, frischen Tod erwerben,
Als schmählich vor dem Standrecht sterben!
Zur Seite, mit den Offizieren,
Die flüsternd rasche Reden führen,
Der General verdüstert stand.
Kopfschüttelnd redet Obrist Spar,
Der Styrum nickt und lächelt gar,

Und der Sergeant und Reiter auch
Sich wahren ihrer Rechte Brauch:
Es ist vorbei, das Stäbchen brach,
Den beiden stieg der letzte Tag.

Wer diese bleichen Sünder sah,
War er kein Stein, es ging ihm nah.
Sie hatten lustig fortgelebt,
Vertrauend auf ihr gutes Schwert,
Das manche Wunde abgewehrt;
So manche Kugel pfiff vorbei,
Und nun — am Sande stehn die zwei;
Und eh' das Tuch die Augen deckt,
Noch sehn sie, wie der Arm sich streckt,
Sehn zwölf der bravsten Kameraden
Maschinen gleich die Büchsen laden.
Ade, o Strahl! nun ist es Nacht.
Geblendet schon der Lunte Rauch
Zu ihnen trägt des Windes Hauch.
Stieg himmelan ein Seufzer auch?
Ich weiß es nicht; es blitzt — es kracht! —

Geendet ist das Kriegsgericht,
Verlöscht des Himmels Gnadenlicht.
Zwei liegen dort im kalten Grund,
In ihrer Brust ein Stückchen Blei;
Die feuchte Scholle deckt den Mund:
Daß Gott der Seele gnädig sei!
Die Schützen putzen ihr Gewehr,
Ein Wald von Lanzen steht das Heer,
Die Züge starr, den Blick gesenkt,
Man kann nicht sehn, was einer denkt.
Geschlagen sind sie, dennoch kühn,
Und ganz verhaßt die Disziplin.
Entlang der Herzog geht die Reihn,

Und manchen schaut er an mit Fleiß;
Ward einem bang? Es mag wohl sein;
Doch vielen ward es siedend heiß,
War nicht sein Schlangenauge da,
Man kann nicht wissen, was geschah.
Nun, stauend wie ein Mühlenbach,
Zum Lager schiebt es drängend nach,
Es ist ein fürchterlicher Troß
Dem Führer ein unbändig Roß.
Ungern der Herzog drum, wie heut,
Zum Fehlen gibt Gelegenheit.
Als in den Zelten sie zumal,
Am Sande weilt der General;
Er bohrt den Degen sinnend ein,
Stößt mit dem Fuß des Weges Stein;
Und neben ihm der Obrist Brand,
Graf Styrum auch, sein Adjutant,
Ein kühnes Blut und lockrer Fant —
Die Zunge läuft mit ihm davon,
Und halb Gedachtes gibt sie schon,
So jetzt, zum Obristen gewandt:
»Die Pferde knirschen ins Gebiß,
Des Tilly Silber hat gewiß
Noch, als sein Eisen, schärfern Zahn.
Was meint Ihr? Ist der alte Hahn
Ein Basiliskenei zu legen
Nicht eben recht? Ich sage dies.
Und ferner noch: Herr Herzog, nehmt
Nicht allzu leicht, was heut beim Tagen
Das schmucke Ding Euch vorgetragen,
Das sich so bürgerlich geschämt.
Man sah, von Herzen ward's ihr schwer.
Drum glaub' ich es um desto mehr,
Vielleicht — was trabt von dort heran?
Ein Weihquast? Was, zum letzten Segen?

Und steckt doch seinen kahlen Kopf
Grad in die Fall', armsel'ger Tropf!«
Gelassen tritt der Mönch heran.
Man spricht so viel aus jener Zeit
Von Klerus' Ausgelassenheit;
Dies war ein still gelehrter Mann
Und einzig seiner Bücher froh
Im Gotteshause zu Burloh.
Von seinem Obern ausgesandt
Und kehrend heut durch Ahaus' Tor,
Des Glaubens Feinde er davor
Und jammervoll die Bürger fand
Daß nicht der Kelch, nicht die Monstranz,
Sowie der Leuchter Silberglanz
Zu retten, scheint ihm selber doch;
Allein die Kreuzreliquie noch,
So nur in schlechtes Holz gefaßt —
Drum gönnt er sich denn keine Rast
Und tritt den Herzog mutig an.
Er bittet um geneigtes Ohr,
Trägt ruhig sein Gesuch ihm vor;
Hat nun geredet, blickt empor,
Doch hastig wieder auf den Grund:
Dies Muskelspiel um Wang' und Mund,
Und dieser Augen tote Glut —
Fürwahr, die Sache steht nicht gut!
»Herr!« fährt er fort, »was nützt es Euch?
Wir werden arm, und Ihr nicht reich.
Zum erstenmal im Leben ich
Schau' einen Fürsten, sicherlich;
Und Ihr seht ganz so adelig,
Wie Fürsten sollen.« — O Geduld!
Fast blendet ihn das Muskelspiel.
»Gebt mir dies Zeichen Eurer Huld,
Was Euch so wenig, mir so viel.

Gedenkt, wie Cyrus alter Zeit
Hat den Zorobabel erfreut,
Dem er die Heiligtümer gab,
Zu beten an der Väter Grab;
Wie Julian, der Apostat...« —
Spricht Styrum lachend: »Schmucke Wahl,
Mit Apostaten uns zumal,
Mit Juden deine Schar vergleichen:
Mein Alter, das sind schlimme Zeichen!
War Julian ein Apostat —
Du scheinst mir halber Renegat.«
Was nun den Herzog hat gerührt,
War es das Wort, so schlicht geführt,
War es das Zutraun unverdeckt,
Ein Zug, der ihm Erinnrung weckt:
Genug, er winkt, er spricht ein Wort,
Und lachend wandert Styrum fort.
Wie war doch unser Mönch so froh,
Als er die Kreuzreliquie sah;
Er faßt sie an dem Rande, so,
Dem heil'gen Splitter nicht zu nah;
Und vor dem Herzog bückt er sich,
Und abermals und wiederum,
Er meint, es sei noch nicht genug;
Der steht und lächelt wunderlich:
»Ihr spracht ja eben wie ein Buch,
Und seid mit einem Male stumm.
So sagt uns denn gleich klar und schön,
Was Ihr auf Eurer Fahrt gesehn.«
Der Mönch den Seufzer drängt zurück,
Er zögert einen Augenblick:
»Zuerst traf ich am Küchenherd
Den Mann mit Frau und Kindern wert,
Die nahmen ihr geringes Mahl.
Demnächst ich sie im Felde fand,

Nach Abend schauend unverwandt,
Die trieben seufzend und mit Müh'
Dem Dickicht zu der Rinder Zahl;
Dann eine Hütte unbewacht,
Und dann — nicht finster war die Nacht,
Die Flamme...« — O welch dunkles Rot
Von Braunschweigs hoher Stirne droht!
»Ich frage nicht nach Mann und Weib! —
Saht Ihr die Bayern?« — »O bei Leib!
Des war nicht meine Furcht gering;
Der Bayer bleibt auch nur Soldat.
Doch sagt man, daß der Tilly naht.
Herr! seht Euch vor, das ist mein Rat.« —
Zeit war es, daß der Pater ging.

's ist schaurig, wenn im Felsental
Die Kuppen bleicht des Mondes Strahl,
Wenn Windeszug entlang der Kluft
Mit Seufzern füllt die graue Luft,
Und Uhus Auge auf der Wacht
Vom Riffe leuchtet: — doch bei Nacht
Wohl standest du am Meere je
Und hörtest, wie der Wellenschlag
Sich wühlend am Gestade brach?
Ein wüstes Untier ist die See,
Wenn schwärzer als die Dunkelheit
Hascht Wog' auf Woge nach dem Strand:
Doch schauriger die Heide weit,
Wo Lichter flattern übers Moor,
Die Kröte unterm Rasen schrillt,
Bei jedem Tritt es schwankt und quillt,
Und dampfend aus dem Grund empor
Sich Nebelchaos wirbelnd streckt,
Wie Geisterhüllen halb geweckt,

Als wollten die Atome ringen
Sich los aus Gras und Krautes Schlingen,
Die vor der grauen Sündflut Zeit
Lebend'gen Odems sich gefreut.
Auf Gräbern glaubst du nur zu schreiten,
Durch halbgeformten Leib zu gleiten;
Die Märchen deiner Kinderzeiten
Sich unabwendbar drängen an:
Fast glaubst du an den Heidemann.
Es ist kein Trug, dort rückt er an!
Nein! Menschenstimmen, männlich eine,
Die andre Vöglein gleich an Feine.
»Gertrude, war das wohlgetan?
Was ließest du dem Himmel nicht
Sein freies Walten und Gericht?«
Und nun die klare Stimme spricht:
»So war es nicht des Himmels Wille,
Daß ich vernahm, was jederzeit
Wohl hätte Menschenohr gescheut?
Wenn es nicht Gottes Finger tat,
Was führte dann den Reiter grad
An meine ganz entlegne Tür?
O Eberhard! sei stille, stille,
So Hartes rede nicht zu mir,
Bei Gott! ich bin genug gequält!«
— »Nun wohl! noch hast du nicht erzählt ... —
Doch horch, Gemurmel! — 's ist der Wind,
Und das Gewitter steigt geschwind.«
— »Ich wählte einen Blumenstrauß
Und meine blankste Schüssel aus;
So ging ich langsam aus dem Haus,
Gewiß! es war ein saurer Gang!
Ich betete den Weg entlang
Zu den Nothelfern allesamt,
Antonius, dem Schutzpatron;

Und sieh! da stand der Herzog schon!
War das nicht seltsam?« — »Still, was flammt
Dort auf?« — »Du siehst ja, daß es blitzt;
Wir müssen eilen. — Als ich itzt
So vor ihm stand ganz nah am Tor:
Kein einzig Wort bracht' ich hervor,
Ich hielt ihm nur die Schüssel hin
Und weinte wie 'ne Sünderin;
Die bei ihm standen, lachten helle,
Zu sterben meint' ich auf der Stelle,
Und bracht' es endlich doch heraus,
Wie jener kam zu meinem Haus,
Ganz wirrig, schaudernd und betört,
Und wie ich sagen ihn gehört,
Was ich bei Gott beschwören kann:
Herzog, du bist ein toter Mann!
Mußt' ich das nicht? Dann fragt' er mich,
Ob ich ihn kenne, sicherlich;
Ich sagte nein; recht war es nicht,
Ich sah wohl deutlich sein Gesicht. —
‚Was trug er?' Wie ein Landeknecht
Den Koller, Lederstrümpfe schlecht.
— ‚Schon gut! und Dank für den Bericht!'
Und denk', er bot mir Geld und Wein —
Doch wie ein Has lief ich feldein.
Gott gab mir eine schwere Last,
Nun Kummer mir das Herze bricht,
Daß ich verraten meinen Gast,
Vielleicht — fürwahr! da klirrt es gleich —
Doch nein! der Fisch sprang auf im Teich.
Die Nacht ist schwül.« — »Gertrude, komm!
Du bist ein töricht Ding, zu fromm.
Kam jene Kunde an mein Ohr,
Dem Ofen sagt' ich's lieber vor,

Könnt' ich nicht schweigen. Komm geschwind,
Schau, wie das Wetter treibt der Wind;
Wir haben weit bis Ottenstein,
Ich weiß, der Oheim wartet dein.
Und, wahrlich! das ist Waffenklang,
Gewiß, den Liesner ganz entlang —
Fort, fort!« — Wie Schatten schwinden sie.

Und Zug auf Zug, aus Waldeshagen
Sieht man die schwarzen Säulen ragen,
Sich endlos die Kolonne zeigt,
Wie drüben Wetterwolke steigt,
Als wollten Heere jener Welt
Sich nächtlich treffen überm Feld,
Das ihre Gräber mußte tragen.
Nun breitet sich's, wie Stromes Fall,
Nun windet sich's ein wüster Ball,
Im Hui schlägt die Flamme auf,
Und dort und drüben, wie im Lauf,
Steifstiefeln, Koller ringsumher:
Es ist der Tilly und sein Heer;
Ganz deutlich wie am Tage schier
Sieht man des Rautenschilds Panier,
Die Reiter von den Rossen steigen,
Den Hals die Tiere dampfend neigen;
Und Wiehern, Hämmern, Stimmenschall
Verschwimmen in des Donners Knall,
Da grade über Mann und Zelt
Sich das Gewitter hat gestellt.
Oft rötlich zuckend hellt ein Strahl
Die ganze Masse auf einmal.
Schon zischen Tropfen in der Glut,
Nun schwenkt schon der Soldat den Hut,
Am Federbusche flirrt es fein:
Und nun mit grenzenloser Wut

Die Elemente brechen ein,
Und niederstürzend eine Flut,
Wie übers Wrack sich schäumend legt.
Der Donner schwieg, doch Sturmes Macht
Und Hagelschlag die Heide fegt —
Ich sehe nichts mehr, es ist Nacht!

Zweiter Gesang

Wie tief berauschend ist dein Odem,
O Phantasie! Was kommt ihm gleich,
Wenn über Mauerzinnen bleich
Du gleiten läßt den Grabesbrodem!
An einem Tage muß es sein,
Wo bläulich steigt der Höhenrauch,
Vielleicht auch, wenn der Dämmerhauch
Mit grauem Staube füllt die Luft,
Des Meteores falber Schein,
Ein fallend Sternlein, teilt den Duft.
Wes Seele würde nicht bewegt,
Gedenkt er dann der warmen Hand,
Die diesen kalten Stein gelegt,
Des Geistes, der die Formen fand,
Die, Greise selber, gliedermatt,
Wie von dem Baume Blatt um Blatt,
Langsam nachrollen in die Gruft!
Am Turme lieb' ich dann zu stehn,
Zu lauschen Wetterhahnes Drehn;
Mag wandeln um des Städtchens Kreis,
Und aus der Mauerscharte weiß
Des Grases Finger winken sehn,
Die alten Gräben, halb verschüttet,
Die Warte bröckelnd, grau, zerrüttet,
Und überm Tor das Fensterlein,
Draus öfters trat der Fackel Schein,
Bevor das Gitter steigend klang. —

Mich dünkt, ich höre Geistersang:
Wie kurz o Leben, Zeit wie lang!

Siehst drüben du den stolzen Bau?
Bald wird an jenes Schlosses Pforte,
Das kein Jahrhundert noch gesehn,
An meiner Statt ein andrer stehn,
Entziffernd halb verlöschte Worte,
Wird Bischofsstab und Mitra nur
Erraten aus entstellter Spur.
Dann wird er Ahaus' Bürger fragen
Und dieser weiß nur dunkle Sagen,
Daß in verjährter Zeiten Grau
Ein Bayerfürst geführt den Bau.
Noch kurze Zeit, so sinkt er ein.
Wie heute schon kein Mauerstein
Verkündet, wo die Feste lag,
Darin des Tilly starrer Mut
Sich barg vor Elementes Wut,
Ingrimmig harrend auf den Tag.
Und nur der Dichter kennt allein
Den Fleck, wo einst die Halle stand,
Gebilde schauten von der Wand,
Wo des Kamins geschweiften Bogen
Hinauf die Funken knisternd zogen,
Und manche kühn' und blut'ge Hand
Sich friedlich streckte übern Brand.

Am Herde, abwärts von der Glut,
Der Feldherr steht und streicht den Bart;
Das war nun einmal seine Art,
Gekannt von allen, keinem gut;
Gewaltsam aufgeregtes Blut
So will er dämpfen: diesen Strich
Sieht der Soldat und richtet sich.

Sein Auge klar, doch grau wie Blei,
— So durch die Welle blitzt der Hai —
Gespannt auf der Tapete ruht,
Wo schaumbedeckt, mit Todesmühen,
Ins Dickicht scheint der Hirsch zu fliehen.
Auf Tillys Stirn die Ader steigt,
Denkt seines Wildes er vielleicht?
Und meint, schier sei der Forst erreicht,
Da Hollands Grenze schützen kann
Vorm Schlage den verfemten Mann?
O alle Teufel, welch ein Streich! —
Zunächst ihm, lust'gem Strauche gleich,
Der übern Krater streckt den Zweig,
Der junge Albrecht Tilly kniet,
Dreht auch am Zwickelbärtchen fein
Und um das Feuer ist bemüht;
Sein Antlitz blüht im Widerschein.
Wär' nicht das Auge, stolz und kühn,
Man dächte nicht, so frisches Grün
Kann sprossen aus verbranntem Stein.
Dann Schönberg, wie ein Reutersknecht,
Im Lederkoller schlicht und recht,
Die Glatze kahl, behaart die Hand,
Und Holsteins Herzog, schlau, gewandt,
Manierlich wie ein Wiesenbach:
Die beiden zogen schweigend Schach.
Graf Fürstenberg, bedacht und kalt,
Erwittes hagere Gestalt
Und Obrist Lindler noch dabei.
Am Tische standen diese drei
Und sahen mit gespannten Blicken
Der Karte längs die Feder rücken,
Die, flüchtig deutend Moor und Wall,
Graf Anholt führt, der Feldmarschall.
Im Saale war es still genug:

Man hörte, wie der Regen schlug,
Wie Ströme von den Dächern rinnen,
Die Fahnen kreischen auf den Zinnen,
Und — »Schach dem König« »*A la Reine!*«
Spricht Tilly plötzlich: »Wenn er doch
Entwischt! Fürwahr, es kann geschehn!
Allein bis Prag bleibt immer noch
Ein Stückchen Weg, und Gabor mag
Sein harren bis zum Jüngsten Tag.«
Nach einer kleinen Pause schnell:
»Verdammt hartnäckiger Gesell!«
Drauf Albrecht: »Daß er heute gar
Von seiner abgehetzten Schar
Das Feldspiel ließ so lustig rühren,
Als gält' es, sie zum Tanz zu führen:
Ein furchtlos übermüt'ger Gast,
Und mir gefallen könnt' er fast.
Bei Höchst, als er im Kahne floh,
Und an der Brücke Groß und Klein
Wie Lachse zappelten im Rhein,
Ich sag' es frei: wir waren froh.
Fast übel ward es unsern Leuten,
So gegen einen Mann zu streiten,
Der die Kanonenkugeln mehr
Nicht achtet als ein Nudelheer.«
Er blickt umher: »Ihr Herren, seid
Nicht ungehalten; jederzeit
Hab' ich gehört, mehr als der Freund
Den Braven ziert ein tapfrer Feind.«
Des Tilly Auge gleitet, schier
Mit Huld, auf seinen jungen Geier,
Doch immer unwirsch, doppelt heuer:
»Ein Renegat, ein räud'ger Hund!«
Er murmelt, fährt hinab den Mund
Und tritt in die Tapetentür,

Wo tiefgebückt beim Lampenschein
Man emsig sieht das Schreiberlein;
Der Riegel klingt. »Mein junger Graf!«
Erwitte spricht: »Ich bin kein Schaf.
Mag gern an keckem Feind mich üben;
Doch sprech' ich frei mich, ihn zu lieben.«
Er schweigt, bewußt, daß Wittichs Au
Ihm Braunschweigs Rücken gab zur Schau,
Wo er den Erben ließ im Feld,
Seitdem auf Sühne nur gestellt,
Und mehr nun Rächer, minder Held.
Um Albrechts Lippe zuckt es auf,
Das Zwickelbärtchen steigt hinauf.
Doch Anholt spricht: »Ihr Kameraden,
Wollt nicht so scharf die Zunge laden;
So leicht entglitten ist ein Hauch,
So schwer gesühnt. Doch mein' ich auch,
Frei anerkennen Feindes Mut
Steht immer dem Soldaten gut
Und zeigt zum Grolle keine Spur.«
Drauf Fürstenberg: »Das ist gewiß,
Mein General! doch sag' ich dies:
Wer so die menschliche Natur
Im eignen Bruder kann zerstören,
Daß er, mit Knittel, Sens' und Beil
Den Bauern waffnend, schmählich Teil!
Sich gen das eigne Blut muß kehren;
Um den in hundert Kirchen heut
Beängstet fleht die Christenheit:
,Erlös' uns, Herr! vom Halberstadt!'
Gewiß, der ist im Marke matt;
Und mehr noch jener, schlangenglatt,
Der Winterkönig, den man noch
Bei Zabern sah, nachdem er doch
Die Fürsten bat mit frommen Mienen,

Des Kaisers Majestät zu sühnen,
Der so viel Märtyrer in Prag,
Als gleich der Pest er drüber lag,
Ließ bluten, daß so edle Spur
Es trägt als Köln, der Christen Ruhm,
Und seine Öfen heizte nur
Mit Kruzifix und Heiligtum:
Fürwahr, ein Stern der Braunschweig ist,
Sofern man ihn mit jenem mißt;
Der kommt doch seinem Worte nach,
Ein treuer Diener schlechtem Herrn.«
Hier murmelt Schönberg überm Schach:
»Heißt Lucifer nicht auch ein Stern?«
»*Au roi*« versetzt der Holstein drauf.
Das Spiel ist aus, sie stehen auf.
Doch Schönberg noch bedächtig sprach:
»Ihr Herrn, es naht der Jüngste Tag!«

Auf Schemel, Polster, wie sich's traf,
Die Führer hatten sich gestreckt,
So leicht und wachsam war ihr Schlaf,
Ein Rispeln hätte sie geweckt.
Noch hielt Graf Fürstenberg das Schwert,
Die Flasche Lindler fest genug,
Und Holstein zierlich lag am Herd,
Um seine Stirn ein seidnes Tuch.
An Beten dachte keiner heut;
Sie ritten scharf und ritten weit
Durch Regenguß und Sonnenglut:
Ein Kreuz sie schlugen, damit gut.
Nur Anholt mochte nie sich legen
Ohn' Rosenkranz und Abendsegen;
So eine Weile kniet' er jetzt;
Und wie das Wort auch war gesetzt,

Die Seele, die hinein er trug,
Tat ihrem Schöpfer wohl genug.
Nicht viele gab's zu jener Zeit,
So mochten ohne Bitterkeit
In ihr Gebet die Feinde schließen,
Die Formel müßte sie verdrießen.
Doch als ein wahrhaft frommer Mann
Der Anholt stets sie zweimal sprach
Und einen Vers um Frieden dann
Aufricht'gen Herzens sandte nach.
Dann »Amen«, und sein Augenlid
Sich schloß. Doch Albrecht Tilly mied
Den Schlaf, er mochte viel vertragen
An Stürmen, Traben, Tanz und Jagen.
Wenn todesmatt, nach heißen Tagen,
Auf seine Streu der Reiter fiel,
Trieb er noch Neckerei und Spiel.
Klar ist die Nacht, von Sturmesbraus
Die Sterne ruhen friedlich aus
Im Äther, wolkenlos und rein,
Und also fällt ihm eben ein,
Rekognoszieren möcht' er reiten!
Was ihm gestellt Fortunens Hand,
Das Ziel, beschaun von allen Seiten.
Und sieh, dort trabt er über Land!

Vom Glockenturme dröhnte just
Die Mitternacht, und jede Lust,
So Schauer nur gewähren mag,
Schwerhauchend auf der Landschaft lag.
Die Sterne standen kalt und klar,
Kein Lüftchen hob des Mooses Haar,
Das Taugeperl' am Flechtenring
Wie Feilstaub am Magneten hing.
Weit, weit das Feld, ein graues Tuch,

Johanniswürmchen hier und dort,
Das matte Silberfunken trug,
Wie Schlangenauge überm Hort;
Ein Knistern durch die Heide fort,
Ein leises Brodeln unterm Moos,
Ein Quitschern in der Kräuter Schoß;
Mit Hügelchen der Grund belegt,
Wo's drunter gärt und Dämpfe regt,
Wie Elfenkirchhof, Geisterherd;
Und drüber her das schwarze Pferd
Mit grauem Reiter, dessen Schritt
Treibt Brodem auf bei jedem Tritt:
So durch die Heide zieht der Tod.
Doch Albrecht dachte nicht daran,
Er schien sich wie ein andrer Mann;
Ihm war die Stunde ganz genehm,
Da noch so fern das Morgenrot,
Das Dunkel recht, der Weg bequem
Und nicht im kleinsten schauerlich.
So vorwärts längs der Heide Strich
Durch manche Lache sprengt' er frisch,
Daß drin das Sternenlicht erlosch,
Behend zum Grunde fuhr der Fisch,
Und plätschernd der erschreckte Frosch
Kopfüber in den Ginster schnellt'.
Ein wenig fluchte unser Held,
Da immer länger schien das Feld;
Und endlich zeigte doch ein Pfad
Des Waldes rechten Eingang grad.

Als in den Liesner kam der Graf,
Die Zügel zog er straffer an.
Ringsum die Äste wie im Schlaf
Streckt' schwarz und wüst der weite Tann,
Ein Riesenheer in Zaubermacht

Für tausend Jahr und eine Nacht.
Schwer war ihr Traum, da überall,
Wie Schweiß sich aus den Poren stiehlt,
Man rauschen hört der Tropfen Fall,
Wenn nur ein Lüftchen, kaum gefühlt,
Um die beladnen Nadeln spielt.
Stickdunkel rings; war nicht so breit
Der Weg, mein Fant kam nimmer weit.
Doch nun er lustig trabt voran;
Zuweilen einer Lichtung Rund
Die kargen Schimmer läßt heran
Vom goldbestreuten Himmelsgrund.
Ein Stamm auch, nadellos und hohl,
Durchblitzen läßt ein Sternlein wohl.
Viel nutzt es nicht, und manchen Streich
Vorlieb muß unser Ritter nehmen
Von manchem derben Tannenzweig
Und brauchte des sich nicht zu schämen;
Die Ehre blieb, nur Wasser floß,
Daß es entlang den Koller goß;
Und ohne manchen guten Fluch,
Der echt und kräftig mußte sein,
Mein Tilly kam nicht aus dem Hain,
Er war erhitzt und grimm genug:
Denn sah er einmal einen Schein,
So war es wohl der Funke bloß,
Der öfters ihm vom Auge schoß,
Wenn drein die Fichtennadel schlug.
Doch auch die schlimmste Stunde rennt,
Und lange Schnur hat auch ein End'.

Als sich des Waldes Ausgang zeigt,
Von seinem Rosse Albrecht steigt,
Zieht es ins Dickicht und in Hast
Die Zügel schlingt am Tannenast;

Dann leise, wie die Welle schreitet,
— So zu dem Liebchen los' und leicht
Ein lockrer Vogelsteller schleicht, —
Er über Moos und Nadeln gleitet.
Tritt aus dem Forst und stutzt beinah,
Als auf Kartaunenweite nah
Vor ihm sich Feindes Lager breitet.
Er faßt sein Sehrohr, tritt zurück
Und lauscht nun mit gespanntem Blick,
Wie übern Ast der Falke neigt,
Bevor, ein Pfeil, er pfeifend steigt.
So viele Feuer sind gezündet,
Da Tau dem Regenguß verbündet,
Daß sich dem Lauscher ganz genau
Die volle Masse gibt zur Schau.
Nicht manches Zelt war aufgespannt,
Zumeist der Reiter bei dem Roß
Im Mantel ruhte, Schwert zur Hand,
Wo Funken sprüht der Fichtenschoß
Tief tiefer Schlaf die Krieger deckt,
Am Boden rücksichtlos gestreckt,
Man meint, es sei ein Feld voll Leichen;
Und wie sie hin und wieder geht,
Die Wache, noch Nachzügler spät
Auf Beute laurend, scheint zu schleichen.
So deutlich alles zeigt das Rohr,
Daß, wenn ein Schläfer rückt das Haupt,
Ein Roß, die Mähne schüttelnd, schnaubt,
Am Glase steigt es dicht empor.
Und sehr vermindert war die Zahl
Der Männer seit dem letzten Tag;
Man sah, daß in des Dunkels Hag
Feldein sich mancher Reiter stahl;
Die Fahnen trennt nur schwacher Raum.
Allein zur Rechten, wo der Leu

Ergrimmt am sturmgebeugten Baum,
»*Ventus Altissimi!*«, sich frei
Von Zeichen eine Fläche zeigt,
Mit tausend Mann und mehr vielleicht;
Wilhelm von Weimar führt die Schar,
Im Felde streng und kraus von Haar.

Sein Rohr der Albrecht schiebt zurück,
Wirft noch umher den Falkenblick;
Dann leise, leise schleicht er fort,
Bald tief gebückt und bald gestreckt,
Wie sich die Fläche breitet dort,
Und hier ein Baum den Lauscher deckt,
So nah und frei oft, daß ein Schuß
Ihn unvermeidlich treffen muß,
Wenn Schwerteskuppel Blitzen nur
Dem Wächter gab die kleinste Spur.
Doch keine Kugel ward gesandt,
Kein Wacheruf den Späher schreckt;
Oft rückt das Schwert in seiner Hand,
Wenn der Soldat sich gähnend streckt;
Wenn Funken sprühend knackt der Brand,
Der Graf wie eine Säule stand,
Dann leise, leise fürder schreitet —
So um den Teich der Weihe gleitet,
So Wölfe um der Hürde Reif, —
Ein Dunstgebild, ein Nebelstreif!
Dort, wo nicht fern im Heidegrund
Der Linden Dunkel sich verzweigt,
Dort, meint er, gebe Lagers Rund
Die rechte Schau. Sie sind erreicht,
Und Albrecht steht und atmet leicht.
Was war das? Räuspern, und so nah?
Husch, duckt der Lauscher in das Kraut,
Wie eine Boa lag er da. —

Nun Husten — naher Stimmen Laut!
Und — weh! vom Baum nicht Spannen lang
Ein Posten just beginnt den Gang.
Unglaublich, daß er ihn nicht sah!
Sein Tritt, so nah an Albrechts Ohr,
Lockt Schweißestropfen kalt hervor.
Geschieden durch die Stämme bloß,
Der Landsknecht schreitet übers Moos,
Nach schwerem Tage feuchte Nacht
Blutsauer ihm das Stehen macht.
Nun, tauchend aus der Zweige Schoß,
Des Hutes Feder schwankt hinauf,
Am Karabiner blitzt es auf,
Er hebt ihn auf, er legt ihn an —
Nein, eine Lunte steckt er an.
Dann wieder wandelnd auf und ab,
Gesang versüßt den sauern Trab:

»Unser Feldheer das vernahm,
Der Grave von Mansfelde,
Sprach zu dem Kriegsvolk lobesam:
Ihr lieben Auserwählte!
Nun seid ganz frisch und wohlgemut,
Ritterlich wolln wir fechten,
Gewinnen wolln wir Ehr' und Gut,
Gott wird helfen dem Rechten.«

Ein wenig beugend um das Rund,
Dicht der Soldat am Tilly stund,
Gleichlinig mit der Linde Stamm;
Doch schauend nach der Zelte Kamm,
Zieht Brot, ein Würstchen er hervor,
Gar streng verboten auf der Wacht,
Doch niemand sieht ihn, es ist Nacht,
So kecklich speisend unterm Tor.

Ein Bröselchen den Tilly traf:
O wie so ruhig lag mein Graf!
Er fühlt', wie über sein Gesicht
Die Schnecke zog den zähen Schlamm,
Still lag er, wie ein Heidedamm,
Und fürchtete sich wahrlich nicht,
Doch war zum Äußersten gefaßt.
Da vorwärts tritt der Linde Gast,
Und neu erfrischt den Rain entlang
Mit hellerm Laut der Landsknecht sang:

»Die Reiter, die seind lobenswert,
Ob sie die besten wären.
Der Graf von Mansfeld wird geehrt,
Sein Lob, das tut sich mehren;
Im Felde er der Beste war,
Adelig tät sich stellen,
Die Landsknecht' auch ganz und gar
Ihre Spieß' täten fällen.«

Was hält ihn auf? Er hebt die Hand
Ans Auge, starrend über Land,
Dann wieder längs der Blätterwand.

»Und der gesungen dieses Lied
Wohl auf der grünen Heide,
Dabei ist er gewesen mit;
In dem Kampf und Streite
Ward ihm geschlagen manche Wund';
Der Püffe tät er warten,
Als er uff der Mauern stund
Hinter der Münche Garten.«

»Wer da!« — Und Totenstille drauf.
»Wer da!« — Am Zweige steigt der Lauf.
Noch einmal »Wer da!« und es knallt,

Tiefdröhnend Antwort gibt der Wald.
Ha, Wächterruf! Und den Soldaten
Gedehnten Halses Tilly sieht
Hinstarren in das Heideblüt;
Dann ruhig die Muskete laden
Und langsam wieder schreiten an.
Der Rauch verfliegt, im Heidekraut
Man formlos eine Masse schaut.

Bald standen Krieger um den Wunden;
Die Fackel, tiefgesenkt zur Schau,
Sich flimmernd brach im blut'gen Tau.
Was nicht gesucht, das ward gefunden,
Denn deutlich sah man nun, es war
Ein Mann vom Regimente Spar,
Der zuckend lag im gelben Sand,
Die Lederflasche in der Hand.
»Wer kennt ihn?« eine Stimme sprach.
Die Antwort drauf: »Ich sah ihn oft
Im Kugelregen, wenn es galt
Die Schanze nehmen mit Gewalt,
Und wie ein Sturmbock drängt' er nach.
Hm, Zufall! seltsam, unverhofft!«
Ein dritter dann: »Bei meiner Treu!
Soldatenherz vom echten Schrot,
Das nach dem Teufel nichts gefragt,
Doch öfters trunken, wie man sagt;
Sein Name war Johannes May.«
Allein der Landsknecht war nicht tot;
Ob nahe an der Scheidewand
Des Jenseits, furchtbar, ungekannt.
Den Arm beginnt er matt zu regen,
Das stiere Auge zu bewegen,
Ein Atemzug, gehemmt im Lauf,
»Wo ist der Herzog?« röchelt's auf,

»Hier, Kamerad!« Und tief geneigt
Sich Reiherbusch und Handschuh zeigt.
Ein Wort heißt die Begleiter gehn,
Und wie der Mond das klare Rad
Läßt steigen überm Liesner grad,
Den tollen Herzog kann man sehn
Im Moose knien — wahrlich, nie
Tat er so fromm, als nur vielleicht,
Den Sporn zu schnallen morgens früh; —
Um seinen Arm der Mantel bauscht.
So ruhig wie ein Felsenriff,
An dem sich ächzend reibt das Schiff,
Dem Wort des Sterbenden er lauscht.
Matt war der Hauch, die Stimme wund,
Verschwiegen blieb der Lüfte Mund,
Was er vernahm, es ward nicht kund.
Nur einmal, als die kalte Hand
Der Wunde hob, des Mondes Schein
Drang durch die blassen Finger ein,
Es heller ächzt: »An Grabes Rand
Ich warne dich, o Halberstadt!
Laß ab, laß ab! auch Petrus hat
Dreimal verleugnet seinen Herrn,
Bevor der Hahn gekräht...« Und fern
So lang und klagend durch die Nacht
Hebt just den hellen Schrei der Hahn;
Der Wunde zuckt; dann: »Christian
Von Halberstadt! gedenk der Stunde,
Wenn so du liegen wirst am Grunde,
Dann denken nicht an Sieg und Feind,
Ein Fetzen dir die Fahne scheint,
Doch deine Eltern aus der Gruft,
Zerhau'ne Rümpfe ohne Haupt,
Und hier und dort...« — er schnappt nach Luft,
Dann still — »Wer hätte das geglaubt!«

Die Worte sprach der Herzog bloß,
Als er sich langsam hob vom Moos.

Nicht mehr am Baume Tilly lag;
Bevor der Pulverdampf verflog,
Feldein er wie ein Reiher zog,
Geborgen von des Qualmes Hag.
Doch öfters noch mußt' er sich stellen,
Wenn grad der Mond die klaren Wellen
Zog über eine Fläche nah;
Und dicht am Herzog stand er da,
Auf dreißig Schritte sah er ihn
So schußgerecht und ruhig knien,
Sah ganz genau die Liebeslocke
Sich streichen an der Binsenflocke.
Brav war der Albrecht, aber wild,
Schier Blut ihm aus den Augen quillt;
Und war ihm ein Pistol zur Hand,
Ich fürcht', er hätt' es abgebrannt,
Obwohl es ewig ihn gereut.
Doch nun die Strecke war zu weit,
Das Schwert zu kurz; er duckt am Strauch:
Und wenn ein wandernd Wölkchen leicht
Sich über Himmelsauge streicht,
Er fürder gleitet wie ein Hauch.
Und war der Herzog in Gefahr,
Weit mehr noch Tilly, offenbar;
Daß keiner ihn der Späher sah,
Fast wie ein Wunder steht es da.
Doch in den Liesner glitt er schon
So leicht und freudig, als sein Roß
Ihn wiehernd grüßt vom Fichtenschoß,
Als sei er dem Schafott entflohn.
Das Dunkel wich, des Mondes Schein
Drang flimmernd durch die Zweige ein,

Und, eine weiße Schlange, sich
Im Walde zog des Weges Strich.
»Frisch auf, Alerte, tummle dich!«
Und durch den Liesner flog der Graf,
Die Vögel zirpten auf im Schlaf;
So reiten dreiundzwanzig Jahr.
Um seine Finger strich der Wind,
Er meint, es sei des Rosses Haar,
Nie flog ein Reuter so geschwind,
Als der sich selber Urlaub nahm.
Und als er an die Feste kam,
Ein wenig schwül ward ihm zumut,
Doch alles still in rechter Hut;
Nur leise knisternd im Kamin
Die Scheite noch zerfallend glühn.
Glück auf, mein ritterliches Blut!
Dem Kühnen ist Fortuna gut.

Und Braunschweigs Herzog? Christian?
Ei nun, der schlief in seinem Zelt.
O hege nicht den frommen Wahn,
Daß ihm Minuten nur vergällt,
Der drüben starr im Moose lag!
Nicht einen Deut gab er darum,
Was irgendeine Lippe sprach.
Und sahst du ihn, gespannt und stumm,
Sein Ohr dem trüben Warner leihn,
So sog es andre Kunde ein,
Als die des Herzens Rinde bricht;
Ihm ward ein ungenügend Licht.
»Armsel'ger Narr! verrückter Wicht!«
Das war die ganze Litanei,
Das Requiem für Johannes May.
Und auf sein Feldbett streckte sich
Der Braunschweig so gelassen schier,

Als ging es morgen zum Turnier;
Nur einmal seine Rechte strich
Die Locken aufwärts, dies allein
Mocht' Zeichen tiefrer Regung sein.
Und dann — die Wimpern schlossen sich.
So groß war seine Willenskraft,
Daß sie dem Schlummer selbst gebot,
Die Sinne hielt in steter Haft;
Er konnte, wie es eben not,
Die Ruhe scheuchen wochenlang
Und schlafen unter Schwertes Hang.
Jetzt, wo Geschick die Würfel hält
Zum letzten Satz um Land und Ehr',
Sähst du ihn schlummern unterm Zelt:
Du dächtest, nur von Sehnen schwer
Verträum' ein achtzehnjährig Kind
In süßem Wahn die Nächte lind.
Wie edel seine Formen sind!
Die Stirne, hochgewölbt und rein,
Die Farbe klar, die Lippe fein;
Ja, ja! so war er, eh' der Wurm
Am Marke nagte, eh' der Sturm
Die Blätter schüttelte vom Ast,
Ein zärtlich stolzer Page fast:
So hätt' er seiner Königin
Gedient, schien Anmut ihr Gewinn,
Und drum nicht minder ruhmeswert
Gezückt sein tadelfreies Schwert.
Ich sag' es noch: ein edler Stamm
Versiechte in des Hofes Schlamm;
An eine Ceder Frauenhand
Zerstörend hat gelegt den Brand,
Die, wehe! jetzt in Traumes Hag
Nur Sodomsäpfel treiben mag!
Um sein Gesicht ein Lächeln flog,

So sonnig als am Tage nie,
Und nach ihm glühe Röte zog;
Vielleicht im Traume sah er sie
Die Laute rühren, und vielleicht
Ein Wort ihr von den Lippen fleugt,
Wie arglos schwimmend in den Tönen,
Dem jeder Herzschlag mußte frönen,
So ward es ihm zum letztenmal,
Es war ein Maientag in Prag,
Als flimmernd stieg der Wasserstrahl,
Die Nachtigall den süßen Schlag
Ertönen ließ aus Busch und Hag,
Und achtlos hingesummte Weise,
Oft unterbrochen, klagend, leise
Wie Echo von den Lippen flog.
Indes der Schwan die Kreise zog,
Und mancher Silbertropfen traf
Der Herrin Blütenstirn und Schlaf.
Träumt ihm so Süßes? Nun, es mag;
Nur Herbes bietet ihm der Tag. —
Und in demselben Zelte lag
Der junge Schlick, und Styrum auch,
So war des Herzogs steter Brauch:
Bei Tag und Nacht der Adjutant
Sei immer fertig und zur Hand.
Drum nahe an der Leinenwand
Das brüderliche Feldbett stand.
Und Styrum mochte fester schlafen,
Als alle deutsche Herrn und Grafen;
Doch also nicht der finstre Schlick,
Den seltsam paarte das Geschick
Mit jenem, der so leicht und klar,
Als schwer und trübe Otto war.
Graf Otto Schlick — horch, wie er stöhnt!
Schau, wie er ruhelos sich dehnt!

Nicht Luft und Lampe sollen wissen,
Was heut er hat erleben müssen;
Drum hält er seine Hand so fest
An die geschwollne Stirn gepreßt,
Und weiß nicht, daß an Fingerspitzen
Verräterische Tropfen blitzen.
In dieser Nacht, vor einem Jahr —
Es war ein ehrenwertes Haupt,
Ein teures Haupt mit grauem Haar —
Und jetzt — wer hätte das geglaubt!
Es ist ein Sohn, dem grimmig wacht
Der Wunde Qual in dieser Nacht;
Es ist ein Sohn, des Phantasien
Um augenlose Schädel ziehen,
Um tapfre Rechten, fleischesbar.
Und wahrlich, wer in diesem Jahr
Die Moldaubrücke ging entlang,
Wenn einsam nur die Welle klang,
Der Mond durch Regenwolken drang,
Der sagte: schaurig sei zu sehen
Im feuchten Wind der Bärte Wehen.
An Ottos Brust wie ein Vampyr
Die Rache lag so grimm und gier,
Und keinem andern war so lieb
In Feindes Leib der blanke Hieb.
O, könnt' er deine Türme, Prag,
Zerschmettern nur mit einem Schlag:
Gleich wär' es, ob der Hammer brach! —
Vom Lager sprang der junge Schlick,
Trat vor das Zelt und sah hinauf,
Wo in das Dämmergrau zurück
Verrauchend wich des Mondes Lauf.
Nur einsam ließ die Schimmer fallen
Der Morgenstern aus Domes Hallen.
»O Sonnenbote, Hesperus!

Führ' ihn herauf, den heißen Tag,
Der manche Scharte zahlen mag!«
Die Lüfte kalt wie Sterbekuß
Erseufzten, als er dieses sprach.
Es war am siebenten August,
Als so die Sonne ward ersehnt;
's war eine kühne treue Brust,
Um die der Morgenwind gestöhnt.

Hell schmetterte Trompetenton;
Frisch auf zu Roß, der Feind ist wach!
Entlang den Liesner hörten schon
Die Posten dumpfen Trommelschlag.
Und wimmelnd überm Heidegrunde
Das Heer sich ordnete zur Stunde;
Die Ordonnanzen flogen, laut
Signale dröhnten übers Kraut;
Ein langer Skolopender, zog
Des Fußvolks Linie, Speere hoch;
Und klare Schlangenblitze flohn,
Wenn stäubend schwenkte die Schwadron.
Es war ein heiß und klarer Tag,
Wie der August ihn bringen mag;
Vom Himmelsbogen glüh und steil
Die Sonne schoß den goldnen Pfeil,
Die Lüfte kochten, Mann und Roß
Im Dampfe standen, das Geschoß
Ward heiß dem Schützen in der Hand.
Von Käfern wimmelte der Sand,
Wenn langsam knarrend überm Pfad
Sich wälzte der Kanone Rad.
Trompeten schweigen; Schar an Schar,
Ein Säulenwall die Linie steht.
Vor seinem Regimente Spar
Mit langen Schritten musternd geht.

Geprüfte Krieger, Feder weht
Vom Eisenhute, Gürtel blitzt,
Der Lederkoller aufgeschlitzt,
Und Lederstrümpfe, derbe Schuh,
Pumphosen, Taschen noch dazu,
Ein Troß, vor allen kühn und schlecht;
Die Partisane und das Schwert
Sind seine Waffen, oft bewährt
Beim Marodieren und Gefecht.
Dicht hinter ihm der Obrist Schnicken
Ließ seine Karabiner rücken,
Daß kräuselnd schwacher Windeshauch
Trieb durch die Bärte blauen Rauch.
Zur Linken Herzog Friederich
Von Altenburg, dünn wie ein Strich,
Mit rotem Haare, scharfen Zügen,
Gewandt in Schwert- und Federkriegen,
Hat seine Reiter aufgestellt.
Ihm Thurn und Tolle sind gesellt;
Graf Bernhard Thurn, ein schmucker Held,
Ein Sprosse jenes, dessen Witz
So schlecht behagt dem Martinitz.
Und diese Truppen allzumal
Geworben sind mit größter Wahl;
Die Sitte nahm man nicht genau,
War nur der Bursche keck und schlau.
Filzhüte, Mäntel trugen sie,
Stulpstiefel, steigend übers Knie;
Der Mantel war ein seltsam Ding,
Dem flügelgleich der Ärmel hing,
Und dieses eine mocht' allein
Die Engelspur am Träger sein.
Beim Schwerte sie Pistolen führten,
Und trafen, wenn sie galoppierten.

Sie plünderten mit Höflichkeit
Und kamen drum nicht minder weit.
Wilhelm von Weimar hatte sich
Gepflanzt zur Rechten ritterlich,
Kraushaarig, stark, ein zorn'ger Mann;
Die Eisenmänner führt' er an,
Und seine Reiter schmolzen fast
In ihrer heißen Kerkerlast.
Der tolle Herzog nannte nie
Sie anders als den »Turm im Schach«.
Wie Felsenblöcke saßen sie
Und gaben grad so wenig nach,
Wenn, ungelenk wie Elefanten,
Sie über Stock und Steine rannten,
Auf Rossen von der schwersten Art;
Brabants Gestüte gab die Zucht,
Hochbeinig, knochig, langbehaart,
Und selber eine wüste Wucht.
Dennoch die Disziplin traf man
Allein bei diesem Haufen an,
Das heißt, was damals so genannt,
Doch nicht verwehrte Raub und Brand;
Und ganz allein auch diese Schar
Vollzählig noch seit gestern war.
Auch Hakenschützen sah man stehn
An ihren Gabeln, grad' wie Rohr;
Aus Linienlücken grollend sehn
Kartaunenschlünde schwarz hervor.
Und Grenadiere, starke Leute,
Die schweren Beutel an der Seite,
— Der starke Arm, der feste Fuß
Den Grenadier bezeichnen muß, —
Sah man mit Zündstrick und mit Beilen
Längs den Plotonen sich verteilen.
Dann alles still, es stand das Heer

So ruhig wie ein schlafend Meer,
Die Blicke nach dem Forst gewandt,
Man sah auch rucken keine Hand.
Nur sacht der Fahne Welle rauscht,
Ein jeder horcht, ein jeder lauscht.
Und leiser als des Odems Fallen,
Viel leiser als der Fahne Wallen,
Zog von des Feindes Feldmusik
Heran ein ungewisser Hall;
War's Windeszug? War es ein Schall?
Und in demselben Augenblick
Ein Rabenschwarm, so schwarz und dicht,
Daß er gehemmt der Sonne Licht,
Stieg krächzend aus dem Liesner auf,
Dann langsam streichend übers Heer;
Die Flügelschläge klatschten schwer,
Und tausend Augen hoben sich.
Ward einem schauerlich zumut?
Ich weiß es nicht, zu jener Zeit
Viel anders fühlte man als heut,
Wo kalt der Glaube, matt das Blut.
Nun wieder mit des Windes Strich
Der Bayern Marsch — ganz deutlich schon —
Und um den Liesner, Zug auf Zug,
Der Rautenschildes Fahne trug,
Sich schwenkte Fußvolk und Schwadron.
Nun sind sie da, auf Schusses Weit',
Es wimmelt, ordnet, dehnt sich breit:
Die Heere stehn zum Schlag bereit.

Wer kann viel tausend Menschen sehn
In ihrer Vollkraft mutig stehn,
Und denken nun, wie mancher fand
Den jähen Tod, eh' Sonne schwand,

Daß ihn dann Schauer nicht beschlich!
So glänzend unterm Sonnenstich
Die Waffe prahlt; der Loener Bruch,
Mit Hirtenbuben nur bekannt,
Barfüßig lagernd in dem Sand,
Noch nie so Blank- und Schönes trug.
Schau! brechend aus der Linie Zug,
Ein leichter Trupp stolzierend sprengt:
Er teilt sich, fliegt, den Zaum verhängt;
Auf steigt der Arm, es knattert frisch,
Lichtblaue Wölkchen; im Gemisch
Sieht, lustig plänkelnd übers Grün,
Man Bayer, Sachs, gewandt und kühn
Abblitzen und wie Pfeile fliehn.
Man dächt', es sei ein zierlich Spiel,
Säh' man nicht schwanken dort und hier
Den Reiter, das verletzte Tier
Im Felde schnauben herrenlos.
Kommandowort — Trompetenstoß —
Und Holsteins leichte Reiterei
Trabt wie ein Sturmgewölk herbei.
Standarte hoch: da hui! ins Knie,
Den Speer gefällt, die Infanterie
Lag wie ein Wall, und drüber her
Es knatterte wie Wetterschlag;
Der nahen Eiche Wipfel brach.
Dann Pulverdämpfe schwarz und schwer
Verhüllen alles; einmal noch
Den Qualm durchflog ein matter Schein,
Als nun die Reiter hieben ein.

Heiß ward gekämpft an diesem Tag;
In beiden Heeren keiner war,
Der weichen mochte um ein Haar.
Und nicht am Weißen Berge mag

So wilder Strauß gefochten sein,
Wo es um eine Krone galt.
Mit den Centauren Weimar brach
Die Linie ohne Widerhalt;
Wohl mancher stürzte wie ein Stein;
O schwerer Tod! zerbrochen sein,
Zerschmettert von des Panzers Last!
Was übrig blieb, drang frisch voran;
Und auch vom Regimente Spar,
Da kein Pardon zu hoffen war,
Da Ächter jeder einzle Mann,
Die Landsknecht' taten Wunder fast;
An Wittich dachten sie mit Wut,
Beim Himmel! sie bezahlten gut.
Und heut Erwitte ward gewahr,
Daß Glück und Mut nicht stets ein Paar;
Obgleich vorauf an seiner Schar
Der Obrist wie ein Fleischer hieb,
Mehr mußt' er räumen, als ihm lieb.
Schmid und Montagni taten brav,
Scharf der Kroaten Klinge traf,
Des Holstein zierlich Rößlein flog
Und tanzte wie ein Elfentier,
So fest den Hahn der Reiter zog,
Gelassen, kalt wie im Revier,
Und wer ihn zielen sah vom Roß,
Denkt, daß er nach der Scheibe schoß.
Kühn waren Styrum auch und Reck;
Doch keiner wie der junge Schlick,
Im Auge Basiliskenblick,
Hieb zweimal stets auf einen Fleck.
Doch tapfer waren all' zumal,
Nicht einer, der sich mochte schonen.
Sechs Stunden brüllten die Kanonen,
Sechs Stunden lang der helle Stahl

Auf Pickelhaub' und Harnisch klang,
Und übern Grund sechs Stunden lang
Sah man wie Hühnerschwärm' in Haufen
Granat' und Wachtel pfeifend laufen:
Daß noch die Wage um kein Haar
Zu eines Heil gesunken war.
Beim Braunschweig stand die Minderzahl,
Doch alles Männer hart wie Stahl,
Den Tod nicht scheuend im Gefecht;
Sie schlugen drein wie Henkersknecht'.
So glühend wurde ihr Geschütz,
Daß drüber fuhr der Funken Blitz,
Und mancher Kanonier die Hand
An diesem Tage hat verbrannt.
Viel spricht man von der Alten Tat;
Doch kühner nicht Leonidas
Focht zu Thermopylä am Paß,
Als heut der tolle Halberstadt.
Die Kugeln schienen ihn zu meiden,
Das Schwert zu stumpfen seine Schneiden,
Die brennende Granate lief
Um Rosses Huf und schnurrte fort.
Man sah ihn hier, man sah ihn dort:
Wo das Gewühl am meisten tief,
Da flog der Reiherbusch umher.
Fürwahr, den Bayern ward es schwer
Im dichten Staub und Pulverrauch,
Wo glüh und aschig jeder Hauch,
Da Windes Odem, umgestellt,
Zu ihren Feinden ward gesellt
Und öfters nicht gesehn die Hand,
Bevor gefühlt der Wunde Brand.
Es fuhr der Speer wie eine Schlange,
Die Erde dröhnt' vom Trommelklange,
Gespenst'ge Waffen schienen sich

Zu kreuzen wild und mörderlich.
Doch, ob es keinen Zollbreit wich,
Allmählich schmolz des Herzogs Heer,
Wie Schneeball unterm Sonnenstich;
Viel Tausend lagen kalt umher.
Und als für Augenblicke sich
Der Dampf zerteilte, sah man klar,
Wie schwer bedrängt der Haufen war.
Ein Tropfen hing an jedem Haar,
Aus den zerfetzten Kollern rann
Das warme Blut den Grund hinan
Und mancher mit der linken Hand
Hat die Muskete abgebrannt.
Noch standen sie wie eine Wand;
Doch bald dem Bayer es gelang,
Daß er ein wenig fürder drang;
Und langsam weichend, Schritt für Schritt,
Die matten Landsknecht' drängten mit,
Dem Moore zu, das binsenreich
Sich dehnte wie ein grüner Teich.

O Christian! was frommt dein Mut,
Dein fester Arm, dein fürstlich Blut!
Als seine Krieger mußten weichen,
Ha, welch ein Wüten sonder gleichen!
Hätt' er den Hut des Fortunat,
Sie sollten büßen auf der Tat!
Doch die Besinnung kehrte schnell,
Man sah ihn wenden auf der Stell'
Und durch das Heer nach allen Seiten
Mit abgezognem Hute reiten;
Man sah ihn winken mit der Hand,
Inständig flehend: »Haltet stand!«
Nicht einer war, der ihn verstand.

So todesmüde der Soldat,
So stumpf an Sinnen, ohne Rat,
Kaum hörte des Signales Klang;
Und schwer dem Herzog es gelang,
Mit wenig Treuen für Minuten
Zu hemmen noch den letzten Schlag.
Sie taten, was ein Mensch vermag,
Vom Rosse sinkend, im Verbluten,
Die Finger, steif in Todesnahn,
Noch suchten des Pistoles Hahn,
Sie stießen mit der Partisan',
Am Grund auf blut'gen Stümpfen liegend
Und wimmernd sich im Moose schmiegend,
Des Schwertes Spitze suchten sie
Zu bohren in der Rosse Knie.
Da plötzlich wie ein Ebertroß,
Der knirschend vor dem Jäger rennt,
Heran der Sparsche Landsknecht schoß;
Und hinterdrein auf flücht'gem Roß
Das Herberstorfsche Regiment,
Die Säbel hoch im Sonnenblitze,
Den Albrecht Tilly an der Spitze.
Und ein Gemetzel nun begann,
So trieb es nie ein braver Mann
Gen Feinde unbewehrt und wund;
Man sah sie knien auf den Grund,
Die Hände faltend um Pardon:
Ein Klingenhieb, geschärft durch Hohn,
Die Antwort drauf — und Kolbenschlag
Half Partisan' und Schwerte nach.
Kroatenmesser, scharf gewetzt,
Auch hielten ihre Ernte jetzt;
Wie Reisebündel, Kopf an Kopf
Sah schwanken man vom Sattelknopf
An Lederriemen oder Strick;

Und glücklich, wen der Tod beschlich,
Eh' übern Hals die Schneide strich.
Wohl einigen die Flucht gelang;
Doch seitwärts nach dem Moore drang
Des Feindes Nahn; und wem das Glück
Die feste Stelle gab im Moor,
Der kam am Ende wohl hervor,
Ein hilflos Wrack für Lebenstag,
Das betteln oder stehlen mag.
Doch mancher an des Schlundes Rand
Noch hat zum Kampfe sich gewandt
Und zog mit letzter Kraftgewalt
Den blut'gen Feind vom sichern Halt;
Dann wütig kämpfend in dem Schlamm,
Sie rangen wie zwei Wasserschlangen,
Die sich in grimmer Lieb' umfangen.
Zuletzt nur noch des Helmes Kamm
Sah aus den Binsen, und der Schlund
Schloß zuckend seinen schwarzen Mund.

Nicht Albrecht Tilly ist der Mann,
Den solch ein Schauspiel freuen kann;
Ob noch so heiß sein Blut gewallt,
Als er geflucht im Hinterhalt,
Ob ihm der erste Säbelhieb,
Die erste Kugel, so er schoß,
Sogar die erste Wunde lieb,
Gleich fürstlichem Araberroß,
Das, wenn zu wild das Feuer kreist,
Sich auf die heißen Adern beißt:
Doch sah man überall im Troß
Ihn steuern, wie es möglich war;
Zurück er manchen riß am Haar;
Vor Partisan' und Kolbenschlag
Er schützte viel' an diesem Tag.

Und selbst der wilde Obrist Spar,
Dem des Kroaten blanker Schnitt
Schon prüfend um die Gurgel glitt,
Muß ihm Erhaltung danken. Doch,
Ist Leben eine Gabe noch,
Gefangen, wund, in Schmaches Joch?
Und Christian? O bittrer Hohn!
Er mußte fliehn, — er ist entflohn!
Kein kluger Rückzug, wie zuvor:
Nein, scharf gehetzt durch Ruhmes Tor,
Das krachend hinter ihm sich schloß.
Als er die Sporen gab dem Roß,
Sein Antlitz war so weiß wie Schnee,
Und, schwärzlich steigend in die Höh',
Auf seiner Stirn das Runenmal
Schien wie geätzt vom Wetterstrahl.
Auch zuckt' er, und die Sage scholl,
Es traf ihn eine Kugel dort;
Doch sagt' er nichts und sprengte fort,
Vielleicht nur zuckte innrer Groll.
Vier Kompagnien, zerfetzt genug,
Das war der ganze Heereszug
Des Christian vom Loener Bruch.

Auf Wiesenfluren, nett und fein,
Zeigt sich der Flecken Ottenstein:
Recht wie ein Fräulein, das sich jetzt
Zur Blumenlese hat gesetzt,
Wenn Bürger, stattlich, Mann und Frau,
Lustwandeln durch die grüne Au.
Am Schattenbaum die heitre Bank,
Manch Wiesenquellchen, klar und schlank,
Den müden Wandrer weiß zu locken,
Und gerne mag der Fuß hier stocken.

Doch damals eine Feste lag,
Wo jetzt des Gärtchens Blumenhag.
Und überm Tore, schwarz und hoch,
Das zwitschernd Schwalbenbrut umflog,
Auf hohem Stuhl der Wächter saß,
Bedächtig in der Chronik las,
Nur wenig achtend auf das Paar,
Das in der Fensterbrüstung stand,
So leise flüsternd immerdar,
Daß er die Hälfte nicht verstand.
Gertrude ist's und Eberhard,
Scheu vor des Ohmes Gegenwart,
Ein Brautpaar seit der letzten Stunde,
Mit allem Himmelsglück im Bunde.
Was ward gesprochen? Allerlei,
Wie immer reden solche Zwei,
Vom ersten Strahle überglänzt;
Ist einer, dem es nicht ergänzt
Nicht Gegenwart, Erinnerung:
Gar arm ist er! wo nicht, gar jung!
Sie hörten des Geschützes Schall;
Doch brach es sich wie Widerhall
An ihres Glückes heil'gem Dom.
Und immer fürder las der Ohm
Von Wechselbälgen, Wunderzeichen,
Von Helden, mächtig ohnegleichen;
Es dünkt ihn seltsam, daß ein Mann
So viele Tausend zwingen kann.
War er doch auch zu seiner Zeit
Kein schlechter Kämp' im ernsten Streit,
Der manche gute Lanze brach,
Und weiß wohl, was ein Mann vermag.
Ständ's nicht mit klarer Schrift gedruckt,
Er zweifelte; unwillig zuckt

Die Braue, daß er, mit Verdruß,
Sich so gering erscheinen muß.
Zuweilen fährt ein halber Blick
Auf seine Rüstung, Stück vor Stück,
Wo an den Eisenpanzer just
Gertrude hat die Stirn gelegt,
Wie Balsam saugend in die Brust
Des Liebsten Worte, tiefbewegt.
Du ahnest Liebeständelei?
Ach, nichts von diesem war dabei!
Ein Gärtchen vor dem Tor hinaus,
Ein kleines, wohlbestelltes Haus
Am Moore, wo man Feurung gräbt:
Aus diesem Stoff ward es gewebt;
Doch war es ihre Häuslichkeit,
Ein Paradies zukünft'ger Zeit,
Und um die Worte wiegten sich
Viel tausend Engel minniglich.
Und immer fürder las der Ohm
Vom Papste, vom Konzil zu Rom,
Von Fasten, Skapulier und Sack,
Das war nicht eben sein Geschmack.
Allmählich tiefer sinkt das Haupt,
Die Lettern tanzen, sinnberaubt,
Gleich einer Lampe im Verglimmen,
Schon fühlt er die Gedanken schwimmen.
Ein heller Ruf! Er fährt empor.
Ha! Reiterscharen dicht am Tor!
Sie fliegen, daß der Anger pfeift.
Von Mann und Tiere tröpfelnd läuft
Das klare Blut, und Flockenschaum
Fährt flatternd an Gesträuch und Baum.
Wie ward der Torwart grimm und wach!
Wie griff er nach der Partisan'!
Rief laut: »Der tolle Christian!«

Und war der Herzog nicht so jach,
Er sandt' ihm seine Waffe nach.
Doch durch die Wiesen langgestreckt
Das Roß die wunden Hufe reckt —
Nun noch an Horizontes Grund —
Nun sind sie fort. Des Wächters Mund
Gab ihnen manchen guten Fluch,
Daß, wen er trifft, der hat genug.
So triumphierend schaut er nach,
Wie Simson der Philister Schmach.
Und wieder durch den grünen Raum
Vereinzelt trabt ein armer Troß,
Todmüde Reiter ohne Roß,
Die steife Ferse trägt sie kaum;
Wie Hirsche keuchend vor dem Hunde,
Nicht achtend Blutverlust und Wunde,
Sie stolpern längs dem weichen Grunde;
Der eine fällt und rafft sich auf,
Der andre reckt den Arm hinauf,
Und gichtrisch Zucken deutet an,
Daß nun der Todeskampf begann.
Dort hinkend ein erschöpfter Mann
Steht an der Linde Stamm gelehnt,
Man glaubt zu hören, wie er stöhnt:
Das Haupt er zweimal beugt zurück,
Man glaubt zu sehn den stieren Blick.
Dann stemmend an der Linde Zweigen,
Die schattig übern Anger neigen,
Er müht sich mit der letzten Kraft,
Zu klimmen an des Baumes Schaft.
Dreimal fiel er zurück ins Gras
Und schmerzbetäubt am Grunde saß,
Und wieder dreimal setzt er an,
Bis er den ersten Ast gewann,

Dann schwindend in der Blätter Dach,
Wo ihn der Himmel schützen mag.
Und schon der Bayern Feldgeschrei
Wie Rabenkrächzen dringt herbei,
Schon Staubeswolken dicht und schwer
Vom Horizonte rollen her:
Da durch den Anger matt heran
Trabt einzeln noch ein wunder Mann;
Die Haltung edel, ob gebeugt,
Von stolzem Blut genugsam zeugt.
Man kann nicht wissen, ob er floh,
Krank war die Haltung, furchtsam nicht;
Er wandte öfters sein Gesicht,
Und eine Weile hielt er so.
Dann langsam steigend von dem Tier
Er schleppt sich mühsam für und für,
Am Erlenstamme sah man ihn
Im blutgetränkten Grase knien;
Zum Fliehen fühlt' er keine Lust,
Die Kugel lag in seiner Brust;
Doch sterben unter Feindes Spott!
Kroatenmesser! großer Gott!
Zum Himmel blickt' er fest hinauf,
Dann löst' er sacht den Koller auf,
Und lang sich streckend übers Grün,
Noch einmal zucken sah man ihn.
Mein junger Held, mein Otte Schlick!
War dein der jammervolle Blick?
Ob ungekannt dein stilles Grab,
Das morgens dir der Bauer gab,
Nicht Marmorträne trüber weint,
Doch ewig bleiben wird dein Recht:
Ein treuer Sohn, ein tapfrer Feind,
Und heut der letzte im Gefecht.

Wie übern Förster, der durchwacht
Auf Frevlers Spur die Sommernacht,
Wenn halb die Wimpern sanken schwer,
In Ästen braust das wüt'ge Heer,
Fuhr nun heran die wilde Jagd.
Sie sprengten über Tot' und Wunde,
Die hilflos wimmerten am Grunde,
Und im Vorüberfliegen bloß
Schoß einzeln wohl ein Lanzenstoß.
Als einer längs der Linde strich,
Ein Blutestropfen fiel herab,
Da rasch im Fluge wandt' er sich
Und brannte die Muskete ab,
— Nur Blätter wirbelten herab.
Und weiter, weiter, nur voran,
Sie sausten durch den Wiesenplan
Dem tollen Herzog stets im Nacken,
Wie Rüden nach dem Wilde packen.
Sie sahn ihn streifen übern Raum,
Oft nur auf Schusses Weite kaum,
Und jener moosbedeckte Stein
Fürwahr! muß Hollands Grenze sein!
O, hurtig! setzt die Sporen ein! —
Es ist umsonst: der letzte Mann
Grad überm Scheidestrich entrann.
Dort mag, von Schaum und Dampf umhüllt,
Verschnaufen das gehetzte Wild.
Und grimmig schmetternd übern Rasen
Zum Rückzug die Trompeten blasen.

Zweihundert Jahre sind dahin,
Und alle, die der Sang umfaßt,
Sie gingen längst zur tiefen Rast.
Der Tilly schläft so fest und schwer,

Als gäb' es keinen Lorbeer mehr;
Und Christians verstörter Sinn
Ging endlich wohl in Klarheit auf.
Wie trübt die Zeit der Kunde Lauf!
An seiner Krieger moos'gem Grab
Beugt weidend sich das Rind herab,
Und schreiend fliegt der Kiebitz auf.
Willst du nach diesen Hügeln fragen:
Nichts weiß der Landmann dir zu sagen;
»Multhäufe« nennt er sie und meint,
Stets sei Wacholderbusch ihr Freund.
Am Moore nur trifft wohl einmal
Der Gräber noch auf rost'gen Stahl,
Auf einen Schädel; und mit Graus
Ihn seitwärts rollend, ruft er aus:
»Ein Heidenknochen! Schau, hier schlug
Der Türke sich im Loener Bruch!«

DER SPIRITUS FAMILIARIS DES ROSSTÄUSCHERS

Deutsche Sagen, herausgegeben von den Gebrüdern Grimm. Berlin 1816, Nr. 84.

I

1

So hat er sich umsonst gequält, umsonst verkauft die werte Stätte,
Wo seiner Kindheit Linde steht und seiner Eltern Sterbebette,
Umsonst hat er so manchen Tag den frostbeklemmten Hauch gesogen,
In seiner starren Hand den Zaum, umknistert von des Schnees Wogen,
Beim Morgenrot, beim Abendrot,
Nur um ein Stückchen ehrlich Brot!

2

Der Täuscher kniet am Pflastergrund, er streicht des Rosses heiße Flanken,
Von des Gebälkes Sparren läßt die Leuchte irre Schatten wanken;
Bei Gott, es lebt! — im Aug' ein Blitz! — es schaudert, zittert, hüben, drüben,
Dann streckt es sich, die Nüstern stehn, vom wilden Schreie aufgetrieben,
Und aus den Gliedern wirbelt Dampf,
Der Lebenswärme letzter Kampf.

3

Der Täuscher kniet und streichelt fort, nicht trauen will er seinem Auge,
Und schwellend in die Wimper steigt der Mannesträne bittre Lauge,
Sacht langt die Decke er herbei und schlägt sie um des Tieres Weichen,
Dann läßt er der Laterne Schein ob den gespannten Sehnen streichen;
Es ist vorbei, kein Odemhauch, .
Und schon verschwimmt der Flanken Rauch.

4

Vom Boden hebt er sich, er steht, der schwergebeugte Mann der Sorgen,
Und langsam hat er seine Stirn, hat sie in hohler Hand geborgen,
Was heute war? was morgen wird? wie könnt' er dessen sich entsinnen!
Und der Verzweiflung Schlange fühlt er kalt zum Herzen niederrinnen;
Was war? was ist? — er fährt empor,
Ein Klirren dicht an seinem Ohr!

5

Und an dem nächsten Ständer lehnt, des toten Rappen Zaum und Zügel
Gelassen wägend in der Hand, ein Mann mit Hafermaß und Striegel,
So stämmig, wie durch Frost und Staub der Kärrner treibt die derben Glieder,

In seinen breiten Nacken hängt der breite Schlapphut
tröpfelnd nieder,
Und ruhig auf den Täuscher itzt
Sein graubewimpert Auge blitzt.

6

»Herr!« hebt er an, »Ihr dauert mich, ein feines Tier ist
Euch gefallen,
Doch weiß ich eins, ihm gleich wie sich am Paternoster
zwei Korallen;
Ich nenne Euch den Ort, das Haus, Ihr habt es um zwei-
hundert Gulden,
Dann wüßt' ich einen Herrn, der drum sein halbes Erbe
würde schulden.«
Der Täuscher horcht und stammelt dann:
»Ich bin ein ganz verarmter Mann!«

7

»Wie, Eure prächt'ge Kuppel hin? wie, die ich in den
Ostertagen
So frisch das Pflaster stampfen sah? fürwahr, da seid
Ihr zu beklagen!
O, Euer Brauner mit dem Stern, der zierlich vor den
Damen kniete!
O, Euer Weißgeborner, dem's wie Funken aus den
Nüstern sprühte!«
Der Täuscher hat sich abgewandt,
Er zupft am Zaume, ballt die Hand.

8

Und sinnend steht der Schlapphut, mißt mit steifem
Blick der Kiste Bohlen,

»Herr!« flüstert er, »schließt Eure Faust um blankgerändete Pistolen!
Die Stunde zehrt, es schwillt der Mond, bald ist des Jahres Schluß gekommen,
Habt Ihr auf Euren Zügen denn von der Gesellschaft nichts vernommen?«
Der Täuscher blickt verwirrt umher
Und »Die Gesellschaft?« murmelt er.

9

»Wie, die so manchen braven Mann aus seinen Nöten hat gezogen
Und keinen Heller Zinsen nimmt, zwei Worte nur auf weißem Bogen,
Die Euch, und lebt Ihr hundert Jahr, mit keiner Mahnung wird beschämen,
Die kennt Ihr nicht? die kennt Ihr nicht? Fürwahr, das muß mich Wunder nehmen!«
Der Täuscher horcht, er spricht kein Wort,
Und flüsternd fährt der andre fort:

10

»Hört an, wenn in Silvesternacht das Mondlicht steigt in volle Bahnen,
Kein Dach, kein Baum es schatten mag, wenn silbern stehn der Türme Fahnen,
Zum Schleusentor geht dann hinaus, den Strom zur Rechten, links die Föhren,
Wer Euch begegnet — achtet's nicht; wer Euch begrüßt — laßt Euch nicht stören,
Und hinterm Friedhof liegt ein Haus,
Ein wenig öde sieht es aus.

11

»Verstorbnen Wuchrers Erb', um das sich sieben Lumpe hitzig streiten,
Und drinnen flimmt ein schwaches Licht, Ihr seht es freilich nicht von weiten,
Alljährlich nur in dieser Nacht, sonst stehen Tür und Tor verrammelt,
In einem Hinterbaue brennt's, wo die Gesellschaft sich versammelt;
Ihr trefft sie, bis der Hahn gekräht —«
Der Täuscher wendet sich und geht.

12

Wie trunken schwankt er durch den Hof, schwankt in die buntgefüllte Halle;
Der Kannen Klappern, das Geschrei — ihm ist, als ob die Decke falle;
Und seufzend löst vom Gürtel er die Lederkatze, und beklommen
Läßt er den ärmlichen Gehalt so Stück vor Stück zu Tage kommen;
Dann springt er auf, sein Sporenklang
Klirrt trotzig das Gehöft entlang.

13

Doch was er rufen, pfeifen mag, leer ist der Stall, nur aus den Raufen
Hängt wirres Heu wie sträubend Haar, und drunten dampfen Strohes Haufen,
Nur der Laterne feuchter Docht wirft Flämmchen auf mit leichtem Knallen

Und läßt ein seltsam zuckend Licht um den gestreckten Rappen fallen,
Und in der Fensterscheibe steht
Des Mondes bleiche Majestät.

II

1

Das nenn' ich eine Winternacht! das eine Jahresleiche! Gnade
Der Himmel jedem, den die Not treibt über diese blanken Pfade!
Sie glitzern auf, der Schlange gleich im weißen Pyramidensande,
Und drüber hängt, ein Totenlicht, der Mond an unsichtbarem Bande,
Mit Fünkchen ist die Luft gefüllt,
Die Sterbeseufzer zieht und quillt.

2

Nie hat, seit Menschendenken, sich Silvesternacht so scharf ergossen,
Der Tag hat Flocken ausgestreut, der Abend sie mit Glas umschlossen;
In den Gehöften Taub' und Huhn auf ihrer Stange ächzend ducken,
Der Hund in seinem Schober heult und fühlt den Wurm im Hirne zucken;
Zwei Spannen hat in dieser Nacht
Das Eis dem Strome zugebracht.

3

Verklommen steht am Tor die Wach' und haucht in die erstarrten Hände,
»Wer da?« — »Ein Freund!« und hastig stampft es längs der Brücke Steingelände;
Betroffen sieht ihn der Rekrut wie einen Mast am Strome schwanken:
»Der ist betrunken oder irr!« er steht ein Weilchen in Gedanken,
Bekreuzt sich, zieht die Uhr heraus
Und lehnt sich an sein Schilderhaus.

4

Ins offne Land der Täuscher tritt, er atmet auf und schaut nach oben;
Kein Wölkchen hängt am Riesenbau der dunklen Saphirkuppel droben,
Er wendet sich und sieht die Stadt wie eine Nebelmasse liegen
Und drüber, auf Sankt Thomas' Turm, das Wetterkreuz sich schimmernd wiegen,
Den Mantel zieht er ans Gesicht
Und schreitet fort im Mondenlicht.

5

Was liegt dort überm Weg? — ein Mensch, ein Mann in dünnem Zwillichrocke —
Der Täuscher zuckt, doch zaudert nicht; wohl sieht des Greisen dünne Locke,
Die Glatze, leuchtend aus dem Schnee, er sieht sie im Vorüberschreiten,

Und wie mit tausend Stricken zieht es nieder, nieder
ihn, zur Seiten;
Ans Herz hat er die Faust geballt,
Und weiter, weiter sonder Halt!

6

Die Scholle unterm Fuße kracht und scheint ihn wimmernd anzuklagen,
Die Luft mit ihrem heisern Hauch ihm Sterberöcheln
zuzutragen,
In dem verglasten Föhrenwald ein irres Leben surrt und
klingelt,
Und seiner eignen Kehle Hauch mit Funkenstaube ihn
umzingelt;
Voran, voran, der Würfel liegt,
Verloren oder keck gesiegt!

7

Da wie ein Glöckchen tönt's von fern, und dann ein
Lichtchen kömmt geschwommen
Den blanken Schlangenpfad entlang, ist an des Hügels
Bug geklommen,
Das Glöckchen schwirrt, das Flämmchen schwankt, Gestalten dunkel sich bewegen,
Ein Priester mit dem Sakrament zieht dem verstörten
Mann entgegen,
Und wie's an ihm vorüber schwebt,
Der Mönch die Hostie segnend hebt.

8

Der Täuscher schaudert, und ihn reißt's wie Bleigewichte
an den Knien

Doch weiter, weiter! — und vorbei läßt er den Gnaden-
engel ziehen;
Noch einmal schaudert er — ein Knall — des Stromes
Flächen spaltend zittern,
Ein Windstoß durch der Föhren Haar, und die kristallnen
Stäbchen klittern, —
Da tritt zum Friedhof er hinaus,
Und vor ihm liegt das öde Haus.

9

Er starrt es an — ein düst'rer Bau! mit Zackengiebel,
Eisenstangen,
Vom offnen Tore Nägelreihn wie rostige Gebisse hangen;
Der Täuscher zaudert, dann umschleicht behutsam wie
ein Fuchs im Winde
Die Mauern er; — ist's nicht, als ob ein Licht im Innern
sich entzünde?
Er schüttelt sich, er tritt hinein
Und steht im finstern Gang allein;

10

Tappt am Gemäuer, wendet sich; dort flimmt es durch
der T re Spalten,
Sacht beugt er zu der Ritze, lauscht, den schweren Odem
angehalten;
Kein Ton, kein Räuspern, nur ein Laut wie scharf-
geführter Feder Schrillen,
Und ein Geriesel, wie wenn Sand auf Estrich stäubt
durch schmale Rillen;
Sacht greift er an die Klinke, sacht
Hat er gepocht und aufgemacht.

III

1

Wie friedlich in der Erde Schoß die still geringen Leutchen schlafen!
Endlich ein Pfühl nach hartem Stroh, nach saurer Fahrt endlich ein Hafen!
Dem Flockenwulste, sichtbar kaum, entheben sich die niedern Hügel,
Doch Gottes Engel kennt sie wohl, und schirmend breitet er die Flügel
Den Kreuzlein zu, die Pflock an Pflock
Sich reihen um den Marmorblock.

2

Am Sockel kreucht der Drachenwurm und scheint zum Grund hinabzukrallen,
Zum toten Wuchrer unterm Stein, von eigner Frevelhand gefallen,
Wohl hat ihm Gold ein ehrlich Grab geworben an der Friedhofsmauer,
Doch drüber zuckt sein Flammenschwert Sankt Michael in Zorn und Trauer,
So silbergrau, ein Nachtgesicht,
Steht das versteinerte Gericht.

3

Vom öden Hause, seinem einst, wo blut'ge Tränen sind geflossen,
Hat sich ein seltsam dämmernd Licht bis an den Marmelstein ergossen,
Es ist, als ob das Monument bei der Berührung zitternd schwanke,
Im Schneee wühlend eine Hand dem Schuldner sich entgegenranke;
Er kommt, er naht, die Pforte dröhnt,
Er hat sich an den Stein gelehnt.

4

Bleich wie der Marmor über ihm, und finster wie das Kreuz zur Seiten,
Von Stirn und Wimper, Zähren gleich, geschmolznen Reifes Tropfen gleiten;
Was er in dieser schweren Nacht gelitten oder auch gesündet,
Er hat es keinem je geklagt und keinem reuig es verkündet;
Ins Dunkel starrt er, wie man wohl
So starrt gedankenlos und hohl.

5

Ihm ist, als fühl' er noch die Hand, die seinen Federzug geleitet,
Als fühle er den Nadelstich, der seines Blutes Quell bereitet,
Und leise zitternd tastet er zum Gurte — hörst du nicht ein Knirren,

Viel schrillender als Uhrgetick, viel zarter als der Spange
Klirren? —
O, seine Heimat, still umlaubt!
O, seines Vaters graues Haupt!

6

Bewußtlos an des Engels Knie drückt er die Stirn,
klemmt er die Hände,
Der toten Gäule Klingeln hört er schleichen durch die
Fichtenwände;
Gegenüber ihm am Horizonte schleifen schwarze Wolken-
spalten,
Wie lässig eine träge Hand zum Sarge schleift des Bahr-
tuchs Falten;
Er streicht das Auge, reckt sich auf
Und schaut zum Ätherdom hinauf.

7

Noch hängt die Mondesampel klar am goldgestickten
Kuppelringe.
Noch leuchtet von Sankt Thomas' Turm das Kreuz wie
eine Doppelklinge,
Noch ist die Stunde nicht, wo sich der Hahn auf seiner
Stange schüttelt,
O eilig, eilig, eh' die Uhr das letzte Sandkorn hat ge-
rüttelt!
Er wendet sich, da — horch, ein Klang,
Und wieder einer, schwer und bang!

8

Und mit dem zwölften Schlage hat der Wolkenmantel
sich gebreitet,

Der immer höher, riesig hoch, sich um die Himmelskuppel weitet,
Und, horch! — ein langgedehnter Schrei, des Hahnes mitternächt'ge Klage;
Im selbigen Moment erbebt und lischt der Schein am Sarkophage,
Und Engel, Drache, Flammenschwert
Sind in die wüste Nacht gekehrt.

IV

1

Ho! Gläserklang und Jubelsang und »Hurra hoch!« fährt's durch die Scheiben,
Getroffen schwankt der goldne Leu, die Buben auseinanderstäuben
Und drängen sich und balgen sich, das fliegende Konfekt zu fangen;
Ein Glas, 'ne Frucht, 'ne Börse gar, die blieb am Speer des Schildes hangen,
Und schreiend nach der Stange sticht
Das kleine gierige Gezücht.

2

Da klirrt aus des Balkones Tür ein Mann mit Gert' und Eisensporen,
Ihm nach ein andrer, Flasch' im Arm, in Rausches-Seligkeit verloren,
»Gesindel!« — ruft der eine — »halt! ich will euch lehren Börsenstechen!« —
»Frisch, Jungens, frisch!« der andre drauf: »die Birn ist mein, wer kann sie brechen?
Ihn schlag' ich heut, ich, Hans von Spaa,
Zum Ritter von Lumpatia.«

3

»Besinnt Euch!« spricht der erste. — »Was besinnen? hab' ich mich besonnen,
Als Euer Falber wie'n gestochner Stier zusammenbrach am Bronnen?
Besann ich mich zu zahlen, Herr? O Euer Vieh! dreihundert Kronen!«
Die Stimme bricht in trunknem Weh, er schluchzt: »Mag Euch der Teufel lohnen!«
Und schraubt den Pfropfenzieher ein;
Der Täuscher murmelt finster drein

4

Und wendet sich. »He, holla, halt!« schreit's hinter ihm, »nicht von der Stelle!
Hoch Euer Galgenmännlein, hoch der kleine rauchige Geselle!
Und wieder hoch! und dreimal hoch! — Alräunchen, Hütchen meinetwegen,
Mag's ferner goldne Eier Euch und andern tote Bälge legen!«
Der Täuscher lächelt, aschenfahl,
Und schlendert pfeifend in den Saal.

5

Noch zwei Minuten, und du siehst den Gassenpöbel vor ihm weichen,
Ihn scheu wie ein umstelltes Wild entlang die Häuserreihen streichen:
So schleicht kein Trinker schweren Hirns und freudesatt sich vom Gelage,

So grüßt kein freies Herz, nicht steht auf offner Stirn
so trübe Frage;
Man meint, das Tor gewinne jetzt
Ein Schelm, von Gläubigern gehetzt.

6

Erst als die Fichte ihn umstarrt, an seiner Sohle Nadeln
rauschen,
Hat er den Schritt gehemmt und steht, in sich gebeugt,
zu lauschen — lauschen —
So lauscht kein Liebender dem Klang der Glocke, die zur
Minne ladet,
Kein Kranker so des Priesters Schritt, der mit dem
Heiltum ihn begnadet:
Ein Delinquent so lauschen mag
Der letzten Stunde Pendelschlag.

7

Am Sonnenbrande schlummernd liegt der Wald in des
Aroma Wellen,
Und Harz entquillt den Nadeln, wie aus Schläfers Wim-
pern Tränen quellen,
Die sonnentrunkne Klippe nickt, die Vögel träumen von
Gesange,
In sich gerollt das Eichhorn liegt, umflattert von dem
Franzenhange,
An jeder Nadel weißer Rauch
Verdunstet Terpentines Hauch.

8

Durch das Gezweig ein Sonnenstrahl bohrt in des Hor-
chers Scheitellocke,

Die aus dem dunklen Wulste glimmt wie Seegewürmes Feuerflocke;
Er steht und lauscht, er lauscht und steht, vernimmst du nicht ein feines Schrillen,
Ein Rieseln, wie wenn Sandgekörn auf Estrich stäubt durch schmale Rillen?
So scharf es geht, so bohrend ein,
Wie Sensenwetzen am Gestein.

9

Der Täuscher richtet sich, er seufzt, dann drängend nach des Forstes Mitte,
An eklem Pilze klirrt der Sporn, und Blasen schwellen unterm Tritte,
Hier wuchern Kress' und Binsenwust, Gewürme klebt an jedem Halme,
Insektenwirbel wimmelt auf und nieder in des Mooses Qualme,
Und zischend, mit geschwelltem Kamm,
Die Eidechs sucht den hohlen Stamm.

10

Der Wandrer bricht die Rank', er reißt und wütet in den Brombeerhecken,
Da seitwärts durch Geröhres Speer erglänzt des Kolkes Tintenbecken,
Ein wüster Kübel, wie getränkt mit schwefligen Asphaltes Jauche,
Langbeinig füßelnd Larvenvolk regt sich in Fadenschlamm und Lauche,
Und faule Spiegel, blau und grün,
Wie Regenbogen drüber ziehn.

11

Inmitten starrt ein dunkler Fleck, vom Riesenauge die Pupille,
Dort steigt die Wasserlilj' empor, dem Fußtritt lauschend durch die Stille;
Wen sie verlockt mit ihrem Schein, der hat sein letztes Lied gesungen,
Drei Tage suchte man das Kind umsonst in Kraut und Wasserbungen,
Wo Egel sich und Kanker jetzt
An seinen bleichen Gliedchen letzt.

12

Der Täuscher steht, den Arm verschränkt, und stuurt verdüstert in die Lache,
Sein Haar voll Laub und Kletten bauscht sich finster an der Krempe Dache,
Gleich einem Senkblei scheint der Blick des Kolkes tiefsten Grund zu messen,
Zur Seite schaut er, rückwärts dann, kein Strauch, kein Hälmchen wird vergessen,
Greift dann behend zum Gürtelband
Und hält ein Fläschlein in der Hand.

13

Kaum hat das Ohr sich überzeugt, im Glase klingle das Gerispel,
Ein Wimmeln kaum das Aug' erhascht, wie spinnefüßelndes Gewispel,
Da, hui! pfeift's im Schwung und hui! fährt's an der Lilie Krone nieder,

Das Wasser zischt, es brodelt auf, es reckt die moder-
grünen Glieder,
Und rückwärts, rückwärts sonder Halt
Raschelt der Täuscher durch den Wald.

14

Erst im Verhaue, wo die Luft spielt mit der Beere Würz-
arome
Und auf den goldnen Schwingen trägt das Festgeläut
vom nahen Dome,
Dort sinkt er schluchzend auf die Knie, so fest, so fest
die Händ' gefaltet,
O selten hat ein Seufzer so des Herzens tiefsten Grund
gespaltet!
Was dieser Seufzer trägt, es muß
Sich nahen wie ein glüher Kuß.

15

Und Zähren Perl' an Perle sich entlang die braunen
Wangen schmiegen,
So mochte der verlorne Sohn zu seines Vaters Füßen
liegen;
Da plötzlich zuckt der Beter — greift zum Gurte —
tastet dann aufs neue —
Mit dumpfem Laute, klirrend fährt vom Grund er wie
ein wunder Leue,
Und in den Fingern angstgekrampft
Die triefende Phiole dampft!

V

1

Tief tiefe Nacht, am Schreine nur der Maus geheimes Nagen rüttelt,
Der Horizont ein rinnend Sieb, aus dem sich Kohlenstaub entschüttelt;
Die Träume ziehn, schwer wie Blei und leicht wie Dunst, um Flaum und Streue,
In Gold der hagere Poet, der dürre Klepper wühlt im Heue,
Vom Kranze träumt die Braut, vom Helm
Der Krieger, und vom Strick der Schelm.

2

In jener Kammer, wo sich matt der Fenster tiefes Grau schattieret,
Hörst du ein Rieseln, wie die Luft der Steppe zarten Staub entführet?
Und ein Gesäusel, wie im Glas gefangner Bremse Flügel wispelt?
Vielleicht 'ne Sanduhr, die verrinnt? ein Mäuschen, das im Kalke rispelt?
So scharf es geht, so bohrend ein,
Wie Sensenwetzen am Gestein.

3

Und dort am Hange — Phosphorlicht, wie's kranken Gliedern sich entwickelt:
Ein grünlich Leuchten, das wie Flaum mit hundert Fäden wirrt und prickelt,
Gestaltlos, nur ein glüher Punkt inmitten, wo die Fasern quellen,
Mit klingendem Gesäusel sich an der Phiole Wände schnellen,
Und drüber, wo der Schein zerfleußt,
Ein dunkler Augenspiegel gleißt.

4

Und immer krimmelt's, wimmelt's fort, die grüne Wand des Glases streifend,
Ein glüher gieriger Polyp, vergebens nach der Beute greifend;
Und immer starrt das Auge her, als ob kein Augenlid es schatte,
Ein dunkles Haar, ein Nacken hebt sich langsam an des Tisches Platte,
Dann plötzlich schließt sich eine Hand,
Und im Moment der Schein verschwand.

5

Es tappt die Diel' entlang, es stampft wie Männertritt auf weichen Sohlen,
Behutsam tastend an der Wand will jemand Rates sich erholen,
Dann leise klinkt der Türe Schloß, die losgezognen Riegel pfeifen,

Durch das Gemach, verzitternd, scheu, gießt sich ein matter Dämmerstreifen,
Und in dem Rahmen, duftumweht,
Im Nachtgewand der Täuscher steht.

6

Wie ist die stämmige Gestalt zum sehnenharten Knorren worden!
Wie manches, manches graue Haar schattiert sich an der Schläfe Borden!
O, diese Falten um den Mund, wo leise Kummerzüge lauern —
So mocht' an Babels Strömen einst der grollende Prophete trauern —
So der Verfemte sonder Rast,
Wie ihn Salvator aufgefaßt.

7

Genüber, feingeschnitzelt, lehnt die Gnadenmutter mit dem Kinde,
Das sein vergoldet Händchen streckt wie segnend aus der Mauerspinde,
Und drunten, in Kristall gehegt, von funkelndem Gestein umbunden,
Ein überköstlich Heiligtum, ein Nagel aus des Heilands Wunden;
Zu seiner Ehre Nacht für Nacht
Das Lämpchen am Gestelle wacht.

8

Nie hat in aller Schuld und Not der Täuscher einen Tag beschlossen,

Daß nicht an dieser Schwelle ihm ein glüher Seufzer wär' entflossen,
Selbst auf der Fahrt, auf nächt'gem Ritt, dämmert sein Auge in die Weite,
Von des Polacken Rücken hat er mühsam sich gebeugt zur Seite
Und sein beladnes Haupt geneigt,
Woher das Kind die Händlein reicht.

9

Ein scheuer Bettler, Tag für Tag so steht er an des Himmels Pforte,
Er schlägt kein Kreuz, er beugt kein Knie, nicht kennt sein Odem Gnadenworte,
Schlaftrunknes Murmeln nur — und glüh fühlt er's durch die Phiole ranken,
Die seinem Leibe angetraut wie nagend Krebsgeschwür dem Kranken;
Und von dem kargen Lebensherd
Ein Jahresscheit ist weggezehrt.

10

Auch jetzt, in dieser Stunde, steht er lautlos, mit gestreckten Knien,
Nur leises Ächzen, und voran! — schau, schau, wie seine Muskeln ziehen!
Voran! — das Heiltum — der Kristall — er lehnt sich an die Wand, er schwindelt,
Ein angstvoll Zupfen — ein Gestöhn — er hat den Nagel losgewindelt
Und stößt ihn dicht am Heil'genschrein
In der Phiole Siegel ein.

11

Hui! knallt der Pfropfen, hui, fährt das Glas in Millionen
Splitter!
Gewinsel hier, Gewinsel dort und spinnefüßelndes Geflitter;
Es hackt und prickelt nach dem Mann, der unterm
Gnadenbilde wimmert,
Bis Faser sich an Faser lischt, des Zentrums letzter
Hauch verschimmert,
Und an der Gotteslampe steigt
Das Haupt des Täuschers, schneegebleicht.

VI

1

Weh, Glockensturm! Trompetenstoß! und Spritzen rasseln durch die Gassen,
Der aufgeschreckte Pöbel drängt und kreiselt sich in wüsten Massen,
Hoch schlägt die Brunst am Giebel auf, Gewieher kreischt aus Stall und Scheunen,
Der Eimer fliegt hinab, hinauf, umhergestoßne Kinder weinen,
Und zögernd steigt das Morgenrot,
Dem dopple Glut entgegenloht.

2

Es war beim ersten Hahnenschrei, als alle Bürger aufgeschüttert,
Mit Schloßenpfeifen Knall auf Knall; so greulich hat es nie gewittert!
Grad' ob des reichen Böhmen Dach, des Täuschers, ballte sich das Wetter,
Wo Blitz an Blitze niederzackt, mit ohrbetäubendem Geschmetter,
Nun überall an Scheun' und Haus
Prasselt der Flammenhag hinaus.

3

Im Hof die Knechte hin und her mit Axt und Beilen fluchend rennen,
Wer schob die innern Riegel vor? Die Türen weichen nicht und brennen.
»Der Herr! der Herr!« ruft's hier und dort: »Wo ist der Herr?« Daß Gott ihm gnade,
An seinem Kammerfenster leckt die Loh' aus der geschloßnen Lade!
Und eben krachte ins Portal
Die Stiege zu dem obern Saal!

4

Entsetzt Gemurmel läuft umher und schwillt in des Gedränges Wogen,
Dann alles totenstill, sie stehn, die Brauen finster eingezogen;
So um den Scheiterhaufen einst gruppierten sich des Südens Söhne:
»Da brennt der Schächer, dessen Vieh das Land verlockt mit fremder Schöne
Und, kaum verkauft, am dritten Tag,
Ein totes Aas, im Stalle lag!

5

»Der Gaukler brennt, aus dessen Gurt ein wunderlich Geklingel surrte,
Daß man in rabenschwarzer Nacht ihn kennen mocht' an seinem Gurte,
Der keine Kirche je betrat, vor keinem Gnadenbild sich neigte;

Wenn ihm begegnet Christi Leib, von Schwindel stammelt' und erbleichte,
Im gottgesandten Element
Der Täuscher mit der Kuppel brennt!«

VII

1

Am Wiesenhang 'ne Linde steht, so lieblich winkend mit den Zweigen,
Auf jedem Ast ein Vogelnest, um jede Blüt' ein Bienenreigen,
Sie scheint den düstern Föhrenwald aus ihren Kelchen anzulächeln,
Des nahen Städtleins Angelus ein säuselnd Ave zuzufächeln,
Und für den nahen Friedhof auch
Hat sie versüßt des Westes Hauch.

2

Und Blatt an Blatt vom Blütenzweig verstreut sie auf des Greises Stirne,
Der in dem Wurzelmoose lehnt sein Haupt mit siedendem Gehirne;
Zur Seite liegt der Stab, gefüllt mit Bettelbrote liegt der Ranzen,
Und Schemen hier und Schemen dort mit Elfenschritten drüber tanzen,
Wie sie der Brust geheimster Hut
Entschlüpfen in des Fiebers Glut.

3

Den Anger seiner Kindheit sieht er in den Lindenzweigen spielen,
Die süße Heimat, und das Haupt der Eltern auf den Sterbepfühlen;
Was er verloren und erstrebt, was er gesündet und getragen,
Wie eine Nacht sein Haar gebleicht, die eignen Knechte ihn geschlagen.
O Nacht, die Ehre, Kräfte, Hab'
Zerbrach und ihm die Seele gab!

4

Er sieht sein faltiges Gesicht im Wasserspiegel widerscheinen,
Wie er sich selber nicht erkannt und kindisch dann begann zu weinen;
Ach, all die Tränen, so nachher aus tiefrer Quelle sind geflossen,
Ob sie ihn Christi Blut vereint? des Himmels Pforten aufgeschlossen?
Wohl Schweres trug er mit Geduld,
Doch willenlos, durch eigne Schuld!

5

Mit vierzig Jahren siecher Greis, ist er von Land zu Land geschlichen,
Hat seines Namens Fluch gehört und ist zur Seite scheu gewichen,
Aus mancher Hand, die ihm gedient, hat er das Bettelbrot gebrochen

Und ist, ein todeskranker Mann, an dieses Hügels Bug gekrochen,
An diesen Hügel — ew'ge Macht!
Er schaudert auf — Silvesternacht!

6

Der Föhrenwald — das öde Haus — dort stand der Priester, dort am Hagen —
O, in der Sterbestunde hat sein irrer Fuß ihn hergetragen,
Das ist kein Schemen, dieses nicht; dort streckt Sankt Michael die Flügel,
Dort kreucht am Fußgestell der Drach' und schlägt die Kralle in den Hügel;
Des Greises Auge dunkelt, wild
Die Agonie zum Haupte quillt.

7

Das Buch — das Buch — er sieht das Buch — o Gottesmutter, Gnade! Gnade!
Er liebte dich, er liebte dich in Sünd' und Schmach! — gleich einem Rade
Die Zeichen kreisen — Gott, o Gott, er sieht ein Händchen niederreichen,
Mit leisem goldnen Fingerzug die blutgetränkten Lettern streichen!
Und auf des Täuschers bleichen Mund
Ein Lächeln steigt in dieser Stund'.

8

Um Mittag hat der Mähder ihn am Lindenstamme aufgehoben

Und in des Karrens Futtergrün dem Leichenhause zugeschoben,
Auf der Gemeinde Kosten ist ein grobes Sterbehemd bereitet,
Ein kurzer träger Glockenschlag hat zu der Grube ihn geleitet,
Wo sich der Engelsflügel neigt
Und nicht des Drachens Kralle reicht.

BALLADEN

Der Graf von Thal

I

Das war der Graf von Thal,
So ritt an der Felsenwand;
Das war sein ehlich Gemahl,
Die hinter dem Steine stand.

Sie schaut' im Sonnenstrahl
Hinunter den linden Hang,
»Wo bleibt der Graf von Thal?
Ich hört' ihn doch reiten entlang!

Ob das ein Hufschlag ist?
Vielleicht ein Hufschlag fern?
Ich weiß doch wohl ohne List,
Ich hab' gehört meinen Herrn!«

Sie bog zurück den Zweig.
»Bin blind ich oder auch taub?«
Sie blinzelt' in das Gesträuch
Und horcht' auf das rauschende Laub.

Öd war's, im Hohlweg leer,
Einsam im rispelnden Wald;
Doch überm Weiher, am Wehr,
Da fand sie den Grafen bald.

In seinen Schatten sie trat.
Er und seine Gesellen,
Die flüstern und halten Rat,
Viel lauter rieseln die Wellen.

Sie starrten über das Land,
Genau sie spähten, genau,
Sahn jedes Zweiglein am Strand,
Doch nicht am Wehre die Frau.

Zur Erde blickte der Graf,
So sprach der Graf von Thal:
»Seit dreizehn Jahren den Schlaf
Rachlose Schmach mir stahl.«

»War das ein Seufzer lind?
Gesellen, wer hat's gehört?«
Sprach Kurt: »Es ist nur der Wind,
Der über das Schilfblatt fährt.« —

»So schwör' ich beim höchsten Gut,
Und wär's mein ehlich Weib,
Und wär's meines Bruders Blut,
Viel minder mein eigner Leib:

Nichts soll mir wenden den Sinn,
Daß ich die Rache ihm spar';
Der Freche soll werden inn',
Zins tragen auch dreizehn Jahr'.

Bei Gott! das war ein Gestöhn!«
Sie schossen die Blicke in Hast.
Sprach Kurt: »Es ist der Föhn,
Der macht seufzen den Tannenast.« —

»Und ist sein Aug' auch blind,
Und ist sein Haar auch grau,
Und mein Weib seiner Schwester Kind —«
Hier tat einen Schrei die Frau.

Wie Wetterfahnen schnell
Die Dreie wendeten sich.
»Zurück, zurück, mein Gesell!
Dieses Weibes Richter bin ich.

Hast du gelauscht, Allgund?
Du schweigst, du blickst zur Erd'?
Das bringt dir bittre Stund'!
Allgund, was hast du gehört?« —

»Ich lausch' deines Rosses Klang,
Ich späh' deiner Augen Schein,
So kam ich hinab den Hang.
Nun tue, was Not mag sein.« —

»O Frau!« sprach Jakob Port,
»Da habt Ihr schlimmes Spiel!
Grad' sprach der Herr ein Wort,
Das sich vermaß gar viel.«

Sprach Kurt: »Ich sag' es rund,
Viel lieber den Wolf im Stall,
Als eines Weibes Mund
Zum Hüter in solchem Fall.«

Da sah der Graf sie an,
Zu Einem und zu Zwein;
Drauf sprach zur Fraue der Mann:
»Wohl weiß ich, du bist mein.

Als du gefangen lagst
Um mich ein ganzes Jahr
Und keine Silbe sprachst:
Da ward deine Treu' mir klar.

So schwöre mir denn sogleich:
Sei's wenig oder auch viel,
Was du vernahmst am Teich,
Dir sei's wie Rauch und Spiel.

Als seie nichts geschehn,
So muß ich völlig meinen;
Darf dich nicht weinen sehn,
Darfst mir nicht bleich erscheinen.

Denk' nach, denk' nach, Allgund!
Was zu verheißen Not.
Die Wahrheit spricht dein Mund,
Ich weiß, und brächt' es Tod.«

Und konnte sie sich besinnen,
Verheißen hätte sie's nie;
So war sie halb von Sinnen,
Sie schwur, und wußte nicht wie.

II

Und als das Morgengrau
In die Kemnate sich stahl,
Da hatte die werte Frau
Geseufzt schon manches Mal;

Manch Mal gerungen die Hand,
Ganz heimlich wie ein Dieb;

Rot war ihrer Augen Rand,
Todblaß ihr Antlitz lieb.

Drei Tage kredenzt' sie den Wein
Und saß beim Mahle drei Tag',
Drej Nächte in steter Pein
In der Waldkapelle sie lag.

Wenn er die Wacht besorgt,
Der Torwart sieht sie gehn,
Im Walde steht und horcht
Der Wilddieb dem Gestöhn.

Am vierten Abend sie saß
An ihres Herren Seit',
Sie dreht' die Spindel, er las,
Dann sahn sie auf, alle beid'.

»Allgund, bleich ist dein Mund!«
»Herr, 's macht der Lampe Schein.«
»Deine Augen sind rot, Allgund!«
»'s drang Rauch vom Herde hinein.

Auch macht mir's schlimmen Mut,
Daß heut vor fünfzehn Jahren
Ich sah meines Vaters Blut;
Gott mag die Seele wahren!

Lang ruht die Mutter im Dom,
Sind Wen'ge mir verwandt,
Ein' Muhm' noch und ein Ohm:
Sonst ist mir keins bekannt.«

Starr sah der Graf sie an:
»Es steht dem Weibe fest,

Daß um den ehlichen Mann
Sie Ohm und Vater läßt.«

»Ja, Herr! so muß es sein.
Ich gäb' um Euch die zweie
Und mich noch obendrein,
Wenn's sein müßt', ohne Reue.

Doch daß nun dieser Tag
Nicht gleich den andern sei,
Lest, wenn ich bitten mag,
Ein Sprüchlein oder zwei.«

Und als die Fraue klar
Darauf das heil'ge Buch
Bot ihrem Gatten dar,
Es auf von selber schlug.

Mit Einem Blicke er maß
Der nächsten Sprüche einen;
»Mein ist die Rach'«, er las;
Das will ihm seltsam scheinen.

Doch wie so fest der Mann
Auf Frau und Bibel blickt,
Die saß so still und spann,
Dort war kein Blatt geknickt.

Um ihren schönen Leib
Den Arm er düster schlang:
»So nimm die Laute, Weib,
Sing' mir einen lust'gen Sang!« —

»O Herr! mag's Euch behagen,
Ich sing' ein Liedlein wert,

Das erst vor wenig Tagen
Mich ein Minstrel gelehrt.

Der kam so matt und bleich,
Wollt' nur ein wenig ruhn
Und sprach: im oberen Reich
Sing' man nichts Anderes nun.«

Drauf, wie ein Schrei verhallt,
Es durch die Kammer klingt,
Als ihre Finger kalt
Sie an die Saiten bringt:

»Johann! Johann! was dachtest du
An jenem Tag,
Als du erschlugst deine eigne Ruh'
Mit Einem Schlag?
Verderbtest auch mit dir zugleich
Deine drei Gesellen;
O, sieh nun ihre Glieder bleich
Am Monde schwellen!

Weh dir, was dachtest du, Johann,
Zu jener Stund'?
Nun läuft von dir verlornem Mann
Durchs Reich die Kund'!
Ob dich verbergen mag der Wald,
Dich wird's ereilen;
Horch nur, die Vögel singen's bald,
Die Wölf' es heulen!

O weh! das hast du nicht gedacht,
Johann! Johann!
Als du die Rache wahr gemacht
Am alten Mann.

Und wehe! nimmer wird der Fluch
Mit dir begraben,
Dir, der den Ohm und Herrn erschlug,
Johann von Schwaben!«

Aufrecht die Fraue bleich
Vor ihrem Gatten stand,
Der nimmt die Laute gleich,
Er schlägt sie an die Wand.

Und als der Schall verklang,
Da hört man noch zuletzt,
Wie er die Hall' entlang
Den zorn'gen Fußtritt setzt.

III

Von heut' am siebenten Tag'
Das war eine schwere Stund',
Als am Balkone lag
Auf ihren Knien Allgund.

Laut waren des Herzens Schläge:
»O Herr! erbarme dich mein,
Und bracht' ich Böses zuwege,
Mein sei die Buß' allein.«

Dann beugt sie tief hinab,
Sie horcht und horcht und lauscht:
Vom Wehre tost es herab,
Vom Forste drunten es rauscht.

War das ein Fußtritt? nein!
Der Hirsch setzt über die Kluft.

Sollt' ein Signal das sein?
Doch nein, der Auerhahn ruft.

»O mein Erlöser, mein Hort!
Ich bin mit Sünde beschwert,
Sei gnädig und nimmt mich fort,
Eh' heim mein Gatte gekehrt!

Ach, wen der Böse umgarnt,
Dem alle Kraft er bricht!
Doch hab' ich ja nur gewarnt,
Verraten, verraten ja nicht!

Weh! das sind Rossestritte.«
Sie sah sie fliegen durchs Tal
Mit wildem grimmigen Ritte,
Sie sah auch ihren Gemahl.

Sie sah ihn dräuen, genau,
Sie sah ihn ballen die Hand;
Da sanken die Knie der Frau,
Da rollte sie über den Rand.

Und als, zum Schlimmen entschlossen,
Der Graf sprengt' in das Tor,
Kam Blut entgegen geflossen,
Drang unterm Gitter hervor.

Und als er die Hände sah falten
Sein Weib in letzter Not,
Da konnt' er den Zorn nicht halten,
Bleich ward sein Gesicht so rot.

»Weib, das den Tod sich erkor!«
»'s war nicht mein Wille«, sie sprach,

Noch eben bracht' sie's hervor.
»Weib, das seine Schwüre brach!«

Wie Abendlüfte verwehen,
Noch einmal haucht' sie ihn an:
»Es mußt' eine Sünde geschehen —
Ich hab' sie für dich getan!«

Der Tod des Erzbischofs Engelbert von Köln

I

Der Anger dampft, es kocht die Ruhr,
Im scharfen Ost die Halme pfeifen,
Da trabt es sachte durch die Flur,
Da taucht es auf wie Nebelstreifen,
Da nieder rauscht es in den Fluß,
Und stemmend gen der Wellen Guß
Es fliegt der Bug, die Hufe greifen.

Ein Schnauben noch, ein Satz, und frei
Das Roß schwingt seine nassen Flanken,
Und wieder eins, und wieder zwei,
Bis fünfundzwanzig stehn wie Schranken:
Voran, voran durch Heid und Wald,
Und wo sich wüst das Dickicht ballt,
Da brechen knisternd sie die Ranken.

Am Eichenstamm, im Überwind,
Um einen Ast den Arm geschlungen,
Der Isenburger steht und sinnt
Und naget an Erinnerungen.
Ob er vernimmt, was durch Gezweig
Ihm Rinkerad, der Ritter bleich,
Raunt leise wie mit Vögelzungen?

»Graf«, flüstert es, »Graf, haltet dicht,
Mich dünkt, als woll' es Euch betören;

Bei Christi Blute, laßt uns nicht
Heim wie gepeitschte Hunde kehren!
Wer hat gefesselt Eure Hand,
Den freien Stegreif Euch verrannt?« --
Der Isenburg scheint nicht zu hören.

»Graf«, flüstert es, »wer war der Mann,
Dem zu dem Kreuz die Rose paßte?
Wer machte Euren Schwäher dann
In seinem eignen Land zum Gaste?
Und, Graf, wer höhnte Euer Recht,
Wer stempelt' Euch zum Pfaffenknecht?« —
Der Isenburg biegt an dem Aste.

»Und wer, wer hat Euch zuerkannt,
Im härnen Sünderhemd zu stehen,
Die Schandekerz' in Eurer Hand,
Und alte Vetteln anzuflehn
Um Kyrie und Litanei!?« —
Da krachend bricht der Ast entzwei
Und wirbelt in des Sturmes Wehen.

Spricht Isenburg: »Mein guter Fant,
Und meinst du denn, ich sei begraben?
O laß mich nur in meiner Hand —
Doch ruhig, still, ich höre traben!«
Sie stehen lauschend, vorgebeugt:
Durch das Gezweig der Helmbusch steigt
Und flattert drüber gleich dem Raben.

II

Wie dämmerschaurig ist der Wald
An neblichten Novembertagen,
Wie wunderlich die Wildnis hallt

Von Astgestöhn und Windesklagen!
»Horch, Knabe, war das Waffenklang?« —
»Nein, gnäd'ger Herr! ein Vogelsang.
Von Sturmesflügeln hergetragen.«

Fort trabt der mächtige Prälat,
Der kühne Erzbischof von Köllen,
Er, den der Kaiser sich zum Rat
Und Reichsverweser mochte stellen,
Die ehrne Hand der Klerisei —
Zwei Edelknaben, Reis'ger zwei
Und noch drei Äbte als Gesellen.

Galissen trabt er fort, im Traum
Von eines Wunderdomes Schöne,
Auf seines Rosses Hals den Zaum,
Er streicht ihm sanft die dichte Mähne,
Die Windesodem senkt und schwellt;
Es schaudert, wenn ein Tropfen fällt
Von Ast und Laub, des Nebels Träne.

Schon schwindelnd steigt das Kirchenschiff,
Schon bilden sich die krausen Zacken —
Da, horch, ein Pfiff und hui, ein Griff,
Ein Helmbusch hier, ein Arm im Nacken!
Wie Schwarzwildrudel bricht's heran,
Die Äbte fliehn wie Spreu, und dann
Mit Reisigen sich Reis'ge packen.

Ha, schnöder Strauß! zwei gegen zehn!
Doch hat der Fürst sich losgerungen,
Er peitscht sein Tier, und mit Gestöhn
Hat's übern Hohlweg sich geschwungen;
Die Gerte pfeift — »Weh, Rinkerad!« —

Vom Rosse gleitet der Prälat
Und ist ins Dickicht dann gedrungen.

»Hussa, hussa, erschlagt den Hund,
Den stolzen Hund!« und eine Meute
Fährt's in den Wald, es schließt ein Rund,
Dann vor- und rückwärts und zur Seite;
Die Zweige krachen — ha, es naht —
Am Buchenstamm steht der Prälat
Wie ein gestellter Eber heute.

Er blickt verzweifelnd auf sein Schwert,
Er löst die kurze breite Klinge,
Dann prüfend untern Mantel fährt
Die Linke nach dem Panzerringe;
Und nun wohlan, er ist bereit,
Ja, männlich focht der Priester heut,
Sein Streit war eine Flammenschwinge.

Das schwirrt und klingelt durch den Wald,
Die Blätter stäuben von den Eichen,
Und über Arm und Schädel bald
Blutrote Rinnen tröpfeln, schleichen;
Entwaffnet der Prälat noch ringt,
Der starke Mann, da zischend dringt
Ein falscher Dolch ihm in die Weichen.

Ruft Isenburg: »Es ist genug,
Es ist zuviel!« und greift die Zügel;
Noch sah er, wie ein Knecht ihn schlug
Und riß den Wicht am Haar vom Bügel.
»Es ist zuviel, hinweg, geschwind!«
Fort sind sie, und ein Wirblwind
Fegt ihnen nach wie Eulenflügel. — —

Des Sturmes Odem ist verrauscht,
Die Tropfen glänzen an dem Laube,
Und über Blutes Lachen lauscht
Aus hohem Loch des Spechtes Haube;
Was knistert nieder von der Höh'
Und schleppt sich wie ein krankes Reh?
Ach, armer Knabe, wunde Taube!

»Mein gnädiger, mein lieber Herr,
So mußten dich die Mörder packen?
Mein frommer, o mein Heiliger!«
Das Tüchlein zerrt er sich vom Nacken,
Er drückt es auf die Wunde dort,
Und hier und drüben, immerfort,
Ach, Wund' an Wund' und blut'ge Zacken!

»Ho, holla, ho!« Dann beugt er sich
Und späht, ob noch der Odem rege;
War's nicht, als wenn ein Seufzer schlich,
Als wenn ein Finger sich bewege? —
»Ho, holla, ho!« — »Hallo, hoho!«
Schallt's wiederum, des war er froh:
»Sind unsre Reuter allewege!«

III

Zu Köln am Rheine kniet ein Weib
Am Rabensteine unterm Rade,
Und überm Rade liegt ein Leib,
An dem sich weiden Kräh' und Made;
Zerbrochen ist sein Wappenschild,
Mit Trümmern seine Burg gefüllt,
Die Seele steht bei Gottes Gnade.

Den Leib des Fürsten hüllt der Rauch
Von Ampeln und von Weihrauchschwelen —
Um seinen qualmt der Moderhauch,
Und Hagel peitscht der Rippen Höhlen;
Im Dome steigt ein Trauerchor,
Und ein Tedeum stieg empor
Bei seiner Qual aus tausend Kehlen.

Und wenn das Rad der Bürger sieht,
Dann läßt er rasch sein Rößlein traben,
Doch eine bleiche Frau, die kniet
Und scheucht mit ihrem Tuch die Raben:
Um sie mied er die Schlinge nicht,
Er war ihr Held, er war ihr Licht —
Und, ach! der Vater ihrer Knaben!

Das Fegefeuer des westfälischen Adels

Wo der selige Himmel, das wissen wir nicht,
Und nicht, wo der greuliche Höllenschlund,
Ob auch die Wolke zittert im Licht,
Ob siedet und qualmet Vulkanes Mund;
Doch wo die westfälischen Edeln müssen
Sich sauber brennen ihr rostig Gewissen,
Das wissen wir alle, das ward uns kund.

Grau war die Nacht, nicht öde und schwer
Ein Aschenschleier hing in der Luft;
Der Wanderbursche schritt flink einher,
Mit Wollust saugend den Heimatduft;
O bald, bald wird er schauen sein Eigen,
Schon sieht am Lutterberge er steigen,
Sich leise schattend, die schwarze Kluft.

Er richtet sich, wie Trompetenstoß
Ein Holla ho! seiner Brust entsteigt —
Was ihm im Nacken? ein schnaubend Roß,
An seiner Schulter es rasselt, keucht,
Ein Rappe — grünliche Funken irren
Über die Flanken, die knistern und knirren,
Wie wenn man den murrenden Kater streicht.

»Jesus Maria!« — er setzt seitab,
Da langt vom Sattel es überzwerch —
Ein eherner Griff, und in wüstem Trab

Wie Wind und Wirbel zum Lutterberg!
An seinem Ohre hö'rt er es raunen
Dumpf und hohl, wie gedämpfte Posaunen,
So an ihm raunt der gespenstige Scherg':

»Johannes Deweth! ich kenne dich!
Johann! du bist uns verfallen heut!
Bei deinem Heile, nicht lach' noch sprich,
Und rühre nicht an, was man dir beut;
Vom Brote nur magst du brechen in Frieden,
Ewiges Heil ward dem Brote beschieden,
Als Christus in froner Nacht es geweiht!« —

Ob mehr gesprochen, man weiß es nicht,
Da seine Sinne der Bursche verlor,
Und spät erst hebt er sein bleiches Gesicht
Vom Estrich einer Halle empor;
Um ihn Gesumme, Geschwirr, Gemunkel,
Von tausend Flämmchen ein mattes Gefunkel
Und drüber schwimmend ein Nebelflor.

Er reibt die Augen, er schwankt voran;
An hundert Tischen, die Halle entlang,
All' edle Geschlechter, so Mann an Mann;
Es rühren die Gläser sich sonder Klang,
Es regen die Messer sich sonder Klirren,
Wechselnde Reden summen und schwirren
Wie Glockengeläut, ein wirrer Gesang.

Ob jedem Haupte des Wappens Glast,
Das langsam schwellende Tropfen speit,
Und wenn sie fallen, dann zuckt der Gast
Und drängt sich einen Moment zur Seit';
Und lauter, lauter dann wird das Rauschen,
Wie Stürme die zornigen Seufzer tauschen,
Und wirrer summet das Glockengeläut.

Strack steht Johann wie ein Lanzenknecht,
Nicht möchte der gleißenden Wand er traun,
Noch wäre der glimmernde Sitz ihm recht,
Wo rutschen die Knappen mit zuckenden Braun.
Da muß, o Himmel, wer sollt' es denken!
Den frommen Herrn, den Friedrich von Brenken,
Den alten stattlichen Ritter, er schaun.

»Mein Heiland, mach' ihn der Sünden bar!«
Der Jüngling seufzet in schwerem Leid;
Er hat ihm gedienet ein ganzes Jahr;
Doch ungern kredenzt er den Becher ihm heut!
Bei jedem Schlucke sieht er ihn schüttern,
Ein blankes Wölkchen dem Schlund entzittern,
Wie wenn auf Kohlen man Weihrauch streut.

O manche Gestalt noch dämmert ihm auf,
Dort sitzt sein Pate, der Metternich,
Und eben durch den wimmelnden Hauf
Johann von Spiegel, der Schenke, strich;
Prälaten auch, je viere und viere,
Sie blättern und rispeln im grauen Breviere
Und zuckend krümmen die Finger sich.

Und unten im Saale, da knöcheln frisch
Schaumburger Grafen um Leut' und Land,
Graf Simon schüttelt den Becher risch
Und reibt mitunter die knisternde Hand;
Ein Knappe nahet, er surret leise —
Ha, welches Gesumse im weiten Kreise,
Wie hundert Schwärme an Klippenrand!

»Geschwind den Sessel, den Humpen wert,
Den schleichenden Wolf geschwinde herbei!«

Horch wie es draußen rasselt und fährt!
Barhaupt stehet die Massonei,
Hundert Lanzen drängen nach binnen,
Hundert Lanzen, und mitten darinnen
Der Asseburger, der blutige Weih!

Und als ihm alles entgegen zieht,
Da spricht Johannes ein Stoßgebet:
Dann risch hinein! sein Ärmel sprüht,
Ein Funken über die Finger ihm geht.
Voran — da »sieben« schwirren die Lüfte,
»Sieben, sieben, sieben«, die Klüfte,
»In sieben Wochen, Johann Deweth!«

Der sinkt auf schwellenden Rasen hin
Und schüttelt gegen den Mond die Hand,
Drei Finger, die bröckeln und stäuben hin,
Zu Asch' und Knöchelchen abgebrannt.
Er rafft sich auf, er rennt, er schießet,
Und, ach, die Vaterklause begrüßet
Ein grauer Mann, von keinem gekannt,

Der nimmer lächelt, nur des Gebets
Mag pflegen drüben im Klosterchor,
Denn »sieben, sieben«, flüstert es stets
Und »sieben Wochen« ihm in das Ohr.
Und als die siebente Woche verronnen,
Da ist er versiegt wie ein dürrer Bronnen —
Gott hebe die arme Seele empor!

Die Stiftung Cappenbergs

Der Mond mit seinem blassen Finger
Langt leise durch den Mauerspalt
Und koset, streifend längs dem Zwinger,
Norbertus' Stirne feucht und kalt.
Der lehnt an bröckelndem Gestein,
Salpeterflocken seine Daunen,
An seinem Ohre Heimchen raunen,
Und wimmelnd rennt das Tausendbein.

Und überm Haupte fühlt er's beben,
Da geht es hoch, da zecht es frisch,
In Pulsen schäumend pocht das Leben,
Die Humpen tanzen auf dem Tisch.
Der Graf von Arnsberg gibt ein Fest,
Dem Schwiegersohn der graue Schwäher;
So mehr er trinkt, so wird er zäher,
So wirrer steht sein Lockennest.

Gern hat sein Kind er dem Dynasten,
Dem reichen Cappenberg, vertraut,
Nun trägt sein Anker Doppellasten,
Und seinen Feinden hat's gegraut.
Da kömmt auf seinem Eselein
Norbert und macht den Sohn zum Pfaffen;
Allein er wußte Rat zu schaffen,
Er pferchte den Apostel ein.

Wie, keine Enkel soll er wiegen?
Soll in des Eidams Hora gehn
Und sehn ein Kind am Boden liegen
Und Paternosterkugeln drehn?
Nein, heute ist der Tag, wo muß,
Wo wird die Sache sich erled'gen,
Und sollt' er mit dem Schwerte pred'gen,
Ein umgekehrter Carolus.

Und »Gottfried«, spricht er, »Junge, Ritter,
So sieh doch einmal in die Höh!
Du schaust ja in den Wein so bitter
Wie Requiem und Kyrie.
Was spinnst du an dem alten Werg?
Laß die Kapuze grauen Sündern,
Und deine Burg, die laß den Kindern,
Dein schönes, festes Cappenberg!«

Und drunten in dem feuchten Turme
Der Heil'ge flüstert: »Großer Gott,
Allgegenwärt'ger du im Wurme
Als in der Krone blankem Spott;
Wie größer deine Allmacht zeigt
Sein Füßchen, das lebendig zittert,
Als eine Mauer, die verwittert,
Und ob ein Babel drüber steigt!«

»Ja«, spricht der Graf, den Humpen schwenkend:
»Wär' Norbert hier, dein Eselmann,
Ich ließ ihm füllen, dein gedenkend,
Und trinken möcht' er, was er kann;
Doch da ihm Pech und Schwefel glüht,
Was andern Schächern mild und süße,
So bleibt er besser im Verließe,
Ein wohlkasteiter Eremit.«

Und drunten spricht's mit mildem Tone:
»Du der, des Himmels höchste Zier,
Gezogen bist zur Dornenkrone
Auf einem still demüt'gen Tier,
Du, der des Mondes Lieblichkeit
In meinen Kerker ließest rinnen,
Gezähmt mir die vertrauten Spinnen,
Du, Milder, seist gebenedeit!«

Und Gottfried, kämpfend mit den Tränen,
Ergreift den Humpen, noch gefüllt,
Vor seinem Ohr ein leises Stöhnen,
Vor seinem Aug' ein bleiches Bild.
O, dringen möcht' er durch den Stein,
Wo seine sünd'gen Füße stehen,
O, einmal, einmal möcht' er sehen
Durch Lichterglanz den Heil'genschein!

»Ha«, zürnt der Graf, »was ließ ich schenken
Dir meinen allerbesten Wein!
Eh möcht' ich einen Schädel tränken,
Ja, oder einen Leichenstein.
Gottfried, Gottfried, ich schwör' es dir,
So wahr ich Friedrich« — seht ihn stocken.
Vor seinem Auge schwimmen Flocken,
Er hebt sich auf, er schwankt zur Tür.

Und plötzlich auf den Estrich nieder
Taumelt er wie ein wundes Roß,
Es zucken, strecken sich die Glieder.
Welch ein Getümmel in dem Schloß!
»Krank« dieser, »tot« spricht jener Mund,
Ja wahrlich, das ist Todes Miene,
Und eine mächtige Ruine
Liegt Friedrich auf dem eignen Grund.

Die Humpen sind in Hast zertrümmert,
Burgunderblut fließt übern Stein,
Die Lampen mählich sind verkümmert,
Wie Erdenlust sie qualmten ein.
Doch drüben, in dem Klosters Hut,
Entflammte man die ew'ge Leuchte,
Und knieend alles Volk sich beugte
Dem reinen Wein, der Christi Blut.

Der Fundator

Im Westen schwimmt ein falber Strich,
Der Abendstern entzündet sich
Grad' überm Sankt Georg am Tore;
Schwer haucht der Dunst vom nahen Moore.
Schlaftrunkne Schwäne kreisen sacht
Ums Eiland, wo die graue Wacht
Sich hebt aus Wasserbins' und Rohre.

Auf ihrem Dach die Fledermaus,
Sie schaukelt sich, sie breitet aus
Den Rippenschirm des Schwingenflosses
Und, mit dem Schwirren des Geschosses,
Entlang den Teich, hinauf, hinab,
Dann klammert sie am Fensterstab
Und blinzt in das Gemach des Schlosses.

Ein weit Gelaß, im Sammetstaat,
Wo einst der mächtige Prälat
Des Hauses Chronik hat geschrieben.
Frisch ist der Baldachin geblieben,
Der güldne Tisch, an dem er saß,
Und seine Seelenmesse las
Man heut in der Kapelle drüben.

Heut sind es grade hundert Jahr,
Seit er gelegen auf der Bahr'

Mit seinem Kreuz und Silberstabe.
Die ew'ge Lamp' an seinem Grabe
Hat heute hundert Jahr gebrannt.
In seinem Sessel an der Wand
Sitzt heut ein schlichter alter Knabe.

Des Hauses Diener, Sigismund,
Harrt hier der Herrschaft, Stund' auf Stund';
Schon kam die Nacht mit ihren Flören,
Oft glaubt die Kutsche er zu hören,
Ihr Quitschern in des Weges Kies,
Er richtet sich — doch nein — es blies
Der Abendwind nur durch die Föhren.

's ist eine Dämmernacht, genau
Gemacht für Alp und weiße Frau.
Dem Junkerlein ward es zu lange,
Dort schläft es hinterm Damasthange.
Die Chronik hält der Alte noch
Und blättert fort im Finstern, doch
Im Ohre summt es gleich Gesange:

»So hab' ich dieses Schloß erbaut,
Ihm mein Erworbnes anvertraut
Zu des Geschlechtes Nutz und Walten;
Ein neuer Stamm sprießt aus dem alten,
Gott segne ihn! Gott mach' ihn groß! —«
Der Alte horcht, das Buch vom Schoß
Schiebt sacht er in der Lade Spalten.

Nein — durch das Fenster ein und aus
Zog schrillend nur die Fledermaus;
Nun schießt sie fort. — Der Alte lehnet
Am Simse. Wie der Teich sich dehnet

Ums Eiland, wo der Warte Rund
Sich tief schattiert im matten Grund.
Das Röhricht knirrt, die Unke stöhnet.

Dort, denkt der Greis, dort hat gewacht
Der alte Kirchenfürst, wenn Nacht
Sich auf den Weiher hat ergossen.
Dort hat den Reiher er geschossen
Und zugeschaut des Schlosses Bau,
Sein weiß Habit, sein Auge grau
Lugt' drüben an den Fenstersprossen.

Wie scheint der Mond so kümmerlich!
— Er birgt wohl hinterm Tanne sich —
Schaut nicht der Turm wie 'ne Laterne,
Verhauchend, dunstig, aus der Ferne!
Wie steigt der blaue Duft im Rohr
Und rollt sich am Gesims empor!
Wie seltsam blinken heut die Sterne!

Doch ha! — er blinzt, er spannt das Aug',
Denn dicht und dichter schwillt der Rauch,
Als ob ein Docht sich langsam fache,
Entzündet sich im Turmgemache
Wie Mondenschein ein graues Licht,
Und dennoch — dennoch — las er nicht,
Nicht Neumond heut im Almanache?

Was ist das? — deutlich, nur getrübt
Vom Dunst, der hin und wieder schiebt,
Ein Tisch, ein Licht in Turmes Mitten,
Und nun — nun kömmt es hergeschritten,
Ganz wie ein Schatten an der Wand,
Es hebt den Arm, es regt die Hand —
Nun ist es an den Tisch geglitten.

Und nieder sitzt es, langsam, steif —
Was in der Hand? — ein weißer Streif! —
Nun zieht es Etwas aus der Scheiden
Und fingert mit den Händen beiden,
Ein Ding, — ein Stäbchen ungefähr, —
Dran fährt es langsam hin und her,
Es scheint die Feder anzuschneiden.

Der Diener blinzt und blinzt hinaus:
Der Schemen schwankt und bleichet aus,
Noch sieht er es die Feder tunken,
Da drüber gleitet es wie Funken,
Und in demselbigen Moment
Ist Alles in das Element
Der spurlos finstern Nacht versunken.

Noch immer steht der Sigismund,
Noch starrt er nach der Warte Rund,
Ihn dünkt, des Weihers Flächen rauschen,
Weit beugt er übern Sims, zu lauschen;
Ein Ruder! — nein, die Schwäne ziehn!
Grad' hört er längs dem Ufergrün
Sie sacht ihr tiefes Schnarchen tauschen.

Er schließt das Fenster. — »Licht, o Licht!«
Doch mag das Junkerlein er nicht
So plötzlich aus dem Schlafe fassen,
Noch minder es im Saale lassen.
Sacht schiebt er sich dem Sessel ein,
Zieht ein korallnes Nösterlein,
— Was klingelt drüben an den Tassen? —

Nein — eine Fliege schnurrt im Glas!
Dem Alten wird die Stirne naß;

Die Möbeln stehn wie Totenmale,
Es regt und rüttelt sich im Saale,
Allmählich weicht die Tür zurück,
Und in demselben Augenblick
Schlägt an die Dogge im Portale.

Der Alte drückt sich dicht zuhauf,
Er lauscht mit Doppelsinnen auf,
— Ja! am Parkett ein leises Streichen,
Wie Wiesel nach der Stiege schleichen —
Und immer härter, Tapp an Tapp,
Wie mit Sandalen, auf und ab,
Es kimmt — es naht — er hört es keuchen —

Sein Sessel knackt! — ihm schwimmt das Hirn —
Ein Odem, dicht an seiner Stirn!
Da fährt er auf und wild zurücke,
Errafft das Kind mit blindem Glücke
Und stürzt den Korridor entlang.
O, Gott sei Dank! ein Licht im Gang,
Die Kutsche rasselt auf die Brücke!

Vorgeschichte (Second sight)

Kennst du die Blassen im Heideland,
Mit blonden flächsenen Haaren?
Mit Augen so klar, wie an Weihers Rand
Die Blitze der Welle fahren?
O, sprich ein Gebet, inbrünstig, echt,
Für die Seher der Nacht, das gequälte Geschlecht.

So klar die Lüfte, am Äther rein
Träumt nicht die zarteste Flocke,
Der Vollmond lagert den blauen Schein
Auf des schlafenden Freiherrn Locke,
Hernieder bohrend in kalter Kraft
Die Vampyrzunge, des Strahles Schaft.

Der Schläfer stöhnt, ein Traum voll Not
Scheint seine Sinne zu quälen,
Es zuckt die Wimper, ein leises Rot
Will über die Wange sich stehlen;
Schau, wie er woget und rudert und fährt,
Wie Einer, so gegen den Strom sich wehrt.

Nun zuckt er auf — ob ihm geträumt,
Nicht kann er sich dessen entsinnen —
Ihn fröstelt, fröstelt, ob's drinnen schäumt,
Wie Fluten zum Strudel rinnen;
Was ihn geängstet, er weiß es auch:
Es war des Mondes giftiger Hauch.

O Fluch der Heide, gleich Ahasver
Unterm Nachtgestirne zu kreisen!
Wenn seiner Strahlen züngelndes Meer
Aufbohret der Seele Schleusen,
Und der Prophet, ein verzweifelnd Wild,
Kämpft gegen das mählich steigende Bild.

Im Mantel schaudernd mißt das Parkett
Der Freiherr die Läng' und Breite,
Und wo am Boden ein Schimmer steht,
Weitaus er beuget zur Seite,
Er hat einen Willen und hat eine Kraft,
Die sollen nicht liegen in Blutes Haft.

Es will ihn krallen, es saugt ihn an,
Wo Glanz die Scheiben umgleitet,
Doch langsam weichend, Spann' um Spann',
Wie ein wunder Edelhirsch schreitet,
In immer engerem Kreis gehetzt,
Des Lagers Pfosten ergreift er zuletzt.

Da steht er keuchend, sinnt und sinnt,
Die müde Seele zu laben,
Denkt an sein liebes, einziges Kind,
Seinen zarten, schwächlichen Knaben,
Ob dessen Leben des Vaters Gebet
Wie eine zitternde Flamme steht.

Hat er des Kleinen Stammbaum doch
Gestellt an des Lagers Ende,
Nach dem Abendkusse und Segen noch
Drüber brünstig zu falten die Hände;
Im Monde flimmernd das Pergament
Zeigt Schild an Schilder, schier ohne End'.

Rechtsab des eigenen Blutes Gezweig,
Die alten freiherrlichen Wappen,
Drei Rosen im Silberfelde bleich,
Zwei Wölfe schildhaltende Knappen.
Wo Ros' an Rose sich breitet und blüht,
Wie überm Fürsten der Baldachin glüht.

Und links der milden Mutter Geschlecht,
Der Frommen in Grabeszellen,
Wo Pfeil' an Pfeile, wie im Gefecht,
Durch blaue Lüfte sich schnellen.
Der Freiherr seufzt, die Stirn gesenkt,
Und — steht am Fenster, bevor er's denkt.

Gefangen! gefangen im kalten Strahl!
In dem Nebelnetze gefangen!
Und fest gedrückt an der Scheib' Oval,
Wie Tropfen am Glase hangen,
Verfallen sein klares Nixenaug'
Der Heidequal in des Mondes Hauch.

Welch ein Gewimmel! — er muß es sehn,
Ein Gemurmel! er muß es hören,
Wie eine Säule, so muß er stehn,
Kann sich nicht regen noch kehren.
Es summt im Hofe ein dunkler Hauf,
Und einzelne Laute dringen hinauf.

Hei! eine Fackel! sie tanzt umher,
Sich neigend, steigend in Bogen,
Und nickend, zündend, ein Flammenheer
Hat den weiten Estrich umzogen.
All' schwarze Gestalten im Trauerflor,
Die Fackeln schwingen und halten empor.

Und alle gereihet am Mauerrand,
Der Freiherr kennet sie alle;
Der hat ihm so oft die Büchse gespannt,
Der pflegte die Ross' im Stalle,
Und der so lustig die Flasche leert,
Den hat er siebzehn Jahre genährt.

Nun auch der würdige Kastellan,
Die breite Pleureuse am Hute,
Den sieht er langsam, schlurfend nahn,
Wie eine gebrochene Rute;
Noch deckt das Pflaster die dürre Hand,
Versengt erst gestern an Herdes Brand.

Ha, nun das Roß! aus des Stalles Tür,
In schwarzem Behang und Flore;
O, ist's Achill, das getreue Tier?
Oder ist's seines Knaben Medore?
Er starret, starrt und sieht nun auch,
Wie es hinkt, vernagelt nach altem Brauch.

Entlang der Mauer das Musikchor,
In Krepp gehüllt die Posaunen,
Haucht prüfend leise Kadenzen hervor,
Wie träumende Winde raunen;
Dann alles still: O Angst! o Qual!
Es tritt der Sarg aus des Schlosses Portal.

Wie prahlen die Wappen, farbig grell
Am schwarzen Sammet der Decke.
Ha! Ros' an Rose, der Todesquell
Hat gespritzet blutige Flecke!
Der Freiherr klammert das Gitter an:
»Die andre Seite!« stöhnet er dann.

Da langsam wenden die Träger, blank
Mit dem Monde die Schilder kosen.
»O« — seufzt der Freiherr — »Gott sei Dank!
Kein Pfeil, kein Pfeil, nur Rosen!«
Dann hat er die Lampe still entfacht
Und schreibt sein Testament in der Nacht.

Der Graue

Im Walde steht die kleine Burg,
Aus rohem Quaderstein gefugt,
Mit Schart' und Fensterlein, wodurch
Der Doppelhaken einst gelugt;
Am Teiche rauscht des Rohres Speer,
Die Brücke wiegt und knarrt im Sturm,
Und in des Hofes Mitte, schwer,
Plump wie ein Mörser, steht der Turm.

Da siehst du jetzt umher gestellt
Manch feuerrotes Ziegeldach,
Und wie der Stempel steigt und fällt,
So pfeift die Dampfmaschine nach;
Es knackt die Form, der Bogen schrillt,
Es dunstet Scheidewassers Näh',
Und überm grauen Wappenschild
Liest man: *Moulin à papier.*

Doch wie der Kessel quillt und schäumt,
Den Brüssler Kaufherrn freut es kaum,
Der hatte einmal sich geträumt
Von Land und Luft den feinsten Traum;
Das war so recht ein Fleckchen, sich
Zu retten aus der Zahlen Haft!
Nicht groß, und doch ganz adelig
Und brauchte wenig Dienerschaft.

Doch eine Nacht nur macht' er sich
Bequem es — oder unbequem —
In seinem Schlößchen, und er strich
Nur wie ein Vogel dran seitdem.
Sah dann er zu dem Fenster auf,
Verschlossen wie die Sakristein,
So zog er wohl die Schultern auf
Mit einem Seufzer oder zwein.

*

Es war um die Septemberzeit,
Als, schürend des Kamines Brand,
Gebückt, in regenfeuchtem Kleid,
Der Hausherr in der Halle stand,
Er und die Gäste, all im Rauch;
Van Neelen, Redel, Verney, Dahm,
Und dann der blonde Waller auch,
Der eben erst aus Smyrna kam.

Im Schlote schnob der Wind, es goß
Der Regen sprudelnd sich vom Dach,
Und wenn am Brand ein Flämmchen schoß,
Schien doppelt öde das Gemach.
Die Gäste waren all zur Hand,
Erleichternd ihres Wirtes Müh';
Van Neelen nur am Fenster stand
Und schimpfte auf die Landpartie.

Doch nach und nach mag's besser gehn,
Schon hat der Wind die Glut gefacht,
Den Regen läßt man draußen stehn,
Champagnerflaschen sind gebracht.
Die Leuchter hatten wenig Wert,
Es ging wie beim Studentenfest:

Sobald die Flasche ist geleert,
Wird eine Kerze drauf gepreßt.

Je mehr es fehlt, so mehr man lacht,
Der Wein ist heiß, die Kost gewählt,
Manch derbes Späßchen wird gemacht,
Und mancher feine Streich erzählt.
Zuletzt von Wein und Reden glüh,
Rückt seinen Stuhl der Herr vom Haus:
»Ich lud euch zu 'ner Landpartie,
Es ward 'ne Wasserfahrt daraus.

Doch da die allerschönste Fracht
Am Ende nach dem Hafen schifft,
So, meine Herren, gute Nacht!
Und nehmt vorlieb, wie es sich trifft.«
Da lachend nach den Flaschen greift
Ein jeder. — Türen auf und zu. —
Und Waller, noch im Gehen, streift
Aus seinem Frack den Ivanhoe.

*

Es war tief in die Nacht hinein,
Und draußen heulte noch der Sturm,
Schnob zischend an dem Fensterstein
Und drillt' den Glockenstrang am Turm.
In seinem Bette Waller lag
Und las so scharf im Ivanhoe,
Daß man gedacht, bevor es Tag,
Sei Englands Königreich in Ruh.

Er sah nicht, daß die Kerze tief
Sich brannte in der Flasche Rand,
Der Talg in schweren Tropfen lief

Und drunten eine Lache stand.
Wie träumend hört' er das Geknarr
Der Fenster, vom Rouleau gedämpft,
Und wie die Türe mit Geschnarr
In ihren Angeln zuckt und kämpft.

Sehr freut er sich am Bruder Tuck,
— Die Sehne schwirrt, es rauscht der Hain —
Da plötzlich ein gewalt'ger Ruck,
Und hui! die Scheibe klirrt hinein.
Er fuhr empor, — weg war der Traum —
Und deckte mit der Hand das Licht,
Ha! wie so wüst des Zimmers Raum!
Selbst ein romantisches Gedicht!

Der Sessel feudalistisch Gold —
Am Marmortisch die Greifenklau' —
Und überm Spiegel flatternd rollt,
Ein Banner, der Tapete Blau,
Im Zug, der durch die Lücke schnaubt;
Die Ahnenbilder leben fast
Und schütteln ihr behelmtes Haupt
Ergrimmt ob dem plebejen Gast.

Der blonde Waller machte gern
Sich selber einen kleinen Graus,
So nickt' er spöttisch gen die Herrn,
Als fordert' er sie keck heraus.
Die Glocke summt — schon Eins fürwahr!
Wie eine Boa dehnt' er sich
Und sah nach dem Pistolenpaar,
Dann rüstet' er zum Schlafe sich.

Die Flasche hob er einmal noch
Und leuchtete die Wände an:

Ganz wie 'ne alte Halle doch
Aus einem Scottischen Roman!
Und — ist das Nebel oder Rauch,
Was durch der Türe Spalten quillt
Und, wirbelnd in des Zuges Hauch,
Die dunstigen Paneele füllt?

Ein Ding — ein Ding — wie Grau in Grau,
Die Formen schwanken — sonderbar! —
Doch, ob der Blick sich schärft? den Bau
Von Gliedern nimmt er mählich wahr, —
Wie überm Eisenhammer schwer
Und schwarz des Rauches Säule wallt;
Ein Zucken flattert drüber her,
Doch hat es menschliche Gestalt!

Er war ein hitziger Kumpan,
Wenn Wein die Lava hat geweckt.
»*Qui vive?*« — und leise knackt der Hahn,
Der Waller hat den Arm gestreckt:
»*Qui vive?*« — 'ne Pause, — »*ou je tire!*«
Und aus dem Lauf die Kugel knallt;
Er hört sie schlagen an die Tür
Und abwärts prallen mit Gewalt.

Der Schuß dröhnt am Gewölbe nach,
Und, eine schwere Nebelschicht,
Füllt Pulverbrodem das Gemach;
Er teilt sich, schwindet, das Gesicht
Steht in des Zimmers Mitte jetzt,
Ganz wie ein graues Bild von Stein,
Die Formen scharf und unverletzt,
Die Züge edel, streng und rein.

Auf grauer Locke grau Barett,
Mit grauer Hahnenfeder drauf.

Der Waller hat so sacht und nett
Sich hergelangt den zweiten Lauf.
Noch zögert er — ist es ein Bild,
Wär's zu zerschießen lächerlich;
Und wär's ein Mensch — das Blut ihm quillt —
Ein Geck, der unterfinge sich —?!

Ein neuer Ruck, und wieder Knall
Und Pulverrauch — war das Gestöhn?
Er hörte keiner Kugel Prall —
Es ist vorüber! ist geschehn!
Der Waller zuckt: »Verdammtes Hirn!«
Mit einmal ist er kalt wie Eis,
Der Angstschweiß tritt ihm auf die Stirn,
Er starret in den Nebelkreis.

Ein Ächzen! oder Windeshauch! —
Doch nein, der Scheibensplitter schwirrt.
O Gott, es zappelt! nein — der Rauch
Gedrängt vom Zuge schwankt und irrt;
Es wirbelt aufwärts, woget, wallt,
Und, wie ein graues Bild von Stein,
Steht nun am Bette die Gestalt,
Da, wo der Vorhang sinkt hinein.

Und drüber knistert's, wie von Sand,
Wie Funke, der elektrisch lebt;
Nun zuckt ein Finger — nun die Hand —
Allmählich nun ein Fuß sich hebt, —
Hoch — immer höher — Waller winkt;
Dann macht er schnell gehörig Raum,
Und langsam in die Kissen sinkt
Es schwer, wie ein gefällter Baum.

»*Ah, je te tiens!*« er hat's gepackt
Und schlingt die Arme wie 'nen Strick, —

Ein Leichnam! todessteif und nackt!
Mit einem Ruck fährt er zurück;
Da wälzt es langsam, schwer wie Blei,
Sich gleich dem Mühlstein über ihn;
Da tat der Waller einen Schrei,
Und seine Sinne waren hin.

Am nächsten Morgen fand man kalt
Ihn im Gemache ausgestreckt;
's war eine Ohnmacht nur, und bald
Ward zum Bewußtsein er geweckt.
Nicht irre war er, nur gepreßt,
Und fragt': ob keiner ward gestört? —
Doch alle schliefen überfest,
Nicht einer hat den Schuß gehört.

So ward es denn für Traum sogleich
Und alles für den Alb erkannt;
Doch zog man sich aus dem Bereich
Und trollte hurtig über Land.
Sie waren alle viel zu klug
Und vollends zu belesen gar;
Allein der blonde Waller trug
Seit dieser Nacht eisgraues Haar.

Die Vendetta

I

Ja, einen Feind hat der Kors', den Hund,
Luigi, den hagern Podesta,
Der den Ohm, so stark und gesund,
Ließ henken, den kühnen di Vesta.
Er und der rote Franzose Jocliffe,
Die beiden machten ihn hangen,
Aber der ging zu dem Schmugglerschiff
Und liegt seit Monden gefangen.

Steht im Walde Geronimo,
Und klirrend zieht aus der Scheide
Er das Messer, so und so
An der Sohle wetzt er die Schneide;
Gleitet dann in die Dämmerung,
Dem Feinde auf Tod und Leben
Mit des Tieres Verstümmelung
Ein korsisch Kartell zu geben.

Schau! wie Zweig an Zweige er streicht,
— Kaum flüsternd die Blätter schwanken, —
Gleich der gleißenden Boa leicht
Hinquillt durch Gelaub und Ranken;
Drüber träufelt das Mondenlicht,
Wie heimlicher Träne Klage
Durch eine dunkele Wimper bricht.
Nun kniet der Korse am Hage.

Dort der Anger, — und dort am Hang
Die einsam weidende Stute,
Langsam schnaubt sie den Rain entlang;
Aus andalusischem Blute,
Hoch, schneeschimmernd, zum Grund gebeugt
Den mähnumfluteten Nacken,
Nah sie, näher dem Hagen steigt —
Nun wird der Korse sie packen!

Schon erfaßt er der Schneide Griff,
Er reckt sich über dem Kraute,
Da — ein Geknister und — still! ein Pfiff,
Und wieder — summende Laute!
Und es schreitet dem Hage zu,
Grad' wo Geronimo knieet,
Nieder gleitet der Kors' im Nu,
Ha, wie er keuchet und glühet!

Dicht an ihm — der Mantel streift,
Die Ferse könnt' er ihm fassen —
Steht der hagre Podest' und pfeift;
»Sorella!« ruft er gelassen,
Und »Sorella, mein kluges Tier!«
Der Lauscher höret es stampfen,
Über ihm, mit hellem Gewieh'r,
Zwei schnaubende Nüstern dampfen.

Freundlich klatscht Luigi den Bug,
Liebkosend streicht er die Mähnen,
Hat nicht zärtlicher Worte genug,
Er spricht wie zu seiner Schönen.
Einen Blitz aus glühendem Aug',
Und rückwärts taumelt die Stute.
»Ei, Sorella, was fehlt dir auch?
Mein Töchterchen, meine Gute.«

Kandiszucker langt er hervor;
Ha, wie ihre Nüstern blasen!
Wie sie naschet, gespitzt das Ohr,
Und immer glotzet zum Rasen!
Einen Blick der Podesta scheu
Schießt über die glitzernde Aue,
Rückt am Dolche, und dann aufs neu:
»Mein Schimmelchen, meine Graue!«

Wie er über den Hag sich biegt,
Am Nacken des Tieres gleitet,
Auf Gerominos Auge liegt
Des Feindes Mantel gebreitet;
O, nie hat so heiß und schwer
Geronimo, nie gelegen,
Jede Muskel im Arm fühlt er
Wie eine Viper sich regen.

Doch er ist ein gläubiger Christ,
Geht jede Woche zur Beichte,
Hat voll Andacht noch heut geküßt
Christoforos heilige Leuchte.
Sünde wär's, das Messer im Schlund
Des Ungewarnten zu bergen,
Sonst — alleine, allein der Hund!
Bewaffnet und ohne Schergen!

Eine Minute, die schnell vergeht,
Der Korse gen Himmel schaute,
Zum Patrone ein Stoßgebet,
Dann fährt er empor vom Kraute;
Blank die Waffe, den Bug geschlitzt,
Dann wie ein Vogel zum Walde —
Schreiend vom Hange die Stute blitzt,
Der Richter starrt an der Halde.

II

Mittagsstunde — der Sonnenpfeil
Prallt an des Weihen Gefieder,
Der vom Gesteine grau und steil
Blinzt in die Pinien nieder.
Schwarz der Wald, eine Wetternacht,
Die aus dem Äther gesunken,
Drüber der Strahl in Siegespracht
Tanzt auf dem Feinde wie trunken.

Plötzlich zuckt, es flattert der Weih
Und klatscht in taumelnden Ringen,
Überm Riffe sein wilder Schrei,
Dann steigt er, wiegend die Schwingen;
Und am Grunde es stampft und surrt,
Hart unter dem Felsenmale,
Netz im Haare, Pistol' im Gurt,
Zwölf Schergen reiten zu Tale.

Wo den Schatten verkürzt das Riff
Wirft über die zitternde Aue,
Starrt gefesselt der rote Jocliffe
Hinauf zum Vogel ins Blaue.
Dürr seine Zunge — kein Tropfen labt —
Er lacht in grimmigem Hohne,
Neben ihm der Podesta trabt
Und pfeift sich eine Kanzone.

Rüstig stampfen die Rosse fort,
Dann »Halt!« Es lagert die Bande;
Hier ein Scherge, ein anderer dort,
Gestreckt im knisternden Sande.
Die Zigarre läßt an den Grund
Ihr bläuliches Wölkchen schwehlen,

Und der Schlauch, von Mund zu Mund,
Strömt in die durstigen Kehlen.

Wie so lockend die Taube lacht
Aus grünem, duftigem Haine!
Von den Zwölfen heben sich acht,
Sie schlendern entlang das Gesteine,
Lässig, spielend, so sorgenbar
Wie junge Geier im Neste,
Dieser zupfet des Nachbars Haar,
Der schnitzelt am Zwiebelreste.

Einer so nach dem andern schwankt
Ins Grün' aus der sengenden Hitze,
Halt! wie elektrisch Feuer rankt
Von Aug' zu Aug' ein Geblitze.
Horch, sie flüstern! Zwei und zwei,
Die Pinien streifen sie leise,
Wie die Hinde witternd und scheu
Schlüpft über befahrene Gleise.

Zwei am Hange und zwei hinab
Und vier zur Rechten und Linken,
Sachte beugen den Ast sie ab,
Ihre Augen wie Vipern blinken,
Da — im Moose ein dürrer Baum
Mit wunderlich brauner Schale —
Hui! ein Pfiff auf gekrümmtem Daum —
Und dort — und drunten im Tale.

Fährt vom Moose Geronimo,
Und eh ihn die Schergen umschlingen,
Wie im Haid' die knisternde Loh',
Ha! sieh ihn flattern und springen!
Knall auf Knall, eine Kugel pfeift

Ihm durch der Retilla Knoten,
Blutend er an dem Gesteine läuft
Bis zum Jocliffe, dem roten.

Hoch die Rechte — will er schnell
Sich rächen zu dieser Stunde!
Nein, am Rosse schreibt das Kartell
Er rasch mit klaffender Wunde.
Hoch die Linke — es knallt, es blitzt,
Und taumelnd sinkt der Podesta;
Ruft der Korse: »So hab' es itzt,
Du Hund, für den kühnen di Vesta!«

O Geronimo! hätten dich fort,
Fort, fort deine Sprünge getragen,
Als die einen am Riffe dort,
Die andern klommen am Hagen!
Schwerlich heute, so mein' ich klar,
Sie würden die Stadt erschrecken
Mit der Leiche auf grüner Bahr'
Und mit dir, gebunden am Schecken!

Das Fräulein von Rodenschild

Sind denn so schwül die Nächt' im April?
Oder ist so siedend jungfräulich Blut?
Sie schließt die Wimper, sie liegt so still
Und horcht des Herzens pochender Flut.
»O, will es denn nimmer und nimmer tagen?
O, will denn nicht endlich die Stunde schlagen?
Ich wache, und selbst der Zeiger ruht!

Doch horch! es summt, eins, zwei und drei —
Noch immer fort? — sechs, sieben und acht,
Elf, zwölf — o Himmel, war das ein Schrei?
Doch nein, Gesang steigt über der Wacht,
Nun wird mir's klar, mit frommem Munde
Begrüßt das Hausgesinde die Stunde,
Anbrach die hochheilige Osternacht.«

Seitab das Fräulein die Kissen stößt
Und wie eine Hinde vom Lager setzt,
Sie hat des Mieders Schleifen gelöst,
Ins Häubchen drängt sie die Locken jetzt,
Dann leise das Fenster öffnend, leise,
Horcht sie der mählich schwellenden Weise,
Vom wimmernden Schrei der Eule durchsetzt.

O dunkel die Nacht! und schaurig der Wind!
Die Fahnen wirbeln am knarrenden Tor —

Da tritt aus der Halle das Hausgesind'
Mit Blendlaternen und einzeln vor.
Der Pförtner dehnet sich, halb schon träumend,
Am Dochte zupfet der Jäger säumend,
Und wie ein Oger gähnet der Moor.

Was ist? — wie das auseinander schnellt!
In Reihen ordnen die Männer sich,
Und eine Wacht vor die Dirnen stellt
Die graue Zofe sich ehrbarlich,
»Ward ich gesehn an des Vorhangs Lücke?
Doch nein, zum Balkone starren die Blicke,
Nun langsam wenden die Häupter sich.

»O weh meine Augen! bin ich verrückt?
Was gleitet entlang das Treppengeländ?
Hab' ich nicht so aus dem Spiegel geblickt?
Das sind meine Glieder — welch ein Geblend'!
Nun hebt es die Hände, wie Zwirnes Flocken,
Das ist mein Strich über Stirn und Locken!
Weh, bin ich toll, oder nahet mein End'?«

Das Fräulein erbleicht und wieder erglüht,
Das Fräulein wendet die Blicke nicht,
Und leise rührend die Stufen zieht
Am Steingelände das Nebelgesicht,
In seiner Rechten trägt es die Lampe,
Ihr Flämmchen zittert über der Rampe,
Verdämmernd, blau, wie ein Elfenlicht.

Nun schwebt es unter dem Sternendom,
Nachtwandlern gleich in Traumes Geleit,
Nun durch die Reihen zieht das Phantom,
Und jeder tritt einen Schritt zur Seit'. —

Nun lautlos gleitet's über die Schwelle —
Und wieder drinnen erscheint die Helle,
Hinauf sich windend die Stiegen breit.

Das Fräulein hört das Gemurmel nicht,
Sieht nicht die Blicke, stier und verscheucht,
Fest folgt ihr Auge dem bläulichen Licht,
Wie dunstig über die Scheiben es streicht.
— Nun ist's im Saale — nun im Archive —
Nun steht es still an der Nische Tiefe —
Nun matter, matter — ha! es erbleicht!

»Du sollst mir stehen! ich wil dich fahn!«
Und wie ein Aal die beherzte Maid
Durch Nacht und Krümmen schlüpft ihre Bahn,
Hier droht ein Stoß, dort häkelt das Kleid,
Leis' tritt sie, leise, o Geistersinne
Sind scharf! daß nicht das Gesicht entrinne!
Ja, mutig ist sie, bei meinem Eid!

Ein dunkler Rahmen, Archives Tor,
— Ha, Schloß und Riegel! — sie steht gebannt,
Sacht, sacht das Auge und dann das Ohr
Drückt zögernd sie an der Spalte Rand,
Tiefdunkel drinnen — doch einem Rauschen
Der Pergamente glaubt sie zu lauschen
Und einem Streichen entlang der Wand.

So niederkämpfend des Herzens Schlag,
Hält sie den Odem, sie lauscht, sie neigt —
Was dämmert ihr zur Seite gemach?
Ein Glühwurmleuchten — es schwillt, es steigt,
Und Arm an Arm, auf Schrittes Weite,
Lehnt das Gespenst an der Pforte Breite,
Gleich ihr zur Nachbarspalte gebeugt.

Sie fährt zurück — das Gebilde auch —
Dann tritt sie näher — so die Gestalt —
Nun stehen die beiden, Auge in Aug',
Und bohren sich an mit Vampyres Gewalt.
Das gleiche Häubchen decket die Locken,
Das gleiche Linnen, wie Schnees Flocken,
Gleich ordnungslos um die Glieder wallt.

Langsam das Fräulein die Rechte streckt,
Und langsam, wie aus der Spiegelwand,
Sich Linie um Linie entgegen reckt
Mit gleichem Rubine die gleiche Hand;
Nun rührt sich's — die Lebendige spüret,
Als ob ein Luftzug schneidend sie rühret,
Der Schemen dämmert — zerrinnt — entschwand.

Und wo im Saale der Reihen fliegt,
Da siehst ein Mädchen du, schön und wild,
— Vor Jahren hat's eine Weile gesiecht —
Das stets in den Handschuh die Rechte hüllt.
Man sagt, kalt sei sie wie Eises Flimmer,
Doch lustig die Maid, sie hieß ja immer:
»Das tolle Fräulein von Rodenschild!«

Der Geierpfiff

»Nun still! — Du an den Dohnenschlag!
Du links an den gespaltnen Baum!
Und hier der faule Fetzer mag
Sich lagern an der Klippe Saum:
Da seht fein offen übers Land
Die Kutsche ihr heranspazieren;
Und Rieder dort, der Höllenbrand,
Mag in den Steinbruch sich postieren!

Dann aufgepaßt mit Aug' und Ohr,
Und bei dem ersten Räderhall
Den Eulenschrei! und tritt hervor
Die Fracht, dann wiederholt den Schall:
Doch naht Gefahr — Patrouillen gehn, —
Seht ihr die Landdragoner streifen,
Dann dreimal, wie von Riffeshöhn,
Laßt ihr den Lämmergeier pfeifen.

Nun, Rieder, noch ein Wort zu dir:
Mit Recht heißt du der Höllenbrand;
Kein Stückchen — ich verbitt' es mir —
Wie neulich mit der kalten Hand!«
Der Hauptmann spricht es; durch den Kreis
Ein Rauschen geht und feines Schwirren,
Als sie die Büchsen schultern leis
Und in den Gurt die Messer klirren.

Seltsamer Troß! hier Riesenbau
Und hiebgespaltnes Angesicht,
Und dort ein Bübchen wie 'ne Frau,
Ein zierliches Spelunkenlicht;
Der drüben an dem Scheitelhaar
So sachte streift den blanken Fänger,
Schaut aus den blauen Augen gar
Wie ein verarmter Minnesänger.

's ist lichter Tag! die Bande scheut
Vor keiner Stunde — alles gleich;
Es ist die rote Bande, weit
Verschrien, gefürchtet in dem Reich;
Das Knäbchen kauert unterm Stier
Und betet, raschelt es im Walde,
Und manches Weib verschließt die Tür,
Schreit nur ein Kuckuck an der Halde.

Die Posten haben sich zerstreut,
Und in die Hütte schlüpft der Troß —
Wildhüters Obdach zu der Zeit,
Als jene Trümmer war ein Schloß:
Wie Ritter vor der Ahnengruft,
Fühlt sich der Räuber stolz gehoben
Am Schutte, dran ein gleicher Schuft
Vor Jahren einst den Brand geschoben.

Und als der letzte Schritt verhallt,
Der letzte Zweig zurück gerauscht,
Da wird es einsam in dem Wald,
Wo überm Ast die Sonne lauscht;
Und als es drinnen noch geklirrt
Und noch ein Weilchen sich geschoben,
Da still es in der Hütte wird,
Vom wilden Weingerank umwoben.

Der scheue Vogel setzt sich kühn
Aufs Dach und wiegt sein glänzend Haupt,
Und summend durch der Reben Grün
Die wilde Biene Honig raubt;
Nur leise wie der Hauch im Tann,
Wie Weste durch die Halme streifen,
Hört drinnen leise, leise man
Vorsichtig an den Messern schleifen. —

*

Ja, lieblich ist des Berges Maid
In ihrer festen Glieder Pracht,
In ihrer blanken Fröhlichkeit
Und ihrer Zöpfe Rabennacht;
Siehst du sie brechen durchs Genist
Der Brombeerranken, frisch, gedrungen,
Du denkst, die Centifolie ist
Vor Übermut vom Stiel gesprungen.

Nun steht sie still und schaut sich um —
Allüberall nur Baum an Baum;
Ja, irre zieht im Walde um
Des Berges Maid und glaubt es kaum;
Noch zwei Minuten, wo sie sann,
Pulsieren ließ die heißen Glieder —
Behende wie ein Marder dann
Schlüpft keck sie in den Steinbruch nieder.

Am Eingang steht ein Felsenblock,
Wo das Geschiebe überhängt;
Der Efeu schüttelt sein Gelock,
Zur grünen Laube vorgedrängt,
Da unterm Dache lagert sie,
Behaglich lehnend an dem Steine,

Und denkt: ich sitze wahrlich wie
Ein Heil'genbildchen in dem Schreine!

Ihr ist so warm, der Zöpfe Paar
Sie löset mit der runden Hand,
Und nieder rauscht ihr schwarzes Haar
Wie Rabenfittiches Gewand.
Ei! denkt sie, bin ich doch allein!
Auf springt das Spangenpaar am Mieder;
Doch unbeweglich gleich dem Stein
Steht hinterm Block der wilde Rieder:

Er sieht sie nicht, nur ihren Fuß,
Der tändelnd schaukelt wie ein Schiff,
Zuweilen treibt des Windes Gruß
Auch eine Locke um das Riff,
Doch ihres heißen Odems Zug,
Samumes Hauch, glaubt er zu fühlen;
Verlorne Laute, wie im Flug
Lockvögel, um das Ohr ihm spielen.

So weich die Luft und badewarm.
Berauschend Thymianes Duft,
Sie lehnt sich, dehnt sich, ihren Arm,
Den vollen, streckt sie aus der Kluft,
Schließt dann ihr glänzend Augenpaar —
Nicht schlafen, ruhn nur eine Stunde —
So dämmert sie, und die Gefahr
Wächst von Sekunde zu Sekunde.

Nun alles still — sie h a t gewacht —
Doch hinterm Steine wird's belebt,
Und seine Büchse sachte, sacht
Der Rieder von der Schulter hebt,
Lehnt an die Klippe ihren Lauf,

Dann lockert er der Messer Klingen,
Hebt nun den Fuß — was hält ihn auf?
Ein Schrei scheint aus der Luft zu dringen!

Ha, das Signal! — er ballt die Faust —
Und wiederum des Geiers Pfiff
Ihm schrillend in die Ohren saust —
Noch zögert knirschend er am Riff —
Zum dritten Mal — und sein Gewehr
Hat er gefaßt — hinan die Klippe!
Daß bröckelnd Kies und Sand umher
Nachkollern von dem Steingerippe.

Und auch das Mädchen fährt empor:
»Ei, ist so locker das Gestein?«
Und langsam, gähnend tritt hervor
Sie aus dem falschen Heil'genschrein,
Hebt ihrer Augen feuchtes Glühn,
Will nach dem Sonnenstande schauen,
Da sieht sie einen Geier ziehn
Mit einem Lamm in seinen Klauen.

Und schnell gefaßt, der Wildnis Kind,
Tritt sie entgegen seinem Flug:
Der kam daher, wo Menschen sind,
Das ist der Bergesmaid genug.
Doch still! war das nicht Stimmenton
Und Räderknarren? still! sie lauscht —
Und wirklich, durch die Nadeln schon
Die schwere Kutsche ächzt und rauscht.

»He, Mädchen!« ruft es aus dem Schlag,
Mit feinem Knix tritt sie heran:
»Zeig uns zum Dorf die Wege nach,
Wir fuhren irre in dem Tann!«

»Herr«, spricht sie lachend, »nehmt mich auf,
Auch ich bin irr' und führ' Euch doch!« —
»Nun wohl, du schmuckes Kind, steig auf,
Nur frisch hinauf, du zögerst noch?«

»Herr, was ich weiß, ist nur gering,
Doch führt es Euch zu Menschen hin,
Und das ist schon ein köstlich Ding
Im Wald, mit Räuberhorden drin:
Seht, einen Weih am Bergeskamm
Sah steigen ich aus jenen Gründen,
Der in den Fängen trug ein Lamm;
Dort muß sich eine Herde finden.« —

Am Abend steht des Forstes Held
Und flucht die Steine warm und kalt;
Der Wechsler freut sich, daß sein Geld
Er klug gesteuert durch den Wald:
Und nur die gute, franke Maid
Nicht ahnet in der Träume Walten,
Daß über sie so gnädig heut
Der Himmel seinen Schild gehalten.

Die Schwestern

I

Sacht pochet der Käfer im morschen Schrein,
Der Mond steht über den Fichten.
»Jesus Maria, wo mag sie sein!
Hin will meine Angst mich richten.
Helene, Helene, was ließ ich dich gehn
Allein zur Stadt mit den Hunden,
Du armes Kind, das sterbend mir
Auf die Seele die Mutter gebunden!«

Und wieder rennt Gertrude den Weg
Hinauf bis über die Steige.
Hier ist ein Tobel — sie lauscht am Steg,
Ein Strauch — sie rüttelt am Zweige.
Da drunten summet es Elf im Turm,
Gertrude kniet an der Halde:
»Du armes Blut, du verlassener Wurm!
Wo magst du irren im Walde!«

Und zitternd löst sie den Rosenkranz
Von ihres Gürtels Gehänge,
Ihr Auge starret in trübem Glanz,
Ob es die Dämmerung sprenge.
»Ave Maria — ein Licht, ein Licht!
Sie kommt, 's ist ihre Laterne!
— Ach Gott, es ist nur ein Hirtenfeu'r,
Jetzt wirft es flatternde Sterne.

»Vater unser, der du im Himmel bist,
Geheiliget werde dein Name« —
Es rauscht am Hange, »Heiliger Christ!«
Es bricht und knistert im Brahme,
Und drüber streckt sich ein schlanker Hals,
Zwei glänzende Augen starren.
Ach Gott, es ist eine Hinde nur,
Jetzt setzt sie über die Farren.«

Gertrude klimmt die Halde hinauf,
Sie steht an des Raines Mitte.
Da — täuscht ihr Ohr? — ein flüchtiger Lauf,
Behend galoppierende Tritte —
Und um sie springt es im wüsten Kreis
Und funkelt mit freud'gem Gestöhne.
»Fidel, Fidel!« so flüstert sie leis,
Dann ruft sie schluchzend: »Helene!«

»Helene!« schallt es am Felsenhang,
»Helen'!« von des Waldes Kante,
Es war ein einsamer, trauriger Klang,
Den heimwärts die Echo sandte.
Wo drunten im Tobel das Mühlrad wacht,
Die staubigen Knecht' an der Wanne,
Die haben gehorcht die ganze Nacht
Auf das irre Gespenst im Tanne.

Sie hörten sein Rufen von Stund' zu Stund',
Sahn seiner Laterne Geflimmer
Und schlugen ein Kreuz auf Brust und Mund,
Zog über den Tobel der Schimmer.
Und als die Müllerin Reisig las
Frühmorgens an Waldes Saume,
Da fand sie die arme Gertrud im Gras,
Die ängstlich zuckte im Traume.

II

Wie rollt in den Gassen das Marktgebraus!
Welch ein Getümmel, Geblitze!
Hanswurst schaut über die Bude hinaus
Und winkt mit der klingelnden Mütze;
Karossen rasseln, der Trinker jucht,
Und Mädchen schrein im Gedränge,
Drehorgeln pfeifen, der Kärrner flucht,
O Babels würdige Klänge!

Da tritt ein Weib aus der Ladentür,
Eine schlichte Frau von den Flühen,
Die stieß an den klingenden Harlekin schier
Und hat nicht gelacht noch geschrieen.
Ihr mattes Auge sucht auf dem Grund,
Als habe sie etwas verloren,
Und hinter ihr trabt ein zottiger Hund,
Verdutzt, mit hängenden Ohren.

»Zurück, Verwegne! siehst du denn nicht
Den Wagen, die schnaubenden Braunen?«
Schon dampfen die Nüstern ihr am Gesicht,
Da fährt sie zurück mit Staunen
Und ist noch über die Rinne grad'
Mit raschem Sprunge gewichen,
Als an die Schürze das klirrende Rad
In wirbelndem Schwunge gestrichen.

Noch ein Moment — sie taumelt, erbleicht,
Und dann ein plötzlich Erglühen —
O schau, wie durch das Gewühl sie keucht
Mit Armen und Händen und Knieen!
Sie rudert, sie windet sich — Stoß auf Stoß,
Scheltworte und Flüche wie Schloßen —

Das Fürtuch reißt, dann flattert es los
Und ist in die Rinne geflossen.

Nun steht sie vor einem stattlichen Haus,
Ohne Schuh, besudelt mit Kote;
Dort hält die Karosse, dort schnauben aus
Die Braunen und rauchen wie Schlote.
Der Schlag ist offen, und eben sieht
Sie im Portale verschwinden
Eines Kleides Falte, die purpurn glüht,
Und den Schleier, segelnd in Winden.

»Ach!« flüstert Gertrude, »was hab' ich gemacht?
Ich bin wohl verrückt geworden!
Kein Trost bei Tag, keine Ruh' bei Nacht,
Das kann die Sinne schon morden.«
Da poltert es schreiend die Stiegen hinab,
Ein Fußtritt aus dem Portale,
Und wimmernd rollt von der Rampe herab
Ihr Hund, der zottige, fahle.

»Ja«, seufzt Gerterude, »nun ist es klar,
Ich bin eine Irre leider!«
Erglühend streicht sie zurück ihr Haar
Und ordnet die staubigen Kleider.
»Wie sah ich so deutlich ihr liebes Gesicht,
So deutlich am Schlage doch ragen!
Allein in Ewigkeit hätte s i e nicht
Den armen Fidel geschlagen.«

III

Zehn Jahre! — und mancher, der keck umher
Die funkelnden Blicke geschossen,

Der schlägt sie heute zu Boden schwer,
Und mancher hat sie geschlossen.
Am Hafendamme geht eine Frau,
— Mich dünkt, wir müssen sie kennen —
Ihr Haar einst schwarz, nun schillerndes Grau,
Und hohl die Wangen ihr brennen.

Im Topfe trägt sie den Honigwab,
Zergehend in Julius-Hitze;
Die Trägerin trocknet den Schweiß sich ab
Und ruft dem hinkenden Spitze.
Der sie bestellte, den Schiffspatron,
Sieht über die Planke sie kommen;
Wird er ihr kümmern den kargen Lohn?
Gertrude denkt es beklommen.

Doch nein — wo sich die Matrosen geschart,
Zum Strande sieht sie ihn schreiten,
Er schüttelt das Haupt, er streicht den Bart
Und scheint auf die Welle zu deuten.
Und schau den Spitz! Er schnuppert am Grund —
»Was suchst du denn in den Gleisen?
Fidel, Fidel!« fort strauchelt der Hund
Und heulet wie Wölfe im Eisen.

Barmherziger Himmel! ihr wird so bang,
Sie watet im brennenden Sande,
Und wieder erhebt sich so hohl und lang
Des Hundes Geheul vom Strande.
O Gott, eine triefende Leich' im Kies,
Eine Leich' mit dem Auge des Stieres!
Und drüber kreucht das zottige Vließ
Des lahmen, wimmernden Tieres!

Gertrude steht, sie starret herab,
Mit Blicken irrer und irrer,
Dann beugt sie über die Leiche hinab,
Mit Lächeln wirrer und wirrer,
Sie wiegt das Haupt bald so, bald so,
Sie flüstert mit zuckendem Munde,
Und eh die zweite Minute entfloh,
Da liegt sie knieend am Grunde.

Sie faßt der Toten geschwollene Hand,
Ihr Haar voll Muscheln und Tange,
Sie faßt ihr triefend' zerlumptes Gewand
Und säubert von Kiese die Wange;
Dann sachte schiebt sie das Tuch zurück,
Recht wo die Schultern sich runden,
So stier und bohrend verweilt ihr Blick,
Als habe sie etwas gefunden.

Nun zuckt sie auf, erhebt sich jach
Und stößt ein wimmernd Gestöhne,
Grad eben als der Matrose sprach:
»Das ist die blonde Helene!
Noch jüngst juchheite sie dort vorbei
Mit trunknen Soldaten am Strande.«
Da tat Gertrud einen hohlen Schrei
Und sank zusammen im Sande.

IV

Jüngst stand ich unter den Föhren am See,
Meinen Büchsenspanner zur Seite.
Vom Hange schmählte das brünstige Reh
Und strich durch des Aufschlags Breite;
Ich hörte es knistern so nah und klar,

Grad wo die Lichtung verdämmert,
Daß mich gestöret der Holzwurm gar,
Der unterm Fuße mir hämmert.

Dann sprang es ab, es mochte die Luft
Ihm unsere Witterung tragen;
»Herr«, sprach der Bursche: »links über die Kluft!
Wir müssen zur Linken uns schlagen!
Hier naht kein Wild, wo sie eingescharrt
Die tolle Gertrud vom Gestade,
Ich höre genau, wie der Holzwurm pocht
In ihrer zerfallenden Lade.«

Zur Seite sprang ich, eisig durchgraut,
Mir war, als hab' ich gesündigt,
Indes der Bursch mit flüsterndem Laut
Die schaurige Mär verkündigt:
Wie jene gesucht bei Tag und Nacht
Nach dem fremden, ertrunkenen Weibe,
Das ihr der tückische See gebracht,
Verloren an Seele und Leibe.

Ob ihres Blutes? — man wußte es nicht!
Kein Fragen löste das Schweigen.
Doch schlief die Welle, dann sah ihr Gesicht
Man über den Spiegel sich beugen,
Und zeigte er ihr das eigne Bild,
Dann flüsterte sie beklommen:
»Wie alt sie sieht, wie irre und wild,
Und wie entsetzlich verkommen!«

»Doch wenn der Sturm die Woge gerührt,
Dann war sie vom Bösen geschlagen,
Was sie für bedenkliche Reden geführt,
Das möge er lieber nicht sagen.

So war sie gerannt vor Jahresfrist,
— Man sah's vom lavierenden Schiffe —
Zur Brandung, wo sie am hohlsten ist,
Und kopfüber gefahren vom Riffe.«

»Drum scharrte man sie ins Dickicht dort,
Wie eine verlorene Seele.«
Ich schwieg und sandte den Burschen fort,
Brach mir vom Grab eine Schmehle:
»Du armes, gehetztes Wild der Pein,
Wie mögen die Menschen dich richten!«
— Sacht pochte der Käfer im morschen Schrein,
Der Mond stand über den Fichten.

Meister Gerhard von Köln

Ein Notturno

Wenn in den linden Vollmondnächten
Die Nebel lagern überm Rhein,
Und graue Silberfäden flechten
Ein Florgewand dem Heil'genschrein:
Es träumt die Waldung, duftumsäumt,
Es träumt die dunkle Flutenschlange,
Wie eine Robbe liegt am Hange
Der Schürg' und träumt.

Tief zieht die Nacht den feuchten Odem,
Des Walles Gräser zucken matt,
Und ein verhauchter Grabesbrodem
Liegt über der entschlafnen Stadt:
Sie hört das Schlummerlied der Well'n,
Das leise murmelnde Geschäume,
Und tiefer, tiefer sinkt in Träume
Das alte Köln.

Dort, wo die graue Kathedrale,
Ein riesenhafter Zeitentraum,
Entsteigt dem düstern Trümmermale
Der Macht, die auch zerrann wie Schaum —
Dort, in der Scheibe Purpurrund
Hat taumelnd sich der Strahl gegossen
Und sinkt, und sinkt, in Traum zerflossen,
Bis auf den Grund.

Wie ist es schauerlich im weiten,
Versteinten öden Palmenwald,
Wo die Gedanken niedergleiten
Wie Anakonden schwer und kalt;
Und blutig sich der Schatten hebt
Am blut'gen Märtyrer der Scheibe,
Wie neben dem gebannten Leibe
Die Seele schwebt.

Der Ampel Schein verlosch, im Schiffe
Schläft halbgeschlossen Blum' und Kraut;
Wie nackt gespülte Uferriffe
Die Streben lehnen, tief ergraut;
Anschwellend zum Altare dort,
Dann aufwärts dehnend, lang gezogen,
Schlingen die Häupter sie zu Bogen.
Und schlummern fort.

Und immer schwerer will es rinnen
Von Quader, Säulenknauf und Schaft,
Und in dem Strahle will's gewinnen
Ein dunstig Leben, geisterhaft:
Da horch! es dröhnt im Turme — ha!
Die Glocke summt — da leise säuselt
Der Dunst, er zucket, wimmelt, kräuselt —
Nun steht es da!

Ein Nebelmäntlein umgeschlagen,
Ein graues Käppchen, grau Gewand,
Am grauen Halse grauer Kragen,
Das Richtmaß in der Aschenhand.
Durch seine Glieder zitternd geht
Der Strahl wie in verhaltner Trauer,
Doch an dem Estrich, an der Mauer
Kein Schatten steht.

Es wiegt das Haupt nach allen Seiten,
Unhörbar schwebt es durch den Raum,
Nun sieh es um die Säulen gleiten,
Nun fährt es an der Orgel Saum;
Und allerorten legt es an
Sein Richtmaß, webert auf und nieder,
Und leise zuckt das Spiel der Glieder,
Wie Rauch im Tann.

War das der Nacht gewalt'ger Odem? —
Ein weit zerflossner Seufzerhall,
Ein Zitterlaut, ein Grabesbrodem
Durchquillt die öden Räume all:
Und an der Pforte, himmelan
Das Männlein ringt die Hand, die fahle,
Dann gleitet's aufwärts am Portale —
Es steht am Kran.

Und über die entschlafnen Wellen
Die Hand es mit dem Richtmaß streckt;
Ihr Schlangenleib beginnt zu schwellen,
Sie brodeln auf, wie halb geweckt;
Als drüber nun die Stimme dröhnt,
Ein dumpf, verhallend, fern Getose,
Wie träumend sich im Wolkenschoße
Der Donner dehnt.

»Ich habe diesen Bau gestellt,
Ich bin der Geist vergangner Jahre!
Weh! dieses dumpfe Schlummerfeld
Ist schlimmer viel als Todenbahre!
O wann, wann steigt die Stunde auf,
Wo ich soll lang Begrabnes schauen?
Mein starker Strom, ihr meine Gauen,
Wann wacht ihr auf? —

»Ich bin der Wächter an dem Turm,
Mein Ruf sind Felsenhieroglyphen,
Mein Hornesstoß der Zeitensturm,
Allein sie schliefen, schliefen, schliefen!
Und schlafen fort, ich höre nicht
Den Meißel klingen am Gesteine,
Wo tausend Hände sind wie eine,
Ich hör' es nicht! —

»Und kann nicht ruhn, ich sehe dann
Zuvor den alten Kran sich regen,
Daß ich mein treues Richtmaß kann
In eine treue Rechte legen!
Wenn durch das Land ein Handschlag schallt,
Wie e i n e r alle Pulse klopfen,
Ein Strom die Millionen Tropfen —«
Da silbern wallt

Im Osten auf des Morgens Fahne,
Und, ein zerfloßner Nebelstreif,
Der Meister fährt empor am Krane. —
Mit Räderknarren und Gepfeif,
Ein rauchend Ungeheuer, schäumt
Das Dampfboot durch den Rhein, den blauen —
O deutsche Männer! deutsche Frauen!
Hab ich geträumt? —

Die Vergeltung

I

Der Kapitän steht an der Spiere,
Das Fernrohr in gebräunter Hand,
Dem schwarzgelockten Passagiere
Hat er den Rücken zugewandt.
Nach einem Wolkenstreif in Sinnen
Die beiden wie zwei Pfeiler sehn,
Der Fremde spricht: »Was braut da drinnen?« —
»Der Teufel«, brummt der Kapitän.

Da hebt von morschen Balkens Trümmer
Ein Kranker seine feuchte Stirn,
Des Äthers Blau, der See Geflimmer,
Ach, alles quält sein fiebernd Hirn!
Er läßt die Blicke, schwer und düster,
Entlängs dem harten Pfühle gehn,
Die eingegrabnen Worte liest er:
»Batavia. Fünfhundertzehn.«

Die Wolke steigt, zur Mittagsstunde
Das Schiff ächzt auf der Wellen Höhn.
Gezisch, Geheul aus wüstem Grunde,
Die Bohlen weichen mit Gestöhn.
»Jesus, Maria! wir sind verloren!«
Vom Mast geschleudert der Matros',
Ein dumpfer Krach in aller Ohren,
Und langsam löst der Bau sich los.

Noch liegt der Kranke am Verdecke,
Um seinen Balken fest geklemmt,
Da kommt die Flut, und eine Strecke
Wird er ins wüste Meer geschwemmt.
Was nicht geläng' der Kräfte Sporne,
Das leistet ihm der starre Krampf,
Und wie ein Narwal mit dem Horne
Schießt fort er durch der Wellen Dampf.

Wie lange so? — er weiß es nimmer,
Dann trifft ein Strahl des Auges Ball,
Und langsam schwimmt er mit der Trümmer
Auf ödem glitzerndem Kristall.
Das Schiff! — die Mannschaft! — sie versanken.
Doch nein, dort auf der Wasserbahn,
Dort sieht den Passagier er schwanken
In einer Kiste morschem Kahn.

Armsel'ge Lade! sie wird sinken,
Er strengt die heisre Stimme an:
»Nur grade! Freund, du drückst zur Linken!«
Und immer näher schwankt's heran,
Und immer näher treibt die Trümmer,
Wie ein verwehtes Mövennest;
»*Courage!*« ruft der kranke Schwimmer,
»Mich dünkt, ich sehe Land im West!«

Nun rühren sich der Fähren Ende
Er sieht des fremden Auges Blitz,
Da plötzlich fühlt er starke Hände,
Fühlt wütend sich gezerrt vom Sitz.
»Barmherzigkeit! ich kann nicht kämpfen.«
Er klammert dort, er klemmt sich hier;
Ein heisrer Schrei, den Wellen dämpfen,
Am Balken schwimmt der Passagier.

Dann hat er kräftig sich geschwungen
Und schaukelt durch das öde Blau,
Er sieht das Land wie Dämmerungen
Enttauchen und zergehn in Grau.
Noch lange ist er so geschwommen,
Umflattert von der Möve Schrei,
Dann hat ein Schiff ihn aufgenommen,
Viktoria! nun ist er frei!

II

Drei kurze Monde sind verronnen,
Und die Fregatte liegt am Strand,
Wo mittags sich die Robben sonnen,
Und Bursche klettern übern Rand,
Den Mädchen ist's ein Abenteuer,
Es zu erschaun vom fernen Riff,
Denn noch zerstört ist nicht geheuer
Das greuliche Korsarenschiff.

Und vor der Stadt, da ist ein Waten,
Ein Wühlen durch das Kiesgeschrill,
Da die verrufenen Piraten
Ein jeder sterben sehen will.
Aus Strandgebälken, morsch, zertrümmert,
Hat man den Galgen, dicht am Meer,
In wüster Eile aufgezimmert.
Dort dräut er von der Düne her!

Welch ein Getümmel an den Schranken! —
»Da kommt der Frei — der Hessel jetzt —
Da bringen sie den schwarzen Franken,
Der hat geleugnet bis zuletzt.« —
»Schiffbrüchig sei er hergeschwommen«,

Höhnt eine Alte: »ei, wie kühn!
Doch keiner sprach zu seinem Frommen,
Die ganze Bande gegen ihn.«

Der Passagier, am Galgen stehend,
Hohläugig, mit zerbrochnem Mut,
Zu jedem Räuber flüstert flehend:
»Was tat dir mein unschuldig Blut?
Barmherzigkeit! — so muß ich sterben
Durch des Gesindels Lügenwort,
O, mög' die Seele euch verderben!«
Da zieht ihn schon der Scherge fort.

Er sieht die Menge wogend spalten —
Er hört das Summen im Gewühl —
Nun weiß er, daß des Himmel Walten
Nur seiner Pfaffen Gaukelspiel!
Und als er in des Hohnes Stolze
Will starren nach den Ätherhöhn,
Da liest er an des Galgens Holze:
»Batavia. Fünfhundertzehn.«

Der Mutter Wiederkehr

Du frägst mich immer von neuem, Marie,
Warum ich mein Heimatland,
Die alten lieben Gebilde flieh,
Dem Herzen doch eingebrannt?
Nichts soll das Weib dem Manne verhehlen,
Und nichts dem treuen Weibe der Mann,
Drum setz dich her, ich will erzählen,
Doch abwärts sitze, schau mich nicht an.

Bei meinen Eltern ich war — ein Kind.
Ein Kind und dessen nicht froh,
Im Hause wehte ein drückender Wind,
Der ehliche Friede floh,
Nicht Zank noch Scheltworte durfte ich hören,
Doch wie ein Fels auf allen es lag;
Sahn wir von Reisen den Vater kehren,
Das war uns Kindern ein trauriger Tag.

Ein Kaufmann, ernst, sein strenges Gemüt
Verbittert durch manchen Verlust,
Und meine Mutter, die war so müd,
So keuchend ging ihre Brust!
Noch seh' ich, wie sie, die Augen gerötet,
Ein Bild der still verhärmten Geduld,
An unserm Bettchen gekniet und gebetet.
Gewiß, meine Mutter war frei von Schuld!

Doch trieb der Vater sich um — vielleicht
In London oder in Wien —
Dann lebten wir auf und atmeten leicht
Und schossen wie Kressen so grün.
Durch lustige Schwänke machte uns lachen
Der gute Mesner, dürr und ergraut,
Der dann uns alle sollte bewachen,
Denn meiner Mutter ward nichts vertraut.

Da schickte der Himmel ein schweres Leid,
Sie schlich so lange umher,
Und härmte sich sachte ins Sterbekleid,
W i r machten das Scheiden ihr schwer!
Wir waren wie irre Vögel im Haine,
Zu früh entflattert dem treuen Nest,
Bald tobten wir toll über Blöcke und Steine
Und duckten bald, in den Winkel gepreßt.

Dem alten Manne ward kalt und heiß,
Dem würdigen Sakristan,
Sah er besudelt mit Staub und Schweiß
Und glühend wie Öfen uns nahn;
Doch traten wir in die verödete Kammer
Und sahn das Schemelchen am Klavier,
Dann strömte der unbändige Jammer,
Und nach der Mutter wimmerten wir.

Am sechsten Abend nachdem sie fort
— Wir kauerten am Kamin,
Der Alte lehnte am Simse dort
Und sah die Kohlen verglühn,
Wir sprachen nicht, uns war beklommen —
Da leis' im Vorsaal dröhnte die Tür,
Und schlurfende Schritte hörten wir kommen.
Mein Brüderchen rief: »Die Mutter ist hier!«

Still, stille nur! — wir horchten all,
Zusammengedrängt und bang,
Wir hörten deutlich der Tritte Hall
Die knarrende Diel' entlang,
Genau wir hörten rücken die Stühle,
Am Schranke klirren den Schlüsselbund
Und dann das schwere Krachen der Diele,
Als es vom Stuhle trat an den Grund.

Mein junges Blut in den Adern stand,
Ich sah den Alten wie Stein
Sich klammern an des Gesimses Rand,
Da langsam trat es herein.
O Gott, ich sah meine Mutter, Marie!
Marie, ich sah meine Mutter gehn,
Im schlichten Kleide, wie morgens frühe
Sie kam nach ihren zwei Knaben zu sehn!

Fest war ihr Blick zum Grunde gewandt,
So schwankte sie durch den Saal,
Den Schlüsselbund in der bleichen Hand,
Die Augen trüb wie Opal;
Sie hob den Arm, wir hörten's pfeifen,
Ganz wie ein Schlüssel im Schlosse sich dreht,
Und ins Klosett dann sahn wir sie streifen,
Drin unser Geld und Silbergerät.

Du denkst wohl, daß keines Odems Hauch
Die schaurige Öde brach,
Und still war's im Klosette auch,
Noch lange lauschten wir nach.
Da sah ich zusammen den Alten fallen,
Und seine Schläfe schlug an den Stein,
Da ließen wir unser Geschrei erschallen,
Da stürzten unsere Diener herein.

*

Du sagst mir nichts, doch zweifl' ich nicht,
Du schüttelst dein Haupt, Marie,
Ein Greis — zwei Kinder — im Dämmerlicht —
Da waltet die Phantasie!
Was wollte ich um dein Lächeln geben,
Um deine Zweifel, du gute Frau,
Doch wieder sag' ich's: bei meinem Leben!
Marie, wir sahen und hörten genau!

Am Morgen kehrte der Vater heim,
Verstimmt und müde gehetzt,
Und war er nimmer ein Honigseim,
So war er ein Wermut jetzt.
Auch waren es wohl bedenkliche Worte,
Die er gesprochen zum alten Mann;
Denn laut sie haderten an der Pforte
Und schieden in tiefer Empörung dann.

Nun ward durchstöbert das ganze Haus,
Ein jeder gefragt, gequält,
Die Beutel gewogen, geschüttet aus,
Die Silberbestecke gezählt,
Ob alles richtig, versperrt die Zimmer,
Nichts konnte dem Manne genügen doch;
Bis abends zählte und wog er immer
Und meinte, der Schade finde sich noch.

Als nun die Dämmerung brach herein,
Ohne Mutter und Sakristan,
Wir kauerten auf dem staubigen Stein
Und gähnten die Flamme an.
Verstimmt der Vater, am langen Tische,
Wühlt' in Papieren, schob und rückt',
Wir duckten an unserm Kamin, wie Fische,
Wenn drauf das Auge des Reihers drückt.

Da horch! — die Türe dröhnte am Gang,
Ein schlurfender Schritt darauf
Sich schleppte die knarrende Diel' entlang.
Der Vater horchte — stand auf —
Und wieder hörten wir rücken die Stühle,
Am Schranke klirren den Schlüsselbund,
Und wieder das schwere Krachen der Diele,
Als es vom Stuhle trat an den Grund.

Er stand, den Leib vornüber gebeugt,
Wie Jäger auf Wildes Spur,
Nicht Furcht noch Rührung sein Auge zeigt',
Man sah, er lauerte nur.
Und wieder sah ich, die mich geboren,
Verbannt, verstoßen vom heiligen Grund,
O, nimmer hab' ich das Bild verloren,
Es folgt mir noch in der Todesstund'!

Und Er? — hat keine Wimper geregt
Und keine Muskel gezuckt,
Der Stuhl, auf den seine Hand gelegt,
Nur einmal leise geruckt.
Ihr folgend mit den stechenden Blicken
Wandt' er sich langsam, wie sie schritt,
Doch als er sie ans Klosett sah drücken,
Da zuckte er auf, als wolle er mit.

Und »Arnold!« rief's aus dem Geldverließ,
— Er beugte vornüber, weit —
Und wieder »Arnold!« so klagend süß,
— Er legte die Feder beiseit' —
Zum dritten Mal, wie die blutige Trauer,
»Arnold!« — den Meerschaumkopf im Nu
Erfaßt' er, schleudert' ihn gegen die Mauer,
Schritt ins Klosett und riegelte zu.

Wir aber stürzten in wilder Hast
Hinaus an das Abendrot,
Wir hatten uns bei den Händen gefaßt
Und weinten uns schier zu Tod.
Die ganze Nacht hat die Lampe geglommen,
Geknattert im Saal des Kamines Rost,
Und als der dritte Abend gekommen,
Da setzte der Vater sich auf die Post.

Ich habe ihm nicht Lebewohl gesagt
Und nicht seine Hand geküßt,
Doch heißt es, daß er in dieser Nacht
Am Bettchen gestanden ist.
Und bei des nächsten Morgens Erglühen
Das Erste, was meine Augen sahn,
Das war an unserem Lager knieen
Den tief erschütterten Sakristan.

Dem ward in der Früh' ein Brief gebracht,
Und dann ein Schlüsselchen noch;
»Ich will nicht lesen«, hat er gedacht
Und zögerte, las dann doch
Den Brief, in letzter Stunde geschrieben
Von meines unglücklichen Vaters Hand,
Der fest im Herzen mir ist geblieben,
Obwohl mein Bruder ihn einst verbrannt.

»Was mich betroffen, das sag' ich nicht,
Eh dorre die Zunge aus!
Doch ist es ein bitter, ein schwer Gericht
Und treibt mich von Hof und Haus.
In dem Klosette, da sind gelegen
Papiere, Wechsel, Briefe dabei.
Dir will ich auf deine Seele legen
Meine zwei Buben; denn du bist treu.

»Sorg' nicht um mich; was ich bedarf,
Das hab' ich genügend noch,
Und forsch' auch nimmer — ich warne scharf —
Nach mir, es tröge dich doch.
Sei ruhig, Mann, ich will nicht töten
Den Leib, der vieles noch muß bestehn,
Doch laß meine armen Kinderchen beten;
Denn sehr bedarf ich der Unschuld Flehn.«

Und im Klosette gefunden ward
Ein richtiges Testament,
Und alle Papiere nach Kaufmannsart
Geordnet und wohl benennt.
Und wir? — in der Fremde ließ man uns pflegen,
Da waren wir eben, wie Buben sind,
Doch mit den Jahren, da muß sich's regen,
Bin ich doch jetzt sein einziges Kind!

Du weißt es, wie ich auch noch so früh,
So hart den Bruder verlor,
Und hätte ich dich nicht, meine Marie,
Dann wär' ich ein armer Tor! —
Ach Gott, was hab' ich nicht all' geschrieben,
Aufrufe, Briefe, in meiner Not!
Umsonst doch alles, umsonst geblieben.
Ob er mag leben? — vermutlich tot!

*

Nie brachte wieder auf sein Geschick
Die gute Marie den Mann,
Der seines Lebens einziges Glück
In ihrer Liebe gewann.
So mild und schonend bot sie die Hände,
Bracht' ihm so manches blühende Kind,

Daß von der ehrlichen Stirn am Ende
Die düstern Falten gewichen sind.

Wohl führt' nach Jahren einmal sein Weg
Ihm dicht zur Heimat hinan,
Da ließ er halten am Mühlensteg
Und schaute die Türme sich an.
Die Händ' gefaltet, schien er zu beten,
Ein Wink — die Kutsche rasselte fort;
Doch nimmer hat er den Ort betreten,
Und keinen Trunk Wasser nahm er dort.

Der Schloßelf

In monderhellten Weihers Glanz
Liegt brütend wie ein Wasserdrach'
Das Schloß mit seinem Zackenkranz,
Mit Zinnenmoos und Schuppendach.
Die alten Eichen stehn von fern,
Respektvoll flüsternd mit den Wellen,
Wie eine graue Garde gern
Sich mag um graue Herrscher stellen.

Am Tore schwenkt, ein Steinkoloß,
Der Bannerherr die Kreuzesfahn',
Und kurbettierend schnaubt sein Roß
Jahrhunderte schon himmelan;
Und neben ihm, ein Tantalus,
Lechzt seit Jahrhunderten sein Dogge
Gesenkten Halses nach dem Fluß,
Im dürren Schlunde Mooses Flocke.

Ob längst die Mitternacht verklang,
Im Schlosse bleibt es immer wach;
Streiflichter gleiten rasch entlang
Den Korridor und das Gemach.
Zuweilen durch des Hofes Raum
Ein hüpfendes Laternchen ziehet;
Dann horcht der Wandrer, der am Saum
Des Weihers in den Binsen knieet.

»Ave Maria! stärke sie!
Und hilf ihr über diese Nacht!«
Ein frommer Bauer ist's, der früh
Sich auf die Wallfahrt hat gemacht.
Wohl weiß er, was der Lichterglanz
Mag seiner gnäd'gen Frau bedeuten;
Und eifrig läßt den Rosenkranz
Er durch die schwiel'gen Finger gleiten.

Doch durch sein christliches Gebet
Manch Heidennebel schwankt und raucht;
Ob wirklich, wie die Sage geht,
Der Elf sich in den Weiher taucht,
So oft dem gräflichen Geschlecht
Der erste Sprosse wird geboren?
Der Bauer glaubt es nimmer recht,
Noch minder hätt' er es verschworen.

Scheu blickt er auf — die Nacht ist klar
Und gänzlich nicht gespensterhaft,
Gleich drüben an dem Pappelpaar
Zählt man die Zweige längs dem Schaft;
Doch stille! In dem Eichenrund —
Sind das nicht Tritte? — Kindestritte?
Er hört, wie an dem harten Grund
Sich wiegen, kurz und stramm, die Schritte.

Still! still! es raschelt übern Rain,
Wie eine Hinde, die im Tau,
Beherzt gemacht vom Mondenschein,
Vorsichtig äset längs der Au.
Der Bauer stutzt — die Nacht ist licht,
Die Blätter glänzen an dem Hagen,
Und dennoch — dennoch sieht er nicht,
Wen auf ihn zu die Schritte tragen.

Da, langsam knarrend, tut sich auf
Das schwere Heck zur rechten Hand,
Und, wieder langsam knarrend, drauf
Versinkt es in die grüne Wand.
Der Bauer ist ein frommer Christ;
Er schlägt behend des Kreuzes Zeichen:
»Und wenn du auch der Teufel bist,
Du mußt mir auf der Wallfahrt weichen!«

Da, hui! streift's ihn, federweich,
Da, hui! raschelt's in dem Grün,
Da, hui! zischt es in den Teich,
Daß bläulich Schilf und Binsen glühn;
Und wie ein knisterndes Geschoß
Fährt an den Grund ein bläulich Feuer
Im Augenblicke, wo vom Schloß
Ein Schrei verzittert überm Weiher.

Der Alte hat sich vorgebeugt,
Ihm ist, als schimmre, wie durch Glas,
Ein Kindesleib, phosphorisch, feucht
Und dämmernd, wie verlöschend Gas;
Ein Arm zerrinnt, ein Aug' verglimmt —
Lag denn ein Glühwurm in den Binsen?
Ein langes Fadenhaar verschwimmt,
Am Ende scheinen's Wasserlinsen!

Der Bauer starrt, hinab, hinauf,
Bald in den Teich, bald in die Nacht;
Da klirrt ein Fenster drüben auf,
Und eine Stimme ruft mit Macht:
»Nur schnell gesattelt! schnell zur Stadt!
Gebt dem Polacken Gert' und Sporen!
Viktoria! soeben hat
Die Gräfin einen Sohn geboren!«

Kurt von Spiegel

O frommer Prälat, was ließest so hoch
Des Marschalks frevlen Mut du steigen!
War's seine Gestalt, deren Adel dich trog,
Sein flatternder Witz unter Bechern und Reigen?
O frommer Bischof, wie war dir zu Mut,
Als rauchend am Anger unschuldiges Blut
Verklagte, verklagte dein zögerndes Schweigen!

Am Wewelsberge schallt Wald-Hurra,
Des Rosses Flanke schäumt über den Bügel,
Es keucht der Hirsch, und dem Edelwild nah,
Ein flüchtiger Dogge, keucht Kurt von Spiegel;
Von Turmes Fahne begierig horcht
Der arme Tüncher, und unbesorgt
Hält in der Hand er den bröckelnden Ziegel.

Da horch! Halali! das Treiben ist aus,
Des Hirsches einzige Träne vergossen,
Ein Hörnerstoß durch das waldige Haus
Vereint zum Geweide die zott'gen Genossen,
Und bald aus der nickenden Zweige Geleit
Die Treiber so stumm, die Ritter so breit
Ziehn langsam daher mit den stöhnenden Rossen.

Der Spiegel spornt sein rauchendes Tier,
»Verfluchte Kanaille, du hast mich bestohlen!«
Da sieht er, hoch an des Turmes Zimier,

Den armen Tüncher auf schwankenden Bohlen.
»Ha«, murrt er, »heute nicht Beute noch Schuß,
Nie kam ich noch wieder mit solchem Verdruß,
Ich möchte mir drüben den Spatzen wohl holen!«

Der Tüncher sieht, wie er blinzelt empor,
Und will nach dem ärmlichen Hütlein greifen,
Da sieht er drunten visieren das Rohr,
Da hört er den Knall, und die Kugel noch pfeifen;
Getroffen, getroffen! — er schaukelt, er dreht,
Mit Ziegel und Bohle und Handwerksgerät
Kollert er nieder zum rasigen Streifen.

Als träf' ihn selber das Todesgeschoß,
So zuckt der Prälat, seine Augen blitzen,
»Marschalk!« stöhnt er, die Stirne wird naß,
Am schwellenden Halse zittern die Spitzen,
Dann fährt auf die Wange ein glühendes Rot,
Und »Marschalk!« ruft er, »das bringt dir den Tod!
Greift ihn, greift ihn, meine Treiber und Schützen!«

Doch lächelnd der Spiegel vom Hengste schaut,
Er lächelt umher auf die bleichen Vasallen:
»Mein gnädigster Herr, nicht zu laut, nicht zu laut,
Eu'r Dräuen möchte im Winde verhallen!«
Dann wendet er rasch, im sausenden Lauf
Durchs Tor und die donnernde Brücke hinauf.
Zu spät, zu spät sind die Gitter gefallen! —

Im Dome zu Paderborn ist verhallt
Das Sterbegeläute des alten Prälaten,
Und wieder im Dom hat Kapitels Gewalt
Den neuen Beherrscher gewählt und beraten.
Stumm fährt das Gebirg und die Felder hinein

Der neue Bischof zu Wewelsburg ein,
Geleitet von summenden Volkskomitaten.

Und als nun über die Brücke er rollt
Und sieht die massigen Türme sich strecken,
Wie ihm im Busen es zittert und grollt!
An seiner Inful — o brandiger Flecken!
Des Spiegels Blut in dem Ahnenbaum hell!
Leis seufzet er auf, dann murmelt er schnell:
»Herr Tuchseß, laß unsere Tafel nun decken.«

Es kreisen die Becher beim Böllergeknall,
Die stattlichen Ritter, die artigen Damen,
Sich schleudernd des Witzes anmutigen Ball,
Fast von der Stirne die Falten ihm nahmen;
Da, horch! im Flure ein Schreiten in Eil';
Es knarren die Türen, es steht eine Säul',
Der Spiegel, der blutige Marschalk, im Rahmen!

Der Bischof schaut wie ein Laken so bleich —
Im weiten Saal keines Odems Verhallen —
Ans Auge schlägt er die Rechte sogleich,
Und langsam läßt er zur Seite sie fallen.
Dann seufzt er hohl und düster und schwer:
»Kurt! — Kurt von Spiegel, wie kömmst du daher! —
Greift ihn, ergreift ihn, ihr meine Vasallen!«

Kein Sünderglöckchen geläutet ward,
Kein Schandgerüst sah man zimmern und tragen,
Doch sieben Schüsse, die knatterten hart,
Und eine Messe hörte man sagen.
Der Bischof schaut' auf den blutigen Stein,
Dann murmelt' er sacht ins Breve hinein:
»Es ist doch schwer, eine Inful zu tragen!«

NACHWORT

In schwerer Krankheit sah die Dichterin auf der Meersburg das nächtliche Zimmer blitzhaft erleuchtet; in einem Lichte, das die überreizten Sinne ausstrahlten, erschienen alle Gegenstände für Augenblicke. Dieses plötzliche Hervortreten des Verborgenen, das nur geschehen kann unter den Kräften eines im höchsten Maße vom Geiste und vom Leiden begnadeten Lebens ist bezeichnend für die großen Balladen der Droste. Sie rühren an das Zwischenreich und spielen hinüber; mehr noch: eine andere Macht handelt herein. Ohne Jenseits ist die Ballade nicht denkbar — und erschiene das Jenseits auch nur als das Walten geheimnisvoller Gerechtigkeit. Das Dramatische, die Durchdringung des Lyrischen und Epischen, die sprunghaft-fortreißende Entwicklung in eindrucksvoll-mächtigen Bildern, die Verwendung weniger, wirklichkeitsgesättigter Züge, die mehr sind als Symbole, nämlich das zusammengedrängte Leben selbst, reichen für die Ballade noch nicht aus; sie ist von einem Weltbild bedingt und bedarf der Spannung zwischen Diesseits und Jenseits; wo diese sich begegnen, ineinanderfließen oder in Aufruhr gegeneinanderstehen; wo das Diesseits fragwürdig wird vor einer Wirklichkeit, die sich nur ankündigen, nicht aussprechen kann, aber in erregenden, erschütternden Bildern und Zeichen ihren Anspruch auf Welt und Menschen unmißverständlich erhebt: hier, an der Grenze, ereignet sich die Ballade. Was von der Tragödie und Novelle gilt, das gilt von ihr: zur überzeugenden Form wird sie nur, wenn das Lebensgefühl des Dichters mehr als die irdische Wirklichkeit umspannt und er vom Rechte, seiner Schrecklichkeit und

Erhabenheit durchdrungen ist. Alle Formprobleme der Kunst entfließen dem letzten Verhalten gegen Welt und Gott und sind nur von da her zu lösen.

Die Ballade war für die Droste gewissermaßen die vorbestimmte Form, wenn sie sich auch diese Form, nicht ohne Hilfe großer Vorbilder, namentlich der englischen Balladendichtung, erringen mußte. Das blitzhafte Licht der Überwachheit in der Nacht war ganz ihr Eigentum, balladenhaft war gewissermaßen ihre Lebensstimmung, dem Stil der Ballade entsprachen die Orte, wo sie lebte. Lassen wir das »Geistliche Jahr« als ein gesondertes großes Unternehmen bestehen, so erkennen wir im ganzen übrigen Werk — bis an die Schwelle des »Geistlichen Jahres« selbst — eine Verwandtschaft mit der Ballade. Im Grunde ist es kaum möglich, eine Grenze zu ziehen. Wir folgen in dieser Ausgabe der Dichterin, indem wir als »Balladen« diejenigen Stücke zusammenfassen, die sie in der Ausgabe des Jahres 1844 Balladen genannt hat. Aber balladenhaft erfüllt, bewegt, von balladenhafter Spannung, Schwere, Schicksalsmacht durchzittert sind noch die Naturbilder und die Stunden versunkener Einsamkeit in der Heide, im Gras, im Moose. Die Ballade verdichtet sich ja erst im innigsten Zusammenhang mit der Natur, mit Geschöpfen und Dingen; sie faßt die irdische Wirklichkeit in ihrer ganzen Mächtigkeit — blitzhaft mit allen Konturen und Kräften, Wirkungen — und erlebt sie im Verhältnis, meist im Gegensatz zu einer andern. So ward schon das Auflodern des Feuers, um das sich Hirtenknaben scharen, zur Ballade, stimmen die Krähen im Sande eine Ballade an; zur Heldin einer Ballade — welcher Ballade tragischer Einsamkeit, versucherischer Dämonie! —, wird die Dichterin selbst auf dem Turme der Meersburg bei Mondesaufgang, in den Nächten, an Gewitterabenden, oder in der Trauer um ihre Toten und ihr versinkendes, hin-

siechendes Leben; sie wird zur eigenen balladenhaften Gegenspielerin, und zur Ballade wird die Vision des Alters, das ihr nicht bestimmt war, des Auslöschens und Verwehens; »Personen« der Ballade sind noch Teich und Schilf, die Türme heimatlicher Schlösser.

Aber nicht allein der Mensch und die Dinge handeln angischts der Mächte; es handelt auch das Jenseitige, Unbegreifliche, das fühlbar-unsichtbar kommt, die Tür öffnet, am Saal rüttelt, angekündigt vom seltsamen Blinken der Sterne, dem Rauschen des Weihers. »Held« ist hier nicht der Mensch mehr — der vielmehr nur leidet —, sondern das Geheimnis, der Schatten des Gewesenen, der noch einmal tun will, was ihm nicht mehr vergönnt ist. Den stärksten, eigensten Balladen ist eine schreckliche Erfahrung gemeinsam: Wehe dem, der an die Grenze gerät, der dem Zwischenreich zu nahe ist und als Schicksal ein dem Menschen nicht gemäßes Wissen tragen muß! Er wird versehrt; sein Haar wird grau über Nacht; er muß sich dem Tode stellen; er fügt sich nicht mehr in den Kreis gewohnten Lebens. Im Zwischenreich geschieht auch eine vernichtende Selbstbegegnung, wie sie dem Fräulein von Rodenschild zuteil wird; sie mag zu den eigensten Erfahrungen der Droste gehört haben; es gibt eine Art von Hellsicht in das eigene Leben und Wesen, die sich mit gesunden Sinnen kaum mehr tragen läßt. Solche Gesichte sind auferlegt; sie sind Heimsuchung. Der Mensch, der aus dem furchtbarsten Schrekken entlassen worden ist, kann sich wiederfassen in seinem Glauben wie der Freiherr der »Vorgeschichte«, der sich abgerufen weiß und seine letzten Verfügungen trifft. Aber erreichbar sind solche Gestaltungen wohl nur einem Geiste, in dem, mindestens als Möglichkeit, ein Zug zu den verborgenen Mächten ist, eine Art gefährlicher Verwandtschaft, eine Sehnsucht zum Nicht-mehr-Sein; solche Inhalte sind die große Last eines Lebens, die Aufgabe, an der sich der Glaube bewährt, die geistige und sittliche Kraft sich stärkt und vollendet.

Mit zermalmender Wucht handelt die jenseitige Macht, wenn der Frevel des Menschen sie herausfordert; Ahndung und Gerechtigkeit, Vollzug des Rechtes von oben her bestimmen einen andern, dem des Zwischenreichs freilich benachbarten Balladenkreis. Hier sind die Farben greller, die Mittel krasser; an mit unerhörter Kühnheit gestalteter Wirklichkeit entzündet sich der Blitz. Die Gnadenmacht ist dem Frevel ganz nahe und wendet ihn ab, wie im »Geierpfiff«. Zwei Stimmen, die Stimme von oben, die Stimme von unten, verflechten sich, bestreiten sich in der Ballade; sie kann zur vollkommenen Tragödie werden und ist von derselben Folgerichtigkeit wie sie, der nachzudenken wir uns so selten entschließen, wenn auch die Scenenführung dem Gesetz des Dramas scheinbar völlig widerstrebt: sie ist abgerissen, fragmentarisch, widerlogisch, im Grunde aber von irrationaler Gesetzmäßigkeit, dienstbar einer Vision. So hat die einzige Novelle der Dichterin, die »Judenbuche«, wieder balladenhaftes Gepräge; sie ist in gleichem Maße visionär wie Zug um Zug durchdacht, ähnlich wie Storms »Schimmelreiter«, und doch außer allem Vergleich, was die Durchsättigung an Wirklichkeitsgehalt, die Wucht der Folgerichtigkeit tragisch-ausgleichenden Rechtsvollzugs angeht.

Zu den Epen mögen die Gedichte überleiten, die in den »Letzten Gaben« von Levin Schückung als »Erzählende Gedichte« gesammelt worden sind. Nicht alle sind balladenhafter Natur, einige streifen an den Stil der Legende. Das tief eigentümliche »Verlorene Paradies« ist wie eine Entsprechung zu dem Gedichte von der »Ächzenden Kreatur«; hier, unter dem heraufdämmernden Schatten des Bösen, erscheint die erste, noch verhüllte Schuld, die dem Sündenfall vorausgeht; eine Schuld, geschehend in Wünschen, im Traume, die die Schöpfung dem Leid überantwortet, die Blumen verfärbt und Kreatur und Dinge mit in die Schuldhaftigkeit zieht. Legende und Ballade verschmelzen sich im »Volksglauben in den Pyrenäen«, einer Dichtung seltenster Art, die aus den Kräften des Glaubens und nachschaffender Phantasie eine unzugängliche Fremde mit derselben Sicherheit, demselben Gefühl für das geheimnisvolle Weben der Tradition und Eigenart, für Luft und Stimmung gestaltet wie die westfälische Heimat und die Landschaft der Schweiz und des Bodensees — so wie Schiller einmal in »Nadowessirs Totenlied« die indianische Vergangenheit erreichte.

Aus der innigsten Bindung an die Natur scheint sich die Epik entwickelt zu haben; die sorgfältig-großartige Schilderung der Alpenwelt könnte noch das erste Anliegen des »Hospizes auf dem Großen St. Bernhard« sein; unheimliche Züge trägt die Natur schon in der Versnovellle »Des Arztes Vermächtnis«; dann verbindet sich die Geschichte mit der Natur in der »Schlacht im Loener Bruch«, die schon ganz balladenhaft ist. Ein echter Held der Ballade, gezeichnet, ruhelos sich verlierend ist Herzog Christian; wie Tillys Heer im Gewitter aufzieht, schwindet, wie der Tod über die Heide wandert, die Raben vor dem Treffen über das Schlachtfeld streichen: das sind vollkommene Balladen, eingewoben in den Gesang vom Untergang eines glücklosen, ursprünglich ritterlichen Mannes. Es ist, als handelte hier die Heide selbst, eins mit den Taten des Menschen; alles ist ebenso gegenständlich wie transcendent. »Ich sehe nichts mehr, es ist Nacht«, heißt es am Ende des ersten Gesanges. Aber in diese Nacht zuckt der Blitz, der alles sichtbar macht, alles durchglüht, in höherem Grade als das Tageslicht.

Immer mehr drängte es die Dichterin zur Zusammen-

ballung und Dramatik. Das Gedicht vom Roßtäuscher ist ein Zyklus von Balladen von eigenster, höchst genialer Form, ein Meisterwerk ohnegleichen, das wir in diesem Zusammenhange, was das balladenhaft-tragische betrifft, vielleicht als das letzte Wort der Dichterin betrachten dürfen. Hier ist die kleinste Einzelheit von höchster Bedeutung; alles will, da es ursprünglich visionärens Charakters ist, schauend vollzogen, aufgeschlossen, nicht etwa nachgedacht und ausgedeutet werden. Die Vision ist weit mehr als der Gedanke. Was ist hier persönlich, was überpersönlich? Wir wollen und können es nicht entscheiden. Aber die Ahnung verläßt uns nicht, daß die Dichterin in diesem Werke das Geschick ihres Volkes gestaltet und der Lösung entgegengeführt haben könnte. Es ist der Todeskampf mit dem Versucher, der dem armen Manne Reichtum verspricht — wie er dem Staatsmann Macht, dem Künstler und Denker den blendenden Glanz eines gefährlich-verführerischen Werkes, dem Feldherrn Siege anbietet —, für das Heil der Seele. Nacht für Nacht ringt der Umklammerte mit dem Dämon bis er endlich, aus der Kraft der Todesnot und noch bewahrten Glaubens, den Bann zertrümmert mit einem Nagel vom Kreuze. Auch er wird bleich in dieser Nacht, wie die Heimgesuchten, die in das Zwischenreich gelangten; sein Gut brennt hin. Aber über dem sterbenden Bettler rauscht die Linde der Kindheit, der Heimat. Der Engel hat den Drachen überwunden. Wir sehen den Frieden sich ankündigen auf den Zügen des Befreiten, von seiner Schuld Gebrochenen — und wir meinen, dieser Friede könnte auch uns noch vorbehalten sein, die wir die Gewalten erfahren haben und noch erfahren und vielleicht in letzter Stunde noch freiwerden können aus der Kraft des Nagels vom Kreuze und unseres Glaubens an das Kreuz. Das Dämonische ist in diesem Gedichte noch einmal gebrochen worden mit der Macht der Wahr-

heit, für die sich zu entscheiden der Mensch gerade noch stark genug ist. Und auch das müßte »Vorgeschichte« sein. Das Dämonische als eine Geistesgewalt muß vom Geiste gestaltet, von ritterlichem Geiste niedergerungen werden, wenn das Volk, um jeden irdischen Preis, in seine eigentliche Heimat und in den Schutz seines Engels gelangen soll.

Reinhold Schneider.

ERZÄHLUNGEN

DIE JUDENBUCHE

Ein Sittengemälde aus dem gebirgichten Westfalen.

[1839 bis 1841]

Wo ist die Hand so zart, daß ohne Irren
Sie sondern mag beschränkten Hirnes Wirren,
So fest, daß ohne Zittern sie den Stein
Mag schleudern auf ein arm verkümmert Sein?
Wer wagt es, eitlen Blutes Drang zu messen,
Zu wägen jedes Wort, das unvergessen
In junge Brust die zähen Wurzeln trieb,
Des Vorurteils geheimen Seelendieb!
Du Glücklicher, geboren und gehegt
Im lichten Raum, von frommer Hand gepflegt,
Leg' hin die Waagschal', nimmer dir erlaubt!
Laß ruhn den Stein — er trifft dein eignes Haupt! —

Friedrich Mergel, geboren 1738, war der einzige Sohn eines sogenannten Halbmeiers oder Grundeigentümers geringerer Klasse im Dorfe B., das, so schlecht gebaut und rauchig es sein mag, doch das Auge jedes Reisenden fesselt durch die überaus malerische Schönheit seiner Lage in der grünen Waldschlucht eines bedeutenden und geschichtlich merkwürdigen Gebirges. Das Ländchen, dem es angehörte, war damals einer jener abgeschlossenen Erdwinkel ohne Fabriken und Handel, ohne Heerstraßen, wo noch ein fremdes Gesicht Aufsehen erregte und eine Reise von dreißig Meilen selbst den Vornehmeren zum Ulysses seiner Gegend machte — kurz, ein Fleck, wie es deren sonst so viele in Deutschland gab, mit all den Mängeln und Tugenden, all. der Originalität und Beschränktheit, wie sie nur in solchen Zuständen gedeihen. Unter höchst einfachen und häufig unzulänglichen Gesetzen waren die Begriffe der Einwohner von Recht und Unrecht einigermaßen in Verwirrung geraten, oder vielmehr, es hatte sich neben dem gesetzlichen ein zweites Recht gebildet, ein Recht der öffentlichen Meinung, der Gewohnheit und der durch Vernachlässigung entstandenen Verjährung. Die Gutsbesitzer, denen die niedrige Gerichtsbarkeit zustand, straften und belohnten nach ihrer, in den meisten Fällen redlichen Einsicht; der Untergebene tat, was ihm ausführbar und mit einem etwas weiten Gewissen erträglich schien, und nur dem Verlierenden fiel es zuweilen ein, in alten staubigten Urkunden nachzuschlagen. — Es ist schwer, jene Zeit unparteiisch ins Auge zu fassen; sie ist seit ihrem Verschwinden entweder hochmütig getadelt oder albern gelobt worden, da den, der sie erlebte, zu viel teure Erinnerungen blenden und der Spätergeborene sie nicht begreift. So viel darf man indessen behaupten, daß die Form schwächer, der Kern fester, Vergehen häufiger, Gewissenlosigkeit seltener waren. Denn wer nach seiner Überzeugung handelt, und sei sie noch so mangelhaft, kann nie ganz zugrunde gehen, wogegen nichts seelentötender wirkt, als gegen das innere Rechtsgefühl das äußere Recht in Anspruch nehmen.

Ein Menschenschlag, unruhiger und unternehmender als alle seine Nachbarn, ließ in dem kleinen Staate, von dem wir reden, manches weit greller hervortreten, als anderswo unter gleichen Umständen. Holz- und Jagdfrevel waren an der Tagesordnung, und bei den häufig vorfallenden Schlägereien hatte sich jeder selbst seines zerschlagenen Kopfes zu trösten. Da jedoch große und ergiebige Waldungen den Hauptreichtum des Landes ausmachten, ward allerdings scharf über die Forsten gewacht, aber weniger auf gesetzlichem Wege, als in stets erneuten Versuchen, Gewalt und List mit gleichen Waffen zu überbieten.

Das Dorf B. galt für die hochmütigste, schlaueste und kühnste Gemeinde des ganzen Fürstentums. Seine Lage inmitten tiefer und stolzer Waldeinsamkeit mochte schon früh den angeborenen Starrsinn der Gemüter nähren; die Nähe eines Flusses, der in die See mündete und bedeckte Fahrzeuge trug, groß genug, um Schiffbauholz bequem und sicher außer Land zu führen, trug sehr dazu bei, die natürliche Kühnheit der Holzfrevler zu ermutigen, und der Umstand, daß alles umher von Förstern wimmelte, konnte hier nur aufregend wirken, da bei den häufig vorkommenden Scharmützeln der Vorteil meist auf Seiten der Bauern blieb. Dreißig, vierzig Wagen zogen zugleich aus in den schönen Mondnächten mit ungefähr doppelt so viel Mannschaft jedes Alters, vom halbwüchsigen Knaben bis zum siebzigjährigen Ortsvorsteher, der als erfahrener Leitbock den Zug mit gleich stolzem Bewußtsein anführte, wie er seinen Sitz in der Gerichtsstube einnahm. Die Zurückgebliebenen horchten sorglos dem allmählichen Verhallen des Knarrens und Stoßens der Räder in den Hohlwegen und schliefen sacht weiter. Ein gelegentlicher Schuß, ein schwacher Schrei ließen wohl einmal eine junge Frau oder Braut auffahren; kein anderer achtete darauf. Beim ersten Morgengrau kehrte der Zug ebenso schweigend heim, die Gesichter glühend wie Erz, hier und dort einer mit verbundenem Kopf, was weiter nicht in Betracht kam, und nach ein paar Stunden war die Umgegend voll von dem Mißgeschick eines oder mehrerer Forstbeamten, die aus dem Walde getragen wurden, zerschlagen, mit Schnupftabak geblendet und für einige Zeit unfähig, ihrem Berufe nachzukommen.

In diesen Umgebungen ward Friedrich Mergel geboren, in einem Hause, das durch die stolze Zugabe eines Rauchfanges und minder kleiner Glasscheiben die Ansprüche seines Erbauers, sowie durch seine gegenwärtige Verkommenheit die kümmerlichen Umstände des jetzigen Besitzers bezeugte. Das frühere Geländer um Hof und Garten war einem vernachlässigten Zaune gewichen, das Dach schadhaft, fremdes Vieh weidete auf den Triften, fremdes Korn wuchs auf dem Acker zunächst am Hofe, und der Garten enthielt, außer ein paar holzichten Rosenstöcken aus besserer Zeit, mehr Unkraut als Kraut. Freilich hatten Unglücksfälle manches hiervon herbeigeführt; doch war auch viel Unordnung und böse Wirtschaft im Spiel. Friedrichs Vater, der alte Hermann Mergel, war in seinem Junggesellenstande ein sogenannter ordentlicher Säufer, das heißt einer, der nur an Sonn- und Festtagen in der Rinne lag und die Woche hindurch so manierlich war wie ein anderer. So war denn auch seine Bewerbung um ein recht hübsches und wohlhabendes Mädchen ihm nicht erschwert. Auf der Hochzeit ging's lustig zu. Mergel war nicht gar zu arg betrunken, und die Eltern der Braut gingen abends vergnügt heim; aber am nächsten Sonntage sah man die junge Frau schreiend und blutrünstig durchs Dorf zu den Ihrigen rennen, alle ihre guten Kleider und neues Hausgerät im Stich lassend. Das war freilich ein großer Skandal und Ärger für Mergel, der allerdings Trostes bedurfte. So war denn auch am Nachmittage keine Scheibe an seinem Hause mehr ganz, und man sah ihn noch bis spät in die Nacht vor der Türschwelle liegen, einen abgebrochenen Flaschenhals von Zeit zu Zeit zum Munde führend und sich Gesicht und Hände jämmerlich zerschneidend. Die junge Frau blieb bei ihren Eltern, wo sie bald verkümmerte und starb. Ob nun den Mergel Reue quälte oder Scham, genug, er schien der Trostmittel immer bedürftiger und fing bald an, den gänzlich verkommenen Subjekten zugezählt zu werden.

Die Wirtschaft verfiel; fremde Mägde brachten Schimpf und Schaden; so verging Jahr auf Jahr. Mergel war und blieb ein verlegener und zuletzt ziemlich armseliger Witwer, bis er mit einemmale wieder als Bräutigam auftrat. War die Sache an und für sich unerwartet, so trug die Persönlichkeit der Braut noch dazu bei, die Verwunderung zu erhöhen. Margaret Semmler war eine brave, anständige Person, so in den Vierzigen, in ihrer Jugend eine Dorfschönheit und noch jetzt als sehr klug und wirtlich geachtet, dabei nicht unvermögend; und so mußte es jedem unbegreiflich sein, was sie zu diesem Schritte getrieben. Wir glauben den Grund eben in dieser ihrer selbstbewußten Vollkommenheit zu finden. Am Abend vor der Hochzeit soll sie gesagt haben: »Eine Frau, die von ihrem Manne übel behandelt wird, ist dumm oder taugt nicht: wenn's mir schlecht geht, so sagt, es liege an mir.« Der Erfolg zeigte leider, daß sie ihre Kräfte überschätzt hatte. Anfangs imponierte sie ihrem Manne; er kam nicht nach Haus oder kroch in die Scheune, wenn er sich übernommen hatte; aber das Joch war zu drückend, um lange getragen zu werden, und bald sah man ihn oft genug quer über die Gasse ins Haus taumeln, hörte drinnen sein wüstes Lärmen und sah Margret eilends Tür und Fenster schließen. An einem solchen Tage — keinem Sonntage mehr — sah man sie abends aus dem Hause stürzen, ohne Haube und Halstuch, das Haar wild um den Kopf hängend, sich im Garten neben ein Krautbeet niederwerfen und die Erde mit den Händen aufwühlen, dann ängstlich um sich schauen, rasch ein Bündel Kräuter brechen und damit langsam wieder dem Hause zugehen, aber nicht hinein, sondern in die Scheune. Es hieß, an diesem Tage habe Mergel zuerst Hand an sie gelegt, obwohl das Bekenntnis nie über ihre Lippen kam.

Das zweite Jahr dieser unglücklichen Ehe ward mit einem Sohne, man kann nicht sagen erfreut; denn Margret soll sehr geweint haben, als man ihr das Kind reichte. Dennoch, obwohl unter einem Herzen voll Gram getragen, war Friedrich ein gesundes hübsches Kind, das in der frischen Luft kräftig gedieh. Der Vater hatte ihn sehr lieb, kam nie nach Hause, ohne ihm ein Stückchen Wecken oder dergleichen mitzubringen, und man meinte sogar, er sei seit der Geburt des Knaben ordentlicher geworden; wenigstens ward der Lärm im Hause geringer.

Friedrich stand in seinem neunten Jahre. Es war um das Fest der heiligen drei Könige, eine harte, stürmische Winternacht. Hermann war zu einer Hochzeit gegangen und hatte sich schon beizeiten auf den Weg gemacht, da das Brauthaus dreiviertel Meilen entfernt lag. Obgleich er versprochen hatte, abends wiederzukommen, rechnete Frau Mergel doch um so weniger darauf, da sich nach Sonnenuntergang dichtes Schneegestöber eingestellt hatte. Gegen zehn Uhr schürte sie die Asche am Herde zusammen und machte sich zum Schlafengehen bereit. Friedrich stand neben ihr, schon halb entkleidet, und horchte auf das Geheul des Windes und das Klappen der Bodenfenster.

»Mutter, kommt der Vater heute nicht?« fragte er. — »Nein, Kind, morgen.« — »Aber warum nicht, Mutter? er hat's doch versprochen.« — »Ach Gott, wenn der alles hielte, was er verspricht! Mach, mach voran, daß du fertig wirst.«

Sie hatten sich kaum niedergelegt, so erhob sich eine Windsbraut, als ob sie das Haus mitnehmen wollte. Die Bettstatt bebte, und im Schornstein rasselte es wie ein Kobold. — »Mutter — es pocht draußen!« — »Still, Fritzchen, das ist das lockere Brett im Giebel, das der Wind jagt.« — »Nein, Mutter, an der Tür!« — »Sie schließt nicht; die Klinke ist zerbrochen. Gott, schlaf doch! bring mich nicht um das armselige bißchen Nachtruhe.« — »Aber wenn nun der Vater kommt?« — Die Mutter drehte sich heftig im Bett um. — »Den hält der Teufel fest genug!« — »Wo ist der Teufel, Mutter?« — »Wart, du Unrast! er steht vor der Tür und will dich holen, wenn du nicht ruhig bist!«

Friedrich ward still; er horchte noch ein Weilchen und schlief dann ein. Nach einigen Stunden erwachte er. Der Wind hatte sich gewendet und zischte jetzt wie eine Schlange durch die Fensterritze an seinem Ohr. Seine Schulter war erstarrt; er kroch tief unters Deckbett und lag aus Furcht ganz still. Nach einer Weile bemerkte er, daß die Mutter auch nicht schlief. Er hörte sie weinen und mitunter: »Gegrüßt seist du, Maria!« und »bitte für uns arme Sünder!« Die Kügelchen des Rosenkranzes glitten an seinem Gesicht hin. — Ein unwillkürlicher Seufzer entfuhr ihm. — »Friedrich, bist du wach?« — »Ja, Mutter.« — »Kind, bete ein wenig — du kannst ja schon das halbe Vaterunser — daß Gott uns bewahre vor Wasser- und Feuersnot.«

Friedrich dachte an den Teufel, wie der wohl aussehen möge. Das mannigfache Geräusch und Getöse im Hause kam ihm wunderlich vor. Er meinte, es müsse etwas Lebendiges drinnen sein und draußen auch. — »Hör', Mutter, gewiß, da sind Leute, die pochen.« — »Ach nein, Kind; aber es ist kein altes Brett im Hause, das nicht klappert.« — »Hör', hörst du nicht? es ruft! hör' doch!«

Die Mutter richtete sich auf; das Toben des Sturmes ließ einen Augenblick nach. Man hörte deutlich an den Fensterläden pochen und mehrere Stimmen: »Margret! Frau Margret, heda, aufgemacht!« — Margret stieß einen heftigen Laut aus! »Da bringen sie mir das Schwein wieder!«

Der Rosenkranz flog klappernd auf den Brettstuhl, die Kleider wurden herbeigerissen. Sie fuhr zum Herde, und bald darauf hörte Friedrich sie mit trotzigen Schritten über die Tenne gehen. Margret kam gar nicht wieder; aber in der Küche war viel Gemurmel und fremde Stimmen. Zweimal kam ein fremder Mann in die Kammer und schien ängstlich etwas zu suchen. Mit einemmale ward eine Lampe hereingebracht; zwei Männer führten die Mutter. Sie war weiß wie Kreide und hatte die Augen geschlossen. Friedrich meinte, sie sei tot; er erhob ein fürchterliches Geschrei, worauf ihm jemand eine Ohrfeige gab, was ihn zur Ruhe brachte, und nun begriff er nach und nach aus den Reden der Umstehenden, daß der Vater vom Ohm Franz Semmler und dem Hülsmeyer tot im Holze gefunden sei und jetzt in der Küche liege.

Sobald Margret wieder zur Besinnung kam, suchte sie die fremden Leute los zu werden. Der Bruder blieb bei ihr, und Friedrich, dem bei strenger Strafe im Bett zu bleiben geboten war, hörte die ganze Nacht hindurch das Feuer in der Küche knistern und ein Geräusch wie von Hin-

und Herrutschen und Bürsten. Gesprochen ward wenig und leise, aber zuweilen drangen Seufzer herüber, die dem Knaben, so jung er war, durch Mark und Bein gingen. Einmal verstand er, daß der Oheim sagte: »Margret, zieh dir das nicht zu Gemüt; wir wollen jeder drei Messen lesen lassen, und um Ostern gehen wir zusammen eine Bittfahrt zur Muttergottes von Werl.«

Als nach zwei Tagen die Leiche fortgetragen wurde, saß Margret am Herde, das Gesicht mit der Schürze verhüllend. Nach einigen Minuten, als alles still geworden war, sagte sie in sich hinein: »Zehn Jahre, zehn Kreuze. Wir haben sie doch zusammen getragen, und jetzt bin ich allein!« Dann lauter: »Fritzchen, komm her!« — Friedrich kam scheu heran; die Mutter war ihm ganz unheimlich geworden mit den schwarzen Bändern und den verstörten Zügen. »Fritzchen«, sagte sie, »willst du jetzt auch fromm sein, daß ich Freude an dir habe, oder willst du unartig sein und lügen, oder saufen und stehlen?« — »Mutter, Hülsmeyer stiehlt.« — »Hülsmeyer? Gott bewahre! Soll ich dir auf den Rücken kommen? wer sagt dir so schlechtes Zeug?« — »Er hat neulich den Aaron geprügelt und ihm sechs Groschen genommen.« — »Hat er dem Aaron Geld genommen, so hat ihn der verfluchte Jude gewiß zuvor darum betrogen. Hülsmeyer ist ein ordentlicher angesessener Mann, und die Juden sind alle Schelme.« — »Aber Mutter, Brandes sagt auch, daß er Holz und Rehe stiehlt.« — »Kind, Brandes ist ein Förster.« — »Mutter, lügen die Förster?«

Margret schwieg eine Weile, dann sagte sie: »Höre, Fritz, das Holz läßt unser Herrgott frei wachsen, und das Wild wechselt aus eines Herrn Lande in das andere; die können niemandem gehören. Doch das verstehst du noch nicht; jetzt geh in den Schuppen und hole mir Reisig.«

Friedrich hatte seinen Vater auf dem Stroh gesehen,

wo er, wie man sagt, fürchterlich ausgesehen haben soll. Aber davon erzählte er nie und schien ungern daran zu denken. Überhaupt hatte die Erinnerung an seinen Vater eine mit Grausen gemischte Zärtlichkeit in ihm zurückgelassen, wie denn nichts so fesselt, wie die Liebe und Sorgfalt eines Wesens, das gegen alles übrige verhärtet scheint, und bei Friedrich wuchs dieses Gefühl mit den Jahren, durch das Gefühl mancher Zurücksetzung von seiten anderer. Es war ihm äußerst empfindlich, wenn, solange er Kind war, jemand des Verstorbenen nicht allzu löblich gedachte; ein Kummer, den ihm das Zartgefühl der Nachbarn nicht ersparte. Es ist gewöhnlich in jenen Gegenden, den Verunglückten die Ruhe im Grabe abzusprechen. Der alte Mergel war das Gespenst des Brederholzes geworden; einen Betrunkenen führte er als Irrlicht bei einem Haar in den Zellerkolk [Teich]; die Hirtenknaben, wenn sie nachts bei ihren Feuern kauerten und die Eulen in den Gründen schrieen, hörten zuweilen in abgebrochenen Tönen ganz deutlich dazwischen sein: »Hör' mal an, feins Liseken«, und ein unprivilegierter Holzhauer, der unter der breiten Eiche eingeschlafen und dem es darüber Nacht geworden war, hatte beim Erwachen sein geschwollenes blaues Gesicht durch die Zweige lauschen sehen. Friedrich mußte von andern Knaben vieles darüber hören; dann heulte er, schlug um sich, stach auch einmal mit seinem Messerchen und wurde bei dieser Gelegenheit jämmerlich geprügelt. Seitdem trieb er seiner Mutter Kühe allein an das andere Ende des Tales, wo man ihn oft stundenlang in derselben Stellung im Grase liegen und den Thymian aus dem Boden rupfen sah.

Er war zwölf Jahre alt, als seine Mutter einen Besuch von ihrem jüngeren Bruder erhielt, der in Brede wohnte und seit der törichten Heirat seiner Schwester ihre Schwelle nicht betreten hatte. Simon Semmler war ein kleiner, unruhiger, magerer Mann mit vor dem Kopf liegenden Fischaugen und überhaupt einem Gesicht wie ein Hecht, ein unheimlicher Geselle, bei dem dicktuende Verschlossenheit oft mit ebenso gesuchter Treuherzigkeit wechselte, der gern einen aufgeklärten Kopf vorgestellt hätte und statt dessen für einen fatalen, Händel suchenden Kerl galt, dem jeder um so lieber aus dem Wege ging, je mehr er in das Alter trat, wo ohnehin beschränkte Menschen leicht an Ansprüchen gewinnen, was sie an Brauchbarkeit verlieren. Dennoch freute sich die arme Margret, die sonst keinen der Ihrigen mehr am Leben hatte.

»Simon, bist du da?« sagte sie, und zitterte, daß sie sich am Stuhle halten mußte. »Willst du sehen, wie es mir geht und meinem schmutzigen Jungen?« — Simon betrachtete sie ernst und reichte ihr die Hand: »Du bist alt geworden, Margret!« — Margret seufzte: »Es ist mir derweil oft bitterlich gegangen mit allerlei Schicksalen.« — »Ja, Mädchen, zu spät gefreit, hat immer gereut! Jetzt bist du alt, und das Kind ist klein. Jedes Ding hat seine Zeit. Aber wenn ein altes Haus brennt, dann hilft kein Löschen.« — Über Margrets vergrämtes Gesicht flog eine Flamme, so rot wie Blut.

»Aber ich höre, dein Junge ist schlau und gewichst«, fuhr Simon fort. — »Ei nun, so ziemlich, und dabei fromm.« — »Hm, 's hat mal einer eine Kuh gestohlen, der hieß auch Fromm. Aber er ist still und nachdenklich, nicht war? er läuft nicht mit den anderen Buben?« — »Er ist ein eigenes Kind«, sagte Margret wie für sich; »es ist nicht gut.« — Simon lachte hell auf: »Dein Junge ist scheu, weil ihn die anderen ein paarmal gut durchgedroschen haben. Das wird ihnen der Bursche schon wieder bezahlen. Hülsmeyer war neulich bei mir, der sagte, es sei ein Junge, wie'n Reh.«

Welcher Mutter geht das Herz nicht auf, wenn sie ihr

Kind loben hört? Der armen Margret ward selten so wohl, jedermann nannte ihren Jungen tückisch und verschlossen. Die Tränen traten ihr in die Augen. »Ja, gottlob, er hat gerade Glieder.« — »Wie sieht er aus?« fuhr Simon fort. — »Er hat viel von dir, Simon, viel.«

Simon lachte: »Ei, das muß ein rarer Kerl sein, ich werde alle Tage schöner. An der Schule soll er sich wohl nicht verbrennen. Du läßt ihn die Kühe hüten? Ebenso gut. Es ist doch nicht halb wahr, was der Magister sagt. Aber wo hütet er? Im Telgengrund? im Koderholze? im Teutoburger Wald? auch des nachts und früh?« — »Die ganzen Nächte durch; aber wie meinst du das?«

Simon schien dies zu überhören; er reckte den Hals zur Türe hinaus: »Ei, da kommt der Gesell! Vaterssohn! er schlenkert gerade so mit den Armen wie dein seliger Mann. Und schau mal an! wahrhaftig, der Junge hat meine blonden Haare!«

In der Mutter Züge kam ein heimliches, stolzes Lächeln; ihres Friedrichs blonde Locken und Simons rötliche Borsten! Ohne zu antworten, brach sie einen Zweig von der nächsten Hecke und ging ihrem Sohne entgegen, scheinbar, eine träge Kuh anzutreiben, im Grunde aber, ihm einige rasche, halbdrohende Worte zuzuraunen; denn sie kannte seine störrische Natur, und Simons Weise war ihr heute einschüchternder vorgekommen als je. Doch ging alles über Erwarten gut; Friedrich zeigte sich weder verstockt noch frech, vielmehr etwas blöde und sehr bemüht, dem Ohm zu gefallen. So kam es denn dahin, daß nach einer halbstündigen Unterredung Simon eine Art Adoption des Knaben in Vorschlag brachte, vermöge deren er denselben zwar nicht gänzlich der Mutter entziehen, aber doch über den größten Teil seiner Zeit verfügen wollte, wofür ihm dann am Ende des alten Junggesellen Erbe zufallen solle, das ihm freilich ohnedies nicht entgehen konnte. Margret ließ sich geduldig auseinandersetzen, wie groß der Vorteil, wie gering die Entbehrung ihrerseits bei dem Handel sei. Sie wußte am besten, was eine kränkliche Witwe an der Hülfe eines zwölfjährigen Knaben entbehrt, den sie bereits gewöhnt hat, die Stelle einer Tochter zu ersetzen. Doch sie schwieg und gab sich in alles. Nur bat sie den Bruder, streng, doch nicht hart gegen den Knaben zu sein.

»Er ist gut«, sagte sie, »aber ich bin eine einsame Frau; mein Sohn ist nicht wie einer, über den Vaterhand regiert hat.« Simon nickte schlau mit dem Kopf: »Laß mich nur gewähren, wir wollen uns schon vertragen, und weißt du was? gib mir den Jungen gleich mit, ich habe zwei Säcke aus der Mühle zu holen; der kleinste ist ihm grad' recht, und so lernt er mir zur Hand gehen. Komm, Fritzchen, zieh deine Holzschuh' an!« — Und bald sah Margret den beiden nach, wie sie fortschritten, Simon voran, mit seinem Gesicht die Luft durchschneiden, während ihm die Schöße des roten Rocks wie Feuerflammen nachzogen. So hatte er ziemlich das Ansehen eines feurigen Mannes, der unter dem gestohlenen Sacke büßt; Friedrich ihm nach, fein und schlank für sein Alter, mit zarten, fast edlen Zügen und langen blonden Locken, die besser gepflegt waren, als sein übriges Äußere erwarten ließ; übrigens zerlumpt, sonneverbrannt und mit dem Ausdruck der Vernachlässigung und einer gewissen rohen Melancholie in den Zügen. Dennoch war eine große Familienähnlichkeit beider nicht zu verkennen, und wie Friedrich so langsam seinem Führer nachtrat, die Blicke fest auf denselben geheftet, der ihn gerade durch das Seltsame seiner Erscheinung anzog, erinnerte er unwillkürlich an jemand, der in einem Zauberspiegel das Bild seiner Zukunft mit verstörter Aufmerksamkeit betrachtet.

Jetzt nahten die beiden sich der Stelle des Teutoburger Waldes, wo das Brederholz den Abhang des Gebirges niedersteigt und einen sehr dunkeln Grund ausfüllt. Bis jetzt war wenig gesprochen worden. Simon schien nachdenkend, der Knabe zerstreut, und beide keuchten unter ihren Säcken. Plötzlich fragte Simon: »Trinkst du gern Branntwein?« — Der Knabe antwortete nicht. »Ich frage, trinkst du gern Branntwein? Gibt dir die Mutter zuweilen welchen?« — »Die Mutter hat selbst keinen«, sagte Friedrich. — »So, so, desto besser! — Kennst du das Holz da vor uns?« — »Das ist das Brederholz.« — »Weißt du auch, was darin vorgefallen ist?« — Friedrich schwieg. Indessen kamen sie der düstern Schlucht immer näher. »Betet die Mutter noch so viel?« hob Simon wieder an. — »Ja, jeden Abend zwei Rosenkränze.« — »So? und du betest mit?« — Der Knabe lachte halb verlegen mit einem durchtriebenen Seitenblick. — »Die Mutter betet in der Dämmerung vor dem Essen den einen Rosenkranz, dann bin ich meist noch nicht wieder da mit den Kühen, und den andern im Bette, dann schlaf ich gewöhnlich ein.« — »So, so, Geselle!« — Diese letzten Worte wurden unter dem Schirme einer weiten Buche gesprochen, die den Eingang der Schlucht überwölbte. Es war jetzt ganz finster; das erste Mondviertel stand am Himmel, aber seine schwachen Schimmer dienten nur dazu, den Gegenständen, die sie zuweilen durch eine Lücke der Zweige berührten, ein fremdartiges Ansehen zu geben. Friedrich hielt sich dicht hinter seinem Ohm; sein Odem ging schnell, und wer seine Züge hätte unterscheiden können, würde den Ausdruck einer ungeheuren, doch mehr phantastischen als furchtsamen Spannung darin wahrgenommen haben. So schritten beide rüstig voran, Simon mit dem festen Schritt des abgehärteten Wanderers, Friedrich schwankend und wie im Traum. Es kam ihm vor, als ob alles sich bewegte und die Bäume in den einzelnen Mondstrahlen bald zusammen, bald voneinander schwankten. Baumwurzeln und schlüpfrige Stellen, wo sich das Wasser gesammelt, machten seinen Schritt unsicher; er war einige Male nahe daran, zu fallen. Jetzt schien sich in einiger Entfernung das Dunkel zu brechen, und bald traten beide in eine ziemlich große Lichtung. Der Mond schien klar hinein und zeigte, daß hier noch vor kurzem die Axt unbarmherzig gewütet hatte. Überall ragten Baumstümpfe hervor, manche mehrere Fuß über der Erde, wie sie gerade in der Eile am bequemsten zu durchschneiden gewesen waren; die verpönte Arbeit mußte unversehens unterbrochen worden sein, denn eine Buche lag quer über dem Pfad, in vollem Laube, ihre Zweige hoch über sich streckend und im Nachtwinde mit den noch frischen Blättern zitternd. Simon blieb einen Augenblick stehen und betrachtete den gefällten Stamm mit Aufmerksamkeit. In der Mitte der Lichtung stand eine alte Eiche, mehr breit als hoch; ein blasser Strahl, der durch die Zweige auf ihren Stamm fiel, zeigte, daß er hohl sei, was ihn wahrscheinlich vor der allgemeinen Zerstörung geschützt hatte. Hier ergriff Simon plötzlich des Knaben Arm.

»Friedrich, kennst du den Baum? Das ist die breite Eiche.« — Friedrich fuhr zusammen und klammerte sich mit kalten Händen an seinen Ohm. »Sieh«, fuhr Simon fort, »hier haben Ohm Franz und der Hülsmeyer deinen Vater gefunden, als er in der Betrunkenheit ohne Buße und Ölung zum Teufel gefahren war.« — »Ohm, Ohm!« keuchte Friedrich. — »Was fällt dir ein? Du wirst dich doch nicht fürchten? Satan von einem Jungen, du kneipst mir den Arm! laß los, los!« — Er suchte den Knaben abzuschütteln. — »Dein Vater war übrigens eine gute Seele; Gott wird's nicht so genau mit ihm nehmen. Ich hatt' ihn so lieb wie meinen eigenen Bruder.« — Friedrich ließ den Arm seines Ohms los; beide legten schweigend den übrigen Teil des Waldes zurück, und das Dorf Brede lag vor ihnen, mit seinen Lehmhütten und den einzelnen bessern Wohnungen von Ziegelsteinen, zu denen auch Simons Haus gehörte.

Am nächsten Abend saß Margret schon seit einer Stunde mit ihrem Rocken vor der Tür und wartete auf ihren Knaben. Es war die erste Nacht, die sie zugebracht hatte, ohne den Atem ihres Kindes neben sich zu hören, und Friedrich kam noch immer nicht. Sie war ärgerlich und ängstlich und wußte, daß sie beides ohne Grund war. Die Uhr im Turm schlug sieben, das Vieh kehrte heim; er war noch immer nicht da, und sie mußte aufstehen, um nach den Kühen zu schauen. Als sie wieder in die dunkle Küche trat, stand Friedrich am Herde; er hatte sich vornüber gebeugt und wärmte die Hände an den Kohlen. Der Schein spielte auf seinen Zügen und gab ihnen ein widriges Ansehen von Magerkeit und ängstlichem Zucken. Margret blieb in der Tennentür stehen, so seltsam verändert kam ihr das Kind vor.

»Friedrich, wie geht's dem Ohm?« Der Knabe murmelte einige unverständliche Worte und drängte sich dicht an die Feuermauer. — »Friedrich, hast du das Reden verlernt? Junge, tu das Maul auf! du weißt ja doch, daß ich auf dem rechten Ohr nicht gut höre.« — Das Kind erhob seine Stimme und geriet dermaßen ins Stammeln, daß Margret es um nichts mehr begriff. — »Was sagst du? einen Gruß von Meister Semmler? wieder fort? wohin? die Kühe sind schon zu Hause. Verfluchter Junge, ich kann dich nicht verstehen. Wart', ich muß einmal sehen, ob du keine Zunge im Munde hast!« — Sie trat heftig einige Schritte vor. Das Kind sah zu ihr auf mit dem Jammerblick eines armen, halbwüchsigen Hundes, der Schildwacht stehen lernt, und begann in der Angst mit den Füßen zu stampfen und den Rücken an der Feuermauer zu reiben.

Margret stand still; ihre Blicke wurden ängstlich. Der

Knabe erschien ihr wie zusammengeschrumpft, auch seine Kleider waren nicht dieselben, nein, das war ihr Kind nicht! und dennoch — »Friedrich, Friedrich!« rief sie.

In der Schlafkammer klappte eine Schranktür und der Gerufene trat hervor, in der einen Hand eine sogenannte Holzschenvioline, das heißt einen alten Holzschuh, mit drei bis vier zerschabten Geigensaiten überspannt, in der andern einen Bogen, ganz des Instruments würdig. So ging er gerade auf sein verkümmertes Spiegelbild zu, seinerseits mit einer Haltung bewußter Würde und Selbständigkeit, die in diesem Augenblicke den Unterschied zwischen beiden sonst merkwürdig ähnlichen Knaben stark hervortreten ließ.

»Da, Johannes!« sagte er und reichte ihm mit einer Gönnermiene das Kunstwerk; »da ist die Violine, die ich dir versprochen habe. Mein Spielen ist vorbei, ich muß jetzt Geld verdienen.« — Johannes warf noch einmal einen scheuen Blick auf Margret, streckte dann langsam seine Hand aus, bis er das Dargebotene fest ergriffen hatte, und brachte es wie verstohlen unter die Flügel seines armseligen Jäckchens.

Margret stand ganz still und ließ die Kinder gewähren. Ihre Gedanken hatten eine andere, sehr ernste Richtung genommen, und sie blickte mit unruhigem Auge von einem auf den andern. Der fremde Knabe hatte sich wieder über die Kohlen gebeugt mit einem Ausdruck augenblicklichen Wohlbehagens, der an Albernheit grenzte, während in Friedrichs Zügen der Wechsel eines offenbar mehr selbstischen als gutmütigen Mitgefühls spielte und sein Auge in fast glasartiger Klarheit zum erstenmale bestimmt den Ausdruck jenes ungebändigten Ehrgeizes und Hanges zum Großtun zeigte, der nachher als so starkes Motiv seiner meisten Handlungen hervortrat. Der Ruf seiner Mutter störte ihn aus Gedanken, die ihm ebenso neu als angenehm waren. Sie saß wieder am Spinnrade. »Friedrich«, sagte sie zögernd, »sag einmal —« und schwieg dann. Friedrich sah auf und wandte sich, da er nichts weiter vernahm, wieder zu seinem Schützling. — »Nein, höre —« und dann leiser: »Was ist das für ein Junge? wie heißt er?« — Friedrich antwortete ebenso leise: »Das ist des Ohms Simon Schweinehirt, der eine Botschaft an den Hülsmeyer hat. Der Ohm hat mir ein paar Schuhe und eine Weste von Drillich gegeben, die hat mir der Junge unterwegs getragen; dafür hab' ich ihm meine Violine versprochen; er ist ja doch ein armes Kind; Johannes heißt er.« — »Nun?« sagte Margret. — »Was willst du, Mutter?« — »Wie heißt er weiter?« — »Ja — weiter nicht — oder warte — doch: Niemand, Johannes Niemand heißt er. — Er hat keinen Vater«, fügte er leiser hinzu.

Margret stand auf und ging in die Kammer. Nach einer Weile kam sie heraus mit einem harten, finstern Ausdruck in den Mienen. »So, Friedrich«, sagte sie, »laß den Jungen gehen, daß er seine Bestellung machen kann. — Junge, was liegst du da in der Asche? Hast du zu Hause nichts zu tun?« — Der Knabe raffte sich mit der Miene eines Verfolgten so eilfertig auf, daß ihm alle Glieder im Wege standen und die Holzschenvioline bei einem Haar ins Feuer gefallen wäre. — »Warte, Johannes«, sagte Friedrich stolz, »ich will dir mein halbes Butterbrot geben, es ist mir doch zu groß, die Mutter schneidet allemal über's ganze Brot.« — »Laß doch«, sagte Margret, »er geht ja nach Hause.« — »Ja, aber er bekommt nichts mehr; Ohm Simon ißt um 7 Uhr.« Margret wandte sich zu dem Knaben: »Hebt man dir nichts auf? Sprich, wer sorgt für dich?« — »Niemand«, stotterte das Kind. — »Niemand?« wiederholte sie; »da nimm, nimm!« fügte sie heftig hinzu; »du heißt Niemand und niemand sorgt für dich! Das sei

Gott geklagt! Und nun mach dich fort! Friedrich, geh nicht mit ihm, hörst du, geht nicht zusammen durchs Dorf.« — »Ich will ja nur Holz holen aus dem Schuppen«, antwortete Friedrich. — Als beide Knaben fort waren, warf sich Margret auf einen Stuhl und schlug die Hände mit dem Ausdruck des tiefsten Jammers zusammen. Ihr Gesicht war bleich wie ein Tuch. »Ein falscher Eid, ein falscher Eid!« stöhnte sie. »Simon, Simon, wie willst du vor Gott bestehen!«

So saß sie eine Weile, starr mit geklemmten Lippen, wie in völliger Geistesabwesenheit. Friedrich stand vor ihr und hatte sie schon zweimal angeredet. »Was ist's? was willst du?« rief sie auffahrend. — »Ich bringe Euch Geld«, sagte er, mehr erstaunt als erschreckt. — »Geld? wo?« Sie regte sich, und die kleine Münze fiel klingend auf den Boden. Friedrich hob sie auf. — »Geld vom Ohm Simon, weil ich ihm habe arbeiten helfen. Ich kann mir nun selber was verdienen.« — »Geld vom Simon? wirf's fort, fort! — nein, gib's den Armen. Doch nein, behalt's«, flüsterte sie kaum hörbar; »wir sind selber arm; wer weiß, ob wir bei dem Betteln vorbeikommen!« — »Ich soll Montag wieder zum Ohm und ihm bei der Einsaat helfen.« — »Du wieder zu ihm? nein, nein, nimmermehr!« — Sie umfaßte ihr Kind mit Heftigkeit. — »Doch«, fügte sie hinzu, und ein Tränenstrom stürzte ihr plötzlich über die eingefallenen Wangen; »geh, er ist mein einziger Bruder, und die Verleumdung ist groß! Aber halt Gott vor Augen und vergiß das tägliche Gebet nicht!«

Margret legte das Gesicht an die Mauer und weinte laut. Sie hatte manche harte Last getragen, ihres Mannes üble Behandlung, noch schwerer seinen Tod, und es war eine bittere Stunde, als die Witwe das letzte Stück Ackerland einem Gläubiger zur Nutznießung überlassen mußte und der Pflug vor ihrem Hause stille stand. Aber so war ihr nie zu Mute gewesen; dennoch, nachdem sie einen Abend durchgeweint, eine Nacht durchwacht hatte, war sie dahin gekommen, zu denken, ihr Bruder Simon könne so gottlos nicht sein, der Knabe gehöre gewiß nicht ihm, Ähnlichkeiten wollen nichts beweisen. Hatte sie doch selbst vor vierzig Jahren ein Schwesterchen verloren, das genau dem fremden Hechelkrämer glich. Was glaubt man nicht gern, wenn man so wenig hat und durch Unglauben dies wenige verlieren soll!

Von dieser Zeit an war Friedrich selten mehr zu Hause. Simon schien alle wärmeren Gefühle, deren er fähig war, dem Schwestersohn zugewendet zu haben; wenigstens vermißte er ihn sehr und ließ nicht nach mit Botschaften, wenn ein häusliches Geschäft ihn auf einige Zeit bei der Mutter hielt. Der Knabe war seitdem wie verwandelt, das träumerische Wesen gänzlich von ihm gewichen, er trat fest auf, fing an, sein Äußeres zu beachten und bald in den Ruf eines hübschen, gewandten Burschen zu kommen. Sein Ohm, der nicht wohl ohne Projekte leben konnte, unternahm mitunter bedeutende öffentliche Arbeiten, zum Beispiel beim Wegbau, wobei Friedrich für einen seiner besten Arbeiter und überall als seine rechte Hand galt; denn obgleich dessen Körperkräfte noch nicht ihr volles Maß erreicht hatten, kam ihm doch nicht leicht jemand an Ausdauer gleich. Margret hatte bisher ihren Sohn nur geliebt, jetzt fing sie an, stolz auf ihn zu werden und sogar eine Art Hochachtung für ihn zu fühlen, da sie den jungen Menschen so ganz ohne ihr Zutun sich entwickeln sah, sogar ohne ihren Rat, den sie, wie die meisten Menschen, für unschätzbar hielt und deshalb die Fähigkeiten nicht hoch genug anzuschlagen wußte, die eines so kostbaren Förderungsmittels entbehren konnten.

In seinem achtzehnten Jahre hatte Friedrich sich bereits einen bedeutenden Ruf in der jungen Dorfwelt gesichert durch den Ausgang einer Wette, infolge deren er einen erlegten Eber über zwei Meilen weit auf seinem Rücken trug, ohne abzusetzen. Indessen war der Mitgenuß des Ruhms auch so ziemlich der einzige Vorteil, den Margret aus diesen günstigen Umständen zog, da Friedrich immer mehr auf sein Äußeres verwandte und allmählich anfing, es schwer zu verdauen, wenn Geldmangel ihn zwang, irgend jemand im Dorf darin nachzustehen. Zudem waren alle seine Kräfte auf den auswärtigen Erwerb gerichtet; zu Hause schien ihm, ganz im Widerspiel mit seinem sonstigen Rufe, jede anhaltende Beschäftigung lästig, und er unterzog sich lieber einer harten, aber kurzen Anstrengung, die ihm bald erlaubte, seinem früheren Hirtenamte wieder nachzugehen, was bereits begann, seinem Alter unpassend zu werden, und ihm gelegentlichen Spott zuzog, vor dem er sich aber durch ein paar derbe Zurechtweisungen mit der Faust Ruhe verschaffte. So gewöhnte man sich daran, ihn bald geputzt und fröhlich als anerkannten Dorfelegant an der Spitze des jungen Volks zu sehen, bald wieder als zerlumpten Hirtenbuben einsam und träumerisch hinter den Kühen herschleichend, oder in einer Waldlichtung liegend, scheinbar gedankenlos und das Moos von den Bäumen rupfend.

Um diese Zeit wurden die schlummernden Gesetze doch einigermaßen aufgerüttelt durch eine Bande von Holzfrevlern, die unter dem Namen der Blaukittel alle ihre Vorgänger so weit an List und Frechheit übertraf, daß es dem Langmütigsten zuviel werden mußte. Ganz gegen den gewöhnlichen Stand der Dinge, wo man die stärksten Böcke der Herde mit dem Finger bezeichnen konnte, war es hier trotz aller Wachsamkeit bisher nicht möglich gewesen, auch nur ein Individuum namhaft zu machen. Ihre Benennung erhielten sie von der ganz gleichförmigen Tracht, durch die sie das Erkennen erschwerten, wenn etwa ein Förster noch einzelne Nachzügler im Dickicht verschwinden sah. Sie verheerten alles wie die Wanderraupe, ganze Waldstrecken wurden in einer Nacht gefällt und auf der Stelle fortgeschafft, so daß man am andern Morgen nichts fand als Späne und wüste Haufen von Topholz, und der Umstand, daß nie Wagenspuren einem Dorfe zuführten, sondern immer vom Flusse her und dorthin zurück, bewies, daß man unter dem Schutze und vielleicht mit dem Beistande der Schiffseigentümer handelte. In der Bande mußten sehr gewandte Spione sein, denn die Förster konnten wochenlang umsonst wachen; in der ersten Nacht, gleichviel, ob stürmisch oder mondhell, wo sie vor Übermüdung nachließen, brach die Zerstörung ein. Seltsam war es, daß das Landvolk umher ebenso unwissend und gespannt schien als die Förster selber. Von einigen Dörfern ward mit Bestimmtheit gesagt, daß sie nicht zu den Blaukitteln gehörten, aber keines konnte als dringend verdächtig bezeichnet werden, seit man das verdächtigste von allen, das Dorf B., freisprechen mußte. Ein Zufall hatte dies bewirkt, eine Hochzeit, auf der fast alle Bewohner dieses Dorfes notorisch die Nacht zugebracht hatten, während zu eben dieser Zeit die Blaukittel eine ihrer stärksten Expeditionen ausführten.

Der Schaden in den Forsten war indes allzugroß, deshalb wurden die Maßregeln dagegen auf eine bisher unerhörte Weise gesteigert; Tag und Nacht wurde patrouilliert, Oberknechte, Hausbediente mit Gewehren versehen und den Forstbeamten zugesellt. Dennoch war der Erfolg nur gering, und die Wächter hatten oft kaum das eine Ende des Forstes verlassen, wenn die Blaukittel schon zum andern einzogen. Das währte länger als ein volles Jahr, Wächter und Blaukittel, Blaukittel und Wächter, wie Sonne und Mond immer abwechselnd im Besitz des Terrains und nie zusammentreffend.

Es war im Juli 1756, früh um drei; der Mond stand klar am Himmel, aber sein Glanz fing an zu ermatten, und im Osten zeigte sich bereits ein schmaler gelber Streif, der den Horizont besäumte und den Eingang einer engen Talschlucht wie mit einem Goldbande schloß. Friedrich lag im Grase, nach seiner gewohnten Weise, und schnitzelte an einem Weidenstabe, dessen knotigem Ende er die Gestalt eines ungeschlachten Tieres zu geben versuchte. Er sah übermüdet aus, gähnte, ließ mitunter seinen Kopf an einem verwitterten Stammknorren ruhen und Blicke, dämmeriger als der Horizont, über den mit Gestrüpp und Aufschlag fast verwachsenen Eingang des Grundes streifen. Ein paarmal belebten sich seine Augen und nahmen den ihnen eigentümlichen glasartigen Glanz an, aber gleich nachher schloß er sie wieder halb und gähnte und dehnte sich, wie es nur faulen Hirten erlaubt ist. Sein Hund lag in einiger Entfernung nah bei den Kühen, die, unbekümmert um die Forstgesetze, ebenso oft den jungen Baumspitzen als dem Grase zusprachen und in die frische Morgenluft schnaubten. Aus dem Walde drang von Zeit zu Zeit ein dumpfer, krachender Schall; der Ton hielt nur einige Sekunden an, begleitet von einem langen Echo an den Bergwänden, und wiederholte sich etwa alle fünf bis acht Minuten. Friedrich achtete nicht darauf; nur zuweilen, wenn das Getöse ungewöhnlich stark oder anhaltend war, hob er den Kopf und ließ seine Blicke langsam über die verschiedenen Pfade gleiten, die ihren Ausgang in dem Talgrunde fanden.

Es fing bereits stark zu dämmern an; die Vögel begannen leise zu zwitschern und der Tau stieg fühlbar aus dem Grunde. Friedrich war an dem Stamm hinabgeglitten und starrte, die Arme über den Kopf verschlungen, in das leise einschleichende Morgenrot. Plötzlich fuhr er auf: über sein Gesicht fuhr ein Blitz, er horchte einige Sekunden mit vorgebeugtem Oberleib, wie ein Jagdhund, dem die Luft Witterung zuträgt. Dann schob er schnell zwei Finger in den Mund und pfiff gellend und anhaltend. — »Fidel, du verfluchtes Tier!« — Ein Steinwurf traf die Seite des unbesorgten Hundes, der, vom Schlafe aufgeschreckt, zuerst um sich biß und dann heulend auf drei Beinen dort Trost suchte, von wo das Übel ausgegangen war. In demselben Augenblicke wurden die Zweige eines nahen Gebüsches fast ohne Geräusch zurückgeschoben und ein Mann trat heraus, im grünen Jagdrock, den silbernen Wappenschild am Arm, die gespannte Büchse in der Hand. Er ließ schnell seine Blicke über die Schlucht fahren und sie dann mit besonderer Schärfe auf dem Knaben verweilen, trat dann vor, winkte nach dem Gebüsch, und allmählich wurden sieben bis acht Männer sichtbar, alle in ähnlicher Kleidung, Waidmesser im Gürtel und die gespannten Gewehre in der Hand.

»Friedrich, was war das?« fragte der zuerst Erschienene. — »Ich wollte, daß der Racker auf der Stelle krepierte. Seinetwegen können die Kühe mir die Ohren vom Kopfe fressen.« — »Die Kanaille hat uns gesehen«, sagte ein anderer. »Morgen sollst du auf die Reise mit einem Stein am Halse«, fuhr Friedrich fort und stieß nach dem Hunde. — »Friedrich, stell dich nicht an wie ein Narr! Du kennst mich und verstehst mich auch!« — Ein Blick begleitete diese Worte, der schnell wirkte. — »Herr Brandes, denkt an meine Mutter!« — »Das tu' ich. Hast du nichts im Walde gehört?« — »Im Walde?« — Der Knabe warf einen raschen Blick auf des Försters Gesicht. — »Eure Holzfäller, sonst nichts.« — »Meine Holzfäller!«

Die ohnehin dunkle Gesichtsfarbe des Försters ging in tiefes Braunrot über. »Wie viele sind ihrer, und wo treiben sie ihr Wesen?« — »Wohin Ihr sie geschickt habt; ich weiß es nicht.« — Brandes wandte sich zu seinen Gefährten: »Geht voran; ich komme gleich nach.«

Als einer nach dem andern im Dickicht verschwunden war, trat Brandes dicht vor den Knaben: »Friedrich«, sagte er mit dem Ton unterdrückter Wut, »meine Geduld ist zu Ende; ich möchte dich prügeln wie einen Hund, und mehr seid ihr auch nicht wert. Ihr Lumpenpack, dem kein Ziegel auf dem Dach gehört! Bis zum Betteln habt ihr es, gottlob, bald gebracht, und an meiner Tür soll deine Mutter, die alte Hexe, keine verschimmelte Brotrinde bekommen. Aber vorher sollt ihr mir noch beide ins Hundeloch.«

Friedrich griff krampfhaft nach einem Aste. Er war totenbleich, und seine Augen schienen wie Kristallkugeln aus dem Kopfe schießen zu wollen. Doch nur einen Augenblick. Dann kehrte die größte, an Erschlaffung grenzende Ruhe zurück. »Herr«, sagte er, fest, mit fast sanfter Stimme, »Ihr habt gesagt, was Ihr nicht verantworten könnt, und ich vielleicht auch. Wir wollen es gegeneinander aufgehen lassen, und nun will ich Euch sagen, was Ihr verlangt. Wenn Ihr die Holzfäller nicht selbst bestellt habt, so müssen es die Blaukittel sein; denn aus dem Dorfe ist kein Wagen gekommen; ich habe den Weg ja vor mir, und vier Wagen sind es. Ich habe sie nicht gesehen, aber den Hohlweg hinauffahren hören.« Er stockte einen Augenblick. — »Könnt Ihr sagen, daß ich je einen Baum in Eurem Revier gefällt habe? überhaupt, daß ich je anderwärts gehauen habe als auf Bestellung? Denkt nach, ob Ihr das sagen könnt?«

Ein verlegenes Murmeln war die ganze Antwort des Försters, der nach Art der meisten rauhen Menschen leicht bereute. Er wandte sich unwirsch und schritt dem Gebüsche zu. — »Nein, Herr«, rief Friedrich, »wenn ihr zu den andern Förstern wollt, die sind dort an der Buche hinaufgegangen.« — »An der Buche?« sagte

Brandes zweifelhaft, »nein, dort hinüber, nach dem Mastergrunde.« — »Ich sage Euch, an der Buche; des langen Heinrich Flintenriemen blieb noch am krummen Ast dort hängen; ich hab's ja gesehen!«

Der Förster schlug den bezeichneten Weg ein. Friedrich hatte die ganze Zeit hindurch seine Stellung nicht verlassen; halb liegend, den Arm um einen dürren Ast geschlungen, sah er dem Fortgehenden unverrückt nach, wie er durch den halbverwachsenen Steig glitt, mit den vorsichtigen weiten Schritten seines Metiers, so geräuschlos, wie ein Luchs die Hühnerstiege erklimmt. Hier sank ein Zweig hinter ihm, dort einer; die Umrisse seiner Gestalt schwanden immer mehr. Da blitzte es noch einmal durchs Laub. Es war ein Stahlknopf seines Jagdrocks; nun war er fort. Friedrichs Gesicht hatte während dieses allmählichen Verschwindens den Ausdruck seiner Kälte verloren, und seine Züge schienen zuletzt unruhig bewegt. Gereute es ihn vielleicht, den Förster nicht um Verschweigung seiner Angaben gebeten zu haben? Er ging einige Schritte voran, blieb dann stehen. »Es ist zu spät«, sagte er vor sich hin und griff nach seinem Hute. Ein leises Picken im Gebüsche, nicht zwanzig Schritte von ihm. Es war der Förster, der den Flintenstein schärfte. Friedrich horchte. — »Nein!« sagte er dann mit entschlossenem Tone, raffte seine Siebensachen zusammen und trieb das Vieh eilfertig die Schlucht entlang.

Um Mittag saß Frau Margret am Herd und kochte Tee. — Friedrich war krank heimgekommen, er klagte über heftige Kopfschmerzen und hatte auf ihre besorgte Nachfrage erzählt, wie er sich schwer geärgert über den Förster, kurz den ganzen eben beschriebenen Vorgang, mit Ausnahme einiger Kleinigkeiten, die er besser fand für sich zu behalten. Margret sah schweigend und trübe in das siedende Wasser. Sie war es wohl gewohnt, ihren Sohn mitunter klagen zu hören, aber heute kam er ihr so angegriffen vor wie fast nie. Sollte wohl eine Krankheit im Anzuge sein? Sie seufzte tief und ließ einen eben ergriffenen Holzblock fallen.

»Mutter!« rief Friedrich aus der Kammer. — »Was willst du?« — »War das ein Schuß?« — »Ach nein, ich weiß nicht, was du meinst.« — »Es pocht mir wohl nur so im Kopfe«, versetzte er.

Die Nachbarin trat herein und erzählte mit leisem Flüstern irgend eine unbedeutende Klatscherei, die Margret ohne Teilnahme anhörte. Dann ging sie. — »Mutter!« rief Friedrich. Margret ging zu ihm hinein. »Was erzählte die Hülsmeyer?« — »Ach gar nichts, Lügen, Wind!« — Friedrich richtete sich auf. — »Von der Gretchen Siemers; du weißt ja wohl die alte Geschichte; und ist doch nichts Wahres dran.« — Friedrich legte sich wieder hin. »Ich will sehen, ob ich schlafen kann«, sagte er.

Margret saß am Herde; sie spann und dachte wenig Erfreuliches. Im Dorfe schlug es halb zwölf; die Tür klinkte, und der Gerichtsschreiber Kapp trat herein. — »Guten Tag, Frau Mergel«, sagte er; »könnt Ihr mir einen Trunk Milch geben? ich komme von M.« — Als Frau Mergel das Verlangte brachte, fragte er: »Wo ist Friedrich?« Sie war gerade beschäftigt, einen Teller hervorzulangen, und überhörte die Frage. Er trank zögernd und in kurzen Absätzen. »Wißt Ihr wohl«, sagte er dann, »daß die Blaukittel in dieser Nacht wieder im Masterholze eine ganze Strecke so kahl gefegt haben, wie meine Hand?« — »Ei, du frommer Gott!« versetzte sie gleichgültig. »Die Schandbuben«, fuhr der Schreiber fort, »ruinieren alles; wenn sie noch Rücksicht nähmen auf das junge Holz, aber Eichenstämme wie mein Arm dick, wo nicht einmal eine Ruderstange drin steckt! Es ist, als ob ihnen anderer Leute Schaden ebenso lieb wäre wie ihr Profit!« — »Es ist schade!« sagte Margret.

Der Amtsschreiber hatte getrunken und ging noch immer nicht. Er schien etwas auf dem Herzen zu haben. »Habt Ihr nichts von Brandes gehört?« fragte er plötzlich. — »Nichts; er kommt niemals hier ins Haus.« — »So wißt Ihr nicht, was ihm begegnet ist?« — »Was denn?« fragte Margret gespannt. — »Er ist tot!« — »Tot!« rief sie, »was tot? Um Gottes willen! er ging ja noch heute morgen ganz gesund hier vorüber mit der Flinte auf dem Rücken!« — »Er ist tot«, wiederholte der Schreiber, sie scharf fixierend; »von den Blaukitteln erschlagen. Vor einer Viertelstunde wurde die Leiche ins Dorf gebracht.«

Margret schlug die Hände zusammen. — »Gott im Himmel, geh nicht mit ihm ins Gericht! er wußte nicht, was er tat!« — »Mit ihm!« rief der Amtsschreiber, »mit dem verfluchten Mörder, meint Ihr?« Aus der Kammer drang ein schweres Stöhnen. Margret eilte hin und der Schreiber folgte ihr. Friedrich saß aufrecht im Bette, das Gesicht in die Hände gedrückt und ächzte wie ein Sterbender. — »Friedrich, wie ist dir?« sagte die Mutter. — »Wie ist dir?« wiederholte der Amtsschreiber. — »O mein Leib, mein Kopf!« jammerte er. — »Was fehlt ihm?« — »Ach, Gott weiß es«, versetzte sie; »er ist schon um vier mit den Kühen heimgekommen, weil ihm so übel war.« — »Friedrich — Friedrich, antworte doch, soll ich zum Doktor?« — »Nein, nein«, ächzte er, »es ist nur Kolik, es wird schon besser.«

Er legte sich zurück; sein Gesicht zuckte krampfhaft vor Schmerz; dann kehrte die Farbe wieder. »Geht«, sagte er matt; »ich muß schlafen, dann geht's vorüber.« — »Frau Mergel«, sagte der Amtsschreiber ernst, »ist es gewiß, daß Friedrich um vier zu Hause kam, und nicht wieder fortging?« — Sie sah ihn starr an. »Fragt jedes Kind auf der Straße. Und fortgehen? — wollte Gott, er könnt' es!« — »Hat er Euch nichts von Brandes erzählt?« — »In Gottes Namen, ja, daß er ihn im Walde geschimpft und unsere Armut vorgeworfen hat, der Lump! — Doch Gott verzeih' mir, er ist tot! Geht!« — fuhr sie heftig fort; »seid Ihr gekommen, um ehrliche Leute zu beschimpfen? Geht!« — Sie wandte sich wieder zu ihrem Sohne; der Schreiber ging. — »Friedrich, wie ist dir?« sagte die Mutter; »hast du wohl gehört? Schrecklich, schrecklich! ohne Beichte und Absolution!« — »Mutter, Mutter, um Gottes willen, laß mich schlafen; ich kann nicht mehr!«

In diesem Augenblicke trat Johannes Niemand in die Kammer; dünn und lang wie eine Hopfenstange, aber zerlumpt und scheu, wie wir ihn vor fünf Jahren gesehen. Sein Gesicht war noch bleicher als gewöhnlich. »Friedrich«, stotterte er, »du sollst sogleich zum Ohm kommen, er hat Arbeit für dich, aber sogleich.« — Friedrich drehte sich gegen die Wand. — »Ich komme nicht«, sagte er barsch, »ich bin krank.« — »Du mußt aber kommen«, keuchte Johannes; »er hat gesagt, ich müßte dich mitbringen.« Friedrich lachte höhnisch auf: »Das will ich doch sehen!« — »Laß ihn in Ruhe, er kann nicht«, seufzte Margret, »du siehst ja, wie es steht.« — Sie ging auf einige Minuten hinaus; als sie zurückkam, war Friedrich bereits angekleidet. — »Was fällt dir ein?« rief sie, »Du kannst, du sollst nicht gehen!« — »Was sein muß, schickt sich wohl«, versetzte er und war schon zur Türe hinaus mit Johannes. — »Ach Gott«, seufzte die Mutter, »wenn die Kinder klein sind, treten sie uns in den Schoß, und wenn sie groß sind, ins Herz!«

Die gerichtliche Untersuchung hatte ihren Anfang genommen, die Tat lag klar am Tage; über den Täter aber waren die Anzeichen so schwach, daß, obschon alle Umstände die Blaukittel dringend verdächtigten, man doch nicht mehr als Mutmaßungen wagen konnte. Eine Spur schien Licht geben zu wollen: doch rechnete man aus Gründen wenig darauf. Die Abwesenheit des Gutsherrn hatte den Gerichtsschreiber genötigt, auf eigene Hand die Sache einzuleiten. Er saß am Tische; die Stube war gedrängt voll von Bauern, teils neugierigen, teils solchen, von denen man in Ermangelung eigentlicher Zeugen einigen Aufschluß zu erhalten hoffte. Hirten, die in derselben Nacht gehütet, Knechte, die den Acker in der Nähe bestellt, alle standen stramm und fest, die Hände in den Taschen, gleichsam als stillschweigende Erklärung, daß sie nicht einzuschreiten gesonnen seien. Acht Forstbeamte wurden vernommen. Ihre Aussagen waren völlig gleichlautend: Brandes habe sie am zehnten abends zur Runde bestellt, da ihm von einem Vorhaben der Blaukittel müsse Kunde zugekommen sein; doch habe er sich nur unbestimmt darüber geäußert. Um zwei Uhr in der Nacht seien sie ausgezogen und auf manche Spuren der Zerstörung gestoßen, die den Oberförster sehr übel gestimmt; sonst sei alles still gewesen. Gegen vier Uhr habe Brandes gesagt: »Wir sind angeführt, laßt uns heimgehen.« — Als sie nun um den Bremerberg gewendet und zugleich der Wind umgeschlagen, habe man deutlich im Masterholz fällen gehört und aus der schnellen Folge der Schläge geschlossen, daß die Blaukittel am Werk seien. Man habe nun eine Weile beratschlagt, ob es tunlich sei, mit so geringer Macht die kühne Bande anzugreifen, und sich dann ohne bestimmten Entschluß dem Schalle langsam genähert. Nun folgte der Auftritt mit Friedrich. Ferner: nachdem Brandes sie ohne Weisung fortgeschickt, seien sie eine Weile vorangeschritten und dann, als sie bemerkt, daß das Getöse im noch ziemlich weit entfernten Walde gänzlich aufgehört, stille gestanden, um den Oberförster zu erwarten. Die Zögerung habe sie verdrossen, und nach etwa zehn Minuten seien sie weitergegangen und so bis an den Ort der Verwüstung. Alles sei vorüber gewesen, kein Laut mehr im Walde, von zwanzig gefällten Stämmen noch acht vorhanden, die übrigen bereits fortgeschafft. Es sei ihnen unbegreiflich, wie man dieses ins Werk gestellt, da keine Wagenspuren zu finden gewesen. Auch habe die Dürre der Jahreszeit und der mit Fichtennadeln bestreute Boden keine Fußstapfen unterscheiden lassen, obgleich der Grund ringsumher wie festgestampft war. Da man nun überlegt, daß es zu nichts nützen könne, den Oberförster zu erwarten, sei man rasch der andern Seite des Waldes zugeschritten, in der Hoffnung, vielleicht noch einen Blick von den Frevlern zu erhaschen. Hier habe sich einem von ihnen beim Ausgange des Waldes die Flaschenschnur in Brombeerranken verstrickt, und als er umgeschaut, habe er etwas im Gestrüpp blitzen sehen; es war die Gurtschnalle des Oberförsters, den man nun hinter den Ranken liegend fand, grad ausgestreckt, die rechte Hand um den Flintenlauf geklemmt, die andere geballt und die Stirn von einer Axt gespalten.

Dies waren die Aussagen der Förster; nun kamen die Bauern an die Reihe, aus denen jedoch nichts zu bringen war. Manche behaupteten, um vier Uhr noch zu Hause oder anderswo beschäftigt gewesen zu sein, und keiner wollte etwas bemerkt haben. Was war zu machen? Sie waren sämtlich angesessene, unverdächtige Leute. Man mußte sich mit ihren negativen Zeugnissen begnügen.

Friedrich ward hereingerufen. Er trat ein mit einem Wesen, das sich durchaus nicht von seinem gewöhnlichen unterschied, weder gespannt nock keck. Das Verhör währte ziemlich lange, und die Fragen waren mitunter ziemlich schlau gestellt; er beantwortete sie jedoch alle offen und bestimmt und erzählte den Vorgang zwischen ihm und dem Oberförster ziemlich der Wahrheit gemäß, bis auf das Ende, das er geratener fand, für sich zu behalten. Sein Alibi zur Zeit des Mordes war leicht erwiesen. Der Förster lag am Ausgange des Masterholzes, über dreiviertel Stunden Weges von der Schlucht, in der er Friedrich um vier Uhr angeredet und aus der dieser seine Herde schon zehn Minuten später ins Dorf getrieben. Jedermann hatte dies gesehen; alle anwesenden Bauern beeiferten sich, es zu bezeugen; mit diesem hatte er geredet, jenem zugenickt.

Der Gerichtsschreiber saß unmutig und verlegen da. Plötzlich fuhr er mit der Hand hinter sich und brachte etwas Blinkendes vor Friedrichs Auge. »Wem gehört dies?« — Friedrich sprang drei Schritte zurück. »Herr Jesus! Ich dachte, Ihr wollt mir den Schädel einschlagen.« Seine Augen waren rasch über das tödliche Werkzeug gefahren und schienen momentan auf einem ausgebrochenen Splitter am Stiele zu haften. »Ich weiß es nicht«, sagte er fest. — Es war die Axt, die man in dem Schädel des Oberförsters eingeklammert gefunden hatte. — »Sieh sie genau an«, fuhr der Gerichtsschreiber fort. Friedrich faßte sie mit der Hand, besah sie oben, unten, wandte sie um. »Es ist eine Axt wie andere«, sagte er dann und legte sie gleichgültig auf den Tisch. Ein Blutfleck ward sichtbar; er schien zu schaudern, aber er wiederholte noch einmal sehr bestimmt: »Ich kenne sie nicht.« Der Gerichtsschreiber seufzte vor Unmut. Er selbst wußte um nichts mehr und hatte nur einen Versuch zu möglicher Entdeckung durch Überraschung machen wollen. Es blieb nichts übrig, als das Verhör zu schließen.

Denjenigen, die vielleicht auf den Ausgang dieser Begebenheit gespannt sind, muß ich sagen, daß diese Geschichte nie aufgeklärt wurde, obwohl noch viel dafür geschah und diesem Verhöre mehrere folgten. Den Blaukitteln schien durch das Aufsehen, das der Vorgang gemacht, und die darauf folgenden geschärften Maßregeln der Mut genommen; sie waren von nun an wie verschwunden, und obgleich späterhin noch mancher Holzfrevler erwischt wurde, fand man doch nie Anlaß, ihn der berüchtigten Bande zuzuschreiben. Die Axt lag zwanzig Jahre nachher als unnützes *Corpus delicti* im Gerichtsarchiv, wo sie wohl noch jetzt ruhen mag mit ihren Rostflecken. Es würde in einer erdichteten Geschichte unrecht sein, die Neugier des Lesers so zu täuschen. Aber dies alles hat sich wirklich zugetragen; ich kann nichts davon oder dazu tun.

Am nächsten Sonntage stand Friedrich sehr früh auf, um zur Beichte zu gehen. Es war Mariä Himmelfahrt und die Pfarrgeistlichen schon vor Tagesanbruch im Beichtstuhle. Nachdem er sich im Finstern angekleidet, verließ er so geräuschlos wie möglich den engen Verschlag, der ihm in Simons Hause eingeräumt war. In der Küche mußte sein Gebetbuch auf dem Sims liegen und er hoffte, es mit Hülfe des schwachen Mondlichts zu finden; es war nicht da. Er warf die Augen suchend umher und fuhr zusammen; in der Kammertür stand Simon, fast unbekleidet; seine dürre Gestalt, sein ungekämmtes, wirres Haar und die vom Mondschein verursachte Blässe des Gesichts gaben ihm ein schauerlich verändertes Aussehen. »Sollte er nachtwandeln?« dachte Friedrich, und verhielt sich ganz still. — »Friedrich, wohin?« flüsterte der Alte. — »Ohm, seid Ihr's? Ich will beichten gehen.« — »Das dachte ich mir, geh in Gottes Namen, aber beichte wie ein guter Christ.« — »Das will ich«, sagte Friedrich. — »Denk an die zehn Gebote: du sollst kein Zeugnis ablegen gegen deinen Nächsten.« — »Kein falsches!« — »Nein, gar keines; du bist schlecht unterrichtet; wer einen andern in der Beichte anklagt, der empfängt das Sakrament unwürdig.«

Beide schwiegen. — »Ohm, wie kommt ihr darauf?« sagte Friedrich dann; »Eu'r Gewissen ist nicht rein; Ihr habt mich belogen.« — »Ich? so?« — »Wo ist Eure Axt?« — »Meine Axt? auf der Tenne.« — »Habt Ihr einen neuen Stiel hinein gemacht? wo ist der alte?« — »Den kannst du heute bei Tage im Holzschuppen finden.« »Geh«, fuhr er verächtlich fort, »ich dachte, du seist ein Mann; aber du bist ein altes Weib, das gleich meint, das Haus brenne, wenn ihr Feuertopf raucht. Sieh«, fuhr er fort, »wenn ich mehr von der Geschichte weiß, als der Türpfosten da, so will ich ewig nicht selig werden. Längst war ich zu Haus«, fügte er hinzu. — Friedrich stand beklemmt und zweifelnd. Er hätte viel darum gegeben, seines Ohms Gesicht sehen zu können. Aber während sie flüsterten, hatte der Himmel sich bewölkt.

»Ich habe schwere Schuld«, seufzte Friedrich, »daß ich ihn den unrechten Weg geschickt — obgleich — doch, dies hab' ich nicht gedacht; nein, gewiß nicht. Ohm, ich habe Euch ein schweres Gewissen zu danken.« — »So geh, beicht!« flüsterte Simon mit bebender Stimme; »verunehre das Sakrament durch Angeberei und setze armen Leuten einen Spion auf den Hals, der schon Wege finden wird, ihnen das Stückchen Brot aus den Zähnen zu reißen, wenn er gleich nicht reden darf — geh!« Friedrich stand unschlüssig; er hörte ein leises Geräusch; die Wolken verzogen sich, das Mondlicht fiel wieder auf die Kammertür: sie war geschlossen. Friedrich ging an diesem Morgen nicht zur Beichte.

Der Eindruck, den dieser Vorfall auf Friedrich gemacht, erlosch leider nur zu bald. Wer zweifelt daran, daß Simon alles tat, seinen Adoptivsohn dieselben Wege zu leiten, die er selber ging? Und in Friedrich lagen Eigenschaften, die dies nur zu sehr erleichterten: Leichtsinn, Erregbarkeit, und vor allem ein grenzenloser Hochmut, der nicht immer den Schein verschmähte und dann alles daran setzte, durch Wahrmachung des Usurpierten möglicher Beschämung zu entgehen. Seine Natur war nicht unedel, aber er gewöhnte sich, die innere Schande der äußern vorzuziehen. Man darf nur sagen, er gewöhnte sich zu prunken, während seine Mutter darbte.

Diese unglückselige Wendung seines Charakters war indessen das Werk mehrerer Jahre, in denen man bemerkte, daß Margret immer stiller über ihren Sohn ward und allmählich in einen Zustand der Verkommenheit versank, den man früher bei ihr für unmöglich gehalten hätte. Sie wurde scheu, saumselig, sogar unordentlich, und manche meinten, ihr Kopf habe gelitten. Friedrich ward desto lauter; er versäumte keine Kirchweih oder Hochzeit, und da ein sehr empfindliches Ehrgefühl ihn die geheime Mißbilligung mancher nicht übersehen ließ, war er gleichsam unter Waffen, der öffentlichen Meinung nicht sowohl Trotz zu bieten, als sie den Weg zu leiten, der ihm gefiel. Er war äußerlich ordentlich, nüchtern, anscheinend treuherzig, aber listig, prahlerisch und oft roh, ein Mensch, an dem niemand Freude haben konnte, am wenigsten seine Mutter, und der dennoch durch seine gefürchtete Kühnheit und noch mehr gefürchtete Tücke ein gewisses Übergewicht im Dorfe erlangt hatte, das um so mehr anerkannt wurde, je mehr man sich bewußt war, ihn nicht zu kennen und nicht berechnen zu können, wessen er am Ende fähig sei. Nur ein Bursch im Dorfe, Wilm Hülsmeyer, wagte im Bewußtsein seiner Kraft und guter Verhältnisse ihm die Spitze zu bieten; und da er gewandter in Worten war als Friedrich, und immer, wenn der Stachel saß, einen Scherz daraus zu machen wußte, so war dies der einzige, mit dem Friedrich ungern zusammentraf.

Vier Jahre waren verflossen; es war im Oktober; der milde Herbst von 1760, der alle Scheunen mit Korn und alle Keller mit Wein füllte, hatte seinen Reichtum auch über diesen Erdwinkel strömen lassen, und man sah mehr Betrunkene, hörte von mehr Schlägereien und dummen Streichen als je. Überall gab's Lustbarkeiten;

der blaue Montag kam in Aufnahme, und wer ein paar Taler erübrigt hatte, wollte gleich eine Frau dazu, die ihm heute essen und morgen hungern helfen könne. Da gab es im Dorfe eine tüchtige, solide Hochzeit, und die Gäste durften mehr erwarten, als eine verstimmte Geige, ein Glas Branntwein und, was sie an guter Laune selber mitbrachten. Seit früh war alles auf den Beinen; vor jeder Tür wurden Kleider gelüftet, und B. glich den ganzen Tag einer Trödelbude. Da viele Auswärtige erwartet wurden, wollte jeder gern die Ehre des Dorfes oben halten.

Es war sieben Uhr abends und alles in vollem Gange, Jubel und Gelächter an allen Enden, die niederen Stuben zum Ersticken angefüllt mit blauen, roten und gelben Gestalten, gleich Pfandställen, in denen eine zu große Herde eingepfercht ist. Auf der Tenne ward getanzt, das heißt: wer zwei Fuß Raum erobert hatte, drehte sich darauf immer rundum und suchte durch Jauchzen zu ersetzen, was an Bewegung fehlte. Das Orchester war glänzend, die erste Geige als anerkannte Künstlerin prädominierend, die zweite und eine große Baßviole mit drei Saiten von Dilettanten *ad libitum* gestrichen; Branntwein und Kaffee in Überfluß, alle Gäste von Schweiß triefend; kurz, es war ein köstliches Fest. Friedrich stolzierte umher wie ein Hahn, im neuen himmelblauen Rock, und machte sein Recht als erster Elegant geltend. Als auch die Gutsherrschaft anlangte, saß er gerade hinter der Baßgeige und strich die tiefste Saite mit großer Kraft und vielem Anstand.

»Johannes!« rief er gebieterisch, und heran trat sein Schützling von dem Tanzplatze, wo er auch seine ungelenken Beine zu schlenkern und eins zu jauchzen versucht hatte. Friedrich reichte ihm den Bogen, gab durch eine stolze Kopfbewegung seinen Willen zu erkennen und trat zu den Tanzenden. »Nun lustig, Musikanten:

den Papen von Istrup!« — Der beliebte Tanz ward gespielt, und Friedrich machte Sätze vor den Augen seiner Herrschaft, daß die Kühe an der Tenne die Hörner zurückzogen und Kettengeklirr und Gebrumm an ihren Ständern herlief. Fußhoch über die anderen tauchte sein blonder Kopf auf und nieder, wie ein Hecht, der sich im Wasser überschlägt; an allen Enden schrien Mädchen auf, denen er zum Zeichen der Huldigung mit einer raschen Kopfbewegung sein langes Flachshaar ins Gesicht schleuderte.

»Jetzt ist es gut!« sagte er endlich und trat schweißtriefend an den Kredenztisch; »die gnädigen Herrschaften sollen leben und alle die hochadeligen Prinzen und Prinzessinnen, und wer's nicht mittrinkt, den will ich an die Ohren schlagen, daß er die Engel singen hört!« — Ein lautes Vivat beantwortete den galanten Toast. — Friedrich machte seinen Bückling. — »Nichts für ungut, gnädige Herrschaften; wir sind ungelehrte Bauersleute!« In diesem Augenblick erhob sich ein Getümmel am Ende der Tenne, Geschrei, Schelten, Gelächter, alles durcheinander. »Butterdieb, Butterdieb!« riefen ein paar Kinder, und heran drängte sich, oder vielmehr ward geschoben, Johannes Niemand, den Kopf zwischen die Schultern ziehend und mit aller Macht nach dem Ausgange strebend. — »Was ist's? was habt ihr mit unserem Johannes?« rief Friedrich gebieterisch.

»Das sollt Ihr früh genug gewahr werden«, keuchte ein altes Weib mit der Küchenschürze und einem Wischhader in der Hand. — Schande! Johannes, der arme Teufel, dem zu Hause das Schlechteste gut genug sein mußte, hatte versucht, sich ein halbes Pfündchen Butter für die kommende Dürre zu sichern, und ohne daran zu denken, daß er es, sauber in sein Schnupftuch gewickelt, in der Tasche geborgen, war er ans Küchenfeuer getreten, und nun rann das Fett schmählich die Rockschöße entlang. Allgemeiner Aufruhr; die Mädchen sprangen zurück, aus Furcht, sich zu beschmutzen, oder stießen den Delinquenten vorwärts. Andere machten Platz, sowohl aus Mitleid als Vorsicht. Aber Friedrich trat vor: »Lumpenhund!« rief er; ein paar derbe Maulschellen trafen den geduldigen Schützling; dann stieß er ihn an die Tür und gab ihm einen tüchtigen Fußtritt mit auf den Weg.

Er kehrte niedergeschlagen zurück; seine Würde war verletzt, das allgemeine Gelächter schnitt ihm durch die Seele, ob er sich gleich durch einen tapfern Juchheschrei wieder in den Gang zu bringen suchte — es wollte nicht mehr recht gehen. Er war im Begriff, sich wieder hinter die Baßviole zu flüchten; doch zuvor noch ein Knalleffekt: er zog seine silberne Taschenuhr hervor, zu jener Zeit ein seltener und kostbarer Schmuck. »Es ist bald zehn«, sagte er. »Jetzt das Brautmenuett! Ich will Musik machen.«

»Eine prächtige Uhr!« sagte der Schweinehirt und schob sein Gesicht in ehrfurchtsvoller Neugier vor. — »Was hat sie gekostet?« rief Wilm Hülsmeyer, Friedrichs Nebenbuhler. — »Willst du sie bezahlen?« fragte Friedrich. — »Hast du sie bezahlt?« antwortete Wilm. Friedrich warf einen stolzen Blick auf ihn und griff in schweigender Majestät zum Fiedelbogen. — »Nun, nun«, sagte Hülsmeyer, »dergleichen hat man schon erlebt. Du weißt wohl, der Franz Ebel hatte auch eine schöne Uhr, bis der Jude Aaron sie ihm wieder abnahm.« — Friedrich antwortete nicht, sondern winkte stolz der ersten Violine, und sie begannen aus Leibeskräften zu streichen.

Die Gutsherrschaft war indessen in die Kammer getreten, wo der Braut von den Nachbarfrauen das Zeichen ihres neuen Standes, die weiße Stirnbinde, umgelegt wurde. Das junge Blut weinte sehr, teils weil es die Sitte so wollte, teils aus wahrer Beklemmung. Sie sollte einem verworrenen Haushalt vorstehen, unter den Augen eines mürrischen alten Mannes, den sie noch obendrein lieben sollte. Er stand neben ihr, durchaus nicht wie der Bräutigam des hohen Liedes, der »in die Kammer tritt wie die Morgensonne«. — »Du hast nun genug geweint«, sagte er verdrießlich; »bedenk, du bist es nicht, die mich glücklich macht, ich mache dich glücklich!« — Sie sah demütig zu ihm auf und schien zu fühlen, daß er recht habe. — Das Geschäft war beendigt; die junge Frau hatte ihrem Manne zugetrunken, junge Spaßvögel hatten durch den Dreifuß geschaut, ob die Binde gerade sitze, und man drängte sich wieder der Tenne zu, von wo unauslöschliches Gelächter und Lärm herüberschallte. Friedrich war nicht mehr dort. Eine große, unerträgliche Schmach hatte ihn getroffen, da der Jude Aaron, ein Schlächter und gelegentlicher Althändler aus dem nächsten Städtchen, plötzlich erschienen war und nach einem kurzen, unbefriedigenden Zwiegespräch ihn laut vor allen Leuten um den Betrag von zehn Talern für eine schon um Ostern gelieferte Uhr gemahnt hatte. Friedrich war wie vernichtet fortgegangen und der Jude ihm gefolgt, immer schreiend: »O weh mir! warum hab' ich nicht gehört auf vernünftige Leute! Haben sie mir nicht hundertmal gesagt, Ihr hättet all Eu'r Gut am Leibe und kein Brot im Schranke!« — Die Tenne tobte von Gelächter; manche hatten sich auf den Hof nachgedrängt. — »Packt den Juden! Wiegt ihn gegen ein Schwein!« riefen einige; andere waren ernst geworden. — »Der Friedrich sah so blaß aus wie ein Tuch«, sagte eine alte Frau, und die Menge teilte sich, wie der Wagen des Gutsherrn in den Hof lenkte.

Herr von S. war auf dem Heimwege verstimmt, die jedesmalige Folge, wenn der Wunsch, seine Popularität aufrecht zu erhalten, ihn bewog, solchen Festen beizuwohnen. Er sah schweigend aus dem Wagen. »Was sind denn das für ein paar Figuren?« — Er deutete auf zwei dunkle Gestalten, die vor dem Wagen rannten wie Strauße. Nun schlüpften sie ins Schloß. — »Auch ein paar selige Schweine aus unserm eigenen Stall!« seufzte Herr von S. — Zu Hause angekommen, fand er die Hausflur vom ganzen Dienstpersonal eingenommen, das zwei Kleinknechte umstand, welche sich blaß und atemlos auf der Stiege niedergelassen hatten. Sie behaupteten, von des alten Mergels Geist verfolgt worden zu sein, als sie durchs Brederholz heimkehrten. Zuerst hatte es über ihnen an der Höhe gerauscht und geknistert; darauf hoch in der Luft ein Geklapper, wie von aneinander geschlagenen Stöcken; plötzlich ein gellender Schrei und ganz deutlich die Worte: »O weh, meine arme Seele!« hoch von oben herab. Der eine wollte auch glühende Augen durch die Zweige funkeln gesehen haben, und beide waren gelaufen, was ihre Beine vermochten.

»Dummes Zeug!« sagte der Gutsherr verdrießlich und trat in die Kammer, sich umzukleiden. Am andern Morgen wollte die Fontäne im Garten nicht springen, und es fand sich, daß jemand eine Röhre verrückt hatte, augenscheinlich um nach dem Kopfe eines vor vielen Jahren hier verscharrten Pferdegerippes zu suchen, der für ein bewährtes Mittel wider allen Hexen- und Geisterspuk gilt. »Hm«, sagte der Gutsherr, »was die Schelme nicht stehlen, das verderben die Narren.«

Drei Tage später tobte ein furchtbarer Sturm. Es war Mitternacht, aber alles im Schloß außer dem Bett. Der Gutsherr stand am Fenster und sah besorgt ins Dunkle, nach seinen Feldern hinüber. An den Scheiben flogen Blätter und Zweige her; mitunter fuhr ein Ziegel hinab und schmetterte auf das Pflaster des Hofes. »Furchtbares Wetter!« sagte Herr von S. Seine Frau sah ängstlich aus. »Ist das Feuer auch gewiß gut verwahrt?« sagte sie; »Gretchen, sieh noch einmal nach, gieß es lieber ganz aus! — Kommt, wir wollen das Evangelium Johannis beten.« Alles kniete nieder und die Hausfrau begann: »Im Anfang war das Wort, und das Wort war bei Gott, und Gott war das Wort.« — Ein furchtbarer Donnerschlag. Alle fuhren zusammen; dann furchtbares Geschrei und Getümmel die Treppe heran. — »Um Gotteswillen! brennt es?« rief Frau von S. und sank mit dem Gesichte auf den Stuhl. Die Türe ward aufgerissen, und herein stürzte die Frau des Juden Aaron, bleich wie der Tod, das Haar wild um den Kopf, von Regen triefend. Sie warf sich vor dem Gutsherrn auf die Knie. »Gerechtigkeit!« rief sie, »Gerechtigkeit! mein Mann ist erschlagen!« und sank ohnmächtig zusammen.

Es war nur zu wahr, und die nachfolgende Untersuchung bewies, daß der Jude Aaron durch einen Schlag an die Schläfe mit einem stumpfen Instrumente, wahrscheinlich einem Stabe, sein Leben verloren hatte, durch einen einzigen Schlag. An der linken Schläfe war der blaue Fleck, sonst keine Verletzung zu finden. Die Aussagen der Jüdin und ihres Knechtes Samuel lauteten so: Aaron war vor drei Tagen am Nachmittage ausgegangen, um Vieh zu kaufen, und hatte dabei gesagt, er werde wohl über Nacht ausbleiben, da noch einige böse Schuldner in B. und S. zu mahnen seien. In diesem Falle werde er in B. beim Schlachter Salomon übernachten. Als er am folgenden Tage nicht heimkehrte, war seine Frau sehr besorgt geworden und hatte sich endlich heute um drei Uhr nachmittags in Begleitung ihres Knechtes und des großen Schlächterhundes auf den Weg gemacht. Beim Juden Salomon wußte man nichts von Aaron; er war gar nicht dagewesen. Nun waren sie zu allen Bauern gegangen, von denen sie wußten, daß Aaron einen Handel mit ihnen im Auge hatte. Nur zwei hatten ihn gesehen, und zwar an demselben Tage, an welchem er ausgegangen. Es war darüber sehr spät geworden. Die große Angst trieb das Weib nach Hause, wo sie ihren

Mann wiederzufinden eine schwache Hoffnung nährte. So waren sie im Brederholz vom Gewitter überfallen worden und hatten unter einer großen, am Berghange stehenden Buche Schutz gesucht; der Hund hatte unterdessen auf eine auffallende Weise umhergestöbert und sich endlich, trotz allem Locken, im Walde verlaufen. Mit einemmale sieht die Frau beim Leuchten des Blitzes etwas Weißes neben sich im Moose. Es ist der Stab ihres Mannes, und fast im selben Augenblicke bricht der Hund durchs Gebüsch und trägt etwas im Maule: es ist der Schuh ihres Mannes. Nicht lange, so ist in einem mit dürrem Laube gefüllten Graben der Leichnam des Juden gefunden. — Dies war die Angabe des Knechtes, von der Frau nur im allgemeinen unterstützt; ihre übergroße Spannung hatte nachgelassen, und sie schien jetzt halb verwirrt oder vielmehr stumpfsinnig. — »Aug' um Auge, Zahn um Zahn!« dies waren die einzigen Worte, die sie zuweilen hervorstieß.

In derselben Nacht noch wurden die Schützen aufgeboten, um Friedrich zu verhaften. Der Anklage bedurfte es nicht, da Herr von S. selbst Zeuge eines Auftritts gewesen war, der den dringendsten Verdacht auf ihn werfen mußte; zudem die Gespenstergeschichte von jenem Abende, das Aneinanderschlagen der Stäbe im Brederholz, der Schrei aus der Höhe. Da der Amtsschreiber gerade abwesend war, so betrieb Herr von S. selbst alles rascher, als sonst geschehen wäre. Dennoch begann die Dämmerung bereits anzubrechen, bevor die Schützen so geräuschlos wie möglich das Haus der armen Margret umstellt hatten. Der Gutsherr selber pochte an; es währte kaum eine Minute, bis geöffnet ward und Margret völlig angekleidet in der Türe erschien. Herr von S. fuhr zurück; er hatte sie fast nicht erkannt, so blaß und steinern sah sie aus. »Wo ist Friedrich?« fragte er mit unsicherer Stimme. — »Sucht ihn«, antwortete sie und setzte sich auf einen Stuhl. Der Gutsherr zögerte noch einen Augenblick. »Herein, herein!« sagte er dann barsch; »worauf warten wir?« Man trat in Friedrichs Kammer. Er war nicht da, aber das Bett noch warm. Man stieg auf den Söller, in den Keller, stieß ins Stroh, schaute hinter jedes Faß, sogar in den Backofen; er war nicht da. Einige gingen in den Garten, sahen hinter den Zaun und in die Apfelbäume hinauf; er war nicht zu finden. — »Entwischt!« sagte der Gutsherr mit sehr gemischten Gefühlen; der Anblick der alten Frau wirkte gewaltig auf ihn. »Gebt den Schlüssel zu jenem Koffer.« — Margret antwortete nicht. — »Gebt den Schlüssel!« wiederholte der Gutsherr und merkte jetzt erst, daß der Schlüssel steckte. Der Inhalt des Koffers kam zum Vorschein; des Entflohenen gute Sonntagskleider und seiner Mutter ärmlicher Staat; dann zwei Leichenhemden mit schwarzen Bändern, das eine für einen Mann, das andere für eine Frau gemacht. Herr von S. war tief erschüttert. Ganz zu unterst auf dem Boden des Koffers lag die silberne Uhr und einige Schriften von sehr leserlicher Hand; eine derselben von einem Manne unterzeichnet, den man in starkem Verdacht der Verbindung mit den Holzfrevlern hatte. Herr von S. nahm sie mit zur Durchsicht, und man verließ das Haus, ohne daß Margret ein anderes Lebenszeichen von sich gegeben hätte, als daß sie unaufhörlich die Lippen nagte und mit den Augen zwinkerte.

Im Schlosse angelangt, fand der Gutsherr den Amtsschreiber, der schon am vorigen Abend heimgekommen war und behauptete, die ganze Geschichte verschlafen zu haben, da der gnädige Herr nicht nach ihm geschickt. »Sie kommen immer zu spät«, sagte Herr von S. verdrießlich. »War denn nicht irgend ein altes Weib im Dorfe, das Ihrer Magd die Sache erzählte? Und warum weckte man Sie dann nicht?« — »Gnädiger Herr«, versetzte Kapp, »allerdings hat meine Anne Marie den Handel um eine Stunde früher erfahren als ich; aber sie wußte, daß Ihre Gnaden die Sache selbst leiteten, und dann«, fügte er mit klagender Miene hinzu, »daß ich so todmüde war!« — »Schöne Polizei!« murmelte der Gutsherr, »jede alte Schachtel im Dorf weiß Bescheid, wenn es recht geheim zugehen soll.« Dann fuhr er heftig fort: »Das müßte wahrhaftig ein dummer Teufel von Delinquenten sein, der sich packen ließe!«

Beide schwiegen eine Weile. — »Mein Fuhrmann hatte sich in der Nacht verirrt«, hob der Amtsschreiber wieder an; »über eine Stunde lang hielten wir im Walde; es war ein Mordwetter; ich dachte, der Wind werde den Wagen umreißen. Endlich, als der Regen nachließ, fuhren wir in Gottes Namen darauf los, immer in das Zellerfeld hinein, ohne eine Hand vor den Augen zu sehen. Da sagte der Kutscher: ‚Wenn wir nur nicht den Steinbrüchen zu nahe kommen!' Mir war selbst bange; ich ließ halten und schlug Feuer, um wenigstens etwas Unterhaltung an meiner Pfeife zu haben. Mit einemmale hörten wir ganz nah, perpendicular unter uns die Glocke schlagen. Euer Gnaden mögen glauben, daß mir fatal zu Mute wurde. Ich sprang aus dem Wagen, denn seinen eigenen Beinen kann man trauen, aber denen der Pferde nicht. So stand ich, in Kot und Regen, ohne mich zu rühren, bis es gottlob sehr bald anfing zu dämmern. Und wo hielten wir? Dicht an der Heerser Tiefe und den Turm von Heerse gerade unter uns. Wären wir noch zwanzig Schritte weiter gefahren, wir wären alle Kinder des Todes gewesen.« — »Das war in der Tat kein Spaß«, versetzte der Gutsherr halb versöhnt.

Er hatte unterdessen die mitgenommenen Papiere durchgesehen. Es waren Mahnbriefe um geliehene Gelder, die meisten von Wucherern. — »Ich hätte nicht gedacht«, murmelte er, »daß die Mergels so tief drin steckten.« — »Ja, und daß es so an den Tag kommen muß«, versetzte Kapp, »das wird kein kleiner Ärger für Frau Margret sein.« — »Ach Gott, die denkt jetzt daran nicht!« Mit diesen Worten stand der Gutsherr auf und verließ das Zimmer, um mit Herrn Kapp die gerichtliche Leichenschau vorzunehmen. — Die Untersuchung war kurz, gewaltsamer Tod erwiesen, der vermutliche Täter entflohen, die Anzeigen gegen ihn zwar gravierend, doch ohne persönliches Geständnis nicht beweisend, seine Flucht allerdings sehr verdächtig. So mußte die gerichtliche Verhandlung ohne genügenden Erfolg geschlossen werden.

Die Juden der Umgegend hatten großen Anteil gezeigt. Das Haus der Witwe ward nie leer von Jammernden und Ratenden. Seit Menschengedenken waren nicht so viel Juden beisammen in L. gesehen worden. Durch den Mord ihres Glaubensgenossen aufs äußerste erbittert, hatten sie weder Mühe noch Geld gespart, dem Täter auf die Spur zu kommen. Man weiß sogar, daß einer derselben, gemeinhin der Wucherjoel genannt, einem seiner Kunden, der ihm mehrere Hunderte schuldete, und den er für einen besonders listigen Kerl hielt, Erlaß der ganzen Summe angeboten hatte, falls er ihm zur Verhaftung des Mergel verhelfen wolle; denn der Glaube war allgemein unter den Juden, daß der Täter nur mit guter Beihülfe entwischt und wahrscheinlich noch in der Umgegend sei. Als dennoch alles nichts half und die gerichtliche Verhandlung für beendet erklärt worden war, erschien am nächsten Morgen eine Anzahl der angesehensten Israeliten im Schlosse, um dem gnädigen Herrn einen Handel anzutragen. Der Gegenstand war die Buche, unter der Aarons Stab gefunden und wo der Mord wahrscheinlich verübt worden war. — »Wollt ihr sie fällen? so mitten im vollen Laube?« fragte der Gutsherr. — »Nein, Ihro Gnaden, sie muß stehen bleiben im Winter und Sommer, solange ein Span daran ist.« — »Aber wenn ich nun den Wald hauen lasse, so schadet es dem jungen Aufschlag.« — »Wollen wir sie doch nicht um gewöhnlichen Preis.« — Sie boten zweihundert Taler. Der Handel ward geschlossen und allen Förstern streng eingeschärft, die Judenbuche auf keine Weise zu schädigen. Darauf sah man an einem Abende wohl gegen sechzig Juden, ihren Rabbiner an der Spitze, in das Brederholz ziehen, alle schweigend und mit gesenkten Augen. Sie blieben über eine Stunde im Walde und kehrten dann ebenso ernst und feierlich zurück, durch das Dorf B. bis in das Zellerfeld, wo sie sich zerstreuten und jeder seines Weges ging. Am nächsten Morgen stand an der Buche mit dem Beil eingehauen:

אִם תַּעֲבוֹר בַּמָּקוֹם הַרֶּה יִפְגַּע בָּךְ כַּאֲשֶׁר אַתָּה עוֹשֶׂה לִי

Und wo war Friedrich? Ohne Zweifel fort, weit genug, um die kurzen Arme einer so schwachen Polizei nicht mehr fürchten zu dürfen. Er war bald verschollen, vergessen. Ohm Simon redete selten von ihm, und dann schlecht; die Judenfrau tröstete sich am Ende und nahm einen andern Mann. Nur die arme Margret blieb ungetröstet.

Etwa ein halbes Jahr nachher las der Gutsherr einige eben erhaltene Briefe in Gegenwart des Amtsschreibers. — »Sonderbar, sonderbar!« sagte er. »Denken Sie sich, Kapp, der Mergel ist vielleicht unschuldig an dem Morde. Soeben schreibt mir der Präsident des Gerichtes zu P.: ‚*Le vrai n'est pas toujours vraisemblable*'; das erfahre ich oft in meinem Berufe und jetzt neuerdings. Wissen Sie wohl, daß Ihr lieber Getreuer, Friedrich Mergel, den Juden mag ebensowenig erschlagen haben, wie ich oder Sie? Leider fehlen die Beweise, aber die Wahrscheinlichkeit ist groß. Ein Mitglied der Schlemmingschen Bande, [die wir jetzt, nebenbei gesagt, größtenteils unter Schloß und Riegel haben], Lumpenmoises genannt, hat im letzten Verhöre ausgesagt, daß ihn nichts so sehr gereue als der Mord eines Glaubensgenossen, Aaron, den er im Walde erschlagen und doch nur sechs Groschen bei ihm gefunden habe. Leider ward das Verhör durch die Mittagsstunde unterbrochen, und während wir tafelten, hat sich der Hund von einem Juden an seinem Strumpfband erhängt. Was sagen Sie dazu? Aaron ist zwar ein verbreiteter Name usw.« — »Was sagen Sie dazu?« wiederholte der Gutsherr, »und weshalb wäre der Esel von einem Burschen denn gelaufen?« Der Amtsschreiber dachte nach. — »Nun, vielleicht der Holzfrevel wegen, mit denen wir ja gerade in Untersuchung waren. Heißt es nicht: der Böse läuft vor seinem eigenen Schatten? Mergels Gewissen war schmutzig genug auch ohne diesen Flecken.«

Dabei beruhigte man sich. Friedrich war hin, verschwunden und — Johannes Niemand, der arme, unbeachtete Johannes, am gleichen Tage mit ihm. — —

Eine schöne lange Zeit war verflossen, achtundzwanzig Jahre, fast die Hälfte eines Menschenlebens; der Gutsherr war sehr alt und grau geworden, sein gutmütiger Gehülfe Kapp längst begraben. Menschen, Tiere und Pflanzen waren entstanden, gereift, vergangen, nur Schloß B. sah immer gleich grau und vornehm auf die Hütten herab, die wie alte hektische Leute immer fallen zu wollen schienen und immer standen. Es war am Vorabende des Weihnachtsfestes, den 24. Dezember 1788. Tiefer Schnee lag in den Hohlwegen, wohl an zwölf Fuß hoch, und eine durchdringende Frostluft machte die Fensterscheiben in der geheizten Stube gefrieren. Mitternacht war nahe, dennoch flimmerten überall matte

Lichtchen aus den Schneehügeln, und in jedem Hause lagen die Einwohner auf den Knien, um den Eintritt des heiligen Christfestes mit Gebet zu erwarten, wie dies in katholischen Ländern Sitte ist, oder wenigstens damals allgemein war. Da bewegte sich von der Breder Höhe herab eine Gestalt langsam gegen das Dorf; der Wanderer schien sehr matt oder krank; er stöhnte schwer und schleppte sich äußerst mühsam durch den Schnee. In der Mitte des Hanges stand er still, lehnte sich auf seinen Krückenstab und starrte unverwandt auf die Lichtpunkte. Es war so still überall, so tot und kalt; man mußte an Irrlichter auf Kirchhöfen denken. Nun schlug es zwölf im Turm; der letzte Schlag verdröhnte langsam, und im nächsten Hause erhob sich ein leiser Gesang, der, von Hause zu Hause schwellend, sich über das ganze Dorf zog:

Ein Kindelein so löbelich
Ist uns geboren heute,
Von einer Jungfrau säuberlich,
Des freun sich alle Leute;
Und wär' das Kindelein nicht geborn,
So wären wir alle zusammen verlorn:
Das Heil ist unser aller.
O du mein liebster Jesu Christ,
Der du als Mensch geboren bist,
Erlös uns von der Hölle!

Der Mann am Hange war in die Knie gesunken und versuchte mit zitternder Stimme einzufallen: es ward nur ein lautes Schluchzen daraus, und schwere, heiße Tropfen fielen in den Schnee. Die zweite Strophe begann; er betete leise mit; dann die dritte und vierte. Das Lied war geendigt, und die Lichter in den Häusern begannen sich zu bewegen. Da richtete der Mann sich mühselig auf und schlich langsam hinab ins Dorf. An mehreren Häusern keuchte er vorüber, dann stand er vor einem still und pochte leise an.

»Was ist denn das?« sagte drinnen eine Frauenstimme; »die Türe klappert, und der Wind geht doch nicht.« — Er pochte stärker. — »Um Gottes willen, laßt einen halberfrorenen Menschen ein, der aus der türkischen Sklaverei kommt!« — Geflüster in der Küche. — »Geht ins Wirtshaus«, antwortete eine andere Stimme; »das fünfte Haus von hier!« — »Um Gottes Barmherzigkeit willen, laßt mich ein! Ich habe kein Geld.« Nach einigem Zögern wird die Tür geöffnet, und ein Mann leuchtete mit der Lampe hinaus. — »Kommt nur herein«; sagte er dann, »Ihr werdet uns den Hals nicht abschneiden.«

In der Küche befanden sich außer dem Manne eine Frau in den mittleren Jahren, eine alte Mutter und fünf Kinder. Alle drängten sich um den Eintretenden her und musterten ihn mit scheuer Neugier. Eine armselige Figur, mit schiefem Halse, gekrümmtem Rücken, die ganze Gestalt gebrochen und kraftlos; langes, schneeweißes Haar hing um sein Gesicht, das den verzogenen Ausdruck langen Leidens trug. Die Frau ging schweigend an den Herd und legte frisches Reisig zu. — »Ein Bett können wir Euch nicht geben«, sagte sie; »aber ich will hier eine gute Streu machen; Ihr müßt Euch schon so behelfen.« — »Gott's Lohn!« versetzte der Fremde; »ich bin's wohl schlechter gewohnt.« Der Heimgekehrte ward als Johannes Niemand erkannt, und er selbst bestätigte, daß er derselbe sei, der einst mit Friedrich Mergel entflohen.

Das Dorf war am folgenden Tag voll von den Abenteuern des so lange Verschollenen. Jeder wollte den Mann aus der Türkei sehen, und man wunderte sich beinahe, daß er noch aussehe wie andere Menschen. Das junge Volk hatte zwar keine Erinnerungen von ihm, aber die Alten fanden seine Züge noch ganz wohl heraus, so erbärmlich entstellt er auch war.

»Johannes, Johannes, was seid Ihr grau geworden!« sagte eine alte Frau. »Und woher habt Ihr den schiefen Hals?« — »Vom Holz- und Wassertragen in der Sklaverei«, versetzte er. »Und was ist aus Mergel geworden? Ihr seid doch zusammen fortgelaufen?« — »Freilich wohl; aber ich weiß nicht, wo er ist; wir sind voneinander gekommen. Wenn Ihr an ihn denkt, betet für ihn«, fügte er hinzu, »er wird es wohl nötig haben.«

Man fragte ihn, warum Friedrich sich denn aus dem Staube gemacht, da er den Juden doch nicht erschlagen? — »Nicht?« sagte Johannes und horchte gespannt auf, als man ihm erzählte, was der Gutsherr geflissentlich verbreitet hatte, um den Fleck von Mergels Namen zu löschen. — »Also ganz umsonst«, sagte er nachdenkend, »ganz umsonst so viel ausgestanden!« Er seufzte tief und fragte nun seinerseits nach manchem. Simon war lange tot, aber zuvor noch ganz verarmt, durch Prozesse und böse Schuldner, die er nicht gerichtlich belangen durfte, weil es, wie man sagte, zwischen ihnen keine reine Sache war. Er hatte zuletzt Bettelbrot gegessen und war in einem fremden Schuppen auf dem Stroh gestorben. Margret hatte länger gelebt, aber in völliger Geistesstumpfheit. Die Leute im Dorf waren es bald müde geworden, ihr beizustehen, da sie alles verkommen ließ, was man ihr gab, wie es denn die Art der Menschen ist, gerade die Hülflosesten zu verlassen, solche, bei denen der Beistand nicht nachhaltig wirkt, und die der Hilfe immer gleich bedürftig bleiben. Dennoch hatte sie nicht eigentlich Not gelitten; die Gutsherrschaft sorgte sehr für sie, schickte ihr täglich das Essen und ließ ihr auch ärztliche Behandlung zukommen, als ihr kümmerlicher Zustand in völlige Abzehrung übergegangen war. In ihrem Hause wohnte jetzt der Sohn des ehemaligen Schweinehirten, der an jenem unglücklichen Abende Friedrichs Uhr so sehr bewundert hatte. — »Alles hin, alles tot!« seufzte Johannes.

Am Abend, als es dunkel geworden war und der Mond schien, sah man ihn im Schnee auf dem Kirchhofe umherhumpeln; er betete bei keinem Grabe, ging auch an keines dicht hinan, aber auf einige schien er aus der Ferne starre Blicke zu heften. So fand ihn der Förster Brandes, der Sohn des Erschlagenen, den die Gutsherrschaft abgeschickt hatte, ihn ins Schloß zu holen.

Beim Eintritt in das Wohnzimmer sah er scheu umher, wie vom Licht geblendet, und dann auf den Baron, der sehr zusammengefallen in seinem Lehnstuhl saß, aber noch immer mit den hellen Augen und dem roten Käppchen auf dem Kopfe wie vor achtundzwanzig Jahren; neben ihm die gnädige Frau, auch alt, sehr alt geworden.

»Nun, Johannes«, sagte der Gutsherr, »erzähl' mir einmal recht ordentlich von deinen Abenteuern. »Aber«, er musterte ihn durch die Brille, »du bist ja erbärmlich mitgenommen in der Türkei!« — Johannes begann: wie Mergel ihn Nachts von der Herde abgerufen und gesagt, er müsse mit ihm fort. — »Aber warum lief der dumme Junge denn? Du weißt doch, daß er unschuldig war?« — Johannes sah vor sich nieder: »Ich weiß nicht recht, mich dünkt, es war wegen Holzgeschichten. Simon hatte so allerlei Geschäfte; mir sagte man nichts davon, aber ich glaube nicht, daß alles war, wie es sein sollte.« — »Was hat denn Friedrich dir gesagt?« — »Nichts, als daß wir laufen müßten, sie wären hinter uns her. So liefen wir bis Heerse; da war es noch dunkel, und wir versteckten uns hinter das große Kreuz am Kirchhofe, bis es etwas heller würde, weil wir uns vor den Steinbrüchen am Zellerfelde fürchteten, und wie wir eine Weile gesessen hatten, hörten wir mit einemmale über uns schnauben und stampfen und sahen lange

Feuerstrahlen in der Luft gerade über dem Heerser Kirchturm. Wir sprangen auf und liefen, was wir konnten, in Gottes Namen gerade aus, und wie es dämmerte, waren wir wirklich auf dem rechten Weg nach P.«

Johannes schien noch vor der Erinnerung zu schaudern, und der Gutsherr dachte an seinen seligen Kapp und dessen Abenteuer am Heerser Hange. — »Sonderbar!« lachte er, »so nah wart ihr einander! aber fahr fort.« — Johannes erzählte nun, wie sie glücklich durch P. und über die Grenze gekommen. Von da an hatten sie sich als wandernde Handwerksbursche durchgebettelt bis Freiburg im Breisgau. »Ich hatte meinen Brotsack bei mir«, sagte er, »und Friedrich ein Bündelchen; so glaubte man uns.« — In Freiburg hatten sie sich von den Österreichern anwerben lassen: ihn hatte man nicht gewollt, aber Friedrich bestand darauf. So kam er unter den Train. »Den Winter über blieben wir in Freiburg«, fuhr er fort, »und es ging uns ziemlich gut; mir auch, weil Friedrich mich oft erinnerte und mir half, wenn ich etwas verkehrt machte. Im Frühling mußten wir marschieren, nach Ungarn, und im Herbst ging der Krieg mit den Türken los. Ich kann nicht viel davon nachsagen, denn ich wurde gleich in der ersten Affäre gefangen und bin seitdem sechsundzwanzig Jahre in der türkischen Sklaverei gewesen!« — »Gott im Himmel! das ist doch schrecklich!« sagte Frau von S. — »Schlimm genug, die Türken halten uns Christen nicht besser als Hunde; das schlimmste war, daß meine Kräfte unter der harten Arbeit vergingen; ich ward auch älter und sollte noch immer tun wie vor Jahren.«

Er schwieg eine Weile. »Ja«, sagte er dann, »es ging über Menschenkräfte und Menschengeduld; ich hielt es auch nicht aus. — Von da kam ich auf ein holländisches Schiff.« — »Wie kamst du denn dahin?« fragte der Gutsherr. — »Sie fischten mich auf, aus dem Bosporus«, versetzte Johannes. Der Baron sah ihn befremdet an und hob den Finger warnend auf; aber Johannes erzählte weiter. Auf dem Schiffe war es ihm nicht viel besser gegangen. »Der Skorbut riß ein; wer nicht ganz elend war, mußte über Macht arbeiten, und das Schiffstau regierte ebenso streng wie die türkische Peitsche.« »Endlich«, schloß er, »als wir nach Holland kamen, nach Amsterdam, ließ man mich frei, weil ich unbrauchbar war, und der Kaufmann, dem das Schiff gehörte, hatte auch Mitleiden mit mir und wollte mich zu seinem Pförtner machen. Aber« — er schüttelte den Kopf — »ich bettelte mich lieber durch bis hieher.« — »Das war dumm genug«, sagte der Gutsherr. — Johannes seufzte tief: »O Herr, ich habe mein Leben zwischen Türken und Ketzern zubringen müssen; soll ich nicht wenigstens auf einem katholischen Kirchhofe liegen?« Der Gutsherr hatte seine Börse gezogen: »Da, Johannes, nun geh und komm bald wieder. Du mußt mir das alles noch ausführlicher erzählen; heute ging es etwas konfus durcheinander. Du bist wohl noch sehr müde?« — »Sehr müde«, versetzte Johannes; »und«, er deutete auf seine Stirn, »meine Gedanken sind zuweilen so kurios, ich kann nicht recht sagen, wie es so ist.« — »Ich weiß schon«, sagte der Baron, »von alter Zeit her. Jetzt geh! Hülsmeyers behalten dich wohl noch die Nacht über, morgen komm wieder.«

Herr von S. hatte das innigste Mitleiden mit dem armen Schelm; bis zum folgenden Tag war überlegt worden, wo man ihn einmieten könne; essen sollte er täglich im Schlosse, und für Kleidung fand sich auch wohl Rat. — »Herr«, sagte Johannes, »ich kann auch noch wohl etwas tun; ich kann hölzerne Löffel machen, und Ihr könnt mich wohl auch als Boten schicken.« Herr von S. schüttelte mitleidig den Kopf: »Das würde doch nicht sonderlich ausfallen.« — »O doch, Herr, wenn ich erst im

Gange bin — es geht nicht schnell, aber hin komme ich doch, und es wird mir auch nicht so sauer, wie man denken sollte.« — »Nun«, sagte der Baron zweifelnd, »willst du's versuchen? Hier ist ein Brief nach P. Es hat keine sonderliche Eile.«

Am folgenden Tage bezog Johannes sein Kämmerchen bei einer Witwe im Dorfe. Er schnitzelte Löffel, aß auf dem Schlosse und machte Botengänge für den gnädigen Herrn. Im ganzen gings ihm leidlich; die Herrschaft war sehr gütig, und Herr von S. unterhielt sich oft lange mit ihm über die Türkei, den österreichischen Dienst und die See. — »Der Johannes könnte viel erzählen«, sagte er zu seiner Frau, »wenn er nicht so grundeinfältig wäre.« — »Mehr tiefsinnig als einfältig«, versetzte sie; »ich fürchte immer, er schnappt noch über.« — »Ei bewahre!« antwortete der Baron, »er war sein Leben lang ein Simpel; simple Leute werden nie verrückt.«

Nach einiger Zeit blieb Johannes auf einem Botengange über Gebühr lange aus. Die gute Frau von S. war sehr besorgt um ihn und wollte schon Leute aussenden, als man ihn die Treppe heraufstelzen hörte. — »Du bist lange ausgeblieben, Johannes«, sagte sie; »ich dachte schon, du hättest dich im Brederholz verirrt.« — »Ich bin durch den Föhrengrund gegangen.« — »Das ist ja ein weiter Umweg; warum gingst du nicht durchs Brederholz?« — Er sah trübe zu ihr auf: »Die Leute sagten mir, der Wald sei gefällt, und jetzt seien so viele Kreuz- und Querwege darin, da fürchtete ich, nicht wieder hinauszukommen. Ich werde alt und duselig«, fügte er langsam hinzu. — »Sahst du wohl«, sagte Frau von S. nachher zu ihrem Manne, »wie wunderlich und quer er aus den Augen sah? Ich sage dir, Ernst, das nimmt noch ein schlimmes Ende.«

Indessen nahte der September heran. Die Felder waren leer, das Laub begann abzufallen und mancher Hektische fühlte die Schere an seinem Lebensfaden. Auch Johannes schien unter dem Einflusse des nahen Äquinoktiums zu leiden; die ihn in diesen Tagen sahen, sagten, er habe auffallend verstört ausgesehen und unaufhörlich leise mit sich selber geredet, was er auch sonst mitunter tat, aber selten. Endlich kam er eines Abends nicht nach Hause. Man dachte, die Herrschaft habe ihn verschickt; am zweiten auch nicht; am dritten Tage ward seine Hausfrau ängstlich. Sie ging ins Schloß und fragte nach. — »Gott bewahre«, sagte der Gutsherr, »ich weiß nichts von ihm; aber geschwind den Jäger gerufen und Försters Wilhelm! Wenn der armselige Krüppel«, setzte er bewegt hinzu, »auch nur in einen trockenen Graben gefallen ist, so kann er nicht wieder heraus. Wer weiß, ob er nicht gar eines von seinen schiefen Beinen gebrochen hat! — Nehmt die Hunde mit«, rief er den abziehenden Jägern nach, »und sucht vor allem in den Gräben; seht in die Steinbrüche!« rief er lauter.

Die Jäger kehrten nach einigen Stunden heim; sie hatten keine Spur gefunden. Herr von S. war in großer Unruhe: »Wenn ich mir denke, daß einer so liegen muß wie ein Stein und kann sich nicht helfen! Aber er kann noch leben; drei Tage hält's ein Mensch wohl ohne Nahrung aus.« Er machte sich selbst auf den Weg; in allen Häusern wurde nachgefragt, überall in die Hörner geblasen, gerufen, die Hunde zum Suchen angehetzt — umsonst! — Ein Kind hatte ihn gesehen, wie er am Rande des Brederholzes saß und an einem Löffel schnitzelte; »er schnitt ihn aber ganz entzwei«, sagte das kleine Mädchen. Das war vor zwei Tagen gewesen. Nachmittags fand sich wieder eine Spur: abermals ein Kind, das ihn an der andern Seite des Waldes bemerkt hatte, wo er im Gebüsch gesessen, das Gesicht auf den Knien, als ob er schliefe. Das war noch am vorigen Tage. Es schien, er hatte sich immer um das Brederholz herumgetrieben.

»Wenn nur das verdammte Buschwerk nicht so dicht wäre! da kann keine Seele hindurch«, sagte der Gutsherr. Man trieb die Hunde in den jungen Schlag; man blies und hallote und kehrte endlich mißvergnügt heim, als man sich überzeugt, daß die Tiere den ganzen Wald abgesucht hatten. — »Laßt nicht nach! laßt nicht nach!« bat Frau von S.; »besser ein paar Schritte umsonst, als daß etwas versäumt wird.« — Der Baron war fast ebenso beängstigt wie sie. Seine Unruhe trieb ihn sogar nach Johannes' Wohnung, obwohl er sicher war, ihn dort nicht zu finden. Er ließ sich die Kammer des Verschollenen aufschließen. Da stand sein Bett noch ungemacht, wie er es verlassen hatte, dort hing sein guter Rock, den ihm die gnädige Frau aus dem alten Jagdkleide des Herrn hatte machen lassen; auf dem Tische ein Napf, sechs neue hölzerne Löffel und eine Schachtel. Der Gutsherr öffnete sie; fünf Groschen lagen darin, sauber in Papier gewickelt, und vier silberne Westenknöpfe; der Gutsherr betrachtete sie aufmerksam. »Ein Andenken von Mergel«, murmelte er und trat hinaus, denn ihm ward ganz beengt in dem dumpfen, engen Kämmerchen. Die Nachsuchungen wurden fortgesetzt, bis man sich überzeugt hatte, Johannes sei nicht mehr in der Gegend, wenigstens nicht lebendig. So war er denn zum zweitenmale verschwunden; ob man ihn wiederfinden würde — vielleicht einmal nach Jahren seine Knochen in einem trockenen Graben? Ihn lebend wiederzusehen, dazu war wenig Hoffnung, und jedenfalls nach achtundzwanzig Jahren gewiß nicht.

Vierzehn Tage später kehrte der junge Brandes morgens von einer Besichtigung seines Reviers durch das Brederholz heim. Es war ein für die Jahreszeit ungewöhnlich heißer Tag: die Luft zitterte, kein Vogel sang, nur die Raben krächzten langweilig aus den Ästen und hielten ihre offenen Schnäbel der Luft entgegen. Brandes war sehr ermüdet. Bald nahm er seine von der Sonne durchglühte Kappe ab, bald setzte er sie wieder auf. Es war alles gleich unerträglich, das Arbeiten durch den kniehohen Schlag sehr beschwerlich. Rings umher kein Baum außer der Judenbuche. Dahin strebte er denn auch aus allen Kräften und ließ sich todmatt auf das beschattete Moos darunter nieder. Die Kühle zog so angenehm durch seine Glieder, daß er die Augen schloß. »Schändliche Pilze!« murmelte er halb im Schlaf. Es gibt nämlich in jener Gegend eine Art sehr saftiger Pilze, die nur ein paar Tage stehen, dann einfallen und einen unerträglichen Geruch verbreiten. Brandes glaubte, solche unangenehmen Nachbarn zu spüren, er wandte sich ein paarmal hin und her, mochte aber doch nicht aufstehen; sein Hund sprang unterdessen umher, kratzte am Stamm der Buche und bellte hinauf. — »Was hast du da, Bello? eine Katze?« murmelte Brandes. Er öffnete die Wimper halb, und die Judenschrift fiel ihm ins Auge, sehr ausgewachsen, aber doch noch ganz kenntlich. Er schloß die Augen wieder; der Hund fuhr fort zu bellen und legte endlich seinem Herrn die kalte Schnauze ans Gesicht. — »Laß mich in Ruh'! was hast du denn?« Hierbei sah Brandes, wie er so auf dem Rücken lag, in die Höhe, sprang dann mit einem Satze auf und wie besessen ins Gestrüpp hinein. Totenbleich kam er auf dem Schlosse an: in der Judenbuche hänge ein Mensch; er habe die Beine gerade über seinem Gesichte hängen sehen. — »Und du hast ihn nicht abgeschnitten, Esel?« rief der Baron. — »Herr«, keuchte Brandes, »wenn Ew. Gnaden dagewesen wären, so wüßten Sie wohl, daß der Mensch nicht mehr lebt. Ich glaubte anfangs, es seien die Pilze!« Dennoch trieb der Gutsherr zur größten Eile und zog selbst mit hinaus.

Sie waren unter der Buche angelangt. »Ich sehe nichts«, sagte Herr von S. — »Hierher müssen Sie treten, hierher an diese Stelle!« — Wirklich, dem war so: der Gutsherr erkannte seine eigenen abgetragenen Schuhe. — »Gott, es ist Johannes! — Setzt die Leiter an! — so — nun herunter! — sacht, sacht! laßt ihn nicht fallen! — Lieber Himmel, die Würmer sind schon daran! Macht dennoch die Schlinge auf und die Halsbinde.« Eine breite Narbe ward sichtbar; der Gutsherr fuhr zurück. — »Mein Gott!« sagte er; er beugte sich wieder über die Leiche, betrachtete die Narbe mit großer Aufmerksamkeit und schwieg eine Weile in tiefer Erschütterung. Dann wandte er sich zu den Förstern: »Es ist nicht recht, daß der Unschuldige für den Schuldigen leide; sagt es nur allen Leuten: der da« — er deutete auf den Toten — »war Friedrich Mergel.« — Die Leiche ward auf dem Schindanger verscharrt.

Dies hat sich nach allen Hauptumständen wirklich so begeben im September des Jahres 1789. Die hebräische Inschrift an dem Baume heißt:

»Wenn du dich diesem Orte nahest, so wird es dir ergehen, wie du mir getan hast.«

LEDWINA

Romanfragment
[begonnen 1819]

Der Strom zog still seinen Weg und konnte keine der Blumen und Zweige aus seinem Spiegel mitnehmen. Nur eine Gestalt, wie die einer jungen Silberlinde, schwamm langsam seine Fluten hinauf; es war das schöne bleiche Bild Ledwinens, die von einem weiten Spaziergange an seinen Ufern heimging. Wenn sie zuweilen halb ermüdet, halb sinnend stillstand, dann konnte er keine Strahlen stehlen, auch keine helleren oder milderen Farbenspiele von ihrer jungen Gestalt; denn sie war so farblos wie eine Schneeblume und selbst ihre lieben Augen waren wie ein paar verblichene Vergißmeinnicht, denen nur Treue geblieben, aber kein Glanz.

»Müde, müde«, sagte sie leise und ließ sich langsam nieder in das hohe grüne Ufergras, daß es sie umstand, wie die grüne Einfassung ein Lilienbeet. Eine angenehme Frische zog durch alle ihre Glieder, daß sie die Augen vor Lust schloß, als ein krampfhafter Schmerz sie auftrieb. Im Nu stand sie aufrecht, die eine Hand auf die kranke Brust gepreßt und schüttelte unwillig ob ihrer Schwäche das blonde Haupt, wandte sich rasch wie zum Fortgehn und kehrte dann fast wie trotzend zurück, trat dicht an das Ufer und schaute anfangs hell, dann träumend in den Strom.

Ein großer, aus dem Flusse ragender Stein sprühte bunte Tropfen um sich, und die Wellchen strömten und brachen sich so zierlich, daß das Wasser hier wie mit einem Netze überzogen schien und die Blätter der am Ufer neigenden Zweige im Spiegel wie grüne Schmetterlinge davon flatterten. Ledwinens Augen aber ruhten aus auf ihrer eigenen Gestalt, wie die Locken von ihrem Haupte fielen und forttrieben, ihr Gewand zerriß und die weißen Finger sich ablösten und verschwammen.

Da wurde ihr, als ob sie wie tot sei und die Verwesung lösend ihre Glieder treffe und jedes Element das Seinige mit sich fortreiße.

»Dummes Zeug!« sagte sie, sich schnell besinnend, und bog mit einem scharfen Zug in den milden Mienen auf die dicht am Flusse hinlaufende Heerstraße, indem sie das Auge durch das weite, leere Feld nach heiteren Gegenständen aussandte.

Ein wiederholtes Pfeifen vom Strome her blieb von ihr unbemerkt und, als daher bald darauf ein großer schwarzer Hund mit vorgestrecktem Kopfe quer über den Anger gerade auf sie einrannte, flüchtete sie, von einem großen Schrecken ergriffen, mit einem Schrei auf den Strom zu und, da das Tier ihr auf den Fersen folgte, mit ebenen Füßen hinein. »Pst, Sultan!« rief es neben ihr, und zugleich fühlte sie sich von zwei unzarten Händen gefaßt und ans Ufer gesetzt. Sie wandte sich noch ganz betäubt und erschreckt um.

Vor ihr stand ein großer vierschrötiger Mann, den sie an einem Hammel, der ihm wie ein Palatin um den Hals hing, als einen Fleischer erkannte. Beide betrachteten sich eine Weile, indem das Gesicht des Mannes in die offenbarste, mit Verdruß gemischte Ironie überging.

»Was springt Sie denn so?« stieß er endlich heraus.

»Ach Gott«, sagte Ledwina ganz beschämt, »ich dachte, das Tier wäre toll.«

»Wer? mein Hund?« sagte der Kerl beleidigt; »der ist ja nicht mal bös, der hat niemals keinen gebissen.«

Ledwina sah auf den Hund, der nun ganz verständig wie eine Sphinx neben seinem Herrn saß und zuhörte.

»Ist Sie nun recht naß?« fing der Fleischer an.

»Nicht sehr«, erwiderte Ledwina, indes der Mann mit seinem Stabe die Tiefe des Wassers neben dem großen Steine maß, auf den Ledwina bei ihrer Wasserreise geraten. »Aber ganz miserabel ist Ihr, das sehe ich wohl«, sagte er dann; »ich will nur sehen, daß ich Sie in das Haus dort bringe.«

In der Tat hatte Ledwina seines Beistandes sehr nötig, und sie erreichte nur mühsam das etwa hundert Schritte vom Flusse entlegene Bauernhaus, indes ihr Führer sie beständig von den Kennzeichen der tollen Hunde unterhielt.

Die alte Bäuerin schob schnell ihren Rocken zurück, als Ledwina mit den Worten: »Macht Feuer, Lisbeth, ich habe mich erkältet und erschreckt«, in die Türe trat. Der Fleischer hob sogleich die Geschichte des Abenteuers an.

»Macht Feuer!« wiederholte Ledwina, »ich habe mir im Sandloche nasse Füße geholt.«

Der Retter wollte die Sache mit der Mamsell gefährlicher machen.

»Es ist nichts, gnädiges Fräulein«, sagte die Alte beruhigt, legte Holz zum Feuer, stellte einen Stuhl daneben, rückte ein Kissen darauf zurecht und ging, um in dem Keller ein Glas frischer Milch zu holen.

Der Fleischer, in seiner besten Rede verlassen, rief ihr verdrießlich nach: »Einen Schnaps, Wirtin!«

»Wir verschenken keinen Schnaps«, sagte die Frau in der Kellertür; »ein Glas Milch könnt Ihr für einmal umsonst kriegen.«

»Mamsell«, hub der Fleischer von neuem an, »ich sage aber, Sie hätte wohl vertrinken können.« Ledwina mußte doch lächeln.

»Wenn ich mich auf den Mund gelegt hätte«, antwortete sie vor sich hin und suchte in ihrem Körbchen nach der Börse.

»Sie ist auch nicht besonders bei Kräften«, erwiderte er, und über Ledwinens Gesicht flog ein bitterer Zug, indem sie ihm ein Trinkgeld reichte.

»Gott bewahre«, erhub er seine Stimme, »einem Menschen das Leben retten, das ist nicht zu bezahlen«, wobei er beinah tat, als wollte er das Dargebotene etwas weniges abwehren.

»Ihr habt mich ja auch hierher geleitet«, sprach Ledwina fast verdrießlich.

»Ja, wenn Sie das meint«, sagte der Retter und faßte geschwind zu; denn da Ledwina sich nach ihrem Körbchen neigte, meinte er, sie gedächte das Gebotene wieder einzustecken.

Die Bäuerin brachte die Milch. Der Fleischer brummte:

»Wenn es noch ein gut Glas Bier wäre!«

Er nahm jedoch vorlieb, sprach gegen die Wirtin noch allerlei von »bezahlen« und »gut bezahlen können« und zog endlich ab.

»So geht es oft den ganzen Tag«, sprach die Bäuerin zu Ledwina, der es ganz behaglich am Feuer wurde. »Wenn wir allerhand Leute im Hause leiden wollten, der Zulauf wäre groß genug für das beste Wirtshaus. Die Leute denken: Geld regiert die Welt. Unser Klemens muß oft des Nachts aus dem Bette und führen die Reisenden beim Grafenloche vorbei. Das ist ihm auch nicht zu gut, aber man mag die Leute doch nicht so ins Wasser stürzen lassen.«

»Jawohl«, sagte Ledwina, schon halb im Schlummer.

»Das gnädige Fräulein ist schläfrig«, sprach die Alte lächelnd, »ich will noch ein Kissen holen«

»Bewahre«, rief Ledwina schnell, aus ihrem Stuhle auffahrend; aber schon war die alte Lisbeth wieder da mit zwei Kissen, deren eines sie auf den Sims neben den Herd legte, das andere auf die Stuhllehne. Ledwina, die sich durch eine Art Krankenstolzes selten in dieser Art etwas zu gute tat, lachte ordentlich vor Vergnügen, da es ihr so bequem wurde.

»Erzählt mir etwas von vorigen Zeiten, da ihr auf

dem Schlosse wohntet«, sagte sie freundlich; und die Frau hub an zu erzählen von dem seligen Großpapa und wie der Turm noch gestanden, der vor vielen Jahren niedergebrannt, und immer tiefer neigte sich Ledwinens Haupt, und immer deutlicher gestaltete sich, was sie noch je zuweilen von den Worten der Erzählenden vernahm, daß sie den Großvater sah wie ein kleines, graues Männchen, gar freundlich; tot war er freilich, aber er schoß doch noch mit seiner Vogelflinte nach den Raben im alten Turm, es knallte gar nicht, aber sie fielen recht gut — und immer leiser und leiser wurden die Laute der Alten, die von Zeit zu Zeit ihr Fräulein hinter dem Rocken hervor betrachtete, bis sie endlich auch ganz einschliefen. Dann stand sie sachte auf, trippelte auf den Zehen zu Ledwina und beugte sich langsam über sie, ihren Schlummer prüfend.

Es war rührend, zu sehen, wie das ernste, alte Gesicht der Bäuerin über dem jungen, bleichen der Herrin stand, das eine in stiller Traumeswehmut, das andere in den Tiefen des unabwendbaren nahen Vergehens für beide, die reife, lebenssatte Ähre über der zarten, sonnenversengten Blüte.

Dann hob sie sich, holte still Flachs aus einem Wandschranke und begann ihn sehr leise zu bürsten; aber ihre Züge waren ernster wie vorhin, doch sehr weich. So dauerte es eine Weile, als die Tür ziemlich unsanft geöffnet ward und mit den Worten: »Mutter, hier bring' ich Euch einen neuen Stuhl«, ihr Sohn mit einigem polternden Anstande einen im geheimen für sie verfertigten Spinnstuhl hereinbrachte; »der andere ist Euch ja doch zu hoch«, fuhr er fort.

Die Mutter winkte unwillig mit der Hand, indem sie auf Ledwina deutete, aber diese war schon erwacht und sah ganz hell und erquickt um sich.

»Ei, so wollt' ich dich —!« fuhr die Alte heraus.

»Ich habe sehr sanft geschlafen bei Eurem Feuer«, sagte das Fräulein sehr freundlich; »es ist aber doch gut, daß ich geweckt bin, sonst hätt' ich nachtwandeln müssen. Ich meine«, fuhr sie lächelnd fort, da die beiden sie fragend anblickten, »wenn ich am Tage ruhe, so habe ich in der Nacht keinen Schlaf; da stehe ich dann wohl zuweilen auf und gehe in meiner Stube umher; es ist nicht zum besten, aber was soll man mit der langen Nacht machen? Es wird bald fünf sein, nun wird's meine Zeit, zu gehen«; und wie sie durch die Türe ging: »Den Stuhl hat wohl Euer Sohn gemacht, der ist doch recht geschickt.«

»Auch bisweilen recht ungeschickt«, sprach die Alte, der der Ärger noch nicht aus den Gliedern wollte; aber schon war Ledwina wie eine Gazelle den Fluß hinauf; denn sie dachte nur dann an ihre arme kranke Brust, wenn heftige Schmerzen sie daran erinnerten, und dann war ihr dieses traurige Hüten, dieses erbärmliche, sorgfältige Leben, wo der Körper den Geist regiert, bis er siech und armselig wird wie er selber, so verhaßt, daß sie gern diese ganze in Funken verglimmende Lebenskraft in einem einzigen recht lohhellen Tage hätte ausflammen lassen. Ihr frommes Gemüt behielt auch hier die Oberhand über den sichtbar auflodernden Geist, aber noch nie hat wohl ein Märtyrer Gott sein Leben reiner und schmerzlicher geopfert, wie Ledwina dem schönen Tod in der eigenen Geistesflamme.

Im hellen Wohnzimmer mußte es etwas anders wie immer sein, da Ledwina eintrat; denn sie ward gar nicht gescholten, die gewöhnliche bittere Frucht der ihr so süßen, aber den so abgezehrten Körper zerrüttenden Streifereien.

Schwester Therese hatte freilich genug nach einer entfallenen Nähnadel zu fischen, aber auch die Mutter sagte nichts, strickte still fort und winkte stark mit den Augenlidern; das war immer ein besonderes Zeichen; dann war sie erzürnt oder gerührt oder gar verlegen; denn diese kluge Frau, der ein allgemein beachtetes und oft verwickeltes Leben eine völlige Herrschaft über alle unpassenden Ausbrüche innerer Bewegungen in Handlungen und Worten gesichert hatte, wußte selbst nicht, wie dünn der Schleier ihres Antlitzes über die Seele hing, und es bedurfte für gesunde, ob auch ungeübte Augen nur sehr geringer Bekanntschaft, um sie oft besser zu verstehen, als sie sich selbst in ihrer vielfachen Zerstreuung durch Haus und Kinder. Ledwina hätte sich gern ganz still der Gesellschaft eingeflickt, aber ihre Arbeit lag in der Schublade des Tisches, vor dem die Mutter saß; das war schlimm. Sie setzte sich indes ganz sachte in das Sofa, das an der Schattenseite des Zimmers stand, und sagte kein Wort. Die kleine Marie lief herein und mit einem lauten, etwas albernen Gelächter auf Ledwina los: »Ledwina, weißt du schon die ganz berühmte Neuigkeit?«

Ledwina verfärbte sich wie erschreckt in unnatürlich gespannter Erwartung, und die Mutter sagte rasch: »Marie, hol mir mein Schnupftuch, ich habe es im Garten bei den Tannen liegen gelassen.«

Marie drehte sich auf dem Fuße um, sagte aber noch: »Wenn ich wiederkomme, weißt du es längst; denn Therese springt das Herz, wenn sie es nicht sagt.«

Sie lachte laut auf und rannte etwas tölpisch hinaus.

»Ihr müßt euch mit dem Kinde in acht nehmen«, sagte die Mutter ernst; »Kinderohren sind bekanntlich die schärfsten und wir Erwachsenen oft wahrhaft ruchlos in dieser Hinsicht. Bei Marie ist es zum Glück nur Impertinenz, kein erwachendes vorlautes Gefühl, was im besten Falle die Seele leer brennt.«

»Karl« [sie wandte sich zu Ledwinen] »hat heute Briefe erhalten, woraus unter anderm erhellt, daß einer seiner Universitätsbekannten ihn vielleicht auf der Durchreise besuchen wird. Du hast ihn wohl nennen hören, Römfeld, der sogenannte schöne Graf. Karl hat zuweilen allerhand von ihm erzählt, was ganz romantisch lautete, und ihr seid unvorsichtig genug gewesen, euch mit ihm zu necken; ich lasse so etwas passieren, obgleich es überall nicht viel heißt. Ich denke, wenn das Böse nur ausbleibt, so muß man sich zuweilen in das Unnütze in Gottes Namen schicken. Ich muß gestehn, daß ich alsdann so wenig an Marie gedacht habe wie ihr; aber vorausgesetzt, daß dergleichen dunkle Dinge in ihrem noch höchst kindlichen Gemüte keinen weiteren Eindruck hinterlassen, wie soll man ihr beibringen, daß sie derlei Gespräche nicht wiederholen dürfe, ohne eben diese Eindrücke fast gewaltsam zu befördern? Denn ihr wißt, sie wäre kindisch und lebhaft genug, den Grafen mit seiner eigenen Biographie zu regalieren.«

»Man muß ihr sagen«, versetzte Karl, der immer die Stube auf und ab maß, »daß sie überhaupt nichts weiter bringt, das Klatschen ist ja an und für sich garstig genug.«

»Weißt du das einem so lebhaften Kinde ohne Arg beizubringen?« erwiderte die Mutter scharf.

»Wir haben doch nicht geklatscht, wie wir klein waren«, sagte Karl.

Die Mutter stockte einen Augenblick und sagte dann mit schonender Stimme, wie ungern: »Sie ist vielleicht auch lebhafter wie ihr alle.«

Karl ward rot und sagte halb vor sich hin: »Auch ziemlich unartig bisweilen.«

»Etwas unartig sind alle Kinder in dem Alter«, versetzte die Mutter streng, »und zudem gehorcht sie mir aufs Wort; ist es mit anderen nicht so, so mag die Schuld auf beiden Seiten stehen.« Beide schwiegen verstimmt, und eine drückende Pause entstand. »Von wem hast du Briefe?« hub Ledwina leise und ängstlich an.

»Es ist nur einer«, sagte Karl, »von Steinheim; er hat eine gute Anstellung bekommen zu Dresden und wird bei seiner Hinreise hier vorsprechen, da er über Göttingen reist, um dem Studentenleben noch einmal ein ewiges, lustiges Valet zu bringen, und Römfeld, der aus Dresden ist, eben von dort abgeht, so reisen sie zusammen. Steinheim scheint der ungebetene Gast schon auf dem Herzen zu liegen.«

Dies letztere sagte er, halb zu der Mutter gewandt, die mit der möglichsten und angenehmsten Gastfreiheit sich jedoch das Recht der Einladung immer völlig vorbehielt.

»Wir kennen ihn ja schon«, sagte Therese, und dann schnell, ehe Karl seine Antwort, daß diese Angst nicht Steinheim selbst, sondern Römfelden meine, anbringen konnte:

»Ledwina, wo bist du diesen Nachmittag gewesen?«

»Am Flusse hinunter«, entgegnete Ledwina.

»Du bist lange geblieben«, versetzte die Mutter.

»Ich habe lange«, erwiderte Ledwina, »bei der alten Lisbeth zugebracht; ich bin sehr gern dort.«

»Es sind auch gute Leute«, sagte die Mutter; »etwas stolz, aber das schadet nicht in ihrem Stande, es erhält sie ehrlich in jeder Hinsicht.«

»Es hat mich recht geschmerzt«, sprach Karl, »unser altes Domestiken-Inventarium fast ganz zerstört zu finden.«

»Mich auch«, sagte die Mutter lebhaft, »ich wollte sie gern aus dem Grabe heben, und wenn ich statt dessen ihren Sarg mit Golde füllen müßte. Wir haben sie so oft in freilich harmlosem Spotte das Fideikommiß genannt, aber wahrlich, solche Leute sind nicht sowohl unserer Treue von Gott vertraut wie wir der ihrigen, und nächst dem Schutzengel gibt es keine frommeren Hüter und nächst der Elternliebe keine reinere Neigung als die stille und innige Liebe solcher alten Getreuen gegen den Stamm, auf den sie einmal geimpft, worin alle anderen Wünsche und Neigungen, selbst die für und zu den eigenen Angehörigen haben zerschmelzen müssen.«

Frau von Brenkfeld war gegen das Ende ihrer Worte sehr gerührt. Ihre Stimme war fest, aber das leise Spiel der schönsten Gefühle in ihren ernsten Zügen gab ihnen eine unbeschreibliche Anmut.

Ledwina hatte währenddem ihre Mutter unablässig betrachtet und war bleich geworden, ein Zeichen, daß ein Gedanke sie ergriff.

»Ja«, sagte sie nun sehr langsam, als würden ihre Sinne erst allmählich unter dem Reden geboren, »das ist wahr, wir sind doch Geschwister, aber ich bin leider gewiß, daß wir uns nicht mit dem raschen, unerschütterlichen Entschlusse, der keine Wahl kennt, füreinander aufzuopfern vermöchten, wie das Leben getreuer Diener uns so unzählige Beispiele gibt.«

Karl sah etwas quer nach ihr hinüber, und die liebe Therese reichte ihr versichernd die Hand, und beider Augen blickten sanft ineinander. Ledwina sagte fest: »Ja Therese, es ist doch so, aber wir sind darum nicht schlechter; die Alten sind nur besser.«

»Dafür ist es auch Dienertreue«, hub Karl an, »und eine ganz besondere Sorte, ungefähr wie die Liebe gegen das Königshaus, dem sich auch jeder freudig opfert, ob auch die Äste gegen den schönen, alten Stamm zuweilen recht dürr oder siech abstechen; mir sind indes alte Leute immer merkwürdig, und ich rede vor allem gern mit ihnen; es ist mir seltsam, eine ganze in ihren Handlungen meistens unbedeutende Generation lange nach ihrem schon vergessenen Tod in ihrer oft so bedeutenden Persönlichkeit noch in diesen paar grauen verfallenden Dankmalen fortleben zu sehn, nicht zu gedenken, wenn man so glücklich ist, das lebende Monument irgend eines großen Geistes vergangener Zeit anzutreffen. Mir sind solche kleine Gemälde aus freier Hand immer lieber wie die schönste Galerie berühmter Biographien.«

»Mir scheint auch«, sagte Therese, »als ob die Lieblingsfehler der alten Leute fast wie die der Kinder zwar oft belästigend, aber doch im Grunde milder oder gleichsam oberflächlicher wären wie die der Jugend. Mangel an Rücksicht auf die Bequemlichkeit anderer ist das erste, was die Alten durch die allgemeine Sorgfalt, die ihnen zugewendet wird, und durch die bittere Vergleichung eigener Schwäche mit der Jugendkraft der Umgebung verleitet, annehmen, die Wurzel alles Fatalen, eine kleine Sünde, aber ein großes Leid für andere.«

»Das letztere ist wahr«, erwiderte Karl, »ohne das erstere zu begründen. Ich hingegen habe oft manche Jugendfehler im Alter in neuer Steigerung und vorzüglich wahrhaft unförmlicher Versteinerung wiedergefunden, die für mich bei dieser Nähe des Grabes eine der greulichsten Erscheinungen bleibt.«

Frau von Brenkfeld, noch aus der guten Zeit, wo man nicht nur die Eltern, sondern auch das Alter ehrte, einer Zeit, jetzt von dieser Ansicht so spurlos verschwunden, wie die antidiluvianische, rückte mit dem Stuhle.

Karl fuhr arglos deklamierend fort: »Bei den Vornehmen der Ehrgeiz, dem man so leicht um des Großen willen das etwa nicht Gute vergibt, als die empörendste, ruchloseste Ehrsucht, bei dem Mittelstande die halb belachte, halb belobte Sparsamkeit als der greuliche Geiz, über den man nicht weiß, ob man über ihn mit Demokrit lachen oder mit Heraklit weinen soll, bei dem Geringen der oft angenehme Leichtsinn als die entsetzliche Gefühllosigkeit und Nichtachtung des sonst Nächsten und Liebsten; und oft alles zusammen in allen Ständen. Und wie sie überhaupt selten kindlich und gewöhnlich nur kindisch reden, so sind sie auch zuweilen kindisch und gemein vor lauter Malitiösität.«

Er fing wieder an, heftig auf und ab zu gehen.

»Alte Leute sind gut«, sagte Marie, die wieder neben der Mutter saß und ganz ordentlich strickte und Frau von Brenkfeld mußte mitten aus ihrem gereizten Gefühle beinahe lachen, da nach der vorzeitigen Berechnungsart der Kinder diese Verteidigung ihr galt.

»Ihr könnt euch freuen«, sagte sie, »nicht vor dreißig Jahren jung gewesen zu sein; da wurden die Leute im Verhältnis zu ihren Eltern nie groß. Widerspruch von der einen Seite gab es in der Ordnung gar nicht, und nur selten dargelegte Gründe von der anderen.«

»Es ist schlimm genug«, sagte Karl mit weicher Stimme, »daß es nun im Durchschnitt anders ist. Der Gehorsam gegen die Eltern ist ein Naturgesetz und beinahe so kostbar als das Gewissen. Ich bin überzeugt, daß die Wurzel fast aller jetzt grassierenden moralischen Übel in der Vernachlässigung des Alten steht. Der Mensch ist zu vielem fähig und geneigt, sobald er es, wenn auch noch so anständig, mit Füßen tritt. Es ist etwas Seltsames und Rührendes um ein Naturgesetz.«

»Und zudem«, sagte Therese, »gehorchen muß der Mensch noch irgend jemandem außer Gott, geistlich oder weltlich, das erhält ihn weich und christlich.« — »Ich glaube«, fügte Ledwina hinzu, »daß, wenn das, was Karl vorhin über die Alten sagte, einigen Grund hat, er gewiß in dem gänzlichen Mangel an einem Gegenstande des Gehorsams zu suchen ist; den gegen den Regenten üben sie, aber ohne ihn zu fühlen, da man ihnen gewöhnlich alle Geschäfte abnimmt.«

»Großenteils wahr«, versetzte Karl, »doch ist hier die Ehrsucht auszunehmen« — und dann schnell: »Notabene, der alte Franz ist ja tot; wie ist der zu Tode gekommen?«

»An einem Brustfieber«, entgegnete Therese, und Ledwina, deren Gesicht wieder ein weißer Flor überzog, setzte mit leiser Stimme hinzu: »Er hat sich erkältet, da er mir im vorigen Winter eine Bahn durch den Schnee fegen wollte.«

Sie stand auf und trat an eine im Schatten stehende Kommode, als ob sie etwas suche, denn sie fühlte, daß die Tropfen, die so leicht in ihre Augen traten, ihnen diesmal zu schwer würden.

»Da wolltest du hundert Jahre alt werden«, lachte Marie. »Denk mal, Karl, Ledwina meinte, sie wollte hundert Jahre alt werden, wenn sie alle Tage spazieren ging; das hat der alte Nobst aus dem Kinderfreunde auch getan.«

Die Mutter sagte, als habe sie Ledwinens Worte nicht bemerkt: »Er war durch den Schnee nach Emdorf gewesen.«

»Er ist alt genug geworden«, sagte Karl, »ich glaube, er war schon über achtzig, so alt werde ich nicht.«

Ledwina beugte indes tiefverletzt über eine geöffnete Lade. Es war, als wolle man ihr das herzzerreißende, aber teure Geschenk dieses geopferten Lebens entreißen, und sie hielt es fest an sich gepreßt. In Wahrheit ließ die tödliche Krankheit dieses treuen Mannes, des Gatten der alten Lisbeth, viele Gründe zu, wie dies bei dem Ableben sehr alter Leute fast immer der Fall, und deshalb suchte die Frau von Brenkfeld mit jener beliebten, aber falschen Schonung, die das Herz verletzt, statt es zu heilen, und empört, statt es zu rühren, jenem wahrscheinlichsten Grunde seine eigentliche Heiligkeit zu stehlen und ihm nur die Glorie des letzten Zeichens der Anhänglichkeit zu lassen.

Marie war indes zu Ledwinen hingelaufen und quälte sie durch die unter Lachen immer wiederholte Frage: »Ledwina, du bist wohl recht bange vor dem Tode? Wie alt möchtest du wohl werden, Ledwina?«

Ledwina, die sich in ihrer Rührung noch beobachtet glaubte — wie sie war — wollte gern antworten, aber sie fürchtete den zitternden Laut ihrer Stimme, sie beugte sich von einer Seite zur anderen, indes das unter ihren Armen durchgeschlüpfte und nun vor ihr an die Lade gepreßte Kind unter ewiger Wiederholung seines Lachens und auch lauten Kicherns ihr immer in die Augen sah. Endlich sagte sie ziemlich gefaßt und in der Aufregung lauter wie gewöhnlich: »Ich fürchte mich etwas vor dem Tode, wie ich glaube, daß fast alle Menschen es tun; denn das Gegenteil ist gegen oder über die Natur. Im ersten Falle möchte ich mir es nicht wünschen und im zweiten ist es nur in einem sehr langen oder sehr frommen Leben zu erreichen.«

Die Kleine sprang wieder durch und sprang lachend zu ihrem Stuhle.

Auch Ledwina hatte sich unter dem Reden ermutigt und kehrte ziemlich frei zu ihrem Sofa zurück. Karl, für den, sobald er seine verlangte Auskunft hatte, das übrige Gespräch meistens tot war, indem er für sich fortspann, stand nun still und sagte: »Der alte Kerl war ordentlich ein Philosoph; er hätte unseren Gelehrten können zu schaffen machen. Ich habe nur drei Jahre studiert, und unsere Professoren laufen doch den ganzen Tag wie Diogenes mit der Laterne nach unnützen Fragen; aber so spitzfindige sind mir noch selten vorgekommen, wie das alte Genie aus den Ecken zu bringen wußte. Er hatte auch von sich selbst Klarinette spielen gelernt.«

»Die hat er geblasen, da er noch jung war«, fiel Marie ein. Karl drehte die Pfeife ungeduldig in den Händen und fuhr dann schnell fort: »Was aber lächerlich war, so wußte er auch auf alles Antworten, und die waren ihm immer gut genug, obgleich der Scharfsinn der Antwort nie im Verhältnis zu dem der Frage stand. Der Hochmut legt doch seine Eier in alle Nester.«

»Der alte Franz war deinem seligen Vater sehr lieb«, sagte Frau von Brenkfeld sanft, aber ernst. Karl antwortete ganz arglos: »Ja, er ist ja, den Unterricht abgerechnet, fast mit ihm erzogen, das hat ihm auch den Schwung gegeben.« Dann fuhr er wie von selbst erwacht und mit einem selten zarten Ausdrucke in den Mienen fort: »Wenn er so erzählte, wie sie zusammen heimlich das Rauchen trieben aus gehöhlten Kastanien und sich treulich beistanden in Schuld und Strafe, dann ist mir immer ganz wunderlich gewesen; wahrhaftig, es ist mir manche liebe Stunde in dem Manne gestorben.«

»Mir auch«, sagte die Mutter und drängte die Tränen heftig zurück. »Die alte Lisbeth ist auch seitdem ganz kümmerlich geworden.«

»Es ist überhaupt etwas Kurioses und meist Unangenehmes um die Witwen«, versetzte Karl, wieder abgeleitet, »besonders, solange die Kinder minorenn sind.«

»Was ist das, minorenn?« fiel Marie ein, und Karl fuhr fort: »Meistens fehlt ihnen die Kraft, und auf alle Fälle nehmen ihnen die Augen der Welt, denen sie immer ein Splitter sind, die Macht und die Herrlichkeit, man sieht sie die an Verbrechen grenzendsten Härten gegen Schuldner ausüben, alles per Pflicht; das geht nun wohl nicht anders, aber es läßt gewöhnlich einige Verhärtungen. Das Regieren tut überall keinem Weibe gut.«

»Witwen sind gut«, sagte Marie beleidigt, und Karl, der die Beziehung nicht faßte, fuhr auf: »Kinder auch, wenn sie das Maul halten«, und fuhr dann mit einem Blick auf seine Mutter in doppeltem Schrecken zusammen.

Frau von Brenkfeld kämpfte gewaltsam gegen eine mehr wehmütige als erzürnte Empfindung, die sie für Unrecht hielt, da Karl im ganzen recht und gewiß arglos geredet hatte. Aber daß sie das Grelle jenes Verhältnisses, dem sie bei den durch die Gutmütigkeit ihres verstorbenen Gatten verwirrten Vermögensumständen, unter den härtesten äußeren und inneren Kämpfen acht Jahre ihres Lebens ihre ganze Gesundheit und oft ihre heiligste Empfindung hatte opfern müssen, eben von jenem so scharf und wie verurteilend mußte auffassen hören, für den sie vor allem freudig geopfert hatte, das warf eine Wolke von Trauer und Verlassenheit in ihre Seele, die sie durch alle Strahlen des Gehorsams und der Liebe ihrer Kinder nicht zu zerstreuen vermochte. Eben ihr war der Witwenschleier aus einem Trauerflor zu einem Bleimantel geworden, der fast sogar die Ehre niedergebeugt hätte, da ihr Gatte durch unverhältnismäßige Schuldbeträge die Leute nach seinem Tode zu Grunde richtete, denen er bei seinem Leben gern helfen wollte. Er hatte den Segen mit sich genommen und ließ der Vormundschaft und seiner bedrängten Witwe den Fluch. Zudem hing ihr sonst starkes Herz seit einiger Zeit mit großer Schwäche an Marie, dem einzigen ihrer Kinder, dem sie alles in allem war, indes die Herzen der übrigen sich stark an die fremden Götzen zu hängen begannen. Im Verhältnis zu ihren Töchtern war dies Gefühl minder stechend gewesen, da eine vielseitige und gewandte Weltkenntnis von seiten der Mutter und ein unbedingter Gehorsam von seiten der Kinder ausglichen, was Ledwina an Tiefe und Zartheit und Therese an klarer und besonnener Auffassung voraus haben mochten. Aber die Zurückkunft Karls, den ihr die Universität nach seiner persönlichen Empfänglichkeit völlig ausgebildet, aber außerdem oder vielleicht deshalb etwas überreif und überfrei wiedergab, war ihr aus einem Jubiläum der

Witwenherrschaft zu der beklemmten Leichenfeier derselben geworden, obschon nur in der inneren Überzeugung, da Karl jetzt aus Pflicht und Vorsatz das zu sein strebte, wozu ihn früher die scheueste Ehrfurcht gemacht hatte; aber eben dies immer durchscheinende Streben, dies öftere Mißlingen durch Mißverstehen, weil die scharfe angstvolle Beachtung des Kindes fehlte, dies seitdem offenbare Zusammenhalten und einander Aushelfen der Geschwister sagte ihr deutlich, wie locker die Krone auf ihrem Haupte stehe, nur gehalten durch ein einsicht-, aber pflichtvolles Ministerium. Karl hatte sie als eine üppige, aber zarte Treibhauspflanze unter Tränen, Sorgen und Segen in die freie Luft gesendet, und sie konnte sich nicht verbergen, daß, so sie ihn jetzt ohne eins von allen entließ, er nur den letzteren vermissen würde, und auch dies nur in Überlegung und Religiosität, nicht in jenem scheuen frommen Gefühle, was sich in der Welt ohne den mütterlichen Segen wie zwischen reißenden Tieren dünkt. Marie duldete er offenbar nur in Rücksicht ihrer, und sein gereiztes Gemüt mußte gerade bei einer Veranlassung hervorbrechen, wo sie ihr fast wie das einzige ihrige Kind erschien, und doch konnte sie eben hier ohne die äußerste Taktlosigkeit nichts sagen.

Karl begriff ihre Gefühle auch jetzt nur so im groben, in der ersten Entstehung und folgte ihnen gar nicht. Er ging auf und ab, rauchte und war noch etwas verdutzt, aber völlig ruhig.

Ledwina hätte wohl alles dieses am empfindlichsten aufgefaßt, aber eine früherhin schmerzlich berührte Saite klang so hell nach, daß sie noch jeden anderen Laut übertönte. Sie konnte überhaupt sehr lange an einem Gedanken zehren und nahm noch oft das Frühstück ein, wenn die anderen schon ein richtiges Mittagsmahl, einen unbedeutenden Tee nebst einer Menge amüsanter Konditorwaren verzehrt hatten und sich nun zur Abendtafel setzten.

Nur Therese, die immer wie der Engel mit flammendem Schwerte vor und mit dem Ölzweige über den Ihrigen stand, mußte die ganze Last dieses Augenblicks tragen und suchte angstvoll nach einer klug beschwichtigenden Rede.

»Warum wählst du immer den verdrießlichen Weg am Fluße, Ledwina?« begann die Frau von Brenkfeld gesammelt, da die Stille kein Ende nahm.

»Ich habe den Weg einmal sehr lieb«, versetzte Ledwina. »Ich glaube, das Wasser tut viel dazu.«

»Den Fluß hast du ja auch unter deinem Fenster«, sagte die Mutter, »aber er ist so ein bequemer Gedankenschlender; deshalb geht man auch leicht weiter, wie man sollte.«

»Ich muß gestehen«, sprach Karl, »daß mir die Gegend hier, besonders jetzt, recht erbärmlich vorkommt. Man spaziert wie auf dem Tische, die Gegend vor uns wie hinter uns, oder vielmehr gar keine. Der Himmel über uns, und der Sand unter uns.«

»Die Gegend könnte malerisch noch viel schlechter sein, wie sie ist«, sagte Ledwina, »und mir bliebe sie doch lieb; von den Erinnerungen, die in jedem Baume wohnen, will ich gar nicht reden; denn so kann nichts mit ihr verglichen werden; aber so wie sie da steht, und überall, wäre sie mir höchst ansprechend und wert.«

»Chacun à son goût«, versetzte Karl. »Nach deinen eben gemachten Ausnahmen weiß ich nicht, was dich reizt: das stachlichte Heidekraut oder die langweiligen Weidenbäume oder die goldenen Berge, die uns in einer Stunde ein zauberischer Wind schenkt.«

»Die Weiden zum Beispiel«, versetzte Ledwina, und in ihr Gesicht goß sich ein trübes, aber bewegliches Leben, »haben für mich etwas Rührendes; sie zeigen eine sonderbare Verwechslung in der Natur: die Zweige farbicht, die Blätter grau, sie kommen mir vor, wie schöne, aber schwächliche Kinder, denen die Schrecken in einer Nacht das Haar gebleicht. Und überhaupt die tiefe Ruhe auf manchen Flächen dieser Landschaft: keine Arbeit, kein Hirt, nur allerhand große Vögel und das einsam weidende Vieh, daß man nicht weiß, ist man in einer Wildnis oder in einem Lande ohne Trug, wo die Güter keine Hüter kennen als Gott und das allgemeine Gewissen.«

»Es ist nicht schwer«, versetzte Karl lächelnd. »einer Sache, die so viel liebe Seiten hat, auch eine schöne abzugewinnen, aber ich versichere dich, man darf keine zwanzig Meilen reisen, sonst fallen die schönen romantischen Läppchen ab, und was nackt übrig bleibt, ist eine halbe Wüste.«

»Die Wüste«, versetzte Ledwina gleichfalls lächelnd und wie träumend, »die Wüste mag vielleicht große und furchtbare Reize haben.«

»Kind, du plapperst«, sagte Karl und lachte laut auf. Ledwina fuhr langsam fort:

»So plötzlich hineinversetzt, ohne ähnliche und doch völlig ungleiche Umgebungen zu kennen und hauptsächlich ohne früher von ihnen gelitten zu haben, und nun weithin nichts als die gelbe glimmernde Sandfläche, keine Begrenzung als den Himmel, der niedersteigen muß, um die Unendlichkeit zu hemmen, und nun flammend über ihr steht; statt der Wolken die himmelhohen, wandelnden Glutsäulen, statt der Blumen die farbicht brennenden Schlangen, statt der grünen Bäume die furchtbaren Naturkräfte der Löwen und Tiger, die durch die rauschenden Sandwogen schießen, wie die Delphine durch die schäumenden Fluten — überhaupt muß es dem Ozean gleichen.«

Karl war vor Verwunderung stillgestanden, und dann

sagt er mit einem närrischen Gesichte: »Und wenn nun die wandelnden Glutsäulen uns Visite machen oder die Blumen der Wüste uns umkränzen oder die furchtbaren Naturkräfte sich an uns probieren wollen?«

Ledwina fühlte sich widrig erkältet. Sie beugte, ohne zu antworten, nieder, um ein Garnknäuel vom Boden aufzuheben.

»Aber, mein Gott«, rief Frau von Brenkfeld, der durch diese rasche Bewegung ihre noch nicht völlig getrockneten Schuhe sichtbar geworden waren, »du bist ja ganz naß!«

»Ich bin etwas naß«, versetzte Ledwina, ganz herunter von widrigen Empfindungen.

»Und das schon die ganze Zeit«, versetzte die Mutter verweisend. »Leg' dich augenblicklich nieder, du weißt es ja in Gottes Namen auch selbst wohl, wie wenig du vertragen kannst.«

»Ja«, sagte Ledwina kurz, und stand auf, um in ihrer Empfindlichkeit allen weiteren Reden zu entgehen.

»Daß du dich aber ja niederlegst, und trinke Tee«, rief ihr die Mutter nach.

Sie wendete sich in der Tür um und sagte mit gewaltsamer Freundlichkeit: »Ja, gewiß.« Therese folgte ihr.

»Du hast noch nicht getrunken«, sprach Therese sanft verweisend, da sie nach einer Viertelstunde mit einem Glase Wasser von neuem in die Kammer trat und die weislich vor dem Fortgehen eingeschenkte Tasse noch unberührt sah. »Wenn nun die Mutter käme«, fuhr sie fort; »du weißt, wie sie auf ihr Wort hält.«

»Ach Gott, ich habe noch nicht getrunken? Wenn nun die Mutter käme!« wiederholte Ledwina, aus tiefem Sinnen auffahrend, und im Nu reichte sie Therese die geleerte Tasse.

»Mir ist so heiß«, sagte sie dann, warf unruhig die weißen Gardinen weit zurück und legte die brennenden Hände in der Schwester Schoß.

»Du trinkst zu schnell«, sagte diese.

»Ich wollte, ich dürfte das Glas Wasser trinken«, versetzte Ledwina.

»Trink du deinen Tee, der bekommt dir viel besser«, antwortete Therese mitleidig, »das kannst du deiner Gesundheit wohl opfern, es ist ja nur ein kleiner Wunsch.«

»O, er kommt auch nur oben vom Herzen«, lächelte Ledwina, »und dann setze dich doch recht zu mir und sprich mir etwas vor. Das Bettliegen ist so fatal; es ist noch lange nicht dunkel, und dann die lange Nacht!«

Therese setzte sich auf den Rand des Bettes und seufzte unwillkürlich recht tief. Ledwina lächelte von neuem, und sehr freundlich, fast freudig.

»Der heutige Tag«, sagte Therese dann tiefsinnig, »ist äußerlich so unbedeutend gewesen und doch innerlich so reich; es ist so viel durchgedacht und auch wohl ausgesprochen worden, was in Jahren hat nicht zu der Klarheit kommen können, wie der Brennpunkt einer langen Zeit.«

»Jawohl, allerhand«, versetzte Ledwina erwartend, der in diesem Augenblicke nur eins still bewegend im Sinne lag.

»Ich wollte«, sprach Therese weiter, »der Karl sähe etwas weniger imposant aus, damit er etwas minder geehrt würde. Alles wendet sich an ihn, und die Mutter wird jedesmal rot, wenn er mit der gefälligen Miene sagt: ‚Tragt das meiner Mutter vor.‘ «

Ledwina hatte, wie vorhin gesagt, den Teil des vorigen Gespräches, auf den sich dieses bezog, völlig überhört, und auch jetzt hielt ihr Geist eine andere Richtung fest. So faßte sie es gar nicht in seinem tiefen Schmerze.

»Ja«, sagte sie noch immer still träumend, »es wurde

so vielerlei gesprochen, daß man das erste über dem letzten vergaß. Mich soll wundern, ob Steinheim sich auch verändert hat.« Therese ward feuerrot: »Ich möchte es gar nicht«, fuhr sie fort, »mir scheint immer, er könnte dabei nur verlieren.«

Therese schenkte etwas mühsam eine neue Tasse ein. »Mich dünkt, ich sehe ihn«, hub Ledwina wieder an, »wie er gefragt wird, und wie sofort aus dem lieben frommen Antlitz eine freundliche Antwort spricht; es wird einem ganz ruhig, wenn man eine Zeitlang darauf weilt.« — »Das geht wohl«, sagte Therese in der Angst. Ledwina sah hoch auf.

»Meinst du nicht?« fragte sie ernst.

»O nein«, sagte Therese verwirrter und brach sehr unpassend ab. Aber Ledwina hatte sich aufgerichtet und ihre Hände krampfhaft gefaßt.

»O bitte, bitte«, sagte sie in strenger Angst; »schweig, aber lüg nicht«, und mit einem leisen Ton der tiefsten Wehmut lag Therese an ihrer Brust und weinte und zitterte, daß die Gardine bebte. Ledwina hielt sie fest an sich und ihr Gesicht war aufgegangen, wie ein Mond, der leuchtend über die Schwester wachte. Beide ließen sich nach einer langen lebensreichen Pause, und suchten ihre verlorene Fassung, die eine auf der seidenen Bettdecke, die andere an dem Bande des Teetopfes, was sie losknüpfte, statt es fest zu heften; denn es ist eben den besten und herrlichsten Menschen eigen, daß sie sich schämen, wenn ein unbewachter Augenblick verraten hat, wie weich sie sind, indes die Armen im Geiste von jener Art, der nicht der Himmel verheißen ist, es in Ewigkeit nicht vergessen können, wenn sie einmal einen rührenden Gedanken gefunden haben, wie das blinde Huhn die Erbse.

»Ich bin mir oft recht lächerlich und eitel vorgekommen«, hub Therese endlich an, »dir auch?« — Ledwina mußte lachen und sah sie fragend an. Therese fuhr fort: »Allen dunkel und mir allein hell; es ist betrübt, Ledwina, so etwas ganz allein zu merken. Man wird ganz irre. Ich habe immer innerlich glühen müssen, wenn ich diese oder jene unserer Bekannten mit geträumten Eroberungen prunken sah. Es ist so häßlich und so allgemein. Die Bescheidenheit schützt heutzutage gar nicht mehr. Und für mich wär' es so traurig. Ach, Ledwina, sollte ich es mir wohl nur einbilden? Ich kann ja auf nichts bauen als auf meinen innigsten Glauben.«

»Baue du dein Haus nur«, sagte Ledwina bewegt, »du hast einen guten Grund, einen verborgenen, aber festen, der nicht unter dir einsinken wird.« — »Er hat mir nie etwas derartiges gesagt«, versetzte Therese, indes ihre Augen wie in den Boden brennen wollten. — Ledwina sagte nachsinnend und lieblich: »Für einen anderen nichts, für ihn alles. Wär's ein anderer, so hättest du auch den Glauben nicht. Ach, Therese, du wirst sehr glücklich sein, das sage ich frei und schäme mich nicht. Wir suchen doch einmal alle, wenn schon meistens inkognito, aber ich habe aufgehört; denn ich weiß, daß ich nicht finde.« — Therese entgegnete demütig: »Ich darf auch nicht soviel verlangen wie du.« — »Das heißt nun nichts«, versetzte Ledwina sanft verweisend, »das kannst du selbst nicht glauben; du bist Gott und Menschen angenehmer, das weiß ich wohl.« Therese erschrak ordentlich und wollte einfallen, aber Ledwina winkte ernst mit der schmalen weißen Hand und fuhr fort: »Doch mein ruheloses, törichtes Gemüt hat so viele scharfe Spitzen und dunkle Winkel, das müßte eine wunderlich gestaltete Seele sein, die da so ganz hinein paßte.« — Therese erfaßte erschüttert ihre beiden Hände und sagte, indem sie das Gesicht wie scheu umherwandte, um die Zeichen der höchsten Bewegung zu verbergen: »Ach Ledwina, ich mag jetzt gar nicht davon reden, wie lieb dich viele Menschen haben, aber auch du wirst finden, was dir einzig lieb bleibt. Gott wird ein so reines und leises Flehen nicht überhören.«

Ledwina, der das Gespräch zu angreifend wurde, sagte wie leichtsinnig: »Jawohl, man sagt ja, es gibt keinen so schlechten Topf, daß sich nicht ein Deckel dazu fände, aber Gott weiß, wo mein Erwählter lebt, vielleicht ist er in diesem Augenblick auf der Tigerjagd, es ist doch gerade die Zeit; und dann, du meinst, Steinheims Liebe sei unbemerkt geblieben. Glaub' das ja nicht. Hab' ich dir je früherhin ein Wort gesagt? Und doch ist mir alles seit einem Jahr die höchste Gewißheit, und ich kann euch gar nicht mehr in Gedanken trennen. Aber wie kannst du glauben, daß unsere Mutter auf einen bloßen, auch noch so getreuen Schein, sich über eine so zarte Sache äußern sollte, oder Karl, dem die Ehre und der Anstand fast zu viel sind. Ich habe oft und heimlich lachend den Kampf beider gesehen, wenn sie weder absichtlich störend noch nachlässig erscheinen wollten. Glaub' mir, könnte Steinheim dich vergessen oder übergehen, so würden beide schweigen und sich fassen, aber ihr Glaube an die Menschen wäre dahin, so gut wie der deinige.«

»Aber auch heute, wo die Entscheidung so gar nahe gestellt ist«, versetzte Therese beklommen, »nicht das kleinste Zeichen in Miene oder Worten.«

»O Therese«, sagte Ledwina lächelnd, »ich sehe wohl, die Liebe macht die Leute dumm. Ist dir dies Vermeiden seines Namens, dies behutsame, verräterische Umgehen des ganzen Besuches, der doch bei weitem das hauptsächlichste im Briefe war, nichts? Ich sage dir, Therese, ich wußte von nichts, da ich in die Stube trat, aber ich bin zusammengefahren und habe in der höchsten Spannung geharrt und geglaubt, jeder Laut werde das Geheimnis gebären; besonders auf dem Gesichte unserer

Mutter wogte ja die ganz offene See der Empfindungen.

Therese hatte nach und nach das Haupt erhoben und sah nun peinlich betroffen nach Ledwina, wie ein Kind auf den Vater, wenn es merkt, daß er ihm etwas schenken will.

»Nun, ich will es so denken und ich kann ja nicht gut anders«, sagte sie verschämt, »aber bitte, bitte, nun nicht mehr davon reden!«

Nach einigen Augenblicken fuhr sie wieder trübe fort: »Man muß sich nicht so in eine Hoffnung eingraben, das Glück ist gar zu kugelrund.« Dann schwieg sie und faßte die Schale und den Teetopf, als wolle sie einschenken, sagte dann: »Ich komme gleich wieder« und ging hinaus, denn sie zitterte so sehr, daß sie den Topf nicht hatte heben können.

Nach einer langen Weile trat sie wieder mit leisen Schritten herein und blickte weit vorgebeugt mit angestrengter Sehkraft nach der Schwester hinüber, weil sie gedachte, sie möchte schlummern, und es nicht wagte, ihr zu nahen, um der frischen Abendluft willen, die aus ihren Kleidern duftete; denn sie war im Freien gewesen, tief, tief im Gebüsche und hatte sich einmal recht satt geweint und gestöhnt, und nun war sie wieder still und sorgsam wie vorher; denn diese süße, überteure Seele lebte ein doppeltes Leben, eins für sich, eins für andere, wovon das erstere nur zum Kampf für das letztere vortrat, nur daß es statt des Schwertes die Leidenspalme führte. So stand sie eine Weile. Kein Vorhang rauschte, aber ein tiefer, schwerer Atem zog hinüber und gab ihr mit der Gewißheit des Schlummers zugleich eine wehmütige Sorge. Sie setzte sich ganz still in ein Fenster. Die Sonne ging unter, und ihre letzten Strahlen standen auf einem Weidenbaum am jenseitigen Ufer. Der Abendwind regte seine Zweige, und so traten sie aus dem Glanz und erschienen in ihrer natürlichen Farbe, dann bogen sie sich wieder in die Goldglut zurück. Für Ledwinens krankes, überreiztes Gemüt hätte dies flimmernde Naturspiel leicht zu einem finsteren Bilde des Gefesseltseins in der sengenden Flamme, der man immer vergeblich zu entrinnen strebt, da der Fuß in dem qualvollen Boden wurzelt, ausarten können, aber Therese war es unbeschreiblich wohl geworden in Betrachtung des reinen wallenden Himmelsgoldes und überhaupt der lieblichen gefärbten Landschaft, ihre Gedanken waren ein leises und brünstiges Gebet geworden, und ihre Augen waren scharf auf den Abendglanz gerichtet, als sei hier die Scheidewand zwischen Himmel und Erde dünner; es war ihr auch, als zögen die Strahlen ihrer Seufzer mit hinauf, und sie legte das glühende Antlitz dicht an die Scheiben; aber wie die Sonne nun ganz dahin war und auch der Abendhimmel begann, ihre Farbe zu verleugnen, da sanken auch ihre Flügel, und sie ward wieder trüber und wußte nicht, warum.

Das Vieh zog langsam und brummend in den Hofraum, und zugleich stieg das Abendrot höher, und ein frischer Wind trieb die rosenfarbene Herde auch nach dem Schlosse hinüber. »Nun wird es gut«, sagte sie ziemlich laut, das Wetter meinend, und erschrak, daß sie der Schlummernden vergessen hatte. Aber eine unbeschreibliche Zuversicht kam in ihr Herz, und diese unwillkürlich ausgesprochenen Worte waren ihr wie durch Gottes Eingebung. Sie war von nun an völlig ruhig und blieb es bis zu der Stunde, die ihr Schicksal entschied. So haben auch die klarsten, sichersten Seelen ihre Augenblicke, wo der Glaube an eine verborgene, geistige Abspiegelung aller Dinge ineinander, an das viel geleugnete Orakel der Natur sie mächtig berührt, und wer dem widerspricht, dessen Stunde ist noch nicht gekommen, aber sie wird nicht ausbleiben, und wäre es die letzte.

Therese stand wie aus einem schweren Traum auf und schlich zum Lager Ledwinens. Unbeweglich, ja fast starr lag die Schlafende, und ihr Antlitz war bleich wie Marmor, aber in ihrer Brust arbeitete ein schweres, unruhiges Leben in tiefen Zügen. Therese sah sorgsam auf die Gegend des Herzens und legte dann sachte die Hand darauf, die sich von den heftigen Schlägen hob. Hätte sie nicht gewußt, daß plötzliches Erwecken bei der Schwester immer mit einem erschütternden Schrecken verbunden sei, sie hätte sie nicht dieser angstvollen, betäubenden Ruhe überlassen; aber nun blickte sie noch einmal sorgenvoll auf die Schlafende, segnete sie zum ersten Male in ihrem Leben, zog die Vorhänge des Bettes weit los, schloß die der Fenster und ging dann sachte und wehmütig zurückblickend hinaus mit dem Vorsatz, späterhin noch einmal nachzusehn.

Es war tief in der Nacht, als Ledwina aus ihrem langen Schlummer erwachte. Sie hatte äußerst tief geruht, und Therese war unbemerkt vor einigen Stunden noch einmal an ihrem Lager gewesen, wo sie die Schwester, die ihr nun erleichtert schien, beruhigt verlassen hatte. Aber in Ledwinens Innerem hatte sich eine grauenvolle Traumwelt aufgeschlossen, und es war ihr, als gehe sie zu Fuße mit einer großen Gesellschaft, worunter alle die Ihrigen und eine Menge Bekannter waren, um einer theatralischen Vorstellung beizuwohnen. Es war sehr finster, und die ganze Gesellschaft trug Fackeln, was einen gelben Brandschein auf alles warf, besonders erschienen die Gesichter übel verändert. Ledwinens Führer, ein alter, aber unbedeutender Bekannter, war sehr sorgsam und warnte sie vor jedem Stein. »Jetzt sind wir auf dem Kirchhof«, sagte er. »Nehmen Sie sich in acht, es sind einige frische Gräber.« Zugleich flammten alle

Fackeln hoch auf, und Ledwinen wurde ein großer Kirchhof mit einer zahllosen Menge weißer Leichensteine und schwarzer Grabhügel sichtbar, die nun regelmäßig eins ums andere wechselten, daß ihr das Ganze wie ein Schachbrett vorkam und sie laut lachte, als ihr plötzlich einfiel, daß hier ja ihr Liebstes auf der Welt begraben liege. Sie wußte keinen Namen und hatte keine genauere Form dafür, als überhaupt die menschliche, aber es war gewiß ihr Liebstes, und sie riß sich mit einem furchtbar zerrissenen Angstgewimmer los und begann zwischen den Gräbern zu suchen und mit einem kleinen Spaten die Erde hier und dort aufzugraben. Nun war sie plötzlich die Zuschauende und sah ihre eigene Gestalt totenbleich, mit wild im Winde flatternden Haaren an den Gräbern wühlen, mit einem Ausdrucke in den verstörten Zügen, der sie mit Entsetzen füllte. Nun war sie wieder die Suchende selber. Sie legte sich über die Leichensteine, um die Inschriften zu lesen, und konnte keine herausbringen, aber das sah sie, keiner war der rechte. Vor den Erdhügeln fing sie an, sich zu hüten, denn der Gedanke des Einsinkens begann sich zu erzeugen, dennoch war sie im Zwange des Traumes zu einem wie hingestoßen, und kaum betrat sie ihn, so stürzte er zusammen. Sie fühlte ordentlich den Schwung im Fallen und hörte die Bretter des Sarges krachend brechen, in dem sie jetzt neben einem Gerippe lag; ach, es war ja ihr Liebstes, das wußte sie sogleich. Sie umfaßte es fester, wie wir Gedanken fassen können; dann richtete sie sich auf und suchte in dem grinsenden Totenkopfe nach Zügen, für die sie selbst keine Norm hatte. Es war aber nichts, und zudem konnte sie nicht recht sehen, denn es fielen Schneeflocken, obschon die Luft schwül war. Übrigens war es jetzt am Tage. Sie faßte eine der noch frischen Totenhände, die vom Gerippe losließ. Das schreckte sie gar nicht. Sie preßte die Hand glühend an ihre Lippen und legte sie dann an die vorige Stelle und drückte das Gesicht fest ein in den modrichten Staub. Nach einer Weile sah sie auf; es war wieder Nacht, und ihr voriger Begleiter stand sehr hoch am Grabe mit einer Laterne und bat sie, mitzugehen. Sie antwortete, sie werde nun hier liegen bleiben, bis sie tot sei; er möge gehen und die Laterne da lassen, was er auch sogleich tat, und sie sah wieder eine Weile nichts als das Gerippe, dem sie mit einer herzzerreißenden Zärtlichkeit liebkoste. Plötzlich stand ein Kind neben dem Grabe mit einem Korbe voll Blumen und Früchten, und sie besann sich, daß es eins derer sei, die im Theater Erfrischungen umherbieten. Sie kaufte ihm seine Blumen ab, um den Toten damit zu schmücken, wobei sie ganz ordentlich und ruhig die Früchte auslas und zurückgab. Da sie den Korb ausschüttete, wurden der Blumen so viele, daß sie das ganze Grab füllten. Des freute sie sich sehr, und wie ihr Blut milder floß, formte sich die Idee, als könne sie den verwesten Leib wieder aus Blumen zusammensetzen, daß er lebe und mit ihr gehe. Über dem Aussuchen und Ordnen der Blumen erwachte sie und, wie bei Träumen immer nur der allerletzte Eindruck in das Leben übergeht, ziemlich frei, aber ihr war unerträglich heiß. Sie richtete sich auf und sah noch etwas verstört im Zimmer umher.

Das Mondlicht stand auf dem Vorhange eines der Fenster, und da der Fluß unter ihm zog, schienen sie zu wallen wie das Gewässer. Der Schatten fiel auf ihr Bett und teilte der weißen Decke dieselbe Eigenschaft mit, daß sie sich wie unter Wasser vorkam.

Sie betrachtete dies eine Weile, und es wurde ihr je länger je grauenhafter; die Idee einer Undine ward zu der einer im Fluß versunkenen Leiche, die das Wasser langsam ruhig zerfrißt, während die trostlosen Eltern vergebens ihre Netze in das unzugängliche Reich des

Elements senken. Ihr ward so schauerlich, daß sie sich nach einigen Skrupeln wegen der Glut in ihrem Körper entschloß, aufzustehen und die Vorhänge wegzuziehen. Die Nacht war überaus schön. Der Mond stand klar im tiefen Blau. Die Wolken lagerten dunkel am Horizont in einer schweren getürmten Masse, und der Donner hallte leise, doch mächtig herüber, wie das Gebrüll des Löwen.

Ledwina blickte lüstern durch die Scheiben, das graue Silberlicht lag wie ein feenhaftes Geheimnis auf der Landschaft, und dünne, matte Schimmer wogten über die Ginster und Kräuter wie feine Fäden, als bleichten die Elfen ihre duftigen Schleier. Am Flusse war die Luft ganz still, denn die Weiden standen wie versteint, und kein Hauch bog die gesträubten Haare, aber in der Ferne schüttelten sich die Pappeln und hielten dem Mondlicht die weißen Flächen entgegen, daß sie schimmerten wie die silbernen Alleen in Träumen und Märchen. Ledwina sah und sah, und ihr Fuß wurzelte immer fester an der lockenden Stelle, und bald stand sie, halb unwillkürlich, halb mit leisen Vorwürfen, in ein dichtes Tuch gehüllt, am offenen Fenster. Sie schauderte linde zusammen vor der frischen Luft und der geisterhaften Szene. Ihre Blicke fielen auf das klare Licht über sich und das trübe Licht unter sich im Strome, dann auf den finsteren träumenden Hintergrund, und das Ganze kam ihr vor wie der stolze und wilde Seegruß zweier erleuchteter Fürstengondeln, indes das Volk gepreßt und wogend in der Ferne steht und sein dumpfes Gemurmel über das Wasser hallt.

Da erschien fern am Strome noch ein drittes Licht, aber ein hüpfendes, trübes Flämmchen, wie ein dunstiges Meteor, und sie wußte nicht, war es wirklich ein Irrlicht oder ward es von Menschenhänden getragen, mehr zur Gesellschaft als zum Führer in der täuschenden Nachthelle. Sie richtete die Blicke fest darauf, wie es langsam herantanzte, und sein unausgesetztes Nähern bürgte für die letzte Meinung. Sie war so verloren in fremde Reiche, daß sie sich den Wanderer als einen grauen Zaubermeister bildete, der in der Mondnacht die geheimnisvollen Kräuter in den feuchten Heidgründen sucht. Wirklich gab es viele Beschwörer, sogenannte Besprecher, in jener Gegend, wie überhaupt in allen flachen Ländern, wo die Menschen mit der schweren neblichten Luft die Schwermut und einen gewissen krankhaften tiefen Geisterglauben einatmen. Diese Zauberer, meistens angesessene, geachtete Leute, sind mit seltenen Ausnahmen so truglos wie ihre Kinder, so wie sie auch das unheimliche Werk fast nie als Erwerb, sondern meistens als ein zufällig erobertes, aber teures Arkanum in nachbarlichen Liebesdiensten ausüben. Sie halten sonach auch vor sich selber streng auf all die kleinen Umstände, die dergleichen Dingen selbst bei völlig Ungläubigen etwas Schauderhaftes leihen, als das starre Stillschweigen, das Pflücken der Kräuter oder Zweige im Vollmond oder in einer bestimmten Nacht des Jahres, und so weiter.

Und so wäre es nichts so Unmögliches gewesen, auf einer nächtlichen Wanderung dergleichen unheimlichen Gefährten zu finden. Aber das Flämmchen hüpfte näher, und bald war es Ledwina kenntlich als der brennende Docht einer Laterne, die ein Mann trug, indes eine Gestalt zu Pferde ihm folgte. Sie besann sich, daß es wohl ein nächtlich Reisender sei, den ein Weges- und Ortskundiger an den trügerischen Buchten des Stromes vorüber leite. Das Feenreich war zerstört, aber ein menschliches Gefühl der tiefsten Wehmut ergriff sie um den Unbekannten, mit dem sie einen schönen Nachmittag in ihren Träumen verlebte, und der doch achtlos an ihr vorüberzog wie an den Steinen des Weges und wußte nichts von ihr, wenn er einst ihren Tod las in den Blättern der Zeitungen. Jetzt war er dem Schlosse gegenüber, wo der Fußsteig mit Steinen gepflastert war, ein langsamer Hufschlag schallte zu ihr hinauf, und sie strengte ihre Sehkraft an, um den letzten Umriß seiner Gestalt festzuhalten.

Plötzlich zog eine Wolke, die der Westhauch am Horizont als Herold aussandte, über den Mond; es ward ganz finster, und zugleich schlug ein schwerer, klatschender Fall an ihr Ohr, ihm folgte ein heftiges Plätschern und der laute Angstruf einer männlichen Stimme. Ledwina sprang verwirrt in fürchterlichem Schrecken vom Fenster zurück und wollte nach Hilfe eilen, aber ihre Kniee trugen sie nur bis in die Mitte des Zimmers, wo sie zusammenbrach, doch ohne die Besinnung zu verlieren. Sie schrie nun im höchsten Entsetzen anhaltend und fast über ihre Stimme, und nach einer Minute war ihre Mutter, ihre Schwester und fast das ganze weibliche Personale um sie versammelt. Man hob sie auf und trug sie ins Bett und meinte, sie rede irre, da sie beständig und angstvoll rief: »Macht das Fenster auf! — im Flusse — er liegt im Flusse«, und sich loszureißen strebte. Marie, die vor Schrecken hell weinte, war jedoch die erste, die den Ruf vom Flusse her durch das laute Gewirr unterschied. Man riß das Fenster auf, und bald zogen die Domestiken des Schlosses, noch ganz betäubt und mit Stangen und Haken an das Ufer. Den Reisenden hatte sein rasches Pferd aus den Wellen getragen, in die er dem Irrlichte in der Hand seines Führers gefolgt war, da er sehr dicht hinter ihm trabte. Er stand sehr triefend neben seinem schnaubenden Tiere und wollte eben in der Angst von neuem in den Strom, das fortschwimmende Menschenleben zu retten, da ihm das fremde Land sonst keine Hilfe zu bieten wußte.

Therese stand händeringend am Fenster und horchte

auf Laute der Suchenden durch den Sturm, der nun mit einer fürchterlichen Heftigkeit losgebrochen war. Der Donner rollte sonder Aufhören. Das Wasser tanzte in greulicher Lust über der gefallenen Beute, warf sprühenden Schaum in die Augen derer, die sie ihm zu entreißen suchten. Der Fremde stand am Ufer, bebend vor Frost. Er wollte nicht ins Schloß, aber mit einem Kahn in die empörten Wogen. »Wollen Sie sich selbst ums Leben helfen?« sagte der alte Verwalter. »Mich dünkt, an einem ist es genug.« — »O Gott!« — rief der Fremde schmerzlich, »ich habe ihn so beredet; er wollte nicht von seiner alten Mutter, die sich vor dem Gewitter fürchtet. Um Gottes willen, einen Kahn, einen Kahn!« — »Einen Kahn können Sie nicht kriegen, wir haben keinen«, sagte der Verwalter. Der Fremde hielt ihm eine Laterne hoch vors Gesicht und wie er ihm in dem falschen Schein zu lachen schien, faßte er ihn wie wütend an der Brust und rief: »Einen Kahn, oder ich werfe dich auch ins Wasser.« Der Verwalter blickte ihn fest an und sagte: »Wir haben keinen.« Der Fremde sprach ernsthaft verwirrt: »Wie seid Ihr denn hieher gekommen?« — »Über die Brücke dort«, versetzte der Verwalter. »Eine Brücke«, sagte der Fremde wie gelähmt, ließ ihn los und gesellte sich in höchster Angst zu den Suchenden. »Hier habe ich etwas«, rief einer, und warf ein weißes Ding ans Ufer, was man als die Mütze des Verlorenen erkannte. Man suchte hier emsiger, aber die Haken fuhren vergebens durch das schäumende Wasser. »Wir finden ihn nicht«, rief ein anderer, ermattet in der frucht- und fast zwecklosen Arbeit, »das Wetter ist zu toll.« — »Das Wasser gibt ihn auch nicht her«, rief wieder einer, »es hat in diesem Jahre noch kein Menschenfleisch gehabt.« — »Nicht?« versetzte ein anderer, und der Fremde sah mit Schrecken, wie nach dieser Bemerkung aller Eifer sichtbar erlosch. Er bot Geld über

Geld, und man fuhr ihm zu Gefallen fort zu suchen, aber so mutlos, daß man bald nur noch zum Anschein mit den Stangen und Haken ins Wasser klatschte. Therese hatte indessen das Fenster nicht verlassen.

»Ich höre nichts«, sagte sie jammernd zu Ledwina gewandt, die sie zum Schrecken halb angekleidet und im Begriff aus dem Bette steigen sah. Sie schloß das Fenster schnell und drängte die zitternde Schwester in das Bett zurück, worin sich diese jedoch bald ergab mit dem Beding der schnellsten Mitteilung aller Nachrichten. Therese versprach alles und meinte, mit ihrem Gewissen wohl auszukommen. Sie hatte sich mit großer Kraft gefaßt und redete jetzt viel Tröstliches, geistlich und irdisch, zu Ledwina, daß diese endlich ganz still ward und in der höchsten Ermattung wieder einschlief. Dann ging sie, um ein warmes Zimmer und Bette für den Fremden zu besorgen, der endlich nach mehreren Stunden durch und durch erfroren und innerlich bebend einzog. Dann legte sie sich selbst nieder, ob der Morgen ihr vielleicht noch einige Erholung schenken wolle, da der Tag sie wieder in ihrer ganzen Kraft forderte, nachdem sie eine Zofe neben Ledwinens Gemach gebettet hatte.

Es hatte sieben geschlagen, als Minchen auf den Zehen in die Kammer schlich und das Fräulein ihr schon völlig gekleidet entgegentrat.

»Was gibt's, Minchen?« sagte sie bewegt und heftete die letzte Nadel.

»Der fremde Herr ist ganz munter«, antwortete das Mädchen.

»Aber der Bote?« fragte Ledwina.

»Das weiß Gott«, versetzte Minchen dann, und beide schwiegen. »Man braucht sich nicht viel Gutes zu denken«, sagte Minchen und fing bitterlich an zu weinen.

Ledwina sah starr vor sich nieder und fragte: »Weiß man nicht, wer es gewesen ist?«

»Freilich wohl«, versetzte das schluchzende Mädchen, »es ist ja der Klemens von der alten Lisbeth; o mein Gott, was soll sich das arme alte Mensch haben!« und weinte ganz laut.

Ledwina setzte sich auf das Bett und legte das Gesicht in die weißen Kissen, dann erhob sie sich schneeweiß und sagte: »Ja, Gott muß es wissen«, nahm ihr Schnupftuch vom Tische und ging langsam hinaus. Im Wohnzimmer war alles um das Frühstück versammelt, da Ledwina hereintrat. Der fast zu blendend schöne Fremde stand auf und verbeugte sich. Karl sagte vornehm und höflich: »Das ist meine älteste Schwester«, und zu Ledwinen: »Der Graf Hollberg.« Man saß wieder um den spendenden Tisch, und das Gespräch ging etwas gedrückt fort über allerhand Göttinger Vorfälle, als einzig bekannte Berührungspunkte beider.

»Fräulein Marie, nehmen Sie sich in acht«, sagte der Fremde aus dem Gespräch zu Marien gewandt, die ein geöffnetes Federmesser wiederholt an den Mund hielt, um den Stahl zu prüfen. Marie ward rot und legte das Messer hin.

»Ganz recht, Marie heißt sie«, sagt die Frau von Brenkfeld höflich lächelnd.

»Ich glaube, ich werde sie alle zu nennen wissen«, versetzte der Graf lebhaft und sandte die leuchtenden Augen durch den Kreis. »Steinheim ist ein getreuer Maler; glauben Sie wohl, daß ich Sie sämtlich sogleich wieder erkannte?«

»Sie haben Steinheim viel gesehen?« sagte Karl.

»O sehr viel«, versetzte Hollberg rasch, »in dem letzten Jahre täglich oder vielmehr fast den ganzen Tag. Ich habe sogar ihm zu Gefallen ein mir sonst ganz unnötiges Kollegium mitgehört.« Karl lachte ganz trocken.

»Solange Sie dort waren«, fuhr der Graf fort, »konnte man freilich nicht so recht an ihn kommen, denn sein Herz ist wohl für mehrere Abwesende, aber immer nur für einen Gegenwärtigen offen. Ich hatte keinen Vorwand, ihn zu besuchen, und auf unsern Kommersen erschien er gar nicht. Aber jetzt«, fuhr er mit einem blitzenden raschen Blicke fort, »jetzt glaube ich, weder mich noch andere zu täuschen, wenn ich sage, wir haben uns beide sehr lieb.« »Wissen Sie auch, wie ich heiße«, sagte die Frau von Brenkfeld in Verlegenheit, das Ungehörige ihrer Frage nicht bedenkend. Der Fremde ward rot und sagte: »Sie meinen, gnädige Frau?« dann sah er nieder und sagte mit bescheidener Stimme: »Feiern Sie nicht Ihr Namensfest am neunzehnten November?« — »Ganz recht«, versetzte Frau von Brenkfeld, »ich heiße Elisabeth.« — »Die drei Fräulein«, fuhr der Graf fort, »werden sich Fräulein Therese und Marie nennen. Der Name der dritten ist nur schwer zu behalten, und ich fürchte, ihn zu verfehlen; er muß beinahe wie Lidwina oder Ledwina klingen.«

»Völlig wie das letztere«, sagte die Mutter und blickte auf Ledwina, und der Graf neigte lächelnd freundlich gegen sie, die es jedoch nicht bemerkte, da sie eben an die Freude Theresens dachte, der sie so gern dieses milde Öl in die, wie sie meinte, noch wogende See gegönnt hatte.

»Können Sie mir nicht sagen«, fragte Karl, »wann Steinheim hieher kommen wird?«

»Gewiß so bald wie möglich«, versetzte der Graf mit einem langen, sprechenden Blicke.

Karl zog die Lippen und sagte: »Ich habe eine kleine Reise vor, so möchten wir uns verfehlen, aber ich schiebe oder gebe sie auf, je nachdem es fällt.«

»Eine Reise, wohin?« fragte Ledwina verwundert und Karl versetzte kurz und verdrießlich: »Auf den Harz vielleicht«, und dann zum Grafen: »Wir hoffen Sie zugleich hier zu sehen.«

Der Graf sagte freundlich, indem er die schwarzen Locken aus der breiten Stirn schüttelte: »Sehen Sie, wie gut Steinheim es mit mir meint; aber ich muß selbst wissen, was ich wagen darf. Wenn Sie mir nun den Stuhl vor die Tür gesetzt hätten —«. Die Frau von Brenkfeld wollte höflich einfallen, aber der Graf fuhr fort: »Mir ist eine liebe Freude verdorben: ich wollte meine Schwester zu ihrem Geburtstage überraschen; daher der unglückliche Gedanke, die schöne Nacht zu Hülfe zu nehmen.« Dann wurde er plötzlich finster, stand auf und ging hinaus. »Wie gefällt dir der?« sagte die Frau von Brenkfeld, wie aus tiefer Beklemmung aufschauend, zu Ledwina. Diese schüttelte seltsam lächelnd das Haupt und sagte: »Ich weiß noch nicht, aber ganz eigen.«

»Er hat etwas Kindisches«, fiel Karl ein, »das bringt seine Krankheit mit sich.«

»Ist er krank?« sprach Ledwina gespannt; »er sieht ja ganz frisch aus, beinah zu frisch.«

»Ach Gott, was wollte er frisch aussehen«, versetzte Karl, »es hat mich recht erschreckt, wie ich ihn sah. Bei seinem Aufenthalt in Göttingen war er immer leichenblaß; er hat deshalb lange *Pallidus* geheißen, bis die Sache sich endlich nicht mehr für den Scherz eignete, aber jetzt —« Karl schwieg ernst und fuhr dann fort: »Ich denke, wie wir einmal einen guten Kommers in Ulrichs Garten hatten und, da mehrere aus uns Sträuße wilder Blumen im Gehen pflückten, einer endlich die Frage aufwarf, was eigentlich die sogenannte Totenblume sei, da viele die dunkelrote Klatschrose, andere den hellroten Widerstorz und noch andere eine gelbe hohe Blume so nennen; wie er da so wehmütig sagte: ‚Mir scheint die hellrote diesen Namen vor allen zu verdienen. Das Hellrot ist doch die rechte Totenfarbe. Lieber Gott, wie schön können die Totenblumen blühen, so kurz vor dem Abfallen!‘«

»Dann blieb er zurück und war den ganzen Abend still; denn sein Vater hat mit der schönen, geistreichen Mutter, gegen den Willen aller Verwandten, die Auszehrung in die Familie geschleppt.«

»Das finde ich wahrhaft schlecht; du wählst harte Ausdrücke, Karl«, sagte Therese, die seit den letzten Minuten wieder gegenwärtig war; »es ist wahrhaftig genug Schlechtes in der Welt; man braucht mit dem Worte nicht so zu wuchern.«

Karl sagte beleidigt und deshalb kalt: »Vielleicht kann ich es nach seiner Persönlichkeit auch verrückt nennen; ich müßte dann annehmen, daß er in einer fixen Idee sie für gesund hielt. Mich wenigstens würde die heftigste Leidenschaft nicht verleiten, mein ganzes Geschlecht wissentlich zu vergiften.«

Therese, die Hollberg aus begreiflichen Gründen sehr wohlwollte, sagte diesmal rasch und ganz unüberlegt: »Wenn er aber nun außerdem gar nicht lieben und deshalb auch nicht heiraten kann?« Karl blieb stehen, sah sie spöttisch an, klopfte dann mit dem Finger sacht an ihre Stirn und sagte mit Nachdruck: »O du blinde Welt, wie stolperst du im Dunkeln!« Therese bog die Stirn unwillig zurück, aber sie sagte nichts; denn es ärgerte sie unglaublich, gerade jetzt etwas Albernes gesagt zu haben; noch mehr Ledwina, die im Grunde die Schwester nicht allein für an Herz und Gemüt reicher, sondern auch in ihrer klaren Umsicht im ganzen für klüger hielt als den kenntnisreichen, kräftigen, aber in seinem oft übertriebenen Selbstgefühl beschränkten Bruder.

»Dem sei, wie ihm wolle«, fuhr Karl ernst fort, »genug, die ganze Familie ist vor lauter Geist und Schwächlichkeit aufgebrannt wie ein Meteor, bis auf ihn und eine Schwester, denen die Totenblumen auch bereits auf den Wangen stehen. Der arme Junge hat feine Bemerkungen genug machen können. Ihm ist der Tod schon oft recht hart ans Herz gedrungen, und jetzt sitzt er ihm gar mitten drin.« Es pochte an der Tür, und ein Ackerknecht trat auf den Socken herein.

»Ihre Gnaden«, hub er an, »der fremde Herr frägt nach Leuten im Dorfe, die ihm für Geld und gute Worte den Klemens suchen sollen. Wenn das so sein soll, dann muß das geschehen, aber finden tun sie ihn nicht; das Wasser ist zu lang, der mag schon wohl zehn Stunden weit sein.«

»Ich will mit dem fremden Herrn sprechen«, sagte die Frau von Brenkfeld, »geht nur.«

Wie der Knecht hinaus war, sah sie ihre Kinder schweigend an und sagte dann in entsetzlicher Unruhe: »Ich glaube, wir vertragen uns nicht lange.«

Dann ging sie hinaus, dem Grafen Vorstellungen zu machen. Karl sah ihr nach und sagte peinlich lachend: »Es freut mich nur, daß dieser Aufenthalt nicht mir gilt, ich habe das alles gefürchtet. Hollberg ist doch sein ganzes Leben verwöhnt worden. Es waren wohl unser viere, denen er gefiel. Wir hatten uns vorgenommen, einen ordentlichen flotten *Suitier* aus ihm zu machen. Er gab sich auch gut zu allem; aber mitten im besten Kommers konnte ihn plötzlich etwas meistens ganz Unbedeutendes so tief und seltsam ergreifen, daß er uns die ganze Lust verdarb mit seiner wunderlichen Stimmung; das ist zuweilen recht interessant, aber immer ungeheuer unbequem, zudem konnte er nie einen rechten Begriff vom Studentenleben fassen und bei Zusammenkünften sein wie unter Philistern und bei Ehrenpunkten arglos und zutraulich wie unter Brüdern; er hätte können die ärgsten Händel haben, aber jeder kannte und schonte ihn.«

»So war er wohl sehr geliebt?« fragte Therese.

»O doch«, versetzte Karl, indem er seinen verlegten Tabaksbeutel in der Stube umsonst suchte, »zudem ist zugleich arglos und nobel sein wohl der sicherste Weg zu allgemeiner Berücksichtigung; es gibt so etwas Prinzenhaftes.«

Therese wandte sich zu Ledwina: »Es ist doch etwas Eigenes um das angeborene Vornehme.«

»Es ist daran viel Wahres«, versetzte Ledwina, »solange es nur äußere Formen, die das innere Ehrgefühl gar nicht nennt, und auch die nur arglos verletzt.«

»Jawohl«, sagte Therese, »dann ist es mir aber auch lieber als Schönheit; — nicht allein beim Mann«, fuhr sie freundlich sinnend fort, »auch für mich selber würde es meine Wahl treffen.«

»O freilich, versetzte Ledwina, und Karl, der wieder zu ihnen trat, sagte: »Ich möchte mich indessen nicht so berücksichtigt sehen; es erinnert doch immer etwas an die Achtung für die Frauen.«

Therese sah unwillig auf; dann begann sie erst leise, dann immer herzlicher zu lachen.

»Es ist doch häßlich«, sagte sie, sich vergebens zu bezwingen suchend, »daß man so albern lachen muß.«

Die Mutter trat mit dem Grafen herein. »Sie sehen das wohl ein«, sagte sie eben. — »Ganz gewiß«, versetzte derselbe und sah glühend um sich. »Die gnädige Frau haben zu befehlen, es ist mir nur um der Mutter willen.«

»Die Mutter«, sagte Frau von Brenkfeld, »wird den Anblick der Leiche nach einigen Tagen vielleicht besser ertragen als jetzt; wenigstens hoffe ich es.«

»Ich glaube es nicht«, erwiderte der Graf bewegt. »Sie kann sich nicht trösten. Sie hat ja nichts gehabt wie den Sohn.« Frau von Brenkfeld sprach ernst: »Sie irren; wir alle dürfen nicht bestimmen, wie viel ein wahrhaft christliches und starkes Gemüt aus den niederen Ständen, vor allem eine Frau, zu tragen vermag, so wenig wir die ununterbrochene Kette von Sorgen und Entsagungen ahnen, aus denen ihr Leben fast immer besteht; glauben Sie mir, was man so sieht, ist nichts.«

Der Graf hob das brennende Antlitz und sagte: »Wie? Meine gnädige Frau? Ach, verzeihen Sie!«

Er schwieg einige Sekunden wie betäubt; dann fuhr er fort: »Denken Sie, wie ihn das Wasser zurichten wird. Die alte Frau geht gewiß immer an den Strom, bis er ihn ausgespieen hat, und dann kennt sie ihn nicht.« Er stand hastig auf, sagte nochmals »Verzeihen Sie« und ging hinaus.

Die Frau von Brenkfeld sah ihm verwundert nach und sagte dann: »Ist das Krankheit oder Eigensinn?«

»Beides«, entgegnete Karl phlegmatisch, und so ging das Gespräch fort zwischen Menschen, die man gut nennen mußte, in scharfen Strichen, oft ungerecht, immer verfehlt, über ein Gemüt, das man nicht leise genug hätte berühren können, und das bei der durchsichtigsten Klarheit dennoch an ewig mißverstandenen Gefühlen verglühen mußte.

Frau von Brenkfeld sagte eben: »Ich sehe täglich mehr ein, wie dankbar ich Gott dafür sein muß, daß ich zwischen sieben Schwestern geboren bin, und zwar so recht mitten in, weder die älteste noch die jüngste«, als Marie angstvoll hereineilend rief: »O Mutter, der Graf sitzt auf der Altane und ist schneeweiß.«

»Mein Gott«, sagte Frau von Brenkfeld, »sollte ihm unwohl werden?«

»Jawohl«, versetzte Marie, »er hat den Kopf auf den steinernen Tisch gelegt und sah mich gar nicht.«

Man eilte hinaus, der Graf wollte noch mit einigen mühsamen, verwirrten Worten seine offenbare Schwäche verleugnen, aber die Sinne schienen ihn immer mehr zu verlassen. Bald ließ er sich geduldig und unter Anstrengung seiner letzten Besinnung, noch etwas Beruhigendes zu sagen, zu seiner Stube mehr tragen als führen. Nach einer halben Stunde zeigte sich entschieden ein heftiges Fieber, und der Vormittag verging unter angstvoller Erwartung des Hausarztes, nach dem man sofort geschickt hatte.

»Was sagen Sie zu dem Kranken?« fragte Frau von Brenkfeld den wieder Hereintretenden. Der Doktor Toppmann langte langsam seinen Hut vom Spiegeltisch neben dem Blumentischchen, und bedächtig: »Ein wenig Bluthusten mit dem hergebrachten Fieber dazu«, sagte er; »nicht viel; ich kenne seine Konstitution zu wenig, und mit ihm reden kann man nicht, da er ganz irre ist.«

»Mein Gott, seit wann?« rief Frau von Brenkfeld; »davon weiß ich ja nichts.«

»Es soll auch früher nicht gewesen sein«, entgegnete der Doktor, »erst seit er jetzt erwacht ist.«

»Das ist ja höchst traurig«, versetzte Frau von Brenkfeld hastig. »Er wird doch, um Gottes willen, nicht gar sterben können?«

Doktor Toppmann schnitt seine seltsamsten Gesichter und sagte: »Wir können alle sterben; übrigens so etwas muß man nicht eher denken, als bis das Gegenteil unmöglich ist.«

»Keineswegs«, fiel Therese ein, »ich bitte sehr, täuschen Sie uns hierin nicht.«

Toppmann kniff das linke Auge zu und fragte: »Warum denn das?«

»Man ist doch sorgsamer«, versetzte Therese; »man weiß doch auf jeden Fall, was man zu tun hat.«

»Was hat man denn zu tun?« fragte Toppmann.

»Ach Gott«, entgegnete Therese, »wir haben noch tausend andere Gründe, bleiben Sie doch bei der Sache.«

Toppmann schwieg ein Weilchen, dann sagte er ernst und zu allen Anwesenden gewandt: »Ich weiß, Sie werden nichts versäumen, was in Ihren Kräften und Wissen steht; deshalb halten Sie die Stube kühl, aber vor allem ohne Zugwind, und sorgen Sie, daß die Arznei ordentlich genommen wird; auch darf der Patient vorerst nicht allein gelassen werden. Morgen früh komme ich wieder, wenn nichts Besonderes früherhin vorfällt.«

Er machte eine Verbeugung und wollte fortgehen; dann wandte er sich um und sagte: »Notabene, nähern Sie sich ihm nicht mehr als unumgänglich nötig; die Sache könnte leicht nervös sein.«

Er verbeugte sich nochmals und ging hinaus.

Karl sagte: »Ich glaube, ich kann mich gelegentlich noch jedes Wortes erinnern, das ich den Toppmann mein Leben lang habe reden hören; das macht das unvergeßliche Mienenspiel, dem die Worte wie angegossen sind, oder vielmehr umgekehrt.«

»Er redet wohl auch überall sehr wenig«, versetzte die Mutter; »heute war er nach seiner Art recht los.«

»Therese hat ihn auch ehrlich geschraubt«, entgegnete Karl und sah nach Theresen, die eben mit den Zeichen der äußersten Unruhe das Zimmer verließ. Karl fuhr fort: »Ich habe mir mal eine Sammlung von den verschiedenen Abarten seines Grundgesichtes machen wollen, vor Zeiten, ehe ich nach Göttingen ging, und machte deshalb einen Strich auf ein dazu bestimmtes Papier, so oft ich etwas Neues zu entdecken glaubte, verwirrte mich jedoch dermaßen, daß ich es nur bis auf vierzehn bringen konnte, und ich muß gestehen, daß dies scharfe Merken auf allerhand Verzerrungen in Phantasie und Wirklichkeit, dem ich mich hierdurch nach und nach mit wahrer Leidenschaft ergab, mir endlich anfing eine Schwäche und solche dumpfe Zerstreutheit zuzuziehen, daß ich dies für eine der gefährlichsten

Beschäftigungen halte. Ich begreife nur nicht, wie die Karikaturmaler vor dem Tollhause vorbeikommen.«

»Es ist eine alte Erfahrung«, versetzte Frau von Brenkfeld, »daß dergleichen Künstler, die Satiriker in Literatur und Leben und die berühmtesten Buffonen der Theater mit eingerechnet, gewöhnlich mindestens sehr hypochondrisch sind.«

Ledwina hatte sich unter diesen Gesprächen leise hinaus und ins Freie geschlichen, um einen sie überwältigenden so körperlichen als geistigen Druck zu verhehlen, vielleicht zu lindern. Es zog sie gewaltsam zu dem Ufer des Flusses, als sei noch etwas zu retten, und tausend wunderbare Möglichkeiten, die nur für sie so heißen konnten, tanzten in greulichen Bildern um ihr brennendes Haupt. Bald sah sie den Verlorenen, wie ein Dornstrauch das blasse Gesicht noch an einem Teile seines Haares über dem Wasser erhielt, während der andere vom Haupte gerissen an den schwankenden Zweigen des Strauches wehte; seine blutenden Glieder wurden in grausamem Takte von den Wellen an das steinichte Ufer geschleudert. Er lebte noch, aber seine Kräfte waren hin, und er mußte harren in gräßlicher Todesangst, bis der Wellenstoß das letzte Haar zerrissen. Bald ein anderes gleich gräßliches und angstvolles Gesicht. Sie schmiegte sich leise an die Mauer hin unter dem Fenster, wo ihre Mutter saß, aber die sah weder auf noch um sich, sondern redete rasch und angelegentlich mit Karln über allerhand Dinge, die ihr durchaus gleichgültig waren, um die Verstimmung zu verbergen, die sich ihrer seit der Ankunft des Grafen unwiderstehlich bemächtigt hatte und durch den Bericht des Arztes auf einen Grad gestiegen war, den sie selber als Unrecht fühlen mußte. Der arme Klemens war gewiß der Grund dessen, was in dieser Stimmung von wahrem Kummer lag; außerdem gehörte zu der sogenannten Ordnung ihres

Hauses eine übertriebene Angst, ein fast kindisches Hüten vor aller Ansteckung.

In Frau von Brenkfeld nahm demnach eine leise Abneigung und feststehende Ungerechtigkeit gegen den Grafen Platz, der ihr zu aller Sorge und Not ihr reines Haus zu verpesten drohte und auf den sein freilich schuldloser Anteil am Tode des guten Burschen schon gleich einen bösen Schatten geworfen hatte, den sie damals nicht in seinem Grunde oder überhaupt nicht genug fühlte, um ihn zu verwischen.

Sie war jedoch auch jetzt billig genug, etwas Ungerechtes in sich zu beobachten, und hätte nach ihrer tiefen, verborgenen Güte jetzt um keinen Preis über ihn urteilen oder auch nur von ihm reden mögen.

Mit Karln stand es ebenso, nur aus anderen Gründen, und es hätte für einen Beobachter höchst unterhaltend sein müssen, ein beiden Teilen so völlig langweiliges Zwiegespräch dennoch mit so großer Lebhaftigkeit und oft so anziehenden Bemerkungen sich bewegen zu hören.

Eine Kutsche rasselte über die Zugbrücke, und sechs langgespannte Goldfüchse trabten auf den Vorhof.

»Bendraets!« sagte Karl. »Ich desertiere«, versetzte seine Mutter, über und über rot vor Unmut, und ging, diese jederzeit unwillkommenen Gäste zu empfangen. Die beiden kleinen geschminkten Fräulein waren schon am Arme des langen Referendarius, wie der junge *semper* freundliche Herr von Türk überall in der Gegend genannt wurde, ins Haus gestrichen, um, wie sie sich ausdrückten, Ledwinchen und Thereschen ein bißchen mobil zu machen, als ihre Mutter, langsam aus dem Wagen steigend, den Gruß der Frau von Brenkfeld erwiderte.

Die Frauen nahmen das Sofa ein, und das Auge der

Hausfrau ruhte immer gemilderter auf den welken und wehmütigen Zügen der Nachbarin, die auf ihre Nachfrage mit verlegener Leichtigkeit erzählte, daß ihr Mann und ihre Söhne zu einer kleinen Jagdpartie nebst dem jungen Warneck ausgezogen, jedoch gegen Mittag in diese Gegend kommen und alsdann vorsprechen würden. Mitleiden mit der immer Gedrückten ließ die Frau von Brenkfeld sehr gütig antworten, und ein sanftes, leises Gespräch begann zwischen den beiden Frauen, die sich so gern gegenseitig getraut hätten und es doch nie konnten, da vielfach drückende Familienverhältnisse eine gute arglose Seele zwingen, ihr Heil in der Intrige zu suchen. Die Rede fiel auf den Baron Warneck, den seit einigen Monden von mehrjährigen Reisen zurückgekehrten Besitzer der benachbarten Güter.

»Es ist ein Mann von vielem Verstande«, sagte die Frau von Brenkfeld.

»Gewiß, von ganz vorzüglichen Gaben«, versetzte die Bendraet, »und sehr brav.«

»Meinst du damit mutig oder rechtlich?«

»Eigentlich das letztere«, lächelte die Bendraet, »doch glaube ich es in beidem Sinne.«

»Wir kennen ihn wenig«, versetzte die Brenkfeld, »doch denke ich gern alles Gute von ihm. Mein Karl ist neulich herübergeritten, wegen kleiner Jagdverstöße und rühmt seine Billigkeit und nachbarlichen Sinn. Die Besitzer von Schnellenfort sind immer sehr interessant für uns; unsere beiderseitigen Besitzungen und Rechte durchkreuzen sich auf eine unangenehme Weise. Gott gebe ihm eine gute friedliche Frau«, fügte sie bedeutend hinzu.

»Was meinst du«, sagte die Bendraet fixierend, »man spricht von der Claudine Triest.«

»So?« versetzte Frau von Brenkfeld lächelnd. »Ich denke, man spricht von der Julie Bendraet.«

»Er hat uns doch keinen Grund gegeben, das zu glauben«, versetzte die Bendraet errötend, »im Gegenteil scheint er eher eine kleine Vorliebe für Elisen zu verraten, aber auf jeden Fall« — sie stockte und faßte die Hand der Freundin — »es ist eigentlich lächerlich, in solchen Dingen abzusprechen, eh man um seine Meinung gefragt wird, aber in jedem Falle würde sich Elise auch schwerlich für Warneck bestimmen. Der Baron hat sich zu gern und viel herumgetrieben, um je ruhig zu werden. Er muß eine lebhafte und lebenslustige Frau haben, die die Mühe und die Begeisterung seiner Liebhabereien mit ihm teilt. Das wäre nichts für mein Hausmütterchen. Der gebe Gott«, fügte sie weich hinzu, »ein stilles, häusliches Los, wo sie es nicht empfindet, daß sie weniger hübsch und lebhaft ist als Julie.«

Frau von Brenkfeld drückte sanft die Hand der Redenden, und sie fuhr lebhafter fort: »Aber daß ich dir mit gleicher Münze bezahle, den guten Türk habe ich wohl recht, recht glücklich mit der kleinen Tour hierher gemacht. Sein volles Herz ergießt sich täglich in den schönsten Gedichten zu Ehren Ledwinens.«

»So, dichtet der?« lachte die Brenkfeld.

»O doch«, versetzte Frau von Bendraet, »sehr artig, und ich glaube wirklich, er zieht jetzt auf der Freite umher.«

»Aber für Ledwina paßt er nicht; die ist zu sanft für ihn.« Dann fuhr sie rasch und gefaßt fort: »Solange Türk nicht besser zu leben hat, paßt er für keine seinesgleichen.«

»Er hat doch ein Gut«, sagte Frau von Bendraet.

»Ach, liebes Kind, nenne es doch lieber einen Bauernhof. Die kleinen ritterlichen Freiheiten werden es nicht sehr verbessern.«

»Er wird gut angestellt werden«, sagte die Nachbarin.

»Wir wollen es hoffen, aber er hat noch Zeit bis dahin; der Referendariusposten ist noch nicht bedeutend.«

Die Bendraet errötete sehr und sprach: »Er ist munter und artig, er kann gefallen. Soll denn eine Mutter ihrer Kinder Glück und Fortkommen verhindern und der Familie ein Haus voll unversorgter Töchter hinterlassen? — zwar«, unterbrach sie sich, »deine Töchter sind präbendiert, allein den Vorteil hat nicht jede Familie.«

»Auch in dem entgegengesetzten Falle«, versetzte die Brenkfeld, »ist der Entschluß, eine Tochter zu unterhalten, besser, als die Wahrscheinlichkeit, dereinst auf mehrere Generationen an den trostlosen Umständen ihrer Nachkommen vergebens zu flicken. Sie ist ja auch nicht gesund«, sagte die Frau von Brenkfeld mit kämpfendem Tone.

»O doch«, versetzte die Bendraet rasch und ängstlich; »ich denke, sie bessert sich sehr und sieht viel wohler aus.«

Beide schwiegen eine kleine Weile, dann sagte die Frau von Brenkfeld: »Du hast sie ja kürzlich nicht gesehen.«

»Ich habe es aber gehört«, versetzte die Bendraet, »von dem schwarzen Musikmeister zu Erlenburg; der sagte neulich, sie sähe schöner und wohler aus wie je.«

»So, der Wildmeister?« sagte die Frau von Brenkfeld und ward noch trüber.

Der lange Referendarius und Julie unterbrachen dieses Gespräch. Der Lange erzählte, Fräulein Therese sei so eifrig am Kochen und Braten für den glücklich Unglücklichen, daß ihr keine Rede abzugewinnen sei, und Fräulein Elise habe der Freundin ihre schönen Pflichten erleichtern wollen und sei deshalb bei ihr zurückgeblieben.

Die Frau von Brenkfeld erzählte jetzt die Geschichte der vorigen Nacht. Die Bendraet wunderte sich, daß sie ihrer noch nicht erwähnt.

»Ich unterhalte meine Gäste nicht gern mit unangenehmen Dingen«, versetzte die Hausfrau.

»Herr von Türk«, rief Julie von Theresens Stickrahmen, bei dem sie sich gesetzt; »Sie müssen der Frau von Brenkfeld Fehde ankündigen, sie nennt einen jungen schönen Mann ein unangenehmes Ding.«

Frau von Brenkfeld sah ernst aus, und Türk wußte sich nicht zu nehmen.

»Verdirb nur nichts, liebes Kind«, rief die Mutter.

»Gott bewahre«, versetzte Julie, »ich werde mich nicht daran wagen.« Nun stand sie auf und begann den armen Türk mit oft faden, oft treffenden Witzen aufs unbarmherzigste zu schrauben, wobei sie öfters auf leichtsinnig unehrerbietige Art die beiden Frauen hineinzog und dadurch den Langen, der es gern mit der ganzen Welt gut stehen hatte, sehr ängstigte.

Therese stand indes wie auf Kohlen vor der Tür des Kranken, dem sie eben ein Glas Limonade hineingesandt, und suchte leise mit den besten Worten Elise fortzubringen, die von einer Türritze zur anderen trat, um eine Ansicht des Fremden zu erlauschen.

»Elise«, sagte Therese, »der Bediente wird heraustreten und dir die Tür vor die Stirn stoßen.«

»Ich bitte dich«, flüsterte Elise, »suche einen Vorwand, mich hereinzubringen.«

»Mein Gott, wie kann es dergleichen Vorwand geben!« versetzte Therese und vertröstete sie auf Karln, der drinnen sei und ihr alles erzählen solle.

Nun wollte Elise aufpassen, wenn Karl herauskomme. Therese ward ungeduldig und ließ Karln durch einen Bedienten herausrufen. Er schien verstimmt und eilig, grüßte Elise flüchtig, gab schnellen, kurzen Bericht und trat in das Krankenzimmer zurück. Elise schien beleidigt oder verlegen, verließ die Tür mit Theresen, und sie gingen zur Gesellschaft.

Elise setzte sich sogleich an Theresens Stickrahmen und arbeitete eifrig. Türk machte ihr die schuldigen Komplimente über ihren Fleiß und mußte für jedes eine Spötterei von Julien einstecken. So verging der Morgen. Man vermißte plötzlich Ledwinen und tröstete sich, da man wußte, sie sei spazieren. »Unsere Herren bleiben aus«, sagt die Frau von Bendraet eben, da rief Marie: »Sieh Mutter, ein Reiter!« — »Das ist mein Mann«, sagte die Bendraet. »Und noch einer«, rief Marie, »und noch einer«, rief sie mit Nachdruck.

»Es wird noch einer kommen, liebes Kind«, sagte die Bendraet und wandte sich entschuldigend zur Hausfrau.

Die Ankommenden stiegen von den Pferden. Herr von Bendraet küßte der Hausdame mit vielen höflichen Reden die Hand. Baron Warneck brachte noch auf dem Hofe etwas an seinen Stiefeln in Ordnung, wobei Junker Klemens Bendraet nicht unterließ, ihm die Sporen unter die Sohle zu drehen.

»Mach kein dummes Zeug«, sagte sein Bruder, aber Warneck lachte, brachte alles in Ordnung, und man trat ein. Jagdgeschichten und Politik kamen zur Sprache, und der Mittag war da, ersehnt und doch unerwartet.

Therese hatte schon die Tür des Speisesaals, in dem die Gesellschaft bereits die englischen Kupferstiche an den Wänden musterte, geöffnet, als sie umschaute, weil sie Ledwinens Tritte auf der Treppe vernahm. Sie wollte hastig umkehren; denn glühend und erschöpft ließ sich soeben die Schwester auf eine der Stufen nieder; aber jene winkte rasch bittend mit der Hand, und Therese trat in die geöffnete Tür. Nicht lange, so erschien auch Ledwina, und man setzte sich zu Tisch. Elise wollte sich durchaus neben Ledwinchen setzen, aber Therese zog sie zu sich hinüber.

»Du sollst mir vorlegen helfen«, sagte sie, und dies war Elisen auch sehr recht.

Tischgespräche begannen und stockten wieder. Herr von Bendraet sprach von einer Reise, die er vorhabe.

»Wenn ich einmal das große Los gewinne«, rief Julie, »so will ich immer reisen; ich kann mir kein größeres Glück denken.«

»Ich glaube«, versetzte Elise, »daß das gar zu viele Reisen Frauenzimmern nicht gut tut und sie unstet und unzufrieden im Hause macht; ich will lieber zu Hause bleiben und lasse mir anderer Leute Reisen erzählen. Ach, wie schön hat uns Baron Warneck nicht gestern unterhalten! Sie müssen auch vieles erzählen können, Herr von Brenkfeld.«

»Hat Ihnen Warneck öfters erzählt?« fragte Karl.

»Ich mag nicht daran denken, wie oft wir oder eigentlich ich den Herrn von Warneck schon belästigt haben. Wirklich, je weniger ich selbst zu sehen hoffe und wünsche, je weniger kann ich mir den Ersatz einer lebhaften Beschreibung versagen.«

»Der Warneck ist ein gequälter Mann«, lachte Julie, »ich fürchte immer, er bleibt noch ganz fort; denn was der für Anfechtungen von Elise zu erleiden hat!«

Elise sah scharf aus, und Karl sagte: »Wenn Ihnen Warneck viel erzählt hat, so sind meine kleinen Erfahrungen brotlos, denn er hat dieselben Gegenden beobachtet und durchsucht, die nur an mir vorübergeflogen sind, wie in der *Laterna magica.*«

Er neigte sich zu Warneck, der aus dem Gespräche mit Louis Bendraet auflauschte, da er seinen Namen nennen hörte.

»Ich sage, Sie haben nicht nur viel mehreres, sondern auch alles jene gesehen, wovon ich erzählen könnte.«

»Auf diese Weise«, versetzte Warneck, »würden uns die vielen Reisebeschreibungen eben von jenen Gegenden gewiß nichts übrig gelassen haben. Es sind die verschiedenartigen Ansichten und Empfindungen, die kleinen Unfälle und Begebenheiten der Reise, die eine Reiseerzählung aus dem hundertsten Munde so merkwürdig machen wie aus dem zweiten, und zudem in der Schweiz, wo die ergreifendsten Naturbilder so gemein wie das tägliche Brot sind; wer kann da glauben, alles gesehen zu haben? Gesetzt, ich habe den Schaffhauser Wasserfall in der Sonne schimmern gesehen, Sie aber sahen ihn beim Sturm oder im Nebel, welches verschiedenartige und doch gleich wunderbare Schauspiel! Und von allen den herrlichen Schluchten und Höhlen habe ich nur wenig gesehen, da ich sehr zum Schwindel geneigt bin.«

»In den Höhlen bin ich tüchtig umhergestiegen«, sagte Karl.

»Es muß ein seltsam angenehmes Gefühl sein«, fiel Louis Bendraet ein, »so in voller Lebenskraft unter der Erde zu wandeln, wie begraben, in dem feuchten, modrichten Gesteine. Ich möchte es mitmachen.«

»Du bist mir der rechte Held«, rief sein Bruder, »du willst halsbrechende Klettereien unternehmen und bist so schwindlicht wie eine Eule; man muß dich wie eine Kuh am Stricke führen und nötigenfalls über die Schulter hängen.«

»Was meinst du, Louis«, lachte Warneck, »das würde doch unpoetisch aussehen, und zudem bedenke einmal die Höhlenfrauen und Bergmännchen und Erdmännchen und die Gnomen, die den Leuten einen Buckel anzaubern. Ich fürchte, das würde keinen guten Effekt in deiner Figur machen.«

Man lachte, Türk und Louis mit.

»Einmal«, sagte Karl, »hätte ich doch beinahe geglaubt, ein Höhlengespenst zu sehen. Wir waren zu sechsen in eine Kluft am ——— gestiegen. Die beiden Riehls, die beiden Herdrings, Rolling und ich. Die übrigen hatten sich müde gelaufen und lagen in einer schäbichten Bergkneipe. Der Eingang war niedrig und schmal, und sehr hoher Schwarzwald machte ihn noch dunkler. Wir waren kaum einige Schritte gegangen, als wir in dichter Finsternis standen. Unser Führer wollte also die mitgebrachten Fackeln anzünden. Das zögerte etwas.«

»Das war eine Unvorsichtigkeit von dem guten Mann«, rief Klemens Bendraet dazwischen, »das hätte er vor der Höhle tun sollen.«

Seine Mutter winkte ihm unwillig, und Karl fuhr fort: »Ich habe zu sagen vergessen, daß es etwas regnete; also, indem der Mann sich mit dem Feuerschlagen quält, höre ich, durch das Rufen meiner Begleiter, die den Schall versuchten, hindurch, etwas über den Boden rutschen, und plötzlich schlingt es sich mir um die Knie und grunzt und zupft mir an den Kleidern und sucht mich niederzureißen. Ich gestehe, daß ich zusammenschauderte. ‚Guter Freund', rief ich ‚macht, daß Ihr Licht bekommt! Hier ist etwas, aber ich will es halten.' Dabei griff ich nach nieder in einen struppichten Haarbusch oder Pelz, ich wußte nicht, was. Da fing es an zu grunzen und um sich zu schlagen und brummte: ‚Ich rufe den Apostel Petrus.' — ‚Wie, bist du da?' rief unser Führer; ‚seien Sie nicht furchtsam, meine Herren, das ist nur so ein armes Blut, der tut Ihnen nichts.'

Indem brannte die Fackel an, und ich erblickte einen zerlumpten, abgezehrten Kerl von etwa vierzig Jahren, der vor mir auf den Knien lag und mich fest umklammert hatte. Ich hielt sein Haupt am Haar zurückgebogen und das ockergelbe, entstellte Gesicht starrte mich grunzend an. Der Führer sagte: ‚Sei doch ruhig, Seppi, das sind ja die lieben Apostel'; und hier zeigte er auf den jüngsten Herdring mit den langen Locken und sagte: ‚Sieh, das ist Maria Magdalena.'

Der arme Kerl ließ mich gleich los und kroch bis in einen Winkel der Höhle, wo, wie wir nun sahen, etwas

Stroh lag. Der Führer entschuldigte sich nachher, daß er uns nicht von diesem Wahnsinnigen gesagt. Er hielt sich für den Engel Gabriel und diese Höhle für das Grab Christi, das er bewache; er ließe niemand hinein, als die Apostel und heiligen Frauen; dafür könnte sich aber jeder ausgeben. Er war krank gewesen, und unser Wirt hatte ihn noch nicht wieder in der Höhle geglaubt.«

»Der arme Kerl hatte eine höllisch langweilige Arbeit«, sagte Klemens.

»Dabei«, sagte Karl, »glaubte er als Engel nichts genießen zu dürfen, als Kräuter und Früchte — anfangs roh —, und was er im Gebirge fand. Nachher hatte man ihn unter dieser Rubrik an alle Arten von Gemüse und Obst gewöhnt, außer an Äpfel, die er für die Frucht vom Baume der Erkenntnis hielt, und Erbsen, warum diese nicht, kann ich nicht sagen.«

»Wahrscheinlich«, rief Klemens, »um der unschuldigen Erbsenläuse willen, die sich zuweilen drin finden.«

»Gingen Sie auch noch weiter in die Höhle?« sagte Julie.

»Ja, Fräulein«, versetzte Karl, »wir schämten uns, umzukehren, was im Grunde wohl jeder von uns lieber getan hätte, denn wir waren alle erschüttert von dem Anblick des Schrecklichsten, was die Natur hat. Aber wie denn, — ich weiß nicht, soll ich gottlob oder leider sagen, — wie sich denn solche traurige Eindrücke, die unser eigenes Schicksal nicht berühren, so leicht verwischen, so dachten wir in ein paar Tagen nicht ferner daran, als um den Fritz Herdring ‚Maria Magdalena' zu nennen, und so blieb von der ganzen greulichen Geschichte nichts übrig, als ein fader Scherz.« Eine kurze Stille entstand.

Dann begann Warneck: »Der Wahnsinn ist eine Sache, worüber geistliche und weltliche Gesetze verbieten sollten, nicht gar zu scharf zu grübeln und untersuchen. Ich glaube, daß nichts leichter zur Freigeisterei führt.«

»Ich sollte eher meinen«, fiel Türk ein, »ins Tollhaus«

Warneck versetzte: »Eins von beiden, und sehr leicht beides zugleich.«

Wieder eine Stille, dann sagte Warneck: »Ich habe in dieser Art auch manche greuliche Erfahrung gemacht; aber nichts ist mir lebhafter als das Bild einer alten Frau in Westfalen, die ich in Begleitung eines düstern, grämlichen, schon nicht mehr jungen Mädchens an der Tür des Gasthofes fand, in dem ich wohnte. Die verkümmerte Physiognomie der Alten, irr, aber ohne eine Spur von Wildheit, machte mein Mitleid rege, und ich hielt mich einen Augenblick bei ihr auf. Sie benagte langsam eine harte, trockene Brotkruste; dann hielt sie wie erschrocken inne, steckte die Finger in den Mund und hielt die Trümmer eines ihr eben ausgefallenen Zahnes in ihrer Hand. Nun zog sie ein schmutziges Papier aus der Tasche, wickelte es auf und legte den Zahn zu einigen anderen alten Stücken von Zähnen. Das Mädchen sagte auf meine Nachfrage, die Base hebe alle ihre Zähne auf, wie sie ihr von nach und nach ausfielen, um — hier zog die Kreatur das Gesicht zum Lachen; mir wurde ganz schlimm dabei — nun also — um, wenn sie dereinst hinkäme, wo Heulen und Zähneklappern sei, sie doch auch nicht immer zu heulen brauche, sondern zuweilen zähneklappern könne. Mein Wirt sagte mir späterhin, sie sei immer eine sehr brave Frau gewesen, aber da ihr Mann, ein kleiner Krämer, einen einigermaßen verschuldeten Bankerott gemacht und da einige dabei zu Schaden gekommene Familien sie in der ersten Wut mit Verwünschungen überhäuft, sei sie wahnsinnig geworden und meine nun, für den Bankerott verdammt zu sein. Nur im Frühling, wenn die Himmelsschlüssel blühen, sei sie fröhlich und trage Tag und Nacht große

Sträuße davon bei sich, weil sie meint, wenn sie in dieser Zeit stürbe, könne sie damit den Himmel aufschließen. Wenn die Blumen anfangen abzunehmen, werde sie immer ängstlicher und suche zuletzt mit der größten Anstrengung nach den letzten Blumen; auch zuletzt, wo die Blütenzeit schon vorüber. Nachher müsse sie immer lange liegen; so habe sie sich abgequält.«

Warneck schwieg, und ein allgemeines Gespräch über Wahnsinn, menschliche Geisteskräfte und so weiter entstand und verlor sich bald in andere Gegenstände. —

Der Nachmittag verging unter Spaziergängen, Ballschlagen, Schaukeln und überhaupt dem unruhigsten Umhertreiben. Herr von Bendraet spielte Pikett mit Warneck, und Julie hetzte sich mit Türk, der bald verliebt, bald gänzlich ermattet schien und in den kurzen Zwischenpausen vergebens mit Ledwinen anzuknüpfen suchte.

Elise saß am Rahmen und zeigte ihr einen neuen Stich, den Ledwina sogleich versuchte.

»Fräulein Ledwina«, sagte Türk, »können doch alles nachmachen.«

»Und Herr von Türk«, versetzte Julie, »über alles etwas sagen, aber es steht ihm nicht so gut.«

Karl und Louis traten herein und fragten nach Klemens.

»Ich dachte, er sei bei Ihnen«, sagte Elise.

»Nicht doch«, entgegnete Karl, »wir sprachen von den Kunstwerken Italiens. Da sagte er, wenn wir die schönen Künste vorreiten wollten, so gehe er zum Henker. Nachher kam er noch einmal wieder, brachte ein paar ausgefallene Gänsefedern und etwas Birkenrinde und bat, unseren schönen Gedanken die Ewigkeit zu schenken. Gleich werde eine Hirtin vorüberwandeln, noch obendrein mit den Attributen der Künste und der Weisheit, wir möchten nur gut aufpassen, er wolle indessen mit den Schnitterinnen dort auf dem Felde idyllisieren. Darauf lief er fort.«

»Und ein altes schmutziges Bauernweib schleppte ihren Milcheimer vorüber«, sagte Louis lachend, »der Henker weiß, wie sie aussah. Sie hatte ihren Rock wohl mit zwanzig Lappen von verschiedenen Farben dekoriert. Unter den Attributen verstand er wahrscheinlich einen alten verdorrten Gänseflügel, den sie draußen irgendwo aufgelesen hatte.«

»So ist er wohl jetzt auf dem Feld«, sagte Therese.

»Ich habe von der Mauer das ganze Feld übersehen und kann ihn nicht bemerken.«

Das Pikettspiel war geendigt; Bendraet hatte verloren und stand mißmutig auf. Da trat Klemens herein, die blonden Locken verwirrt um das glühende Gesicht.

»Maria Magdalena, wo bist du so lange gewesen?« fragte Julie.

»In meinem Rocke«, antwortete er.

»Aber, mein Gott, wie ist dir, hast du Lust zu lachen oder zu weinen?«

»Ich habe Lust, dir die Haut über die Ohren zu ziehn«, versetzte er noch halb unwirsch und brach nun je mehr und mehr in ein unaufhaltsames Gelächter aus. Er rettete sich in das Fenster zu den übrigen jungen Leuten, und redete leise und lebhaft zu ihnen. Die lustige Stimmung nahm auch dort überhand, und man sah, daß er geneckt wurde. Die Schloßuhr schlug fünf. Warneck wollte Abschied nehmen und nach Schnellenfort zurückkehren, aber Frau von Bendraet bat ihn, zuvor mit ihnen zu Abend zu essen.

»Wenn Sie nicht zu Nacht bleiben«, versetzte er.

»Es ist doch nur ein halbes Stündchen von Lünden bis Schnellenfort, und der Mond scheint ja hell.«

»Sie müssen uns auch noch allerlei erzählen von Ihrer Reise«, fiel Elise ein.

»Ach, das meiste wissen Sie«, versetzte Warneck. »Doch«, setzte er lachend hinzu, »die merkwürdigste, mir auf meinen Reisen vorgekommene Erscheinung habe ich noch nicht erwähnt. Ich habe sie in den südlichsten Gegenden Frankreichs beobachtet, wo sie sich noch seltsamer ausnahm, wie wenn es sich hier fände.«

»Nun?« sagte Julie.

Warneck stockte lächelnd ein Weilchen, dann sagte er: »Eine Frau, die ihrem Manne nie widersprochen hat.«

»Führen Sie die Leute nicht an«, sagte Julie getäuscht lachend, und Türk rief: »Hören Sie wohl, Warneck? Fräulein Julie hält Ihre Seltenheit für erdichtet.«

»Ich glaube es auch nicht«, sagte Klemens, »oder hatte ihr der Mann einen Maulkorb angehängt?«

»Nicht viel besser«, sagte Warneck, »sie war taubstumm und zwar von ihrer Geburt an.«

»Und doch verheiratet!« sprach Therese.

»Das, mein Fräulein«, versetzte Warneck, »ist eigentlich das Merkwürdige und zugleich Abscheuliche an der Sache. Sie war nicht viel besser als ein Tier, aber sie hatte ein paar hundert Gulden.«

»Das ist ganz recht«, rief Klemens, »es ist unmöglich, sich eine bequemere Frau zu denken.«

»Klemens, Klemens«, sagte Frau von Bendraet, »wie redest du wieder in den Tag hinein!«

»Er hat sich nur verredet, gnädige Frau«, entgegnete Warneck, »sehen Sie nur, wie rot er wird.«

Dabei legte er seine Hand an die Wange des jungen Bendraet. Klemens schlug ihm deshalb verlegen, halb scherzend auf die Finger.

»Übrigens«, hub Karl an, »gibt es in hiesiger Gegend in allem Ernste eine Bäurin, die aus Vorsatz, um mit ihrem Manne in Frieden zu leben, vierzehn Jahre lang keine Silbe geredet hat.«

»Das ist richtig«, sprach Frau von Brenkfeld; »wir

kennen diese Frau sehr wohl. Sie hatte lange und viel durch den zänkischen Geist ihres Mannes gelitten. Auf einmal hört sie auf zu reden; man hält sie erst für aufgebracht, dann für wahnsinnig, dann für stumm. So währt es vierzehn Jahre. Der Mann stirbt. Auf seinem Begräbnistage fängt sie wieder an zu reden und versichert, es werde sie noch in ihrer Todesstunde trösten, ihren Vorsatz durchgehalten zu haben. Sie könne nun ohne Unruhe und Reue an ihren seligen Mann denken; denn seit vierzehn Jahren sei keine Uneinigkeit zwischen ihnen gewesen.«

»Das ist viel«, sagte Warneck.

»Lebt die Frau noch?« fragte Louis.

»Jawohl«, entgegnete Frau von Brenkfeld, »nahe bei Endorf in dem kleinen roten Häuschen an der Heerstraße.«

»Die Frau kenne ich wohl«, sagte Klemens.

»Ich nicht«, versetzte Louis, »aber ich möchte sie wohl kennen.«

Klemens beugte sich zu ihm und sagte halb leise: »Strapazier' dich nicht, mein Söhnchen, es ist eine alte Hexe, und an eine hübsche Tochter ist auch gar nicht zu denken.«

»Geh!« sagte Louis.

Warneck lachte und drohte ihm mit dem Finger.

»Nun, was ist es denn weiter?« sagte Klemens laut, »ich sagte eben, die Frau hat keine Kinder; aber so ein Dutzend Schreihälse würden ihr die Worte schon von der Zunge gebracht haben.«

Warneck versetzte neckend: »Es kam mir beinahe vor, als hätte, was du sagtest, anders geklungen: aber ich will dich nicht noch röter machen; du blühst doch schon wie eine Rose.«

»Beinahe, als wenn man ihn zu Claudinens Füßen ertappte«, rief Julie.

»Hm«, brummte Klemens halb leise vor sich hin, »die Blankenau gefällt mir in kurzem vielleicht besser als die Triest. Man wird des ewigen Silbenstechens doch endlich hundmüde.«

»Vorzüglich«, versetzte Julie, »wenn ein bißchen Handwerksneid dazu kommt.«

»Ich merke wohl«, rief Klemens, »du arbeitest darauf hin, daß ich wieder necken soll, aber ich wüßte wahrhaftig nicht, womit, ich müßte denn deine unglückliche Liebe zu dem Wohlgeflickten ans Licht ziehen.«

»Darüber brauchst du nichts zu sagen«, entgegnete Julie lachend; »hätte der arme Schelm besser zu leben, so würde er gewiß die alten Röcke nicht so lange flicken lassen.«

»Es ist Schande genug, daß die Kunst so nach Brot gehen muß«, rief Louis dazwischen.

»Und eigentlich«, sagte Julie, »ist er Louis' Ideal und nicht das meinige.«

»Ideal will viel sagen«, antwortete Louis, »ich kann, gottlob, noch höher hinauf denken, aber daß ich Anteil an dem Wengenberg nehme, das finde ich sehr natürlich und nur wunderbar, daß ich der einzige in unserem Hause bin; die Musik ist doch sonst eine Sprache, die sogar Kinder und Wilde verstehen.«

»Für welches von beiden hältst du mich denn?« fragte Julie. Louis neigte zu ihr und sagte leise: »Für ein Kind und wild dazu.«

Julie sprang rasch auf und griff ihn mit großer Schnelligkeit an. Louis wollte sich verteidigen, aber die Schläge fielen wie Schneeflocken auf Wangen und Schultern und Rücken, daß Louis, den Kopf zwischen die Schultern gedrückt, bald diesen, bald jenen der Gesellschaft vergebens vorschob und nur endlich am Sofa neben den Frauen Ruhe fand. Dabei rief sie: »Nach Erlenburg solltest du ziehen, dahin gehörst du, du Troubador, du Mondhase!« Der kleine Krieg war geendigt. Louis schöpfte Atem. Julie sah auf ihre rotgewordenen Händchen und trat vor den Baron Warneck.

»Seien Sie nicht böse, ich habe Sie tüchtig gestoßen. Warum machen Sie sich zur Mauer? Die muß nieder, wenn der Feind dahinter steckt.«

Warneck sah in das zarte, glühende Antlitz, und eine leise Bewegung zuckte über sein Gesicht. Er senkte seine scharfen Blicke in ihre Augen und sagte: »Sollte Fräulein Julie sich selbst so wenig kennen!« Dann wandte er sich rasch zu den übrigen.

Der Wagen fuhr vor, und die schönen reichgezäumten Reitpferde scharrten ungeduldig auf dem Pflaster. Die Reiter ließen sie die schönste Fensterparade machen, und der Besuch war zu Ende.

»Der Klemens kann doch seine eigene Schande nicht verschweigen«, hub Karl an zu seinen Schwestern, indem sie dem Zuge durch die Scheiben nachblickten. »Wißt ihr, was das Necken mit seiner Röte bedeutet? Er hat sich auf dem Felde von einem hübschen Bauernmädchen eine tüchtige Maulschelle geholt, und wie er es recht betrachtet, da wird es ihm so lächerlich, daß er es nicht verschweigen kann. So macht er es immer. Er ist eigentlich nicht schlimmer als andere Leute, aber er sagt immer alles Üble, was er von sich selber weiß, und noch einiges andere dazu, woran er nicht denkt.«

»Mir ist er sehr fatal«, versetzte Therese.

Die Mutter saß indes an dem andern Fenster und dachte an die arme, gedrückte Nachbarin, Mutter und Gattin, und doch verwaist, und sah sie im Geiste schleichen, alt und verkümmert, in dem dürren, rasselnden Laube ihrer liebsten, letzten Hoffnungen. Sie dachte an ihre eigenen Kinder, an ihre Zucht, ihren Gehorsam, ihre kindliche Sorgfalt, und ihr Herz ward vor Rührung durch und durch weich in Wehmut und Reue. Sie nahm ein Gebetbuch aus der Lade des Tisches und ging hinaus in ihre Kammer.

Karl unterhielt indessen Therese von dem Zustande des Patienten, der ihm sehr beruhigend schien. Der Kranke war völlig bei Sinnen und hatte mehrere Stunden sehr fest geschlummert. »Ich bitte dich«, sagte Therese, »nimm dich seiner doch recht an; wir können es nicht.«

Karl entgegnete noch manches, und Therese wurde zerstreut; denn sie hatte Ledwinen soeben über den Vorhof in den Garten wandeln sehen, und ihr langsamer matter Gang, die feine, sanft gebeugte Gestalt, der wie dem blühenden Schneeballe das farblose, reich umflochtene Haupt zu schwer zu werden schien, hatte sich mit wehmütiger Angst auf ihr Herz gelegt. Karl sagte eben: »Ich will wieder hinauf zu dem Kranken gehen.«

»Das tu«, versetzte sie rasch und schritt dann gedankenvoll und unruhig hinaus in den weiten, schön angelegten Garten des Schlosses. Sie sah Ledwinen von ferne, wie sie am Rande des Parkes unter der alten Linde saß, die Arme übereinander auf den steinernen Tisch gelegt und das Gesicht fest darauf gedrückt. Da fiel ihr ein, wie sie den Grafen Hollberg am Morgen in ähnlicher Lage gesehen, bleich in der Ohnmacht, und alles, was Karl über seine Krankheit gesagt, und sie erschrak vor der Ähnlichkeit; denn wie hätte sie sich je bei Ledwina das eingestehen sollen, was sie bei dem Grafen sogleich als unleugbar anerkannte! Es ist ja ein schönes Wahrzeichen liebender Herzen, so, wie ohne Not für das Geliebte zu sorgen, so auch mit glühender, herzzerreißender Blindheit die Hoffnung zu umklammern, wenn sie für einen jeden anderen längst dahin ist. Eine Stimmung der Angst überfiel sie, in der sie nicht vor Ledwina treten mochte. Sie wollte sich eben umwenden, als die Schwester aufsah und nach ihr hinüberwinkte. Sie suchte sich nun zu ermannen, nahte sich der Leidenden und saß nieder neben ihr. Ledwina sah auf und sagte ganz matt: »Mein Gott, wenn Lünden so nah wäre wie Erlenburg!«

»Es ist aber, gottlob«, versetzte Therese, »mehr als noch einmal soweit bis dahin; wir haben doch jetzt gewiß für ein paar Monate Ruh.« — »Zum Beispiel der Klemens«, sagte Ledwina, »und ich glaube wahrlich, die Adolfine Dobronn könnte ihn nehmen.« — »O, unzweifelhaft«, entgegnete Therese. Ledwina sagte: »Und die Linchen Blankenau vielleicht auch.«

»Mein Gott, wenn ich des Menschen Frau werden müßte, ich könnte unmöglich lange leben.«

Sie lehnte das Haupt, wie ermüdet von dem Gedanken, an Theresens Schulter und fuhr fort: »Nein, sterben würde ich vielleicht nicht, aber verkrüppeln an jeder Kraft des Geistes, alle Gedanken verlieren, die mir lieb sind; halb wahnsinnig, eigentlich stumpfsinnig würde ich werden.« Sie sann ein Weilchen; dann sagte sie: »Überhaupt, Therese, ich bin so ungenügsam und habe so wenig Sinn für fremde Ansichten; das ist einer meiner größten Fehler. Gott weiß, welche Schule mir hierin vielleicht noch vorbehalten ist. Ich gestehe, daß ich mich sehr vor einer Schwägerin fürchte. Vielleicht wird sie kein Herz für mich haben.«

Dann sagte sie mit einem raschen Blitze in den matten Augen: »Nein, so ist es nicht, aber ich fürchte, ich habe keines für sie. Es wird wie eine Mauer zwischen uns stehen, daß sie mir die Mutter und dich ersetzen soll und nicht kann; denn du bist dann längst fort und glücklich.«

Therese legte sanft ihren Arm um die seltsam Bewegte und ward selbst trüber.

»Liebe Ledwina, verkümmere dir doch dein Leben nicht mit der Zukunft; sie kommt von selbst, ohne daß wir sie in Angst und Sorgen herbeischleppen.«

»Eben darum«, antwortete Ledwina lebhaft, »müssen wir uns im voraus mit dem Gedanken vertrauen, damit es nachher nicht zu schwer fällt. Weißt du wohl, daß es sündlich ist, aus eigener Schuld einem Geschicke unterliegen, das so allgemein getragen wird? Aber«, fuhr sie dann langsamer fort, »wenn ich mir das so denke, daß eine andere hier regiert an der Mutter Stelle und in dem Bette schläft, vor dem wir so oft gestanden und ihr eine gute Nacht gewünscht...«

Sie wandte sich unruhig nach allen Seiten umher.

»So wird es aber gar nicht kommen«, sagte Therese, »die Mutter wird wahrscheinlich hierbleiben. Karl ist ja so vernünftig; seine Wahl wird nicht leicht so schlimm ausfallen, daß die Mutter fortziehen müßte.«

»Aber wenn die Mutter nun tot ist?« versetzte Ledwina.

»Die Mutter«, sagte Therese wehmütig, »kann, gottlob, wohl länger leben wie wir.«

»Aber die Zeit kommt doch endlich«, unterbrach sie Ledwina. Dann legte sie sanft ihren Arm um Theresens Nacken und fuhr, noch an ihre Schulter gelehnt, leise und bekümmert fort: »O, Therese, auf unserem Boden stehen so viele alte Bilder aus der Familie, aber wir wissen doch fast von keinem recht, wen es vorstellt, und es sind doch alle unsere Voreltern und haben hier gewohnt, Gott weiß, in welchen Zimmern, und haben Geschwister und Kinder gehabt, die diese Bilder mit Freude und Verehrung betrachtet und bewahrt und vielleicht späterhin mit der teuersten, rührendsten Erinnerung, und nun? Wie sehen sie aus? Der alten Frau, du weißt wohl, mit der schwarzen Kappe, sind jetzt auch die Nase und die Augen ausgestoßen. Das ist gewiß absichtlich geschehen, weil sie eigentlich so häßlich aussieht —«. Sie fuhr tief atmend fort: »Die Vergangenheit, die liebsten, teuersten Überbleibsel werden endlich mit Füßen getreten. Denk, wenn Mutter ihr Bild — «

Sie fing heftig an zu weinen und klammerte sich fest um ihre Schwester. Therese mußte sich gewaltsam innehalten; denn alle Fasern ihres Herzens schmerzten, aber sie hielt sich fest und sagte: »Ledwina, sei ruhig, schade dir nicht selber. Warum suchst du gewaltsam Gegenstände auf, die dich erschüttern und krank machen müssen? Nun bitte ich dich, wenn du mich lieb hast, so nimm dich zusammen und sprich und denk etwas anderes.«

Beide schwiegen. Ledwina stand auf und wandelte ein paarmal den Garten auf und nieder. Dann setzte sie sich wieder zu Therese, die über allerlei Dinge zu reden begann. Sie antwortete so, daß Therese sowohl den guten Willen als seine gänzliche Schwäche sehen mußte. Die Sonne begann sich zu neigen, und ihre milden Lichter tanzten durch die Zweige der Linde auf den Gewändern der Mädchen und Ledwinens leise bebendem Antlitz.

»Wie schön der Abend wird!« sagte Therese.

»Gestern um diese Stunde lebte der arme Klemens noch«, seufzte Ledwina.

»Suchst du wieder das Trübe?« sagte Therese sanft.

»Ist denn«, versetzte Ledwina beklemmt, »ein Tag Andenken zu viel für seiner Mutter einzigsten Trost? Hör' mich an!«

Nun erzählte sie, wie sie an dem Flusse gewandelt, immer hinauf, kämpfend mit greulichen, sinnlosen Bildern, wie sie sich fast besiegt und umkehren wollen, nur noch diese eine Bucht vorüber, — und ein matter, flimmernder Schein sah durch dichte Brombeerranken aus dem Gewässer zu ihr herüber. Heimlich schaudernd nannte sie es den Widerschein der Sonne. Da wehten leichte Wolken herauf, das Sonnengold schwand vom

Strome, und heller flammte das heimliche Licht durch die dunklen Blätter.

»Begreifst du wohl, Therese«, sagte sie, »daß ich an die Sagen dachte von Lichtern, die über den Versunkenen wachen? Indes ergab ich mich nicht und schritt rasch darauf zu; da flammte es hoch auf und schwand, und wie ich an das Gestrüppe trat, da war es die Laterne des armen Klemens, die, ausgebrannt und in die Ranken verschlungen, auf dem Wasser schwankte. Ich kniete an das Ufer und löste sie aus den Dornen, aber wie ich sie so kalt und naß und erloschen in der Hand hielt, da war es mir, als sei sie ein toter, erstarrter Teil des Verlorenen. Ich habe sie am Ufer stehen lassen.«

Sie drückte sich leise schaudernd an Theresen.

»Aber was ist denn das?« sagte sie und deutete auf den Boden.

»Was meinst du?« versetzte Therese.

»Mich dünkt, ich sehe mehr als die Schatten der Bäume.«

»Auch die unsrigen«, sagte Therese. — »Es wird nichts sein; hör' zu, und wie ich zurückgehe und an das Sandloch komme, da sehe ich von weitem die alte Lisbeth aus ihrem Hause gehen. O, Therese, sie ist so klein geworden, ich hätte sie fast nicht erkannt. Sie ging lange vor mir, ohne mich zu sehen, sondern immer starr in das Wasser. Du weißt, sie ist immer so ordentlich. O Gott, sie sah so verstört aus. Die Hälfte ihrer grauen Haare hing unter der Mütze hervor. Ich konnte es nicht mehr aushalten und ging vorüber. Da schlug es Mittag im Dorfe, und die Betglocke begann zu läuten. Ich sagte im Vorübergehen: ‚Gelobt sei Jesus Christus!' Sie sah nicht auf, sondern schloß die Hände zusammen und sagte: ‚In alle Ewigkeit, in alle Ewigkeit, Amen', laut und oft nacheinander. Ich hörte es noch, wie ich schon eine Strecke von ihr war.«

»Gott wird sie trösten«, sagte Therese und sah bewegt vor sich nieder. Da war es ihr selber, als sähe sie durch den Schlagschatten der Bäume noch eine andere Gestalt lauschen. Sie sah rasch um sich, aber es war nichts.

»Es wird zu kühl für dich, Ledwina«, sagte sie aufstehend, und die von heimlichen Fieberschauern Durchbebte folgte ihr willig. Auf dem Hofe begegnete ihnen Karl. Therese ließ die Schwester vorangehen und teilte ihm ihre Bemerkung mit. Er schritt sogleich in den Garten, dann eilte sie der trauernd Wandelnden nach.

BEI UNS ZU LANDE AUF DEM LANDE

Nach der Handschrift
eines Edelmannes aus der Lausitz

Fragment

[1841]

Einleitung des Herausgebers

Ich bin ein Westfale, und zwar ein Stockwestfale, nämlich ein Münsterländer — Gott sei Dank! füge ich hinzu, und denke gut genug von jedem Fremden, wer er auch sei, um ihm zuzutrauen, daß er, gleich mir, den Boden, wo »seine Lebenden wandeln und seine Toten ruhen«, mit keinem andern auf Erden vertauschen würde, obwohl seit etwa zwei Jahrzehenden, d. h. seit der Dampf sein Bestes tut, das Landeskind in einen Weltbürger umzublasen, die Furcht, beschränkt und eingerostet zu erscheinen, es fast zur Sitte gemacht hat, die Schwächen der *alma mater*, welche man sonst Vaterland nannte und bald nur als den zufälligen Ort der Geburt bezeichnen wird, mit möglichst schonungsloser Hand aufzudecken und so einen glänzenden Beweis seiner Vielseitigkeit zu geben — es ist bekanntlich ja unendlich trostloser, für albern, als für schlimm zu gelten. — Möge die zivilisierte Welt also getröstet sein, denn ihre Fortschritte zu der alles nivellierenden Unbefangenheit der wandernden Schauspieler, Scherenschleifer und vagierenden Musikanten sind schnell und unwidersprechlich — dennoch bleiben Erbübel immer schwer auszurotten, und ich glaube bemerkt zu haben, daß, sobald man auf die Redeweisen dieser grandiosen Parteilosen fein kräftig eingeht und etwa hier und dort noch den rechten Drücker aufsetzt, sie gerade so vergnügt lächeln, als ein Bauer, der Zahnweh hat. — Gott besser's! sage ich und überlasse die beliebige Auslegung jedem. — Was mich anbelangt, so bin ich, wie gesagt, ein Mensch *nullius iudicii*, nämlich ein Münsterländer, sonst guter Leute Kind, habe studiert, in

Bonn, in Heidelberg, auch auf einer Ferienreise vom Rigi geschaut und die Welt nicht nur weitläufig, sondern sogar überaus schön gefunden — ein in der Tat wunderbar köstlicher Moment, und für den armen Studenten, der um jeden zu diesem Zwecke heimgelegten Taler irgendeine andere Freude hat totschlagen müssen, ein tief, fast wie heilig bewegender Moment — dennoch nichts gegen das erste Knistern des Heidekrauts unter den Rädern, nichts gegen das mutwillige Andringen der ersten Blütenstaubwolke, die die erste Nußhecke uns in den Wagen wirbelte, nach zwei langen auswärts verlebten Jahren. Ich lehnte mich weit aus dem Schlag, ließ mich gelb einpudern, wie ein Römer aus den Zeiten Augusts, und sog wie berauscht die erstickenden Küsse meiner Heimat ein — dann kamen meine klaren, stillen Weiher mit den gelben Wasserlilien, meine Schwärme von Libellen, die wie glänzende Zäpfchen sich überall anhängen, meine blauen, goldenen Schmetterlinge, welche bei jedem Hufschlag ein flatterndes Menuett veranstalteten. — Wie gern wäre ich ausgestiegen und ein Weilchen neben hergetrabt; aber es kam mir vor, als müßte ich mich schämen vor den Leuten im Schnellwagen, und vor allem machte mir ein bleicher winddürrer Herr not, der ganz aussah wie ein Genie, was auf Menschenkenntnis reist, denn ich bin ehrlicher Leute Kind und möchte nicht gern als empfindsame Heidschnucke in einem Journale figurieren — deshalb will ich denn auch hier abbrechen und nur erst sagen, daß ich seit zwölf Jahren wieder bei uns zu Lande bin und mein friedliches Brot habe, als Rentmeister meines guten gnädigen Herrn, der keine Schwalbe auf seinen Dächern belästigen mag, wie viel weniger seine Leute überladet, so daß ich meine Arbeit in der Tat ganz wohl zwingen kann, und um vieles an gutem, wie man sagt, ich meine gesundem Aussehen gewonnen habe, sonderlich in den letzten fünf Jahren, seit ich das obere Turmzimmer bewohne, was das gesündeste im Hause ist und mir noch allerhand kleine Ergötzlichkeiten gestattet, indem ich aus dem Fenster angeln und den Reiher über dem Schloßweiher schießen kann. — Die Zeitungen werden mir auch gebracht, nachdem der Herr sie gelesen, und die Bücher aus der Leihbibliothek; so füllt sich mein Überschuß an Zeit ganz behaglich aus, und ich bleibe so nett im Rapport mit der politischen und belletristischen Außenwelt. — Sehr wunderlich war mir zumute, als mir vor etwa zehn Jahren zum ersten Mal mein gutes Ländchen in van der Veldens Roman unverhofft begegnete; es war mir fast, als sei ich nun ein *lion* geworden und könne fortan nicht mehr in meinem ordinären Rocke ausgehen. — In den letzten Jahren habe ich mich indessen dagegen verhärtet, seit wir Westfalen in der Literatur wie Ameisen umherirrten. — Ich will nichts gegen diese Schriften sagen, da ich wohl weiß, wie es mir ergehen würde, wenn ich z. B. einen Russen oder Kalmücken beschreiben sollte, aber soviel ist gewiß, daß ich in den Figuren, die dort unsere Straßen durchwandeln, höchstens meine Nebenmenschen erkannt habe; mir fiel dabei ein, wie ich in den Gymnasialjahren bei einer stillen honetten Familie wohnte, wo jeden Abend Walter Scotts Romane, einer nach dem andern, andächtig vorgenommen wurden — mein Wirt war Forstmann, sein Bruder Militär, und seiner Frauen Bruder, der sich pünktlich um sieben mit der langen Pfeife und einem starken Salbenduft einstellte, Wundarzt. — Gott! wie haben wir uns an dem Schottländer ergötzt, aber nur ich ganz rein, weil ich von allem, was er verhandelte, eben kaum oberflächliche Kenntnisse hatte, die andern hingegen fanden alles unübertrefflich bis auf die greulichen Schnitzer in jedes eigenem Fach und lagen sich oft in den Haaren, daß sie im Eifer das Licht ausdampften und mir vor Rauch und Angst der Atem ausging; denn mein Held lag derweil hart verwundet am Boden, und mir war, als müsse er sich verbluten. Daraus habe ich denn geschlossen, nicht damals, sondern nachträglich, daß man, sowohl aus Billigkeit, als um sich nicht unnötig zu verstimmen, zuweilen die Krähe für den Raben muß gelten lassen, und es nicht zu genau zu nehmen mit Leuten, die vielleicht aus Not, als gute Familienväter, sich mit Gegenständen befaßt haben, zu denen durchgängig ihnen nun einmal die Gelegenheit nicht ist gegeben worden, — dennoch war es mir, so oft ich las, als rufe alles Totgeschlagene um Hülfe und fordere sein Leben von mir — ich hatte seitdem keine Ruhe. — Alte, nebelhafte Erinnerungen aus meinen frühesten Jahren tauchten auf, glitten mir Tages über die Rechnungen und kamen nachts in einer lebendigen Verkörperung wieder, die ich gar nicht mehr in meinem Gedächtnisse geborgen glaubte. Ich war wieder ein Kind und kniete neugierig und andächtig auf dem grünen Stiftsanger, während die Prozession an mir vorüberzog, die Kirchenfahnen, die Sodalitätsfahne, ich sah genau die seit dreißig Jahren vergessenen Zieraten des Reliquienkastens, und Fräulein, die ich schon so lange als alt und verkümmert kannte, daß es mir war, als könnten sie nie jung und selbständig gewesen sein, traten in ihrer weißen Ordenstracht so stattlich und sittsam hinter dem hochwürdigsten Gute her, wie es christlichen Herrschaften geziemt. Seltsam genug war in diesen Träumen auch alle Scheu und Beschränktheit eines Kindes wieder über mich gekommen; ich fürchtete mich etwas Weniges vor den Bärten der Kapuziner, nahm nur zögernd und doch begierig das Heiligenbild, was sie mir mit resoluten Reden aus ihrem Ärmel hervorsuchten, sah verstört hinter mich, wenn meine Tritte in den Kreuzgängen wiederhallten, und horchte mit offenem Munde auf die eintönigen Responsorien der Domherren, die aus dem geschlossenen Chore mir wie Wirkung ohne Ursache hervorzudröhnen schienen. — Wachte ich dann auf, so war mir zu Mute wie einem Geplünderten, verarmt und tief betrübt, daß alles dieses und noch so viel anderes Landesgetreue, was so reich und wahrhaftig gelebt, fortan kein anderes Dasein haben sollte, als in dem Gedächtnisse weniger Alternder, die auch nach und nach abfallen, wie das Laub vom Baum, bis der kalte Zugwind der Ereignisse auch kein Blatt mehr zu verwehen findet.

Träumen macht närrisch, pflegt man zu sagen; mich hat es närrisch genug gemacht. An einem schönen Tage, als gerade ein blöder, mutwilliger Sonnenschein mir gute Courage machte, schnitt ich entschlossen ein Dutzend Federn, nahm mich gleichsam selber bei den Ohren und dachte: Schreib auf, was du weißt, wäre es auch nur für die Kinder des Herrn, für Karl und Klärchen. Angefangen habe ich denn auch; aber wenn ich sagte, es sei gut geworden, so hätte ich mich selber zum Narren. Solange ich schrieb, kam es mir schon leidlich vor, und ich hatte mitunter Freude an eigenen netten Einfällen und, wie mich dünkte, ganz poetischen Gedanken. Aber wenn ich es mir nun vor anderer Augen oder gar gedruckt dachte, dann schoß es mit einem Male zum Herzen, als sei ich doch ganz und gar kein Genie und, obwohl gleichsam mit der Feder hinterm Ohr geboren, doch wohl nur um Register zu führen und Rechnungen auszuschreiben. In meinem Leben habe ich mich nicht so geschämt, als wenn ich dann, wie dies ein paarmal geschah, die Tischglocke überhörte und der Bediente mich überraschte, der gottlob kein Geschriebenes lesen kann, — aller Augen sahen auf mich, ich schluckte meine Suppe nachträglich hinunter wie ein Reiher, und es war mir, als wenn alle mit dem Finger auf mich wiesen, die doch nichts von meiner Heimlichkeit wußten, sonderlich die beiden Kinder. Bei Gott! es muß ein angstvolles Metier sein, das Schriftstellern, und ich gönne es keinem Hunde. Darum bin ich auch so herzlich froh, daß ich dieses Manuskript gefunden, was alles und weit mehr enthält, als ich zu sagen gewußt hätte, dabei in einem so netten Stile, wie es mir schwerlich würde gelungen sein. Das Heft lag im Archive unter dem Lagerbuche, und ich habe dieses wohl hundertmal davon hinein- und hinausgeschoben, ohne es zu beachten; aber an jenem Tage [ungefähr werden es drei Wochen her sein] rutschte es einem Bündel Papier nach auf den Boden, und eine glückliche Neugierde trieb mich an, hineinzusehen. Der Verfasser ist ein Edelmann aus der Lausitz, Lehnsvetter einer angesehenen, seit zwanzig Jahren erloschenen Familie, deren Güter meinem Herrn zugekommen sind, — das Hauptgut als Allodium durch Erbschaft, da des Herrn Mutter eine Tochter jenes Hauses war, die geringeren Besitzungen durch Kauf vom Bruder dieses Lausitzers im Zeitpunkt der Aufhebung der Lehnsrechte durch Napoleon. Wie das Manuskript hiehergekommen, weiß ich nicht, und der Herr, dem ich's vorgelegt, weiß ebenfalls nichts darüber. Vielleicht hat es mein Vorgänger im Amte, der aufgeweckten und wißbegierigen Geistes gewesen sein soll, von einer seiner Inspektionsreisen mitgebracht. — Es lagen noch zwei vergilbte Briefe darin, woraus erhellt, daß jener Edelmann unerwartet abreisen mußte, weil sein Bruder am Nervenfieber schwer erkrankt war, daß er, in der Heimat angekommen, über der Pflege desselben gleichfalls erkrankte und starb, während der andere aufkam. So mag er wohl sein Manuskript in der Angst und Eil' vergessen haben. Er scheint ein munterer und wohlmeinender Mann gewesen zu sein, billig genug für einen Ausländer, und mit der so seltenen Gabe, eine fremde Nationalität rein aufzufassen. Ich würde bedauern, daß er so früh sterben mußte, wenn ich nicht bedächte, daß er jetzt doch schwerlich noch am Leben sein könnte; — sechsundfünfzig Jahre sind eine lange Zeit, wenn man schon vorher in den Dreißigern war. — Die angesehene und fromme Familie, bei der er einen Sommer zugebracht, hat auch früh, man möchte sagen unzeitig, erlöschen müssen: zuerst der alte Herr, der sich beim Botanisieren erkältete und, so glatt und wohlerhalten für seine Jahre er aussah, sich doch als sehr schwach erwies; denn er schwand hin an der leichten Erkältung wie ein Hauch; dann der junge Herr, den man bis zu seiner Majorennität auf Reisen schickte, und der in Wien ein trauriges, vorzeitiges Ende fand im Duell, nur einer eingebildeten Beleidigung willen, die das freundliche Gemüt des jungen Mannes nicht beabsichtigte — Fräulein Sophie starb ihnen bald nach, sie war nie recht gesund gewesen und diese beiden Stöße zu hart für sie — meines Herrn Mutter mußte die Geburt ihres Kindes mit dem Leben bezahlen — aber wer sie alle überlebte, war die Frau Großmutter, die nach dem Verluste der Ihrigen hierher zog und sich mit großer Elastizität an dem Gedeihen ihrer Enkel wieder aufrichtete — ich habe sie noch gekannt als eine steinalte Frau, aber lebendig, heftig und aller ihrer Geisteskräfte mächtig bis zum letzten Atemzuge; man hätte fast denken sollen, sie werde nimmer sterben, und doch war es am Ende ein leichtes Magenübel, was sie hinnahm — ihr Andenken ist in Ehren und Segen und der gnädige Herr noch immer still und nachdenklich an ihrem Todestage. Als ich ihm das Manuskript gab, war er sehr erregt, und ich glaubte nicht, daß er dessen Veröffentlichung zugeben werde; — nachdem es aber vierzehn Tage lang auf seinem Nachttische gelegen und er in dieser Zeit kein Wort zu mir darüber geredet hatte, gab er es mir am verwichenen Sonnabend, den 29. Mai, zurück, mit dem Zusatze: von einem Westfalen geschrieben, würde es weniger bedeutend sein, aus dem Munde eines Fremden aber sei es ein klares und starkes Zeugnis, was sein Gewissen ihm nicht erlaube aus Familienrücksichten zu unterdrücken.

So mag es denn sein! Und ich gebe es dem Publikum zum Gefallen oder Mißfallen; es ist kein Roman, es ist unser Land, unser Volk, unser Glaube, und was diese trifft an Lob oder Tadel, was die Lebenden tragen müssen, das möge auch über diese toten Blätter kommen.

Erstes Kapitel

Der Edelmann aus der Lausitz und das Land seiner Vorfahren

Soeben hat die Schloßglocke halb zehn geschlagen — es ist eigentlich noch gar nicht Nacht — ein schmaler Luftstreifen steht im Westen, und zuweilen fährt noch ein Vogel im Gebüsche drüben aus seinem Halbschlafe auf und träumt halbe Kadenzen seines Gesanges nach — dennoch ist's hier fast schon Nacht — soeben hat man mir eine schöne neue Talgkerze gebracht — Holz in den Kamin gelegt, um einen Ochsen zu braten, und nun soll ich ohne Gnade in die Daunen. — Unmöglich, ich emanzipiere mich, heimlich aber desto sicherer, und niemand sieht es mir morgens an, daß ich allnächtlich den stillen Wohltäter des Hauses mache und auf Wasser und Feuer zwar nicht achte, aber doch achten würde, wenn dergleichen Dinge hier zu Lande nicht unschädlich wären, wie ich wohl schließen muß, wenn ich jeden Abend Knecht und Magd mit flackernden Lampen in Heuböden und Ställen umherwirtschaften sehe. Diese alten Mauern, die doch wenigstens ihre drei Jahrhunderte auf dem Rücken zu tragen scheinen! seltsames, schlummerndes Land! so sachte Elemente! so leise seufzender Strichwind, so träumende Gewässer, so kleine friedliche Donnerwetterchen ohne Widerhall! und so stille, blonde Leutchen, die niemals fluchen, selten singen oder pfeifen, aber denen der Mund immer zu einem behaglichen Lächeln steht, wenn sie unter der Arbeit nach jeder fünften Minute die Wolken studieren und aus ihrem kurzen Stummelchen gen Himmel rauchen, mit dem sie sich im besten Einverständnisse fühlen. Vor einer Viertelstunde hörte ich die Zugbrücke aufknarren, ein Zeichen, daß alles ab und tot ist und das Haus fortan unter dem Schutze Gottes und des breiten Schloßteiches steht, der, nebenbei gesagt, an einigen Stellen nur knietiefe Furten hat; das macht aber nichts, es ist doch blankes Wasser, was darüber steht, und man könnte nicht durchwaten, ohne bedeutend naß zu werden: Schutz genug gegen Diebe und Gespenster! — Die Nacht wird sehr sternhell werden, ich sehe zahllose milchichte Punkte allmählich hervordämmern, — drei Hühnerhunde und zwei Dachse lagern auf dem Estrich unter meinem Fenster und schnappen nach den Mücken, die die dekretierte Nacht noch nicht wollen gelten lassen. Aus den Ställen dröhnt zuweilen das leise Murren einer schlaftrunkenen Kuh oder der Hufschlag eines Pferdes, das mit Fliegen kämpft — im Zimmer meines guten Vetters von Noahs Arche her brennt das einzige Nachtlicht; was soll ein ehrlicher Lausitzer machen, der um elf seine letzte Pikettpartie anzufangen gewohnt ist? Um mich liegen zwar die Schätze der Bibliothek: Hochbergs adeliges Landleben, Kerssenbrocks Geschichte der Wiedertäufer, Werner Rolevinks *De moribus Westfalorum*, und meines Wirtes nicht genug zu preisendes *Liber mirabilis* — aber mir geht es wie den Israeliten, die sich bei dem blanken Manna nach den Fleischtöpfen Egyptens sehnten; o Dresdener Staatszeitung, o Frankfurter Postreiter, die ihr mich so manches Mal in den Schlaf gewiegt habt, wann werden meine Augen euch wiedersehen? Können die Heringe und Schellfische des Münsterschen Intelligenzblattes meine politischen Stockfische ersetzen?

Aber warum schreibe ich nicht, oder vielmehr, warum habe ich nicht geschrieben diese zwei Monate lang? Bin ich nicht im Lande meiner Vorfahren? Das Land, das mein Ahn, Hans Everwin, so betrübten Herzens verließ und in sauberm Mönchslatein besang, wie eine

Nachtigall in der Perücke? *O Angulus ridens! o prata fontesque susurro* etc., etc.

Ich weiß es, wie es mich einst freuen wird, diese Blätter zu lesen, wenn dieses fremdartige Intermezzo meines Lebens weit hinter mir liegt; vielleicht mehr, als ich jetzt noch glaube, denn es ist mir zuweilen, als wolle das zwanzigfach verdünnte westfälische Blut sich noch geltend in mir machen. Gott bewahre! ich bin ein echter Lausitzer — *vive la Lusace!* und nun — das hat Mühe gekostet, bis ich an diesen Kamin gelangt bin — schlechte, schlechte Wege habe ich durchackert und Gefahren ausgestanden zu Wasser und Lande. Dreimal hab' ich den Wagen gebrochen und einmal dabei auf dem Kopfe gestanden, was weder angenehm, noch malerisch war. Mit einem Spitzspann [so nennt man hier ein Dreigespann] von langhaarigen Bauernpferden habe ich mich durch den Sand gewühlt und mit einemmal den vordern Renner in einer sogenannten Welle versinken sehen, einer tückischen wandernden Rasse von Quellen, die ich sonst nirgends angetroffen, und die hier so manche Fahrwege unsicher macht, sich das ganze Jahr stille hält, um im Frühlinge irgend eine gute münsterische Seele zu packen, zur Strafe der Sünde, die sie nicht begangen hat. Ich bin aus dem Wagen gesprungen wie ein Pfeil; denn — bei Gott! — mir war so konfus, daß ich an die Nordsee und Unterspülen dachte — von meinem Pferdchen war nur noch ein Stück Nase und die Ohren sichtbar, mit denen es erbärmlich zwinkerte. Zum Glück waren Bauern in der Nähe, die Heidrasen stachen, und geschickt genug Hand anlegten: ‚He, Hans! up! up!' Ja, Hans konnte nicht auf und krebste sich immer tiefer hinein; endlich ward er doch herausgegabelt und zog niedergeschlagen und kläglich triefend weiter voran, wie der bei der Serenade übel begossene Philister. Ich fand vorläufig den Boden unter meinen Füßen sicherer und stapfte nebenher durch das feuchte Heidekraut, immer an unsern Ahn denkend und sein horazisches: *O Angulus ridens* und was denn hier wohl lachen möge? der Sand? oder das kotige Pferd? oder mein Fuhrmann in seinem bespritzten Kittel, der das Ave Maria pfiff, daß die Heidschnucken davon melancholisch werden sollten? oder vollends ich, der wie ein Storch von einem Maulwurfshügel zum andern stelzte? — Doch — ich war es, der am Ende lachend in den Wagen stieg, dreimal selig, schon vor Jahrhunderten im kleinsten Keime diesem glückseligen Arabien entflohen zu sein, was sich mir in diesem Augenblicke von dem klassischen durch nichts zu unterscheiden schien, als nur durch den Mangel an Straßen und Überfluß an Pfützen. O Gott! dachte ich, wie mag die Halle deiner Väter beschaffen sein, du guter Everwin!

Eine halbe Tagereise weiter, und die Gegend klärte sich allmählich auf; die Heiden wurden kleiner, blumicht und beinahe frisch, und fingen an, sich mit ihren auffallend bunten Viehherden und unter Baumgruppen zerstreuten Wohnungen fast idyllisch auszunehmen; rechts und links Gehölz und, so weit ich es unterscheiden konnte, frischer kräftiger Baumschlag; aber überall traten dem Blicke mannshohe Erdwälle entgegen, die, vom Gebüsch überschattet, jeden Fahrweg unerläßlich einengten — wozu? wahrscheinlich, um den Kot desto länger zu konservieren; ich befragte meinen Fuhrmann, einen gereisten Mann, der sogar einmal Düsseldorf gesehen hatte und mich mindestens immer um mein drittes Wort verstand. »O Herr«, sagte er, »wenn wir keine Wallhecken hätten, was würden wir dann für schelmhaftige Wege haben.« *Vivat Westfalia*, dachte ich! — Wir ackerten voran — aus allen Häusern bellten uns Kläffer an, die ich allemal, die langhaarigen »Rüden«, die glatten ohne Ausnahme »Teckel« locken hörte; vor den Eingängen einzelner größerer

Höfe zerwüteten sich greuliche Cerberusse an ihrer Kette, und es schien mir unmöglich, unzerrissen hinein- oder heraus zu kommen. — Was man nicht alles bemerkt auf einer Tagfahrt zwischen Wallhecken, den Himmel über, die Pfütze unter sich! Der Wagen hielt einen Augenblick an. Vier kleine Buben, sämtlich in Troddelmützen und drei Kamisöler übereinander, rot wie Äpfelchen, stolperten eilig herzu und langten mit der Hand nach dem Schlage; ich suchte nach ein paar Stübern und Matieren, die man mir auf der letzten Station zugewechselt, und rief, indem ich sie aus dem Wagen warf: »Habt acht, ihr Buben!« Da aber nahmen sie Reißaus, und wie verscheuchte Hasen krabbelten sie den Erdwall hinan. »Gottes Wunder, was mochte das für ein Krabat oder Slowak sein, der kein Deutsch konnte und sein Geld in den Dreck warf?« Ich sah sie noch lange aus ihrem Hafen meinem Wagen nachstarren, wie, *sans camparaison*, einem abziehenden Kamele. Einem war beim Ansatz zur Flucht sein Holzschuh abhanden gekommen, und ich hörte ihn unter dem Rade ein unzeitiges Ende nehmen; mein Trost waren die herrenlosen Stüber und Matiere, mit denen sich das dicke Henrichjännchen oder Jannberndchen [so heißt hier nämlich immer der dritte Mann] bezahlt machen konnte, wenn dieses nicht außer seinem Gedankenkreise lag. Jetzt weiß ich, daß die armen Dinger mir nur eine Kußhand geben, und schon damals begriff ich, daß sie mindestens nicht betteln wollten. Überhaupt sah ich keine Straßenbettler am Wege, und das Land meiner Vorfahren fing an, mir mindestens ganz nährend und behaglich vorzukommen, obwohl meine Augen noch immer vergeblich nach dem »Fette der Erde« ausschauten, bei dem die Leute so vollständig runde Köpfe und stämmige Schultern ansetzen konnten, bis ich durch die Lücken der Wallhecken über die schweren Schlagbäume weg in das Geheimnis der Kämpe und

Wiesengründe drang, wo ich die eigentliche Elite der Ställe erblickte: schönes, schweres Vieh ostfriesischer Rasse, das übersatt und schnaubend in dem wie von einem Goldregen überzitterten Graswalde lag. — Schau mir einer die pfiffigen Münsterländer! die ihr eure dicken Taler auf vier Beinen hinter Erdhaufen und Dornen versteckt, damit kein reisender Diplomat in der Seele seines gnädigsten Herrn etwa Appetit dazu bekomme. — Ich bin zu sehr Landwirt, als daß dieser Anblick mich unbewegt gelassen hätte; ich dachte an mein liebes Dobbritz und meine krauslockigen Lämmerchen und fühlte das Blut meines Ahns den Urenkeln seiner Ställe entgegenrollen — seltsam! ich kann dies niederschreiben, als dächte ich noch heute so, und doch ist es mir so gar anders zu Mute.

Nun weiter — zum Ziele! Wenn die Lehmchausseen meiner so müde sind, als ich ihrer, so werden sie sich freuen, daß wir auseinander kommen, und ich fühle mich noch innerlich zerschlagen von der Erinnerung und schmachte dem Ziele entgegen; doch zuvor noch ein Reiseabenteuer, kein kleines für meinen Fuhrmann — und was mir den ersten dämmernden Begriff von dem Charakter dieses Volkes gab. Wir hatten einen derben Chok überstanden — unsere Pferde verschnauften in der Heide und dampften aus Nüstern und Flanken — mein Bauer schlug Feuer an einer Art Lunte in messingener Scheide, die er seinen »perfekt guten Tüntelpott« nannte; in der Ferne bewegte sich etwas Grellrotes zwischen den Kühen, und kam näher — es war ein Mensch in Scharlachlinnen, von dunkler Gesichtsfarbe — ich sagte nichts und beobachtete meinen Bauer; der nahm langsam die Pfeife aus dem Munde, zog langsam einen Rosenkranz aus seiner Tasche, griff nach seinem Hute, zweimal, ohne ihn zu lüften, und sah noch nicht auf, als das Unding ihm fast parallel war — es stand — es redete ihn an in fremdartigem Dialekt: »Wo führt der

Weg nach Lasbeck?« Mein Bauer winkte mit der Hand einen breidünnen Fahrweg entlang; der Schwarze schüttelte den Kopf und sah auf seine Stiefeln, die schon Schlimmeres überstanden hatten. — »Kann ich denn nicht dort herunter?« sagte er, auf einen Fußweg deutend, der dieselbe Richtung direkter nahm. — »Das möchte nicht gut sein«, sagte der Fuhrmann bedächtig. — »Warum nicht?« mein Schwarzer, kurz angebunden, cholerischen Temperaments. — Nie werde ich den Ausdruck von, ich möchte sagen, ruhigem Schauder und tiefem Mitleid vergessen, mit dem mein Bauer erwiderte: »Da steht ein Kruzifix!« Der Mohr stieß ein paar *Sacredieus* und *Coquins* hervor, und fort trabte er mit seinem Briefbündel unterm Arm. Ist das nun lächerlich oder rührend? Es kommt darauf an, wie man es auffaßt — ich gestehe, daß ich meinem Weißkittel gern irgend eine Güte angetan hätte in diesem Augenblick, und seine religiöse Scheu ohne Furcht und Haß, seine tiefe, überschwängliche Gutmütigkeit, die selbst den Teufel nicht ins Labyrinth führen mochte, lag so rührend vor mir, daß ich seinem breiten Rücken, wie er langsam, den Rosenkranz abzählend, neben den Pferden herschritt, die ersten Liebesblicke in diesem Lande zugewendet habe. Möge Gott dich behüten, du gutes patriarchalisches Ländchen, Land meiner Vorfahren, wie ich dich gerne nenne, wenn man mir mein Anteil Lausitzer Blut ungekränkt läßt, mit der Ironie ist's ab und tot.

Ich fahre durch die lange, weite Eichenhalle, wo die schlanken Stämme ihre noch schwachbelaubten Wipfel über mich breiten; ich sehe zwischen den Lücken der Bäume einen weiten Wasserspiegel, graue Türme vortreten; bei Gott! es war mir doch seltsam zu Mute, als ich über die Zugbrücke rollte und über dem Tore den steinernen Kreuzritter mit seinem Hunde sah, dessen der alte Everwin so wohlredend gedenkt: »*Eques vexillum crucis sublevans, cum molosso ad aquam hiante«* — alter Hans Heinrich! schwenkst du deine Fahne auch schützend über deinen verarteten Zweig, dem dein Glaube und dein Land fremd geworden sind? Im Schlosse war ich so halbwege erwartet, das heißt so im Bausch und Bogen, wo es auf eine Handvoll Wochen nicht ankommt; ein schlau aussehender, schwärzlicher Bursche in himmelblau und gelber Livree, streng nach dem Wappenbuch, öffnete den Schlag und erkannte mich sofort für den fremden Vetter, als ich vom »Schlosse« redete und nach dem »Baron« fragte. »Der Herr sind auf dem Vogelfang, aber die gnädige Frau sind zu Hause!« Zugleich hörte ich drinnen: »Ihro Gnaden, he is do, he is do, de Herr ut de Lauswick!« und sah beim Eintritt noch zwei dicke, passablement himmelblaue Beine.

Das war also der Eintritt in die Halle meiner Väter; ja, hört, wie es erging, ihr Wände! meine ich, und du jammernder Scheit im Kamin! — denn auf die drei Spione und zwei Dachse kann ich nicht rechnen, da das Fenster geschlossen ist: die gnädige Frau empfing mich stattlich, aber verlegen, das Bäschen stumm verlegen, der junge Vetter neugierig verlegen, der eigentliche Herr, der fast mit mir zugleich eintrat und bei unserer ersten Bewillkommnung einen piependen und flatternden Vogel in der Hand hielt, war auch verlegen, aber auf eine überaus teilnehmende Weise. Verlegen waren alle, und so blieb mir nichts übrig, als es am Ende mit zu werden; man sah, wie in allen eine unterdrückte Herzlichkeit kämpfte, mit einem Etwas, das ich nicht ergründen konnte, bis ich mich verstohlen vom Kopfe bis zu den Füßen musterte. — War ich denn nicht ein *galant homme?* eine Blume des Adels, um die zwei Damen am Dresdner Hofe seufzten? Meine Augen hatten den rechten Weg eingeschlagen — der galonierte Rock — die Ringe an den Fingern, so tragen sich hier zu Lande die Windbeutel, und womit ich, unter uns gesagt, diesen Leuten an der Welt Ende zu imponieren glaubte und auf der letzten Station wenigstens eine gute Stunde verwendet hatte, das gab mir hier das Ansehen eines, der nächstens zum Bankerott umkippen will und Kredit auf seine Tressen sucht. Hier ist alles so feststehend, man weiß so genau, was jeder gilt, daß dergleichen Nachhülfe und Augenverblendung immer nur wie Notschüsse herauskommen, und ich bin jetzt überzeugt, daß mein guter Vetter unter seinen Grüßen und Verbeugungen alle seine Gefälle und Zehnten überzählte, und wieviel davon wohl zur Aushülfe eines verlorenen Sohnes im zwanzigsten Gliede möchte ritterlich, christlich und doch ohne Unverstand zu verwenden sein. Jetzt weiß ich dieses, und es demütigt mich nicht; hätte ich es damals gewußt, so würde es mich allerdings in einen kläglichen, innern Zustand von Scham und Zorn versetzt haben. Dennoch ging der erste Tag mühsam hin, obwohl der Vetter mich in alle seine Freuden und Schätze einweihte: seine nie gesehenen Blumenarten eigener Fabrik, seine Rüstkammer, seine landwirtschaftlichen Reichtümer, sogar den Augapfel seines Geistes, sein unschätzbares *Liber mirabilis* — ich dachte zu meiner Unterhaltung — jetzt weiß ich aber, daß es ein schlauer Streich vom alten Herrn war, der mir so heimlich auf den Zahn fühlte, wie es mit adeligen Künsten bei mir beschaffen sei — nämlich mit Latein, Ökonomie und Ritterschaftsverhältnissen. Mir ging's wie dem Nachtwandler, und ich trat je blinder, um desto sicherer auf. Acht Tage kann ich auf mein Noviziat rechnen, wo täglich eine neue Schleuse des Wohlwollens sich zögernd öffnete, das eigentümliche milde Lächeln des Herrn täglich milder, die scharfen Augen seiner Frau täglich strahlender und offener wurden, und als mich am achten Tage der junge Herr Everwin auf seine Stube geführt und Fräulein Sophie abends aus freien Stücken ein schönes, etwas altmodisches Lied zum Klavier gesungen hatte, da war ich absolviert und fortan ein Kind und Bruder des Hauses. Ich fühlte dieses, als ich am nächsten Morgen von Abreise sprach, um meinem Bleiben einen festen Boden zu geben, der auch sogleich unter mir aufstieg. »Mich dünkt«, sagte der alte Herr [der »Herr«, sagt man hier kurzweg, »Baron« ist ausländisch und windbeutelig] mit einem triumphierenden Lächeln, »mich dünkt, Sie bleiben hier in Nummero Sicher, bis Sie Ihr Recht in der Tasche haben. Der Hund des alten Hans Heinrich hat uns so manchen Prozeß weggebellt, der wird Ihnen auch keinen durchs Tor lassen.« Ich dachte an meine Gedanken, als ich unter dem Steinbilde einfuhr, und der alte Herr mußte mir etwas dergleichen ansehen, denn er schüttelte meine Hand und sagte: »Lieber Herr Vetter!« So bin ich denn nun seit zwei Monaten hier, Boten gehen und kommen, und meine Geschäfte ziehen sich in die Länge; ich helfe dem Herrn botanisieren, Vögel fangen und sein *Liber mirabilis* auslegen, wobei ich schlecht genug bestehe und manche Eselsbrücke schlage, die der Vetter gütig unbemerkt läßt; besser komme ich fort in den gelegentlichen Gesprächen über ernste Gegenstände und klassische Wissenschaften, in denen der alte Herr vortrefflich beschlagen ist und ich aber auch kein Hund bin — was mich aber zumeist ergötzt, ist die lebendige, frische Teilnahme, die kräftige Phantasie, mit der alles meinen Erzählungen von Städten, Ländern und vor allem von den Wundern des grünen Gewölbes horcht. Diese stillen Leute sitzen unbewußt auf dem Pegasus, ich will sagen, sie leben in einer innern Poesie, die ihnen im Traume mehr von dem gibt, was ihre leiblichen Augen nie sehen werden, als wir anderen übersättigten Menschen mit unsern Händen davon ergreifen können. Ich bin gern hier, es wäre Fadheit, es zu leugnen, und Undank zugleich; auch langweile ich mich keineswegs, man treibt hier allerlei Gutes, etwas altfränkisch und beengt, aber gründlich. Auch gibt es hier von den seltsamsten Originalen und zwar rein naturwüchsigen, sich völlig unbewußten; wenn ich bedenke, was ich noch alles nachzuholen und zu erläutern habe, ehe ich wieder bis zu diesem Abende, diesem Kamin und diesen Mücken gelange, die mich unbarmherzig molestieren, so scheinen mir alle Gänseflügel auf dem Hofe in Gefahr — aber jetzt ist's spät — meine Kerze hat sich mehr schön als dauerhaft bewiesen; sie ist mehr verlaufen, als verbrannt, und auf dem Tische schwimmt's vom Talge, den ich noch vor Schlafengehen mit eigenen Händen reinigen muß, um nicht morgen von meinem Freunde Dirk als der schmierige Herr aus der Lauswick bezeichnet zu werden. Das Licht im Zimmer des Vetters brennt dämmerig wie ein Traum — die Sterne sind desto klarer, welch schöne Nacht!

Zweites Kapitel

Der Herr und seine Familie

Honneur aux dames! Ich fange an, mit der gnädigen Frau, einem fremden Gewächs auf diesem Boden, wo sie sich mit ihrer südlichen Färbung, dunklen Haaren, dunklen Augen ausnimmt wie eine Burgundertraube, die in einen Pfirsichkorb geraten ist, — sie stammt aus einer der reichen rheinländischen Familien, die man hier für ebenbürtig gelten läßt, und der Vetter, der vor zwanzig Jahren nach Düsseldorf landtagen ging und von einer plötzlichen Lust, die Welt zu sehen, befallen wurde, lernte sie in Köln vor dem Schreine der heiligen drei Könige kennen und fühlte dort zuerst den vorläufig noch äußerst embryonischen Wunsch, sie zur Königin seines Hauses zu machen. Das ist sie denn auch im vollsten Sinne des Wortes: eine kluge, rasche, tüchtige Hausregentin, die dem Kühnsten wohl zu imponieren versteht und, was ihr zur Ehre gereicht, eine so warme, bis zur Begeisterung anerkennende Freundin des Mannes, der eigentlich keinen Willen hat als den ihrigen, daß alle Frauen, die Hosen tragen, sich wohl daran spiegeln möchten, — es ist höchst angenehm, dieses Verhältnis zu beobachten; ohne Frage steht diese Frau geistig höher, als ihr Mann, aber selten ist das Gemüt so vom Verstande hochgeachtet worden; sie verbirgt ihre Obergewalt nicht, wie schlaue Frauen wohl tun, sondern sie ehrt den Herrn wirklich aus Herzensgrunde, weiß jede klarere Seite seines Verstandes, jede festere seines Charakters mit dem Scharfsinn der Liebe aufzufassen und hält die Zügel nur, weil der Herr eben zu gut sei, um mit der schlimmen Welt auszukommen.

Nie habe ich bemerkt, daß ein Mangel an Welterfahrung seinerseits sie verlegen gemacht hätte, dagegen strahlen ihre schwarzen Augen wie Sterne, wenn er seine guten Kenntnisse entwickelt, Latein spricht wie Deutsch, und sich in alten Tröstern bewandert zeigt wie ein Cicerone. — Die gnädige Frau hat südliches Blut, sie ist heftig, ich habe sie sogar schon sehr heftig gesehen, wenn sie bösen Willen voraussetzt, aber sie faßt sich schnell und trägt nie nach. Sehr stattlich und vornehm sieht sie aus, muß sehr schön gewesen sein, und wäre dies vielleicht noch, wenn ihre bewegten Gefühle sie etwas mehr Embonpoint ansetzen ließen, denn das innere Feuer verzehrt alles sonst Überfließende; so sieht sie aus wie ein edles arabisches Pferd; ihr neues Vaterland hat sie liebgewonnen und macht gern dessen Vorzüge geltend, nur mit der Art Überschätzung, die oft gescheiten Leuten von starker Phantasie eigen ist: so schont sie mit einer Art Pietät, was das Ärugo der Verjährung trägt, so hat sie alle alten, mitunter verwunderlichen Gewohnheiten und Rechte des Hauses bestehen lassen und wacht nur über Ordnung und ein billiges Gleichgewicht; ich werde noch auf die respektablen Müßiggänger kommen, über die man hier bei jedem Schritte fällt, und die ich bei mir zu Hause würde mit dem Ochsenziemer bedienen lassen; hier möchte ich sie selbst nicht gekränkt sehen. Bettler in dem Sinne wie anderwärts gibt es hier keine, aber arme Leute, alte oder schwache Personen, denen wöchentlich und öfter eine Kost so gut wie den Dienstboten gereicht wird; ich sehe sie täglich zu dreien oder mehren auf der Stufe der steinernen Flurtreppe gelagert, ärmlich, aber ehrbar, und keinen vorübergehen, ohne sie zu grüßen. Die gnädige Frau tut mehr, sie geht hinunter und macht die schönste Konversation mit ihnen über Welthändel, Witterung, die ehrbare Verwandtschaft und, wovon man sich sonst nachbarlich unterhält, darum gilt sie denn auch für eine brave, »gemeine« Frau, was so viel heißt als populär, und sie ist immer mit gutem Rat zur Hand, wo sie denn auch, wie billig, der Ausführung nachhilft. Sehr habe ich ihre Geduld bewundern müssen mit einem Verrückten, dem Sohne des Müllerhauses, dessen Licht ich eben durch die Mauerluke herüberscheinen sehe. — Der arme Mensch ist irre geworden über eine Heiratsgeschichte, obwohl nicht eben aus Liebe.

Seine Verlobte nahm auf Drängen ihrer Eltern einen andern — solchen Schimpf konnte er nicht verwinden. Zugleich drängte ihn die Mutter, deren Kräfte nach des Mannes Tode schnell abnahmen, sachte wieder zum Heiraten. — Zwei neue Pläne, die übereilt angelegt waren, schlugen fehl. Franz hatte einen tiefen heimlichen Hochmut auf seine ehrenwerte Familie, die seit vielen Generationen des Herrn Mühle mit Lob versehen hatte, und noch mehr, weil er als älterer Spielkamerad und halber Aufseher der Herrschaft aufgewachsen war und noch jetzt zu den Auserwählten gehörte, die auf Hochzeiten mit den Fräuleins einen Tanz machten. Die Scham quälte ihn; das Drängen seiner Mutter und die Furcht, eine schlimme Wahl zu treffen oder gar mit einem neuen Korbe aufzuziehen, ließen ihm Tag und Nacht keine Ruhe; seine Augen bekamen nach und nach etwas Stieres im Blick, und mit einem Male fing er an, allerlei wirres Zeug zu reden. Jetzt ist er ganz irre, obwohl voll Höflichkeit und, wenn man ihn auf ganz fremde Gegenstände lenkt, von recht verständigem Urteile; aber dazu kommt es selten, seine fixen Ideen halten ihn wie mit eisernen Klammern und fahren in jedes beruhigende Gespräch, wie Sporenstiche, hinein. — Jetzt ist seine größte Not eine Prinzessin von England, die man ihm zufreien will, was ihn als guten Katholiken ängstigt; er hält sich ihr ganz ebenbürtig, doch hat er ein halbes Bewußtsein von ihrer hohen Stellung und, daß sie ihn, wenn er sich sperrt, könnte wohl einstecken oder auf die Tortur bringen lassen, und er bereitet sich durch Lesen in der Bibel auf sein einstiges Martyrium vor, dem er doch womöglich noch entschlüpfen möchte; darüber hält er denn täglich mit der gnädigen Frau lange Beratungen, die mit himmlischer Geduld ihm schlaue Ausflüchte erfinden hilft und wirklich, wie ich glaube, allein bis dahin ihn vor völliger Raserei gerettet hat. Mich durchrieselt jedes Mal ein Schauder, wenn ich dieses Angstbild sehe; hier erregt es nur tiefe ruhige Teilnahme.

Aber ich bin von meinem Thema abgekommen, also der junge Herr — Everwin heißt er, in getreuer Reihenfolge wie die Heinriche von Reuß, steckt noch ein wenig in der Schale. Neunzehn Jahre ist er alt und lang aufgeschossen wie eine Erle, blond, mit hellblauen Augen, durch die man glaubt bis ins Gehirn sehen zu können. Ich höre ihn oft im Nebenzimmer gefährlich stöhnen und räuspern über den Klassikern und alten Geschichtswerken, an denen er eine Mühe hat, daß ihm mittags zuweilen die Haare davon zu Berge stehen. Ich höre ihn mir als Everwin den Fleißigen bezeichnen, das heißt fleißig, so hübsch mit Zeit vor Hand, wie ein Roß den Kahn stromauf zieht. Ich will auch die kleinen schlichten Ausbrüche von Mutwillen, mit denen sich zuweilen seine jungen Jahre Luft machen, z. B. wenn er seiner Schwester die Handschuhe versteckt, nicht gerade hoch anschlagen. Auch die edle Musik, eine Hauptlust und ein wirklich schönes Talent der ganzen Familie, treibt er mit schuldigem Eifer. Ich profitiere auch zur vollen Genüge von seinem Geigenspiel, zuweilen, wenn ich gerade gut gelaunt und recht im *dolce far niente* bin, nicht ohne Vergnügen: er streicht seinen Viotti so sanft und reinlich ab und an manchen Stellen mit so kindlich mildem Ausdruck, daß ich oft denke: er ist doch der Papa *en herbe*, der nur noch nicht zum Durchbruch kommen kann —

dieses geringe, leider an Wert verlierende Vergnügen wird mir aber reichlich versalzen durch die Übungsstunden, wo absichtlich zu Schwieriges vorgenommen wird; von all dem Wasser, was mir diese Doppelpassagen, bei denen immer ein falscher Ton nebenher läuft, schon in die Zähne getrieben haben, könnten wenigstens zwei Mühlen gehen; zuweilen gibt Karo, des Vetters sehr geliebter Spion, noch die dritte Stimme dazu, und dann ist der Moment da, wo ein spleeniger Engländer sich ohne Gnade erhängen würde. Mein Zimmer ist indessen der Ehrenplaz im Hause, und Hoffart will Not leiden; zudem kann mir nicht entgehen, daß Everwin, wo es ohrengefährlich wird, den Bogen so leise ansetzt wie ein menschlicher Wundarzt die Sonde, und sogar zuweilen mir zuliebe seinem Karo einen Fußtritt gibt, der ihm gewiß selber wie ein Pfahl durchs Herz geht; er ist überhaupt ein bescheidener jüngferlicher Nachbar, der morgens auf den Zehen umherschleicht und sich abends gleichsam ins Bett stiehlt, daß ich kaum die Decke rispeln höre! Sein Freund und Gefährte in allem ist der Neffe des Rentmeisters — Wilhelm Friese, ein wunderlich begabter junger Mann, an den Everwin sich fest gesogen hat, wie die Auster an die Koralle. Ich sehe sie beide oft morgens um sechs Uhr zum Dohnenstrich ziehen, in knappen Jagdröcken und Lederkäppchen fröhlich und mädchenhaft, wie ein paar Klosternovizen in den Freistunden.

Vor Frauen hat er noch eine wahre Josephs-Scheu und würde einen unchristlichen Haß auf die Unglückliche werfen, mit der man ihn neckte; zwei münstersche Schillinge gäbe ich drum, ihn dereinst auf Freiersfüßen zu sehen; ohne Zweifel muß auch da sein Wilhelm vorgehen, und der wird sich ebenfalls alle zehn Nägel abkauen vor Angst, obgleich er gegen Everwin gerechnet immer für einen Schalk gelten kann. Neulich frühe saß ich am Ausgange der neuen Anlagen, die diesen Landsitz umgeben, wie Nester mit jungen Vögeln eine graue Warte. Everwin kam über Feld, Wilhelm hinterdrein, ich hörte, daß sie sprachen, aber Everwin sah nicht zurück. »Ich sage es dir nochmals«, rief Wilhelm, »wenn du dir keinen bessern Rock anschaffst, so bekommst du dein Lebtag keine Frau.« — »Ach, bah!« brummte Everwin, und rannte wie ein Kurier und war bereits dicht neben mir, ohne mich zu sehen. »Lauf doch nicht so! Herr! laß uns das Ding überlegen; du kommst ja doch nicht vorbei. Was scheint dir, Blau mit Tressen? Das steht gut zu blonden Haaren.« »Wilhelm!« drohte Everwin, und trat bis über die Knöchel in eine Lache. — »Guten Morgen, Vetter!« sagte ich. — »Sind Sie da? Ich habe ins Wasser getreten!« — »Das sehe ich!« — und fort trabten die Beiden wie begossene Pudel, Wilhelm am betroffensten, daß ich seine gottlosen Reden gehört.

Fräulein Sophie gleicht ihrem Bruder aufs Haar, ist aber mit ihren achtzehn Jahren bedeutend ausgebildeter und könnte interessant sein, wenn sie den Entschluß dazu faßte. — Ob ich sie hübsch nenne? Sie ist es zwanzig mal im Tage und ebenso oft wieder fast das Gegenteil; ihre schlanke, immer etwas gebückte Gestalt gleicht einer überschossenen Pflanze, die im Winde schwankt; ihre nicht regelmäßigen, aber scharf geschnittenen Züge haben allerdings etwas höchst Adliges und können sich, wenn sie meinen Erzählungen von blauen Wundern lauscht, bis zum Ausdruck einer Seherin steigern, aber das geht vorüber, und dann bleibt nur etwas Gutmütiges und fast peinlich Sittsames zurück; einen eigenen Reiz und gelegentlichen Nichtreiz gibt ihr die Art ihres Teints, der, für gewöhnlich bleich, bis zur Entfärbung der Lippen, ganz vergessen macht, daß man ein Mädchen vor sich hat — aber bei der kleinsten Erregung, geistiger so wie körperlicher, fliegt eine leichte Röte über ihr ganzes Gesicht, die unglaublich schnell kommt, geht und wiederkehrt, wie das Aufzucken eines Nordlichtes über den Winterhimmel; dies ist vorzüglich der Fall, wenn sie singt, was jeden Nachmittag während des Verdauungspfeifchens zur Ergötzung des Papas geschieht. Ich bin kein natürlicher Verehrer der Musik, sondern ein künstlicher — mein Geschmack ist, ich gestehe es, ein im Opernhause mühsam eingelernter, dennoch meine ich, das Fräulein singt schön, — über ihre Stimme bin ich sicher, daß sie voll, biegsam, aber von geringem Umfange ist, da läßt sich ein Maßstab anlegen, — aber dieses seltsame Modulieren, diese kleinen, nach der Schule verbotenen, Vorschläge, dieser tief traurige Ton, der, eher heiser als klar, eher matt als kräftig, schwerlich Gnade auswärts fände, können vielleicht nur für einen geborenen Laien wie mich den Eindruck von gewaltsam Bewegendem machen; die Stimme ist schwach, aber schwach wie fernes Gewitter, dessen verhaltene Kraft man fühlt — tief, zitternd, wie eine sterbende Löwin: es liegt etwas Außernatürliches in diesem Ton, sonderlich im Verhältnis zu dem zarten Körper. — Ich bin kein Arzt, aber wäre ich der Vetter, ich ließe das Fräulein nicht singen; unter jeder Pause stößt ein leiser Husten sie an, und ihre Farbe wechselt, bis sie sich in roten, kleinen Fleckchen festsetzt, die bis in die Halskrause laufen — mir wird todangst dabei, und ich suche dem Gesange oft vorzubeugen, indem ich vorgebe, ein Lied von Fräulein Anna hören zu wollen.

Fräulein Anna, in die man mich verliebt glaubt, darf sich auch gar wohl sehen lassen; sie ist ein schönes braunes Rheinkind mit brennenden Augen, blitzenden Zähnen, Elfenfüßchen, zitternd vor verhaltenem Mutwillen, wie eine Granate, über der die Lunte brennt; sie möchte gern immer reden und schweigt doch zumeist, weil sie den rechten Ton auf der hiesigen Skala nicht finden kann; wenn wir abends unsere stillen ehrbaren Gespräche führen, sitzt sie gewöhnlich am Fenster und seufzt ungeduldig Wolken und Winde an, die nach den Rebhügeln ziehn, wo ihre jungen Gefährtinnen sich's wohl und lustig sein lassen, während sie hier bei der Tante die Klosterjungfer spielen muß. Wozu? Sie begreift es nicht und klagt die Heimat und die Fremde an. Ich denke, man hat einen Dämpfer für diese üppige Wasserorgel (?) nötig gefunden. — Dabei hat sie einen Anflug von Empfindsamkeit, liebt den Wald, schält die Bäume an, um ihre Klagen darauf auszuhauchen. Den Onkel ehrt sie, weiß ihn aber nicht zu schätzen; — der Tante wendet sie eine zornige Liebe zu, da sie das verwandte Element fühlt, und vor Ungeduld überschäumt, es so beengt zu sehen. Sophie ist ihr fast fatal, und Everwin, den sie »unsere Mamsell« oder Lappemann [lab — lap — schmal, schmächtig] nennt, ist der ewige unfreiwillige Tröster ihrer Langeweile. Sie gibt ihm Salz mit auf die Jagd, sorgt, daß seine Leintücher umgeschlagen werden, so daß er nachts wie in einem kurzen Sacke steckt, oder läßt seine Dohnen ausnehmen und Maulwürfe oder schwarze Hadern hinein hängen, was ihm allemal wirklich nachgeht und empfindlicher ist, als die schlaflose Nacht; da ihm zur Revanche Geschick und Kühnheit fehlen, ist's ein einseitiger Spaß, der in Everwins Herzen allmählich einen Sauerteig verkniffener Schadenfreude ansetzt. Ich sehe allemal etwas wie einen falschen Sonnenstrahl über sein Gesicht zucken, wenn sie mit ihrer halbbewußten Koketterie bei einem Kommenden abfährt, oder Karo nach einem Wasserbade sich zunächst bei ihr abschüttelt, und ich habe ihn im Verdacht, ihn vorzugsweise auf ihrer Seite apportieren zu lassen. Dem Wilhelm scheint sie gewogener, nennt ihn einen gebildeten jungen Mann, und es kommt mir vor, als ob sie seinetwegen zuweilen ein Schleifchen mehr ansteckte, was er aber leider nicht zu bemerken scheint; ich glaube überhaupt, daß zwei Drittel ihrer Seufzer dem Verkanntsein gelten. Ist's z. B. nicht hart, daß sie, die französisch spricht wie deutsch und den Gellert zitieren kann, hier noch Rechenstunde nehmen muß bei einem invaliden Unteroffizier, der am Ausgange des Parks wohnt? — Wäre seine fuchsige Perücke nicht, und sein schönes Französisch, indem er sich nach ihrem »*ton père*« erkundigt, sie führe aus ihrer Sammethaut, — nun aber hat sie an ihm wenigstens einen *Souffre-douleur*, ein schlechtes Äpfelchen gegen den Durst, und mag ihm Zeug sagen und tun, daß der Onkel den Kopf schüttelt und doch lachen muß.

Fräulein Anna ist pikant, aber es ist unerquicklich, hier jemanden zu sehen, der die Landesweise nicht aufzufassen versteht; der Spott ärgert einen, und doch wird man sich dadurch des Entbehrten bewußt und fühlt die Einförmigkeit wie einen schläfernden Hauch an sich streifen. —

Ich bemerke eben, daß ich den Fehler habe, mich in Stimmungen hinein und hinaus zu schreiben; so hat mich der Paragraph Anna fast rebellisch gemacht gegen das Haus meines guten Vetters, den ich mir als einen Bissen *pour la bonne bouche* in diesem Abschnitt zuletzt aufgehoben habe. — Gott segne ihn alle Stunden seines Lebens — ein Unglück kann ihn nur zur Läuterung treffen, verdient hat er es nie und nimmer — ich halte es für unmöglich, diesen Mann nicht lieb zu haben — seine Schwächen selbst sind liebenswürdig. — Schon sein Äußeres. — Denkt euch einen großen, stattlichen Mann, gegen dessen breite Schultern und Brust fast weibliche Hände und der kleinste Fuß seltsam abstechen, ferner eine sehr hohe, freie Stirn, überaus lichte Augen, eine starke Adlernase und darunter Mund

und Kinn eines Kindes, die weißeste Haut, die je ein Männergesicht entstellte und der ganze Kopf voll Kinderlöckchen, aber grauen, und das ganze von einem Strome von Milde und gutem Glauben überwallt, daß es schon einen Viertelschelm reizen müßte, ihn zu betrügen, und doch einem doppelten es fast unmöglich macht; gar adlig sieht der Herr dabei aus, gnädig und lehnsherrlich, trotz seines grauen Landrocks, von dem er sich selten trennt, und er hat Mut für drei: ich habe ihn bei einem Spaziergange, wo man auf verbotene Wege geraten war, fast fünf Minuten lang einen wütenden Stier mit seinem Bambusrohr parieren sehen, bis alle sich hinter Wall und Graben gesichert hatten, und da sah, wie Wilhelm, der Neffe des Rentmeisters sagt, der mit seinem Spazierstöckchen zur Hülfe herbeirannte, der Herr aus wie ein Leonidas bei den Thermophylen. Er ist ein leidenschaftlicher Zeitungsleser und Geschichtsfreund und liebt das gedruckte Blutvergießen. — Eugen und Marlborough sind Namen, die seine Augen wie Laternen leuchten lassen; dennoch bin ich zweifelhaft ob im vorkommenden Falle der Herr den Feind tapferlich erschlagen oder sich selbst lieber gefangen geben würde, um keinen Mord auf seine Seele zu laden. Von Räubern und Mordbrennern träumt er gern, und wenn die Hofhunde nachts ungewöhnlich anschlagen und gegen irgend einen dunkeln Winkel vor- und rückwärts fahren, hat man ihn wohl schon unbegleitet im Schlafrock mit blankem Degen in das verdächtige Verließ dringen sehen mit wahrhaft acharnierter Wut, den Schelm zu packen und einzuspunden, den er dann freilich am anderen Morgen hätte laufen lassen. Den Verstand des Herrn habe ich anfangs zu gering angeschlagen, er hat sein reichliches Anteil an der stillnährenden Poesie dieses Landes, der den Mangel an eigentlichem Geiste fast ersetzt, dabei ein klares Judicium und jenes haarfeine Ahnen des Verdächtigen, was aus eigner Reinheit entspringt: sein erstes Urteil ist immer überraschend richtig, sein zweites schon bedeutend vom Mantel der christlichen Liebe verdunkelt, und wer ihm heute als erklärter Filou erscheint, ist morgen vielleicht ein gewandter Mann, den man etwas weniger schlau wünschen möchte. Der Herr liest viel, täglich mehrere Stunden, und immer Belehrendes, Sprachliches, Geschichtliches, zur Abwechslung Reisebeschreibungen, wo seine naive Phantasie immer den Autor überflügelt und er heimlich auf jedem Blatte ein neues Eldorado oder die Entdeckung des Paradiesgartens erwartet, — überhaupt kommt mir diese Familie vor wie die Scholastiker des Mittelalters mit ihrem rastlosen, gründlichen Fleiße und bodenlosen Dämmerungen. — Alles bildet an sich und lernt zu bis in die grauen Haare hinein und alles glaubt an Hexen, Gespenster und den ewigen Juden. — Ich habe schon gesagt, wie stark die Musik hier getrieben wird — die Anregung geht zumeist von der gnädigen Frau aus, die gern aus den Leuten alles holen möchte, was irgend darin steckt, — das Talent aber vom Herrn, und es ist nichts lieblicher, als ihn abends in der Dämmerung auf dem Klaviere phantasieren zu hören: ein wahres adliges Idyll, denn eine gewisse Grandezza fährt immer in diese unschuldige reizende Musik hinein und Stöße ritterlicher Courage im Marschtempo. — Es wird mir nie zu lang zuzuhören, und allerlei Bilder steigen in mir auf aus Thomsons Jahreszeiten, aus den Kreuzzügen. Sonst hat der Herr noch viele Liebhabereien, alle von der kindlichsten Originalität; zuerst eine lebende Ornithologie [denn der Herr greift alles wissenschaftlich an]. Neben seiner Studierstube ist ein Zimmer mit fußhohem Sand und grünen Tannenbäumchen, die von Zeit zu Zeit erneuert werden. Die immer offenen Fenster sind mit Draht verwahrt, und darin piept und schwirrt das ganze Sängervolk des Landes, von jeder Art ein Exemplar, von der Nachtigall bis zur Meise; es ist dem Herrn eine Sache von Wichtigkeit, die Reihe vollständig zu erhalten: der Tod eines Hänflings ist ihm wie der Verlust eines Blattes aus einem naturhistorischen Werke. Er treibt ein wahres Spionieren nach jedem seltenen Durchzügler: früh um fünf Uhr sehe ich ihn schon über die Brücken schreiten nach seinen Weidenklippen und Leimstangen, und wieder in der brennenden Mittagshitze, sieben- bis achtmal in einem Tage; möchte ich ihm zuweilen die Mühe abnehmen und verspreche, die Klippe wohlgeschlossen zu lassen oder den Vogel mitsamt der Leimstange in mein Schnupftuch gewickelt fein sauber herzutragen, so gibt er mir wohl nach, um mir keine Schmach anzutun, aber er trabt nebenher, und es ist, als ob er meinte, meine profane Gegenwart allein könne schon den erwischten Vogel echappieren machen. Dann ist der Herr ein gründlicher Botanikus und hat schon manche schöne Tulpe und Schwertlilie in seinem Garten; das ist ihm aber nicht genug, seine reiche, innere Poesie verlangt nach dem Wunderbaren, Unerhörten — er möchte gern eine Art unschuldigen Hexenmeisters spielen und ist auf die seltsamsten Einfälle geraten, die sich mitunter glücklich genug bewähren und für die Wissenschaft nicht ohne Wert sein möchten: so trägt er mit einem feinen Sammetbürstchen den Blumenstaub sauber von der blauen Lilie zur gelben, von der braunen zur rötlichen, und die hieraus entspringenden Spielarten sind sein höchster Stolz, die er mit einem wahren Prometheus-Ansehen zeigt; die wilden Blumen, seine geliebten Landsleute, deren Verkanntsein er bejammert, pflegt er nach allen Verschiedenheiten in netten Beetchen, wie Reihen Grenadiere. Manchen Schweißtropfen hat der gute Herr vergossen, wenn er mit seinem kleinen Spaten halbe Tage lang nach einer seltenen Orchis suchte, und manches in seiner Domäne ist ihm dabei sichtbar geworden, was er sonst nie weder gesucht noch gefunden hätte; darum lieben die Bauern auch nichts weniger als des Herrn botanische Exkursionen, bei denen er immer heimlich auf Unerhörtes hofft, zum Beispiel ein scharlachrotes Vergißmeinnicht oder blaues Maßliebchen, obwohl er als ein verständiger Mann dies nicht eigentlich glaubt, aber, man kann nicht wissen! — die Natur ist wunderbar! Nichts zeigt die reiche, kindlich frische Phantasie des Herrn deutlicher als sein schon oft genanntes *Liber mirabilis*, eine mühsam zusammengetragene Sammlung alter, prophetischer Träume und Gesichte, von denen dieses Land wie mit einem Flor überzogen ist: fast der zehnte Mann ist hier ein Prophet — ein Vorkieker [Vorschauer, wie man es nennt] — und wie ich fürchte, einer oder der andere dem Herrn zu lieb. — Seltsam ist's, daß diese Menschen alle eine körperliche Ähnlichkeit haben: ein lichtblaues, geisterhaftes Auge, was fast ängstlich zu ertragen ist; ich meine, so müsse Swedenborg ausgesehen haben; sonst sind sie einfach, häufig beschränkt, des Betrugs unfähig, in keiner Weise von andern Bauern unterschieden. Ich habe mit Manchem von ihnen geredet, und sie gaben mir anständigen Bescheid über Wirtschaft und Witterung; aber sobald meine Fragen übers Alltägliche hinausgingen, waren sie ihnen unverständlich, und doch verraten manche dieser sogenannten Prophezeiungen und Gesichte eine großartige Einbildungskraft, streifen an die Allegorie und gehen überall weit über das Gewöhnliche, so daß ich gezwungen bin, eine momentane geistige Steigerung anzunehmen — wie Mesmer sie jetzt in seiner neuen Theorie aufstellt. Der Vetter nun hat alle diese in der Tat merkwürdigen Träumereien gesammelt und teils aus scholastischem Triebe, teils, um sie für alle Zeiten verständlich zu erhalten, in sehr fließendes Latein übersetzt und sauber in einer buchförmigen Kapsel verwahrt, und *Liber mirabilis* steht breit auf dem Rücken mit goldenen Lettern; dies ist sein Schatz und Orakel, bei dem er anfragt, wenn es in den Welthändeln konfus aussieht, und was nicht damit übereinstimmt, wird vorläufig mit Kopfschütteln abgefertigt. Guter Vetter, du hast mir deinen Schatz anvertraut, obwohl ich weiß, daß du lieber ein Mal auf deinem Gesicht als einen Flecken auf den Blättern erträgst; da liegt er, rotgolden und stattlich, wie ein englischer Stabsoffizier, und ich sitze hier wie ein schlechter Spion und nehme eine geheime Karte von deiner Person — gute Nacht! würde ich sagen, aber du hast immer gute Nächte, denn du bist gesund und reinen Herzens. — Ich muß früh auf — wir haben sieben Meisenkasten abzusuchen.

Drittes Kapitel

In Hof und Garten

Der Morgen war so schön! Nachtigallen rechts und links antworteten sich so schmetternd aus dem blühenden Gesträuch und Hagen, daß ich um fünf Uhr im engsten Sinne des Wortes davon geweckt worden bin und es mir unmöglich war, wieder einzuschlafen, so habe ich denn bis zum Frühstück mich in den Anlagen umhergetrieben und die erste Blüte an des Herrn neuester Iris mit einem profanen Auge eher erblickt als der gute Prometheus selbst. Es war in diesen Tagen viel Rede und Erwartung wegen dieser Blume aus des Herrn Fabrik, die mir nur etwas tiefer blau scheint als die gewöhnliche Schwertlilie, — ich denke aber, er wird sie *atropurpurea* oder *mirabilissima* taufen, jedenfalls sah die Blume in ihrem Tauperlenschleier reizend genug aus, und überall hatten die Anlagen in ihrem jungen, von der Sonne vergoldeten Grün, ihrem Tau und Blütenstaat eine solche *beauté du diable*, daß ich glaubte, nie etwas Lieblicheres gesehen zu haben. Der feuchte Boden ist dem Blumenwuchs und den Singvögeln so zuträglich, daß man in der schönen Jahreszeit von Düften, Farbe und Gesang berauscht vergißt, daß alles fehlt, was man sonst von schöner Gegend zu fordern pflegt — Gebirg, Strom, Felsen. Ich muß der Seltsamkeit wegen anerkennen, daß mir ganz poetisch zu Mute ward und ich mich beinah auf den nassen Rasen gesetzt hätte, und mich wirklich auf eine Bank hingoß und ein paar Gedichte von Wilhelm hervorzog, die Fräulein Anna mir gestern Abend mit verschmitztem Lächeln und ein wenig errötend zugesteckt hatte. — Irre ich nicht, so ruhen ihre dunklen Augen zuweilen mit einer Teilnahme auf dem jungen Dichter, wie Langeweile und etwas Empfindsamkeit sie leicht auf dem Lande erzeugen. Das schüchterne Huhn scheint indessen davon kein Körnchen zu ahnen, und ich bezweifele, ob eine etwaige Entdeckung dem Fräulein zum Schaden oder Vorteil gereichen würde, da seine tiefblauen jungfräulichen Augen ganz anderes zu suchen scheinen als so rheinisches Blut. Also ein Dichter ist der Wilhelm!

Ich hätte es mir denken können, nach seinen verklärten Blicken, wenn wir am Weiher stehen und die Schwäne durch den glitzernden Sonnenspiegel segeln, wo er dann wirklich schön aussieht, die übrige Zeit aber unbehülflich und verschüchtert, wie es einem jungen Schreiber zukommt, den die Güte des Herrn höchst überflüssig seinem Onkel zugesellt hat, nur um das arme Blut in freie Kost und Wohnung zu bringen.

Die Verse sind auf schlechtes Konzeptpapier geschrieben, häufig durchstrichen und gewiß nicht für das Auge des Fräuleins bestimmt. Das eine schien sie mir mit einiger Ziererei vorenthalten zu wollen. Dieses wird zuerst gelesen.

[Hier folgt »Das Mädchen am Bach«.]

Ei, ei, Wilhelmus, was sind das für gefährliche Gedanken! Paßt sich dergleichen für einen armen Studenten! Und nun zum zweiten!

[Der Knabe im Rohr.]

Der junge Mensch hat wirklich Talent; in einer günstigeren Umgebung — doch nein — bleib in deiner Heide, laß deine Phantasie ihre Fasern tief in deinen Weiher senken, und wie eine geheimnisvolle Wasserlilie darüber schwanken. — Sei ein ganzes ob es ein Traum, ein halb verstandenes Märchen, es ist immer mehr wert als die unechte Frucht vom Baum der Erkenntnis...

Beim Heimgange fand ich den Rentmeister Friese, in Hemdärmeln am Brunnen vor dem Nebengebäude, eifrig bemüht, seine Stubenfenster mit Hülfe eines Strohwisches und endloser Wassergüsse zu säubern; seine Glatze glänzte wie frischer Speck, und ich hörte ihn schon auf dreißig Schritt stöhnen wie ein dämpfiges Pferd. Er sah mich nicht, und so konnte ich den wunderlichen Mann mit Muße in seinem Negligé betrachten, das an allen Stellen, die der Rock sonst in Verborgenheit bringt, mit den vielfarbigsten Lappen repariert war und ihm das Ansehen einer Musterkarte gab. Es ist mir selten ein mehr harpagonähnliches Gesicht vorgekommen! spitz wie ein Schermesser, mit Lippen wie Zwirnfäden, die fast immer geschlossen sind, als fürchteten sie etwas Brauchbares entwischen zu lassen und nur, wenn er gereizt wird, Witzfunken sprühen, wie ein Kater, den man gegen den Strich streichelt; dennoch ist Friese ein redlicher Mann, dem jeder Groschen aus seines Herrn Tasche wie ein Blutstropfen vom Herzen fällt, aber ein Spekulant sonder gleichen, der mit allem, was als unbrauchbar verdammt ist: Lumpen, Knochen, verlöschten Kohlen, rostigen Nägeln, den weißen Blättern an verworfenen Briefen, Handel treibt und sich im Verlauf von dreißig Jahren ein hübsches rundes Sümmchen aus dem Kehricht gewühlt haben soll. Seine Kammer ist niemanden zugänglich als seinen Handelsfreunden und dem Neffen Wilhelm; er fegt sie selber, macht sein Bett selber, die reine Wäsche muß ihm ans Türschloß gehängt werden. *Nitimur in vetitum,* ich wagte einen Sturm, nahte mich höflich und bat um ein paar geschnittene Federn; — er wurde doch blutrot und zog sich wie ein Krebs der Türe zu, um seine Hinterseite zu verbergen — ich ihm nach und ließ ihm nur so weit den Vortritt, daß ihm gelingen konnte, in seinen grauen Flaus zu fahren; dann stand ich vor ihm, er sah mich an mit einem Blick des Entsetzens, wie weiland der Hohepriester ihn auf den Tempelschänder, der ins Allerheiligste drang, mag geschleudert haben, deckte hastig eine baumwollene Schlafmütze über ein Etwas in der babylonischen Verwirrung seines Tisches, suchte nach einem Federbunde, dann, in verdrießlicher Eile, nach einem Federmesser — es war nicht da — er mußte sich entschließen, in einen Alkoven zu treten, ich warf schnell meine Augen umher — das ganze weite Zimmer war wie mit Maulwurfshügeln bedeckt, durch die ein Labyrinth von Pfaden führte, saubere Knöchelchen für die Drechsler, Lumpen für die Papiermühle, altes Eisen, auf dem Tische leere Nadelbriefe, schon zur Hälfte wieder gefüllt mit Stecknadeln, denen man es ansah, daß sie gerade gebogen und neu angeschliffen waren; ich hörte ihn einen Schrank öffnen und hob leise den Zipfel der blauen Mütze, — beschriebene Hefte in den verschiedensten Formaten, offenbar »Memoiren«: »Heute hat der lutherische Herr wieder eine ganze Flasche Franzwein getrunken, das Faß à 48 Taler ist fast leer«, ich stand steif wie eine Schildwache; denn Herr Friese trat herein, und ich machte mich dann bald davon, so triumphierend wie ein begossener Hund; — guter Vetter, wird dir deine Freundlichkeit so schändlich kontrolliert!

Ich habe den Friese nie leiden können; obendrein ist er ein alter Narr, der sich von der Zofe Katharina, einem schlauen lustigen Mädchen und der gnädigen Frauen Liebling, aufs albernste hänseln läßt. Diese junge Rheinländerin stiftet überhaupt einen greulichen Brand im Schlosse an; drei westfälische Herzen seufzen ihretwegen wie Öfen. Zuerst des Herrn geliebter Johann [von ihr nur Jan Fiedel genannt], der mit ihm eigens zum Kammerdiener erzogen worden ist, — recht artig die Geige mit dem jungen Everwin streicht und in seinen graumelierten mit Talg hintenüber gestrichenen Haarresten, die in einem ausgemergelten Zöpfchen enden, genau einem geschundenen Hasen gleichsieht. — Dann ein Paderbornischer Schlingel, derselbe, der mich zuerst am Wagen begrüßte, ein schlauer, nichtsnutziger Bursch, der sich durch tausend Foppereien an seinen Gesellen für die Langeweile, die sie ihm machen, schadlos hält — den Herrn beschwätzt er zu allem, wie er will, und ist ihm erst vor kurzem etwas fatal geworden, seit er der Köchin, einer armen gichtischen Person, drei bunte Fäden als sympathetisches Mittel gab, mit dem Zusatze — es wirke nur, wenn sie täglich einen Korb voll Holz vor des Herrn Zimmer trage [bis dahin sein Amt!]. Der Spaß kam aus, und der Herr war sehr ungehalten über diese Grausamkeit seines Johanns; doch meine ich, daß er ihn seitdem auch sonst mit mißtrauischen Blicken betrachtet; denn, wie der Herr sagt, »dergleichen Dinge sind nicht ganz zu lachen, man trifft im Paderbornischen seltsame Beispiele an.«

BILDER AUS WESTFALEN

[1842]

Erstes Kapitel

Die Physiognomie des Landes Paderborn, Münster, der Grafschaft Mark und des Herzogtums Westfalen

Wenn wir von Westfalen reden, so begreifen wir darunter einen großen, sehr verschiedenen Landstrich, verschieden nicht nur den weit auseinander liegenden Stammwurzeln seiner Bevölkerung nach, sondern auch in allem, was die Physiognomie des Landes bildet oder wesentlich darauf zurückwirkt, in Klima, Naturform, Erwerbsquellen und, als Folge dessen, in Kultur, Sitten, Charakter und selbst Körperbildung seiner Bewohner: daher möchten wohl wenige Teile unsers Deutschlands einer so vielseitigen Beleuchtung bedürfen.

Zwar gibt es ein Element, das dem ganzen, mit Ausnahme einiger kleinen Grenzprovinzen, für den oberflächlichen Beobachter einen Anhauch von Gleichförmigkeit verleiht, ich meine das des gleichen [katholischen] Religionskultus und des gleichen früheren Lebens unter den Krummstäben, was in seiner festen Form und gänzlicher Beschränkung auf die nächsten Zustände immer dem Volkscharakter und selbst der Natur einen Charakter von bald beschaulicher, bald in sich selbst arbeitender Abgeschlossenheit gibt, den wohl erst eine lange Reihe von Jahren und die Folge mehrerer, unter fremden Einflüssen herangebildeter Generationen völlig verwischen dürften. Das schärfere Auge wird indessen sehr bald von Abstufungen angezogen, die in ihren Endpunkten sich fast zum Kontraste steigern, und bei der noch großenteils erhaltenen Volkstümlichkeit dem Lande ein Interesse zuwenden, was ein vielleicht besserer, aber zerflossener Zustand nicht erregen könnte. — Gebirg und Fläche scheinen auch hier, wie überall, die schärferen Grenzlinien bezeichnen zu wollen; doch haben, was das Volk betrifft, Umstände die gewöhnliche Folgenreihe gestört, und statt aus dem flachen, heidigen Münsterlande durch die hügelige Grafschaft Mark und das Bistum Paderborn, bis in die dem Hochgebirge nahestehenden Bergkegel des Sauerlandes [Herzogtum Westfalen] sich der Natur nachzumetamorphosieren, bildet hier vielmehr der Sauerländer den Übergang vom friedlichen Heidebewohner zum wilden, fast südlich durchglühten Insassen des Teutoburger Waldes. — Doch lassen wir dieses beiläufig beiseite und fassen die Landschaft ins Auge, unabhängig von ihren Bewohnern, insofern die Einwirkung derselben [durch Kultur usw.] auf deren äußere Form dieses erlaubt.

Wir haben bei Wesel die Ufer des Niederrheins verlassen und nähern uns durch das, auf der Karte mit Unrecht Westfalen zugezählte, noch echt rheinische Herzogtum Kleve, den Grenzen jenes Landes. Das allmähliche Verlöschen des Grüns und der Betriebsamkeit, das Zunehmen der glänzenden Sanddünen und einer gewissen lauen, träumerischen Atmosphäre, sowie die aus den seltenen Hütten immer blonder und weicher hervorschauenden Kindergesichter sagen uns, daß wir sie überschritten haben, — wir sind in den Grenzstrichen des Bistums Münster. — Eine trostlose Gegend! unabsehbare Sandflächen, nur am Horizonte hier und dort von kleinen Waldungen und einzelnen Baumgruppen unterbrochen. — Die von Seewinden geschwängerte Luft scheint nur im Schlafe aufzuzucken. — Bei jedem Hauche geht ein zartes, dem Rauschen der Fichten ähnliches Geriesel über die Fläche und säet den Sandkies in glühenden Streifen bis an die nächste Düne, wo der Hirt in halb somnambuler Beschaulichkeit seine Socken strickt und sich so wenig um uns kümmert als sein gleichfalls somnambuler Hund und seine Heidschnucken. — Schwärme badender Krähen liegen quer über den Pfad und flattern erst auf, wenn wir sie fast greifen könnten, um einige Schritte seitwärts wieder niederzufallen und uns im Vorübergehen mit einem weissagenden Auge, »*oculo torvo sinistroque*« zu betrachten. — Aus den einzelnen Wacholderbüschen dringt das klagende, mövenartige Geschrill der jungen Kiebitze, die wie Tauchervögel im Schilf in ihrem stachlichten Asyle umschlüpfen, und bald hier, bald drüben ihre Federbüschel hervorstrecken. — Dann noch etwa jede Meile eine Hütte, vor deren Tür ein paar Kinder sich im Sande wälzen und Käfer fangen, und allenfalls ein wandernder Naturforscher, der neben seinem überfüllten Tornister kniet und lächelnd die zierlich versteinerten Muscheln und Seeigel betrachtet, die wie Modelle einer frühern Schöpfung hier überall verstreut liegen — und wir haben alles genannt, was eine lange Tagereise hindurch eine Gegend belebt, die keine andre Poesie aufzuweisen hat als die einer fast jungfräulichen Einsamkeit und einer weichen, traumhaften Beleuchtung, in der sich die Flügel der Phantasie unwillkürlich entfalten. — Allmählich bereiten sich indessen freundlichere Bilder vor, zerstreute Grasflächen in den Niederungen, häufigere und frischere Baumgruppen begrüßen uns als Vorposten nahender Fruchtbarkeit, und bald befinden wir uns in dem Herzen des Münsterlandes, in einer Gegend, die so anmutig ist, wie der gänzliche Mangel an Gebirgen, Felsen und belebten Strömen dieses nur immer gestattet, und die wie eine große Oase in dem sie von allen Seiten, nach Holland, Oldenburg, Kleve zu, umstäubenden Sandmeer liegt. — In hohem Grade friedlich, hat sie doch nichts von dem Charakter der Einöde; vielmehr mögen wenige Landschaften so voll Grün, Nachtigallenschlag und Blumenflor angetroffen werden, und der aus minder feuchten Gegenden Einwandernde wird fast betäubt vom Geschmetter der zahllosen Singvögel, die ihre Nahrung in dem weichen Kleiboden finden. — Die wüsten Steppen haben sich in mäßige, mit einer Heidenblumendecke farbig überhauchte Weidestrecken zusammengezogen, aus denen jeder Schritt Schwärme blauer, gelber und milchweißer Schmetterlinge aufstäuben läßt. — Fast jeder dieser Weidegründe enthält einen Wasserspiegel, von Schwertlilien umkränzt, an denen Tausende kleiner Libellen wie bunte Stäbchen hängen, während die der größeren Art bis auf die Mitte des Weihers schnurren, wo sie in die Blätter der gelben Nymphäen wie goldene Schmucknadeln in emaillierte Schalen niederfallen und dort auf die Wasserinsekten lauern, von denen sie sich nähren. — Das Ganze umkränzen kleine, aber zahlreiche Waldungen. — Alles Laubholz, und namentlich ein Eichenbestand von tadelloser Schönheit, der die holländische Marine mit Masten versieht — in jedem Baume ein Nest, auf jedem Aste ein lustiger Vogel und überall eine Frische des Grüns und ein Blätterduft, wie dieses anderwärts nur nach einem Frühlingsregen der Fall ist. — Unter den Zweigen lauschen die Wohnungen hervor, die, langgestreckt, mit tief niederragendem Dache, im Schatten Mittagsruhe zu halten und mit halbgeschlossenem Auge nach den Rindern zu schauen scheinen, welche, hellfarbig und gescheckt, wie eine Damwildherde sich gegen das Grün des Waldbodens oder den blassen Horizont abzeichnen und in wechselnden Gruppen durcheinander schieben, da diese Heiden immer Almenden sind und jede wenigstens sechzig Stück Hornvieh und darüber enthält. — Was nicht Wald und Heide ist, ist Kamp, das ist Privateigentum, zu Acker und Wiesengrund benützt und, um die Beschwerde des Hütens zu vermeiden, je nach dem Umfange des Besitzes oder der Bestimmung, mit einem hohen, von Laubholz überflatterten Erdwalle umhegt. — Dieses begreift die fruchtbarsten Grundstrecken der Gemeinde, und man trifft gewöhnlich lange Reihen solcher Kämpe nach- und nebeneinander, durch Stege und Pförtchen verbunden, die man mit jeder angenehmen Neugier betritt, mit der man die Zimmer eines dachlosen Hauses durchwandelt. Wirklich geben auch vorzüglich die Wiesen einen äußerst heitern Anblick durch die Fülle und Mannigfaltigkeit der Blumen und Kräuter, in denen die Elite der Viehzucht, schwere ostfriesische Rasse, übersättigt wiederkaut und den Vorübergehenden so träge und hochmütig anschnaubt, wie es nur der Wohlhäbigkeit auf vier Beinen erlaubt ist. Gräben und Teiche durchschneiden auch hier, wie überall, das Terrain und würden, wie alles stehende Gewässer, widrig sein, wenn nicht eine weiße, von Vergißmeinnicht überwucherte Blütendecke und der aromatische Duft des Minzkrautes dem überwiegend entgegen wirkten; auch die Ufer der träg schleichenden Flüsse sind mit dieser Zierde versehen und mildern so das Unbehagen, das ein schläfriger Fluß immer erzeugt. — Kurz, diese Gegend bietet eine lebhafte Einsamkeit, ein fröhliches Alleinsein mit der Natur, wie wir es anderwärts noch nicht angetroffen. — Dörfer trifft man alle Stunde Weges höchstens eines, und die zerstreuten Höfe liegen so versteckt hinter Wallhecken und Bäumen, daß nur ein ferner Hahnenschrei oder ein aus seiner Laubperücke winkender Heiligenschein sie dir andeutet und du dich allein glaubst mit Gras und Vögeln, wie am vierten Tage der Schöpfung, bis ein langsames »Hott« oder »Haar« hinter der nächsten Hecke dich aus dem Traume weckt oder ein grellanschlagender Hofhund dich auf den Dachstreifen aufmerksam macht, der sich gerade neben dir wie ein liegender Balken durch das Gestripp des Erdwalls zeichnet. — So war die Physiognomie des Landes bis heute, und so wird es nach vierzig Jahren nimmer sein. — Bevölkerung und Luxus wachsen sichtlich, mit ihnen Bedürfnisse und Industrie. Die kleinern malerischen Heiden werden geteilt; die Kultur des langsam wachsenden Laubwaldes wird vernachlässigt, um sich im Nadelholze einen schnelleren Ertrag zu sichern, und bald werden auch hier Fichtenwälder und endlose Getreideseen den Charakter der Landschaft teilweise umgestaltet haben, wie auch ihre Bewohner von den uralten Sitten und Gebräuchen mehr und mehr ablassen; fassen wir deshalb das Vorhandene noch zuletzt in seiner Eigentümlichkeit auf, ehe die schlüpferige Decke, die allmählich Europa überfließt, auch diesen stillen Erdwinkel überleimt hat!

Wir haben diesen Raum des Münsterlandes eine Oase genannt, so sind es auch wieder Steppen, Sand- und Fichtenöden, die uns durch Paderborn, die ehemalige Residenz- und Grenzstadt, in das Bistum gleichen Namens führen, wo die Ebene allmählich zu Hügeln anschwillt, von denen jedoch die höchsten — der jenseitigen Grenze zu — die Höhe eines mäßigen Berges nicht übersteigen. — Hier ist die Physiognomie des Landes bei weitem nicht so anziehend wie die seiner Bewohner, sondern ein ziemlich reizloser Übergang von der Fläche zum Gebirge, ohne die Milde der ersteren oder die Großartigkeit des letzteren, — unabsehbare Getreidefelder, sich über Tal und Höhen ziehend, welche die Fruchtbarkeit des Bodens bezeugen, aber das Auge ermüden, — Quellen und kleine Flüsse, die recht munter laufen, aber gänzlich ohne Geräusch und die phantastischen Sprünge der Bergwässer, — steinichter Grund, der, wo man nur den Spaten einstößt, treffliches Baumaterial liefert, aber nirgends eine Klippenwand vorstreckt, außer der künstlichen des Steinbruchs, — niedere Berge von gewöhnlicher Form, unter denen nur die bewaldeten auf einige Anmut Anspruch machen können, bilden zusammen ein wenig hervorstechendes Ganze. — Selbst der klassische Teutoburger Wald, das einzige, zwar nicht durch Höhe, aber durch seine Ausdehnung und mitunter malerischen Formen imposante Waldgebirge, ist in neueren Zeiten so durchlichtet und nach der Schnur beforstet worden, daß wir nur mit Hülfe der roten [eisenhaltigen] Erde, die fortwährend unter unsern Tritten knistert, sowie der unzähligen fliegenden Leuchtwürmchen, die hier in Sommernächten an jeden Zweig ihr Laternchen hängen, und einer regen Phantasie von »Stein, Gras und Grein« träumen können. — Doch fehlt es dem Lande nicht an einzelnen Punkten, wo das Zusammentreffen vieler kleiner Schönheiten wirklich reizende Partien hervorbringt, an hübschen grünen Talschluchten zum Beispiel, von Quellen durchrieselt, wo es sich recht anmutig und sogar ein wenig schwindelnd durch die schlanken Stämme bergauf schauen läßt; liegt nun etwa noch ein Schlößchen droben und gegenüber ein Steinbruch, der fürs Auge so ziemlich die Klippen ersetzt, so wird der wandernde Maler gewiß sein Album hervorlangen, und der benachbarte Flachländer kehrt von seiner Ferienreise mit Stoff zu langen Erzählungen und Nachentzückungen heim; — ein Dorf am Fuße des Berges kann übrigens das Bild nur verderben, da das Bistum Paderborn hiervon ausgemacht die elendesten und rauchigsten Exemplare Westfalens aufzuweisen hat, ein Umstand, zu dem Übervölkerung und Leichtsinn der Einwohner zu gleichen Teilen beitragen.

Haben wir die paderbornsche Grenze — gleichviel ob zur Rechten oder zur Linken — überschritten, so beginnt der hochromantische Teil Westfalens, rechts das geistliche Fürstentum Corvey, links die Grafschaft Mark; ersteres die mit Recht berühmten Weserlandschaften, das andere die gleich schönen Ruhr- und Lenne-Ufer umschließend. — Diese beiden Provinzen zeigen, obwohl der Lage nach getrennt, eine große Verwandtschaft der Natur, nur daß die eine durch segelnde Fahrzeuge, die andere durch das Pochen der Hämmer und Gewerke belebt wird; beide sind gleich lachend und fruchtbar, mit gleich wellenförmigen, üppig belaubten Bergrücken geschmückt, in die sich nach und nach kühnere Formen und Klippenwände drängen, bis die Weserlandschaft, wie eine Schönheit, die ihren Scheitelpunkt erreicht hat, allmählich wieder einsinkt und gleichsam abwelkt, während von der Ruhr aus immer kühnere Gebirgsformen in das Herz des Sauerlandes dringen und sich durch die höchste romantische Wildheit bis zur Öde steigern. Daß die vielbesprochene Porta Westfalica nur einen geringen Beitrag zu jener Bilderreihe steuert und nur den letzten zweifelhaften *beau jour* der bereits verblichenen Weserschönheit ausmacht, ist schon öfters gesagt worden; desto reizender ist der Strombord in seinem Knospen, Erblühen und Reifen, das Corveyer Ländchen und die anschließenden Striche entlang bis zur kurhessischen Grenze: so sanfte Berghänge und verschwimmende Gründe, wo Wasser und Land sich zu haschen und einander mit ihrer Frische anzuhauchen scheinen; so angenehme Kornfluren im Wechsel mit Wiese und Wald; so kokette Windungen des Stroms, daß wir in einem Garten zu wandeln glauben. — Immer mannigfaltiger wird die Landschaft, immer reicher schattiert von Laub- und Nadelholz, scharfen und wellenschlagenden Linien. — Hinter dem alten Schlosse Wehern und der Türkenruine hebt der Wildberg aus luftigen Hügeln, die ihn wie vom Spiel ermüdete Kinder umlagern, seinen stachlichten Sargrücken und scheint nur dem Katthagenberg gegenüber, der ihn wie das Knochengebäude eines vorweltlichen Ungeheuers aus roten Augenhöhlen anstarrt, seiner Beachtung wert zu halten. — Von hier an beginnen die Ufer steil zu werden, mit jeder Viertelstunde steiler, hohler und felsiger, und bald sehen wir von einer stundenlangen, mit Mauern und Geländern eingehegten

Klippe die Schiffe unter uns gleiten, klein wie Kinderspielzeug, und hören den Ruf der Schiffer, dünn wie Möwengeschrei, während hoch über uns von der Felsterrasse junge Laubzweige niederwinken, wie die Hände schöner Frauen von Burgzinnen. — Bei dem neuantiken Schlosse Herstelle hat die Landschaft ihren Höhepunkt erreicht und geht, nach einer reichen Aussicht die Weser entlang und einem schwindelnden Niederblicke auf das hessische Grenzstädtchen Karlshafen, der Verflachung und überall dem Verfall entgegen.

Diesen ähnliche Bilder bietet die Grafschaft Mark, von gleicher teils sanfter, teils kräftiger auftretenden Romantik, und durch die gleichen Mittel. — Doch ist die Landschaft hier belebter, reicher an Quellengeräusch und Echo, die Flüsse kleiner und rascher, und statt Segel bei uns vorbeigleiten zu lassen, schreiten wir selbst an schäumenden Wehren und Mühlrädern vorüber und hören schon weit her das Pochen der Gewerke, denn wir sind in einem Fabriklande. — Auch ist die Gegend anfangs, von der Nähe des Münsterlandes angehaucht, noch milder, die Täler träumerischer und tritt dagegen, wo sie sich dem eigentlichen Sauerlande nähert, schon kühner auf als die Weser. — Das »Felsenmeer« unweit Menden zum Beispiel, — ein Tal, wo Riesen mit wüsten Felswürfeln gespielt zu haben scheinen — und die Bergschlucht unter der Schloßruine und der bekannten Tropfsteinhöhle Klusenstein dürfen ungezweifelt einen ehrenvollen Platz im Gebiete des Wildromantischen ansprechen; sonderlich das letzte und eben diese starr gegeneinander rückenden Felswände, an denen sich der kaum fußbreite Ziegenpfad windet — oben das alte Gemäuer, in der Mitte der schwarze Höllenschlund, unten im Kessel das Getöse und Geschäum der Mühle, zu der man nur vermittelst Planken und Stege gelangt, und wo es immer dämmert — sollen dem weiland vielgelesenen Spies den Rahmen zu einem seiner schlimmsten Schauerromane [ich glaube die Teufelsmühle im Höllental] geliefert haben. — Doch sind dieses Ausnahmen, die Landschaften durchgängig sanft, und würden, ohne die industrielle Regsamkeit ihrer Bewohner, entschieden träumerisch sein. — Sobald wir die Fläche überschritten, verliert sich indessen das Milde mehr und mehr, und bald begegnet es uns nur noch in einzelnen, gleichsam verirrten Partien, die uns jetzt durch ihre Seltenheit so überraschend anregen, wie früher die kühneren Formen, von denen wir fortan durch tagelange Wanderungen fast übersättigt werden. — Der Sauerländer rühmt sich eines glorreichen Ursprungs seiner Benennung — dieses ist mir ein saures Land geworden, soll Karl der Große gesagt haben — und wirklich, wenn wir uns durch die mit Felsblöcken halb verrammelten Schluchten des Binnenlandes winden, unter Wänden her, deren Unersteiglichkeit wir mit schwindelndem Auge messen, und aus denen sich kolossale Balkone strecken, breit und fest genug, eine wilde Berghorde zu tragen, so zweifeln wir nicht an der Wahrheit dieses Worts, mag es nun gesagt sein oder nicht. — Das Gebirge ist wasserreich und in den Talschlünden das Getöse der niederrauschenden und brodelnden Quellen fast betäubend, wogegen der Vogelgesang in den überhandnehmenden Fichtenwaldungen mehr und mehr erstirbt, bis wir zuletzt nur Geier und Habichte die Felszacken umkreisen sehen und ihre grellen Diebspfeifen sich hoch in der Luft antworten hören. — Überall starren uns die schwarzen Eingänge der Stollen, Spalten und Stalaktitenhöhlen entgegen, deren Senkungen noch zum Teil nicht ergründet sind, und an die sich Sagen von Wegelagerern, Berggeistern und verhungerten Verirrten knüpfen. — Das Ganze steht den wildesten Gegenden des Schwarzwaldes nicht nach, — sonderlich, wenn es zu dunkeln beginnt, gehört viel kaltes Blut dazu, um sich eines mindestens poetischen Schauers zu erwehren, wenn das Volk der Eulen und Schuhue in den Spalten lebendig wird und das Echo ihr Gewimmer von Wand zu Wand laufen läßt, und wenn die Hochöfen wie glühende Rachen aus den Schluchten gähnen, wirre Funkensäulen über sich aufblasen und Baum und Gestein umher mit rotem Brandscheine überzittern. — In diesem Stile nimmt die Landschaft immer an Wildheit zu, zuletzt Klippen bietend — auf denen man schon verirrte Ziegen hat tagelang umherschwanken sehen — bis die Zackenform der Berge allmählich kahlen Kegeln weicht, an denen noch wohl im hohen Mai Schneeflecke lagern, der Baumwuchs fast gänzlich eingeht und endlich bei »Winterberg« die Gegend nur noch das Bild trostloser Öde beut, — kahle Zuckerhutformen, an denen hier und dort ein Fleckchen magerer Hafersaat mehr gilbt als grünt.

Zweites Kapitel

Handelsgeist im Sauerland. — Wilde Poesie in Paderborn. — Die Barackenbewohner. — Ihre Ehen. — Die Branntweinpest. — Sittenverderbnis. — Alte Gebräuche. — Aberglauben. — Besprechungen. — Rauflust. — Eine Gerichtsszene.

Wir haben im vorgehenden den Charakter der Eingebornen bereits flüchtig angedeutet und gesagt, daß, dem gewöhnlichen Einflusse der Natur auf ihre Zöglinge entgegen, am verhältnismäßig in einem zahmen Lande aufgenährten Paderbörner der Stempel des Bergbewohners, sowohl moralisch als körperlich, weit entschiedener hervortritt, als an dem durch seine Umgebung weit mehr dazu berechtigten Sauerländer. — Der Grund liegt nahe: in den Handelsverhältnissen des letzteren, die seine Heimat dem Fremden öffnen und ihn selbst der Fremde zutreiben, wo unter kaufmännischer Kultur die Sitten, durch auswärtige Heiraten das Blut seines Stammes sich täglich mehr verdünnen, und wir müssen uns eher über die Kraft einer Ader wundern, die, von so vielen Quellen verwässert, doch noch durchgängig einen scharfen festen Strich zeichnet, wie der Rhein durch den Bodensee. — Der Sauerländer ist ungemein groß und wohlgebaut, vielleicht der größte Menschenschlag in Deutschland, aber von wenig geschmeidigen Formen; kolossale Körperkraft ist bei ihm gewöhnlicher, als Behendigkeit anzutreffen. Seine Züge, obwohl etwas breit und verflacht, sind sehr angenehm, und bei vorherrschend lichtbraunem oder blondem Haare haben doch seine langbewimperten blauen Augen alle den Glanz und den dunkeln Blick der schwarzen. — Seine Physiognomie ist kühn und offen, sein Anstand ungezwungen, so daß man geneigt ist, ihn für ein argloseres Naturkind zu halten als irgend einen seiner Mitwestfalen; dennoch ist nicht leicht ein Sauerländer ohne einen starken Zusatz von Schlauheit, Verschlossenheit und praktischer Verstandesschärfe, und selbst der sonst Beschränkteste unter ihnen wird gegen den gescheitesten Münsterländer fast immer praktisch im Vorteil stehen. — Er ist sehr entschlossen, stößt sich dann nicht an Kleinigkeiten und scheint eher zum Handel und gutem Fortkommen geboren, als dadurch und dazu herangebildet. — Seine Neigungen sind heftig, aber wechselnd, und so wenig er sie jemands Wunsch zuliebe aufgibt, so leicht entschließt er sich aus eigener Einsicht oder Grille hierzu. — Er ist ein rastloser und zumeist glücklicher Spekulant, vom reichen Fabrikherrn, der mit vieren fährt, bis zum abgerissenen Herumstreifer, der »Kirschen für Lumpen« ausbietet; und hier findet sich der einzige Adel Westfalens, der sich durch Eisenhämmer, Papiermühlen und Salzwerke dem Kaufmannsstande anschließt. — Obwohl der Konfession nach katholisch, ist das Fabrikvolk doch an vielen Orten bis zur Gleichgültigkeit lau und lacht nur zu oft über die Scharen frommer Wallfahrter, die vor seinen Gnadenbildern betäubt und keuchend ihre Litaneien absingen, und an denen ihm der Klang des Geldes, das sie einführen, bei weitem die verdienstvollste Musik scheint. — Übrigens besitzt der Sauerländer manche anziehende Seite; er ist mutig, besonnen, von scharfem, aber kühlen Verstande; obwohl im allgemeinen berechnend, doch aus Ehrgefühl bedeutender Aufopferungen fähig; und selbst der Geringste besitzt einen Anflug ritterlicher Galanterie und einen naiven Humor, der seine Unterhaltung äußerst angenehm für denjenigen macht, dessen Ohren nicht allzu zart sind. — Daß in einem Lande, wo drei Viertel der Bevölkerung, Mann, Weib und Kind, ihren Tag unter fremdem Dache [in den Fabrikstuben] zubringen oder auf Handelsfüßen das Land durchziehen, die häuslichen Verhältnisse sehr locker, gewissermaßen unbedeutend sind, begreift sich wohl; so wie aus dem Gesagten hervorgeht, daß nicht hier der Hort der Träume und Märchen, der charakteristischen Sitten und Gebräuche zu suchen ist; denn obwohl die Sage manche Kluft und unheimliche Höhle mit Berggeistern und den Gespenstern Ermordeter oder in den Irrgängen Verschmachteter bevölkert hat, so lacht doch jedes Kind darüber, und nur der minder beherzte oder phantasiereichere Reisende fährt zusammen, wenn ihm in dem schwarzen Schlunde etwa eine Eule entgegenwimmert oder ein kalter Tropfen von den Steinzapfen in seinen Nacken rieselt. — Kurz, der Sohn der Industrie besitzt vom Bergbewohner nur die eiserne Gesundheit, Körperkraft und Entschlossenheit, aber ohne den romantischen Anflug und die Phantasie, welche sich an großartigen Umgebungen zu entwickeln pflegen, — er liebt sein Land, ohne dessen Charakter herauszufühlen; er liebt seine Berge, weil sie Eisen und freien Atemzug, seine Felsen, weil sie vortreffliches Material und Fernsichten, seine rauschenden Wasserfälle, weil sie den Fabrikrädern rascheren Umschwung geben, und das Ganze endlich, weil es eben seine Heimat und in dessen Luft ihm am wohlsten ist. — Seine Festlichkeiten sind nach den Umständen des Gastgebers den städtischen möglichst nachgebildet; seine Trachten desgleichen. — Alles wie anderwärts, — staubende Chausseen mit Frachtwagen und Einspännern bedeckt — Wirtshäuser mit Kellnern und gedruckten Speisezetteln, — einzelne Dörfer im tiefsten Gebirge sind noch strohdachig und verfallen genug, die meisten jedoch, nett wie alle Fabrikorte, erhalten allein durch die schwarze Schieferbekleidung und die mit Steinplatten beschwerten Dächer, die man hier der Rauhigkeit des Klimas entgegensetzen muß, einen schwachen Anstrich von Ländlichkeit, und nur die Kohlenbrenner in den Waldungen, die bleichen Hammerschmiede vor ihren Höllenfeuern und die an den Stollen mit Lederschurz und blitzendem Bleierz auf ihrem Kärrchen aus- und einfahrenden Bergknappen geben der Landschaft hier und dort eine passende Staffage.

Anders ist es im Hochstifte Paderborn, wo der Mensch eine Art wilder Poesie in die sonst ziemlich nüchterne Umgebung bringt und uns in die Abruzzen versetzen würde, wenn wir Phantasie genug hätten, jene Gewitterwolke für ein mächtiges Gebirge, jenen Steinbruch für eine Klippe zu halten. — Nicht groß von Gestalt, hager und sehnig, mit scharfen, schlauen, tiefgebräunten und vor der Zeit von Mühsal und Leidenschaft durchfurchten Zügen, fehlt dem Paderbörner nur das brandschwarze Haar zu einem entschieden südlichen Aussehen. — Die Männer sind oft hübsch und immer malerisch, die Frauen haben das Schicksal der Südländerinnen, eine frühe üppige Blüte und ein frühes, zigeunerhaftes Alter. — Nirgends gibt es so rauchige Dörfer, so dachlückige Hüttchen, als hier, wo ein ungestümes Temperament einen starken Teil der Bevölkerung übereilten Heiraten zuführt, ohne ein anderes Kapital, als vier Arme und ein Dutzend zusammengebettelter und zusammengesuchter Balken, aus denen dann eine Art von Koben zusammengesetzt wird, eben groß genug für die Herdstelle, das Ehebett und allenfalls einen Verschlag, der den stolzen Namen Stube führt, in der Tat aber nur ein ungewöhnlich breiter und hoher Kasten mit einem oder zwei Fenstergläsern ist. — Besitzt das junge Paar Fleiß und Ausdauer, so mögen nach und nach einige Verschläge angezimmert werden; hat es ungewöhnlichen Fleiß und Glück zugleich, so dürfte endlich eine bescheidene Menschenwohnung entstehen, häufig aber lassen Armut und Nachlässigkeit es nicht hierzu kommen, und wir selbst sahen einen bejahrten Mann, dessen Gelaß zu kurz war, um ausgestreckt darin zu schlafen, seine Beine ein gutes Ende in die Straße recken. — Selbst der Roheste ist schlau und zu allen Dingen geschickt, weiß jedoch selten nachhaltigen Vorteil daraus zu ziehen, da er sein Talent gar oft in kleinen Pfiffigkeiten, deren Ertrag er sofort vergeudet, erschöpft und sich dem Einflusse von Winkeladvokaten hingibt, die ihm über jeden Zaunpfahl einen Prozeß einfädeln, der ihn völlig aussaugt, fast immer zur Auspfändung und häufig von Haus und Hof bringt. — Große Not treibt ihn zu großen Anstrengungen, aber nur bis das dringendste Bedürfnis gestillt ist, — jeder erübrigte Groschen, den der Münsterländer sorglich zurücklegen, der Sauerländer in irgendein Geschäft stecken würde, wird hier am liebsten von dem Kind der Armut sofort dem Wirte und Kleinhändler zugetragen, und die Schenken sind meist gefüllt mit Glückseligen, die sich einen oder ein paar blaue Montage machen, um nachher wieder auf die alte Weise fortzuhungern und zu taglöhnern. — So verleben leider viele, obwohl in einem fruchtbaren Lande und mit allen Naturgaben ausgerüstet, die sonst in der Welt voran bringen, ihre Jugend in Armut und gehen einem elenden Alter am Bettelstabe entgegen. — In seiner Verwahrlosung dem Aberglauben zugeneigt, glaubt der Unglückliche sehr fromm zu sein, während er seinem Gewissen die ungebührlichsten Ausdehnungen zumutet. — Wirklich stehen auch manche Pflichten seinen mit der Muttermilch eingesogenen Ansichten vom eigenen Rechte zu sehr entgegen, als daß er sie je begreifen sollte — jene gegen den Gutsherrn zum Beispiel, den er nach seinem Naturrecht gern als einen Erbfeind oder Usurpator des eigentlich *ihm* zuständigen Bodens betrachtet, dem ein echtes Landeskind nur aus List, um der guten Sache willen, schmeichle und übrigens Abbruch tun müsse, wo es immer könne. — Noch empörender scheinen ihm die

Forst- und Jagdgesetze, da ja »unser Herrgott das Holz von selbst wachsen läßt, und das Wild aus einem Lande in das andere wechselt«. — Mit diesem Spruche im Munde glaubt der Frevelnde sich völlig berechtigt, jeden Förster, der ihn *in flagranti* überrascht, mit Schnupftabak zu blenden und, wie er kann, mit ihm fertig zu werden. — Die Gutsbesitzer sind deshalb zu einem erschöpfenden Aufwande an Forstbeamten gezwungen, die den ganzen Tag und manche Nacht durchpatrouillieren und doch die massivsten Forstfrevel, zum Beispiel das Niederschlagen ganzer Waldstrecken in einer Nacht, nicht immer verhindern können. — Hier scheitern alle Anstrengungen der sehr ehrenwerten Geistlichkeit, und selbst die Versagung der Absolution im Beichtstuhle verliert ihre Kraft, wie bei dem Korsen, wenn es eine Vendetta gilt. — Noch vor dreißig Jahren war es etwas sehr Gewöhnliches, beim Mondscheine langen Wagenreihen zu begegnen, neben denen dreißig bis vierzig Männer hertrabten, das Beil auf der Schulter, den Ausdruck lauernder Entschlossenheit in den gebräunten Zügen, und der nächste Morgen brachte dann gewiß — je nachdem sie mit den Förstern zusammengetroffen oder ihnen glücklich ausgewichen waren — die Geschichte eines blutigen Kampfes oder eines grandiosen Waldfrevels. — Die Überwachung der preußischen Regierung hat allerdings dieser Öffentlichkeit ein Ziel gesetzt, jedoch ohne bedeutende Resultate in der Sache selbst, da die Frevler jetzt durch List ersetzen, was sie an Macht einbüßen, und es ist leider eine Tatsache, daß die Holzbedürftigen, sogar Beamte, von Leuten, denen doch, wie sie ganz wohl wissen, kein rechtlicher Splitter eigen ist, ihren Bedarf so ruhig nehmen, wie allerorts Strandbewohner ihren Kaffee und Zucker von den Schmugglern zu nehmen pflegen. — Daß auch dieser letztere Erwerbszweig hier dem Charakter des Besitzlosen zu sehr zusagt, als daß er ihn vernachlässigen sollte, selbst wenn die mehrstündige Entfernung der Grenze ihn mühsam, gefahrvoll und wenig einträglich zugleich macht, läßt sich wohl voraussetzen, und fast bis im Herzen des Landes sehen wir bei abendlichen Spaziergängen kleine Truppen von fünfen oder sechsen hastig und ohne Gruß an uns vorüber der Wesergegend zustapfen und können sie in der Morgendämmerung mit kleinen Bündeln, schweißtriefend und nicht selten mit verbundenem Kopfe oder Arme, wieder in ihre Baracken schlüpfen sehen. Zuweilen folgen die Zollbeamten ihnen stundenweit; die Dörfer des Binnenlandes werden durch nächtliche Schüsse und wüstes Geschrei aufgeschreckt, — am nächsten Morgen zeigen Gänge durchs Kornfeld, in welcher Richtung die Schmuggler geflohen; zerstampfte Flächen, wo sie sich mit den Zöllnern gepackt haben, und ein halbes Dutzend Taglöhner läßt sich bei seinem Dienstherrn krank melden. — Ihre Ehen, meist aus Leidenschaft und mit gänzlicher Rücksichtslosigkeit auf äußere Vorteile geschlossen, würden anderwärts für höchst unglücklich gelten, da kaum eine Barackenbewohnerin ihr Leben beschließt, ohne Bekanntschaft mit dem sogenannten »braunen Heinrich«, dem Stocke nämlich, gemacht zu haben. Sie aber finden es »ländlich sittlich« und leben der Überzeugung, daß eine gute Ehe wie ein gutes Gewerbe zuerst des »Einschlags« bedarf, um nachher ein tüchtiges Hausleinen zu liefern. Wollten wir eine Zusammenstellung der untern Volksklassen nach den drei Hauptfarben Westfalens wagen, so würden wir sagen: der Sauerländer freit wie ein Kaufmann, nämlich nach Geld oder Geschicklichkeit, und führt auch seine Ehe so — kühl und auf gemeinschaftlichen Erwerb gerichtet. — Der Münsterländer freit wie ein Herrnhuter, gutem Rufe und dem Willen seiner Eltern gemäß, und liebt und trägt seine Ehe, wie ein aus Gottes Hand gefallenes Los, in friedlicher Pflichterfüllung. — Der Paderbörner Wildling aber, hat Erziehung und Zucht nichts an ihm getan, wirbt wie ein derbes Naturkind mit allem Ungestüm seines heftigen Blutes. Mit seinen und den Eltern seiner Frau muß es daher auch oft zu heftigen Auftritten kommen. Er geht unter die Soldaten, oder läuft Gefahr, zu verkommen, wenn seine Neigung unerwidert bleibt. Die Ehe wird in diesen dürftigen Hütten den Frauen zum wahren Fegefeuer, bis sie sich zurechtgefunden; Fluch- und Schimpfreden haben, wie bei den Matrosen, einen großen Teil ihrer Bedeutung verloren und lassen eine rohe Art aufopfernder Liebe wohl neben sich bestehen. Über das Verderbnis der dienenden Klassen wird geklagt: jedes noch so flüchtige Verhältnis zwischen den zwei Geschlechtern müsse streng überwacht werden von denen, die ihr Haus rein von Skandal und ihre weiblichen Dienstboten in dienstfähigem Zustande zu erhalten wünschen; selbst die Unteraufseher, Leute von gesetzten Jahren und sonst streng genug, scheinen taub und blind, sobald nicht ein wirkliches Verlöbnis, sondern nur der Glaube an eine ernstliche Absicht vorhanden sei — »die beiden freien sich« — und damit sind alle Schranken gefallen, obwohl aus zwanzig solcher Freiereien kaum eine Ehe hervorgehe und die Folgen davon den Gemeinden zur Last fielen. Auch die Branntweinpest fordert hier nicht wenige Opfer, und bei diesem heftigen Blut wirkt das Übermaß um so wilder und gefährlicher. Diese Verwahrlosung ist um so mehr zu beklagen, da es auch dem letzten nicht leicht an Talenten und geistigen Mitteln gebricht und seine schlaue Gewandtheit, sein Mut, seine tiefen einwohnenden Leidenschaften und vor allem seine reine Nationalität, verbunden mit dem markierten Äußern, ihn zu einem allerdings würdigen Gegenstand der Aufmerksamkeit machen. — Alter Gebräuche bei Festlichkeiten gibt es wenige und in seltner Anwendung, da der Paderbörner jedem Zwange zu abgeneigt ist, als daß er sich eine Lust durch etwas, das nach Zeremoniell schmeckt, verderben sollte. — Bei den Hochzeiten zum Beispiel fällt wenig Besonderes vor, das allerwärts bekannte Schlüssel- und Brotüberreichen findet auch hier statt, das heißt wo es, außer einer alten Truhe, etwas gibt, was des Schlüssels bedarf — nachher geht jeder seinem Jubel bei Tanz und Flasche nach, bis sich alles zum »Papen von Istrup« stellt, einem beliebten Nationaltanz, einem Durcheinanderwirbeln und Verschlingen, was erst nach dem Lichtanzünden beginnt und dem »Reisenden für Völker- und Länderkunde« den Zeitpunkt angibt, wo es für ihn geratener sein möchte, sich zu entfernen, da fortan die Aufregung der Gäste bis zu einer Höhe steigt, deren Kulminationspunkt nicht voraus zu berechnen ist. — Ist die Braut eine echte »Flüggebraut«, eine Braut in Kranz und fliegenden Haaren, so tritt sie gewiß stolz wie eine Fürstin auf, und dieses glorreiche Familienereignis wird noch der Stolz ihrer Nachkommen, die sich dessen wohl zu rühmen wissen, wie stattlich sie mit Spiegeln und Flittergold in den Haaren einhergestrahlt sei. — Lieber als eine Hochzeit ist dem Paderbörner noch die Fastnacht, an derem ersten Tage [Sonntag Estomihi] der Bursche dahersteigt, in der Hand, auf goldenem Apfel, einen befiederten Hahn aus Brotteig, den er seiner Liebsten verehrt oder auch der Edelfrau, nämlich wenn es ihm an Geld für die kommenden nassen Tage fehlt. — Am Montag ist der Jubel im tollsten Gange, selbst Bettler, die nichts anderes haben, hängen ihr geflicktes Bettuch über den Kopf und binden einen durchlöcherten Papierbogen vors Gesicht und diese machen, wie sie mit ihren, aus der weißen Umrandung blitzenden Augen und langen Nasenschnäbeln die Mauern entlang taumeln, einen noch grausigeren Eindruck wie die eigentlichen Maskenzüge, die in scheußlichen Verkleidungen mit Geheul und Hurra auf Ackergäulen durch die Felder galoppieren, alle hundert Schritte einen Sandreiter zurücklassend, der ihnen wüst nachjohlt oder als ein hinkendes Ungetüm ins Dorf zurückkrächzt. Sehr beliebt ist auch das Schützenfest, zum Teil der Ironie wegen, da an diesem Tage der »Wildschütz« vor dem Auge der sein Gewerb ignorierenden Herrschaft mit seinem sichern Blick und seiner festen Hand paradieren darf und oft der schlimmste Schelm, dem die Förster schon wochenlang nachstellten, dem gnädigen Fräulein Strauß und Ehrenschärpe als seiner Königin überreicht und mit ihr die Zeremonie des ersten Tanzes durchmacht. — Ihm folgt am nächsten Tage das Frauenschießen, eine galante Sitte, die man hier am wenigsten suchen sollte, und die sich anmutig genug ausnimmt. Morgens in aller Frühe ziehen alle Ehefrauen der Gemeinde, unter ihnen manche blutjunge und hübsche, vor dem Edelhofe auf, in ihren goldenen Häubchen und Stirnbinden, bebändert und bestraußt, jede mit dem Gewehr ihres Mannes über der Schulter. — Voran die Frau des Schützenkönigs, mit den Abzeichen ihrer Würde, den Säbel an der Seite, wie weiland Maria Theresia auf den Kremnitzer Dukaten; ihr zunächst die Fähndrichin mit der weißen Schützenfahne; — auf dem Hofe wird Halt gemacht, die Königin zieht den Säbel, kommandiert — rechts — links — kurz alle militärischen Evolutionen; dann wird die Fahne geschwenkt und das blanke Regiment zieht mit einem hellen Hurra dem Schießplatze zu, wo jede — manche mit der zierlichsten Koketterie — ihr Gewehr ein paarmal abfeuert und unter klingendem Spiele der Schenke zu marschiert, wo es heute keinen König gibt, sondern nur eine Königin und ihren Hof, die alles anordnen, und von denen sich die Männer heute alles gefallen lassen. — Einen gleich starken Gegensatz zu den derben Sitten des Landes gibt der Beginn des Erntefestes. — Dieses wird nur auf Edelhöfen und großen

Pachtungen im altherkömmlichen Stile gefeiert. — Der voranschreitenden Musik folgt der Erntewagen mit dem letzten Fuder, auf dessen Garben die Großmagd thront, über sich auf einer Stange den funkelnden Erntekranz; — dann folgen sämtliche Dienstleute, paarweise mit gefalteten Händen, die Männer barhaupt, so ziehen sie langsam über das Feld dem Edelhofe zu, das Tedeum nach der schönen alten Melodie des katholischen Ritus absingend, ohne Begleitung, aber bei jedem dritten Verse von den Blasinstrumenten abgelöst, was sich überaus feierlich macht, und gerade bei diesen Menschen und unter freiem Himmel etwas wahrhaft Ergreifendes hat. — Im Hofe angelangt, steigt die Großmagd ab und trägt ihren Kranz mit einem artigen Spruche zu jedem Mitgliede der Familie, vom Hausherrn an bis zum kleinsten Jünkerchen auf dem Schaukelpferde, dann wird er über das Scheuertor an die Stelle des vorigjährigen gehängt, und die Lustbarkeit beginnt. — Obwohl sich keiner ausgezeichneten Singorgane erfreuend, sind die Paderbörner doch überaus gesangliebend; überall — in den Spinnstuben — auf dem Felde — hört man sie quinkelieren und pfeifen, — sie haben ihre eigenen Spinn-, ihre Acker-, Flachsbrech- und Rauflieder, — das letzte ist ein schlimmes Spottlied, das sie nach dem Takte des Raufens jedem Vorübergehenden aus dem Stegreif zusingen. — Sonderlich junge Herren, die sich, den Verhältnissen nach, zu Freiern ihrer Fräulein qualifizieren, können darauf rechnen, nicht ungeneckt vorbeizukommen und sich von zwanzig bis dreißig Stimmen nachkrähen zu hören: »He! he! he! er ist ihr zu dick, er hat kein Geschick« — oder: »Er ist ihr zu arm, daß Gott erbarm! Den Kuinkel den Kuank, der Vogel, der sang, das Jahr ist lang, oh! oh! oh! laßt ihn gehn!« — Überhaupt rühmen sie sich gern, wo es ihnen Anlaß zum Streit verspricht, ihrer Herrschaft, als ob sie aus Gold wäre; stehen auch in ernstern Fällen aus demselben Grunde bisweilen zu ihr gleich dem Besten, und es ist hier, wie bei der Pariser Polizei, nichts Ungewöhnliches, die schlimmsten »Wildschützen« nach einigen Jahren als Forstgehilfen wiederzufinden, denen es alsdann ein Herzensgaudium ist, sich mit ihren alten Kameraden zu raufen und den bekannten Listen neue entgegenzusetzen; und noch vor kurzem packten ein Dutzend solcher Praktiker ihren Herzensfreund, den Dorfschulmeister, der sie früher in der Taktik des »Holzsuchens« unterrichtet hatte, wie er eben daran war, die dritte oder vierte Auflage der Rekruten einzuüben, etwa achtzig barfüßige Schlingel nämlich, die, wie junge Wölfe zuerst mit dem Blutaussaugen anfangen, mit ihren krummen Messern kunstfertig in dem jungen Schlag wüteten, während der Pädagog, von einer breiten Buche herab, das Kommando führte. — Wir haben bereits den Volksaberglauben erwähnt; dieser äußert sich, neben der Gespensterfurcht und dem Hexenglauben, vorzugsweise in sympathetischen Mitteln und dem sogenannten Besprechen, einem Akt, der manches zu denken gibt und dessen wirklich seltsame Erfolge sich durch bloßes Hinwegleugnen keineswegs beseitigen lassen. Wir selbst müssen gestehen, Zeugen unerwarteter Resultate gewesen zu sein. — Auf die Felder, die der Besprecher mit seinem weißen Stäbchen umschritten, und worauf er die Scholle eines verpfändeten Ackers geworfen hat, wagt sich in der Tat kein Sperling, kein Wurm, fällt kein Mehltau, und es ist überraschend, diese Strecken mit schweren, niederhangenden Ähren zwischen weiten Flächen leeren Strohes zu sehen. Ferner, ein prächtiger Schimmel, arabischer Rasse und überauf feurig, war, zu einem übermäßigen Sprunge gespornt, gestürzt und hatte sich die Zunge dicht an der Wurzel durchgebissen. — Da das Schlagen des wütenden Tieres es in den ersten Tagen unmöglich machte, der Wunde beizukommen, war der Brand hinzugetreten, und ein sehr geschickter Arzt erklärte das schöne Pferd für rettungslos verloren. — Jetzt ward zur »Waffensalbe« geschritten — keinem Arzneimittel, wie man wahrscheinlich glauben wird, sondern einem geheimnisvollen, mir unbekannt gebliebenen Gebrauch, zu dessen Behuf dem mehrere Stunden entfernten Besprecher nur ein von dem Blut des Tieres beflecktes Tuch gesandt wurde. — Man kann sich denken, welches Vertrauen ich in dieses Mittel setzte! — Am nächsten Tage wurde das Tier jedoch so ruhig, daß ich dieses als ein Zeichen seiner nahenden Auflösung ansah; — am folgenden richtete es sich auf, zerbiß und verschluckte, obwohl etwas mühsam, einige Brotscheiben ohne Rinde, — am dritten Morgen sahen wir zu unserm Erstaunen, daß es sich über das in der Raufe befindliche Futter hergemacht und einen Teil desselben bereits verzehrt hatte, während nur ein behutsames Auswählen der weicheren Halme und ein leises Zucken um Lippen und Nüstern die Empfindlichkeit der, wie wir uns durch den Augenschein überzeugen mußten, völlig geschlossenen Wundstelle andeuteten; und seitdem habe ich den schönen Araber manches Mal frisch und feurig wie zuvor, mit seinem Reiter durchs Feld stolzieren sehen. — Dergleichen und ähnliches fällt oft vor, und hiebei ist die Annäherung des Besprechers oder seines Mittels an den zu besprechenden Gegenstand immer so gering [in manchen Fällen, wie dem eben genannten, fällt sie gänzlich fort], daß eine Erklärung durch natürlich wirkende Essenzen hier keine Statt haben kann, so wie die vielbesprochene Macht der Phantasie bei Tieren, Kräutern und selbst Gestein wegfallen muß und dem Erklärer wohl nur die Kraft des menschlichen Glaubens, die magnetische Gewalt eines festen Willens über die Natur als letztes Auskunftsmittel bleiben dürfte. — Folgenden Vorfall haben wir aus dem Munde eines glaubwürdigen

Augenzeugen: In dem Garten eines Edelhofes hatte die grüne Kohlraupe dermaßen überhandgenommen, daß der Besitzer, obwohl Protestant, in seinem Überdrusse endlich zum Besprecher schickte. — Dieser fand sich alsbald ein, umschritt die Gemüsefelder, leise vor sich hin murmelnd, wobei er mit seinem Stäbchen hier und dort einen Kohlkopf berührte. Nun stand unmittelbar am Garten ein Stallgebäude, an dessen schadhaftem Dache einige Arbeiter flickten, die sich den Spaß machten, den Zauberer durch Spottreden, hinabgeworfene Kalkstückchen etc. zu stören. — Nachdem dieser sie wiederholt gebeten hatte, ihn nicht zu irren, sagte er endlich: »Wenn ihr nicht Ruhe haltet, so treibe ich euch die Raupen auf das Dach«, und als die Neckereien dennoch nicht aufhörten, ging er an die nächste Hecke, schnitt eine Menge fingerlanger Stäbchen, stellte sie horizontal an die Stallmauer und entfernte sich. — Alsbald verließen sämtliche Raupen ihre Pflanzen, krochen in breiten grünen Kolonnen über die Sandwege an den Stäbchen die Mauer aufwärts, und nach einer halben Stunde hatten die Arbeiter das Feld geräumt und standen im Hofe, mit Ungeziefer besät und nach dem Dache deutend, was wie mit einer grünen wimmelnden Decke überzogen war. — Wir gaben das Ebenerzählte übrigens keineswegs als etwas Besonderes, da die oben berührte Erklärung durch auf den Grund wirkende Essenzen hier am ersten stattfinden dürfte, sondern nur als ein kleines Genrebild aus dem Tun und Treiben eines phantasiereichen und eben besprochenen Volkes. — Ehe wir von diesem zu andern übergehen, erlauben wir uns noch zum Schlusse die Mitteilung einer vor etwa vierzig Jahren vorgefallenen Szene, die allerdings unter der jetzigen Regierung nicht mehr stattfinden könnte, jedoch den Charakter des Volkes zu anschaulich darstellt, als daß wir sie am ungeeigneten Orte glauben sollten. — Zu jener Zeit stand den Gutsbesitzern die niedere Gerichtsbarkeit zu und wurde mitunter streng gehandhabt, wobei sich, wie es zu gehen pflegt, der Untergebene mit der Härte des Herrn, der Herr mit der Böswilligkeit des Untergebenen entschuldigte und in dieser Wechselwirkung das Übel sich fortwährend steigerte. Nun sollte der Vorsteher [Meier] eines Dorfes, allzugrober Betrügereien und Diebstähle halber seines Amtes entsetzt werden. — Er hatte sich manchen verpflichtet, manchen bedrückt, und die Gemeinde war in zwei bittere Parteien gespalten. — Schon seit mehreren Tagen war eine tückische Stille im Dorf bemerkt worden, und als am Gerichtstage der Gutsherr, aus Veranlassung des Unwohlseins, seinen Geschäftsführer bevollmächtigte, in Verein mit dem eigentlichen Justitiar die Sache abzumachen, war den beiden Herren diese Abänderung keineswegs angenehm, da ihnen recht wohl bewußt war, daß der Bauer seine Herrschaft zwar haßt, jeden Städter aber und namentlich »das Schreibervolk« aus tiefster Seele verachtet. Ihre Besorgnis ward nicht gemindert, als einige Stunden vor der Sitzung ein Schwarm barfüßiger Weiber in den Schloßhof zog, wahre Poissarden, mit fliegenden Haaren und Kindern auf dem Arm, sich vor dem Hauptgebäude zusammendrängte und wie ein Nest junger Teufel zu krähen anfing: »Wir revoltieren! wir protestieren! wir wollen den Meier behalten! Unsere Kerle sind auf dem Felde und mähen und haben uns geschickt, wir revoltieren!« — Der Gutsherr trat ans Fenster und rief hinaus: »Weiber! macht euch fort, der Amtmann [Justitiar] ist noch nicht da«, worauf der Schwarm sich allmählich unter Geschrei und Fluchen verlor. — Als nach einigen Stunden die Sitzung begonnen hatte und die bereits abgehaltenen Verhöre verlesen wurden, erhob sich unter den Fenstern des Gerichtslokals ein dumpfes, vielstimmiges Gemurmel, das immer zunahm, — dann drängten sich ein paar starkknochige

Männer in die Stube, — wieder andere, in kurzem war sie zum Ersticken überfüllt. — Der Justitiar, an solche Auftritte gewöhnt, befahl ihnen mit ernster Stimme hinauszugehen; — sie gehorchten wirklich, stellten sich aber, wie er sehr wohl sah, vor der Türe auf; zugleich bemerkte er, daß einige, mit grimmigem Blicke auf die Gegenpartei, ihre Kittel lüfteten und kurze schwere Knittel sichtbar werden ließen, was von der anderen Seite mit einer ähnlichen Pantomime erwidert wurde. — Dennoch las er das Urteil mit ziemlicher Fassung ab und schritt dann, seinen Gefährten am Kleide zupfend, hastig der Türe zu. — Dort aber drängten sich die Außenstehenden hinein und ließen ihre Knittel spielen, und — daß wir es kurz machen — die heilige Justiz mußte froh sein, die Nähe eines Fensters zu einem etwas unregelmäßigen Rückzuge benutzen zu können. — Dem Gutsherrn war indessen durch den sich allmählich nach außen ziehenden Tumult die Lage der Dinge bereits klar geworden, und er hatte die Schützengilde aufbieten lassen, lauter Angehörige der Beteiligten, die sich freuten, bei dieser schönen Gelegenheit auch einmal darauf loswaschen zu können. — Sie waren eben aufmarschiert, als die Sturmglocke erschallte. — Einige Schützen rannten nun spornstreichs in den Turm, wo sie ein altes Weib fanden, das aus Leibeskräften den Strang zog, sofort aber gepackt und auf Umwegen ins Hundeloch spediert wurde. Indessen stand der Gutsherr am Fenster und überwachte mit seinem Tubus die Wege, welche zu den berüchtigsten Dörfern führten, und nicht lange, so sah er es von allen Bergen herunter wimmeln, wie die Beduinenschwärme, er konnte deutlich die Knitteln in ihren Händen unterscheiden und an ihren Gebärden sehen, wie sie sich einander riefen und zuwinkten. Schnell besonnen warf er einen Blick auf die Windfahne des Schloßturms, und nachdem er sich überzeugt hatte, daß die Luft den Lärm nicht bis zu der Stelle führe, wo die Kommenden etwa in einer Viertelstunde angelangt sein konnten, wurder eilends einige zuverlässige Leute abgefertigt, die in Hemdärmeln, mit Sense und Rechen, wie Arbeiter, die aufs Feld ziehen, den verschiedenen Trupps entgegenschlendern und ihnen erzählen mußten, das Geläute im Dorf habe einem brennenden Schlote gegolten, der aber bereits gelöscht sei. — Die List gelang, alle trollten sich fluchend heim, während drinnen die Schützengilde auch ihr Bestes mit Faust und Kolben tat und so der ganze Skandal mit einigen ernstlich Verwundeten und einem Dutzend ins Loch Gesteckten endigte, zwei Drittel der Gemeinde aber eine Woche lang wie mit Pestbeulen behaftet aussahen und eine besondere Schwerfälligkeit in ihren Bewegungen zeigten. — Ähnliche Auftritte waren früher so gewöhnlich wie das tägliche Brot; noch heute, trotz des langjährigen Zwanges, ist der gemeine Mann innerlich nicht um ein Haar breit von seinen Gelüsten und Ansichten abgewichen, er kann wohl niedergehalten werden, die Glut wird aber unter der Asche immer fortglimmen. — Erhöhter Wohlstand würde einiges mildern, wären nicht Leichtsinn und die Leidenschaft, welche zuerst eine dürftige Bevölkerung zuwege bringen, deren geringes Einkommen Schenkenwirten und Winkeladvokaten zur Beute wird. — Dennoch kann man sich des Bedauerns mit einem Volke nicht enthalten, das, mit Kraft, Scharfsinn und Ausdauer begabt und im Besitze eines gesegneten Bodens, in so vielen seiner Glieder den traurigsten Verhältnissen anheimgefallen ist.

Drittes Kapitel

Die Grenze. — Münsterländisches Stilleben. — Patriarchalisches Wesen. — Brautwerbung und Hochzeitsgebräuche. — Frömmigkeit und harmloser Aberglaube. — Die Vorgeschichte. — Duldender Mut und Herzensgüte.

Selten mögen wenige Meilen einen so raschen Übergang hervorbringen als jene, welche die Grenzstriche Paderborns und seines frommen Nachbarlandes, des Bistums Münster, bilden. Noch vor einer Stunde, hinter dem nächsten Hügel, haben kleine schwarzbraune Schlingel, die, im halben Naturzustande, ihre paar mageren Ziegen weniger hüteten, als bei ihnen diebswegen Wache standen, auf deine Frage nach dem Wege dich zuerst durch verstelltes Mißverstehen und Witzeleien gehöhnt und dir dann unfehlbar einen Pfad angegeben, wo du wie eine Unke im Sumpfe oder wie Abrahams Widder in den Dornen gesteckt hast — das heißt, wenn du nicht mit Geld klimpertest, denn in diesem Falle haben nicht einer, sondern sämtliche Buben ihre Ziegen, um sie desto sicherer wiederzufinden, ins Kornfeld getrieben und mindestens ein Dutzend Zäune zerbrochen und Pfähle ausgerissen, um dir den nächsten Weg zu bahnen, und du hast dich, gut oder übel zu einer vierfachen Abfindung entschließen müssen, — und jetzt stehst du wie ein Amerikaner, der soeben den Wigwams der Irokesen entschlüpft ist und die ersten Einfriedungen einer Herrnhuterkolonie betritt, vor ein paar runden Flachsköpfen, in mindestens vier Kamisölern, Zipfelmützen, Wollstrümpfen und den landesüblichen Holzschuhen, die ihre Kuh ängstlich am Stricke halten und vor Schrecken aufschreien, wenn sie nach einer Ähre schnappt. — Ihre

Züge, deren Milchhaut die Sonne kaum hat etwas anhaben können, tragen so offen den Ausdruck der gutmütigsten Einfalt, daß du dich zu einer nochmaligen Nachfrage entschließest. »Herr!« sagt der Knabe und reicht dir eine Kußhand, »das Ort weiß ich nicht.« — Du wendest dich an seinen Nachbarn, der gar nicht antwortet, sondern dich nur anblinzt, als dächte er, du wolltest ihn schlagen. — »Herr!« nimmt der erstere wieder das Wort, »der weiß es auch nicht«; verdrießlich trabst du fort, aber die Knaben haben zusammen geflüstert, und der große Redner kommt dir nachgeklappert: »Meint der Herr vielleicht —?« [hier nennt er den Namen des Orts im Volksdialekt] — auf deine Bejahung stapft er herzhaft vor dir her, immer nach seinen Kameraden umschauend, die ihm mit ihren Augen den Rücken decken bis zum nächsten Kreuzweg; dann hastig mit der Hand eine Richtung bezeichnend, springt er fort, so schnell es sich in Holzschuhen galoppieren läßt, und du steckst deinen Dreier wieder ein oder wirfst ihn in den Sand, wo die kleinen Heidläufer, die dich aus der Ferne beobachten, ihn schon nicht werden umkommen lassen. — In diesem Zuge hast du den Charakter des Landvolkes in Kürze. — Gutmütigkeit, Furchtsamkeit, tiefes Rechtsgefühl, und eine stille Ordnung und Wirtlichkeit, die, trotz seiner geringen Anlage zu Spekulation und glücklichen Gedanken, ihm doch einen Wohlstand zu Wege gebracht hat, der selbst den seines gewerbetreibenden Nachbars, des Sauerländers, weit übertrifft. — Der Münsterländer heiratet selten, ohne ein sicheres Einkommen in der Hand zu haben, und verläßt sich, wenn ihm dieses nicht beschieden ist, lieber auf die Milde seiner Verwandten oder seines Brotherrn, der einen alten Diener nicht verstoßen wird; und wirklich gibt es keine einigermaßen bemittelte Wirtschaft ohne ein paar solcher Segenbringer, die ihre müden Knochen auf dem besten Platze am Herd aus wärmen. — Die illegitime Bevölkerung ist gar nicht in Anschlag zu bringen, obwohl jetzt eher als wie vor dreißig Jahren, wo wir in einer Pfarre von fünftausend Seelen ein einziges uneheliches Kind antrafen. — Bettler gibt es unter dem Landvolke nicht, weder dem Namen noch der Tat nach, sondern nur in jeder Gemeinde einige »arme Männer, arme Frauen«, denen in bemittelten Häusern nach der Reihe die Kost gereicht wird, wo dann die nachlässigte Mutter ihr Kind strafen würde, wenn es an dem »armen Manne« vorüberging, ohne ihn zu grüßen. — So ist Raum, Nahrung und Frieden für alle da, und die Regierung möchte gern zu einer stärkern Bevölkerung anregen, die aber gewiß traurige Folgen haben würde bei einem Volke, was wohl ein Eigentum verständig zu bewirtschaften weiß, dem es aber zum Erwerbe mit leerer Hand gänzlich an Geschick und Energie fehlt, und das Sprichwort: »Not lehrt beten« [respektive arbeiten] würde sich schwerlich hinlänglich hier bewähren, wo schon die laue, feuchte Luft den Menschen träumerisch macht und seine Schüchternheit zum Teil körperlich ist, so daß man ihn nur anzusehen braucht, um das langsame Rollen seines Blutes gleichsam mitzufühlen.

Der Münsterländer ist groß, fleischig, selten von starker Muskelkraft, — seine Züge sind weich, oft äußerst lieblich und immer durch einen Ausdruck von Güte gewinnend, aber nicht leicht interessant, da sie immer etwas Weibliches haben und selbst ein a l t e r Mann oft frauenhafter aussieht als eine Paderbörnerin in den mittleren Jahren; — die helle Haarfarbe ist durchaus vorherrschend; man trifft alte Flachsköpfe, die vor Blondheit nicht haben ergrauen können. — Dieses und alles dazu Gehörige — die Hautfarbe — blendendweiß und rosig und den Sonnenstrahlen bis ins überreife Alter widerstehend, die lichtblauen Augen ohne kräftigen Ausdruck, — das feine

Gesicht mit fast lächerlich kleinem Munde, hierzu ein oft sehr anmutiges und immer wohlwollendes Lächeln und schnelles Erröten stellen die Schönheit beider Geschlechter auf sehr ungleiche Wage, — es gibt nämlich fast keinen Mann, den man als solchen wirklich schön nennen könnte, während unter zwanzig Mädchen wenigstens fünfzehn als hübsch auffallen und zwar in dem etwas faden, aber doch lieblichen Geschmacke der englischen Kupferstiche. — Die weibliche Landestracht ist mehr wohlhäbig als wohlstehend; recht viele Tuchröcke von dicken Falten, recht schwere Goldhauben und Silberkreuze an schwarzem Samtbande und bei den Ehefrauen Stirnbinden mit möglichst breiter Spitze bezeichnen hier den Grad des Wohlstandes, da selten jemand in den Laden geht ohne die nötigen blanken Taler in der Hand und noch seltner durch Putzsucht das richtige Verhältnis zwischen der Kleidung und dem ungeschnittenen Leinen und andern häuslichen Schätzen gestört wird. — Der Hausstand in den zumeist vereinzelt liegenden Bauernhöfen ist groß und in jedem Betracht reichlich, aber durchaus bäurisch. — Das lange Gebäude von Ziegelsteinen, mit tief niederragendem Dache und von der Tenne durchschnitten, an der zu beiden Seiten eine lange Reihe von Hornvieh ostfriesischer Rasse mit seinen Ketten klirrt, — die große Küche hell und sauber, mit gewaltigem Kamine, unter dem sich das ganze Hauspersonale bergen kann; das viele zur Schau gestellte blanke Geschirr und die absichtlich an den Wänden der Fremdenstube aufgetürmten Flachsvorräte erinnern ebenfalls an Holland, dem sich überhaupt diese Provinz, was Wohlstand und Lebensweise betrifft, bedeutend nähert, obwohl Abgeschlossenheit und gänzlich auf den innern Verkehr beschränktes Wirken ihre Bevölkerung von all den sittlichen Einflüssen, denen handelnde Nationen nicht entgehen können, so frei gehalten haben wie kaum einen andern Landstrich. Ob starke Reibungen mit der Außenwelt dem Münsterländer den Mut und die Betriebsamkeit des Batavers, — ein patriarchalisches Leben diesem die Sitteneinfalt und Milde des Münsterländers geben könnten, müssen wir dahingestellt sein lassen, bezweifeln es aber; — jetzt mindestens sind sie sich in den Zügen, die man als die nationalsten beider anzusehen pflegt, fast feindlich entgegengesetzt und verachten sich auch gegenseitig, wie es Nachbarn zukommt. Wir haben schon früher von dem überaus friedlichen Eindrucke eines Münsterischen Gehöftes gesprochen. — In den Sommermonaten, wo das Vieh im Felde ist, vernimmst du keinen Laut, außer dem Bellen des sich an seiner Kette abzappelnden Hofhundes und, wenn du dicht an der offenen Haustüre herschreitest, dem leisen Zirpen der in den Mauernesseln aus- und einschlüpfenden Küchlein und dem gemessenen Pendelschwung der Uhr, mit dessen Gewichten ein paar junge Kätzchen spielen; — die im Garten jätenden Frauen sitzen so still gekauert, daß du sie nicht ahnst, wenn ein zufälliger Blick über den Hagen sie dir nicht verrät und die schönen schwermütigen Volksballaden, an denen diese Gegend überreich ist, hörst du etwa nur auf einer nächtlichen Wanderung durch das Schnurren der Spinnräder, wenn die blöden Mädchen sich vor jedem Ohre gesichert glauben. — Auch auf dem Felde kannst du im Gefühl der tiefsten Einsamkeit gelassen fortträumen, bis ein zufälliges Räuspern oder das Schnauben eines Pferdes dir verrät, daß der Schatten, in den du soeben trittst, von einem halbbeladenen Erntewagen geworfen wird, und du mitten durch zwanzig Arbeiter geschritten bist, die sich weiter nicht wundern, daß der »nachdenkende Herr« ihr Hutabnehmen nicht beachtet hat, da er nach ihrer Meinung »andächtig« ist, das heißt den Rosenkranz aus dem Gedächtnisse hersagt. — Diese Ruhe und Eintönigkeit, die aus dem Innern hervorgehen, verbreiten sich auch über alle Lebensverhältnisse. — Die Toten werden mäßig betrauert, aber nie vergessen, und alten Leuten treten noch Tränen in die Augen, wenn sie von ihren verstorbenen Eltern reden. — An den Eheschlüssen hat frühere Neigung nur selten teil; Verwandte und achtbare Freunde empfehlen ihre Lieblinge einander und das Fürwort des Geachtetsten gibt in der Regel den Ausschlag — so kommt es, daß manches Ehepaar sich vor der Kopulation kaum einmal gesehen hat, und unter der französischen Regierung kam nicht selten der lächerliche Fall vor, daß Sponsen, die meilenweit hergetrabt waren, um für ihre Bräute die nötigen Scheine bei der Behörde zu lösen, weder Vor- noch Zunamen derjenigen anzugeben wußten, die sie in der nächsten Woche zu heiraten gedachten, und sich höchlich wunderten, daß die Bezeichnung als Magd oder Nichte irgend eines angesehenen Gemeindemitgliedes nicht hinreichend gefunden wurde. — Daß unter diesen Umständen die möglichst große Anzahl der Anträge noch ehrenvoller und für den Ruf entscheidender ist als anderwärts, begreift sich, und wir selbst wohnten der Trauung eines wahren Kleinodes von Brautpaar bei, wo der Bräutigam unter achtundzwanzigen, die Braut unter zweiunddreißigen gewählt hatte. Trotz der vorläufigen Verhandlungen ist jedoch selbst der Glänzendste hier seines Erfolges nicht sicher, da die Ehrbarkeit ein bestimmtes Eingehen auf die Anträge des Brautwerbers verbietet, und jetzt beginnt die Aufgabe des Freiers. — Er tritt an einem Nachmittage in das Haus der Gesuchten und zwar jedesmal unter dem Vorwande, seine Pfeife anzuzünden — die Hausfrau setzt ihm einen Stuhl und schürt schweigend die Glut auf, dann knüpft sie ein gleichgültiges Gespräch an vom Wetter, den Kornfrüchten usw. und nimmt unterdessen eine Pfanne vom Gesimse, die sie sorgfältig scheuert und über die Kohlen hängt. — Jetzt ist der entscheidende Augenblick gekommen. — Sieht der Freier die Vorbereitungen zu einem Pfannenkuchen, so zieht er seine dicke silberne Uhr hervor und behauptet, sich nicht länger aufhalten zu können; werden aber Speckschnitzel und Eier in die Pfanne gelegt, so rückt er kühnlich mit seinem Antrage heraus, die jungen Leute wechseln die »Treue«, nämlich ein paar alte Schaumünzen, und der Handel ist geschlossen.

Einige Tage vor der Hochzeit macht der Gastbitter mit ellenlangem Spruche seine Runde, oft meilenweit, da hier, wie bei den Schotten, das verwandte Blut bis in das entfernteste Glied und bis zum Ärmsten hinab geachtet wird. — Nächst diesem dürfen vor allem die sogenannten Nachbarn nicht übergangen werden, drei oder vier Familien nämlich, die vielleicht eine halbe Meile entfernt wohnen, aber in uralten Gemeinderegistern, aus den Zeiten einer noch viel sparsameren Bevölkerung, als »Nachbarn« verzeichnet stehen und gleich Prinzen von Geblüt vor den näheren Seitenverbindungen, so auch ihre Rechte und Verpflichtungen vor den vielleicht erst seit ein paar hundert Jahren Näherwohnenden wahren. — Am Tage vor der Hochzeit findet der »Gabenabend« statt — eine freundliche Sitte, um den jungen Anfängern über die schwerste Zeit wegzuhelfen. — Abends, wenn es bereits stark dämmert, tritt eine Magd nach der anderen ins Haus, setzt mit den Worten: »Gruß von unserer Frau« einen mit weißem Tuche verdeckten Korb auf den Tisch und entfernt sich sofort; dieser enthält die Gabe: Eier, Butter, Geflügel, Schinken — je nach den Kräften eines jeden — und die Geschenke fallen oft, wenn das Brautpaar unbemittelt ist, so reichlich aus, daß dieses um den nächsten Wintervorrat nicht sorgen darf. — Eine liebenswürdige, das Volk bezeichnende Höflichkeit des Herzens verbietet die Überbringung der Gabe durch ein Familienmitglied; wer keine Magd hat, schickt ein fremdes Kind. — Am Hochzeitmorgen, etwa um acht, besteigt die Braut den mit einer weißen, goldflinkernden Fahne geschmückten Wagen, der ihre Ausstattung enthält; — sie sitzt allein zwischen ihren Schätzen, im besten Staate, aber ohne besonderes Abzeichen und weint aufs jämmerlichste; auch die auf dem folgenden Wagen gruppierten Brautjungfern und Nachbarinnen beobachten eine ernste, verschämte Haltung, während die auf dicken Ackergäulen nebenher trabenden Bursche durch Hutschwenken und hier und dort ein schwerfälliges Juchhei ihre Lustigkeit auszudrücken suchen und zuweilen eine alte blindgeladene Flinte knallen lassen. — Erst vor der Pfarrkirche finden sich der Bräutigam mit seinem Gefolge ein, besteigt aber nach der Trauung nicht den Wagen der Braut, sondern trabt als einziger Fußgänger nebenher bis zur Türe seines Hauses, wo die junge Frau von der Schwiegermutter empfangen und mit einem »Gott segne deinen Aus- und Eingang« feierlich über die Schwelle geleitet wird. — Lebt die Mutter nicht mehr, so vertritt der Pfarrer ihre Stelle, oder, wenn er zufällig gegenwärtig ist, der Gutsherr, was für eine sehr glückliche Vorbedeutung gehalten wird, die den Neuvermählten und ihren Nachkommen den ungestörten Genuß des Hofes sichert, nach dem Spruche: »Wen die Herrschaft einleitet, den leitet sie nicht wieder heraus.« — Während dieser Zeremonie schlüpft der Bräutigam in seine Kammer und erscheint alsbald in Kamisol, Zipfelmütze und Küchenschürze. In diesem Aufzuge muß er an seinem Ehrentage den Gästen aufwarten, nimmt auch keinen Teil am Hochzeitsmahle, sondern steht, mit dem Teller unterm Arme, hinter der Braut, die ihrerseits keinen Finger rührt und sich wie eine Prinzessin bedienen läßt. — Nach Tische beginnen auf der Tenne die althergebrachten Tänze: »Der halbe Mond«, »Der Schustertanz«, »Hinten im Garten«, —

manche mit den anmutigsten Verschlingungen. — Das Orchester besteht aus einer oder zwei Geigen und einer invaliden Baßgeige, die der Schweinehirt oder Pferdeknecht aus dem Stegreif streicht. — Ist das Publikum sehr musikliebend, so kommen noch wohl ein paar Topfdeckel hinzu und eine Kornschwinge, die abwechselnd von den Gästen mit einem Spane aus Leibeskräften wider den Strich gekratzt wird. — Nimmt man hiezu das Gebrüll und Kettengeklirr des Viehes, das erschrocken an seinen Ständen stampft, so wird man zugeben, daß die unerschütterliche Gravität der Tänzer mindestens nicht dem Mangel an aufregendem Geräusche zuzuschreiben ist. — Hier und dort läßt wohl ein Bursche ein Juchhei los, was aber so einsam klingt wie ein Eulenschrei in einer Sturmnacht. — Bier wird mäßig getrunken, Branntwein noch mäßiger, aber siedender Kaffee »zur Abkühlung« in ganzen Strömen, und mindestens sieben blanke Zinnkessel sind in steter Bewegung. — Zwischen den Tänzen verschwindet die Braut von Zeit zu Zeit und kehrt allemal in einem anderen Anzuge zurück, soviel ihr derer zu Gebote stehen, vom Traustaate an bis zum gewöhnlichen Sonntagsputze, in dem sie sich noch stattlich genug ausnimmt, in der damastenen Kappe mit breiter Goldtresse, dem schweren Seidenhalstuche und einem so imposanten Körperumfange, als ihn mindestens vier Tuchröcke übereinander hervorbringen können. — Sobald die Hängeuhr in der Küche Mitternacht geschlagen hat, sieht man die Frauen sich von ihren Bänken erheben und miteinander flüstern; gleichzeitig drängt sich das junge Volk zusammen, nimmt die Braut in seine Mitte und beginnt einen äußerst künstlichen Schneckentanz, dessen Zweck ist, in raschem Durcheinanderwimmeln immer eine vierfache Mauer um die Braut zu erhalten, denn jetzt gilt's den Kampf zwischen Ehe und Jungfrauschaft. — So wie die Frauen anrücken, wird der Tanz lebhafter, die Verschlingungen bunter, die Frauen suchen von allen Seiten in den Kreis zu dringen, die Junggesellen durch vorgeschobene Paare sie wegzudrängen; die Parteien erhitzen sich, immer rascher wirbelt die Musik, immer enger zieht sich die Spirallinie, Arme und Knie werden zu Hilfe genommen, die Bursche glühen wie Öfen, die ehrwürdigen Matronen triefen von Schweiß, und man hat Beispiele, daß die Sonne über dem unentschiedenen Kampfe aufgegangen ist; endlich hat eine Veteranin, die schon einige und zwanzig Bräute in den Ehestand gezerrt hat, ihre Beute gepackt; plötzlich verstummt die Musik, der Kreis stäubt auseinander und alles strömt den Siegerinnen und der weinenden Braut nach, die jetzt zum letztenmal umgekleidet und mit Anlegung der fraulichen Stirnbinde symbolisch von ihrem Mädchentume geschieden wird — ein Ehrendienst, welcher den [sogenannten] Nachbarinnen zusteht, an dem sich aber jede anwesende Ehefrau, die Gattin des Gutsherrn nicht ausgenommen, durch irgend eine kleine Dienstleistung beteiligt. — Die Braut erscheint nun barhäuptig und in Hemdärmeln, gleichsam eine bezwungene und fortan zum Dienen willige Brunhildis, greift aber dennoch nach ihres Mannes bereit liegendem Hute und setzt ihn auf; die Frauen tun desgleichen und zwar jede den Hut ihres eigenen Mannes, den er ihr ehrerbietig reicht, und ein stattliches Frauenmenuett beschließt die Feier und gibt zugleich die Vorbedeutung eines ehrenhaften, fleißigen, friedlichen Ehestandes, in dem die Frau aber nie vergißt, daß sie am Hochzeittage ihres Mannes Hut getragen. Noch bleibt den Gästen, bevor sie sich zerstreuen, eine seltsame Aufgabe, — der Bräutigam ist nämlich während des Menuettes unsichtbar geworden, — er hat sich versteckt, offenbar aus Furcht, vor der behuteten Braut und das ganze Haus wird umgekehrt, ihn zu suchen; man schaut in und unter die Betten, raschelt im Stroh und Heu umher, durchstöbert sogar den Garten, bis endlich jemand in einem Winkel voll alten Gerümpels den Quast seiner Zipfelmütze oder ein Endchen der Küchenschürze entdeckt, wo er dann sofort gefaßt und mit gleicher Gewalt und viel weniger Anstand als seine schöne Hälfte der Brautkammer zugeschleppt wird. — Bei Begräbnissen fällt wenig Ungewöhnliches vor, außer daß der Tod eines Hausvaters seinen Bienen angesagt werden muß, wenn nicht binnen Jahresfrist alle Stöcke abzehren und verziehen sollen, weshalb, sobald der Verscheidende den letzten Odemzug getan, sofort der Gefaßteste unter den Anwesenden an den Stand geht, an jeden Korb pocht und vernehmlich spricht: »Einen Gruß von der Frau, der Herr ist tot«, worauf die Bienen sich christlich in ihr Leid finden und ihren Geschäften nach wie vor obliegen. Die Leichenwacht, die in Stille und Gebet abgehalten wird, ist eine Pflicht jener entfernten Nachbarn, so wie das Leichenmahl ihr Recht, und sie sorgen mit dafür, daß der Tote ein feines Hemd erhält, recht viele schwarze Schleifen und einen recht flimmernden Kranz und Strauß von Spiegeln, Rauschgold und künstlichen Blumen, da er unfehlbar am jüngsten Tage in demselben Aufzuge erscheinen wird, wo sie dann Lob und Tadel mit den Hinterlassenen zu teilen haben. — Der Münsterländer ist überhaupt sehr abergläubisch, sein Aberglaube aber so harmlos wie er selber. Von Zauberkünsten weiß er nichts, von Hexen und bösen Geistern wenig, obwohl er sich sehr vor dem Teufel fürchtet, jedoch meint, daß dieser wenig Veranlassung finde, im Münsterlande umzugehen. — Die häufigen Gespenster im Moor, Heide und Wald sind arme Seelen aus dem Fegefeuer, deren täglich in vielen tausend Rosenkränzen gedacht wird, und ohne Zweifel mit Nutzen, da man zu bemerken glaubt, daß die »Sonntagsspinnerin« ihre blutigen Arme immer seltener aus dem Gebüsche streckt, der »diebische Torfgräber« nicht halb so kläglich mehr im Moore ächzt und vollends der »kopflose Geiger« seinen Sitz auf dem Waldstege gänzlich verlassen zu haben scheint. Von den ebenfalls häufigen Hausgeistern in Schlössern und großen Bauernhöfen denkt man etwas unklar, aber auch nicht schlimm und glaubt, daß mit ihrem völligen Verschwinden die Familie des Besitzers aussterben oder verarmen werde. — Diese besitzen weder die häuslichen Geschicklichkeiten noch die Tücke anderer Kobolde, sondern sind einsamer, träumerischer Natur, schreiten, wenn es dämmert, wie in tiefen Gedanken langsam und schweigend an irgend einer verspäteten Milchmagd oder einem Kinde vorüber und sind ohne Zweifel echte Münsterländer, da man kein Beispiel hat, daß sie jemanden beschädigt oder absichtlich erschreckt hätten. Man unterscheidet sie in »Timphüte« und »Langhüte«. Die ersteren kleine runzlige Männchen, in altmodischer Tracht, mit eisgrauem Barte und dreieckigem Hütchen; die andern übernatürlich lang und hager, mit langem Schlapphut, aber beide gleich wohlwollend, nur daß der Timphut bestimmten Segen bringt, der Langhut dagegen nur Unglück zu verhüten sucht. Zuweilen halten sie nur in den Umgebungen, den Alleen des Schlosses, dem Wald- und Wiesengrunde des Hofes ihre philosophischen Spaziergänge; gewöhnlich haben sie jedoch außerdem einen Speicher oder eine wüste Bodenkammer inne, wo man sie zuweilen nachts auf und abgehen, oder einen knarrenden Haspel langsam umdrehen hört. — Bei Feuerbrünsten hat man den Hausgeist schon ernsthaft aus den Flammen schreiten und einen Feldweg einschlagen sehen, um nie wiederzukehren, und es waren dann hundert gegen eins zu wetten, daß die Familie bei dem Neubau in einige Verlegenheit und Schulden geraten werde.

Größere Aufmerksamkeit als dieses verdient das sogenannte »Vorgesicht«, ein bis zum Schauen oder mindestens deutlichem Hören gesteigertes Ahnungsvermögen, ganz dem *Second sight* der Hochschotten ähnlich und hier so gewöhnlich, daß, obwohl die Gabe als eine höchst unglückliche eher geheim gehalten wird, man doch überall auf notorisch damit Behaftete trifft und im Grunde fast kein einziger Eingeborner sich gänzlich davon freisprechen dürfte. — Der Vorschauer [Vorgucker] im höheren Grade ist auch äußerlich kenntlich an seinem hellblonden Haare, dem geisterhaften Blitze der wasserblauen Augen und einer blassen oder überzarten Gesichtsfarbe; übrigens ist er meistens gesund und im gewöhnlichen Leben häufig beschränkt und ohne eine Spur von Überspannung. — Seine Gabe überkommt ihn zu jeder Tageszeit, am häufigsten jedoch in Mondnächten, wo er plötzlich erwacht und von fieberischer Unruhe ins Freie oder ans Fenster getrieben wird; dieser Drang ist so stark, daß ihm kaum jemand widersteht, obwohl jeder weiß, daß das Übel durch Nachgeben bis zum Unerträglichen, zum völligen Entbehren der Nachtruhe gesteigert wird; wogegen fortgesetzter Widerstand es allmählich abnehmen und endlich gänzlich verschwinden läßt. Der Vorschauer sieht Leichenzüge — lange Heereskolonnen und Kämpfe — er sieht deutlich den Pulverrauch und die Bewegungen der Fechtenden, beschreibt genau ihre fremden Uniformen und Waffen, hört sogar Worte in fremder Sprache, die er verstümmelt wiedergibt, und die vielleicht erst lange nach seinem Tode auf demselben Flecke wirklich gesprochen werden. — Auch unbedeutende Begebenheiten muß der Vorschauer unter gleicher Beängstigung sehen, zum Beispiel einen Erntewagen, der nach vielleicht zwanzig Jahren auf diesem Hofe umfallen wird; er beschreibt genau die Gestalt und Kleidung der jetzt noch ungebornen Dienstboten, die ihn aufzurichten suchen; die Abzeichen des Fohlens oder

Kalbes, das erschreckt zur Seite springt und in eine jetzt noch nicht vorhandene Lehmgrube fällt usw. — Napoleon grollte noch in der Kriegsschule zu Brienne mit seinem beengten Geschicke, als das Volk schon von »silbernen Reitern« sprach, mit »silbernen Kugeln auf den Köpfen, von denen ein langer, schwarzer Pferdeschweif« flattere, sowie von wunderlich aufgeputztem Gesindel, was auf »Pferden wie Katzen« [ein üblicher Ausdruck für kleine zottige Rosse] über Hecken und Zäune fliege, in der Hand eine lange Stange mit eisernem Stachel daran. — Ein längst verstorbener Gutsbesitzer hat viele dieser Gesichte verzeichnet, und es ist höchst anziehend, sie mit manchem späteren entsprechenden Begebnisse zu vergleichen. — Der minder Begabte und nicht bis zum Schauen Gesteigerte »hört« — er hört den dumpfen Hammerschlag auf dem Sargdeckel und das Rollen des Leichenwagens, hört den Waffenlärm, das Wirbeln der Trommeln, das Trappeln der Rosse und den gleichförmigen Tritt der marschierenden Kolonnen. — Er hört das Geschrei der Verunglückten und an Tür und Fensterladen das Anpochen desjenigen, der ihn oder seinen Nachfolger zur Hilfe auffordern wird. — Der Nichtbegabte steht neben dem Vorschauer und ahnt nichts, während die Pferde im Stalle ängstlich schnauben und schlagen und der Hund, jämmerlich heulend, mit eingeklemmtem Schweife seinem Herrn zwischen die Beine kriecht. — Die Gabe soll sich jedoch übertragen, wenn ein Nebenstehender dem Vorgucker über die linke Schulter sieht, wo er zwar für dieses Mal nichts bemerkt, fortan aber für den andern die nächtliche Schau halten muß. — Wir sagen dies fast ungern, da dieser Zusatz einem unleugbaren und höchst merkwürdigen Phänomen den Stempel des Lächerlichen aufdrückt. — Wir haben den Münsterländer früher furchtsam genannt, dennoch erträgt er den eben berührten Verkehr mit der übersinnlichen Welt mit vieler Ruhe, wie überall seine Furchtsamkeit sich nicht auf passive Zustände erstreckt. — Gänzlich abgeneigt, sich ungesetzlichen Handlungen anzuschließen, kommt ihm doch an Mut, ja Hartnäckigkeit des Duldens für das, was ihm recht scheint, keiner gleich, und ein geistreicher Mann verglich dieses Volk einmal mit den Hindus, die, als man ihnen ihre religiösen und bürgerlichen Rechte schmälern wollte, sich zu vielen Tausenden versammelten und, auf den Grund gehockt, mit verhüllten Häuptern standhaft den Hungertod erwarteten. — Dieser Vergleich hat sich mitunter als sehr treffend erwiesen.

Unter der französischen Regierung, wo Eltern und, nachdem diese ausgeplündert waren, auch Geschwister mit ihren Habseligkeiten für diejenigen einstehen mußten, die sich der Militärpflicht entzogen hatten, haben sich zuweilen alle Zweige eines Stammes, ohne Rücksicht auf ihre unmündigen Kinder, zuerst bis zum letzten Heller exequieren und dann bis aufs Hemd auspfänden lassen, ohne daß es einem eingefallen wäre, dem Versteckten nur mit einem Worte den Wunsch zu äußern, daß er aus seinem Bretterverschlage oder Heuschober hervorkriechen möge, und so verhaßt, ja entsetzlich jedem damals der Kriegsdienst war, dem manche sogar durch freiwillige Verstümmelung, zum Beispiel Abhacken eines Fingers, zu entgehen suchten, so häufig trat doch der Fall ein, daß ein Bruder sich für den andern stellte, wenn er dachte, dieser werde den Strapazen erliegen, er aber möge noch mit dem Leben davonkommen. — Kurz, der Münsterländer besitzt den Mut der Liebe und einer unter dem Schein des Phlegmas versteckten schwärmerischen Religiosität, sowie er überhaupt durch Eigenschaften des Herzens ersetzt, was ihm an Geistesschärfe abgeht, und der Fremde verläßt mit Teilnahme ein Volk, was ihn zwar vielleicht mitunter langweilte, dessen häusliche Tugenden ihm aber immer Achtung einflößen und zuweilen ihn tief gerührt haben. — Müssen wir noch hinzufügen, daß alles bisher Gesagte nur das Landvolk angeht? — ich glaube »nein«, Städter sind sich ja überall gleich, Kleinstädter wie Großstädter. — Oder, daß alle diese Zustände am Verlöschen sind und nach vierzig Jahren vielleicht wenig mehr davon anzutreffen sein möchte? — Auch leider »nein«, es geht ja überall so!

BRIEFE

An Sprickmann

Hülshoff, 26. 10. 1818

Wenn Sie sähen, wie ich mich in diesem Augenblick schäme und noch mehr betrübe, so würden Sie, mein lieber gütiger Sprickmann, gewiß allen Unwillen aus Ihrem engelguten treuen Herzen verbannen, so reichlich ich ihn auch verdient hätte. Ich sitze schon länger als eine Stunde am Schreibtische, aber immer muß ich wieder Ihren letzten teuren Brief zur Hand nehmen, und je länger ich lese und je klarer mir Ihre Freundschaft und Nachsicht und Ihr frommes liebreiches Gemüt wird, desto unbegreiflicher wird es mir, daß ich diesen so ersehnten und erflehten Brief noch nicht beantwortet habe, denn er ist schon vom 2. April 1817. Ich kann Sie aber dessen versichern, daß der Grund meines Stillschweigens mir bis jetzt ganz vollgültig und billig vorgekommen ist, denn ich habe in diesem Jahr ein Gedicht in sechs Gesängen [Walther] geschrieben, dem eine nicht zu wohl ausgesonnene Rittergeschichte zugrunde liegt, das mir aber in der Ausführung ziemlich gelungen scheint. Dies wollt ich Ihnen nun schicken, sobald es fertig wär, konnte aber nicht so bald damit zustande kommen, weil ich im vorigen Jahre sehr an einem Kopfschmerz gelitten habe, der äußerst nachteilig auf die Augen wirkte; und ich habe mich bierbei, wie die Ärzte behaupten, sehr vor Rückfällen zu hüten. Ich habe auch wirklich nie einen halben Gesang ununterbrochen schreiben können, ohne einen kleinen Anfall zu spüren. Obschon die Gesänge nicht sehr lang sind, und ich im ganzen auch nicht so sehr langsam arbeite, so hat dies kleine Werk doch so oft und lange Feiertage gehalten, daß mir beinahe das ganze Jahr darüber hingegangen ist; und je näher ich zum Ziel kam, je weniger konnte ich mich entschließen, Ihnen einen Brief ohne diese Einlage zu schicken. Das ist aber alles nur ein optisches Blendwerk, wodurch meine Trägheit niederträchtigerweise meine bessere Überzeugung um ihr gutes Gewissen gebracht hat, denn es mußte mir nach den ersten Gesängen schon deutlich sein, daß das Ding in meiner damaligen Lage so schnell nicht ging, und so hätte ich auf jeden Fall meine Brieftaube müssen fliegen lassen und wäre dann nicht so tief in Schulden geraten, wie ich jetzt drin stecke. Ich kann doch am Ende nichts tun, wie mich selber auslachen.

An Sprickmann

Mit diesem Brief übersandte Annette an Sprickmann das Gedicht »Walther«.

Hülshoff, 8. 2. 1819

Nun bitte ich Sie noch einmal recht von Herzen, lieber Sprickmann, schreiben Sie mir doch recht deutlich und aufrichtig über das kleine Werk, nicht allein über offenbare Fehler, sondern was Ihnen nur immer unbehaglich daran auffällt und noch verbessernswert scheint. Ich habe zwar schon soviel darüber reden hören, und jeder klug sein wollende sitzt zu Gericht [denn meine Mutter, die das erste Exemplar bekommen hat, wie Sie aus der Zueignung sehen, liest es zuweilen zu meinem großen Leide ihren Bekannten vor und sehr oft Menschen, von denen ich voraus weiß, daß sie recht viel Ungeschicktes darüber sagen werden] und hat ein neues Lob und einen neuen Tadel dafür, und ich weiß oft nicht, worüber ich mich am meisten ärgere. Was das Lob anbelangt, so habe ich schon recht an mich halten müssen, um manche unbedeutende und eben passable Stellen nicht auszustreichen, die mir durch unpassendes Lob ganz und gar zuwider geworden sind. So kam z. B. ein gewisser Herr, dem mein Gedicht auch nicht durch mich zur Beurteilung vorgelegt worden war, immer darauf zurück: die schönste Stelle im ganzen Gedicht sei: »Es rauscht der Speer, es stampfte wild das Roß«, und erst durch sein vieles Reden wurde mir offenbar, wie dieser Ausdruck so gewöhnlich und oft gebraucht und beinahe die schlechteste Stelle im ganzen Buche ist. Dieser Herr hörte auch gar nicht auf davon, sondern sagte während des Tages mehrmals, wie in Entzückung verloren: »Es rauscht der Speer, es etc. etc.«, wozu er auch wohl leise mit dem Fuße stampfte. Ich mußte endlich aus dem Zimmer gehen. Wie ich vor einer Woche in Münster bin, begegnet mir der Unglücksvogel auf der Straße, hält mich sogleich an und sagt sehr freundlich: »Nun, Fräulein Nettchen, wie geht's? was macht die Muse? Gibt sie Ihnen noch bisweilen so hübsche Sächelchen in die Gedanken wie das Gedichtchen von neulich? Ja, das muß ich Ihnen sagen, da ist 'n niedlich Ding; was für eine Kraft bisweilen: Es rauscht der Speer, es stampfte wild das Roß.« Ich machte mich sobald als möglich los und lachte ganz unmäßig; ich hätte aber ebensogut weinen können.

Sehn Sie, mein Freund, so geht's mir oft. Von der anderen Seite würde ich mir wenig daraus machen, mein Gedicht oft auf die albernste und verkehrteste Weise tadeln zu hören, wenn ich nicht dabei gezwungen wäre, zu tun, als ob ich ihre Bemerkungen ganz richtig fände, ein freundliches Gesicht zu machen und ihnen vielleicht noch für ihre Aufrichtigkeit zu danken. Nur zwei- oder dreimal bin ich zu meiner Freude mit einem bloßen

»recht schön!« abgefertigt worden, sonst ist es jedesmal, wenn ich das Gedicht in die Stube schicke [denn ich hebe es selbst auf, obschon es meiner Mutter gehört, und bin also gezwungen, mein liebes Kind jedesmal selbst in die Hände seiner Feinde zu liefern], so gut, als ob ich auf ein Dutzend Kritiken pränumerierte, denn fast niemand kann der Versuchung widerstehen, sich durch irgendeine Verbesserung als einen denkenden, feinen Kopf zu charakterisieren.

Mein lieber geliebter Freund, ich weiß, daß ich Ihnen dies alles schreiben kann, ohne daß Sie deshalb auf den Argwohn geraten, als könne ich keinen Tadel vertragen. Sie wissen, wie sehr nachsichtig ich sonst hierin war, fast zu nachsichtig, denn aller und jeder Tadel war mir lieb, wenn auch von den albernsten Menschen; ich hatte den Grundsatz, daß ein fremdes Auge immer mehr und jedesmal schärfer sehe, wie eins, was durch Eigenliebe bestochen und durch das öftere Überdenken und Überlesen des Geschriebenen gegen die Härten und Unrichtigkeiten darin gleichsam abgestumpft worden wäre, und nicht selten opferte ich meine bessere Überzeugung. Noch jetzt ist mir ein vernünftiger, wohlmeinender Tadel sehr wert, aber auch n u r d e r; von meinem Sprickmann z. B. würde es mich sehr, sehr kränken, wenn er mir einen seiner Gedanken über meine Arbeit verschwieg oder bemäntelte...

O mein Sprickmann, ich weiß nicht, wo ich anfangen soll, um Ihnen nicht lächerlich zu erscheinen, denn lächerlich ist das, was ich Ihnen nun sagen will, wirklich. Darüber kann ich mich selber nicht täuschen, ich muß mich einer dummen und seltsamen Schwäche vor Ihnen anklagen, die mir wirklich manche Stunde verbittert; aber lachen Sie nicht, ich bitte Sie; nein, nein, Sprickmann, es ist wirklich kein Spaß. Sie wissen, daß ich eigentlich keine Törin bin; ich habe mein wunderliches, verrücktes Unglück nicht aus Büchern und Romanen geholt, wie ein jeder glauben würde. Aber niemand weiß es, Sie wissen es ganz allein, und es ist durch keine äußern Umstände in mich hineingebracht, es hat immer in mir gelegen. Wie ich noch ganz klein war [ich war gewiß erst vier oder fünf Jahre, denn ich hatte einen Traum, worin ich sieben Jahr zu sein meinte und mir wie eine große Person vorkam], da kam es mir vor, als ging ich mit meinen Eltern, Geschwistern und zwei Bekannten spazieren, in einem Garten, der gar nicht schön war, sondern nur ein Gemüsegarten mit einer geraden Allee mitten durch, in der wir immer hinauf gingen. Nachher wurde es wie ein Wald, aber die Allee mittendurch blieb, und wir gingen immer voran. Das war der ganze Traum, und doch war ich den ganzen folgenden Tag hindurch traurig und weinte, daß ich nicht in der Allee war und auch nie hineinkommen konnte. Ebenso erinnere ich mich, daß, wie meine Mutter uns eines Tages viel von ihrem Geburtsorte und den Bergen und den uns damals noch unbekannten Großeltern erzählte, ich eine solche Sehnsucht danach fühlte, daß, wie sie einige Tage nachher zufällig bei Tische ihre Eltern nannte, ich in ein heftiges Schluchzen ausbrach, so daß ich fortgebracht werden mußte; dies war auch vor meinem siebenten Jahre, denn als ich sieben Jahre alt war, lernte ich meine Großeltern kennen. Ich schreibe Ihnen diese unbedeutenden Dinge nur, um Sie zu überzeugen, daß dieser unglückselige Hang zu allen Orten, wo ich nicht bin, und allen Dingen, die ich nicht habe, durchaus in mir selbst liegt und durch keine äußeren Dinge hereingebracht ist; auf diese Weise werde ich Ihnen nicht ganz so lächerlich scheinen, mein lieber nachsichtsvoller Freund. Ich denke, eine Narrheit, die uns der liebe Gott aufgelegt hat, ist doch immer nicht so schlimm, wie eine, die wir uns selbst zugezogen haben. Seit einigen Jahren hat dieser Zustand aber zugenommen, daß ich es wirklich für eine große Plage rechnen kann. Ein einziges Wort ist hinreichend, mich den ganzen Tag zu verstimmen, und leider hat meine Phantasie so viel Steckenpferde, daß eigentlich kein Tag hingeht, ohne daß eins von ihnen auf eine schmerzlich süße Weise aufgeregt würde. Ach, mein lieber, lieber Vater, das Herz wird mir so leicht, wie ich an Sie schreibe und denke, haben Sie Geduld und lassen Sie mich mein törichtes Herz ganz vor Ihnen aufdecken, eher wird mir nicht wohl. Entfernte Länder, große interessante Menschen, von denen ich habe reden hören, entfernte Kunstwerke und dergleichen mehr, haben alle diese traurige Gewalt über mich. Ich bin keinen Augenblick mit meinen Gedanken zu Hause, wo es mir doch so wohlgeht; und selbst, wenn tagelang das Gespräch auf keinen von diesen Gegenständen fällt, seh' ich sie in jedem Augenblick, wo ich nicht gezwungen bin, meine Aufmerksamkeit angestrengt auf etwas anderes zu richten, vor mir vorüberziehen und oft mit so lebhaften an Wirklichkeit grenzenden Farben und Gestalten, daß mir für meinen armen Verstand bange wird. Ein Zeitungsartikel, ein noch so schlecht geschriebenes Buch, was von diesen Dingen handelt, ist imstande, mir die Tränen in die Augen zu treiben; und weiß gar jemand etwas aus der Erfahrung zu erzählen, hat er diese Länder bereist, diese Kunstwerke gesehen, diese Menschen gekannt, an denen mein Verlangen hängt, und weiß er gar auf eine angenehme und begeisterte Art davon zu reden, o mein Freund, dann ist meine Ruhe und mein Gleichgewicht immer auf längere Zeit zerstört, ich kann dann mehrere Wochen an gar nichts anderes denken, und wenn ich allein bin, besonders des Nachts, wo ich immer einige Stunden wach bin, so kann ich weinen wie ein Kind, und dabei glühen und rasen, wie es kaum für einen unglücklich Liebenden passen würde. Meine Lieblingsgegenden sind Spanien, Italien, China, Amerika, Afrika, dahingegen die Schweiz und Otaheite, diese Paradiese, auf mich wenig Eindruck machen. Warum? das weiß ich nicht; ich habe doch davon viel gelesen und viel erzählen hören, aber sie wohnen nun mal nicht so lebendig in mir. Wenn ich Ihnen nun sage, daß ich mich oft sogar nach Schauspielen sehne, die ich habe aufführen sehen, und oft nach eben denjenigen, wobei ich mich am meisten gelangweilt habe, nach Büchern, die ich früherhin gelesen und die mir oft gar nicht gefallen haben... so habe ich z. B. in meinem vierzehnten Jahre einen schlechten Roman gelesen, den Titel weiß ich nicht mehr, aber es kam von einem Turme darin vor, worüber ein Strom stürzt, und vorn am Titelblatt war besagter abenteuerlicher Turm in Kupfer gestochen; das Buch hatte ich längst vergessen, aber seit längerer Zeit arbeitet es sich aus meinem Gedächtnisse hervor, und nicht die Geschichte, noch etwa die Zeit, in der ich es las, sondern wirklich und ernsthaft das schäbige, verzeichnete Kupfer, worauf nichts zu sehen ist wie der Turm, wird mir zu einem wunderlichen Zauberbilde, und ich sehne mich oft recht lebhaft danach, es einmal wieder zu sehen: wenn das nicht Tollheit ist, so gibt's doch keine, da ich zudem das Reisen gar nicht vertragen kann, da ich mich, wenn ich einmal eine Woche von Hause bin, ebenso ungestüm dahin zurücksehne, und da auch wirklich dort alles meinen Wünschen zuvorkommt. Sagen Sie! was soll ich von mir selbst denken? und was soll ich anfangen, um meinen Unsinn los zu werden?

Mein Sprickmann, ich fürchtete meine eigene Weichheit, wie ich anfing, Ihnen meine Schwäche zu zeigen, und statt dessen bin ich über dem Schreiben ganz mutig geworden; mich dünkt, heute wollte ich meinen Feind wohl bestehen, wenn er auch einen Anfall wagen sollte.

Sie können auch nicht denken, wie glücklich übrigens meine äußere Lage jetzt ist; ich besitze die Liebe meiner Eltern, Geschwister und Verwandten in einem Grade, den ich nicht verdiene, ich werde, besonders seit ich vor dreieinhalb Jahren so krank war, mit einer Zärtlichkeit und Nachsicht behandelt, daß ich wohl eigensinnig und verwöhnt werden könnte, wenn ich mich nicht selbst davor fürchtete und sorgfältig hütete. Dabei ist mir die Achtung vieler schätzbaren Menschen zuteil geworden und die Freundschaft einiger lieben, lieben harmoniereichen Seelen, worunter freilich mein Sprickmann in meinem Herzen steht, wie der Mond unter den Sternen...

An Anna v. Haxthausen.

Wehren, [Ende] 1820.

Ich habe lange gewankt, ob ich Deinen harten Brief beantworten sollte, liebe Anna, denn ich war entschlossen, alles über mich ergehen zu lassen; was soll ich den anderen auch sagen, sie wissen ja eigentlich nichts, und zudem muß ich büßen für manches, was Du auch nicht weißt, und dazu ist ihre Übereilung recht gut, denn es ist schrecklich, sich so stillschweigend von allen Seiten verdammen zu lassen; aber Du kommst mir zu tief ins Leben, denn Du weißt viel mehr als die andern, und doch tust Du ebenso unwissend hart und ebenso verwunderte Fragen, da Du doch die Antworten weißt.

Hör, Anna, ich will Dir allerhand sagen, nicht als ob ich nicht alles tausendmal verdient hätte, sondern weil Du mich frägst und zuviel weißt, um jetzt nicht noch mehr zu wissen, und ich traue Dir, daß Du es keinem Deiner Geschwister zeigst. Recht kann ich es Dir auch nicht erklären, das könnte ich Straube ganz allein, aber den werde ich wohl nicht wiedersehen. Ach Gott, ich ginge gerne darum zu Fuß nach Göttingen, wenn es anging. — Anna, Du weißt, wie lieb ich Straube immer gehabt habe, die andern wissen es auch, ich habe nie ein Geheimnis daraus gemacht. Schon in Hülshoff habe ich es oft gesagt, er wäre mir lieb wie ein Bruder, und im Grunde war er mir lieber wie meine beiden Brüder, aber ich hielt es ehrlich für Freundschaft. Wenn ich mir oft große Reichtümer träumte, was fast alle Tage geschah, so war mein Hauptgedanke, Straube immer um mich zu haben, und nun meint er wohl, ich hätte ihn nie lieb gehabt. O Gott! er hat recht, es zu glauben, ich kann ihm den abscheulichen Gedanken nicht nehmen, das ist mein ärgstes Leiden.

Anna, ich bin ganz herunter, ich habe keine auch nur mäßig gute Minute. Daß Deine Geschwister mich verlassen, danach frage ich unter uns gesagt jetzt nichts, obschon es mir sonst gewiß sehr betrübt gewesen wäre; ich denke immer nur an Straube! Um Gottes willen schreib mir doch, was macht er? Ihr wißt nicht, wie unbarmherzig ihr seid, daß ihr mir nichts sagt.

Ludowine schreibt an Thereschen, daß er mit August nach Hannover gewesen. Also bei Arnswaldt, das ist nicht gut. Ich spreche ungern gegen Arnswaldt, denn ich muß ihn jetzt mehr schätzen wie je, aber je länger ich mich bedenke, desto mehr finde ich, daß er es mit Straube innig gut gemeint, aber mit mir von Anfang an desto schlimmer. Ich hatte Arnswaldt sehr lieb, auf eine andere Art wie Straube. Straubens Liebe verstand ich lange nicht, und dann rührte sie mich unbeschreiblich und ich hatte ihn wieder so lieb, daß ich ihn hätte auffessen mögen. Aber wenn Arnswaldt mich nur berührte, so fuhr ich zusammen. Ich glaube, ich war in Arnswaldt verliebt und in Straube wenigstens nicht recht, aber das erste ist vergangen, noch eh er abreiste, da er sich ein paarmal, wohl um mich zu prüfen, etwas sehr unfein ausdrückte. Ich sagte es ihm auch noch den letzten Morgen, eh' er abreiste, daß ich ihn zu lieben geglaubt, aber seine Äußerungen es plötzlich gestört hätten. Ich glaube, ich habe es Dir ja auch damals erzählt. Hätte das Arnswaldt nicht an Straube sagen müssen? Aber ich begreife es wohl, es ist ihm nur ein neues Zeichen meines Leichtsinns gewesen, und bei Straube hat er nicht allerhand, wie er meint, verkehrte Zweifel erregen wollen. Ich aber war durch dies Gefühl und Bekenntnis sehr erleichtert und wartete nunmehr mit Angst und Sehnsucht auf den September, denn ich hatte die dunkle Idee, Straube alles zu sagen, wenigstens was mich allein betraf, denn den Gedanken mit dem Brief über Straubes Stimmung hatte ich rein aufgegeben. Ich sagte es auch Arnswaldt, vor dem Weggehen, daß er mir nicht schreiben, und mich doch auch lieber nicht zu Hülshoff besuchen möchte, wie er zu wollen vorgab. Er bestand auf beides, und ich nahm das erste auf allen Fall an, wegen des letzteren behielt ich mir einen besonderen Brief vor.

Ich schreibe das alles so hin, als ob es mich keinen Schmerz kostete, und doch löst es sich mir aus der Brust wie Stücke vom Herzen, aber Du sollst im klaren sein, wie es für einen Dritten möglich ist. Arnswaldt muß mich von Anfang an gehaßt haben, denn er hat mich behandelt wie eine Hülse, die man nur auf alle Art drücken und brechen darf, um zum Kern zu gelangen. Er hat mir eine unabsichtlich durchscheinende Neigung auf alle Weise bewiesen, Du hast es ja oft genug gesehen. Ein wahrscheinlich sehr herbei geführtes Mißverständnis ließ mich glauben, daß Arnswaldt mir seine Neigung gestanden, und ich stand keinen Augenblick an, auch meine Gesinnungen offen zu gestehen. Das glaubte ich irrig zu dürfen, da ich fest entschlossen war, ihm meine Hand zu verweigern, wenn er sie fordern sollte. Ich entdeckte ihm deshalb mein Verhältnis zu Straube. Nun entfaltete er das Mißverständnis, und ich fühlte mich beschämt aber nicht erniedrigt, da er sich hierbei mit der äußersten Feinheit und Freimütigkeit benahm und mich aufs Wärmste seine Freundin nannte. Nun fragte er noch wegen Straube. Ich konnte ihm nicht alles sagen und wollte doch nicht lügen, so verwirrte ich mich und er ängstigte mich dermaßen durch seine Fragen, daß ich doppelsinnige Antworten gab und sonach endlich das Ganze äußerst verändert und verstellt dastand. Ich habe überhaupt oft viel mehr zu ihm gesagt, wie ich sollte, aber dieser stille tiefe Mensch hatte für die Zeit eine unbegreifliche Gewalt über mich und zudem ließ mich sein Betragen glauben, daß er mich im Grunde doch liebte, aber gegen seinen Willen. Mit mir stand es ebenso, und dies verkehrte Verhältnis gab mir eine Verwirrung und einen Schmerz, die wohl keiner ahndete außer Du. Du wußtest es zum Teil, ich habe indes noch oft von Straube mit aller Liebe, die ich für ihn fühlte, geredet und mich aufs härteste angeklagt, aber Arnswaldt ging immer leicht darüber hin; ich sollte mit Gewalt recht schuldig werden, Straube sollte gerettet werden und ich zu Grunde — oh, wie muß er mich hassen! Auch noch in seinem Brief sucht er mir den Glauben an Straube, das Einzige, was ich noch habe, zu nehmen; seine Worte sind: »Meinen Freund zu retten, war mein erster Gedanke, ich fand dieses leichter, als ich dachte, denn er war schon fast gerettet.« Nachher hat ihm dies noch zu milde geschienen und er hat korrigiert: »sehr viel leichter«; ist das nicht Grausamkeit! Er hatte eine sehr teure Absicht, und deshalb vergebe ich ihm von Herzen, aber ich hoffe ihn nicht wiederzusehen — er mag auch wohl manches überhört haben in seinem Eifer um die Hauptsache.

Du willst wissen, wie mir ist, liebe Anna. Das kann ich Dir nicht sagen. Ich hoffe und wünsche Dir, daß Du es in Deinem Leben nicht verstehst — aber ich habe es verdient...

Nun habe ich Dir alles gesagt, was Du wissen kannst, daran halte Du Dich, die andern kann ich nicht besänftigen, auch ist keins unter allen, was mich schmerzlich verliert, außer Ludowinen, und die finde ich ganz gewiß noch wieder, aber jetzt ist die Zeit noch nicht, ich muß noch erst viel besser werden, wenn mich Gott leben läßt.

Ich habe vielleicht manches unberührt gelassen, was Dich vor allem schmerzt. Willst Du darüber ins Reine sein, so schreib mir. Ich möchte vielleicht noch einiges sagen können, aber ich glaube es kaum, denn ich muß viel gestehen, ich bin sehr gesunken, tiefer als Du denkst, aber nicht aus Verhärtung. Dafür habe ich nun auch schon drei Monate und drüber gelitten, wie ich früher keine Idee davon hatte, und das wird auch wohl noch dauern, solange ich lebe. Darum sollt ihr mich auch nicht schimpfen und quälen, sondern vor euch sehen, daß ihr nicht fallt. Ich bin zuweilen etwas wild, wenn ich mal nicht an Straube denke, sondern nur, wie ihr jetzt blindlings auf mich loshackt. Aber das kommt selten, denn ich denke Tag und Nacht an Straube. Ich habe ihn so lieb, daß ich keinen Namen dafür habe. Er steht mir so mild und traurig vor Augen, daß ich oft die ganze Nacht weine und ihm immer in Gedanken vielerlei erkläre, was ihm jetzt fürchterlich dunkel sein muß. Ach Gott, wenn ich ihm nur schreiben dürfte, dann wüßte ich noch wohl allerhand, was ich ihm allein sagen kann.

Ich arbeite allerlei kleine Sachen und denke, sie wären für Straube. Das erleichtert mich außerordentlich. Liebe Anna, ich möchte so gern einige Tücher für ihn sticken. Wolltest Du sie ihm wohl wie von Dir zu Weihnachten geben? Oder soll ich sie ihm lieber p. Kuvert schicken? Aber dann stehen die Postzeichen auf der Adresse. Bitte

bitte, liebe Anna, schreib mir Deine Meinung. Ich fange indes gleich an zu sticken, sonst wird es zu spät. Richte es ein, wie Du meinst, liebe Anna, aber so, daß es geht, denn es ist mein süßer liebster Trost. Ach, könnte ich Straube nur noch einmal sehen, oder auch nur eine freundliche vergebende Zeile von seiner Hand. Soll er meine Locke wohl fortgeworfen haben? Anna, es ist unmöglich, ein solches Verhältnis kann sich nicht ganz lösen, das habe ich deutlich gefühlt, wie ich Arnswaldt zu lieben glaubte, und ganz deutlich, noch eh er abreiste. Sieh, Anna, ich habe es Arnswaldt auch zuletzt mehrmals gesagt: ich habe mich getäuscht und Straube jetzt wieder viel lieber wie Sie, aber das hat er alles Gott weiß wofür genommen und verschwiegen. Warum muß die liebe rechtliche Seele gegen mich allein so hart sein! Verdient habe ich übrigens alles, das ist gewiß, darum will ich es auch tragen. Es ist mir nur um Straube, gegen den habe ich allein Unrecht, und für den habe ich allein wahre tiefe Neigung, es mag Freundschaft oder Liebe sein, ich weiß nicht, was es ist.

Um Gottes willen, Anna, sei barmherzig und schreib mir alles, was Du von ihm weißt. Soll ich ihm gar nicht schreiben dürfen? Sollt er meinen Brief wohl an Arnswaldt schicken? Oder es gar frech finden und sich noch mehr kränken? Das wäre schrecklich! Und wenn ihn Arnswaldt sähe, daß ich das wüßte, so könnte ich doch gar nicht recht offen und innig schreiben, denn ich glaube, daß Arnswaldt mich zu sehr haßt, um billig zu sein, auch könnte wohl manches nicht für einen Dritten passen. Schreib mir doch gleich wieder. Ich könnte Straubes Antwort so gut unter Thereschens Adresse kriegen, wie die Deinigen auch. Leb wohl und antworte mir gleich. Deine Nette.

An die Mutter.

Mit diesem Briefe sandte die Dichterin der Mutter das Manuskript der ersten Hälfte des »Geistlichen Jahres«.

Hülshoff, 9. 10. 1820.

Du weißt, liebste Mutter, wie lange die Idee dieses Buches in meinem Kopfe gelebt hat, bevor ich sie außer mir darzustellen vermochte. Der betrübende Grund liegt sehr nahe, in dem Unsinn, dem ich mich recht wissentlich hingab, da ich es unternahm, eine der reinsten Seelen, die noch unter uns sind, zu allen Stunden, in Freud und Leid vor Gott zu führen, da ich noch deutlich fühlte, wie ich nur von sehr wenigen Augenblicken ihres frommen Lebens eine Ahnung haben könne, und wohl eben nur von jenen, wo sie selbst nachher nicht weiß, ob sie zu den guten oder bösen zu zählen. Es würde somit fast freventlich gewesen sein, bei so heiligen Dingen mich in vergeblichen Versuchen, ich möchte sagen, herumzutummeln, wenn nicht der Gedanke, daß die liebe Großmutter ja gerade in jenen Augenblicken nur allein eines äußeren Hilfsmittels etwa bedürfe, indes in ihren reineren Stunden alles Hinzugetane gewiß überflüssig oder störend, und wo sie sich dessen etwa aus Demut bedient, auch das gelungenste Lied von mir ihr nicht jene alten, rührenden Verse ersetzen kann, an denen das Andenken ihrer frommen verstorbenen Eltern und liebsten Verwandten hängt, — wenn nicht, sage ich, dieser Gedanke mich zu den mehrmaligen Versuchen verleitet hätte, die so mißlungen sind, als sie gar nicht anders werden konnten. Kein Schwachkopf, der plötzlich zum König wird, kann bedrängter sein, als ich im Gefühl der Ohnmacht, wenn ich Heiligtümer offenbaren sollte, die ich nur dem Namen nach kannte, und deren Kunde mir Gott dereinst geben wolle! — So habe ich geschrieben, immer im Gefühl der äußersten Schwäche und oft wie des Unrechts, und erst seitdem ich mich von dem Gedanken, für die Großmutter zu schreiben, völlig frei gemacht, habe ich rasch und mit mannigfachen, aber erleichternden Gefühlen gearbeitet und, so Gott will, zum Segen. — Die wenigen zu jener mißlungenen Absicht verfertigten Lieder habe ich ganz verändert oder, wo dieses noch zu wenig war, vernichtet, und mein Werk ist jetzt ein betrübendes, oder vollständiges Ganze, nur schwankend in sich selbst, wie mein Gemüt in seinen wechselnden Stimmungen. — So ist dies Buch in Deiner Hand! Für die Großmutter ist und bleibt es völlig unbrauchbar, sowie für alle sehr frommen Menschen; denn ich habe ihm die Spuren eines vielfach gepreßten und geteilten Gemütes mitgeben müssen, und ein kindlich in Einfalt frommes würde es nicht einmal verstehen. Auch möchte ich es auf keine Weise vor solche reinen Augen bringen; denn es gibt viele Flecken, die eigentlich zerrissene Stellen sind, wo eben die mildesten Hände am härtesten hingreifen, und viele Herzen, die keinen Richter haben als Gott, der sie gemacht hat. — Daß mein Buch nicht für ganz schlechte, im Laster verhärtete Menschen paßt, brauche ich eigentlich nicht zu sagen; wenn ich auch eins für dergleichen schreiben könnte, so würde ich es doch unterlassen. Es ist für die geheime, aber gewiß sehr verbreitete Sekte jener, bei denen die Liebe größer wie der Glaube, für jene unglücklichen, aber törichten Menschen, die in einer Stunde mehr fragen, als sieben Weise in sieben Jahren beantworten können. Ach! es ist so leicht, eine Torheit zu rügen; aber Besserung ist überall so schwer, und hier kann es mir oft scheinen, als ob ein immer erneuertes Siegen in immer wieder auflebenden Kämpfen das einzig zu Erringende, und ein starres Hinblicken auf Gott, in Hoffnung der Zeit aller Aufschlüsse, das einzig übrige Ratsame sei, d. h. ohne eine besondere wunderbare Gnade Gottes, die auch das heißeste Gebet nicht immer herabruft...

An die Mutter.

Köln, September 1825.

Nun ich das Notwendigste geschrieben habe, will ich Dir, liebste Mama, doch noch allerhand Allotria mitteilen. So bin ich gestern recht im Papstmonat hier angekommen, da das neue Dampfschiff »Friedrich Wilhelm«, das größte und schönste Schiff, wie man sagt, was noch den Rhein befahren hat, vom Stapel gelassen, probiert und getauft wurde. — Das erstere sah ich nicht, denn es war schon auf dem Wasser, als wir uns durch die Volksmenge gearbeitet hatten; dann aber sahen wir es ganz nahe, wir standen auf der Schiffsbrücke, mehrere Male eine Strecke des Rheins herauf und herunter mit türkischer Musik und beständigem Kanonenfeuer durch die Schiffsbrücke segeln mit einer Schnelligkeit, die einen schwindeln machte. Endlich legte es an der Schiffsbrücke an, und das sämtliche diplomatische Korps, was die Probe mitgemacht hatte, begab sich ans Land. Ein so großes Dampfschiff ist etwas höchst Imposantes, man kann wohl sagen, Fürchterliches. Es wird, wie Du wohl weißt, durch Räder fortbewegt, die, verbunden mit dem Geräusch des Schnellsegelns, ein solches Gezisch verursachen, daß es auf dem Schiffe schwer halten muß, sich zu verstehen. Doch dieses ist nicht das eigentlich Ängstliche. Aber im Schiffe steht eine hohe dicke Säule, aus der unaufhörlich der Dampf hinausströmt in einer grauen Rauchsäule mit ungeheurer Gewalt und einem Geräusch, wie das der Flamme bei einem brennenden Hause. Wenn das Schiff stille steht, oder wenn der Dampf so stark wird, daß er die Sicherheitsventile öffnet, so fängt das Ding dermaßen an zu brausen und zu heulen, daß man meint, es wollte sogleich in die Luft fliegen. Kurz, das Ganze gleicht einer Höllenmaschine, doch soll gar keine Gefahr dabei sein, und ich möchte diese schöne Gelegenheit wohl benutzen, um nach Koblenz zu kommen, was in fünf Stunden möglich sein soll.

An Schlüter.

Rüschhaus, 5. 12. 1834.

... Ich weiß nicht, ob der Gedanke an etwas unwiederbringlich Vergangenes auf Sie dieselbe Gewalt übt, wie auf mich, — wahrscheinlich nicht, denn Ihr Charakter ist mild, — aber der meinige enthält einen starken Zusatz von Sauerteig, — die Gewohnheit ist zudem meine Tyrannin, was einmal mein ist, müßte sehr schlecht sein, wenn ich es ganz und für immer missen möchte, ich glaube wahrlich nicht mal die Mücken, — und was meinen Sie, wenn wir jahrelang in einem fremden Lande leben müßten, was von dieser Plage befreit wäre, würde uns bei dem ersten Stich einer vaterländischen Mücke nicht das Herz im Leibe lachen? — Oder wenn wir jahrelang in einen Kerker gesteckt, uns jeden Zollbreit Raum, jede an die Wand gekritzelte Zeile dort zu eigen gemacht hätten, würden wir, nach einer Reihe von Jahren, für einen kurzen Aufenthalt darin nicht gern ein größeres Trinkgeld zahlen, als das beste Opernbillett kostet? ...

An Schlüter.

Rüschhaus, 2. 1. 1835.

Ich arbeite jetzt nichts, gar nichts, so gerne ich dran möchte; die Tage sind zu kurz und die wenigen Stunden zu besetzt, wenn ich des Morgens mich gekleidet, gefrühstückt und die Messe gehört habe, bleibt mir bis Mittag kaum Zeit genug zum Unterricht meiner kleinen Kusine; da wird Geschichte, Französisch und viel Musik getrieben, bis wir beide ganz verduselt zu Tische gehen. Nachmittags erst ein wenig spaziert, dann eine Stunde Klavier, eine Stunde nämlich Gesang, wieder Unterricht und dann ist's Abend, wo ich mein Zimmer verlasse und bei meiner Mutter bleibe. Das wäre nun wohl ein gutes löbliches Tagwerk, wenn ich es aus gutem Herzen vollbrächte, dem ist aber leider nicht so. Jede Arbeit, die ich nicht nach eigener Lust und zu eigener Ausbildung unternehme, wird mit ebenso vieler Freundlichkeit und Anmut verrichtet, wie ein Ackerpferd den Pflug zieht. Wenn's anders wäre, wär's besser, aber es wird nicht anders, wenn ich mich auch bei beiden Ohren nehme. Zudem sehe ich keinen Nutzen bei all der Plage; meine Elevin ist ein gutartiges, fleißiges und auch nicht talentloses Kind und plagt sich ab wie ein Hündchen im Schiebkarren, ganz ohne Lust und Liebe zum Dinge, nur aus Gehorsam, weil die Eltern gesagt haben: »Du mußt was lernen«; aber es war ihnen nicht bedacht, nur eine gebräuchliche Redeformel. Ich weiß, daß diese Eltern nicht gern sehen würden, wenn sie dergleichen Beschäftigungen späterhin fortsetzte; sie haben wenig Sinn dafür und eine große Haushaltung, die den Töchtern alle Hände voll gibt. Ich habe nichts gegen diese Ansicht unter diesen Umständen, nur gereut mich meine Zeit und die fruchtlose Plage des armen Kindes. —

Zur Reise in die Schweiz kann ich mich nicht so recht oder vielmehr gar nicht freuen; man liest und hört viel Herrliches davon, aber ich mag fremde Länder nur durchreisend sehen. Ein Sperling in der Hand ist besser wie eine Taube auf dem Dache. Wär Jenny nicht dort und ging Mama nicht mit, dieses gelobte Land möchte meinetwegen bei seinem Namensbruder in Asien wohnen. Ich muß so vieles zurücklassen, so viel Verwandte, so manche Befreundete, alle meine Gewohnheiten und Beschäftigungen, die leider zu abweichend von der Regel sind, als daß ich sie auswärts zu produzieren wagte. Ach, ich habe mich in den letzten vier Jahren, seit ich krank war, sehr verwöhnt, wenigstens in allerlei Wunderlichkeiten zugelassen; z. B. nur eins zu erwähnen, frühstücke ich erst um halb elf, kalte Milch mit kaltem Wasser vermischt oder mit etwas kaltem Kaffee, esse zu Mittag nichts wie Kartoffeln in der Schale mit etwas allemal kaltem Fleisch, welche Torheit!, und doch hat sich meine Natur so daran gewöhnt, daß warme Speisen mich schon nach einigen Tagen krank machen, deshalb bin ich immer unwohl in Münster. Dies ist eine Grille, und deren habe ich viele, Sie kennen mich noch nicht. Doch das sind Kindereien. Habe ich mich an Narrheiten gewöhnen können, kann ich es auch an eine vernünftige Lebensweise; aber mein gutes altes Hülshoff mit dem guten Volke drin und Münster mit all den Freunden, wenn ich das alles mit aufpacken könnte, dann wär's gut!

An Schlüter.

Eppishausen liegt im Kanton Thurgau. Annette war bei ihrer verheirateten Schwester zu Besuch.

Eppishausen, 22. 10. 1836.

Hätte ich Ihnen früher schreiben können, teuerster meiner Freunde, ich hätte es getan, aber gerade Ihnen kann ich nicht zu jeder Stunde schreiben, und Sie dürfen sich immerhin für etwas halten, wenn ich sage, für Sie ist mir noch keine Stunde passend gewesen. Ich habe mich indessen mit allerlei umhergeschlagen, viel Ausflüge in die Gegend, viel Besuche aus dem Hause, und viele im Haus, abwechselnd den anmutigen Gast und die erfreute dienstfertige Wirtin gemacht, aus dem Geräusch in Abspannung, aus der Abspannung wieder in die Zerstreuung. Glauben Sie mir, es gehört was dazu, bis man jedem sein Recht widerfahren lassen, und alles Pläsier ausgestanden hat, wozu man prädestiniert worden. Aber jetzt bin ich, so Gott will, ins Standquartier eingerückt, und wahrlich, das Plätzchen ist nicht übel, — namentlich das, was ich in diesem Augenblicke einnehme, wollen Sie es kennen? Es ist das Fenster eines altertümlichen Gebäudes am Berge, aber nicht gar hoch; die Kirchturmspitze des Dorfes drunten könnte uns den Wein aus dem Keller stehlen; wäre sie nicht so christlich erzogen, wer weiß, was geschäh'? Also, das Dorf gerad' unter dem Fenster, fast unmittelbar daran stoßend ein zweites, dann ein drittes, viertes, bis zu einem siebenten, alle so nah, daß ich die Häuser zähle [versteht sich mit der Lorgnette], und unsre gute, alte Burg drin, wie das kleine Wien in seinen großen Vorstädten, *sans comparaison.* Mitten durchs Tal eine Chaussee, auf der es ärger rappelt und klappert als auf der besten in ganz Westfalen; denn Sie müssen wissen, daß hier halb satt essen und Ellbogen »doer de Mauc« bei weitem nicht so unerträgliche Zeichen der Armut sind, als Wasser trinken und zu Fuß gehen. Besser ohne Brot als ohne Most, und das muß ein vom Schicksal Verlassener sein, für den weder der Himmel eine Rosinante, noch der Wagner ein Karriölchen geschaffen hat. Wer dies nicht kennt und obendrein kurzsichtig ist, wie ich, meint, das ganze Volk bestehe aus reichen Leuten. Doch, um nicht den Boden zu verlieren, ferner über die Chaussee hinaus die lieblichsten mit Laubholz bewachsenen Gebirge und, wie's im Liede heißt: »Auf jedem Gipfel ein Schlößchen, ein Dörfchen aus jeder Schlucht.« Von diesem Fenster sehe ich ihrer dreißig; gezählt habe ich sie nicht, und auch jetzt nicht Lust dazu, aber glaubwürdige Leute sagen es; das ist lieblich, das ist schön anzusehen! vor allem beim Sonnenschein; ja, selbst Sturm und Nebel können so viel Leben und Fröhlichkeit nicht zugrunde richten. Drum bin ich bei heitrer, geselliger Stimmung nirgends lieber als in diesem Zimmer, welches schon an sich selbst so hell und heiter ist und angefüllt mit den zierlichsten Dingen, Muscheln, Schnitzeleien in Holz, Elfenbein, geschnittene Steine, Münzen usw. Wenn ich nun sehe, wie die Meinigen so alles um mich versammelt haben, was mich freut oder unterhält, da zweifle ich kaum, daß man auch alle diese Dörfer und blanken Schlößchen mir zuliebe hingebaut hat und man zu meiner Unterhaltung dieses Menschenspiel auf der Chaussee treibt, gerade nahe genug, um deutlich vom Auge unterschieden, fern genug, um nicht störend zu werden. Aber es gibt eine Stelle, die mir noch lieber ist, und der Winter muß es sehr roh treiben, soll ich sie nicht jeden Tag begrüßen, wenigstens einmal; bis jetzt habe ich den größten Teil der gestohlenen Zeit dort verlebt. Hören Sie! Neben dem Hause liegt ein herrlicher Wald mit Anlagen, die nur ebensoviel von der Kunst geborgt haben, um das Unbequeme zu entfernen; lauter alte Buchen, herrliche hohe Laubgewölbe, mit Vögeln von allen Farben und Zungen, hier und dort Felsstücke zum Ausruhen, eine Menge lebendiger Quellen, die sich sammeln zu artigen Teichen, auf denen genug und zum Überfluß weiße Wasserrosen schwimmen, die man bei uns so sorgfältig zieht; das alles bildet ein unschätzbares Ganze, d. h. eben für uns unschätzbar, die wir gern spazierengehen, aber ungern den Berg hinabgaloppieren. Dieser Wald aber wird nur durch eine schöne und tiefe Schlucht vom Hause getrennt, worüber eine Brücke führt, die sich wahrlich nicht schlecht ausnimmt. Sie denken, dieses sei der geliebte Ort; keineswegs! ich beschreibe seine Vorzüge nur, um ihm mit desto größerem Glanze den Hals zu brechen, wenn ich hinzufüge, daß ich ihn hundertmal unter die Erde gewünscht habe, zu den alten muffigen Stämmen, die drüben bei Zielschlatt im Torfmoore liegen; denn was er verbirgt, ist mir lieber, als alles, was er geben kann. Ach! lieber keinen Wald, keinen Spaziergang außer der Chaussee oder unter den Obstbäumen, mit denen das Tal bestreut ist; und dafür meine lieben Alpen, meinen Säntis, meinen Glärnisch, meine Tiroler Gebirge und meinen schönen, klaren See mit seinen Segeln; sehen Sie, das alles käme uns zu, brächte der Wald uns nicht drum; nun seh' ich es zwar auch mitunter, aber nicht so oft ich will, z. B. nicht eben jetzt, wo ich fünf Groschen drum gäbe; ich sehe es nur an dem Plätzchen, wovon ich schon so lange geredet und Sie noch immer nicht hingeführt habe. Es ist ein Gartenhäuschen an der höchsten Stelle des Waldes, wo sich die Aussicht ins Tal öffnet. Zwei Wege gibt es dorthin, einen steil und dornicht, wie der der Tugend, und ihn pfleg' ich zu gehen oder vielmehr zu klettern; denn er bringt mich in drei Minuten hinauf, wenn auch keuchend und halb tot; der andere gleicht dem der Sünde, breit und gemächlich, deshalb verschmähe ich ihn auch, zumal da er die Eigenschaft besitzt, eine Viertelstunde lang zu sein. Sie mögen gewählt haben, wen Sie wollen, wir sind jetzt jedenfalls oben. Ja, mein teurer, teurer Freund, w i r sind oben; dieses ist der Platz, wo ich immer bei Ihnen bin und Sie bei mir, ich glaube mit Wahrheit sagen zu können, ich war nie droben ohne Sie, — es ist ein einsamer Fleck Erde, sehr reizend und sehr großartig. Ich sitzte nur bei rauher Luft im Rebhäuschen, sonst draußen unter einer großen Trauerweide, ganz versteckt durch die

Reben, mit denen der Abhang bis ins Tal besetzt ist, das Tal selbst schmal und leer, die Gebirge gegenüber sehr nah und mit Nadelholz bedeckt, was sie schwarz und starr aussehen läßt; so nun Berg über Berg, ein kolossales Amphitheater, und zuletzt die Häupter der Alpen mit ihrem ewigen Schnee, — links, die Länge des Tals vom Bodensee geschlossen [d. h. die Perspektive, der See selbst ist zwei Stunden von hier], dessen Spiegel im Sonnenschein mich blendet, und der überhaupt mit seinen bewegten Wimpeln und freundlichen Uferstädtchen hinüberleuchtet, wie das Tageslicht in einen Grotten-Eingang. Es ist seltsam, wie die Klarheit der Atmosphäre jeden Gegenstand heranrückt; ich bedarf hier nur einer guten Lorgnette, um meilenweit zu sehen, und dasselbe leisten andere mit freien Augen. In Hülshoff habe ich den Spiegel eines nicht fünf Minuten entfernten, großen Teiches nie deutlicher gesehen [von meinem Zimmer aus], als hier vom Rebenhäuschen den eine Meile fernen See, auf dem ich jedes Segel zähle, ja sogar in dem Städtchen Lindau am jenseitigen Ufer einzelne Gebäude unterscheide. Die Alpenhäupter nun gar, denen oft viel mehr Luft als Steine geblieben, scheinen oft so nah, daß man nur sogleich hinangehen möchte. Ich unterscheide jede Schlucht am Säntis so genau, daß ich meine, wenn ein Gemsjäger daraus hervorträte, ich müsse es sehen, und doch sind's sechs gute Stunden berg auf, bergab bis zum Fuße dieses alten Herrn und zu sei nem Gipfel, — nun, ich weiß nicht, aber wohl weiß ich, daß noch vor einigen Wochen ein Engländer, dem seine eigensinnige Geliebte zum Gegenpfande ihres Herzens eine Eisscholle vom Gipfel des Säntis abverlangte, fast drüber zugrunde gegangen ist. Dreimal haben die Schwierigkeiten ihn zurückgetrieben, zum vierten Male hat er nicht nachgelassen und jeden Schritt nur vorwärts gesetzt. Zum Glück hat er unten im Tale Freunde zurückgelassen; so sind Alpenjäger aufgeboten, und unser Held hat den Rückweg auf einer Tragbahre gemacht, besinnungslos. Ob nun die Dame ihre Forderung aufgegeben hat, oder er die Dame, weiß der Himmel, meine Kenntnisse sind hier zu Ende. Sie sehen indessen, daß mein Liebling und tägliches *vis-à-vis* keinen Spaß macht und sich wenigstens ebenso ungern am Barte zupfen läßt, als der weiland Sultan von Babylon, Oberonischen Andenkens.

Doch um wieder aus den Eisregionen zu kommen, von meiner Bank unter der Weide aus durchstöbere ich jede Schlucht, besteige ich jede Klippe, zwar nur in Gedanken, aber was so nah und deutlich erscheint, davon hat man schon so genug und glaubt nichts Neues gewinnen zu können durch Annäherung. Hier träume ich oft lange, komme oft recht verklammt zurück, denn die Abende werden allmählich frisch; aber hier droben ist meine Heimat, hier geht alles an mir vorüber, was ich nur in meinem Herzen habe mitnehmen können. Vieles, vieles. — Wenn ich den ganzen Tag mit andern Vorstellungen bin gefüttert worden, hier mache ich mein eignes Schatzkästlein auf und reiche Ihnen, mein teurer Freund, von hier aus die Hand über so manche Stadt, so manchen Berg und den breiten Rhein. Den Tag hindurch ist noch Leben im Tal, aber wenn es dämmert, wenn die Tiefe um eins so tief, die Höhe um eins so hoch wird, der Fichtenwald dasteht wie die eigentliche Finsternis, und nur die weißen kalten Massen droben wie Gespenster herableuchten, glauben Sie mir, Schlüter, das flache Land bietet keinen Begriff für die Einsamkeit solcher Augenblicke, — öde und gewaltig, — der Tod in seiner großartigsten Gestalt.

An Schlüter

Eppishausen, 9. 11. 1836

Nein, es ist zu arg, wie ich mit Ihnen verfahre, mein frommer, geliebter Freund, aber ich will Ihnen sagen, wie es derweil zugegangen ist, dann ist meine Entschuldigung gemacht. Vorerst war ich acht Tage lang bei Thurns [bin aber schon seit sechs Tagen zurück], dann, doch dort müssen Sie vorläufig noch verweilen, dort sind mir ein paar artige Begebenheiten zugestoßen; was ich sonst noch zu meinem Vorteil zu sagen habe, soll schon nachkommen; ich habe auf diesem Gute Berg, eben wie hier, die meiste Zeit am Fenster zugebracht, man sieht die Alpen wie auf unserm Rebhügel. Dort sah ich zuerst das Alpenglühen, nämlich dieses Brennen im dunklen Rosenrot beim Sonnen-Auf- und -Untergange, was sie glühendem Eisen gleich macht, und, so häufig die Dichter damit um sich werfen, doch nur bei der selten zutreffenden Vereinigung gewisser Wolkenlagen und Beschaffenheit der Luft stattfindet. Eine dunkel lagernde Wolkenmasse, in der sich die Sonnenstrahlen brechen, gehört allemal mit dazu, aber noch sonst vieles. Nun hören Sie, ich sah, daß eine tüchtige Regenbank in Nordwest stand, und behielt desto unverrückter meine lieben Alpen im Auge, die noch zum Greifen hell vor mir lagen; die Sonne, zum Untergang bereit, stand dem Gewölk nahe und gab eine seltsam gebrochene, aber reizende Beleuchtung. Ich sah nach den Bergen, die recht hell glänzten, aber weiß wie gewöhnlich, als wenn die Sonne sonst auf den Schnee scheint — hatte kein Arg aus einer allmählich lebhafteren, gelblichen, dann rötlichen Färbung, bis sie mit einem Male anfing sich zu steigern, rosenrot, dunkelrot, blaurot, immer schneller, immer tiefer, ich war außer mir, ich hätte in die Knie sinken mögen, ich war allein und mochte niemand rufen aus Furcht, etwas zu versäumen. Nun zogen die Wolken an das Gebirge, die feurigen Inseln schwammen in einem schwarzen Meere, jetzt stieg das Gewölk, alles ward finster, — ich machte mein Fenster zu, steckte den Kopf in die Sofapolster und mochte vorläufig nichts anderes sehen, noch hören. Ein anderes Mal sah ich eine Schneewolke über die Alpen ziehen, während wir hellen Sonnenschein hatten; sie schleifte sich wie ein schleppendes Gewand von Gipfel zu Gipfel, nahm jeden Berg einzeln unter ihren Mantel und ließ ihn bis zum Fuße weiß zurück; sie zog mit unglaublicher Schnelligkeit in einer halben Stunde viele Meilen weit, es nahm sich vortrefflich aus. Sie sehen, die Schweizernatur macht mitunter die Honneurs ihres Landes sehr artig und führt ergötzliche Nationalschauspiele auf für die Fremden an den Fenstern.

Nun noch ein liebliches kleines Abenteuer vom Schloße Berg, ganz anderer Art, wobei mir beinahe angenehm schauerlich zumute wurde, in Beziehung auf einen recht gut geschriebenen Geisterroman »Der Überzählige«, den ich erst vor einigen Tagen gelesen und in dem eine ähnliche Szene stattfindet. Also, — schon tönt die Glocke Mitternacht; nein so spät war es nicht, aber doch etwa halb elf, wir saßen nach dem Abendessen noch beisammen, der alte Graf Thurn, seine Schwester Emilie, seine Tochter Emma und ich. Vor uns auf dem Tische lagen allerlei alte Sächelchen, mit denen der gute Papa Thurn mich soeben beschenkt hatte; — ein Calatrava-Orden, derselbe, dessen Kopie auf einem mehr als hundertjährigen Familiengemälde vorkam; eine Bügeltasche mit Schloß und Kette, stark genug, einem jungen Ochsen anzulegen. Die Tasche selbst von schwerer Seide, drein gewirkt auf Gold das älteste Thurnsche Wappen der Familie, aus jener Zeit, wo sie noch unter dem Namen *de la Torre* Mailand beherrschten, bevor sie den Viscontis weichen mußten; ein sehr schön gemaltes kleines Bild und dergleichen mehr. Alles kam aus Schiebladen, die vielleicht seit sechzig Jahren nicht geöffnet waren, der Modergeruch verbreitete sich im ganzen Zimmer und mir war fast, als berühre ich die wunderbar konservierten Glieder des Verstorbenen. Der alte Graf hielt ein schlichtes Kästchen von Elfenbein in der Hand, aus dem noch allerlei zum Vorschein kam; endlich war es leer. Nun, sagte er, damit sie die kleinen Dinger nicht verlieren, so schenke ich Ihnen das Kästchen dazu, es ist zwar weder etwas Schönes noch Merkwürdiges daran; indessen mag es doch ein paar hundert Jahre alt sein, ich wenigstens habe es schon über vierzig Jahre; als ich ein Kind war, hatte es mein Vater, und ich erinnere mich, daß er sagte, er habe es von seinem Großvater, der es ihm auch schon als ein altes Kästchen mit, ich weiß nicht was drinnen, gegeben habe; so können Sie es auch unter die Antiquitäten rechnen. Hierbei schlug er den Deckel so fest zu, daß ich gleich nachher ihn nicht aufzubringen vermochte; ich meistere und drücke dran, eigentlich nur zum Zeitvertreibe; mit einem Male schlägt es gewaltsam auf, und zwei wunderschöne Miniaturbilder liegen vor mir, das eine im Deckel, das andere gegenüber im Grunde des Kästchens. Emma und ich hatten uns, in der Erinnerung an den »Überzähligen«, beide erschreckt, daß wir blaß geworden waren; weniger entsetzt, aber mehr verwundert waren die beiden Geschwister, die mit Gewißheit sagen konnten, daß seit wenigstens hundertdreißig Jahren niemand mehr um das Dasein dieser Gemälde gewußt hatte. Der alte Graf, dem das Kästchen früherhin zwanzig Jahre als Bonbonniere gedient, sah aus, als glaube er an Hexen. Es fand sich, daß ich mit meinem ungeschickten Meistern und Brechen die Feder getroffen, welche den Schieber vor den Gemälden bewegte. Die Bilder stellen zwei vollkommen erhaltene Porträts dar, einen jungen Mann und ein Mädchen, beide im Alter von etwa sechzehn Jahren, beide von großer Schönheit und einander so ähnlich, daß man sie für Geschwister, wo nicht gar für Zwillinge, halten muß. Beide haben runde, feine Gesichtchen, einen Teint von seltener Zartheit, die schönsten und größten dunkelblauen Augen, etwas aufgestutzte Näschen, hingegen wieder einen Mund und Kinn von wahrhaft idealer Lieblichkeit. Wäre der junge Mann ein Mädchen, so würde er die schönere von den beiden Schwestern sein, so aber lassen sich diese zarten Formen kaum mit der Jugend entschuldigen; das Mädchen ist schwarz gekleidet, mit ungeheuren hängenden Ärmeln, aus denen die schönen runden Arme und Händchen allerliebst herauskommen; dann eine weiße Schürze, ein weißes durchsichtiges Halstuch und ein sehr klares Häubchen, unter dem einige braune Löckchen hervorsehen. So sitzt sie in einem ungeheuren Sessel von dunkelrotem Sammet, etwas selbstgefällig, noch mehr ängstlich, ganz wie das arme Ding dem Maler mag gesessen haben und reicht mit dem einen Händchen einen Brief durchs offene Fenster, während die andere ein Körbchen mit Brezeln auf ihrem Schoße festhält. Der junge Mensch sieht nun vollends aus, wie ein maskierter Amor. Soeben tritt er aus der Tür seines Hauses, mit der possierlichsten und dabei anmutigsten Prätension und mit einem Anfluge von wirklicher Würde, der sich späterhin recht vorteilhaft mag ausgebildet haben; eine ungeheure Allongeperücke läßt sein Gesichtchen hervorschauen, wie ein Engelsköpfchen aus den Wolken; seine zarte, aufgeschossene Figur streckt sich in einer endlos langen goldgestickten braunen Weste und dito Rock; in der einen Hand hält er eine offene Tabaksdose, die andere hat er trotzig in die Seite gestemmt, die Farben sind frisch, wie eben aus dem Pinsel. Das Kästchen ist mir geblieben und ich betrachte es bis jetzt täglich mit den seltsamsten Gefühlen. Mein Gott! was ist die Zeit! was ist ehemals, jetzt und dereinst! [ich meine irdisch gerechnet]. Die Bilder sind nicht gerade so ausgezeichnet gut gemalt, aber sie kopieren das Leben bis zur ängstlichen Täuschung, ich hab' es früher nie so gesehen; Emma Thurn behauptet, sie schlügen die Augen auf und nieder. Man ist gezwungen zu denken, sie seien nur eben erst nebst dem Maler zur Tür hinausgegangen, gleich voll der allerfrischesten Lebensessenz und des allerfestesten Köhlerglaubens an einen Himmel voll Geigen; man sieht recht, wie froh sie ihrer Schönheit waren und ihrer guten Kleider, vor allem der Knabe seiner köstlichen Perücke, welche ihm die Eltern ohne Zweifel eigens hierzu machen ließen, — und wo sind jetzt ihre Knochen? — Sollte man wohl noch einige Stäubchen zusammenlesen können? Sie erinnern mich an ein sehr liebliches und ihnen ganz ähnliches Geschöpf, Lorchen von Dalwigk, die ich im vorigen Jahre in Belgien sah, ihr erster Ausflug, seit sie vor vier Wochen die Pension verlassen. Man kann sich nichts Anmutigeres und Frischeres denken; jede freie Minute wurde zu einer kleinen Tanz- oder Musikübung verwendet, denn wir waren schon im Spätsommer, und auf den Winter sollte sie in die Welt eingeführt werden; ihre Augen funkelten schon vor Erwartung und die ihrer Eltern nicht minder, aber nicht zwei Monate nachher erhielt ich eine Todesanzeige, das Nervenfieber hatte sie fortgenommen. Nun möchte ich immer wissen, ob jene zwei frischen Blumen auch so geknickt sind, wie ich sie da vor mir sehe, oder ob sie zuvor verdorrten und unkenntlich wurden; für meine Träumereien verweile ich am liebsten bei der ersten Vorstellung. Mir macht das jugendliche Porträt eines gealterten Originals nur selten andere als unangenehme Eindrücke; es ist nicht das Verfallen der äußern Form, sondern das der innern. Wessen Persönlichkeit entwickelt sich wohl so voran, daß sie zu allen Zeiten demselben Individuum gleich ansprechend wäre! Bei Alten, denen ich Zutrauen und Ehrfurcht zolle, mag ich nicht daran erinnert werden, daß es eine Zeit gab, wo ich ihnen beides würde geweigert haben; bei solchen, denen alles verlorengegangen ist, was die Jugend Edleres hatte, betrübt's mich zu sehr, daß man so gut ausgestattet sein und doch zuletzt so verkommen kann; selten, selten darf man denken: das ist gerade die Blüte, die man nach der Frucht voraussetzen mußte. —

Doch Reflexionen können Sie selber machen, die brauche ich nicht aus der Schweiz zu schicken; aber, liebster Freund, ich weiß Ihnen eben nichts Besseres zu geben; die Politik bekümmert uns beide gleich wenig, sonst könnte ich Ihnen sagen, daß die freien Schweizer, die keinen Rang anerkennen wollen, die ärgsten Sklaven des Geldes sind, daß reiche Bauern in den Dörfern unbeschränktere Herren und schlimmere Tyrannen darstellen, als je der Unterschied des Ranges dergleichen hervorgebracht hat; anderwärts mögen Konnexionen manches bewirken, hier tun sie alles, Geld und Nepotismus sind die einzigen Hebel; wer beides nicht aufzuweisen hat, mag die Hände nur in den Schoß legen, er ist verdammt, sein Leben lang ein Quäler zu bleiben. Jetzt aber stehen alle Kantone in sich selbst und eins gegen das andere, wie Katzen und Hunde; in je mehreren und je gemeineren Händen die tausend Fäden liegen, in denen das Staatsgewebe hin und her gezerrt wird, je elender und interessierter geht es zu; man kann nicht ohne Ekel darauf merken. Doch wir erfahren nicht mehr von der Sache, als man uns gegen unsern Willen in die Ohren hängt. Mein Schwager ist kein geborner Schweizer, sondern ein Schwarzwälder und hat somit als Ausländer mit allem nichts zu schaffen. Punktum.

Daß wir von einem Erdbeben profitiert haben, werden Sie aus den Zeitungen lesen, aber das haben Sie nicht geträumt in jener Nacht, daß ich, Ihre sehr liebe Freundin, Ihr eigentliches Herzblatt, gemeint habe, ein Mörder liege unter meiner Bettstatt und bemühe sich jetzt gerade drunter wegzurutschen, um mir in der nächsten Minute das Schermesser durch den Hals zu ziehen. Doch ernstlich, etwas Ähnliches dachte ich und in derselben Stunde viele mit mir; denn die Erschütterung war sehr heftig, überall klirrten die Fenster, und an manchen Orten fielen Gläser und Flaschen um; auch seltsames Geräusch und Geknall wie von fernen Kanonenschüssen hörte man; da war ich aber noch halb im Schlafe und meinte, es falle von der Kelter im Nebenhause einer der schweren Steine, womit man sie beladet, oder ein Traubenwächter schieße in den benachbarten Weinbergen; dergleichen war ich über Nacht schon gewohnt. Ja, reisen ist doch zu etwas gut. Wo hätte ich zu Rüschhaus ein Erdbeben hernehmen sollen? Nun also, die guten Thurns hatten so viel zu meinem Vergnügen herbeigeschafft, ein Erdbeben, ein Alpenglühen, eine höchst malerische Schneewolke, zwei gespenstische Porträts und sonst noch eine Menge angenehmer Gegenstände, Geschenke, freundliche Worte und Blicke usw. Ich hätte ihnen auch gerne etwas zuliebe getan; da gab mir denn Emma unter den Fuß, den Papa werde nichts mehr freuen als ein Gedicht auf sein liebes Schloß Berg. O weh! das war eine harte Nuß. Was ich soll, das mag ich nie, — [wieder eine schlimme Eigenschaft, die Ihnen noch unbekannt war]; indessen ich machte gute Miene zum bösen Spiel; aber nun wurde mir das Schema vorgelegt. Kennen Sie das Lied: »Mein Herr Maler, will er wohl mich abkonterfeien?« — Doch falls Sie es nicht kennen, hören Sie, was man einem Menschen zumuten kann. Zwölf Kantone sollte ich namentlich anführen, ebenso viele Hauptgebirge, ungefähr doppelt so viele Hauptorte, die Namen von vier Königreichen, von verschiedenen Gewässern, und die Zahl aller übrigen Orte, welche die Aussicht darbietet. Dem guten alten Herrn war es seit Jahren ein schwerer Ärger, so manches Gedicht zu lesen auf die schönen Punkte der Umgegend und niemals eins auf sein liebes Berg; nun aber mal die Reihe an ihn kam, wollte er den Leuten auch nichts schenken; kein drei Ellen breites Flüßchen, kein Dörfchen von sechs Häusern. Ich aber sagte mit Wilhelm Tell »fordere, was menschlich ist«, und machte ihm begreiflich, daß Zahlen sich weit besser in einer Rechnung ausnehmen als in einem Gedicht...

Der Menschenschlag gefällt mir hier im ganzen gar nicht, indessen gestehe ich, kein freies Urteil zu haben, denn mich verlangt nach Haus. Ein liebes befreundetes Menschenantlitz ist doch werter, als tausend Gebirge, und wäre aller Schnee darauf Silberstaub und jede Eisscholle ein zentnerschwerer Kristall. Ich werde nicht ärgerlich sein, die braunen münsterischen Heiden wiederzusehen und noch weniger die gute Stadt Münster, und noch weniger den Schlüter...

An Schlüter

Rüschhaus, 23. 3. 1837
Gründonnerstag

Heute bin ich ganz allein, mein teurer Freund, und also doppelt geneigt, eine so liebe Gesellschaft als die Ihrige zu suchen. Meine Mutter ist gestern abend nach Münster gewandert und kommt morgen zurück. Ich habe sie nicht begleiten können, denn die bösen Gesichtsschmerzen, womit ich mich schon seit Monaten habe herumschlagen müssen, klopfen noch immer an, bald stärker, bald gelinder, und ich muß alles anwenden, sie bei guter Laune zu erhalten zur bevorstehenden Reise; zwar hätte ich wohl nach Münster fahren, mich hübsch still zu Hause halten und nur den kurzen Weg zu Ihnen des Tags ein- oder zweimal unternehmen können, es schien mir doch ganz zu schmählich, in der Karwoche in Münster sein und keinen Fuß in die Kirche setzen! — Jetzt sitze ich hier allein, denke, daß Gott mich überall hört, und werde übermorgen nach Hülshoff ziehen, weil dort an den beiden Ostertagen Messe im Hause ist; sind die Wege fahrbar, so fahre ich, sonst muß ich gehen und, denken Sie, das macht mir wenig! Bewegung in freier Luft tut mir kein großes Leid, aber die kalte Kellerluft der Kirchen ist etwas Entsetzliches für Gesichtsschmerzen...

Wegen meines Sankt Bernhard wird Junkmann mit Ihnen geredet haben. Ich wünsche noch immer das Gedicht anderswo herauszugeben, denn ich möchte, daß sein Renommee, gut oder schlimm, bereits gemacht wäre, ehe es in den Kreis meiner Bekannten käme, da ich nicht darauf rechne, daß es hier sehr gefallen wird; für auswärts mache ich mir bessere Erwartungen und möchte meiner lieben Mutter, die im Grunde jedes öffentliche Auftreten scheut wie den Tod und nur zu empfindlich ist für die Stimme des Publikums, gern zuerst die möglichst angenehmsten Eindrücke gönnen; dann schmerzen nachher einzelne Stimmen weniger. Für mich selbst wäre es mir schon gleich, womit ich es zuerst aufnehmen müßte. Wegen der geistlichen Lieder kann ich Ihnen durchaus noch keinen Bescheid geben, da meine Mutter, die sie seit Jahren nicht in Händen und fast vergessen hat, darüber bestimmen muß... Des Pfarrers Woche mache ich Ihnen aufs vollständigste zum Geschenk, Sie können damit beginnen, was Ihnen gut dünkt; ich habe mitunter verändert, vielleicht nicht immer verbessert und überlasse es ganz Ihrem Geschmack, ob Sie das Durchstrichene oder Darübergeschriebene wollen gelten lassen. Doch bitte ich jedesmal ein wenig nachzudenken, was mich wohl zum Durchstreichen bewogen hat, und die vorhergehende und nachfolgende Strophe mitzulesen, denn gewöhnlich ist es ein zu schnelles Aufeinanderfolgen desselben Wortes, eine Sache, die mich vielleicht zu sehr stößt und die ich mit zu großen Opfern vermeide. —

Ich muß Ihnen Lebewohl sagen, teurer Schlüter. Ach! ich hatte so ein schönes Veilchen für Sie, was ich immer habe draußen fortblühen lassen, um es im rechten Augenblick brechen zu können, und das ist mir nun in den letzten kalten Nächten erfroren! Ich habe es heute gepflückt und in ein Glas Wasser in eine kalte Stube gestellt, daß es nach und nach auftauen soll, aber mich dünkt, es schrumpft von Stunde zu Stunde mehr zusammen...

An Wilhelm Junkmann

Rüschhaus, 4. 8. 1837

Lediglich, um meinen guten Willen leuchten zu lassen, schreibe ich Ihnen heute, lieber Herr Junkmann, denn dieser ist eben auch alles, was ich bis jetzt aufzuweisen habe. Mit anderen und klaren Worten: ich habe weder den St. Bernhard noch des Arztes Vermächtnis angerührt, seit Sie zuletzt hier waren, aber wahrlich, der Wille war golden und nur das Fleisch sehr schwach! Erst haben mich die Gesichtsschmerzen nicht verlassen, bis vor einigen Tagen, und solange die anhielten, war durchaus an keine Art von Beschäftigung zu denken.

Sie glauben das nicht, würden aber bald andern Sinnes werden, wenn Sie nur einen Tag das Leiden am Halse hätten. Das Lesen eines Briefes, einer Adresse sogar ist zuweilen schon imstande, es zu vermehren oder von neuem herbeizuführen. Nun, davon bin ich endlich frei... Jetzt aber reist meine Mutter in etwa acht Tagen ab, und, wie es gewöhnlich geht, wir haben es uns so lange mit Aufschieben bequem gemacht, daß uns nun die Arbeiten über den Kopf gewachsen sind. Alle Hände werden jetzt in Requisition gesetzt, kurz, in den nächsten acht Tagen werden und dürfen keine anderen Gedanken durch meinen Kopf fahren, als Nadel, Zwirn, Bügeleisen, Bindfaden und dergleichen nützliche als poetische Dinge. Sobald ich aber allein bin, habe ich den festen Vorsatz, jene beiden endlos gezupften und geplagten Gedichte endlich einmal zur Ruhe zu bringen... damit ich nicht auf meiner poetischen Bahn, wie Loths Weib zur Salzsäule versteinert, ewig auf demselben Fleck stehenbleibe, allen korrigierenden Seelen zum warnenden Beispiel.

Was ich dann zunächst vornehme? Darüber habe ich vorerst noch Zeit nachzudenken, indessen, da wir auch gerade darüber zu reden kommen: ich habe den Fehler, nichts zu vollenden. Sie glauben nicht, lieber Freund, wieviel Arbeit ich schon auf diese Weise verschwendet, denn ich höre nicht so bald auf, erst nachdem ich mich ein halbes oder viertel Jahr schachmatt gearbeitet, etwa im 3. und 4. Akt eines Trauerspiels oder nach Vollendung des ersten Bandes eines Romans. So steht auch jetzt mein Sinn, ich weiß nicht wohin, aber nach etwas neu zu Beginnendem. Und doch liegen noch so gute Sachen in meinem Schreibtische! Lachen Sie nicht darüber, es ist gewiß wahr, es sind Dinge darunter, die es nicht verdienen, so schmählich zu verkommen. Da ist vorhanden [alles aus den letzten Jahren] 1. ein Roman, L e d w i n a, etwa bis zu einem Bändchen gediehen; 2. eine Kriminalgeschichte, Friedrich Mergel; ist im Paderbornschen vorgefallen, rein national und sehr merkwürdig; diese habe ich mitunter große Lust zu vollenden. 3. Die Ihnen bekannten geistlichen Lieder, nach ihrem eigentlichen Titel Geistliches Jahr. Sie wissen selbst, wieviel noch am Jahre fehlt; dieses fühle ich auch zuweilen Trieb zu vollenden. 4. Die Wiedertäufer, eine vaterländische Oper oder vielmehr Trauerspiel mit Musik, um diesem so oft mißbrauchten Stoff endlich einmal eine ordentliche Behandlung zukommen zu lassen. Hierzu ist noch wenig Text, aber bereits viel Musik fertig. 5. Ein Schauspiel, Der Galeerensklave, sehr ansprechender Stoff, nur einzelne Stellen ausgeführt, aber alles, Szene für Szene aufs genaueste entworfen. 6. Das vielbesprochene Gedicht Christian von Braunschweig, was freilich fast allein nur in meinem Kopfe existiert, indessen ist doch ein flüchtiger, aber ziemlich vollständiger Entwurf bereits zu Papier gebracht. 7. und 8. noch zwei Stoffe. Einer zu einer Kriminalgeschichte, ist wirklich in Brabant passiert und mir von einer nahe beteiligten Person mitgeteilt; der zweite zu einem Gedicht von mehreren Gesängen, den ich ganz vollständig geträumt, durch alle Gesänge, die ich zu lesen glaubte. Was ich nun außerdem noch unter den Händen habe, z. B. zwei Opern, Babylon und die seidenen Schuhe, d. h. bloß den musikalischen Teil zu besorgen, die Texte sind von anderen, davon will ich gar nicht reden...

Sie sehen jedenfalls, lieber Junkmann, daß es im Grunde töricht wäre, nach so mancher und mitunter durch den Erfolg recht gut belohnten Anstrengung alle Vorteile fahren zu lassen und mich wieder an den Eingang der Bahn zu stellen, bloß aus der leidigen Lust anzufangen... Ich bin für die Zukunft sehr unentschieden, indessen vorerst habe ich ja meine Arbeit und mancher nachher müssen wir mal alles reiflich überlegen.

An die Mutter

Rüschhaus, 24. 10. 1837

— — —

Ich lebe hier sehr still für mich, und das ist das Angenehme dran. Es fällt den Leuten in Münster gar nicht ein, daß ich hier sein könnte, sie denken auch nicht darüber nach, denn sie haben mich lange nicht gesehen und »aus den Augen, aus dem Sinn«. Bei Tage lese ich, schreibe ich, ordne meine Sammlungen, gehe spazieren und stricke Strümpfe ab. Abends zünde ich kein Licht an vor dem Essen, sondern sitze so lange beim Feuerschein. Mein Essen besteht mittags aus Suppe, wie die Leute sie essen, Pellkartoffeln und Leber, die ich den Sonntag warm und die übrigen Tage kalt esse. Abends Warmbier und Butterbrot mit Käse. Es ist ein Glück, daß ich immer dasselbe essen kann. Ich habe schon viel Leber gegessen, die mag ich am liebsten und verdirbt am wenigsten. Hermanns backt jetzt Pflaumen, wir haben Obst in Überfluß, auch Kartoffeln und Gemüse ist gut gewachsen und das Korn gut zu Hause gekommen. Wir haben auch ein Viertel von einem Rinde gekauft und eingesalzen, und das Schweinchen nimmt gut zu. Kurz, es ist alles wie es sein muß in einer wohlgeordneten Haushaltung.

An Sophie von Haxthausen

Clemens August von Droste-Vischering, Erzbischof von Köln, war im Auftrag der preußischen Regierung am 20. November 1837 in seiner Wohnung verhaftet und auf die Festung Minden abgeführt worden.

Rüschhaus, 9. 2. 1838

Du fragst wegen dem Erzbischof? Die Erbitterung ist schrecklich. Ich war am Tage des Aufstandes in Münster. Ich war diesen Abend zum Tee bei einer Oberregierungsrätin Rüdiger, Tochter der Elise Hohenhausen, die sich mir durch Nettchen Kettler hatte vorstellen lassen, worauf man es schicklich fand, daß ich ihr einen Besuch mache. — Ich beredete die Bornstedt, mit der ich zuweilen bei Schlüter zusammentreffe, mit mir hinzugehen und wir drei Frauenzimmer waren allein hinter dem Teetisch; es war schon spät und die Rüdiger sagte mehrere Male: »hören Sie doch, wie das auf den Straßen rennt«; ich sagte immer: »Das ist nichts, irgendwo ein Peter od. dgl.« Mit einem Male hören wir von weitem [sie wohnt am Ende der Rothenburg nach Ägidistraße zu] ein furchtbares Hurrageschrei, es kam vom Domhof und Markte, wir sprangen ans Fenster und sahen die ganze Rothenburg und Ägidistraße voll Militär mit gezogenen Säbeln und ich lief auf der Stelle unten ins Haus, um zu sehen, ob ich jemand finde, der mich fortbrächte. Der Sohn vom Hause war bereit, und ich zog in großer Eile ab, trotz aller Bitten der Rüdiger, die zitterte wie Espenlaub. Durch zahllose Umwege kam ich endlich bei Ahlers an und brauchte fast eine halbe Stunde dazu. Ich stellte mein Licht zurück, lehnte das Fenster an und blieb nun auf wie jedermann in dieser Nacht.

Der Anfang des ganzen Tumultes war so: Die Gemüter waren schon durch die Arrestation des Erzbischofs aufs Äußerste erbittert, nun kam dazu, daß, nachdem kürzlich eine Menagerie in Münster abgezogen war, die Militärbehörde die Bude gekauft hatte, um darin bei schlechtem Wetter exerzieren zu lassen. — Das Volk aber glaubte, es sei geschehen, um die Rekruten heimlich knuffeln zu können. — Darüber waren schon allerlei Kleinigkeiten vorgefallen, einige Plakate an den Bäumen und Buden selbst mit dem geistreichen Inhalt »weg mit der Bude« oder »weg mit den Preußen« usw. Da dies sie nicht wegblasen wollte, hatte man mehrmals Versuche gemacht, die Bude anzuzünden, überhaupt, die Wahrheit zu sagen, wird den Preußen gerad' nicht viel guter Wille gezeigt. Der Adel hat sich seit der Verhaftung des Erzbischofs gänzlich zurückgezogen; alle Lustbarkeiten waren eingestellt, weder Soirees noch Klubbälle, und wurden sie eingeladen, z. B. bei Vinke, so machten sie kein Geheimnis daraus, daß die allgemeine Kirchentrauer ihnen nicht gestatte, sie anzunehmen. Die Gassenbuben waren sehr arg, sie schnitten den Soldaten Gesichter, sagten, wenn exerziert wurde: »wo Soldaten sind, mott auck hansneert weeren« und rollten den Offizieren Steine an die Füße, und N. N. wurde arretiert, weil er einem Unteroffizier auf der Straße zwei Ohrfeigen gegeben. Den Preußen, besonders den friedlichen Zivilisten, war höllenangst; sie wagten kaum abends aus dem Hause zu gehen, und es gab manch lächerliche Anekdote davon — nun — an diesem Abend wurde wieder ein Junge attrappiert, der die Bude anstecken wollte, und heulend und mit Arm und Beinen sperrend nach Hause geführt wurde. Mancher vorübergehende Bürger legte sich mit guten Worten drein, sagte: »laßt ihn laufen, es ist ja ein Kind« usw. Das hielt etwas auf; wer vorüberging, blieb stehen, und bald stand ein ziemlicher Trupp um die Wache und den heulenden Jungen. Jetzt wurde den Soldaten bange, der

Offizier trat vor und befahl den Bürgern, auseinanderzugehen, ein lautes Gelächter war die Antwort. Die Soldaten rückten an [immer nur noch die Wache], die Bürger teilten sich, ließen sie durch, traten hinter ihnen wieder zusammen und lachten. So ging es einige Male, immer stolzierte die Wache durch, und immer traten die Bürger wieder zusammen und lachten. Der Offizier proklamierte zweimal ganz laut, daß sie auseinandergehen sollten. Dann lachten sie noch viel ärger und blieben bei ihrem alten Manöver, doch hatte kein einziger die geringste Waffe, nicht mal einen Stock in der Hand. Sie schimpften auch nicht, sondern lachten bloß. — Jetzt ließ der Offizier einhauen, ein Herr Bürger wurde verwundet und schrie und nun erhob sich ein fürchterliches Hurragebrüll und »Vivat Clemens August«, »Nieder mit den Preußen!« u. dgl. Einige wenige Steine flogen, wie sie gerade auf der Straße lagen, indem kamen die Husaren herangeritten, nach denen die Wache geschickt hatte; sie hieben ohne Rücksicht rechts und links ein, die Bürger wurden wütend, viele liefen fort, um Steine zu holen, und in einer Viertelstunde waren mehrere Tausend auf dem Domplatze und Markte, es war ein greuliches Gebrüll und Gelächter. Auf dem Domplatze soll der Steinhagel arg gewesen sein, aber sonst ist keine Waffe zum Vorschein gekommen, nur immer wieder vor den Soldaten auseinandergelaufen und hinter ihnen geschlossen und gelacht, es war fast auf allen Straßen zugleich los. Am Bispinghof, wo die Schlächter und Bäcker sich versammelt hatten, soll der Lärm sehr arg gewesen sein, aber keiner hat einen Soldaten zu verletzen gesucht. Auch auf dem Steinwege und der Salzstraße drängten sie zu ganzen Haufen, und immer »Vivat Clemens August!« »Nieder mit den Preußen!« »ajas, ajas, wat möttet sich de Kölnsken schämen!« [weil sie den Erzbischof hatten fortführen lassen]. Unterdessen wurden die Kanonen aufgestellt an allen Toren und auch auf dem Domplatze [sie sind aber nicht gebraucht worden]. Nun kam Wrangel herbei und wütete, daß das Militär auch zu schießen verstehe. Kein eingeborner Offizier war beordert, es waren nur Preußen, aber unsere Bauernjungens auch dabei, hauten aber nicht schärfer, als sie mußten Unter dem Bogen stand alles gedrängt voll müßigen Zuschauern, meist Frauen und Kindern. Wrangel wollte, man solle schöne Attacke kommandieren, d. h. alle einzeln auseinander, und dann nach allen Seiten einhauen, ein paar menschliche Offiziere sollen Vorstellungen gemacht haben, weil es an Offizieren fehlte, um Ordnung zu halten. Wrangel ließ das Mindensche Regiment, was aus lauter Protestanten besteht, vorher herankommen, schickte die Bauernjungens in die Nebenstraßen, die kleinen Haufen zu verscheuchen, und übernahm nun selbst das Kommando. Ich stand am Fenster, sah die Flüchtigen unaufhörlich vorbeilaufen, noch immer schreiend: »Vivat Clemens August!« und die Bauernjungens hinter ihnen her mit gezogenen Säbeln, die viel fluchten und in der Luft fochten, aber keinem etwas taten. Es war, sobald man den ersten Schrecken über das Gebrüll überwunden hatte, eher lächerlich als schrecklich. Einige Kerls fielen auch unter meinem Fenster und schrien noch im Fallen: »Vivat usw. ajas, ajas! de Kölnschken ollen wiwer«, und die Soldaten blieben so lange zurück in vollem Fluchen und Blitzen mit den Säbeln, bis sie wieder aufgestanden waren und einen guten Vorsprung hatten. Vom Markt her hörte ich wohl ärgern Lärm, dachte aber, es würde auf dieselbe Art und Weise hergehen, als auf einmal ein schreckliches Jammergeschrei von dort herüberdrang. Wrangel hatte befohlen, auf die Weiber und Kinder einzuhauen, d. h. nicht mit diesen Worten, sondern »Schöne Attacke«: »Säubert die Kolonnaden!« Ich will Dir nun gleich sagen, daß niemand getötet ist, eine Menge verwundet, die Soldaten ritten in die Haustüren und hauten in die offenen Zimmer hinein; bei einem Bürger sind sie bis an den Küchenherd geritten, und haben dort die Frau und zwei Männer gestochen, die Bürger schäumten vor Wut, aber sie waren gänzlich unbewaffnet, der Steinvorrat längst zu Ende und so zerstreuten sie sich. Um zwei Uhr war alles vorüber, nur das Militär blieb bis am Morgen in den Straßen aufgestellt; und die Woche hindurch wurde jede Nacht patrouilliert. — Du kannst Dir denken, wie die Stimmung seitdem ist, d. h. zwischen den geringern und Mittelklasse, denn unsere angestellten Landsleute aus dem vornehmen Bürgerstande sind kaum dahin zu bringen gewesen, die Klagen derjenigen anzunehmen, die in Häusern oder doch ganz untätig und von weitem stehend, verwundet wurden. Nur achtzehn, die schwer verletzt und wovon zuviel Redens war, als daß sie es hätten ignorieren können, sind verhört worden, und nur zum Schein, denn die Klage ist gar nicht übergeben worden.

Im ganzen sollen hauptsächlich bei dem Einhauen unterm Bogen gegen dreihundert Bürger verletzt sein. F. F. und N. N. sollen, als es zu arg ward, sich aus eigner Macht zu Fuße dazwischen gegeben und den Husaren zugerufen haben: »Wer scharf haut, den steche ich durch«; über die Sache wird aber nicht gesprochen, weil es ihnen Strafe zuziehen könnte. Die Preußen meinen, der Adel habe mit darunter gesteckt und an diesem Abend Geld ausgeteilt; ich brauche Dir nicht zu sagen, wie falsch das ist, indessen sind wir jetzt in völliger Ungnade. Ferdinand Galen hat keineswegs niedergelegt, sondern um Versetzung gebeten und auf der Stelle den Abschied bekommen. Ich wollte, sie machten es mit allen so, und wir hätten unsere Leute alle wieder, sie kosten mehr Zulage, als wenn sie zu

Hause wären. Der Adel aus dem Rheinlande und Westfalen hat Deputierte in der Sache des Erzbischofs nach Berlin geschickt, aber keiner der königlichen Familie und sogar keiner der Minister hat sie vorgelassen, obgleich sie sich nur als Privatleute angemeldet, ob nachher als Deputierte, weiß ich nicht, aber jedenfalls sind sie nicht vorgelassen. Von hier waren Bocholz, Engelbert Landsberg und Max Schmiesing, die beiden ersten haben, nachdem die Prinzen sie zu sehen verweigert, sich um die Minister nicht bekümmert, da es ihnen mit diesen doch wie den übrigen gehen würde, und sie sich von ihresgleichen keine solche Grobheit wollten gefallen lassen. — So stehen die Sachen; was es weiter geben will, weiß Gott, alles ist Spannung und Verwirrung; in Paderborn ist auch ein Aufstand gewesen, nach einem Briefe von Sophie schlimmer als in Münster, aber man weiß hier fast nichts davon, obgleich er schon einige Tage vor dem hiesigen stattfand, so wird alles vertuscht. Die Bischöfe von Paderborn und Münster haben seit dem deutlichen Ausspruch des Papstes auch widerrufen, was sie früher unterschrieben, die Regierung ist aber doch so klug, keine Notiz davon zu nehmen. Ehe der Erzbischof eingezogen wurde, hat die Regierung ihm die Verdoppelung seiner Einkünfte angeboten, wenn er nachgeben wollte, denk Dir, wie...! Als dies nicht geholfen, gedroht, daß sie ihm seine Einkünfte entziehen wollte, worauf er geantwortet, daß er täglich nur 4 gg. brauche und glaube, seine Diözese würde ihn nicht verhungern lassen. Dies wurde gleich bekannt und Unterschriften gesammelt. Fürstenberg unterschrieb sich zu 4000 Taler jährlich, als schon eine Revenue von 30.000 Talern zusammen war, sahen sie, daß diese Drohung umsonst sei und zogen ihn ein. — Viele haben ihn jetzt besucht: Erbdroste Plettenberg, Korff Schmiesing, Eng. Landsberg, Westfalen, Fürstenberg und viele andere.

Werner wollte auch hin, aber es hieß neulich, es werde keiner mehr zu ihm gelassen außer seinen nächsten Verwandten und diese nur in dringenden Familienangelegenheiten; ob es sich bestätigt, weiß ich nicht, da ich schon seit vier Wochen wieder hier bin und nichts erfahre. Der Erzbischof wird in Minden anständig behandelt, darf aber niemand schreiben, mit niemand ein Wort allein reden und das Haus nicht verlassen, ohne einen Gendarmen; er bittet alle, die zu ihm kommen, doch von nichts als gleichgültigen Dingen mit ihm zu reden, mit Demagogen hat er nichts zu schaffen, das versteht sich.

An die Schwester

Ende 1838 war die von Schlüter besorgte erste Gedichtsammlung der Droste bei Aschendorff in Münster erschienen.

Rüschhaus, 29. 1. 1839

Mit meinem Buche ging es mir zuerst ganz schlecht. Ich war in Bökendorf mit Sophie und Fritz allein, als es herauskam, hörte nichts darüber und wollte absichtlich mich auch nicht erkundigen. Da kommt mit einem Male ein ganzer Brast Exemplare von der Fürstenberg an alles, was in Hinnenburg lebt, an Frenzchen, Asseburg, Mimy, Anna und Ferdinand, Thereschen, Sophien. Ferdinand [Galen] gibt die erste Stimme, erklärt alles für reinen Plunder, für unverständlich, konfus und begreift nicht, wie eine scheinbar vernünftige Person solches Zeug habe schreiben können. Nun tun alle die Mäuler auf und begreifen alle miteinander nicht, wie ich mich habe so blamieren können. Sophie, die, wie Du weißt, nur zuviel Wert auf der Leute Urteil legt, und einem mitunter gern etwas demütigt, war unfreundlich genug, mir alles haarklein wieder zu erzählen und war in der ersten Zeit ganz wunderlich gegen mich, als ob sie sich meiner schämte. Mir war schlecht zumute, denn obgleich ich nichts auf der Hinneburger Urteil gab und auf Ferdinands noch weniger [der erst einige Tage zuvor von Goethe gesagt hatte, »er sei ein Dummkopf und in einer Zeile von Schillers „Freude! schöner Götterfunken!“ mehr enthalten, als in allem was Goethe geschrieben, vorzüglich sei sein Lied vom „Fischer“, der Gipfel des Erbärmlichen, was denn der Inhalt sei?: — ein gemeiner, barfüßiger Kerl, der auf die langweiligste Weise so lange ins Wasser guckte, bis er hereinplumpe« usw.], obschon nun, wie gesagt, das Urteil eines solchen Kritikers mich wenig rühren konnte, so mußte ich doch zwischen diesen Leuten leben, die mich bald auf feine, bald auf plumpe Weise verhöhnten und aufziehen wollten. Sophie war auch wie in den Schwanz gekniffen und legte gar keinen Wert darauf, daß nach und nach ganz andere Ansichten aus Münster kamen, sondern sagte jedesmal: »Es ist ein Glück für dich, daß du diesen Leuten ein besseres Urteil zutraust als allen Hinneburgern und Ferdinand Galen.« Onkel Fritz war der einzige, den dies gar nicht rührte und dem das Buch auf seine eigene Hand gefiel; doch wünschte ich mich tausendmal von dort weg.

Hier angekommen, fand ich das Blatt gewendet. Die Gedichte wurden hier zwar nur wenig gelesen, da die meisten sich scheuen, an eine so endlose Zahl Verse zu gehen, aber die es gelesen hatten, erhoben es, ich muß selbst nach meiner Überzeugung sagen, weit über den Wert. Es waren bereits, als ich ankam, drei Rezensionen heraus. Eine zwar von einem Freunde, Lutterbek, die andere aber vom Gutzkow im »Telegraphen« und von einem Ungenannten, der sich —me— unterzeichnet, im Sonntagsblatte, und alle drei bliesen so enorm, daß mir ängstlich darüber wurde. Denn es nutzt nichts, über sein

Verdienst erhoben zu werden, es reizt andere nur zum Widerspruch, und kommt gewöhnlich ein Eimer kaltes Wasser hintennach. Jetzt schreibt mir Adele Schopenhauer, der ich ein Exemplar geschickt, daß es in Jena großen Beifall finde; sie müsse ihr Exemplar immer ausleihen, und der Buchhändler Friedrich Frommann, bei dem schon viel Nachfrage deshalb gewesen, habe es bei Hüffer bestellt; gegenwärtig schrieben L. Wolff und Kühne jeder eine Rezension darüber, mit der ich würde zufrieden sein können, da sie wüßte, daß beide sehr dafür eingenommen wären, obgleich ich keine so allgemeine Lobhudelei erwarten dürfte, wie im Telegraphen, sondern Lob, Tadel und völlige Anerkennung, was mir gewiß auch das liebste sein würde. Was will ich mehr? Es ist fast zuviel für den Anfang, und ich fürchte, das schlimme Ende kommt nach.

In Kassel haben es Hassenpflug, Malchen H. und Jakob Grimm gelesen. Ersterem hat es gar nicht, Malchen nur teilweise und Jakob sehr gefallen. Malchen schrieb mir seine eigenen Worte: »Die Gedichte seien sehr gewandt in der Sprache, voll feiner Züge und vom Anfang bis zum Ende originell« Lege es mir nicht für Eitelkeit aus, daß ich Dir alles so wiederschreibe. Wen soll es denn interessieren und freuen, wenn es Dich nicht freut?

An Schlüter

Apenberg [im Paderborner Lande], 22. 8. 1839

— Neulich passierte hier ein lächerlicher Vorfall: der hiesige Rentmeister ging abends mit der Haushälterin [Frau Schröder] spazieren, plötzlich hört er einen Schuß im Gebüsch, springt hinein und findet den Wilddieb mit noch rauchendem Gewehre, was er ihm sogleich abfordert. Jener setzt sich zur Wehr, nun ruft der Rentmeister »Frau Schrär, Frau Schrär«. Der Dieb wird blaß und gibt sogleich sein Gewehr ab; nachher sagte er: »ja! ick hedde my nich so geschwind gieven, ober as he reip „Arquebushair“, do merkte ick wul, dat he de Gensdarmen by sick hadde.« Das Wilddieben und Holzstehlen geht überhaupt noch seinen alten Gang, noch ärger das Konterbandieren über die lippische und braunschweigische Grenze; man kann nach Sonnenuntergang nicht spazieren gehen, ohne Banditengesichtern mit Säcken zu begegnen, die einen scheu ansehen und dann vorantraben, was die Beine vermögen. Vorgestern in der Nacht hörten wir Geschrei und Schießen vor unserer Pforte. Am Morgen waren überall Wege durchs Korn getreten, wo die Schleichhändler geflüchtet, auch niedergestampfte Flecke hier und dort, als ob zwei gekämpft, weiter haben wir nichts erfahren. Getötet ist somit wohl niemand, verwundet wahrscheinlich einer oder der andere, aber das bleibt still; niemand bekümmert sich darum, gerade wie vor sechzig Jahren. Man muß gestehen, daß Volk und Gegend hier unendlich romantischer sind als bei uns, doch wollen wir lieber behalten, was wir haben... Man treibt mich zum Schließen, unter dem Fenster steht mein Onkel F., ruft wie ein Nachtwächter und hält einen Hammer hoch über sich; das bedeutet, ich soll in die Luft und Versteinerungen losklopfen; denn Gehen soll nicht genug sein, wie der Doktor sagt, sondern körperliche Anstrengungen im Freien. Wie verkehrt und eigensinnig doch die menschliche Natur ist! Ich habe dies Steineklopfen mit Passion getrieben, solang' es eigentlich niemand recht war; heimlich fortgestohlen habe ich mich, um im Steinbruche zu picken, Essen und Trinken habe ich darüber vergessen, und nun muß man mich treiben, wie den Esel zur Mühle...

Die geistlichen Lieder werden, wie mich dünkt, ohngefähr den früheren gleich, doch glaube ich, wird es mir immer schwerer werden, einige Mannigfaltigkeit hinein zu bringen, da ich mich nur ungern und selten entschließe, einiges aus dem Text selbst in Verse zu bringen; er scheint mir zu heilig dazu und es kommt mir auch immer elend und schwülstig vor, gegen die einfache Größe der Bibelsprache. So bleibe ich dabei, einzelne Stellen auszuheben, die mich zumeist frappieren und Stoff zu Betrachtungen geben. Ich freue mich darauf, Ihnen das Fertige vorzulesen; Sie sind doch dieses Mal mein ganzes Publikum. Wollte Gott, ich könnte die Lieder herausgeben, es wäre gewiß das Nützlichste, was ich mein Lebelang leisten kann, und das damit verbundene Opfer wolllte ich nicht scheuen, hätte ich nur an mich zu denken, aber es geht nicht! —

An Wilhelm Junkmann

Apenberg, 26. 8. 1839

— — —

Eine halbe Stunde von hier liegt Hellesen, ein sogenanntes Vorwerk von Apenburg, was ich oft zum Ziel meiner Spaziergänge mache, weil es gerade die rechte Entfernung hat, um eine Tour daran abzulaufen; so ein Vorwerk ist ein trauriges und doch romantisches Ding. Mitten im endlosen Felde, nichts als lange Scheuern und Stallungen und daran gebaut zwei kleine Kämmerchen, wo zwei Knechte jahraus — jahrein — Winter und Sommer verbringen, ohne monatelang etwas anderes zu sehen, außer den Eseljungen und seine Tiere, die ihnen zweimal im Tage das oft hart gefrorene Essen bringen, was sie dann auf ihrem Öfchen aufwärmen. Das Vorwerk verlassen dürfen sie niemals, nur eben Sonntags abwechselnd zum Gottesdienst, denn sie haben große

Ökonomieschätze zu bewachen. Wie schläfrig und langweilig mögen sie über die Schneefläche ausschauen nach ihrem Eliasraben! Da hätte einer Zeit, heilig oder gelehrt zu werden. Jetzt ist's ganz hübsch dort, das Feld voll Leben, auf der einen Seite brüllt das Vieh, auf der andern Seite schwirren die Sensen, und eine halbgefüllte Scheuer gibt mir ein Ruheplätzchen auf Heubündeln und Garben, gerade wie ich es mag. Das wäre wieder etwas für Sie, und es ist jammerschade, daß Sie nicht hier sind. Auch ein Gehölz gibt's hier, genannt der Vogelsang, ziemlich weit vom Hause, so hübsch in der Wildnis, was ehemals angelegt war; jetzt aber müssen Sie sich durch Dornen und Gestrüpp arbeiten und stehen dann plötzlich in einem großen Rund von alten Eichen, mit einer Bank darunter; da sitzt man auch wie verzaubert. Zum Überfluß steckt ein Eulennest im hohlen Baume, wo es unaufhörlich drinnen knackt und prustet. Länger bis zur Dämmerung bleibe ich nie dort, denn dann wird das Eulenvolk lebendig, und das Durchbrechen ins Freie, wo man oft in Schlingpflanzen und Dornen gefangen ist, daß man sein Lebtag nicht wieder herauszukommen meint, hat im Dunkeln was wirklich Grauserliches; ich glaube, man könnte sich ungeheuer erschrecken, wenn nur ein Vogel aufflatterte.

An Wilhelm Junkmann

Rüschhaus, 17. 11. 1839

Ich bin diesen Sommer sehr fleißig gewesen und habe an dem »geistlichen Jahr« dermaßen nachgearbeitet, daß ich bei meiner Abreise [aus Apenburg] mit der laufenden Zeit gleich war und dem Jahresschluß bedeutend vorzueilen hoffte. Seitdem bin ich in Rückstand gekommen, teils war ich krank, teils anderweitig verhindert, hatte auch allmählich einen babylonischen Turm von unbearbeiteten Briefen aufwachsen lassen, der zwar nicht bis an die Wolken, aber doch fast über meinen Mut reichte; mir war ordentlich schwarz vor Augen. Jetzt trage ich daran ab, als gelte es das tägliche Brot, und fange schon an, Grund zu sehen. So denke ich bald wieder ans eigentliche Werk zu kommen, und dann mit Gottes Hilfe den Zyklus doch vor dem Silvestertage geschlossen zu haben. Es ist ein größeres Unternehmen als ich gedacht, da alles, was Schlüter bisher hatte, nur von Neujahr bis Ostern reichte. Dennoch meinte ich, Gott weiß nach welcher duseligen Ansicht, das meiste bereits getan, und hätte schwerlich den Mut zum Anlaufe genommen, wenn ich die Höhe des Berges erkannt, der vor mir lag. — Für spätere Arbeiten habe ich noch keine Pläne und will auch gar nicht daran denken, bevor ich diese beendigt, da es sich immer fester in mir gestellt hat, daß sie nur zu einer Zeit erscheinen darf, wo mein ganzes irdisches Streben mir wohl töricht erscheinen wird und dieses Buch dann vielleicht das einzige ist, dessen ich mich dann freue; darum will ich auch bis ans Ende meinen ganzen Ernst darauf wenden, und es kümmert mich wenig, daß manche der Lieder weniger wohlklingend sind als die früheren; dies ist eine Gelegenheit, wo ich der Form nicht den geringsten nützlichen Gedanken aufopfern darf. Dennoch weiß ich wohl, daß eine schöne Form das Gemüt aufregt und empfänglich macht, und nehme soviel Rücksicht darauf, als ohne Beeinträchtigung des Gegenstandes möglich ist, aber nicht mehr... Beten Sie für mich, daß ich nicht gar zu unreif weggenommen werde; es hat große Gefahr! Der heftige Blutandrang nach dem Kopfe nimmt von Jahr zu Jahr mehr überhand, und ich zweifle kaum an einem plötzlichen Ende. Doch darf ich plötzlich nennen, was ich Jahre lang voraussehe?

An Schlüter

Rüschhaus, 26. 4. 1840

— — —

Ich war gestern abend bis zehn im Garten; Sie glauben nicht, wie mild es war, wie duftig, dabei so sternenklar wie im Winter. Ich saß auf der Bank am Hause, ließ mir von den Nachtigallen vorsingen, von der Luft zuwehen und war ganz und gar sybaritisch gestimmt.

Warum ist man wohl so ungeneigt zu poetischen Arbeiten in so höchst poetischen Momenten? Ich denke wohl, weil der Genuß den regelrechten Gedanken nicht aufkommen läßt. Ich tue gar nichts; seit Beendigung des »geistlichen Jahres«, also seit drei Monaten, sind zwei Balladen das einzige, was ich geschrieben, doch liegt dies wohl zum Teil daran, daß ich, des seit zwanzig Jahren bis zum Ekel wiederholten Redens über Mißkennung des eignen Talents müde, mich zu etwas entschlossen habe, was mir im Grunde widersteht, nämlich einen Versuch im Komischen zu unternehmen. So dränge ich dann jeden Trieb zu etwas anderem gewaltsam zurück und scheue mich doch vor jener gleichsam bestellten Arbeit, wie das Kind vor der Rute. Nicht daß ich meine, sie werde völlig mißlingen, es fehlt mir allerdings nicht an einer humoristischen Ader, aber sie ist meiner gewöhnlichen und natürlichsten Stimmung nicht angemessen, sondern wird nur hervorgerufen durch den lustigen Halbrausch, der uns in zahlreicher und lebhafter Gesellschaft überfällt, wenn die ganze Atmosphäre von Witzfunken sprüht und alles sich in Erzählung ähnlicher Stückchen überbietet. Bin ich allein, so fühle ich, wie dieses meiner eigentlichen Natur fremd ist und nur als reines Produkt der Beobachtung unter besonders aufregenden Umständen in mir aufsteigen kann. Zwar, wenn ich einmal im Zuge wäre, würde meine Gesellschaft auf dem Papier mir vielleicht die Gegenwart wirklicher und die bereits niedergeschriebenen Scherze die Anregung fremder ersetzen; aber eben zum Anfang kann ich nicht kommen und fühle die größte Lust zum Gähnen, wenn ich nur daran denke.

An die Schwester

Rüschhaus, 22. 8. 1840

Ich habe Dir, nach meiner faulen Manier, lange nicht geschrieben, alte Jenny, und nun muß ich gleich mit etwas Unangenehmen anfangen, nämlich, daß ich Mama nicht werde nach dem lieben Meersburg begleiten können, weil ich durchaus kein Geld habe. Mama ist halbwegs böse darüber und meint, es läge an meinem guten Willen, weil sie nicht weiß und nicht wissen darf, wie blutarm ich jetzt gerade bin, sonst krieg ich noch einen tüchtigen Rabuff dazu, daß ich mein Geld auf die Zäune hänge. Wirklich habe ich, seit ein paar Jahren, sehr beschwerliche Abnehmer, Leute, denen mit ein paar Talern nicht geholfen ist und die mich, aufrichtig gesagt, dermaßen aussaugen, daß ich mir oft das Nötigste nicht anschaffen und an meine Liebhabereien natürlich nicht das geringste verwenden kann ... Vorerst sitzt der Maler Sprick in Münster, mit Frau und sechs Kindern, wovon das jüngste mein Pätchen ist, und die Leute verhungern beinah. Er hat auch ganz gewiß die Schwindsucht und kann schon lange kein lautes Wort mehr reden. Da ich sie nun gut kenne und zuweilen hingehe, so kann ich das unmöglich so ansehen und lasse dann, wenn ich merke, daß es zu elend steht, von Zeit zu Zeit ein kleines Ölporträt malen, das Stück zu 2 Louisdor, damit sie sich so hinschleppen, bis — wozu alle Hoffnung ist — der Kunstverein im Herbst Spricks [zu aller Verwunderung] sehr schönes Ölbild »Abrahams Opfer« gekauft hat, was jetzt bald fertig ist. Dann ist vorerst geholfen und er kommt dann auch in Ruf — ich aber komme bis dahin zu einem sehr leeren Beutel, da ich, unter uns gesagt, dieses Jahr schon 5 Bilder habe malen lassen... Dann wohnt im selben Hause mit uns in Münster ein armer Theolog und Schützling von Junkmann, dem ich auch nicht habe umhin können, 20 Taler zu geben, und Engels in Geldern will auch verhungern und tut einen Notschuß nach dem andern. Das ist noch lange nicht alles und nicht viel mehr wie die Hälfte von dem, was ich mir dieses Jahr für dergleichen habe abknappen müssen...

An die Schwester

Rüschhaus, 30. 6. 1841

Für die Überschickung der Rezension danke ich Dir herzlich. Es geht mir sonderbar mit meinen Gedichten. Ich bekomme eine vortreffliche Rezension nach der anderen, diese ist schon die sechste, und einige der anderen sprechen sich noch vorteilhafter aus wie diese, und doch verkauft sich das Buch so schlecht, daß die kleine Auflage von 500 Exemplaren noch nicht vergriffen ist. Wie ich das reimen soll, weiß ich nicht; wüßte ich nicht mit Gewißheit, daß diese Rezensionen bis auf eine von fremden Literaten sind, ich dächte, meine Freunde schrieben sie, um mir Spaß zu machen. Adele [Schopenhauer] erschöpft sich in den schmeichelhaftesten Klagen, daß in Weimar und Jena meine Gedichte so gesucht würden und nirgends zu bekommen wären. Beträfe es nicht mein eigenes Buch, so würde ich antworten: »Wenn eurer denn so viele sind, weshalb veranlaßt ihr nicht einen Buchhändler, es zu bestellen?« Überhaupt wundert mich schon, daß an den Orten, wo die Rezensionen erscheinen, diese keinem dortigen Buchhändler Lust machen, es doch auch mal mit dem Werkchen zu versuchen. Freilich sind diese Orte sehr entfernt, das Porto wird bedeutend sein und allen Vorteil wegnehmen, da niemand mit meinem Verleger anderweitige Verbindungen hat und größere Sendungen erhält, denen diese beigefügt werden könnte... Ich habe jetzt eine Erzählung fertig [»Die Judenbuche«], von dem Burschen im Paderbörnschen, der den Juden erschlug, von der Junkmann aber sagt, die Paderbörner würden mich auch totschlagen, wenn ich sie herausgäbe, und jetzt vollende ich den Zyklus der geistlichen Lieder, die aber auch nicht in der Art sind, daß sie herauskommen können. Sonst wäre beides schon gut geraten.

An Schlüter

Rüschhaus, 19. 9. 1841

Obwohl ganz begraben in Kleidern und Papieren, und in all dem Tumulte, der einer Abreise vorherzugehen pflegt, kann ich doch unser gutes Ländchen nicht auf mehrere Monate verlassen, ohne meinem liebsten Freunde Lebewohl zugerufen zu haben, es ist nämlich nach vielem Hin- und Herschwanken, wobei ich mich zuletzt für völlig passiv erklärt und alles dem Willen Gottes und meiner Mutter überlassen habe, endlich festgesetzt, daß ich meine Schwester nach Meersburg begleiten, den Winter über dort bleiben und im Frühlinge von meinem Bruder wieder abgeholt werden soll; und bereits übermorgen brechen wir auf. Den Ausschlag haben zwei Dinge gegeben, erstlich, daß meine arme Schwester mit dieser Reise, nach der sie sechs Jahre verlangt hat, vom Schicksal arg in den April geschickt worden ist, da ihre Kinder schon auf dem Herwege die

Steinblattern bekommen haben, und noch zur Stunde kaum hergestellt sind, so daß das arme Blut, das ihrem Herzen mal recht was zugute tun und alle Verwandte nah und fern zu besuchen gedachte, nun vom ersten bis zum letzten Tage [zwei Tage in Hülshoff, wo sie auch Münster passierte, abgerechnet] hier in Rüschhaus hat sitzen müssen, wie angenagelt und obendrein ein panischer Schrecken wegen der Ansteckung nebst mancherlei andern Zufälligkeiten gerade die Liebsten und Nächsten, um deretwillen sie gekommen war, verhindert haben, sie hier aufzusuchen; namentlich hat sie von der ganzen mütterlichen Verwandtschaft, die, mit Kindern und Enkeln, über achtzig Köpfe stark ist, nur zwei zu sehen bekommen. Das ist ein trauriges Resultat so lang genährter Hoffnungen! und meine Begleitung soll nun als einziger Ersatz dafür eintreten. Dann hat mein bekannter Äquinoktialhusten, an dem ich wieder einige Wochen sehr gelitten, und den meine Schwester noch nicht miterlebt hatte, diese so sehr geängstigt, und sie hat der guten Mama einen so argen Floh darüber ins Ohr gesetzt, daß eine Luftveränderung als durchaus nötig für mich erklärt worden ist. Kurz, es ist mal so! ich reise mit! und bemühe mich, der Sache die angenehmste Seite abzugewinnen, da mir doch mal die Qual der Wahl nicht geworden ist... Gott bewahre mich vor dem Heimweh; — ich habe es das vorige Mal auf eine arge Weise gehabt, indessen werde ich doch keine Viertelstunde allein sein können, ohne daß meine Gedanken in Rüschhaus, Hülshoff, Münster wären; — um so mehr, weil ich abreisen muß, ohne irgendwo Abschied nehmen zu können, da die Reise mich schon vor sechs Jahren sehr angriff, und, da ich seitdem um vieles immobiler geworden bin, dieses jetzt wohl noch mehr tun wird, weshalb Mama und Jenny darauf bestehen, daß ich mich nicht vorher durch vieles Umherlaufen und Fahren abmatten soll; sie behaupten, es überall für mich gut gemacht zu haben; damit ist mir aber nicht geholfen und der nicht genommene Abschied tut mir weit weher, als ein wirklicher...

Wir haben uns in diesem letzten Jahre so selten gesehen, daß es mich heute gereut, wenn ich nur daran denke, aber Fahren kommt selten an mich, und vom Gehen bin ich leider so abgekommen, daß der Weg nach Münster für mich mehr ist, als für einen rüstigen Fußgänger eine zehnstündige Tour. Ich hoffe, die reine und milde Seeluft, verbunden mit gutem Entschlusse, werden auch dieses herstellen. Zu arbeiten denke ich auch drüben fleißig, mein angefangenes Buch über Westfalen zu vollenden, und die geistlichen Lieder zu feilen und abzuschreiben; das Nötige dazu steckt schon tief unten im Koffer, und an Zeit und Ruhe wird es mir nicht fehlen, da Jenny mir, auf meine Bitte, ein ganz abgelegenes Zimmer in ihrem alten, weiten Schlosse, wo sich doch die wenigen Bewohner darin verlieren wie einzelne Fliegen, einräumen will, ein Raum so abgelegen, daß, wie Jenny einmal hat Fremde darin logieren, und abends die Gäste hingeleiten wollen, sie alles in der wüstesten Unordnung und die Mägde weinend in der Küche getroffen hat, die vor Grauen daraus desertiert waren. — Ist das nicht ein poetischer Aufenthalt? Wenn ich dort keine Gespenster- und Vorgeschichten schreiben kann, so gelingt mir es nie...

An Schücking

Meersburg, 4. 5. 1842

Es muß meinem guten Jungen, an den ich doch fortwährend denke, wohl sehr unerwartet sein, daß ich erst heute den ersten Brief an ihn beginne, und doch ist nichts daran schuld, als der Wunsch, ihm nur einen recht guten, recht erfreulichen zu schreiben, worin ich von vielen langen und schönen Gedichten prahlen und aus dieser Ferne in einem hübschen Nimbus leuchten könnte. Bis jetzt habe ich aber nur ein sehr schwaches Scheinchen um mich, bin eigentlich erst in den letzten Tagen recht fleißig gewesen und darf mit der Antwort nicht warten, bis die Glorie sich gehörig ausgebildet hat. Weshalb ich so spät wieder an die Arbeit komme? Hör' zu! In den ersten acht Tagen war ich todbetrübt und hätte keine Zeile schreiben können, wenn es um den Hals gegangen wäre; ich lag wie ein Igel auf meinem Kanapee und fürchtete mich vor den alten Wegen am See wie vor dem Tode; dann kam Louise Streng, die mich fast keine Minute allein ließ, mich immer hinauszog, und binnen der ganzen Woche, die sie hier blieb, mich auf eine freilich keineswegs angenehme Weise, durch ihre werte Begleitung und aus endlosen Fragen bestehende Unterhaltung, über die schwersten Momente gewaltsam wegspazierte. Jetzt kam aber eine andere Not: Dein Brief von Ellingen hätte längst da sein können — d. h. der versprochene, gleich nach der Ankunft — und Du nachlässiger Schlingel bist es wirklich gar nicht wert, wie wir uns um Dich geängstigt haben.

Ob ich mich freue, nach Hause zu kommen? Nein, Levin, nein — was mir diese Umgebungen vor sechs Wochen noch so traurig machte, macht sie mir jetzt so lieb, daß ich mich nur mit schwerem Herzen von ihnen trennen kann. Hör', Kind! Ich gehe jeden Tag den Weg nach Haltenau, setzte mich auf die erste Treppe, wo ich Dich zu erwarten pflegte, und sehe, ohne Lorgnette, nach dem Wege bei Vogels Garten hinüber. Kommt dann jemand, was jeden Tag ein paarmal passiert, so kann ich mir, bei meiner Blindheit, lange einbilden, Du wärst es, und Du glaubst nicht, wie viel mir das ist. Auch Dein

Zimmer habe ich hier, wo ich mich stundenlang in Deinen Sessel setzen kann, ohne daß mich jemand stört, — und den Weg zum Turm, den ich so oft abends gegangen bin, — und mein eigenes Zimmer mit dem Kanapee und Stuhl am Ofen — ach Gott, überall! — kurz, es wird mir sehr schwer, von hier zu gehen, obendrein noch zweihundert Stunden weiter, als wir jetzt schon getrennt sind. Solltest Du es wohl recht wissen, wie lieb ich Dich habe? Ich glaube kaum.

Ich gehe jetzt täglich ins Museum, setze mich auf Deinen Stuhl am Fenster und sehe, was das Morgenblatt bringt. Vorgefunden: erstens Dein Gedicht auf die Meersburg, was mir aber schon eine schöne Verlegenheit zugezogen hat, und zwar eine wohlverdiente, da die Idee, den guten Laßberg nebst Uhland auszumerzen, zwar nicht von mir ausgegangen, aber doch approbiert worden ist; und jetzt fiel es mir wie ein Stein aufs Herz: Gott, das sieht ja ganz aus, als ob Levin sich öffentlich seiner schämte, als zu unbedeutend für ein Gedicht; und nun gerade im Morgenblatt, das Laßberg gleich vor Augen kommt! Es währte auch nicht lange, so waren die Puppen am Tanz; von allen Seiten wurde dem alten Herrn die schmeichelhafte Nachricht von Levin Schückkings schönem Gedicht auf seine Dagobertsburg zugetragen, schriftlich und mündlich; Pfeiffer, Baumbach, Stanz, die Meersburger Honoratioren, — jeder wollte ihn zuerst darüber bekomplimentieren, und ich wußte mir nicht anders zu helfen, als indem ich gestand, es gelesen und von der Redaktion des Morgenblattes — die ja auch von Deinem »Jagdstreit« über die Hälfte eigenmächtig gestrichen — auf eine Weise verkürzt gefunden zu haben, daß alle Strophen, die sich nicht auf das bloß Landschaftliche und Historische bezogen, ausgelassen worden. Der arme Laßberg, der so kindisch froh war, sich vor aller Welt besungen zu sehen, daß er mich fast aus dem Bette ins Museum gejagt hätte, um »das Blatt seiner Glorie« zu holen, war, wie mir schien, fast dem Weinen nah, als er dies hörte, und sagte mit der kläglichsten Stimme von der Welt: »Wenn auf diese Art vielleicht Uhland und ich auch ausgemerzt sein sollten, so sollte mich das sehr freuen; denn ich mag nicht, daß man von mir spricht.« Es dauerte mich ordentlich, aber ich glaube nicht, daß er Verdacht auf Deine eigene lieblose Hand hat; Jenny ebensowenig, die auch ganz grimmig auf die perfide Redaktion ist; ich weiß aber auch wirklich nicht, wo wir beide unsere Gedanken gehabt haben, da wir doch Laßberg so gut kannten und dies alles an den Fingern abzählen konnten. Um desto nötiger ist es, daß Du ihm jetzt gleich schreibst, und zwar recht herzlich. Das menschliche Gefühl geht wunderliche Wege! Laßberg fühlt sich, aus Veranlassung Deines Gedichts, geärgert und gleichsam beleidigt, und ich meine, davon wird immer ein kleiner Schatten auf Dich zurückfallen, wenn Du dem nicht durch einen Beweis Deiner Hochachtung und anhänglichen Erinnerung zuvorkommst. Am besten wäre es, wenn Du das Gedicht, in seiner ersten Gestalt, noch einem andern Blatte, was Laßberg vor Augen oder wenigstens nach Meersburg kommt, — z. B. dem Unterhaltungsblatt des Merkur oder der Didaskalia, — gäbst; dann wäre das Unglück ziemlich repariert und allem etwa nachträglichen Verdachte vorgebeugt.

An Schücking

5. 5. 1842

— — —

Einige Tage später fuhren wir über Friedrichshafen nach Langenargen, acht Stunden von Meersburg, dieses Mal Jenny mit. Wie habe ich da an Dich gedacht, altes

Herz, wie hundertmal habe ich Dich hergewünscht! Da hättest Du erst erfahren, was ein echt romantischer Punkt am Bodensee ist. Von so etwas habe ich durch hier noch gar nicht mal eine Idee erhalten. Denk' Dir den See wenigstens dreimal so breit wie bei Meersburg, ein ordentliches Meer, so breit, daß selbst ein scharfes Auge, Laßberg z. B., von jenseits nichts erkennen kann als die Alpen, die nach ihrer ganzen Länge, sogar die Jungfrau mit, in einer durchaus neuen und pittoresken Gruppierung wie aus dem Spiegel auftauchen. Du sitzest auf dem sehr schönen Balkone eines stattlichen Hauses — früher Kloster, jetzt Gasthof —, hinter Dir die Flügeltüren des ehemaligen Refektoriums geöffnet, was seiner ganzen Länge nach mit den lebensgroßen Bildern der alten Grafen von Montfort, in schweren goldenen Rahmen, wie getäfelt ist; unter Dir, über, ein Stückchen flachen Strandes weg, die endlose Wasserfläche, wo Du zehn bis zwölf Kähne und Fahrzeuge zugleich segeln siehst, denn hier ist die Fahrt anders belebt wie bei Meersburg; links der sehr reiche und städtisch elegante Marktflecken; tief im See ein Badehaus, zu dem ein äußerst zierlicher schmaler Steg führt, der sich im Wasser spiegelt, und gleich dahinter ein Seebusen, voll Segel und Masten, ganz wie ein Hafen, aber ohne das unangenehme Gemäuer; und endlich rechts, nicht zweihundert Schritte vom Gasthofe, der Hauptpunkt, die herrliche Ruine Montfort, auf einer Landzunge, die schönste, die ich je gesehen habe, mit drei Toren, zackichten Zinnen und einer dreifachen Reihe durch ihre Höhe und Tiefe ordentlich imponierender Fensternischen, in denen die herrlichste Stukkateurarbeit dem Winde und Regen noch zum Teil widerstanden hat und man sie so mit einem Male, über die Nischen streifend, wie eine grandiose Stickerei übersehen kann. Die Ruine ist als solche noch nicht alt, obwohl sonst ein sehr altes Gebäude. Vor fünfzig Jahren wohnte noch ein Schaffner darin; dann ward das Schloß zum Abbruch verkauft, und nachdem das Dach und die inneren Mauern niedergerissen waren, kam ein Befehl von Stuttgart — es ist württembergische Domäne — damit innezuhalten. Seitdem steht es nun in seiner verfallenden Pracht und läßt sich nach und nach von den Wellen unterminieren, die schon viele Fuß tief in die Mauern gewühlt haben und, wenn man drinnen ist, wie unterirdisch brausen, weshalb auch ein Anschlag vor dem Hineingehen als gefährlich warnt; man tut's aber doch. Jetzt hat sich ein armer Blumenhändler mit Frau und Kind dort angesiedelt; in der notdürftig hergestellten Pförtnerstube unter dem Torgewölbe hockt die Familie zusammen; auf den Mauern und Basteien, wo nur ein Fleckchen Erde ist, steht alles voll Blumen in Beeten und Töpfen; aus einem der Kellerlöcher mekkert eine Ziege, und ein halbes Dutzend weißer Kaninchen schlüpft zu den untern Fensternischen aus und ein. Du kannst Dir das Malerische des Ganzen nicht denken; es ist so romantisch, daß man es in einem Roman nicht brauchen könnte, weil es gar zu romanhaft klänge, und ein fremder Kaufmann, den wir gestern beim Figel trafen, und der geradeswegs aus dem südlichen Frankreich durch Italien und in letzter Station von Langenargen kam, war ganz entzückt davon und sagte, er könne es nur den schönsten Aussichten bei Genua und Neapel vergleichen. Auch ich kann Dir nicht sagen, wie klein und armselig mir seitdem die hiesige Landschaft vorkommt. Wenn Du mit Deinen Zöglingen übers Jahr kommst, versäume ja Langenargen nicht. Laßberg meint, in höchstens ein paar Jahren werde die Unterminierung vollendet sein, und an einem schönen Tage die ganze Ruine zusammenprasseln. Lieber Himmel, warum habe ich einen so schönen Tag ohne Dich genießen müssen! Ich habe immer, immer an Dich gedacht, und je schöner es war, je betrübter wurde ich, daß Du nicht neben mir standest und ich Deine gute Hand fassen konnte und zeigen Dir — hierhin — dorthin — — Levin, Levin, Du bist ein Schlingel und hast mir meine Seele gestohlen; Gott gebe, daß Du sie gut bewahrst. Aber Du hast mich auch lieb und denkst auch an mich an Deiner Donau, — suchst Muscheln, die wahrscheinlich nicht da sind, und hast schon Pflanzenabdrücke und zwei Steine für mich zusammen gehütet, — so ist's recht! und wären es am Ende auch simple Kiesel, so soll man immer füreinander denken und schaffen, um die Liebe in sich selbst frisch zu erhalten; ich will auch für Dich zusammenscharren, geschnittene Steine, Pasten, Rokoko, wie ich nur kann. Sobald man so viel zusammen hat, daß man es auf die ordinäre Post geben kann, ist es das Porto immer leicht wert, und es ist eine gar zu große Freude, das Empfangen wie das Geben. Du altes Herz, Deine Müschelchen, die Du mir hier gesucht und in den Schwefelholzkästchen gegeben hast, kann ich kaum ohne Tränen ansehen, und sie sind mir lieber wie alle die schönen seltenen Meermuscheln in meinem Glasschranke zu Rüschhaus. Adieu, Levin, behalt' Dein Mütterchen lieb, stelle Dir oft vor, daß ich bei Dir wäre und Du mir alles erzähltest und vertrautest, wie da wir zusammen waren; bitte, denk' das oft, so wird in Deinem Herzen nie eine Falte gegen mich kommen; ich will Dir auch immer alles sagen. Adieu, lieb' Herz. Was Du von der Beichte und Kommunion sagst, ist gewiß sehr richtig, und es liegt ein großes, tiefes Heil in dieser unumwundenen Selbsterforschung und Anklage; meinst Du, ich fühlte das nicht? An der Heilsamkeit habe ich nie gezweifelt, und auch der Glaube an die Heiligkeit kommt häufig wie eine unwiderstehliche Gewalt über mich. Adieu!

An Schücking

Meersburg, 7. 7. 1842

Ich bin gewiß, mein guter Junge ist nicht nur ungeduldig, sondern auch besorgt wegen meines langen Stillschweigens. Es hat auch einen recht schlimmen Grund gehabt, nämlich die furchtbarsten Gesichtsschmerzen, an denen ich jetzt schon über drei Wochen Tag und Nacht leide, und die erst seit gestern so weit nachgelassen haben, daß ich heute hoffe, dieses Blättchen ohne Unterbrechung vollschreiben zu können; bisher war mir, sobald ich mich zum Schreiben bückte, gerade, als wenn ich den Kopf in siedendes Wasser steckte. Unter welchen Schmerzen und in wie einzelnen Zeilen ich die beikommende Abschrift zusammengestoppelt habe, kannst Du sonach wohl denken und wirst mir deshalb nicht nur die Verzögerung, sondern auch die vielen Korrekturen verzeihen, da ich oft kaum wußte, was ich schrieb, und jedenfalls nicht wagen durfte, das Geschriebene nachzulesen oder gar drüber nachzudenken. Da ich nun den ersten Aufsatz nur flüchtig hingeworfen und mich hinsichtlich der feineren Ausführung, sowohl was den Stil als die Folgenreihe betrifft, hauptsächlich auf den freieren Überblick während des Abschreibens verlassen hatte, so weiß Gott, aber ich nicht, wie es damit aussehen mag, und Du mußt Dir den Rummel arrangieren, so gut Du kannst. Vielleicht rundet es sich auch schon so ziemlich; im einzelnen ist wenigstens wahrscheinllich, soviel ich im halben Dusel darüber urteilen kann, das meiste zu gebrauchen, wenn auch vielleicht erst anders zusammengestellt und mit Stilverbesserungen. Ich habe übrigens keineswegs, wie Du mir rietest, »hüsbch zusammengedichtet«, was mir doch für ein geschichtliches Werk zu gewagt schien, sondern mich streng an Tatsachen gehalten und, wo ich mich selbst als Augenzeugin anführe, sie auch wirklich miterlebt. Dieses brockenhafte Niederschreiben hat eine Menge Verschreibungen und Auslassungen zur Folge gehabt, und diese vieles Durchstreichen und Bekreuzen, so daß Du dich erst ordentlich herein- oder vielmehr herauslesen mußt, ehe Du selbst wissen kannst, was daran ist. Wäre es etwas anderes gewesen, so hätte mir Jenny die Abschrift machen können; so aber durfte ich meine Kollegenschaft mit Dir doch nicht kund werden lassen.

Die Wintgens sind jetzt angekommen, vorgestern. Sie bleiben noch einige Tage und machen dann Touren in die Schweiz, die auch einige Wochen hinnehmen werden; ich bleibe derweil hier und erwarte ihre Zurückkunft. Unsere Abreise wird demnach wohl nicht vor Ende dieses Monats oder dem Anfang des folgenden statthaben; wenn Du mir also gleich antwortest, kann ich den Brief noch bequem hier erhalten. Laßberg ist auch sehr gespannt auf eine Antwort von Dir, und als ich ihm vorstellte, Du würdest wahrscheinlich erst den Antrag von Freiburg abwarten, um dann, nach Einsicht der Bedingungen, ihm Deinen Entschluß mitteilen zu können, sagte er, »er habe Dich um Zurücksendung eines Briefes gebeten, und darauf hättest Du doch antworten müssen«. Sei nicht so saumselig, liebstes Herz, und verschleudere nicht so mutwillig goldene Meinungen, die doch immer wenigstens so viel wert, als uns die Personen lieb sind...

Liebes Herz, wundere Dich nicht, wenn ich Dich fortan Sie nenne und Dich um ein gleiches bitte; die gefährliche Zeit unserer Korrespondenz fängt jetzt an, und es ist mir zu empfindlich, alle Deine lieben Briefe des Du's wegen verbrennen zu müssen.

An Schücking

Rüschhaus, 11. 9. 1842

Endlich ein Brief von dem kleinen Pferde! Wissen Sie, Levin, daß ich ganz zornig war? Obwohl ich es generöserweise, vielleicht auch mit aus Hochmut, in meiner königlichen Brust verschlossen hielt und tat, als könne ich noch gar keinen Brief erwarten. Wer hätte denken sollen, daß der Klüngelpeter von Laßberg sein Breve, dem schon bei meiner Abreise nicht viel mehr als das Kuvert fehlte, erst nach Wochen vom Stapel lassen sollte! Mein Junge darf sich also nicht wundern, daß ich mich wunderte, etwas ängstete und ziemlichermaßen erzürnte; denn eine innere Stimme sagte mir, daß er gesund wie ein Fisch und rund wie eine Kugel sei, und bloß grenzenlos faul. Ich gäbe viel darum, liebes Herz, wenn Sie gerade dieses Mal so recht offen und ausführlich geschrieben hätten, ganz wie zu Ihrem Mütterchen; denn ich sitze hier seit sechs Wochen mutterseelen allein, und weder Hahn noch Huhn kräht nach den Briefen, die ich bekomme, und mich verlangte so nach einem recht langen, warmen, lieben; aber das konnten Sie freilich nicht wissen, das erstere nämlich. Von der Mitte dieses Monats an bin ich nicht mehr allein, also schon in der Woche, die heute beginnt. Daß Briefe an mich erbrochen würden, ist fortan keine Gefahr mehr vorhanden, selbst wenn ich gerade abwesend sein sollte; aber ich wünsche dennoch dringend, sie allein zu bekommen, um nicht genötigt zu sein, sie vorzulesen, wo man dann, noch unvertraut mit dem Inhalte, beim Übergehen so leicht ungeschickt stockt, was allerlei Fatalitäten nach sich ziehen könnte. Lassen Sie uns also, wenn es Ihrerseits möglich ist, einen regelmäßigen Briefwechsel verabreden; wo es mir dann leicht wird, den Moment abzupassen; schreiben Sie den Ersten jeden

Monats, ich will dann jeden Fünfzehnten die Antwort zur Post schicken; so fällt auch das fatale Kreuzen fort, was einen desparat macht, wenn man soeben sein Schiff mit defekter Ladung hat absegeln lassen.

An Schücking

Rüschhaus, 15. 11. 1842

— — —

Den 16ten. Gestern, als ich, von Kopfweh überwältigt, eben die Feder weggelegt hatte, kam Ihr Kistchen an. Mein altes, gutes Herz, wie haben Sie sich geplagt, das alles zusammenzubringen! Sie sind doch ein gar liebes kleines Pferdchen, — bloß klein, weil klein lieb ist, — und wie schön ist alles, besonders die Münzen! Sie wissen vielleicht selbst nicht, daß eine ganz vortreffliche altgriechische darunter ist: die kleine grasgrüne; die übrigen sind römisch, alle so prächtig erhalten, und mehrere darunter von der größten Seltenheit; auch die neugriechischen Münzen sind mir sehr lieb, und fast noch mehr die Mineralien und Versteinerungen, weil mein gutes Kind sie teilweise mit seinen eignen guten Händen für mich herausgeklopft hat. Lieber Levin, Deine treue Sorge und Liebe tut Deinem Mütterchen sehr wohl; sie hat ja auch nur den einen Jungen, auf den sie alles, was von Mutterliebe in ihr ist, konzentrieren muß. Gott segne Dich, mein Kind, Du weißt nicht, wie es mich rührt, daß Du so oft an mich gedacht und Deine Freude in der meinigen gefunden hast. Ich bin etwas mißtrauisch und gar nicht eitel, darum glaube ich immer, schnell vergessen zu sein ...

An Schücking

Rüschhaus, 15. 2. 1843

Ich denke mir, mein gutes Kind ist besorgt über mein langes Schweigen, und auch mit Recht; denn ich bin wirklich sechs Wochen lang wieder recht miserabel daran gewesen, habe mich halbtot gehustet, mitunter Fieber gehabt und sogar die Leute dahin erschreckt, daß sie einige Nächte bei mir gewacht haben. Unerwartet kam mir das freilich nicht, da ich wohl weiß, daß man einen kurzen Aufenthalt in besserem Klima immer schwer nachbezahlen muß, aber doch sehr unbequem. Jetzt ist's um vieles besser, ich bin von Herzen wieder gesund, und der Husten läßt auch nach. Die Fatalität kam recht *mal à propos*, mitten in der Arbeit, und ich habe sechs Wochen meines Lebens gleichsam in den Brunnen werfen müssen. Vielleicht ist's gut; denn ich fand des Dichtens und Korrigierens gar kein Ende, sehe jetzt aber wohl ein, daß ich mit dem Vorhandenen vorläufig zufrieden sein und nur rasch die Vollendung der Abschrift besorgen muß, ein Entschluß, zu dem ich sonst wohl nicht so bald gekommen wäre. Ihr Brief, lieber Levin, kam gerade im schlimmsten Augenblicke an, und die Ungeduld und Unruhe, Ihnen nicht zur rechten Zeit antworten zu können, hat mich vielleicht eher gestärkt und herausgerissen, wenigstens zu vernünftiger Schonung gebracht, als dieses sonst wohl meine widerhaarige Natur gestattet hätte. Ich darf mich nicht bücken, das ist das Elend, sonst hätte ich weit eher geschrieben; denn eigentlich krank bin ich nur acht Tage lang gewesen, und das übrige, Husten, Andrang zum Kopfe usw. sind nur Kongestionen aus Mangel an Bewegung, da dieser ohnegleichen warme, dreckige Winter leider meine schwachen Spazierentschlüsse überwunden hat. Ich sehe, wie Sie die Stirn runzeln, aber bedenken Sie: bis an die Knöchel im Kote! und obenher feucht von

Nebel und Staubregen wie eine unglückliche Najade, die halb trocken aus ihrem verschlammten Weiher flieht! Kälte hätte ich gewiß nicht gescheut. Wie ist der Winter bei Ihnen drüben? Der hiesige verdient den Namen gar nicht, und vor mir im Glase stehen blühende Vergißmeinnicht, die gar nicht fort gewesen, und Schneeglöckchen, die bereits da sind. Das lautet ganz romantisch und sonnig, und ist doch nur die kotigste Prosa...

Guten Morgen, mein alter Levin, ich habe soeben das gestern Geschriebene nachgelesen, und es kommt mir sehr abgerissen und dürre vor; ich war aber auch gestern hundskrank und ungefähr in der angenehmen Lage eines halb Erdrosselten. Jetzt weiß ich, daß es in der Luft lag; denn in dieser Nacht ist eine dicke Schneedecke gefallen, und wir sind mit einem Male mitten im Winter. Die Blumen und gelben Schmetterlinge — denken Sie, deren gab es schon! — müssen alle erfrieren; das ist ein perfider Streich von unserm Herrgott! Wieder auf Ihren Fürsten zu kommen: ich bitte Sie dringend, liebes Herz, nehmen Sie sich etwas mit ihm zusammen, sagen Sie ihm keine absichtlichen Anzüglichkeiten und zeigen sich nicht durchweg nachlässig gegen alle seine Wünsche, — ich meine auch solche, denen Sie bei einem achtungswerten Hausherrn gewiß die feinste Berücksichtigung schenken würden. Sie geraten sonst auch Ihrerseits ins Unrecht, und ich möchte doch gern, daß Sie so nobel als möglich aus diesem Konflikt hervorgingen, und Ihre Delikatesse und taktvolle Haltung so leuchtend als möglich ihm gegenüberstände. Daß er Sie haßt, daran zweifle ich nicht, und auch nicht daran, daß er seine Augen schon lange nach einem Subjekt umherwirft, das Sie ihm entbehrlich machen könnte, und ich denke mir, wenn er sich wieder ins Ausland wendet, wo man sein Privatleben nicht kennt, werden sich talentvolle junge Leute genug finden, die diesen Antrag so gut für ein

Glück halten, wie Freiligrath und Sie dies getan haben. Es wäre aber nicht gut, wenn die Trennung von ihm ausginge, am wenigsten, wenn Sie ihm durch absichtliche Grobheit oder Willkür zu einem Scheine Rechts verhülfen, da er gewiß so klug sein würde, seine Löwin usw. aus dem Spiel zu lassen und als Anlaß des Bruchs eine Gelegenheit zu benutzen, wo ihm vielleicht jeder Hausherr beistimmen würde. Lieber Levin, mein liebstes Herz, Sie haben noch immer alles freundlich aufgenommen, was Ihr Mütterchen Ihnen gesagt hat; Sie wissen wohl, daß es aus einem treuen, für Sie unablässig sinnenden und sorgenden Herzen kommt. Nicht wahr, mein lieb' Kind, Du wirst mir nicht tückisch? Wenn ich anfinge, meine Sermone einzupacken, dann könnten Sie nur denken, daß es auch anfinge, mit der Liebe schlecht zu stehen; denn es ist mir immer hart, Ihnen dergleichen zu schreiben, und ich würde es schwerlich um jemand anders tun; aber Du bist mein einzig lieb' Kind, und ich will Dir lieber mal lästig und langweilig erscheinen, als mich durch Schweigen an der Treue zu versündigen. Noch eins muß ich Dir sagen, und zwar wieder als Dein Mütterchen: wie ist's, daß Du so wenig Liebe zu den Kindern hast? Rühren Dich diese armen Geschöpfe nicht, deren einziger Halt und einziger moralischer Leitstern Du bist? Es kommt mir vor, als sähest Du die Pflicht, ihre Unschuld zu überwachen und ihren Geist zu entwickeln, fast als eine unbillig aufgebürdete Last an, und doch bist Du deshalb da, und gerade dies ist dasjenige, was Deine Stellung adelt und sie in allen honetten Augen ehrwürdig und schön macht. Mich dünkt, ich in Deiner Lage würde die Kinder schon aus Mitleid liebhaben, und wenn sie Kretins wären, und das sind sie doch wahrlich nicht; ich habe noch gestern einen Deiner früheren Briefe nachgelesen, wo Du sagst, beide seien sehr gehorsame, gutartige Kinder; Karl besitze viel Talent, sein Bruder zwar keins, aber dafür eine wahrhaft rührende Herzensgüte. Unterricht geben ist zwar, wie ich aus Erfahrung weiß, eine höchst unangenehme Sache, besonders wenn man andere Arbeiten vor der Hand hat; aber Du hast es doch einmal übernommen, und die Kinder dürfen nicht dabei zu kurz kommen, daß Du lieber schriftstellerst. Ich zweifle zwar nicht, daß Du Deine Stunden pünktlich abhältst, aber mit Ungeduld: die Kinder sind Dir hinderlich, und dadurch werden Dir die armen unschuldigen Dinger fatal; ich wette, Du hältst sie Dir außer den Stunden so weit vom Leibe, wie Du kannst, und doch liegt ein so unendlicher Schatz von Liebe in Kinderseelen. Selbst wenn sie — wie z. B. diese, beim Tode der Mutter — etwas dickhäutig erscheinen sollten, so liegt das in den Umgebungen, die ihre Gefühle eher unterdrückt wie geweckt haben; die Weichheit steckt doch heimlich drinnen; Du brauchst ihnen nur halbwegs entgegenzukommen, so werden sie sich in kurzem für Dich totschlagen lassen, und Du wirst dann mehr Trost und Milderung Deiner Lage hierin finden, als Du es Dir jetzt denkst. Schlag das nicht so über die leichte Achsel, Levin, es ist ein sehr ernsthafter Gegenstand, für Dein Gewissen sowohl wie für Deine eigene innere Ruhe und Selbstachtung. Und nun gib mir Deine Hand und sag' mir, daß ich immer Dein liebes Mütterchen bin und bleibe...

Nun zu der Gall; ob sie zu meiner Schwiegertochter paßt? Das könnte ganz wohl sein; schön und geistreich scheint sie wenigstens unwidersprechlich, und ich wäre sehr begierig, sie zu sehen; wo steckt sie denn jetzt? Nach Darmstadt denkt sie schwerlich sobald zurückzukommen, da sie ihren Flügel verkauft hat. Es ist mir äußerst erfreulich, Levin, daß Sie in Ihrer jetzigen Verlassenheit einen geistigen Anhalt und Trost in ihr gefunden haben, und wenn es Gottes Wille ist, kann sie Ihnen allerdings dereinst vielleicht noch mehr werden. Dennoch muß ich Dich bitten, liebstes Kind, sei vorsichtig mit der Feder und hüte Dich vor jedem Worte, das Dich binden könnte; die Liebe wird weder durch Schönheit und Talent noch selbst Achtbarkeit bedingt, sondern liegt einzig in den eignen Augen und eignem Herzen, und wo diese nicht das gewisse Unbeschreibliche finden, was sie gerade anspricht, da hilft alle Engelhaftigkeit nichts. Was meinst Du, wenn Freiligrath Dir seine Franziska oder seine Frau hätte zufreien wollen? Von der letzteren wenigstens ist er gewiß noch mehr begeistert gewesen wie von der Gall, und sie hat ebenfalls für bildschön passiert, ist geistreich, talentvoll, gut, und schreibt gewiß vortreffliche Briefe. Oder gar die Bornstedt, von der Du selbst mir gesagt, sie würde ihm besser gefallen wie eine von uns andern, und er sich wahrscheinlich rasend in sie verlieben? Ich sage dieses nicht zum Nachteil der Gall, von der ich mir das beste und liebenswürdigste Bild mache, sondern nur, um Dich vor blinden Schritten zu warnen; denn sie kann vollkommen schön, überhaupt tadellos liebenswürdig sein und doch irgendeinen kleinen Haken haben, einen Zug um den Mund, Blick, Ton der Stimme, — der es Dir gänzlich unmöglich macht, sie zu heiraten; dergleichen kommt ja alle Tage vor. Übrigens ist mir Dein Verhältnis zu ihr sehr lieb, da sie schlimmstenfalls doch immer eine wertvolle Freundin bleiben muß. Aber mehr laß sie Dir um Gottes willen vorläufig äußerlich nicht werden; — was sie Dir vielleicht jetzt schon innerlich ist, darüber habe weder ich ein Recht noch Du selbst Macht — denn Du bist am wenigsten der Mann, der sich, einmal verwickelt, zu einer Ehe gegen seinen Geschmack resignieren und leidlich glücklich darin leben könnte. Doch wünsche ich mir nichts Besseres und Lieberes, als daß die Gall wirklich, nach Freiligraths Ausdruck, »die rechte Kasawaika« sein möge.

An Schücking

Münster, 24. 4. 1843

Lieb' Herz, ich bin sehr, sehr müde und angegriffen, meine Kräfte sind total zu Ende und ich habe das Wichtigste kaum noch berührt; es geht mir wie einem, der sein Testament zu lange verschoben hat und sich nun quält, daß er es nicht mehr machen kann, — nur zwei Worte: suchen Sie die Gall persönlich kennen zu lernen, ehe Sie sich zu weit mit ihr einlassen; und dann beiraten Sie nicht ohne ein festes, wenn auch bescheidenes Einkommen Ihrerseits; unter diesen beiden Bedingungen haben Sie den vollständigsten Segen derjenigen, die mit aller Liebe und Treue einer Mutter für Sie fühlen wird, solange noch ein Atemzug in ihr ist. Adieu, schreiben Sie bald und adressieren Sie Ihre Briefe nach wie vor nach Rüschhaus; die Bückersche bringt sie mir gleich von Damms hierher. Adieu, Adieu, Gott segne mein Kind.

An Schücking

Hülshoff, 11. 5. 1843

Vorgestern habe ich endlich Ihren Brief erhalten, mein liebstes Kind, der mich von großer Unruhe befreit hat. Schlüters hatten nämlich aus Ihrem Briefe an Stieve zu lesen geglaubt, Sie würden schon am ersten Mai abgehen; so wußte ich Sie nirgends zu finden, und es drängte mich doch um so mehr zum Schreiben, da ich meinen letzten Brief in die Löwengrube versunken glaubte, wo er, nach Verhältnis des mehr oder minder feindlichen Abschiedes, bestenfalls sehr versäumt, schlimmsten erbrochen und mißbraucht werden konnte; wer gemein und neugierig genug ist, an der Tür zu lauschen, der kann sich auch eines nachzügelnden Schreibens bemächtigen. Sie sehen wohl schon aus meinen Federzügen, lieb' Kind, daß ich wenigstens teilweise hergestellt bin; der Aufenthalt in Münster hat mir sehr wohl getan, was ein halbes Wunder ist, unter den täglichen Erschütterungen, die ich am Sterbelager und Sarge des guten Tantchens mit Elise teilte. Ich tat mir über Macht Gewalt an und dachte, der hinkende Bote würde nachkommen; statt dessen hat diese Widersetzlichkeit gegen mein Nervenübel es gleichsam in Konfusion gebracht, die so übel behandelten Anfälle sind es müde geworden, wiederzukommen, und jetzt bin ich wohl noch schwach, schändlich reizbar, aber doch nicht eigentlich krank mehr. Freut's meinen Jungen nicht? Es ist mir ordentlich ein Fest, es ihm zu schreiben, da ich weiß, wie mir zumute wäre, wenn ich ihn so elend wüßte. Lieber Levin, ich wollte, Sie hätten mein Krankenlager gesehen und jetzt meine rasche Genesung, um sich über Ihr eigenes Befinden aller Apprehensionen zu entschlagen. Die Nerven sind schändliche Biester, zu denen Gott gesagt hat, wie zum Satan im Buche Hiob: »Plag' ihn, schlag' ihn, zehre ihm das Fleisch von den Gebeinen, aber über sein Leben sollst du keine Macht haben.« Drei Wochen freiwilligen Zwanges haben mich erlöst, Sie werden vierzehn Tage glücklicher Ungebundenheit am Rhein — der Main ist doch auch ein schöner Fluß? — kurieren. Jetzt bin ich seit acht Tagen hier; Rüschhaus habe ich noch nicht gesehen, weshalb ich Ihnen das bewußte Blatt nicht schicken kann, denke aber Sonntag hin. Unser armes Mariechen bessert sich etwas; ich habe ihr ein silberbeschlagenes Gebetbuch geschickt, wo sie sich halb tot daran gefreut hat, das gute Ding.

Mein treuloser Abschreiber hat sich so lange in den Ferien verlustiert, daß ich ihn in Münster nur noch einen Tag habe packen können; um Pfingsten kommt er aber auf vierzehn Tage nach Rüschhaus, und von da an bin ich jede Stunde bereit, meine Künste auf dem schlaffen Seile zu produzieren. »Ei, was werden die Leute die Augen aufreißen, was der Schelmuffsky für ein brav' Kerl ist!« Übrigens erwarte ich, ernstlich gesprochen, keinen so schlagenden Erfolg, wie Ihre Liebe Ihnen vorspiegelt; zuvörderst keinen schnellen, ich muß Zeit haben und mich, wie andere schlechte Poeten, mit der Nachwelt trösten. Ich wollte, wir könnten unsern Nachruhm wie einen Pfauenschweif hinter uns ausbreiten und beäugeln; aber da würde freilich mancher einen traurigen Gänseschwanz zu sehen bekommen oder gar nichts.

Gleich nach Pfingsten gehen wir nach Abbenburg und im Herbste nach Meersburg; könnten wir uns nicht unterwegs irgendwo treffen? Mich verlangt sehr danach. Schreiben Sie mir gleich, wie Ihnen die Gall gefallen hat; bin ich schon in Abbenburg, so wird mir der Brief doch unmittelbar nachgeschickt. Wir, Elise und ich, sind natürlich äußerst gespannt darauf, und unsere Wünsche und Gebete werden Sie an jenem Tage begleiten. — Gott gebe, daß die Gall ist, wie wir sie uns ausmalen, namentlich Elise: feurig ohne Exaltation, neben ihrem Geiste voll *bon sens*, und obwohl glänzend in Gesellschaft, doch ruhig und wohltuend im häuslichen Leben. Lieb' Kind, Dein Mütterchen hat *carte blanche*, zu sagen, was es will, nicht wahr? So bitte ich Dich, wie ich bitten kann, suche die Gall genau zu ergründen, ehe Dein Wort und Urteil unwiederbringlich gefangen sind; es geht hier ums ganze Leben. Ich bin voll der besten Hoffnungen und so herzensfroh, daß Deine Neigung sich so ehrenvoll fixiert hat, und doch ist mir jetzt, wo die Entscheidung bevorsteht, so ängstlich und ernst zumute, als sollte ich selbst heiraten. Sollte die Gall — ich hoffe es nicht, aber möglich wär' es, und Deine eigenen Beschreibungen widersprechen dem wenigstens nicht — zu jenen Menschen gehören, denen das Bedürfnis steter Aufregung — ob sentimental oder leidenschaftlich, kommt zu einem aus — angeboren ist, so bedenk' Dich zehnmal, ehe Du Dich bindest. Du bist ein Westfale, deshalb ein geborener Philister, und das Bedürfnis nach heiterer Ruhe ist bei Dir auf die Dauer das allervorherrschendste. Du bist zart von Nerven, deshalb auch kurzen Aufregungen sehr zugänglich, aber bald überreizt; eine derartige Frau würde Dich im ersten Vierteljahre vielleicht bis zur Vergötterung exaltieren, im zweiten und dritten bedeutend ermüden, und endlich würdest Du lieber in die erste beste Pfahlbürgerkneipe gehen, um nur mal eine ruhige ordinäre Stunde zu verleben. Auch ihre Anforderungen an die Welt sind, bei Deiner vorläufig bescheidenen Lage, sehr zu prüfen; sie scheint mir glänzend erzogen und an einen bewundernden Kreis gewöhnt; dergleichen entwöhnt sich nicht leicht. Ihre Unlust an Hofbällen und der großen Welt will nichts beweisen; sehr lebhafte und dabei, wie Du selbst sagst, etwas eitle Personen, die an einen engeren Zirkel, wo sie die erste Rolle spielen gewöhnt sind, fühlen sich nie wohl, wo sie sich schmählich genieren und mit so vielen *pari* gehen müssen. Aber diese täglichen kleineren Zirkel im eigenen Hause sind gerade das Geldfressende, und ich weiß kaum, was kläglicher ist: in Schulden geraten oder jeden Mittag Wassersuppe essen, um abends die Leute mit Zuckerbrezeln bewirten zu können. Mein gutes Herz, Du darfst mir nichts übel nehmen und begreifst die Angst Deines Mütterchens, wo ihr einziges liebes Kind auf dem Punkte steht, über seine ganze Zukunft zu entscheiden. Beobachte die Gall zwischen Menschen, und wie sie Dir da zuerst erscheint, ehe sie sich noch ausschließlich mit Dir beschäftigt; nachher ist's zu spät. Völlig Verliebte oder gar Verlobte sind immer einsamer Natur und möchten nur in einer Hütte unter vier Augen leben; aber das hält nicht an, und die alte angeborene Natur kommt über kurz oder lang immer wieder durch. Es sind noch zwei Umstände, die ich jetzt, wo Dein Geschick an einem Haare schwebt, nicht übergehen darf, magst Du meine Liebe darin nun erkennen oder verkennen. Die Gall ist protestantisch; das macht zwar mir wenigstens für ihre Person nichts aus; aber sie könnte fordern, daß ihre Kinder in gleicher Religion erzogen würden. Wär's möglich, Levin, daß Du in einem Augenblicke der Leidenschaft oder des Leichtsinns darauf eingingst? Ich weiß, Du bist kein orthodoxer Katholik, hast es aber doch oft gegen mich und andere ausgesprochen, daß Du Deine angeborene Glaubensform bei weitem für die bessere und der Moralität zuträglichere hältst. Darum bitte ich Dich, wie ich bitten kann, Levin, gib kein solches öffentliches Zeichen einer Schwäche, die Dich in Deinen eigenen und anderer Augen herabsetzen müßte. Bedenk', was Du alles für den Besitz e i n e s Herzens aufgäbest: alle Deine hiesigen Lieben, die Du tödlich betrüben und den freien Äußerungen ihrer Zuneigung fast unübersteigliche Hindernisse in den Weg wälzen würdest. Mein liebes, liebes Kind, Du weißt, daß dieses keine Drohung sein soll, nur ein Auffrischen des Dir wohl Bekannten, ein Erinnern an Verhältnisse, die Du vielleicht halb vergessen hast, deren Resultate aber wenigstens einer fast das Herz brechen würden. Nun zu dem andern Punkte. Lieber Levin, Du bist leichtsinnig, oder vielmehr, wenn Du etwas lebhaft wünschest, so machst Du Dir selbst was weis und siehst, im umgekehrten Sprichwort, ein Kamel für eine Mücke an. Du bist Deiner beiden Eltern echtes Kind; ich will hiermit Deinem armen guten Vater nicht zu nahe treten, den ich vielleicht gerade deshalb so liebhabe und begreife, weil ich an Dir sehe, wie man ihm in manchen Stücken ähnlich und doch großer Anhänglichkeit wert sein kann. Deshalb bitte ich, wie nur eine Mutter bitten kann, verlobe Dich, wann Du willst, heute — morgen — aber heirate nicht ohne recht festen Grund unter den Füßen, nicht auf einige hundert Gulden, die bei sparsamer Wirtschaft allenfalls für zwei ausreichen. Gott kann Dir elf Kinder geben wie meinem Bruder, und es ist nichts schrecklicher, wie Frau und Kinder darben zu sehen oder, in Schulden versunken, alle Tage erwarten, ausgepfändet zu werden; und hast Du einmal leichtsinnig angefangen, so mußt Du, wohl oder übel, allen bittern Ernst mit durchhalten. Auf Deine Schriftstellerei darfst Du nicht zuviel rechnen; jede Kränklichkeit kann Dich unfähig dazu machen, und gerade Sorge und Niedergeschlagenheit würden diese Quelle gewiß sogleich verstopfen. Auch Dein eigentlicher Broterwerber, Dein Amt, muß sicher sein, von der Regierung oder sonst vermögenden Kräften garantiert; ich weiß nicht, ob die Augsburger Zeitung dies ist, aber jedenfalls würde ich, *faute de mieux*, hier zugreifen, wenn die Bedingungen irgend annehmlich wären; Du hast vorläufig für Dich und die nächste Zukunft zu sorgen, und diese ist jedenfalls eine Stelle, die Dich sehr ans Licht heben und eher wie jede andere den Weg zu einer wirklich genügenden Lage bahnen wird. Nun genug hiervon, liebstes Kind, ich habe offener zu Dir gesprochen als je und hätte es schon gern im vorigen Briefe getan; aber da war ich noch äußerst matt, hatte mich an anderen Dingen todmüde geschrieben und nur noch eben die Kraft, Dir zu einer Verbindung, die im ganzen, aufrichtig, überaus erwünscht ist, meinen Segen zu geben. Denn, lieb' Kind, ich glaubte nicht an meine Genesung und dachte, dies wäre der letzte Brief, den Dir Dein Mütterchen schreiben könnte; jetzt bin ich aber wirklich fast hergestellt

An Schücking

Abbenburg, 24. 6. 1843

Ihren Brief, liebster Levin, habe ich gerade bei meiner Abreise empfangen, oder vielmehr auf der ersten Station, in Münster, habe ihn gleich Elise ganz und Schlüters größtenteils mitgeteilt und letztere in der Konfusion teilnehmender Verwunderung stehen lassen, um mich durch zwei regnichte Reisetage und nachher ein solches Volumen von Besuchen, Erzählen, sogar sehr ernsten Geschäften zu arbeiten, daß eben heute der erste freie Augenblick, und auch nur zufällig, eintritt, wo ich wenigstens den Anfang zu einer Antwort machen kann. Sie sind also Bräutigam, und zwar einer höchstwahrscheinlich sehr guten und ganz gewiß höchst liebenswürdigen Braut, die nach Ihrer Beschreibung wirklich gerade das zu besitzen scheint, was zu Ihrem innern Glück und äußeren Wohle not tut, und wonach mein Auge lange ängstlich für Sie umhergesucht hat. Nun, Gott segne Sie, und gebe Ihnen alles Glück, was Ihr Herz so reichlich verdient; wenn meine Wünsche für Sie nur erfüllt werden, dann will ich auch nicht zanken, daß Sie meinen warmen, angstvollen Rat, wie gewöhnlich, mit aller Hochachtung beiseite geschoben und dem Schicksal den Handschuh geradezu ins Gesicht geworfen haben. Jetzt bittet Dein Mütterchen Dich aber noch einmal, und es ist die letzte Bitte, von deren Erfüllung noch vieles abhängen kann: nachher ist alles abgeschlossen, und was Dich Schweres treffen mag, muß hoffnungslos getragen werden: heirate nicht so leichtsinnig, wie Du Dich verlobt hast. Hat der Himmel es gnädig mit Dir gemacht, statt Deiner geprüft und gewählt und Dir in Louise ein Kleinod gegeben, was Du wohl ahnen, aber durchaus noch nicht als echt erkennen konntest — bei Deiner Verlobung —, so fordere ihn nicht zum zweiten Male heraus, durch den Bau einer Häuslichkeit auf den armseligen lockern Triebsand bloß literarischer Erfolge. Sieh Freiligrath an; Du sagst, er sei glücklich —, es mag sein; so viel weiß ich aber, daß er trotz seiner Pension, die Deiner Braut Vermögen ungefähr aufwiegt, und trotz seiner Kinderlosigkeit in sehr beengter Lage ist, und alles, was Dich an ihm stört, seine veränderte Stimmung, so wie die bittere seiner Frau, sind ohne Zweifel teilweise, wo nicht ganz, Folgen derselben. Ach, Levin, mir sinkt unter dem Schreiben aller Mut, wenn ich selbst fühle, wie schwach meine Stimme unter dem Jubel des Glücks und der Leidenschaft an Dein Herz rühren wird. Wär' ich eine Millionärin, wie ich Deinetwegen, einzig Deinetwegen sehnlichst wünschte, so ließ ich Dich gewähren und wartete ruhig den Augenblick ab, wo der Sohn sich mit einem »*mea culpa*« in die immer offenen Arme seiner Mutter flüchtete; aber meine eigene Hilflosigkeit für den schlimmsten Fall macht mir das Herz zentnerschwer. Ich bitte Dich mit gefalteten Händen: suche festen Grund, ehe Du Dein Haus baust; vergegenwärtige Dir nur einmal recht lebhaft Deine frühere Lage, und doch hattest Du für keine Familie zu sorgen. Ich mag nicht mehr darüber sagen, mein letzter Brief enthält alles, was sich darüber sagen läßt, und diesen hast Du wahrscheinlich schon verworfen oder mindestens gewiß vergessen, und so wird es diesem auch gehen, und ich finde mehr Trost in dem von Dir gerühmten praktischen Sinne Deiner lieben Braut, die von selbst meine Ansichten teilen muß, als daß ich hoffte, großen Eindruck auf Dich zu machen. Du wirst es natürlich finden, daß ich mich mit dem höchsten Interesse nach dem Gegenstande Deiner Wahl erkundigt habe, jedoch ohne jemand treffen zu können, der mehr von ihr kannte, als ihre Arbeiten im Morgenblatt; so bleiben außer Deinem Zeugnis, dem ich gern und freudig trauen

will, ihre wenigen, aber gottlob! höchst herzlichen und einfachen Zeilen an mich das einzige, was meiner Phantasie und den Hoffnungen für Deine Zukunft die Richtung gibt. Sag' Louise, daß ich ihr danke, da ich sie schon jetzt herzlich liebe und das feste Vertrauen habe, sie immer mehr zu lieben, weil sie Dich immer glücklicher machen wird. Wann und wie uns das Schicksal zusammenführen wird, weiß Gott allein; aber der hoffentlich gegenseitige lebhafte Wunsch wird die Gelegenheit schon herbeizuführen wissen. Sag' ihr, daß ich sehr viel an sie denke und ihr Bild mir so vertraut und lieb vor Augen steht, wie die vereinte Liebe eines Bräutigams und einer Mutter es nur malen können, und daß ich sie bitte, mir für das persönliche Zusammenfinden einen offenen Platz in ihrem Herzen zu bewahren, wie ich ihr mit aller Treue einen in dem meinigen bewahren werde. Du, Levin, mußt ihr bezeugen, daß dies keine leeren Worte sind, und wie wenig ich mich überall mit leeren Worten befasse. Und somit Gottes Segen über Euch beide!
— — —

An Elise Rüdiger

Rüschhaus, 4. 9. 1843

Ich bin heute allein, mein Liebchen, und so träge, daß ich mich höchstens zu einer angenehmen Anstrengung entschließen kann, was soll ich da Lieberes wählen, als Ihnen zu schreiben? Sehr ernst und eigen gestimmt bin ich auch, denn ich habe gestern und heute bis Mittag Papiere durchgesehen und verbrannt, und damit manches Stück Vergangenheit hinter mir geworfen, was freilich schon seit Jahren mit Gras bewachsen, doch unter dem Lesen wieder so frisch aus dem Grabe stieg, daß ich wollte, ich hätte lieber blind zugebrannt, dann wäre es mir wenig gewesen — jetzt ist es mir wie ein halber Mord. Man liest alte Briefe so selten und tut für seine Ruhe wohl daran, denn es gibt nichts Schmerzlicheres. Die Toten bekommen wieder Seele und Leib, wir müssen sie zum zweiten Male begraben, und die Lebenden, älter und kälter geworden, sehen uns so frisch und jugendwarm an, berühren so hundert kleine längst vergessene Stichworte, bei denen uns doch einmal das Herz gewaltig geklopft hat, daß wir über sie und uns weinen möchten, daß wir miteinander so ledern geworden. — Doch genug hiervon! Laßt die Zeit kommen wie den Tod! Der obendrein vielleicht früher kommt und die ganze Jeremiade überflüssig macht; aber mir war nun mal so zu Mute, und gegen wen soll ich mein Herz entladen, wenn nicht gegen Sie, mein anderes Ich, oder vielmehr meine abhanden gekommene Hälfte, da Sie gerade alles haben, was mir fehlt und was mir so wohl tut, als eine Art von Eigentum in Ihnen an mich zu schließen. — Gleichgültig bin ich Ihnen vorgekommen? Lieb Lies! Das Herz hätte mir springen mögen, daß ich Sie wieder hatte in meinem eignen Rüschhaus [in dem für uns so viele Geister umhergehen] und daß ich dabei denken mußte, vielleicht noch einmal so, und nachher, was Gott will und ein rundes Jahr uns gnädig ist, uns übrig zu lassen. Aber ich werde leicht schroff, wenn sich die Bewegung in mir zum Unerträglichen steigert. Ich kann Ihnen nicht sagen, wie mir ist! Ich genieße jedes Abendrot, jede Blume im Garten wie eine Sterbende. Die letzte Schweizerreise hat mich zuviel gekostet! Wären Sie nur die drei Wochen noch hier! Wir wollten keine Minute verkommen, keinen Schmetterling unbemerkt fliegen lassen und für ein ganzes Jahr voraus leben. Es ist heute recht herbstlich, die Sonne bereits untergegangen und hat nur ein paar schlechte gelbliche Streifen in den grauen Regenwolken hinterlassen, in meinem

Zimmerchen dämmerts, daß ich kaum die Feder mehr sehen kann, und die Eichen draußen rauschen so feucht und schaurig, daß einem grauen sollte, und doch dünkt mich, ich wüßte mir nichts Lieberes als hier — hier — nur hier!, wenns auch nie anders wäre! Ich muß aufhören, lieb Herz, es ist wirklich ganz finster! —

Dienstag. Wie machen es doch so manche, trotz aller Jahre und Täuschungen, so frisch zu bleiben? So voll Streben, Unruhe, Freude an Plänen, Erfolgen? Im Grunde sind sie doch zu beneiden, und wir tun unrecht, an Älteren unangenehm zu finden, was uns doch an der Jugend rührt und freut. Geistesfrische sollten wir in jeder Gestalt ehren und wollen sie doch durchaus nach den Jahren modifiziert haben: die Jugend soll ihr Feuer nach außen sprühn, das Alter es nach Innen wärmen und leuchten lassen, die Jugend streben, das Alter das Erstrebte grün und lebendig erhalten. Ob diese Forderungen gerecht sind? Manche haben im Alter noch so blutwenig gefunden [oder behalten können], da die Gabe, mit immer neuer Freude und Sehnsucht zu suchen, nur eine Billigkeit des Schicksals ist, die wir ihnen gerne gönnen und sie eher darum bewundern sollten ...

An Elise Rüdiger

Meersburg, 18. 11. 1843

— — —

Ich habe auf unserem Kiesgrund noch schöne, schöne Dinge gesehn, und das Herz hat mir ordentlich geblutet, daß Sie nicht da waren, — zweimal ein Alpenglühen, wogegen das frühere gar nicht in Betracht kam, die ganze Alpenkette wie rotes Eisen, und sonst noch prächtige mir ganz fremde Beleuchtungen, z. B. einmal die Kuppen der Berge ganz dunkelviolett, der Fuß ebenfalls, und um die Mitte ein breiter Wolkengürtel, in dem das Abendrot den brennendsten Purpur widerstahlte und der wie ein Lavastrom in allen Tinten wallte, es war unbeschreiblich schön und fremdartig! Auch der See hat noch ein paarmal sein Bestes getan an Grüne und Schmelz, und einen Sturm habe ich erlebt, o, einen Großpapa aller Stürme, und habe Gott gedankt, daß ich ihn allein überstehen mußte. Es war in der zweiten Woche nach Ihrer Abreise, ich hatte einen langen Spaziergang weit über Haltenau hinaus gemacht und mich eben zum Rückwege gewendet, als ein wahres Teufelswetter losbrach, — ohne Regen, nur Sturm, aber um Berge zu versetzen, — bei jedem Ruck faßte er mein dickes wattiertes Kleid, und wollte mich über die Mauer reißen, so daß ich gleich bergan in die Reben flüchten mußte, wo ich mich kümmerlich an den Pfählen fortlavierte bis Haltenau und dort wie ein verunglückter Luftballon ins Haus mehr plumpste als flatterte, nämlich mit halbem Überstürzen, was sich wahrscheinlich eher mitleidenswert als graziös mag ausgenommen haben, die dicke Rebfrau konnte auch mit ihrem »b'hütis Gott! b'hütis Gott!« gar nicht aufhören, und meinte, sie würde jetzt »um fünf Gulden nicht über die Mauer nach Meersburg gehn.« Was half das alles! ich mußte doch nach Hause, obwohl das Wüten draußen mit jeder Minute ärger wurde. — — — So ging ich wieder los und versuchte als letzten Ausweg mich gleich den Berg hinaufzuarbeiten, wo ich, schlimmstenfalls, doch nur bis in die nächsten Rebpfähle geschleudert werden konnte, — freilich, wenn's mit Vehemenz geschah, immer gefährlich genug, und zudem hätte ich, wie Sie wissen, Klippenwände passieren müssen, — vielleicht war's gut, daß der Versuch mißlang, — es war keine Möglichkeit, bei jedem Schritt höher konnte mich der Wind derber packen, ich mußte mehr kriechen als gehn, und bei jedem Ruck niederhocken, um nicht weggerissen zu werden, also wieder bergab! — Doch blieb ich zwischen den Reben, etwa dreißig Fuß über dem Mauerwege, — es war eine greuliche Arbeit, — ich habe über eine Stunde gebraucht, — die meiste Zeit saß ich in einem Klümpchen dicht zusammen und wartete die Pausen der Stöße ab, um dann zehn oder zwölf Schritte voranzuarbeiten. Was wir zusammen erlebt haben, kann Ihnen nicht mal einen schwachen Begriff davon geben, aber der See war unbeschreiblich schön, so durchsichtig und in allen Farben wechselnd, wie ich davon vorher keinen Begriff gehabt. — Die Sonne warf durch Wolkenlücken ein prächtiges falsches Licht darauf und ich wurde fast geblendet durch das Blitzen der Springwellen, die unter mir wie eine endlose Reihe Fontänen aufstiegen, und zwar nicht, wie wir es kennen, nur diesseits der Mauer, sondern wenigstens vierzig Fuß höher, weit über mir und meinen Rebstöcken, niederplatschten, so daß ich nach ein paar Minuten keinen trocknen Faden mehr am Leibe hatte und mein Rock sich in einen gefüllten Schwamm verwandelt hatte, der mich niederzog wie Blei. — Ich kann Ihnen sagen, Elise, daß ich froh war, als ich das Tor über mir und meine bedenkliche Fahrt sich in eine klatrige durch die Unterstadt verwandelt hatte. Noch einmal hatte ich einen schweren Stand, die Stiegen hinauf, wo der Wind wieder alle Macht hatte, und besonders auf der langen schmalen Brücke über den Mühlrädern, wo ich einmal keinen andern Rat wußte, als mich platt hinzuwerfen und doch wohl herabgeweht wäre, wenn nicht der Müller, der auch gerade genötigt war, die Brücke zu passieren, mich am Boden festgehalten und dann auch die letzte Stiege hinaufgeleitet hätte. Als ich ins Schloß kam, schnatternd, und einen nassen Streifen hinter mir lassend, wie ein geschwemmter Hund, ward ich auch empfangen wie ein armer Hund. Es mißlang mir, in mein Zimmer zu schlüpfen, Laßberg stand zufällig im oberen Flur und erhob ein solches Geschrei: »Um Gottes willen! wo kommen Sie her! was haben Sie gemacht! was denken Sie auch!« Daß ich gleich auf eine sehr unerwünschte Weise *en famille* geriet. Mama war anfangs wirklich böse, glaubte mir aber doch sogleich, daß ich bei ganz leidlichem, spazierfähigem Wetter ausgegangen sei. — Laßberg konnte ich mich nicht begreiflich machen, er war tauber wie gewöhnlich, und ich habe ihn mitten in seinen Exklamationen über meine Unvernunft müssen stehen lassen, denn mich fror erbärmlich. Jenny sagte nichts, aber sie bestellte sogleich einen heißen Krug und Tee, nahm mich dann beim Arm und brachte mich in meinem Zimmer zu Bette. Meinen dicken Rock habe ich acht Tage lang nicht anziehen können, so lang hat er auf dem Boden trocknen müssen. — Da mir das Abenteuer nicht geschadet hat, ist's mir doch lieb, den See einmal in seiner tollsten Laune gesehn zu haben, um so mehr, da es nur für einmal im Leben ist, denn ein anderes Mal werde ich mich hüten! Ich mag die Lachsforellen und Gangfische viel lieber essen, als von ihnen gegessen werden, und es würde mir sogar nur wenig Trost bringen, wenn statt ihrer meine Lieblinge die Möwen mich aufpickten. Am nächsten Tage hörten wir von vielem Unglücke am See, — einem untergegangenen Schiffe und einigen einzeln Verunglückten — und mit dieser Trübsal muß ich für heute schließen, denn es schlägt eben acht, gute Nacht, lieb Herz, bis morgen, ich wollte, Sie träumten von mir.

Den 19ten. Guten Morgen, altes Lies, es ist Sonntag, und ganz heimlich unser beider Namenstag dazu, ich glaube nicht, daß im Schlosse jemand daran denkt, aber ich habe schon im Bette daran gedacht, d. h. an Sie, mein Lies, und Ihnen, *bien ou mal*, ein Stück Novembermorgen-Poesie zum Frühstück gebraten — da haben Sie die Schüssel, wie sie ist! — noch mit unabgewischtem

Rande — aber gut gemeint, und jedes Wort wahr darin. Ach, ich habe mich wieder so arg nach Ihnen gesehnt, daß es ganz unausstehlich war, und ich mir fast einbildete, ich sei krank, und könne nicht in die Kirche gehn, förmlich bei den Ohren habe ich mich dazu nehmen müssen, und merke doch nun, daß mir eigentlich nichts fehlt als Sie. —

Den 20ten. So weit war ich gestern, als vor meiner Tür ein wunderliches Getöse ausbrach, ein heilloses Katzenkonzert von falschen Stimmen, verdorbenen Maultrommeln, und ich glaube, auch ein paar Topfdeckeln — Vivat Elisabeth! — Wir haben tüchtig gelacht, und ich bin sehr hübsch beschenkt worden, — Mineralien — griechische Silbermünzen — ein Dampfboot als Schreibzeug — zwei Mundtassen — ein geschliffenes Glas — aber mit dem Schreiben war's vorbei, ich mußte meine besten Lümpchen anlegen, und mich droben fast krank essen in Kuchen, und duselig trinken in Gesundheiten — wenn sie den Leuten so gut bekommen, wie sie mir schlecht geschmeckt haben, so wird's heuer einige Methusaleme geben. Ich wollte eben auch die Ihrige ausbringen, als Laßberg rief: »Silentium! — unsere liebe Freundin, die sehr werte Frau Elisabeth Rüdiger, geborene von Hohenhausen, Vivat hoch!« — Sie glauben nicht, welch enormen Klotz von Steine Sie hier im Brette haben. Solange man Sie auf der Reise vermuten mußte, ist den ganzen Tag nach dem Wetter geguckt worden, und Ihre Epistel hatte ich noch nicht halb durchgelesen, als die Kinder schon an der Tür klinkten »Vater, Mutter und Großmutter ließen mich bitten, ich möchte doch kommen, mit dem Briefe von der Urgroßtante.« Unter dem Vorlesen sagte Laßberg bei jeder interessanten Bekanntschaft oder guten Aufnahme »Recht so! recht so! so muß es sein!« und Jenny lächelte so vergnügt, als wäre es ihr selbst geschehn. Aber Sie, Lumpus! haben meine Mama gar nicht grüßen lassen, — ich glaube nicht, daß es in dem Durcheinander von Vorlesungen bemerkt worden ist, denn jeder gab sein Anteil zum besten, aber das nächste Mal denken Sie doch daran. — Soeben sehe ich Ihren Brief durch: Den Fürsten Salm kenne ich wohl, er ist der Stiefenkel der Fürstin Galitzin, wohnte vor fünfundzwanzig Jahren in Münster, und hieß damals Prinz Lachs. Von seinen Studien hat er nicht sonderlich profitiert, Laßberg weiß nicht recht was mit ihm reden, und läßt deshalb das nachbarliche Verhältnis ein wenig einduseln. Jenny mag ihn aber wohl, als eine freundliche dienstbereite Seele, — seine Frau, eine geborene Hohenlohe, ist sehr nett; — — — ... Jetzt muß ich Ihnen auch sagen, daß ich seit acht Tagen eine grandiose Grundbesitzerin bin, ich habe das blanke Fürstenhäuschen, was neben dem Wege zum Figel liegt, — doch dort waren Sie nicht, aber man sieht es gleich am Tore liegen, wenn man zum Figel geht — nun, das habe ich in einer Steigerung nebst dem dazu gehörenden Weinberge erstanden — und wofür? für 400 Rtlr. — dafür habe ich ein kleines, aber massiv aus gehauenen Steinen und geschmackvoll aufgeführtes Haus, was vier Zimmer, eine Küche, großen Keller und Bodenraum enthält, — und 5000 Weinstöcke, die in guten Jahren schon über zwanzig Ohm Wein gebracht haben, — es ist unerhört! aber keiner wollte bieten, dieses unglückliche Jahr bringt nur Verkäufer hervor. — Gottlob ist's kein armer Schelm, dem ich es abgekauft, sondern der reiche Großherzog von Baden, dem dies vereinzelte Stückchen Domäne lästig war. — Früher gehörte es den Bischöfen von Konstanz, und der letztverstorbene ließ dies artige Gartenhaus bauen, wo er manchen Tag soll gespeist haben, — die Aussicht ist fast zu schön, d. h. mir zu belebt, was die Nah- und zu schrankenlos, was die Fernsicht betrifft. — Es ist der höchste Punkt dieser Umgebungen — gleich am Fuße des Hügels zwei sich kreuzende Chausseen, — tiefer Stadt und Schloß Meersburg, die hier ganz niedrig zu liegen scheinen; als nächste Punkte darin und sich wunderschön präsentierend, rechts das alte Schloß, links das Seminar, von dem Nachmittags der schöne Chorgesang so deutlich aufsteigt, daß keine Note verloren geht, — tief unten der See mit seiner ganzen Rundsicht, die Insel Mainau, Konstanz, Münsterlingen, das Thurgau, St. Gallen, auf der einen Seite nur durch die Alpen beschränkt [von denen ich hier noch die ganze Tiroler Kette als Zugabe habe], von der andern durch die höchsten Kegel des Hegaus, — es ist eigentlich wunderbar schön, und die Meersburger halten dieses Fürstenhäuschen [auch der Hindelberg genannt] für eine unschätzbare Perle, — mir ist's aber fast zu viel und zauberhaft, und wie ich so droben die ganze Gegend kontrollieren kann, jeden Bürger, der auf die Gasse oder auch nur ans Fenster, jeden Bauern, der in seinen Hofraum tritt, so komme ich mir vor wie der Student von Salamanka, dem der hinkende Teufel die Hausdächer abgehoben hat, und mir ist beinahe sündlich zumute. — Vom Häuschen bis zur Chaussee hinunter führt eine Weintreppe mitten durch die Reben, die ich zum Laubengange machen und auf der Hälfte, mittelst zweier Ausbiegungen, mit ein paar niedlichen versteckten Ruhebänken versehen will, unten ist die Treppe schon durch ein hübsches Gatterpförtchen verschlossen, ich habe nichts zu tun, als die nächsten Rebenreihen aufranken zu lassen, und die kleine Rotunde in der Mitte zu besorgen, wozu ich nur drei oder vier Weinstöcke wegzunehmen, und die dahinterstehenden zu benutzen habe, in zwei Jahren kann alles dicht und schattig sein. — Was sagen Sie dazu? — Die Reben hat der alte Bischof mir aufs beste gewählt, Burgunder, Traminer, Gutedel usw. und die eine [Sonnen-] Seite des Abhanges bringt solchen Wein, als Laßberg Ihnen vorgesetzt, die andern geringeren, — so kann ich also in guten Jahren auf zehn Ohm vortrefflichen, und ebensoviel mittelmäßigen Wein rechnen, — grad hinter dem Hause, wo der Schatten desselben den Reben sehr schadet, will ich diese ausroden, den Boden gleichmachen und eine kleine Blumenterrasse, nicht groß genug zum Spazierengehen, aber angenehm fürs Auge, mit lange und reichlich blühenden Blumen, Georginen, Rosen, Levkojen usw. bepflanzen lassen. O, Sie sollen sehen, ich mache ein kleines Paradies aus dem Nestchen! — schade, daß ich meine meiste Lebenszeit zweihundert Stunden davon zubringen werde! — oder vielmehr, gottlob, daß der heimische Boden und ich uns immer einander treu und sicher bleiben, und mir doch, falls mir von Zeit zu Zeit die hiesige Luft wieder nötig würde, bei allen denkbaren Wechselfällen ein niedliches *Chez moi* nicht fehlt.

Nun will ich Ihnen auch das Innere des Hauses beschreiben. Man geht mit einer hübsch geschweiften, etwa acht Stufen hohen Steintreppe in den unteren Stock, der nur das Paradezimmer und die Küche enthält, ersteres ein Gemach von angenehmer Größe, mit einem Erker, in dem das Kanapee mit Tisch und einigen Stühlen hinlänglich Raum haben, und das übrige Zimmer unbeengt lassen. Man sitzt dort wie in einem Glaskasten, ein Fenster im Rücken und zwei zu den Seiten, aber Besuchendem wird es himmlisch scheinen, der Aussicht wegen. In dies Zimmer tritt man unmittelbar von der Treppe, — die Küche daneben [wo ich einen zweiten Eingang werde brechen lassen] ist klein, doch nicht bis zur Unbequemlichkeit, und es läßt sich mit wenigen Gulden einrichten, daß das Herdfeuer zugleich den hübschen Kachelofen des Zimmers heizt, was im Winter sehr angenehm, und im Sommer durch Öffnung der Fenster nach der jedesmaligen Schattenseite, und Ladenschließung der übrigen leicht zu paralysieren ist, da mein Kochherd doch nicht allzu lange und stark brennen würde, und bei winterlichen Besuchen notwendig nachgeheizt werden müßte, — doch würde das Zimmer immer trocken und eine gelinde Temperatur darin erhalten werden, die die Besuche gleich hineinzuführen erlaubte. — Aus der Küche führt eine Wendelstiege und Falltür in den oberen Stock, meine eigentliche Dachshöhle [oder Schwalbennest] — alles mit Zierlichkeit gemacht, die Stiege hübsch gewunden, die Falltür wie Getäfel geschnitzelt, und sich in die Wand fugend, so daß sie bei Tage nicht bemerkt, sondern für eine Verzierung gehalten wird; nachts, wenn sie geschlossen ist, paßt sie [mit der andern Seite] sehr genau in den Fußboden und macht das kleine obere Entree zu einem artigen Zimmerchen, wo im Hintergrunde, hinter anständigem weißen Vorhange, das Kammerjungfernbett verborgen sein, und diese auch in Sommertagen ihre Nähterei am Fenster beschicken kann — hieran stößt dann mein eigentliches Quartier, ein heizbares Wohnzimmer, etwa um ein Drittel größer wie Ihr Kabinettchen, und ein Schlafzimmerchen, gerade groß genug für das Nötige, Bett, Waschtisch, Schrank, und noch einigen Raum zu freier Bewegung. — Sagen Sie selbst, Elise, was bedarf ich mehr? — Auch fällt mir eben ein, daß ich statt des Eisenofens im Wohnzimmer ja einen Kachelofen kann mauern lassen, der das Kammerjungfernzimmer mitheizt, so daß ich diese zu keiner Zeit um mich zu haben brauche, — der Keller geht unters ganze Haus her, und ist sehr gut, so wie der Bodenraum unterm Dache überflüssig geräumig, und es ließe sich dort leicht ein Verschlag herrichten, wo ich, der Sicherheit wegen, meinen Winzer könnte schlafen lassen, einen Mann, der sonst in der Stadt wohnt, und außer der Besorgung der Reben für ein Gewisses nicht in meinem Dienste steht, aber dann gern für eine Kleinigkeit zu Bestellungen und sonstiger Aushilfe bereit sein würde. Einen Brunnen habe ich nicht, aber ein Bleichplätzchen, und nicht hundert Schritte vom Hause eine Quelle, die Winter und Sommer fließt. — Kurz, ich sage Ihnen, es ist allerliebst; Laßberg sagt: »Je mehr man es untersucht, je besser wird es.« Dach, Gemäuer, Fußböden, Türen, alles im besten Stande, von den Fensterläden nur zwei etwas schadhaft, aber in den Fenstern selbst vieles zu reparieren, und dieses die einzige etwas bedeutende Ausgabe. Lieb Lies, ich habe Sie gewiß ermüdet mit meiner Freude, wo Sie sich doch nicht recht hineindenken können. —

Mein baumlanger Neffe Karl [Jennys Stiefsohn] ist seit sechs Wochen hier, sein Regiment steht in Prag, und nächsten Montag muß er uns wieder verlassen, er ist Hauptmann, noch um ein Jahr älter als ich, und der wahre Typus eines österreichischen Offiziers, nennt Mama ganz fromm Großmutter und mich Tante, — die gutmütigste Seele von der Welt, schenkt für sein Leben gern, besonders den Stiefschwesterchen, in die er ganz wie verliebt ist, — übrigens kann man ihn nicht gerade einen Überflieger nennen, und seine Kenntnisse und Liebhabereien sind nur rein militärisch, kurz, in der Art habe ich gar keine Rossource an ihm, sehe ihn auch nicht anders wie bei Tische, — dennoch sehen wir ihn alle gleich ungern abreisen, da er der beste Stiefverwandte ist, den der Himmel uns hätte geben können, und weit entfernt, diese späte und unerwartete Verminderung seines Vermögens zu bedauern, den letzten Rock ausziehen würde, um Jenny und den Kindern zu helfen, wenn's not tät. Wir haben am vierten November seinen Namenstag gefeiert, nach unsern besten Kräften, Laßberg und Jenny mit sehr schönen Geschenken, wir andern mit kleinen, aber gut gemeinten, — auch die Kinder brachten ein Trinkglas und eine Mundtasse, trugen Kränzchen und sagten ein paar Verse her, das freute ihn am allermeisten, er war feuerrot, dem Weinen nahe, und sagte: »Gott segne die klein Mädele, daß sie den alte Bruder so lieb habent...«

An Schücking

Meersburg, 14. 12. 1843

Gott erhalte Sie so glücklich, wie Sie es jetzt sind, und ich habe gottlob allen Grund, dies zu hoffen. Sie können vermuten, daß ich mir alle Mühe gegeben, über Ihre Lage klar zu werden, und der Erfolg hat meinen wärmsten Wünschen entsprochen; ich bin über Louises Fähigkeiten, mein liebstes Kind glücklich zu machen, durch unparteiische Zeugnisse völlig beruhigt, und dazu gehört nicht wenig für das Herz einer Mutter. Sagen Sie der lieben Frau, daß ich ihr für jede frohe Stunde, die sie Ihnen macht, tief dankbar bin und unserer persönlichen Bekanntschaft mit freudiger Spannung entgegensehe. Sie können mir nichts Lieberes erzählen, als von ihr und überhaupt Ihrem häuslichen Leben, was, wie Sie wissen, mir unendlich höher steht, als alle äußeren Verhältnisse, so ruhmvoll und glänzend sie sich je gestalten möchten. Für Eheleute gibt's nur einen Himmel und eine Hölle im eigenen Hause, alles andere ist fortan nur Zugabe — selbst die bestgemeinte Liebe anderer —; das ist die Ehe in ihrer vollen Heiligkeit, und wer nur um ein Haar davon ändern möchte, kennt sie nicht oder hat nicht nachgedacht.

... Ich bin recht gern hier, obwohl außer Laßberg und Jenny, der alten Burg und dem See eben alles anders ist, wie vor'm Jahre, als läge ein Dezennium dazwischen: lauter neue Domestiken, außer Augusten und dem alten Fasser, der noch immer seinen Kopf aus dem Guckloche unter der blutigen Hand hervorstreckt; — die Kinder sehr langbeinig und verändert, Hildel auch moralisch sehr zu ihrem Vorteile, äußerlich beide durch Zähne und eine hübsche Haartracht; — das Kesselsche Institut fort, nach Karlsruhe verlegt, am neuen Schlosse alle Läden zu, nichts als Gefangene und Ratten darin; — der unermüdliche *maitre de plaisir*, Stiele, in Konstanz verheiratet, nur einmal, mit dem Dampfboote, als sehr dicker, ernster Hausvater sichtbar geworden; — Doktor Luschka und der Physikus beide fort; — das Liebhabertheater aufgelöst; — Mama hier, und im untern Stock drei Zimmer für sie eingerichtet, die mir wie ein ganz neues Stück Welt vorkommen; — Figel fast bankerutt, will sein Häuschen verkaufen; niemand besucht ihn mehr, wir sind nur einmal aus alten Erinnerungen hingegangen, fanden niemand dort und konnten kaum etwas erhalten; sein Zöpfchen steht vor Melancholie ganz schief, während seine gezwungenen Späße in der traurigen Lage einen unheimlichen Eindruck machen und ich nicht wieder habe hingehen mögen; — meine alte Trödlerin bankerutt gemacht; ich in das neue Turmzimmer logiert, das damals für Sie ausgebaut wurde, und das jetzt, möbliert, gar nicht mehr an die leeren Wände erinnert, die wir anguckten; — mein früheres Zimmer, sowie das Ihrige jetzt als Fremdenzimmer immer verschlossen, also für mich so gut wie gar nicht mehr da; — ebenso die Gewölbe, in denen wir herumkletterten, und Ihr Turmzimmer, in dem Sie den Lafleur und das Stiftsfräulein schrieben; in beide letztere habe ich bei einer allgemeinen Hausschau mal einen Blick getan, und es war mir wie »eine Geschichte vergangener Zeiten«. Das sind doch viele Veränderungen für ein kurzes Jahr! denn gerade ein Jahr nach meiner Abreise bin ich wieder hier eingezogen. Freilich ist auch manches geblieben; vor allem heimelte mich das Speisezimmer an, alles, als wär's gestern: das kleine Kanapee am Ofen, unter dem die Lachtauben gurren, — das Klavier, ganz mit denselben Notenblättern, die ein Jahr Rast gehalten, — Laßbergs *Noli me tangere*-Winkel, — die alte Uhr auf dem Schreibtische, die immer zwölf schlägt. Dort ist die Zeit ebenso unbegreiflich still gestanden, wie sie anderwärts unbegeiflich gerannt ist. Herr Hufschmid, um keinen Tag älter geworden, kommt noch jeden Abend im selben braunen Rocke, spielt langen Puff, und bittet uns, nicht zu früh aufzustehen. Und jeden Nachmittag geh' ich meine alten Wege am Seeufer, zwar mutterseelenallein, aber doch vergnügt, weil mich nichts stört, nicht mal ein neuer Rebpfahl. Ungestörtheit habe ich überhaupt hier, soviel mein Herz verlangt; ich bin in meinem Turm wie begraben und komme nur hervor, wenn ich nach dem Läuten des Dampfbootes alte Freunde habe die Steige herauftraben gesehen, was aber selten vorkommt. Herr v. Baumbach ist ganz fort, nach Karlsruhe gezogen; Gaugrebens waren einmal hier, Stanz ein paarmal und erkundigte sich sehr eifrig nach Ihnen — er hat Jenny eine sehr schöne Scheibe geschenkt, gotische Bogenhallen, darunter eine Frau mit zwei Kindern in blauen und roten Kleidchen; — sonst waren Besuche genug hier, meistens fremde Gesichter und Namen und mir nur sichtbar, wenn sie über Tisch blieben.

Was ich in meiner Einsamkeit treibe? Ich lese, beendige die Abschrift meiner Gedichte und sehe mir in der Dämmerung über den See das Abendrot an, was eigens mir zuliebe in diesem Jahre unvergleichlich schön glüht; ich wollte, Sie könnten's mit ansehen; auch der See und die Alpen waren im September und Oktober fast täglich mit Tinten überhaucht, von denen ich früher keine Vorstellung gehabt: alle Zacken der Alpenreihe rot wie glühendes Eisen und scheinbar durchsichtig, andere Male der See vollkommen smaragdgrün, auf jeder Welle einen goldenen Saum. Es ist mir unbegreiflich, daß ich habe ein rundes Jahr hier sein können, ohne daß nur ein solcher Moment eintrat, und jetzt war es mindestens ein um den andern Tag, und ich habe mir fast die Augen schwach daran gesehen. Ach, es ist doch eine schöne, schöne Gegend! Sie kennen sie nur noch gar nicht in ihrem *beau jour*, Sie sehen, die Natur tut alles, mir an Poesie von außen zu ersetzen, was mir in den Mauern fehlt; denn in dieser Beziehung stehe ich hier allein, wie Sie am besten wissen. Zwar soll's hier jetzt ein Genie in der Stadt geben, Dichter, Musiker, der meine Bekanntschaft eifrig sucht und unter Herrn Jungs Auspizien schon zweimal an verschlossene Türen — ich war spazieren — gepocht hat; aber ich habe kein Zutrauen zu dem Handel hierzulande, habe mich auch nach gar nichts erkundigt und das zufällig Gehörte vergessen, so daß ich ihn nicht weiter bezeichnen kann, weder nach Namen, Stand, Alter, noch ob er poetischer Dilettant oder bereits unter der Presse gelegen. Doch werde ich ihn wahrscheinlich im Laufe der Zeit sehen, da er Mitglied eines wöchentlichen — neu etablierten Liebhaberkonzerts ist, zu dem ich höflichst eingeladen bin und doch wohl einigemal hingehen werde; ich werde dann ja sehen, ob ich mir einige geistige Ressource von ihm versprechen kann.

An Frau Louise Schücking

Meersburg, 17. 1. 1844

Zürnen Sie mir nicht, meine liebe junge Freundin, wenn ich Ihre mir so herzlich lieben Briefe dieses Mal nur sehr kurz beantworte. Diese Zeilen sollen keinen

Brief weder bedeuten noch dafür gelten. Sie sind nur ein flüchtiges Zeichen, daß ich Sie liebe und Ihrer gedenke, — ein Gruß, ohne den ich das Paket, mit dem es, wie Levin behauptet, große Eile hat, dennoch nicht mag abgehen lassen, und vor allem eine Warnung, die Pantoffeln doch ja nicht zu schonen. Ich bin eine Person, die gern zu guten Zwecken beiträgt, und werde mit Vergnügen fortwährend den nötigen Bedarf liefern. Deshalb brauchen Sie sie, liebe Louise, brauchen Sie sie mutig und wachsam! Es werden schon neue heranwachsen. Striegeln und streicheln Sie das kleine Pferd wenigstens bis zum Zebra. Er ist zwar — um Ihnen zu zeigen, daß ich auch in andern Zweigen der Naturwissenschaft kein Hund bin — im Grunde edles Metall, aber Sie wissen auch, wie das traktiert und mit Spitzhacke und Schüreisen noch anders gestriegelt werden muß. Ich freue mich schon darauf, Ostern in selbige Stufe hineinzusehen wie in einen goldenen Becher. Freuen Sie sich nicht auf Ostern, Louise? Freuen Sie sich nicht auf mich? Ich freue mich ungeheuer auf Sie, und da müssen Sie schon aus Billigkeit ein übriges tun. Dann kennen Sie nachher alles, was mir lieb ist: die Meinigen, mein Zimmer, meine Beschäftigungen, sogar meinen dicken, schwarzen Überrock, und vor allem meine Gedanken und kleinen Freuden, und es gibt fortan so manche Erinnerung, so unzählige Berührungspunkte zwischen uns, daß ich fürchte, der arme kleine Junge wird nachher an Briefen zu kurz kommen. Halten Sie bis dahin die Liebe warm, die Levin in Ihnen zu mir angeregt hat, ich halte es treulich so mit der meinigen zu Ihnen.

Adieu, meine teure Louise, dies ist, wie gesagt, kein Brief, nur ein Gruß, ein ehrliches Handreichen in die Ferne, — der Brief soll in einer ruhigen Stunde nachfolgen. Gott segne Sie, mein gutes neues Kind, ebenso warm und reichlich wie den, der Ihnen der allernächste und uns beiden so wert ist. Nicht wahr, er ist ein guter Junge? Adieu.

An Frau Louise Schücking

Meersburg, 29. 2. 1844

... Wachen Sie etwas über unsern guten Jungen, liebes Frauchen, wenn er seine generösen Anfälle bekommt, sonst opfert er den Rock vom Leibe und geht selbst in Hemdärmeln. Ein Philister ist er freilich wohl, wer zweifelt daran! — aber eben deshalb ein um so besserer Ehemann, und je weniger sich seine westfälische Natur lange in den Wolken halten kann, ohne seekrank zu werden, um so fester wurzelt sie in allem, was ihr einmal heimisch und eigen geworden ist. Bei ihm liegen sich der Poet und der Philister immer in den Haaren; der erste trägt, wie billig, den Sieg davon, läßt aber doch vom andern noch genug übrig, um das Leben zu würzen, ohne es zu versalzen oder verpfeffern. Er hat mich oft miserabel *en bagatelle* behandelt, und doch hat der Schlingel anderseits etwas Herzliches an sich, weshalb man schon anderthalb Augen zugedrückt. Wir wollen einander unser Leid klagen, da trägt sich's leichter, und hinter seinem Rücken ratschlagen, da raten oder schlagen wir vielleicht einige Besserungen heraus. In unsere Briefe wird er seine indiskrete Nase stecken, das kann ich mir ganz klärlich vorbilden; aber wenn wir erst mal beisammen sind, dann gnade ihm Gott! Wären wir erst beisammen! Der Frühling scheint so langsam zu kommen, und ich fürchte, Sie treffen die Gegend noch im halben Negligé, was mich doch ärgern würde, denn sie kann süperbe Toilette machen, das kann ich Sie versichern! Doch spürt man auch den Winter hier weniger als anderwärts; das immer lebendige, rollende Gewässer und die immer gleich grau durchklüfteten Alpen ersetzen vieles. Mein Turm ist köstlich, d. h. meinem Geschmacke nach: einsam, graulich, — heimliche Stiegen in den Mauern, — Fensterscheiben mit Sprüchen von Gefangenen eingeschnitten, — eine eiserne Tür, die zu Gewölben führt, wo es nachts klirrt und rasselt, — und nun drinnen mein lieber, warmer Ofen, — mein guter, großer Tisch mit allem darauf, was mein Herz verlangt, Bücher, Schreibereien, Mineralien — und als Hospitant mein kleines Kanarienvögelchen, das mir aus der Hand frißt und die Federn verschleppt. O, es ist ein prächtiges Ding, der runde Turm; ich sitze darin wie ein Vogel im Ei, und mit viel weniger Lust, herauszukommen. Mein Wachtelhündchen habe ich abgeben müssen; Laßberg meinte, er würde endlich Flöhe bringen, obwohl es noch so rein und seiden war wie eine Boa von *petitgris*. Es ist mir leid gewesen, aber mein Vögelchen ist auch gut und singt unendlich viel besser als Ali, so oft die Glocken läuteten. Sie sehen, ich tue dick mit meinen Schätzen, aber das muß man reichen Leuten schon übersehen.

Meersburg fängt übrigens seit kurzem an, sich herauszumachen; wir haben ein Theater, und — denken Sie! — ein sehr gutes. Das Lokal ist allerdings lächerlich elend, eine große Tanzstube im Wilden Manne, — Levin kennt ihn, dem Schiffe gegenüber, — wo die Schauspieler zwei Fuß über dem Boden agieren und doch mit den Federbüschen die Decke fegen; aber die zwölf Mann starke Truppe ist wirklich gut und im Lustspiel sogar vorzüglich. Der Direktor, Herr Wurschbauer, ein Schauspieler von Ruf, früher verhätscheltes Mitglied eines bedeutenden Theaters — ich meine in Dresden —, dem's aber wie der Geiß »zu wohl im Stalle« geworden ist, und der jetzt mit seiner Familie und einigen andern gleich freiheitsdürstigen Freunden zur Abwechslung mal eine Art Vagabundenleben versucht. Ich denke, es wird nicht lange währen, so haben sie es satt; die besseren kriechen wieder bei ordentlichen Theatern unter, und die andern kommen auch schon fort; denn entschieden schlecht spielt keiner. Gestern gaben sie den »Heuraths-antrag auf Helgoland«, ganz vortrefflich. Ihre Garderobe ist noch gut, die Dekorationen nicht störend, und sie beschränken sich auf kleine Stücke. So habe ich seltsamerweise Gelegenheit, wöchentlich dreimal für vierundzwanzig Kreuzer einen Komiker zu sehen, bei dessen Auftreten noch vor drei Jahren in Dresden die Preise erhöht wurden. Dergleichen romantische Wunderlichkeiten können nur in Meersburg passieren; sie gehören zum wunderlichen alten Schlosse mit dem wunderlichen alten Gerümpel darin, zu Laßberg, den Alpen und dem Herrn Figel, der N. B. auch wieder aufblüht, d. h. seine Schulden bezahlt, und wieder *con amore* mit seinem Zöpfchen wedelt.

Ich habe zwei neue Bekanntschaften gemacht, die mir zusagen; nur liegt leider ein Stückchen Weges zwischen uns, was mich doch für die meiste Zeit auf meine gewohnte Einsamkeit beschränkt. Die eine, Fürstin Salm, anderthalb Stunden von hier, kommt jeden Sonntag, ist eine sehr gute und durchaus fein gebildete Frau von etwa sechsunddreißig Jahren — eine geborene Hohenlohe —, malt sehr hübsch, liest viel, ist passioniert für Musik und möchte mich, da sie furchtsam im Fahren ist, viel lieber auf einige Zeit herüberverlocken, als jeden Sonntag unter Stöhnen und Zittern den Berg hinanfahren; ich habe aber keine Zeit und weiß wohl, was es mit den schönen Redensarten von »ganz ungeniert, ganz für sich, soviel man will, sein« auf sich hat, — man kommt doch zu nichts; sonst habe ich sie sehr gern und freue mich schon am Samstag auf ihren Besuch. Noch lieber ist mir die andere, Miß Philippa Pearsall, Tochter eines englischen Baronets, der sich im Kanton St. Gallen angekauft hat, ein höchst geniales, liebenswürdiges Mädchen von zwanzig Jahren, in der eine tüchtige Malerin und Gesangskomponistin steckt...

An Schücking

Meersburg, 20. 6. 1844

— — —

Lieber Levin, ich besuche jetzt unsere alten Plätze am See sehr selten oder vielmehr gar nicht. Die alten Erinnerungen sind notwendig durch neue verdrängt, und da prädominieren die Figelei und der öde Stein; solche Plätze sind eben nur, was man selbst hineinlegt. Ich wollte, ich wäre in diesem Augenblicke gesund und könnte auf dem öden Stein stehen, — am liebsten mit Euch. Es stürmt furchtbar, der See wirft haushohe Spritzwellen und ist von einem Farbenspiel, wie ich ihn nie gesehen, — im Vordergrund tief smaragdgrün, dann eine dunkelviolette Bahn und am Horizont wie junges Buchenlaub, und alle Farben von der größten Reinheit und Bestimmtheit. Das ist nur so bei starkem Sturme mit Sonnenschein dabei und war im vorigen Herbste öfters, aber seitdem nicht wieder; Ihr habt es recht übel getroffen, keinen solchen Tag hier erlebt zu haben; dann sieht man erst, was die Landschaft sein kann...

An Schücking

Rüschhaus, 29. 9. 1844

... Ich habe in Meersburg noch allerlei namhafte Leute kennen gelernt, unter andern Guido Görres, der mit seiner eben angetrauten Frau, einer Tochter der berühmten Metzger-Vespermann, drei Flitterwochen bei uns verlebte. Er hat eine ungeheure Ähnlichkeit mit meinem Onkel August Haxthausen, und zwar, auf den ersten *abord*, nicht von der vorteilhaftesten Seite, gewinnt aber ungemein im Umgange, wo er bedeutenden Geist neben großer Gutmütigkeit und Offenheit entwickelt. Sie ist blutjung, hat *la beauté du diable*, und nichts Bedeutendes, aber so viel Kindliches und Neulingartiges in Physiognomie und Benehmen, daß einem dadurch alles, was sie sagt, auch das mitunter recht Gescheite, fast kindisch vorkommt. Wir hatten sie gern, und ihr schüchternes Gemüt hatte sich uns so angeschlossen, daß sie beim Abschied bitterlich weinte. Seltsam macht sich zu ihrem kleinen blonden Figürchen ein ausgezeichnetes musikalisches Talent; sie spielt nicht nur süperbe Klavier, sondern phantasiert auch ganz hinreißend und war eben daran, eine Sammlung sehr schöner Liederkompositionen auf Texte ihres Mannes herauszugeben. Sie arbeiten überhaupt gern gemeinschaftlich: Görres macht ein Gedicht auf die alte Meersburg, und nach einer halben Stunde war ihre Komposition mit Klavierbegleitung fertig; zu einem Gedichte, das er mir niederschrieb, setzte sie sogar in einem Morgen die durch alle Strophen gehende Musik. Es ist sonderbar, daß unter allen Talenten gerade die Musik, die zarteste und unkörperlichste von allen, sich häufig bei scheinbar unbedeutenden Persönlichkeiten einquartiert; denn so lieb und gut die Görres sind, kann ich sie doch unmöglich für durchgängig genial halten.

... Über Johanna Droste aber kann ich Ihnen genaue Auskunft geben; denn mein Bruder ist hier, und der Mund ihm noch warm vom Erzählen. Die Sache ist unleugbar und auch durch die Kraft des Glaubens bewirkt, die freilich aber noch kein Wunder bedingt. Die verstorbene Gräfin Droste war sehr schwächlich und hat —

außer einem — lauter schwächliche Kinder hinterlassen, einen blindgeborenen Sohn und vier Töchter, von denen bereits drei, durch allerlei Übel, Lähmungen, Nervenschwäche usw. gepeinigt, abgezehrt und gestorben sind. Johanna ist die letzte Überlebende, achtzehn Jahre alt, und schon seit Jahren am Beine gelähmt, was zugleich im Knie bereits ganz krumm gewachsen und verknorpelt war; auch im übrigen war ihre Gesundheit höchst elend, und man legte ihr schon seit zwei Jahren immer nur wochen-, höchstens monatsweise Lebensfristung zu. Dennoch brachte man sie diesen Sommer in ein Bad am Rhein, — welches, habe ich schon vergessen, obwohl ich es erst eben hörte, — ohne Hoffnung, nur um alles versucht zu haben. Dort hörte sie von der Ausstellung des heiligen Rockes [Christi] in Trier, einer Reliquie, die für gewöhnlich in einer Nische vermauert ist und nur nach beträchtlichen Zwischenräumen, — ich glaube, alle fünfzig Jahre — in der aufgebrochenen und vergitterten Nische auf einige Wochen ausgestellt wird. Sie sah das beständige Vorüberfahren der Wallfahrer in Kähnen und auf großen Flößen, mit aufgepflanztem Kreuze in der Mitte, und in ihr setzte sich die Überzeugung fest, sie werde vor dem heiligen Schreine unfehlbar geheilt werden. Ihre Begleiter waren gegen dies Unternehmen, das weit über ihre Kräfte zu gehen schien; als aber die Ärzte erklärten, keine Anstrengung könne ihr so schaden, wie diese unbefriedigte Sehnsucht, ward sie mit großer Beschwerde nach Trier transportiert, in die Kirche getragen und dort vor dem Schreine auf ihr gesundes Knie niedergelassen. Daß sie dann mit großer Inbrunst und Aufregung gebetet hat, läßt sich denken. Man hatte ihr erlaubt, die Reliquie zu berühren; es kam aber nicht dazu, weil gerade eine Prozession in die Kirche zog. Dennoch kommt ihr auf einmal unter dem Beten die Überzeugung, sie sei geheilt; sie richtet sich an ihren

Krücken auf, streckt das gekrümmte Bein aus, stellt sich dann gerade hin und ruft: »Jesus Maria, ich stehe auf beiden Füßen!« Man springt zu, sie zu stützen; aber sie weist alle zurück, lehnt sich nur leicht auf den Arm ihrer Großmutter, der alten Erbdrostin, und die ganze Gesellschaft verläßt, laut weinend, die Kirche, nachdem Johanna ihre Krücken dort zurückgelassen hat. Seitdem ist das krumme Knie ganz gerade, gelenkig und so brauchbar, wie das andere; nur hinkt sie stark, da sich der eine Fuß jetzt als bedeutend kürzer als der andere ausgewiesen hat, und ist auch sonst fortwährend ein schwaches Persönchen geblieben. Indessen ist die Streckung und Wiedergelenkigkeit eines bereits ganz verknorpelten und verkrummten Gliedes etwas, bei dem sich bis jetzt sowohl die Macht der Arzneikunst als die der Phantasie als gänzlich erfolglos bewiesen haben, und der Fall gehört jedenfalls unter die alleraußerordentlichsten. Dies ist der wahre Hergang einer Begebenheit, die fast in jedem Munde variiert und selbst in öffentlichen Blättern so seltsam entstellt worden ist.

An Schlüter

Hülshoff, 13. 4. 1846

— — —

Mein liebster, teuerster Freund! Wie beschämt muß ich vor Ihnen stehen, und bin doch im Grunde nicht halb so schlimm, als ich aussehe, vielmehr hat das Bestreben, es wenigstens hinternach recht gut zu machen, mich erst vollkommen in die Seife der scheinbaren Undankbarkeit gebracht. Wie hat mich schon Ihr erster Brief erfreut und gerührt; ein Brief, so liebevoll und komisch zugleich, daß er hätte den Leichtsinnigsten weinen und den Traurigsten lachen machen können. Traurig war ich allerdings noch etwas, als Nachwehe einer eben überstandenen schweren Zeit, und unwohl dazu, als er mich aus meiner Apathie aufrüttelte ..

Sie wissen nicht, was ich in den letzten Tagen gelitten habe, und welche durchdringende Erquickung mir Ihre treue, vertrauensvolle Freundschaft gerade jetzt sein muß. Ich habe Schückings scheußliches Buch gelesen [»Die Ritterbürtigen«] — ich habe es von wahrhaft wohlmeinender Hand erhalten, mit dem Zusatze, »ich müßte es lesen, da ich in dem allgemeinen Verdacht stände, ihm das Material zu seinen Giftmischereien geliefert zu haben«. Sie haben es nicht gelesen, und hätten Sie es, so würden Ihnen doch hundert Anspielungen [die leider andern Orts nur zu wohl verstanden werden] unverständlich bleiben, und Sie nicht halb begreifen, wie mir zu Mut sein muß. Schücking hat an mir gehandelt wie mein grausamster Todfeind, und, was unglaublich erscheint, ist sich dessen ohne Zweifel gar nicht bewußt. Gottlob darf ich mir keine Indiskretion vorwerfen, aber mein Adoptivsohn! jahrelanger Hausfreund! O Gott, wer kann sich vor einem Hausdiebe hüten! Er hat mich über manches, was mir Nahestehende betraf, befragt, über Intentionen, Handlungen, die einen Schatten auf sie zu werfen schienen, und meine warme Verteidigung benutzt, um kleine Umstände daraus zu stehlen, die den von nächster Hand Unterrichteten bezeichnen, und sie dann nicht nur mit alle den Flecken, von denen ich sie mit Recht zu reinigen suchte, sondern auch mit allen Zutaten einer des *Juif errant* würdigen Phantasie an den Pranger gestellt. Dies ist mein direktester Anteil an seiner Schuld, mein indirekterer, aber noch schädlicherer ist, daß ich ihn in mehrere Familien und bei so manchem einzelnen Freunde, den ich für sein Fortkommen zu interessieren wünschte, eingeführt, mich für seinen Charakter verbürgt und ihm dadurch Gelegenheit gegeben habe, sich die piquantesten für einen Roman brauchbarsten Persönlichkeiten zu merken und zu diesem Zwecke anderwärts sie betreffenden Partikularitäten aufzulesen; natürlich je krasser und unwahrscheinlicher, desto mehr Hoffnung auf literarischen Erfolg! Schlüter! ich bin wie zerschlagen. O Gott, wie weit kann Schriftstellereitelkeit und die Sucht, Effekt in der Welt zu machen, führen! Selbst einen sonst gutmütigen Menschen, denn das bleibt Schücking; die Gerechtigkeit nötigt mich, dies selbst in diesem schweren Moment anzuerkennen. In seinem letzten Briefe konnte er mir Geld für einige Gedichte in Feuilleton schicken. Seine Zeilen strahlten von Freude hierüber, und das war kein Betrug...

Dienstag, den 14ten. Ich habe mit meinem Bruder gesprochen und bin jetzt viel ruhiger. Er hat eher als ich um Buch und Gerücht gewußt und mich nur nicht damit betrüben wollen, da er sich den Zusammenhang sehr leicht selbst heraus gefunden. Ob er sich anfangs geärgert, weiß ich nicht, jetzt ließ er sich nichts merken, meint: eben das überwiegend Krasse und Unwahre darin könne nur allgemeinen Unwillen erregen und keinem der Angegriffenen schaden, ebenso wenig könne, wenn auch einzelne harmlose Umstände als von mir erzählt erkannt würden, ein vernünftiger Mensch diesen Glauben auf die übrigen entstellten und ehrenrührigen ausdehnen. Eine Ungerechtigkeit könne leider nur zu lange stand halten, aber eine Albernheit zerfalle in sich selbst, und dieses sei eine Albernheit. Ich kann die Sache nicht so leicht nehmen, bin aber doch viel ruhiger, nun es von dieser Seite ohne Verdruß abgegangen ist, denn Werner kränkelte seit Monaten, und ich fürchtete sehr den Einfluß des Ärgers. Übrigens warnte er mich vor auffallenden Schritten, selbst vor weitläufigen Erörterungen gegen Freunde. Stillschweigen und den Nebel verrauschen lassen, sei das Beste, er, der

Nebel, werde schon von selbst sinken, wogegen ein einziges, am unrechten Ort wiederholtes Wort mir eine giftige Feder auf den Hals hetzen könne, eine Lage, der ein Frauenzimmer sich nie aussetzen dürfe. Wo man nicht von dem Buche rede, solle ich auch nicht davon anfangen, wo ich aber danach gefragt werde, mein Urteil als Christin und Westphälingerin frei und streng aussprechen und im übrigen jedes Verhältnis zu Schücking so schnell und vollständig als möglich, aber nicht gewaltsam auflösen. Ich werde sonach unsere, ohnedies fast entschlafene Korrespondenz völlig liegen lassen, keine Beiträge mehr ins Feuilleton schicken und bei unserer Reise nach Meersburg ein Dampfboot wählen, was in Köln nicht anhält — so ist die Auflösung von selbst da und die Verjährung folgt ihr auf der Ferse...

Nachmittags: Ich komme von einem Spaziergange, die Luft ist so blau, die Vögel so fröhlich, Gottes Segen quillt so reichlich aus den Schollen, wer sollte sich da nicht beruhigt und in seiner Hand wohlgeborgen fühlen! Nichts mehr von Odiosis! Ich würde Sie mehr um Verzeihung bitten, Sie damit belästigt zu haben, wäre dies nicht gerade der eigentlichste Kern der Freundschaft, daß sie auch das Leid des Freundes nicht missen will, so wenig wie seine Freuden.

An Elise Rüdiger

Meersburg, 4. 2. 1847

An körperlicher Bewegung habe ich mich denn auch in der letzten Zeit halb tot exerziert, bis ich umfiel und endlich das Bett völlig hüten mußte. Ach, lieb Lies, da war Rüschhaus gar kein liebes, heimliches Winkelchen mehr! Ich sah den ganzen Tag nur die niedrigen Balken meines Schlafzimmers und außer dreimal im Tage sah keine Seele nach mir, da die Ernte im Gange war, und auch die Köchin viel daran half. Von eins bis sieben war das Haus ringsum verschlossen — ich mutterseelen allein darin, fiebernd und würgend. Bedurfte ich etwas Unvorhergesehenes, so mußte ich aus dem Bette klettern und mir selber Rat schaffen, oder wenn ich gerade im Fieberschweiß lag, geduldig aushalten bis zur Erlösungsstunde. Ich habe dies in meinem Eremitenleben sonst auch schon mitgemacht, aber nicht krank. Dann freute mich diese tiefe Einsamkeit, da mir Küche und Keller ja offen standen, und ich im Notfall an der steinernen Gartenbank meine Leute sehr leicht errufen konnte; aber jetzt kam ich mir oft vor wie ein armer Soldat, der sich auf dem Schlachtfelde verblutet. Freilich war dies meine eigene Schuld, ich hätte ja nur Jennchen oder Anna zu Hause behalten können, aber die Leute sahen alle so eilfertig aus, rannten und schnauften so furchtbar, daß es mir nicht einfiel, jemand dem großen Werke zu entziehen. Lieber ging ich nach Hülshoff, nicht ohne Scheu vor Gottes neunfachem Segen dort. Werner und Line empfingen mich an der Treppe jubelnd und spottend, daß die Langeweile mich endlich hergetrieben, wurden aber mäuschenstill, als ich so elend aus dem Wagen stieg und nach einigen Minuten im Wohnzimmer ohnmächtig wurde. Man brachte mich gleich in meine Stube und ich kann nicht anders sagen, als daß ich bis zu meiner Abreise die sorgsamste, zärtlichste Pflege dort genossen habe ... Ich sagte: nach Meersburg! Werner meinte, er wolle froh sein, wenn er mich nur bis Bonn hätte, dort sei auch schon Bergluft und sehr geschickte Ärzte. Der arme Schelm war ganz betrübt; Reisen schien ihm eigentlich unmöglich und Bleiben noch schlimmer. Er gab mir seinen [Sohn] Heinrich mit, der gerade in den Münchener Ferien dort war, und fuhr selbst mit bis Münster, um zu sehen, wie mir das Fahren bekomme; aber das Rütteln tat mir wohl... Der Weg bis Bonn wurde mir recht schwer. Hätte ich den Heinrich nicht bei mir gehabt, der mich fortwährend im Arme hielt und überhaupt pflegte wie eine Wartfrau, ich wäre im ersten besten Dorfe liegen geblieben Er verließ mich mit der Überzeugung, daß ich in Bonn bleiben werde, was auch Pauline [Witwe des Bonner Professors Clemens von Droste], deren Empfang rührend herzlich war, als ausgemacht annahm. Mir wurde in Bonn besser oder wenigstens bequemer. Die inneren Krämpfe fingen an, sich nach Fieberart auf gewisse Stunden zu beschränken, wo sie freilich um so ärger hantierten; ich gewann aber freie Zeit, wo ich sogar aufstehen und Besuche sehen konnte. ...Junkmann nahm sehr besorgt Abschied von mir, als ich den scheinbar tollen Entschluß ausführte, ganz allein die weitere Reise nach Meersburg zu unternehmen. — Ich fühlte mich sehr krank, glaubte nicht an Besserung und wollte bei den Meinigen sterben. Ich machte mich in der letzten Zeit stärker, als ich war, um Paulinens Widerstand zu besiegen, die mich nicht begleiten konnte und mich mit großer Liebe und Sorge entließ. Sie hatte alles getan, mir die Reise zu erleichtern, mir alle Karten für Dampfboote und Eisenbahnen, sogar für den Omnibus bis Freiburg verschafft [diese Anstalten stehen miteinander in Berechnung] und zugleich ein Empfehlungsschreiben vom Direktor der Kölnischen Dampfschiffahrt, was, an sämtlichen Wagen- und Schiffskondukteure gerichtet, ihnen jede Rücksicht für mich auf die Seele band. So bin ich übergekommen, fast so bequem wie in meinem Bette, d. h. bis Freiburg. Die Herren Kondukteure führten mich immer gleich in den Pavillon, nahmen anderen Kanapees und Kissen, um es mir bequem zu machen, versorgten mein Gepäck, banden mich den Marqueurs so eng aufs Gewissen, daß fast jede Viertelstunde einer kam, nachzusehen, ob ich etwas bedürfe;

und wenn wir angekommen waren, ließen sie mein Gepäck gleich in das morgige Dampfboot bringen und führten mich selbst an den Omnibus. Auf der Eisenbahn ging es ebenso, ich bekam beide Male einen Waggon für mich allein, und fast bei jeder Station erschien ein Gesicht am Wagenschlage, um zu fragen, ob ich etwas bedürfe. Und doch hat dies alles meine Reise nur unbedeutend verteuert. Die Kondukteure nahmen nichts und meine männlichen Wartfrauen waren am Rhein mit einem Gulden, weiterhin schon mit dreißig Kreuzern überglücklich Sie sehen, lieb Lies, ich bin wie in einem verschlossenen Kästchen gereist und habe [außer meinen lieben Wartfrauen] kein fremdes Gesicht gesehen, nicht mal in den Gasthöfen, wo ich mir gleich ein eigenes Zimmer geben ließ, wenn ich auch nur eine halbe Stunde blieb. So fühlte ich mich in Freiburg so wenig erschöpft, daß, statt Extrapost zu nehmen, ich mich dem Eilwagen anzuvertrauen beschloß, obwohl er abends abging. Meine Empfehlungen waren zu Ende, aber mein Glück verließ mich auch hier nicht. Ich hatte bis Mitternacht einen Beiwagen ganz für mich allein; dann mußte ich freilich in den allgemeinen Rumpelkasten voll schnarchender Männer und Frauensleute, die brummend und ächzend zusammenrückten, als ich mich einschob. Dann ging das Schnarchen wieder an; ich allein war wach bei dieser scheußlichen Bergfahrt und merkte allein, wie den Pferden die Knie oft einbrachen und der Wagen wirklich schon anfing, rückwärtszurollen. Mein Visavis stieß mich unaufhörlich mit den Knien und die Köpfe meiner Nachbarn baumelten an mir herum, doch gottlob nicht lange. Es war noch stockfinster, als wir mit der Post nach Konstanz zusammentrafen, und siehe da! meine ganze Bagage kugelte und kletterte zum Wagen hinaus und ich war wieder frei! frei! und machte mir ein schönes Lager aus Kissen und Mantel, auf dem ich es sehr leidlich aushalten konnte bis nach Stockach, wo ich um zehn ankam, gleich Extrapost nahm und in Meersburg die Meinigen noch bei Tisch antraf... Hier war große Freude über meine Ankunft, aber auch große Bestürzung über mein Aussehen. Ich mußte gleich zu Bette und zwei Ärzte annehmen, einen aus der Stadt und den sehr geschickten Brunnenarzt von Überlingen. Da habe ich denn viele Medizin geschluckt und bin immer elender danach geworden, zuletzt so nervenschwach, daß mir jedes Wort klang wie eine Posaune, und zuweilen im Stockfinstern mir das Zimmer für einige Sekunden erleuchtet schien wie vom grellsten Sonnenschein und ich die kleinsten Gegenstände genau unterscheiden konnte, ... und dabei Fieber und Beklemmung und dabei halbtot husten! Ach, Lies, ich war schrecklich elend und wünschte auch gar nicht, wieder besser zu werden, nur tot! tot! — Endlich erklärte der Brunnenarzt, mir tauge keine Medizin ohne Ausnahme, ich sei in allen inneren Teilen völlig gesund, aber meine Nerven in einem Zustande der Überreizung, wie ihm noch nie vorgekommen. Er habe mir Dosen gegeben, wie sie für ein eben geborenes Kind paßten, und ich habe die ihnen entsprechenden Zufälle bekommen, als ob er mich mit ganzen Pfunden vergiftet hätte. Er fügte hinzu: Könnte ich an Homöopathie glauben, so wäre dies das Einzige, was ich bei Ihnen anwenden möchte; aber so l e b e n Sie wenigstens homöopathisch. Ich sage jetzt aus völliger Überzeugung, daß ihr natürlicher Widerwille gegen Gewürze, Wein usw. Ihr größtes Glück gewesen ist, und Ihre Hartnäckigkeit, siebzehn Jahre lang keine Arznei zu nehmen, das Klügste, was Sie tun konnten. Ich kann Ihnen nichts verordnen als die möglichste geistige und körperliche Ruhe. Liegen Sie ganz still. Schlafen? — Soviel Sie irgend können. Denken? — Womöglich gar nicht, oder nur Angenehmes, was Sie nicht aufregt. So werden Sie sich wahrscheinlich allmählich von selbst erholen. — Und so ist es auch gekommen; ich bin jetzt eigentlich hergestellt, aber noch ungeheuer schwach und reizbar, kann noch keine drei Seiten nacheinander lesen, und dieser ist mein erster Brief, an dem ich gewiß schon vierzehn Tage lang schreibe... Seit meiner Ankunft habe ich mein Zimmer nicht verlassen und nehme außer der Fürstin Salm durchaus keinen Besuch an. Dennoch habe ich Gesellschaft genug in meiner Spiegelei. Laßberg kommt jeden Nachmittag auf eine Stunde, und Mama und Jenny bringen regelmäßig die Abende bei mir zu. Dann wird aber alles Aufregende im Gespräche vermieden, und ich höre, auf einen großen Lehnsessel an der Schattenseite des Ofens gekauert, ganz behaglich an, was von Tagesbegebenheiten, kleinen Abenteuern auf Spaziergängen usw. vorgebracht wird. Überhaupt langweile ich mich gar nicht, meine Phantasie arbeitet nur zu sehr und ich muß aus allen Kräften dagegen ankämpfen. Jede etwas unebene Stelle an der Wand, ja, jede Falte im Kissen bildet sich mir gleich zu mitunter recht schönen Gruppen aus, und jedes zufällig gesprochene, etwas ungewöhnliche Wort steht gleich als Titel eines Romans oder einer Novelle vor mir, mit allen Hauptmomenten der Begebenheit. Sie sehen, wie überreizt ich noch bin. Gott, dürfte ich jetzt schreiben, d. h. diktieren, wie leicht würde es mir werden. Aber wie bald würde ich auch wieder alle viere von mir strecken!...

NACHWORT

Indem wir »Die Judenbuche« an den Anfang dieses Bandes stellen, folgen wir der Ehrfurcht vor einem Meisterwerk, zu dessen Verständnis die übrigen Prosawerke doch nur wenig beitragen können. Sie behalten den Charakter des Zufälligen, Fragmentarischen und vermögen auch die Entwicklung des Stils in viel geringerem Grade zur Anschauung zu bringen als die Balladen und epischen Gedichte. »Die Judenbuche« bleibt ein Wurf ohnegleichen, denkbar nur im Zusammenhang mit der Tradition, in der die Dichterin lebte und dem besonderen balladenhaften Charakter ihrer Kunst, Die Wucht des Vorwurfs, aber auch der Idee, hat sich die gemäße Form geschaffen; Rechtsvollzug und die Macht des Fluches geschehen unabwendbar unter einer den Menschen fast verwirrenden, aber doch fest bemessenen, unablässig zu Ende gehenden Langmut der Zeit. — Seit dem Jahre 1837 hat sich die Dichterin, so weit wir wissen, mit der Novelle beschäftigt; die erste Begegnung mit dem Stoffe reicht aber bis in die Kindheit zurück; ihr Großvater Haxthausen erzählte ihr von dem noch zu Ende des 18. Jahrhunderts geschehenen Mord an einem Juden, der nach vierundzwanzig Jahren, da das Verbrechen als verjährt gelten konnte, durch Selbstmord des aus Algier heimgekehrten Untäters gesühnt wurde; die Sühne wurde geleistet an einem Baum, in den Juden geheime Zeichen eingeschnitten hatten. Es bedarf keiner Erörterung, daß das Überlieferte eine intensive Um- und Ausgestaltung forderte, wenn es in ein Kunstwerk eingehen sollte; darum würde man der Dichterin keinen sonderlichen Dienst erweisen, wenn man ihr die Wirklichkeit, die sie ins Künstlerische erhob, wieder gegen-

über stellen würde. Sie ist aber mit der Ehrfurcht vor dem Gegebenen, dem Menschen und dem Gesetz, der bildkräftigen Umwelt der Handlung verfahren, die all ihre Gestaltungen auszeichnet; die Wucht der Wirkung ist gerade einer Entsagung zu verdanken, der es gelingt, alle Vorfälle und Züge auf einen einzigen Punkt zu richten. Eine offenbar ungemein sorgfältige, zögernd erwägende Arbeit, die dennoch von höchster Genialität geleitet war, brachte das Werk langsam zur Vollendung; 1840 wird es zum ersten Mal als »geschrieben« gemeldet, aber erst im Sommer des folgenden Jahres lag die letzte Fassung vor. Als die Novelle 1842 in Cottas »Morgenblatt« erschien, ward zum ersten Mal das Eis des Unverständnisses und der Ablehnung wirklich gebrochen; sämtliche Gegner waren, wie die Dichterin schreibt, zum »Übertritt bewogen«.

Dem gegenüber hat das Romanfragment »Ledwina« eher eine psychologisch-biographische Bedeutung; unheimliche Beziehungen zwischen dieser Seele und den Menschen und Dingen blitzen auf; bemerkenswert ist die Schärfe der Beobachtung, mit der die Mitmenschen aufgefaßt, des Tones, in dem sie geschildert, beurteilt werden. Recht verstehen können wir diese Kritik und die Neigung zu ihr nur, wenn wir die Selbstkritik des Standes in ihr sehen. Das Jugendwerk, das etwa in die Jahre 1819 bis 1825 zu verlegen wäre, ist in solchem Maße subjektiv, daß wir verstehen, warum es Fragment geblieben ist. Die Dichterin wurde ihrer größten Mittel erst mächtig mit dem Durchbruch zur objektiven Gestalt und zur geistig sittlichen Größe des Vorwurfs, wie sie die Balladen und die Novelle auszeichnet; in der Ledwina ist Annette noch ganz im Banne ihrer selbst. Aber schon ist es die Droste mit allen Ahnungen und Gefahren; wenn wir etwa die Schilderung der »grauenvollen Traum-

welt« lesen, von der die Heldin überwältigt wird, so wissen wir, aus welcher Bedrohung sich dieses im Grunde sieghafte Leben, diese sieghafte Kunst erhoben.

Die beiden Schilderungen »Bei uns zu Lande auf dem Lande« und »Bilder aus Westfalen« beschäftigten die Dichterin um das Jahr 1841, auf der Höhe ihrer Kraft; sie sind uns teuer als eine wahrhaftige, scharfsichtige, und — im Gegensatz zu fast allem, was die Zeit hervorbrachte — tendenzlose Darstellung ehrwürdiger Lebensformen, noch fest geordneten, aber auch vielfach bedrohten ländlichen Lebens. Hier ist tatsächlich das »Vorhandene noch zuletzt in seiner Eigentümlichkeit aufgefaßt, eh die schlüpfrige Decke, die allmählich Europa überfließt, auch diesen stillen Erdenwinkel überleimt hat.« Das Gefühl für die feine Abstufung zwischen Paderborner Land und Münsterland, für Wald, Erde, Sage, für das Seelenleben der Menschen dieses Landes und ihr sparsames Wort, der Wirklichkeitssinn, der sich dem Unerbittlich-alltäglichen gegenüber ebenso bewährt wie gegenüber verborgenen Mächten, Zeitgefühl und Liebe zum Überlieferten, der Humor, der in der Freude über menschliche Ursprünglichkeit sich des Urteils enthält, haben hier noch ein Stückchen Deutschland gerettet, das nicht vergessen werden darf, wie sehr auch die letzten Spuren verlöschen. Noch wirkte ein lebendiger, versöhnender Zusammenhang zwischen den Menschen, die verschiedenen Ordnungen angehörten; noch war das Leben vielgegliedert, in kräftiger Einheit, von Haß und Mißtrauen vielleicht angegriffen, aber nicht zerrüttet.

Die Briefe der Dichterin, von denen wir nur eine Auswahl geben, reisen in das Innere dieses Lebens zurück; doch sind wohl die schönsten von der Freude am Erzählen und Schildern eingegeben, die auch das Gespräch der Dichterin belebt haben mag. Im Persönlichen klingt viel Schmerzliches, Unlösbares an. Wir möchten an keiner Stelle den Schleier lüften, den sie über ihre bittersten Erfahrungen gebreitet haben mag. Kommt es doch einzig und allein auf den Geist und das Werk, den behaupteten Glauben, das Ganze der Persönlichkeit und ihres Lebens, auf ihren Einsatz für ihren Auftrag an, und ganz und gar nicht auf die so vieldeutige und leider oft auch zudringliche Psychologie, die meint, vom Persönlichsten her das diesem abgewonnene Kunstgebild erklären zu können oder zu müssen.

Die gestaltende, das Wirkliche umschaffende, die dieses durchleuchtende, erhöhende Kraft ist in der großen Dichterin mächtig geblieben bis zum Ende, da wenig Hoffnung für ihr Leben war und auch die Zeit wenig Hoffnungen bot im Sinne der Ordnung, in der die Dichterin stand. Wenn sie sich in einem der letzten Briefe schildert, wie sie auf der Meersburg, auf einen großen Lehnsessel an der Schattenseite des Ofens gekauert, behaglich alltägliche Erzählungen anhört, mit denen man sie schonen möchte, während in Wahrheit ihre Phantasie nur allzu sehr arbeitet und sie Mühe hat, in jedem zufällig gesprochenen, etwas ungewöhnlichen Wort nicht den Titel eines Romans, einer Novelle und alle Hauptmomente der Begebenheit zu finden, so sehen wir sie noch einmal von der schweren Gnade ihres Lebens umleuchtet. Sie hat, wie sie es so inständig erfleht, das Viele, über das sie gesetzt war, recht verwaltet und ihre große Kunst Tag um Tag verantwortet vor Gott, in einem Grade durchdrungen von dieser Verantwortung, wie es vielleicht nicht viele Künstler waren. Sie wußte, wie Tod und Leben dem Zug der Feder »leise schleichend« folgten und hat mit der ganzen Kraft ihrer Seele, der Macht ihrer Kunst der Wahrheit gedient, die das Leben ist.

Reinhold Schneider

BIOGRAPHISCHE DATEN DER IN DIESER BRIEFAUSWAHL VORKOMMENDEN PERSONEN

Arnswaldt, August von: * 1798, † 1855. Sohn eines hannoverschen Ministers, seit 1830 verheiratet mit Anna von Haxthausen [s. d.], einer Tante der Dichterin.

Droste-Hülshoff, Klemens August Freiherr von: * 1760, † 1826. Vater der Dichterin; vermählt mit Therese Freiin von Haxthausen; seine Kinder sind Anna Elisabeth (Annette), * 1797, † 1848; Werner, * 1798, † 1867, und Marianne [Jenny], * 1795, † 1859.

Droste-Hülshoff, Therese Freifrau von, geb. von Haxthausen: * 1772, † 1853. Mutter der Dichterin, stammte aus Abbenburg im Paderborner Lande. Heiratet 1793 Clemens August II. von Droste-Hülshoff. Die Familie Haxthausen war vielfach literarisch tätig und interessiert; auch Therese selber schreibt in ihrer Jugend Gedichte. Sie ist mit dem Münsterschen Kreise der Fürstin Galitzin, Friedrich Leopold Graf Stolberg u. a. befreundet.

Droste zu Vischering, Klemens August Freiherr von: * 1773, † 1845. Seit 1835 Erzbischof von Köln. Er geriet, weil er sich streng nach dem päpstlichen Breve über gemischte Ehen richtete, mit der preußischen Regierung in Streit und wurde 1837 bis 1839 in der Festung Minden in Haft gehalten [Kölner Kirchenstreit]. Sein Bruder Kaspar war Fürstbischof von Münster.

Freiligrath, Ferdinand: * 1810 zu Detmold, † 1876 in Kannstatt. Dichter. Gibt mit L. Schücking [s. d.] zusammen 1839 das »Malerische und romantische Westfalen« heraus, zu dem die Droste wesentliche Beiträge liefert.

Gall, Louise Freiin von: * 1815 zu Darmstadt, † 1855. Schriftstellerin. Tochter eines hessischen Generals. Nach seinem Tode lebte sie mit ihrer Mutter in

Ungarn, später in Wien; 1843 vermählte sie sich mit Levin Schücking [s. d.]. Sie schrieb einen Roman [»Gegen den Strom«], einige Novellen, Erzählungen und das Lustspiel »Ein schlechtes Gewissen«.

Görres, Guido: * 1805 zu Koblenz, † 1852 in München. Schriftsteller. Begründer der »Historisch-Politischen Blätter für das katholische Deutschland«, in denen 1845 die »Bilder aus Westfalen« der Dichterin erscheinen. Sohn des bedeutenden Politikers und Publizisten Josef Görres.

Grimm, Jakob: * 1785 zu Hanau, † 1863 in Berlin. Begründer der deutschen Germanistik und Altertumswissenschaft. Mit seinem Bruder Wilhelm [1786 bis 1859] zusammen Herausgeber der Märchen- und Sagensammlungen. Der Dichterin freundschaftlich verbunden.

Gutzkow, Karl: * 1811 zu Berlin, † 1878 in Frankfurt a. M. Schriftsteller. Einer der Stimmführer des »Jungen Deutschland«. 1837 bis 1842 Leiter der Hamburger Zeitschrift »Der Telegraph«. Gehört der freisinnigen Richtung an. Bedeutend als Romancier und Dramatiker.

Hassenpflug, Amalie [Malchen]: * 1801 zu Hanau, † 1871 in Meersburg. Eine der treuesten Freundinnen der Dichterin. Ihr Bruder, der spätere kurhessische Ministerpräsident Ludwig Hassenpflug, war mit einer Schwester der Brüder Grimm verheiratet. Amalie H. stand den romantischen Kreisen nahe.

Haxthausen, Anna Freiin von: * 1801, † 1877. Schwester von Annettens Mutter; seit 1830 mit August von Arnswaldt [s. d.] verheiratet.

Haxthausen, August Freiherr von: * 1792 zu Bökendorf, † 1866 in Hannover. Bruder von Annettens Mutter. Er veröffentlichte unter dem Titel »Geschichte eines Algeriersklaven« in der Zeitschrift »Die Wünschelrute« 1818 einen Tatsachenbericht über die Geschehnisse, die der Drosteschen »Judenbuche« zugrunde liegen. Später tritt er als Agrarpolitiker in preußische Dienste und bereiste im Auftrage des Kaisers Nikolaus Rußland. H. schrieb u. a. »Über die Agrarverfassung im Fürstentume Paderborn und Corvey« und »Studien über die inneren Zustände, des Volkslebens und insbesondere der ländlichen Einrichtungen Rußlands« [1847 bis 1852].

Haxthausen, Sophie Freiin von: * 1788, † 1862. Schwester von Annettens Mutter.

Haxthausen, Werner Freiherr von: * 1780, † 1842. Bruder von Annettens Mutter; er sowohl wie sein Bruder August stehen im regen Verkehr mit den Brüdern Grimm. Werner erregte mit seiner Sammlung neugriechischer Volkslieder die Aufmerksamkeit Goethes.

Junkmann, Wilhelm: * 1811 zu Münster, † 1886 in Breslau. Als J. zu Ostern 1834 die Berliner Universität besuchte, mußte er seine Studien des Demagogenprozesses wegen auf längere Zeit unterbrechen und wurde vom April bis August 1835 in der Berliner Hausvogtei zurückbehalten. 1848 war J. Abgeordneter in der Nationalversammlung zu Frankfurt, 1849 bis 1852 Abgeordneter der zweiten preußischen Kammer in Berlin und 1850 im Volkshause zu Erfurt; ab Ostern 1851 Privatdozent für Geschichte in Münster und 1855 ordentlicher Professor der Geschichte an der Universität Breslau. 1836 erschienen seine »Elegischen Gedichte«, 1844 kam eine zweite Auflage derselben unter dem Titel »Gedichte« heraus. In der Zeit, als J. nach seiner Entlassung aus der Berliner Hausvogtei sich in Münster aufhielt, trat Droste-Hülshoff mit ihm in literarischen Verkehr.

Kühne, Gustav: * 1806 zu Magdeburg, † 1888 in Dresden. Schriftsteller. Vertreter des »Jungen Deutschland«; 1835 bis 1842 Leiter der »Zeitung für die elegante Welt«, ab 1846 der »Europa«.

Laßberg, Josef Freiherr von: * 1770 zu Donaueschingen, † 1855 auf dem Schlosse Meersburg am Bodensee Germanist und Philologe. 1804 trat er in die Dienste des Fürsten von Fürstenberg als Landesforstmeister und Geheimrat; im Jahre 1817 verließ er diese Stelle und lebte seitdem auf seinem Schlosse Eppishausen im Thurgau. 1838 übersiedelte L. nach Meersburg, um sich dort dem Studium der altdeutschen Literatur ganz hingeben zu können. Er ist der Entdecker vieler wertvoller Handschriften und besaß eine bedeutende Sammlung deutscher Altertümer und altdeutscher Literatur. L. war seit 1834 in zweiter Ehe mit Marianne von Droste-Hülshoff, einer Schwester der Dichterin, verheiratet. Er schrieb zeitweise unter dem Pseudonym »Meister Sepp von Eppishausen«; u. a. ist »Der Liedersaal«, eine Sammlung altdeutscher Gedichte, und der »Briefwechsel zwischen Laßberg und Uhland« zu nennen.

Laßberg, Marianne [Jenny] Freifrau von, geb. Freiin von Droste-Hülshoff: * 1795, † 1859. Schwester der Dichterin. Seit 1834 verheiratet mit Joseph Freiherrn von Laßberg [s. d.]. Mutter der Zwillingstöchter Hildegard und Hildegunde.

Lutterbeck, J. Anton Leonhard: * 1812, † 1882. Professor der Theologie und klassischen Philologie in Gießen.

Metzger-Vespermann, Clara: * 1799 in der Münchner Vorstadt Au, † daselbst 1827, gehörte von 1817 bis zu ihrem Tod als »Hof-Theatersängerin« der dortigen Bühne an. Karl Maria von Weber nannte sie selbst als ‚Agathe' [»Freischütz«] »einzig und unerreichbar«. Sie war mit dem gleichzeitig an der Hofbühne tätigen Sänger und Schauspieler Wilhelm Vespermann, einem ebenfalls namhaften Künstler, verheiratet.

Mutter: siehe unter Droste-Hülshoff, Therese.

Rüdiger, Elise [Elise Friederike Felicitas von Hohenhausen]: * 1812 zu Eschwege, † 1899 in Berlin. Dichterin. Im Hause ihres Vaters, der preußischer Regierungsrat in Berlin war, lernte Elise Fouqué, Chamisso, Heine, Rahel (Pseudonym für Rahel Mayer), Uechtritz,

Varnhagen u. a. kennen. Seit 1824 lebte sie mit ihren Eltern in Minden, wo ihr Vater das »Sonntagsblatt« gründete; sie selbst schrieb für dasselbe sowie später für das von Cotta herausgegebene »Wochenblatt« Skizzen und Novellen und übersetzte aus dem Französischen und Englischen. Sie heiratete den Oberregierungsrat Rüdiger in Minden, der nach kurzem zum Oberregierungsrat in Münster ernannt wurde. Hier ward Elise zur vertrautesten Freundin Annettens. Nach dem Tode des Gatten nahm sie wieder den Namen ihres Vaters an und zog nach Berlin, wo sie einen regen literarischen Verkehr pflegte.

Neben dem Schauspiele »Johann und Kornelius de Witt« verfaßte sie hauptsächlich biographische Skizzen und Novellen berühmter Männer und Frauen aus der Geschichte, Dichtung und Gesellschaft sowie einen kritisch-literarischen Essay unter dem Titel: »Rousseau, Goethe, Byron«.

Schlüter, Christoph Bernhard: * 1801 zu Warendorf in Westfalen, † 1884 in Münster. Dichter, Philologe und Philosoph. Gymnasiallehrer, Dozent und seit 1848 a. o. Professor für Philosophie in Münster. Seit seiner frühesten Jugend an einem Augenleiden laborierend, erblindete er 1828 gänzlich.

Von seiner literarischen Produktion sei hier erwähnt: »Welt und Glauben«, »Schwert und Palme«; die Übersetzungen: »Die Mariengesänge des Jakob Balde«, »Neuer Blumenkranz religiöser Poesien«, »Ausgewählte Gedichte Jacopones da Todi« und »Marcus Flaminius und seine Freunde«. In das Jahr 1838 fällt die erste Herausgabe von Annette von Drostens Gedichten, die Schlüter veranlaßte.

Schopenhauer, Adele: * 1797 zu Hamburg, † 1849 in Bonn. Tochter der Goethe-Freundin und Schriftstellerin Johanna Schopenhauer und Schwester des Philosophen Arthur Schopenhauer. Selbst schriftstellerisch tätig; mit Annette befreundet.

Schücking, Christoph Bernhard Levin: * 1814 im Jagdschlosse Klemenswerth, im nördlichen Westfalen, als Sohn eines herzoglichen Amtmannes; † 1883 in Pyrmont. Schriftsteller und Journalist. Die Mutter, Sibilla Katharina Busch, eine zu ihrer Zeit gefeierte feinsinnige Dichterin, beeinflußte Levins geistige und künstlerische Veranlagung. Zu ihrem Kreise zählten u. a. Johann Georg Hamann, Stolberg, Jacobi und Claudius.

Nach juristischen Studien ging Sch. 1834 nach Münster und widmete sich, durch Freiligrath wie auch durch Gutzkow ermuntert, dem schriftstellerischen Berufe. Hier lernte er die Droste im »literarischen« Kränzchen kennen; als Sch. nach Freiligrath die Herausgabe des Werkes »Das malerische und romantische Westfalen« fortsetzte, gewann er in der Dichterin eine wertvolle Mitarbeiterin, die eine ganze Reihe ihrer westfälischen Balladen und Prosaschriften beisteuerte. Ferner veranlaßte Sch. auch das Erscheinen ihrer lyrischen Gedichte, die 1814 bei Cotta in Stuttgart erschienen. Annette von Droste-Hülshoff bewog Levin, nach Meersburg zu ihrem Schwager, dem Freiherrn von Laßberg, zu kommen, wo er dann dessen Bibliothek katalogisierte. Von Ostern 1842 bis Mai 1843 war er Erzieher der beiden Söhne des Fürstin Wrede. 1843 heiratete Sch. Louise Freiin von Gall [s. d.]. 1844 war er an der Redaktion der »Allgemeinen Zeitung« in Augsburg, von 1845 bis 1854 an der der »Kölnischen Zeitung« tätig. Sch. machte sich um die persönliche Herausgabe der Werke der Droste besonders verdient, welche 1879 als »Gesammelte Schriften« erschienen. Bereits 1862 hatte er ihr Lebensbild geschrieben, das als Titel den Namen der Dichterin trug.

Schwester: siehe Laßberg Marianne.

Sprick, Johann Josef: * 1808, † 1842. Maler. Eines der wenigen Porträts der Dichterin stammt von ihm.

S p r i c k m a n n, Anton Matthias: * 1749 zu Münster, † daselbst 1833. Jurist. 1779 Professor für Geschichte des deutschen Staats- und Lehnsrechtes, 1791 Hofrat und Kommissarius der fürstlichen Lehnskammer in Münster. Nach Besitznahme des Münsterlandes durch die Preußen wurde Spr. 1803 kgl. preuß. Regierungsrat bei dem Oberappellationssenat der Regierung, 1814 Professor an der neu errichteten Universität zu Breslau, 1817 ordentl. Professor der Rechte in Berlin; seit 1829 wieder in Münster. Er gehörte mit H. C. Boie und J. H. Voß dem Kreise der »Hainbund«-Dichter an.

Spr. schrieb einen Operntext »Die Wilddiebe«, zwei Lustspiele: »Die natürliche Tochter«, »Der Schmuck«; ferner ein Trauerspiel: »Eulalia« und ein Vorspiel unter dem Titel: »Der Tempel der Dankbarkeit«.

Im Jahre 1814 trat die Droste zu Spr. in literarische Beziehung.

S t i e w e, Friedrich: * 1804, † 1879. Schriftsteller.

S t r a u b e, Heinrich: * 1794, † 1874. Freund der Familie Haxthausen. Herausgeber der Zeitschrift »Die Wünschelrute« [Göttingen 1818], in deren Nummern 11 bis 15 August von Haxthausen [s. d.] die »Geschichte eines Algeriersklaven« veröffentlicht hat.

V a t e r : siehe Droste-Hülshoff, Clemens August.

V i n c k e, Ludwig Freiherr von: * 1774 zu Minden, † 1844 in Münster. Seit 1805 Oberpräsident der preußisch gewordenen Provinz Westfalen. Gebürtiger Westfale, aber Protestant; er galt in Münster als Exponent der preußischen Richtung.

W r a n g e l, Friedrich H. Ernst Graf von: * 1784 zu Stettin, † 1877 in Berlin. Preußischer Feldmarschall. Zur Zeit des Kölner Kirchenstreites [1837] Divisionskommandeur in Münster.

DAS GEISTLICHE JAHR [1818—1820, 1839—1840]

Heidebilder

Fels, Wald und See

Gedichte vermischten Inhalts

Scherz und Ernst

LETZTE GABEN

Gemüt und Leben

Klänge aus dem Orient

BRIEFE 1133